Author: Hermann Schäfer

Title: Deutsche Geschichte in 100 Objekten

Copyright ©2015 Piper Verlag GmbH, München/Berlin

Chinese language edition arranged through HERCULES Business & Culture GmbH, Germany

The translation of this work was financed by the Goethe-Institut China

本书获得歌德学院（中国）全额翻译资助

歌德学院（中国）
翻译资助计划

上

100个

DEUTSCHE GESCHICHTE IN 100 OBJEKTEN

〔德〕赫尔曼·舍费尔 ❘ 著　陈晓莉 ❘ 译

物品中的
德国历史

HERMANN SCHÄFER

社会科学文献出版社
SOCIAL SCIENCES ACADEMIC PRESS (CHINA)

上

本 书 获 誉

每一件物品的历史都别有趣味，引人入胜，放在一起又组成了反映德国历史方方面面的大全景。不管从哪个角度看，这本书都是成功的！

——教授洛塔尔·加尔博士（ *Prof. Dr. Lothar Gall* ）

这本书生动地叙述了德国历史的重要里程碑、转折点、转变和继续发展……强烈推荐！

——《吉森汇报》（ *Gießener Allgemeine* ）

赫尔曼·舍费尔用若干事例表明，数百年来德国人是如何不断重新解释、利用和滥用他们的历史和物品的。这实在很了不起。

——《萨克森日报》（ *Sächsische Zeitung* ）

舍费尔想用他在书中描写的 100 个物品编织一幅相互关联的全景图，他积极提高"人们对物品的敏感性"，并激起一场对他此前提出话题的讨论。他出色地做到了。

——《科隆城市报》（ *Kölner Stadtanzeiger* ）

从条顿堡森林会战的罗马人的面甲到德国总理默克尔的手机，人们既能饶有兴趣地翻阅德国历史，还可以有所收获。

——《新苏黎世报》（*Neue Zürcher Zeitung*）历史专栏

舍费尔想要激发读者研究德国历史的好奇心，他用非常轻松的方式就达到了这个目的。

——《曼海姆早报》（*Mannheimer Morgen*）

赫尔曼·舍费尔借由 100 个物品全方位生动地复述了德国历史，在他的笔下，不管是腓特烈大帝的鼻烟盒，还是雅各布·黑默尔的避雷针，它们都和默克尔的手机一样充满了吸引力。

——《斯图加特新闻报》（*Stuttgarter Nachrichten*）

赫尔曼·舍费尔从 2000 年的德国历史长河中选取了 100 个物品，其中包括瘟疫医生面具、腓特烈大帝的鼻烟盒、避雷针和阿司匹林。每一个物品背后的历史都无比生动，它们丰富多彩地相互交织在一起。

——西德意志广播电视 3 台（WDR 3），马赛克频道

这位波恩联邦德国历史基金会（*Stiftung Haus der Geschichte der Bcmdesrepublik Deutschland*）的创始主席向我们展出了一场信息量大

且尤为好懂的"物品秀"。他将整页彩图加上简要说明作为每一个物品的醒目标题，这种做法非常得益于他的技术史知识积累和博物馆教育经验。

——2015 年非虚构类好书排行榜（Sachbuch Bestenliste，2015）

赫尔曼·舍费尔所著的《100 个物品中的德国历史》为我们打开了进入德国历史不同时期的奇妙之门。这些物品标志着德国历史上具有跨越和联结意义的时刻，不仅让人们身临往昔，也让人们走进博物馆时变得更好奇。

——汉斯－马丁·欣茨（Hans-Martin Hinz），国际博物馆协会（International Council of Museums）主席

目 录

上

近代早期

19 世纪

第三帝国

下

20 世纪

1945 年以后的当代史

走在 21 世纪的道路上

前言

借由 100 个物品来讲述德国历史——这个涉猎极为广泛的项目，本身便是个巨大的挑战：要纵览几千年的历史，从中发掘出每个时期值得纪念的、最具历史感的、最好还能让人眼前一亮的物品，而后还要把众多零散的部分组成一个相当大的整体，这就好比制作马赛克时使用的各种颜色的小石头，每一块都各有特色，但只有当把它们组成一幅画后，其魅力才能完全展现在观众面前。

事实上，许多人认为数字"100"像是有某种魔力：因为从 1 ~ 100 的话还可以数得过来，也更容易记住；因为我们把水的沸点设成 100 摄氏度，把 100 分当作满分，或者设立为期 100 天的禁猎期；因为两数乘法表中相乘的两个数的结果不会超过 100；也许还因为有时候"百年历（ *Hundertjährige Kalender* ）"看起来比天气预报更为可靠。

诚然，无论从选题还是从对象的角度考虑，本书似乎都没有把要描述的物品正好限制在 100 个的必要。不过就算是那些最有趣的展览，也只有悬念控制适度，展品能够让人从头看到尾，才能激发参观者的兴趣。与其类似，本书作的数量限制也是为了圈定一个范围——尽管这样一来其中欠缺、遗漏了什么，以及描述中疏忽了什么也变得一目了然。由于每位读者的兴趣点不同，那么在他们的眼中，本书还应纳入的物品也肯定不同。这恰恰表明，不管是过去还是未来，我们的历史、与之相关的话题和对象都是没有止境的。

在当今世界的许多地方，人们把 30 万年前的遗迹保存起来，进行维护，加以注释，并向公众开放参观。这一切都需要博物馆、图书馆和档案馆的工作人员，以及展览策划者们全心全意地细心照料与投入。光是在德国，每年参观博物馆的总人数就超过 1 亿人次，而这绝非偶然。像那些透过人、地点、建筑，或者说是通过描绘客观事物表现出来的历史主题尤其受到欢迎。最耀眼的往往是那些真正的历史遗存，谁也无法掩盖它们的光芒。这些真迹会让参观者身临其境，并让这些印象入脑入心。我撰写本书的念头也是在这样一种环境中产生的，经过一段漫长且紧张的职业生活后，这些想法日渐成熟。当我们回头看去，无数描述某个展品和物品历史的出版物就像是眼前这本书的开路先锋。对于启动这个项目，或者说去征服这个庞大的命题而言，有机会向这些先行者致敬无疑也是种莫大的鼓舞。

这本书应该尽可能写成涵盖所有时代——古希腊罗马时代与中世纪、中世纪晚期与近代早期、近现代史与当代史；从地域角度看，选取的物件应该来自当今德国的疆域之内。它所涉及的时间范围应从人类制作的第一根标枪到能源结构转型，直至现代德国人的自我认知。长期结构性的历史变化比短期的政治更迭更加重要。本书选取的主题包括：技术革新、工业化和社会变迁、第一次和第二次世界大战、纳粹德国独裁统治和民主德国政权的特征及影响、两德统一、欧洲一体化和 21 世纪以来的各种新问题——它们只是由个体组成的整体的各方面中的一部分。

　　有一些物品，比如甲壳虫汽车、避孕药丸、来自美国的援助包裹或联邦德国（西德）寄往民主德国（东德）的邮包也许会让读者有种同老友相会的感觉，因为它们和德国读者的个人回忆紧密相连；也时常会有一些惊喜的发现，让人不敢相信它们居然是德国历史的一部分，比如第一台计算机、阿司匹林药片等。这 100 件物品中的每一件都与德国历史发生了联系，它们的来源和历史也在书中被一一写明。有一些物品可以被称作德国历史整体发展进程中的阶段性代表，其余的则凸显了或长或短的历史进程、各具特色的体系架构以及各类特殊事件。尽管社会的变革和变化从未停歇——当然不仅限于德国历史——我们也要认识到，在经历几百年的时间后，这些变化的背后都是同一个"常量"：永无休止地争夺统治地位，以及将历史工具化、出于各自的目的将历史纳入自己的统治体系。它从"罗马人的面甲"便早已开始，直至"默克尔的手机"也远远不会结束。

　　不过，怎样从浩瀚的资料海洋中作出最后的选择，哪些历史痕迹更适于表现"100 个物品中的德国历史"呢？关于德国历史的范围，本身就没有一定之规，因此更别说展品中涉及的具体细节了。有的是必选项，有的是可选项，不过每个选择都是主观的，难免会受创作者本人的偏爱和个人经历的影响。比如"诺依玛根运酒船"，笔者还是青少年时就被它吸引，所以在撰写本书的伊始，它就浮现于笔者的脑海。有一些物品是笔者在后来的职业生涯中接触到的，还有一些物品则是因为其特殊的来源引起了笔者的兴趣。不管怎样，这些物品都应独具魅力、引人入胜，并能激发与观众的交流。毕竟相较于平面展示，人们总是更希望看到三维立体的形象——对于一些主题来说，要做到这些需要旷日持久的研究，而且并不是总能成功。譬如 1834 年取消的关税壁垒今天已难觅其踪，人们却依旧可以见到无数的柏林墙残迹。那么同样出于这种原因，关税壁垒和柏林墙残迹便

014

没有被选为叙述的对象，而其他有关第二帝国（德意志帝国）建立前德意志各邦的分据状态以及柏林墙倒塌的展品则可能更为适合。

通观所有物品和主题，既不能也不要把本书与历史著作、概况介绍或者专题读物一类的作品画上等号，当然更不能说读了这本书就可以不去参观展览和博物馆了。它最主要的作用，是想要在有关历史的争论中作一些新鲜的尝试，通过对物品感性的认识为读者打开一扇门，用不那么抽象和更为具体的方式了解德国的历史。它希望引发广大对历史感兴趣的公众的兴趣。想要深入了解相关内容的读者可以在附录的参考文献中继续探究，它们也是本书成书的基础。如果读者去看、去刨根问底、去理解其中的关联，并能够借此从物品本身及其前因后果中绷紧一张记忆之网，那么这些关联就会组合在一起，形成一个全貌，本书的目的也就达到了。另外，提高对物品的灵敏度，在相关主题，甚至虽未涉及却各自感兴趣和好奇的内容上继续探讨，也是本书的一个目标。因为历史并没有完全成为过去，它仍然是发展的历史，是我们当今社会的基础。

对于笔者在撰写本书过程中一直感受到的、来自方方面面的支持和帮助，我将在书尾单独致以谢意。感谢博物馆、档案馆、图书馆以及所有其他机构的同事，他们充满爱心并热情地致力于手中物品的保存、维护和研究工作。除了他们之外，我首先要感谢的，是所有可能与我擦肩而过的博物馆与展览参观者，他们以普通人的身份被展品所吸引，提出各自感兴趣的问题，使我的感觉更加敏锐，正是他们的好奇心极大地促成了本书的完成。

感谢你们所有人的努力！

赫尔曼·舍费尔

2015 年 9 月于科隆 / 波恩

史前史和
古希腊罗马时代

直立人

和

"德国"

史前史

Homo erectus und die
»deutsche« Vorgeschichte

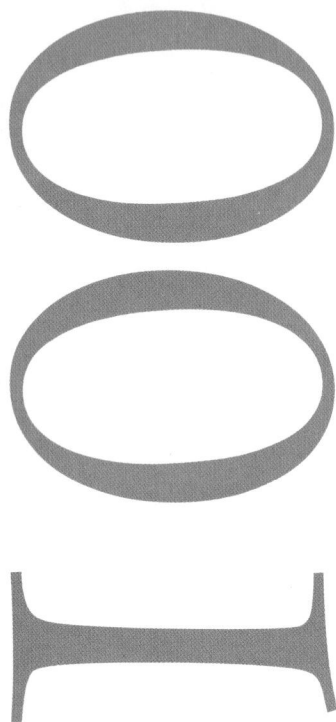

100

舍宁根的古标枪

新的研究课题指出，与目前已知的狩猎武器相比，人类祖先在使用这些武器狩猎时，需要具备更高超的技巧和更有效的交流能力。

标枪 1

标枪 2

标枪 3

标枪 4

1 米

0

在德国境内发现的人类祖先最古老的遗迹当然属于德国历史的一部分。还不仅限于此，因为令人吃惊的是，它们看起来像是可以被使用的工具：8根古标枪，其中7根由杉木制成，1根由松木制成，1.8 ~ 2.5米长，3 ~ 5厘米粗，两头被削尖，有手工仔细制作和打磨的痕迹。它们的结构和投掷特性甚至同我们今天的标枪相类似，投掷距离可达70米。这批轰动世人的文物是1994年10月被发现的，对其进行的所有科学研究表明，它们是迄今发现的世界上最古老的人类狩猎武器，对其的研究持续地改变了人们对原始人类文明发展的印象。

当位于德国边境小镇舍宁根（Schöningen）的赫尔姆施泰特（Helmstedter）褐煤开采区在1983年被拆除时，没有人料想到这里埋藏着历经千年的考古学珍宝。这一发现甚至打破了所有专家最为大胆的预测。考古学家进入露天采矿区，首先在贴近地表的地下发现了近古时期的标枪。九年后，在地下10米处沉积数百万年、横跨两个冰河期的泥炭层中，这8件来自旧石器时代的古标枪终于重见天日。根据迄今为止对人类的所有认识可以得出结论，这些标枪是为在这里生活过的原始人类，即"直立人（Homo erectus）"出于狩猎或者防御目的所用，难以置信的是，它们距今有40万 ~ 30万年的历史。

除此之外，考古学家还在相邻的地质层中发现了更多的史前工具，它们也许作为远距离武器被居住在这一带的原始人使用。它们包括用于狩猎和劳作的长矛、投掷棒或投掷木，20 ~ 30件石器（刮刀）以及一个因在火上使用而被部分烧焦的木棍，据推测后者可能是用来串烤肉的签子。在发现这些人类遗迹的地方还堆有约12000块兽骨，它们来自20多匹野马，数头马鹿、欧洲野牛、犀牛和大象。马匹残留的骨架和被砸开的骨头表明，原始人类对这些野兽进行了有目的性的加工，它们有可能被人类用石器宰杀，就像 150 万年前的非洲原始人已经学会了使用石斧一样。

尤为重要的是，尘封在这个露天煤矿地下的这些考古文物为现代人记录下了近 50 万年前原始人类的历史瞬间。那么，它们让我们了解了我们祖先的哪些智慧，以及曾生活在今德国西北部的直立人的哪些社会行为和适应能力呢？

虽然有关原始人类活动的推测不胜枚举，记录详细的舍宁根古标枪考古发现却填补了原始人类考古历史的一大空白，这些出土文物被收入了 2013 年在当地发掘现场设立的访客中心和帕里翁博物馆（Paläon）。根据人类迄今最高的认识水平，有别于猿人和早期智人的非洲直立人代表早在约 80 万年前就到达了欧洲。作为游牧猎人和捕集者，这些直立行走的原始人也在今天的德国北部找到了不错的生存环境。在当地发现的人类残骸就可以证明这一点，比如 1907 年在海德堡出土的"海德堡人（Homo erectus heidelbergensis）"（距今 60 万年）下颌骨和 1933 年在穆尔河畔出土的"施泰因海姆人（Urmenschen von Steinheim）"（也译"施泰因汉人"，距今 30 万 ~ 25 万年）头骨。1856 年在杜塞尔多夫出土的"尼安德特人（Neandertaler）"则要年轻许多（距今 40000 年），更为年轻的是 1914 年在波恩 - 欧伯卡塞尔（Bonn-Oberkassel）出土的夫妻遗骨和欧洲最古老的家犬残骸（距今 14000 年）。

旧石器时代的原始人如果想要在德国这一区域生存下来，需要更加熟练应对不同生活条件的适应能力，以及适宜的气候。在地质上的冰川时代，即更新世中期，他们的生活环境在数十万年间取决于间冰期和亚冰期的更替，以及斯堪的纳维亚大冰川的推进情况，在距今 40 万 ~ 32 万年间，斯堪的纳维亚冰川已同荷兰境内中等高度的山脉相接。

舍宁根狩猎遗迹也出现在两个冰川期——埃尔斯特冰川期（Elster-

Eiszeit）和萨勒冰川期（Saale-Eiszeit）——之间相对温暖的时期。当前的研究发现，在古标枪的发掘地曾有一条小溪，在冰川期沉积物的作用下形成了一个湖，从而成为当时人类经常休息和狩猎的场所。在数十万年后（约 15 万年前），这一区域再次拱起 100 米高的冰川，并在约 11700 年前向全新世的过渡中被数米厚的坚硬黄土层所覆盖。通过这种方式保存下来的古标枪就像被放入了一个不受外界干扰的储藏室，在出土时才能仿若"新入土"一般。

冰川时代或第四纪是地球最年轻的一段时期，"直立"人类的进化也正是在这一时期发生的。早在 260 万年前人类就学会了直立行走，这种进化结果一直延续到了今天。第四纪分为两个地质时期：更新世和持续至今的全新世。舍宁根出土的旧石器时代文物来自更新世中期，距今有 32 万 ~ 30 万年的历史。历史资料显示，在美索不达米亚（约公元前 4000）建立最早文明和国家的上千代人，以及创造人类最古老文明的埃及人、巴比伦人、墨西哥人和克里特岛人所处的地质年代都是更新世。原始"直立人"在中欧北部地区开始了对恶劣自然环境的征服，在今天的德国境内经受住了生存的考验，他们勇敢又有技巧地猎捕水牛、欧洲野牛和野马，甚至用武器攻击古象、剑齿虎和草原猛犸等冰川时代的巨型猛兽。

舍宁根文物不仅在人类历史考古图上添了一笔重彩，还抛出了欧洲"直立人"普遍发展程度与"海德堡人"特殊性的相关问题。这些问题不仅让考古学家为之震动，也使得对旧石器时代"舍宁根狩猎场面"的现代研究更加的激动人心。

"烤肉签"和石质切割工具等狩猎工具的发掘地点处于数千块兽骨覆盖下的中心位置，经证实，这样的情况并不是由后来的湖水冲击形成的。实际上，这些遗迹有可能是旧石器时代猎人和捕集者经常在这里进行集体狩猎活动的证据。像晚些时候出现的"直立人"，即尼安德特人就曾进食非常多的肉类；在北方寒冷的气候和恶劣的生活环境下过游牧生活需要许多的热量。因而野马在这个曾经的湖岸边被集体捕杀也是有可能的，在狩猎大型野兽时，部落内部也许还商定了围捕计划。古标枪的发掘者哈特穆特·蒂姆（Hartmut Thieme）说："我们相信，认为他们只会发出呼噜声和挥舞手臂的想法是错误的！进一步的交流是有必要的，一定存在某种形式的语言。"认知能力（有意识并预先计划、制定策略、与人沟通和分工协作）激发了动手能力和对技术的了解，即如何将原材料（木材和石头）通过有目的的加工制作成集体狩猎所用的工具或武器。这样的智慧结晶只有在原始族群中才能产生。先决条件是要拥有大容量和组织能力优秀的头脑，不过代代相传的经验也十分重要。

出土的古标枪证明舍宁根猎人已经掌握了狩猎技巧，因为这些武器制作精细，而且还可能因投掷者的不同身体条件被加工成不同的长度。不仅如此，它们投掷轨迹的平衡程度也非常理想，外形和今天的比赛标枪差不多，且被作为远距离武器使用。这些古标枪为什么会被遗留在舍宁根的狩猎围场，是至今无法解开的一个谜团。它们是举行某种仪式后的遗留物（蒂姆语），还是"直立人"早期祭礼的一部分？

*

对如此多的可能性阐释和未有定论的细节考究暂且不论，舍宁根古标枪的发掘纠正了当今进化论一直广为流行的一个观点。根据此观点，处在更新世的强壮人类并不具备狩猎能力，尽管他们有着强有力的下颌骨，却仍以野菜为生，进食动物腐肉等肉类。然而如果欧洲"尼安德特人"的祖

021

先和舍宁根"直立人"已经对野生动物进行了大规模的攻击、猎捕，并同时使用了不同的武器和攻击手法（投掷标枪和长矛），那么人类首次出现狩猎行为的时间必定要"至少提早 4 倍"（蒂姆语）。生活在哈尔茨山（Harz）北麓的舍宁根"直立人"找到了适应气候和环境的方法，他们已然是大型野生动物的捕猎者、食肉者、有计划的思考者和有语言能力的社交者。就这方面来说，在人类进化史上，舍宁根古标枪的发掘将具有人类智慧的旧石器时代"直立人"与"智人"的距离拉近到了前所未有的程度。1908 年和 1972 ~ 1973 年，距今 40 万年的兽骨、头骨和聚居点在德国图林根州的比尔钦格斯莱本（Bilzingsleben）被发掘出来，关于欧洲先进人种"尼安德特人"的详细阐释至今并不能为这些出土文物提供理论支持。

另外，舍宁根古标枪的出土还进一步完善了欧洲北部人类的聚居史，因为它们证明了人类最早曾在德国的下萨克森居住——而相较于同样曾定居在今德国境内的从事农耕、建立聚居点和巨石坟墓等人类文明（约公元前 5600）的现代智人（Homo sapiens），他们之间隔了 14000 个世代。

由于出土了旧石器时代的狩猎标枪，坐落在埃尔姆山（Elm）附近的不伦瑞克农村成了对当今世界意义非凡的一个考古和研究基地。在古标枪出土地点 6 平方公里左右的区域内，经过三十年的辛勤研究，考古学家又对史前人类聚居点、防御工事，以及新石器时代、青铜器时代和冰川时代的墓穴方面有了进一步的认识。实际上，正是通过工业发展的产物，即斗轮式挖掘机的工作，现代文明才得以一再同它的起源发生令人惊叹的"短接"。

"不仅金银是珍宝，知识也是"，考古学家在提到"德国的人类史 99%以上来自于古生物学和考古学史料的记载"［哈拉尔德·梅勒（Harald Meller）语，引自贡特罗特（Güntheroth）与波尔舍（Pursche）］时曾这样说。对施泰因海姆和海德堡、魏玛－埃林斯多夫（Weimar-Ehringsdorf）和梅特曼（Mettmann）、内布拉（Nebra）和舍宁根的考古发现证明了这一点。它们为认识德国这个地区的原始人类打开了新的窗口，为亿万年来全球人类文明发展进程的历史长河勾勒出更加清晰的轮廓。或者说，在我们发出赞叹的同时让我们更加清楚地认识到，人类文明发展的链条究竟有多长，而等待我们去探究的环节还有多少。

青铜器时代

的

宇宙观

Weltsicht in der Bronzezeit

002

内布拉星象盘

这个约有 4000 年历史的夜空图案是个谜，其用途引发了诸多猜测，它有可能是古天文学的某种纪念道具。

内布拉星象盘是过去 100 年间最伟大的考古发现。它是迄今世界上已知最早以夜空形式对宇宙的描绘。在距今 4100 ～ 3700 年间，生活在今德国中部、属于史前文明圈的人类用这一方式记录下了他们对天象的理解。然而证实这一猜测，并第一次将它作为天文学物品公之于众，却花了好几年的时间，整个过程就像是侦探破案一样扣人心弦。

1999 年 7 月 4 日，在位于泽尔杰罗德森林（Ziegelroda，内布拉市以西 4 公里处）252 米高的米特尔贝格山（Mittelberg）山顶，两名男子在盗墓过程中用金属探测器碰到了一个含有青铜成分的石室，距离被树叶覆盖的地面仅有几厘米。他们用极其普通的锄头和斧子挖出发现的星象盘，在挖掘过程中已经造成了星象盘的损坏。之后他们开着卫星牌轿车将它运回家，并尝试将这块神秘星象盘浸在浴缸的肥皂水里，用牙刷和钢丝绒进行清洗；这个过程造成了星象盘的进一步损坏。它很快以 31000 德国马克的价格被卖了出去，几经转手后，它的出价已高达 20 万～ 100 万德国马克。

不久之后，这块带着绿锈和污泥的星象盘的照片流到了内行人的手中。哈拉尔德·梅勒也看见了这件惊世宝物，当时他的身份是一名考古学家和位于哈勒市（Halle）的萨克森 - 安哈尔特（Sachsen-Anhaslt）州立史前史博物馆馆长（自 2001 年起）。在州警方和州文化部的联合牵头和部署下，2002 年 2 月在瑞士一家旅馆的酒吧上演了一场堪比电影场景的文物拯救行动——梅勒假扮成一名买家同两名共犯（一名男教师和一名博物馆女教师）进行交易。巴塞尔警方在行动中逮捕了这两名共犯，缴获了包裹在一条毛巾中的星象盘。短短两个月以后，也就是 2002 年 4 月，它便首次作为内布拉"残缺珍品"出现在公众眼前，成为萨克森 - 安哈尔特州立史前史博物馆一次展览中轰动的焦点和高潮。

　　这块近乎圆形、铁饼状的星象盘直径约 32 厘米，边缘厚不足 2 毫米，中间最坚硬处的厚度为 5 毫米，重约 2.3 千克。据考证，它是由一块青铜毛坯通过古法锻造而成（青铜是一种主要成分是铜，其中加入了铅和铁的合金）。星象盘上的黄金镶嵌物证实为数千年前的手工制品，看上去像是一轮满月、一弯新月和一片星空。星象盘两侧各嵌有一条所谓的地平线圆弧，底侧还嵌有一条"太阳船"。对于这块起初色彩暗淡，后经 5000 年的洗礼布满绿色铜锈的青铜星象盘，考古学家和天文学家一致认为其艺术元素的排列是文字出现之前人类进行此类表达的最早形式，类似图案仅在 3500 年前的埃及出现过。手作艺术、悠久历史和天文知识的同时呈现赋予了内布拉星象盘不可估量的价值。据推测，它的制作时间可以追溯到青铜器时代早期（约公元前 2100～前 1700）。

　　考古学家和天文学家通过周密细致的犯罪侦查和科学追踪发现，与星象盘一同出土的还有 2 把青铜宝剑、2 把斧刃、1 把凿子以及些许螺旋形手镯残片；它们曾被同时埋入地下。内布拉星象盘的发现从一开始就引发了众多猜测：它是"真迹"还是一件完美的赝品？对于星象盘上绘制的图案，是否有可能给出一个科学合理的解释呢？

　　然而仅定年一项就让科学家们面临艰巨挑战，因为青铜的历史年代并不能通过自然科学的操作方法精确测得。内布拉青铜星象盘并不具有可测量的放射性，因此它的历史一定在 100 年以上，因为其中铅元素的放射性只能在 100 年以内被测得。从这一点推论，内布拉星象盘不可能通过现代技术仿造。它独特的化学成分是今天已不再使用的合金，这也佐证了对它"真实"年代的假设。而后经证实的金属来源，4 千克青铜和 50 克黄金，也是作出判定的重要证据。原材料铜发现于奥地利境内阿尔卑斯山东麓的矿山，黄金则可能来自罗马尼亚特兰西瓦尼亚（Siebenbürgen）的矿井。

关于内布拉星象盘年代和真实性的另一个证据是腐蚀层结构：在显微镜下，青铜和金箔表面呈现了须经过非常久远年代才能形成的腐蚀层结构，这不可能通过仿制实现。最后从区别于当时的手工制作风格和艺术造型上看，星象盘应该是多位手工匠人共同制作的结果。据推测，为了在星象盘上体现星空的变化，它很可能经过了几代人的加工。

尽管也无法对石室中一同被发现的文物准确定年，但它们仍然提供了更多的线索，因为像内布拉螺旋形手镯残片一样的许多出土文物均被证实源自青铜器时代。而内布拉斧刃（边缘突起、中间略凹）的典型外形则进一步确定了其年代接近于青铜器时代早期的末尾，即公元前 1600 年前后。此外，同时出土的青铜宝剑也交代了时代背景。在宝剑的把手上发现了桦树皮残留，经放射性碳（碳 14）定年法检测，可确定其出现年代为公元前 1600 ~ 前 1500 年。将这些极为复杂的独立分析集合起来，便形成了一条强有力的证据链，它足以证明内布拉星象盘的真实性，它曾与同时出土的其他文物一起被存放于 3600 年前的米特尔贝格山山顶。

然而应当怎样解释这件物品及其描绘的天文现象呢？这块青铜圆盘上"微缩的宇宙"想要告诉我们些什么呢？可以解释清楚的是，它的背景是抽象化的夜空，天上共有 32 颗由黄金制成的星星。在镰刀形和圆形中间明显可以看到一团由 7 颗金点组成的堆积物。这些大的黄金镶嵌物乍一眼看上去像是太阳、月亮和星星。专家们则认为它们分别代表了满月、上弦月（新月）和昴宿星团（七姐妹星团）。在古希腊和古巴比伦（公元前3500），昴宿星团就被作为确定播种和收获时间的星座日历使用；这种历法之后也被贝都因人和印第安人所遵循。因此与昴宿星团相关的新月和满月便被认为是季节更替的信号。它们在太阳年中分别对应两个重要日期：3

月 9 日和 10 月 17 日。因而可以将其解释为早期人类借助日历的一种方式和指导耕种的一个重要知识。

还有一种假设也容易理解，即内布拉星象盘展现的并不是一幅单纯的宇宙图景，而是阐明了一个自然科学原理：32 颗金星、昴宿星团和偏移的中心点有力地解释了阳历和阴历是如何通过一种复杂的交替规律保持一致的。人类在古巴比伦时期发现的昴宿星团交替规律可能为绘制内布拉星象盘提供了参考。［引自汉森（Hansen）］得到这样的认识需要几十年对天象精确的观测，生活在我们今天纬度上的青铜器时代的人类并不具备这种高度抽象的能力。

还不仅仅如此：在内布拉星象盘紧临星座相位的侧面还分别嵌有一条相互对称的黄金圆弧，天文学家们将其破译为日出和日落点在一年中所形成的轨迹，即所谓的地平线圆弧。［引自施洛塞尔（Schlosser）］它们又被视为耕作年开始的标志，在内布拉星象盘产生前的 4000 年前后，新石器时代的人类就会通过太阳在地平线上的位置来确定方向。据此分析，内布拉星象盘更像是一种古天文学的纪念道具，是一张青铜器时代的人类观测天空的"记忆图纸"。

*

直到今天，通过大量不同角度的阐释，内布拉星象盘悬而未决的谜团看上去已经"尘埃落定"，然而对谜底的解释却远远不够详尽。（引自梅勒，2006）因为通过"神话"来解释也说得通，并且考古天文学新近的知识和观点并非无可辩驳：星象盘底部边缘的那条不对称、表面可见沟纹的金制弧段被认为是一条沿地平线航行的"太阳船"。实际上，这种带有一系列线条的弧形在欧洲北部和中部被广泛视为青铜器时代船只的早期象征。在埃及出土的文物上，太阳船的意象再次得到了印证，而之后太阳神乘船航行的神话也在波罗的海以西地区的图像构造和欧洲中部（鸟形太阳船）得到重现。传说中，太阳神乘船在天空中昼夜航行；还有一种说法称"太阳船"可能是月亮或太阳在地平线之间的运载工具，凭借对宇宙神话和宇宙历法的动力学解释，内布拉星象盘看上去像是天文学知识和神话宇宙观的一个紧密结合体，它代表了青铜器时代欧洲人类对宇宙运行规律的想象水平，同时也是古希腊天文学图示最早的链环之一。[引自赫西俄德（Hesiod）与荷马（Homer）]

星象盘的发现地，米特尔贝格山也为这种解释框架提供了重要证据，至今并没有在它被森林覆盖的高地发现有人类居住过的明显痕迹。然而在台地处出土的其他文物表明，最晚在公元前 5000 年以后，米特尔贝格山就被人类以举行宗教仪式为目的频繁造访过。在这种前提下，内布拉星象盘被猜测为某种"圣器"[玛拉采克（Maraszek）与梅勒语，2010]便是有意义并可以理解的了。还有一个证据也暗示了内布拉星象盘曾较长时间地为宗教目的，即举行宗教仪式所用：这块青铜圆盘的边缘曾在某一天被钻了孔，对此的一种可能性解释是，星象盘的功能发生了变化，它被固定在了一个支架上，或许从此以后被作为战旗使用。如此看来，它可能作为宗教仪式的一部分突显了这一文明圈的人类举行宗教崇拜活动的方式。

毋庸置疑的是，通过至今存在且有争议的众多可能性阐释，从轰动性的发掘到"考古天文学上的重大发现"（梅勒语），再到天文学和神话符号的神秘载体，内布拉星象盘的"知名度"得到了迅速提升。尽管如此，内布拉星象盘的谜团仍远远没有完全解开，许多惊喜等待着我们去继续发掘。

条顿堡森林

会战：

阿米尼乌斯

与瓦卢斯的

对决

Die Schlacht im Teutoburger
Wald: Arminius contra Varus

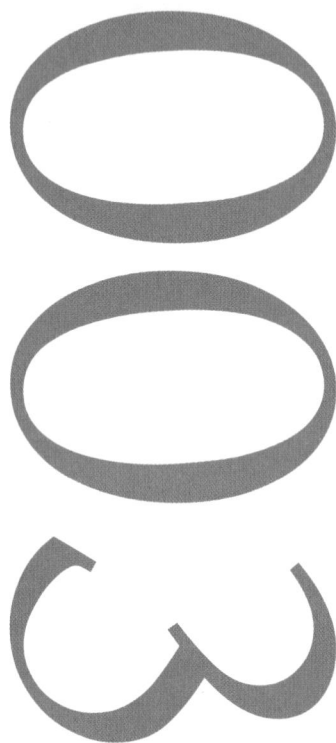

003

罗马人的面甲

这是在下萨克森的卡尔克里泽的奥伯里施发现的一具罗马人的面甲，它来自于公元9年的瓦卢斯战场。

029

　　这样的面甲主要在公元 1 世纪上半叶的罗马军队中流行。它是罗马士兵最古老的一种面甲。它不单是一种行军盔甲，还可以在战争中佩戴；它由铁锻造而成，有银片包边和内衬，在额头位置钻有小孔，可以通过金属丝与带护颊的头盔连接在一起，并可以向上翻起。面甲眼睛部位细长的开口保证了相对良好的视线，呼吸和听力则受到一些影响。不过这种面甲具有保护功能，因为它能够将斜向的射击和挥砍格开，当面对直面攻击时则更加危险。

　　特奥多尔·蒙森（Theodor Mommsen）曾在 1885 年就推断，瓦卢斯会战（Varusschlacht）的发生地在卡尔克里泽（Kalkriese）。1987年，一位英国业余考古学者使用磁力计在此地发现了一些钱币和罗马人制造的用于投石机的铅弹后，它成了数百个推测地点中最可信的一个。此后这里发掘出了世界上唯一一个奥古斯都时期的古战场。这个面甲是 1980年代末的早期出土文物之一，尤其具有代表性。它是在位于奥伯里施（Oberesch）日耳曼人建造的 400 米城墙遗址中被发现的，修建城墙可能是为了抵御罗马人最终没有成功的反攻。

　　城墙与泥沼间一条溪谷的隘口正好位于卡尔克里泽山，当时只有100 ～ 200 米宽的干燥路段供罗马士兵行进，这意味着它是一个危险的敌军伏击点。1980 年代后，这里出土的文物最多：武器、盔甲、钱币、角斗

030

士鞋和其他具有军事历史意义的物品——它们是罗马军队曾经路过此地的证据。它们在战争发生近 2000 年后引发了轰动。出土的面甲迅速成为瓦卢斯会战与众不同的标识和充满神秘感的"名牌"。

　　然而日耳曼人的历史痕迹则得不到证明，因为他们的盔甲并不是由永久材料制成的，长矛尖也和罗马人的类似，他们通常喜欢使用从罗马人手里缴获的武器，最终他们作为胜利者将战场上的尸首掩埋。出土的罗马金

属物或许就是证据，它们可能被从战场上有组织地收集、熔化、重铸和再加工。

通过对所有出土文物的定年，时间定格在了公元 9 年，这一年在条顿堡森林中爆发了后来以胜利者阿米尼乌斯（Arminius）或失败者瓦卢斯（Varus）命名的著名会战。这样一场可能持续三四天的战斗一定发生过，并有文字记载为证，不过具体的发生地点却一直没有确凿的说法。但是几乎可以肯定的是，卡尔克里泽至少是这场会战一个保存甚好的现场，罗马人在这里损失了三个军团的力量：共 15000 ～ 20000 名士兵以及 4000 ～ 5000 头用于骑乘、耕种和驮货的牲畜。此外，这些军团"金鹰旗"的倒下成为罗马人标志性的耻辱事件，罗马数字 17（XVII）、18（XVIII）、19（XIX）也因此不再被用于军团编号：要避免一切关于那次惨痛失败的回忆。实际上，罗马人对继续攻占前莱茵地带（Rheinfront）① 心存畏惧，他们害怕高卢的陷落会促使日耳曼—高卢反罗马联盟被建立起来。

阿米尼乌斯原本是一名对罗马友好的切卢斯克贵族（adeliger Cherusker）和军官，被授予过罗马公民权，也是瓦卢斯曾经的密友。后来他以罗马后备军首领的身份在他的家乡日耳曼尼亚发起了针对罗马军队的反击。这场"叛乱"是否与总督瓦卢斯在当地实行的同前任总督提比略（Tiberius）一样的暴政有关，目前仍存在争议：阿米尼乌斯谋反和叛乱的真正动机尚不清楚。不过从中也可以看出，在内外局势和冲突发生变化的情况下，罗马人对当时被征服疆域的统治仍不稳固。

提比略曾在奥古斯都皇帝统治下的日耳曼行省担任过两年总督，瓦卢斯是其继任者。公元 9 年的夏天，为了镇压事实上由阿米尼乌斯密谋的叛

---

① 莱茵黑森丘陵通往莱茵河谷的东部斜坡。（本书页下注均为译者注，后不再说明。）

乱，瓦卢斯率领由切卢斯克族人辅助的三个罗马军团从威悉河（Weser）大本营动身。当时罗马帝国内部的局势尚且稳定，以至于瓦卢斯选择了一条看上去安全的道路，因为途经的日耳曼部落已在很大程度上罗马化了。然而这条路也将他引入了日耳曼人设下的伏击圈，并导致了罗马军团的溃败。失败是灾难性的：按照罗马人的惯例，瓦卢斯最后死在了自己的剑下，他手下的军官也和他一样选择了自杀。瓦卢斯的首级被绕着罗马游行了一圈，皇帝奥古斯都最后将其光荣地安葬在了自己将来的陵墓中。传说中，他曾在听闻军队惨败的消息后大声疾呼："瓦卢斯，瓦卢斯，还我军团！"

会战结束后不到两天，罗马军团溃败的消息就传到了莫根提亚肯（Mogontiacum，今美因茨）。为了阻止事态的进一步发展，尤其是防止莱茵河左岸部落因此脱离罗马的统治，驻扎在美因茨的罗马军队副将，也是瓦卢斯的副手和侄子听闻后便急忙带着两个军团向莱茵方向赶去，对莱茵河右岸的所有阵地则采取放任态度。日耳曼人尽管占领了许多要塞和堡垒，却没有再组织起一个针对罗马的部落联盟，因为他们相互之间并不团结，其中尤以马科曼尼之王马尔鲍特（Markomannenfürst Marbod）和阿米尼乌斯的矛盾最为激烈。公元 21 年，阿米尼乌斯在与同族人争执后被刺身亡。

瓦卢斯的惨败让罗马帝国征服日耳曼尼亚的进程一下推后了二十年，因此为了保住对高卢和莱茵河一线的占领，以及防范对方入侵，吃一堑长一智的提比略在公元 10 年的春天决定撤军，并对莱茵军团进行强训和重新整编。在他强有力的措施下，罗马帝国在莱茵河右岸地区的统治很快便恢复了稳定。

*

　　无论古代还是现代作家，瓦卢斯都被错误地刻画成一个无能、自负且贪财的角色，而阿米尼乌斯的形象则被抬高甚至歪曲。从 15 世纪和 16 世纪初塔西陀（Tacitus）的著作被再次发现开始，阿米尼乌斯便被塑造成了德意志的"民族英雄"，塔西陀将他描述成"毋庸置疑的日耳曼尼亚解放者"；在他的笔下，德意志的历史仿佛也是由阿米尼乌斯开启的。人文主义诗人乌尔里希·冯·胡滕（Ulrich von Hutten）也是"阿米尼乌斯崇拜"的缔造者，这一点在他去世后出版的反映宗教改革和反教宗思想的文录《阿米尼乌斯》（1529）中有所体现。马丁·路德（Martin Luther）则向阿米尼乌斯"德语化"的名字"赫尔曼（Hermann）"表达了诗意的"祝福"和"由衷的热爱"。

　　作为德国有影响力的法学家，以及博学的"民俗学之父"，尤斯图斯·默泽尔（Justus Möser）还创作了一部以阿米尼乌斯为主人公的悲剧（1749）；约翰·戈特弗里德·赫尔德（Johann Gottfried Herder）对日耳曼人的法律表示赞扬；弗里德里希·戈特利布·克洛卜施托克（Friedrich Gottlieb Klopstock）在他的《赫尔曼三部曲》（1769、1784、1787）中将阿米尼乌斯称为"民族英雄"。后来拿破仑占领和德意志解放战争（Befreiungskriege）又给这一主题提供了新的"养分"：恩斯特·莫里茨·阿恩特（Ernst Moritz Arndt）书写了一个"新赫尔曼"；"体操之父（Turnvater）"弗里德里希·路德维希·雅恩（Friedrich Ludwig Jahn）要求将瓦卢斯会战的爆发日期定为德国的国庆纪念日（直至 1910 年前后，9 月 9 日一直被当作这场持续三天战斗的开端）；海因里希·冯·克莱斯特（Heinrich von Kleist）在他的剧本《赫尔曼会战》（*Hermannsschlacht*，1808）中将法国人比作罗马人，将普鲁士人比作切卢斯克人，不过他的剧作在 1870 ~ 1871 年普法战争后才被当作"国庆剧目"进行演出。此外，在鲁尔占领期间还上映了一部同名的无声电影。

维也纳会议过后，普鲁士和奥地利政府视"阿米尼乌斯神话"为威胁，少年团体也禁止以他的名字命名；虽然海因里希·海涅（Heinrich Heine）在他的长诗《德国，一个冬天的神话》（*Deutschland. Ein Wintermärchen*，1844）中嘲讽了瓦卢斯会战中的民族主义情结，但众所周知的是，他也为赫尔曼纪念碑的建造"捐出了一份善款"。为了实现宣传许久的竖立赫尔曼纪念碑的想法，一个专项协会于 1838 年成立，并于 1841 年在代特莫尔特市（Detmold）格罗滕堡（Grotenburg）386 米高的山上打好了基石。纪念碑于 1871 年完工，并在 1875 年举办了落成仪式；在数千名参加者面前，出席典礼的德国皇帝威廉一世被与阿米尼乌斯相提并论。

历史画也偏爱这个主题。而且直到第二次世界大战结束之前，文学领域一直将阿米尼乌斯对瓦卢斯的胜利看作德国历史的开端和基石：费利克斯·达恩（Felix Dahn）在他的畅销书《罗马之战》（*Kampf um Rom*）问世前四年就写下了《瓦卢斯会战的胜利赞歌》（*Siegesgesang nach der Varusschlacht*，1872），1902 年诺贝尔文学奖获得者特奥多尔·蒙森将这场会战称为"世界历史的转折点"（1872）——弗里德里希·恩格斯（Friedrich Engels）后来也表达了同样的观点——并称德国民族意识的产生始自瓦卢斯会战。

在帝国时代，赫尔曼纪念碑成了民族主义者、种族主义者和反犹主义者的朝圣地。第一次世界大战伊始，赫尔曼神话对于德国国内党派的"休战"无疑是有意义和利于团结的，一战结束后则成为所谓"背后一剑（Dolchstoßlegende）"①的说辞。希特勒在 1926 年造访了赫尔曼纪念碑，一年后正值克莱斯特诞辰 150 周年，希特勒的首席幕僚罗森堡（Rosenberg）借机在帝国总理府展出了 8 条特别制作的壁毯，其中一条上描绘的便是瓦卢斯会战。相对于被动防御，希特勒更喜欢寻求扩张，在这一点上他与他的法西斯朋友墨索里尼没有任何分别，倘若阿米尼乌斯是失败的一方，对于日耳曼人来说未尝不是一件好事。

赫尔曼纪念碑的整体高度为 53 米，其中人物雕像高 26 米，它有可能是建成十年内世界上最高的雕塑。现如今它是德国最受欢迎的一座纪念碑，每年接待访客近百万人次，而距离纪念碑仅约 100 公里远、存放着 2000 年历史文物的卡尔克里泽博物馆却依然游人寥寥，甚至无人问津。

不管作为历史转折、重大事件还是众多会战之一，对瓦卢斯会战和赫尔曼神话的记忆，以及它们在社会或（和）政治潮流推动下的工具化发展，都或多或少地体现了德国历史的生动一面。

---

① 一战结束后的一种观点，认为德国的战败是由于"后方的背叛"即革命所致。

德国

的

葡萄酒文化

Die deutsche Weinkultur

004

这是一块"运酒船"造型的墓石，它在首次展出时便吸引了人们的注意力；2007 年以后，甚至有人根据它的样子仿造了一条真船。

035　　　这样一件如此具有魅力、富于想象力的物品是如何在它产生近 1700 年后，在远离它最初的地点被发现的呢？ 1878 年，它从位于诺维奥玛古斯（Noviomagus，诺依玛根的拉丁文名称）的君士坦丁小城堡地基中被发掘出来，出土地点所属的诺依玛根/摩泽尔河区域（Neumagen / Mosel）可能是德国最古老的葡萄酒产地。除其他文字记载以外，特里尔（Trier）政府官员奥索尼乌斯（Ausonius）在 371 年写下的著名田园诗游记中也提到了"Mosella"（今摩泽尔）、诺依玛根和葡萄种植。诺依玛根曾是一个船运周转地和堆货场，也是远航贸易线路的枢纽。这艘"运酒船"的出土被后人视为"幸运的发现"，它被证实是公元 3 世纪早期某个大型墓碑的最初组成部分，它不是曾竖立于特里尔城门前罗马人的公墓中，就是曾被安放在摩泽尔河上游的某个中等规模的农庄内。

　　　由于墓石上并没有出现任何碑文或图案，我们只能依靠这块"运酒船"墓石推测死者的身份。可以肯定的是，墓碑的主人家境殷实，他可能是一名成功的商人，也可能是一位大庄园主、高级军官、船东、船舶或葡萄酒爱好者，还有可能是一名当地最常见的罗马葡萄酒商。首先，船上装载的货物给出了线索；其次，从 2 名舵手之一所"流露出的"面部表情看出，他是一个"好酒之人"。迄今为止，诸如此类的推测一直是科学研究的对象，至于它是罗马晚期哪种样式的战船，并没有确切的答案：船上带有 6 名划桨手，舷栏杆上装有舷墙，船头和船尾雕刻着起威慑作用的兽首。无论如何，打造这个墓碑的石匠并没有表现军事用途的意思，在最突出的大木桶中装的可能是盐、鱼露，也可能是啤酒，可能性最大的是红酒——说不定它是一艘退役后用于葡萄酒运输的战船。

036　　　事实上，罗马人确实会将自己产的葡萄酒装进酒桶和双耳瓶中运往日耳曼尼亚，因为从凯尔特人时期开始，他们就不喜欢用野生葡萄酿造而成的"本地酒"。他们还通过罗讷河谷（Rhonetal）将家乡的葡萄藤运到摩泽尔河和莱茵河流域；他们的葡萄酒酿造在当地愈发受到欢迎，1 世纪末甚至为了促进葡萄酒进口而被限制产量。到 3 世纪的最后 25 年，葡萄酒（平时兑水饮用，特殊场合直接饮用且味道更好）的消耗开始大幅提升，因此进口量也随之提升。在君士坦丁统治时期甚至还设有葡萄酒管理专员，履行国家对当时大片葡萄种植园的监督管理职能。摩泽尔河上的葡萄酒运输因而变得更加的繁忙，葡萄酒商的数量也随之增多，这些人完全有能力为自己建造彰显身份的墓碑。

从 7 世纪头 25 年开始，德意志领土上的葡萄酒酿造蔓延到了莱茵河右岸区域，6 ~ 7 世纪以后，多瑙河以南的地区也开始酿造葡萄酒。查理大帝颁布了《庄园法典》（Capitulare de Villis），除了用此管理他的产业之外，还规定葡萄酒应储存在橡木桶而不是酒囊，即动物皮囊（更难清洗且容易导致葡萄酒迅速老化）中，并且出于卫生原因禁止使用脚踩的方式榨取葡萄汁。而他自己"用餐时却极少喝超过三杯酒"[艾因哈德（Einhard）语]，不管有多少诸侯反对，他仍宣布禁止在公共场合强制售酒。七个世纪以后，马丁·路德悲叹道，"我们布道、呐喊、再布道，可惜用处并不大"，这件事在他看来并不是宗教上的节欲，而只是一种节制。

中世纪早期的葡萄品种几乎没有什么区别，但是从 13 世纪开始便出现了"匈人酒（vinum hunnicum）"和更珍贵的"法兰克人酒（francium）"，而它们的差别和葡萄酒的颜色并没有关系。因为在 15 世纪中叶，人们主要饮用红葡萄酒；而在 13 世纪时白葡萄酒则更为流行。葡萄酒文化的中心是修道院，不仅仅因为葡萄酒是举行弥撒仪式的必需品。葡萄酒也是一种国民饮品。德国中世纪的人均年葡萄酒消耗量为 150 ~ 200 升，而今天只有 21 升。即便是生活朴素的西多会僧侣也在团规中确定了其对葡萄种植山坡的所有权。不仅如此，世俗的王公贵族也大力发展葡萄酒酿造事业。由于含有酒精，葡萄酒在当时比水更干净且不容易滋生细菌，所以也更易于储存；为了打击掺水的作假行为，当时德国各地都采取了相

037

应措施，比如在 15 世纪下半叶颁布了一系列葡萄酒法令。当中世纪的黑暗迎来曙光时，德国境内的葡萄种植总面积达到了现在的 3 倍。葡萄酒的产量也相应提高，不仅可以满足自身需求，还可以出口。科隆曾被称为"汉萨城市的葡萄酒庄（Weinhaus der Hanse）"。

三十年战争过后，葡萄酒的品质明显下滑，其销量也随之大幅下降。对于 18 世纪末的德意志来说，采取改善酒质的措施尤为必要，这一时期在当地大主教的促进下，摩泽尔河一带逐渐成为雷司令葡萄酒的产区。在拿破仑采用世俗化方式统治德意志时期，教会在莱茵河左岸地区葡萄酒酿造中的统治地位才开始消退；贵族、修道院和教会拥有的大酒庄被收归国有，重新分配，也常常被高价拍卖给当时在封地上负责种植的雇农。然而从统治阶级主导耕作到自己负责种植和销售，这样的转变使得酿酒和储酒技术停滞不前，葡萄小农们因此只能勉强糊口，一部分人进而移民国外，合作社性质的行业联合也应运而生。从 19 世纪最后三十年开始，葡萄根瘤蚜从北美洲传到了伦敦和法国，在 19 世纪末前后也传到了德国。直到第一次世界大战结束后，这种虫害才带来了灾难性的后果。19、20 世纪之交，通过在有免疫力的美洲葡萄株根部嫁接欧洲葡萄品种，虫害才被成功攻克。在此之前，德国的葡萄酒酿造业几乎陷于停滞。

酒精含量决定了葡萄酒的耐久性和口感，酒精度因葡萄中含有糖分的多少而有高低之别，而糖分无疑又受到光照和气候的影响。19 世纪中叶前后，糖的价格低廉到有利可图，它才被添加进气泡酒和葡萄酒中。19 世纪初，提高干红葡萄酒酿造效率的"夏普塔尔加糖法（Chaptalisieren）"①在行业中开始流行。1840 年前后，"予思勒度（Oechslegrad）"②在德国被确定为葡萄汁

---

① 以其发明者、法国化学家夏普塔尔命名的葡萄酒酿造工艺，即通过在葡萄汁中加糖来提高葡萄酒的酒精含量。

② 以其发明者、德国金匠予思勒命名的经测量仪标定的一种果汁糖度表示单位。

糖度的测量单位。路易·巴斯德（Louis Pasteur）揭开了发酵的秘密，杀菌技术的普及使甜葡萄酒在 20 世纪下半叶得以大规模灌装。和橡木桶相比，不锈钢容器有利于更好地保留葡萄酒在口味上的细微差别。19 世纪中叶，"加尔法（Gallisierung）"① 使葡萄酒的品质有所提升；在接近 19 世纪末时，"加尔法"作为"湿式改善法"被写进了德国的食品法规。法律规定，在阳光照射严重不足的情况下，可向葡萄汁内添加水和糖作为补偿，以使酿造出的葡萄酒达到一定的度数。今天，德国并没有（也不再会）颁布一部真正的《葡萄酒法》，因为欧洲从 1970 年开始已然建立起了日趋复杂的《葡萄酒市场管理条例》。

莱茵黑森、普法尔茨、巴登、符腾堡和摩泽尔是德国现有最大的葡萄酒产区，其规模远远超过其他葡萄酒产区，它们占地近 10 万公顷的种植面积出产了德国 86% 的葡萄酒（2008）。产量位居第一的葡萄酒是雷司令（Riesling），占总产量的 22%；其次是米勒－图高（Müller-Thurgau），占总产量的 13%；斯贝博贡德（Spätburgunder）② 以占总产量的 12% 位居第三。除此之外，德国的葡萄酒种类还有很多。在法国、意大利和西班牙之后，德国是欧洲第四大、世界第八大葡萄酒出口国。德国葡萄酒平均产量的 14% 被出口到 100 多个国家，出口总量达 1.3 亿升，其中主要的出口目的国是美国、荷兰、英国和挪威。

不管在过去还是现在，葡萄酒对于社交生活的意义都举足轻重。公元前 7 世纪，莱斯沃斯的阿尔卡埃乌斯（Alkaios von Lesbos）曾在他的诗中赞美葡萄酒是"人类之镜"，从中可以看到真理，罗马人因此有了"酒后吐

---

① 以其发明者、德国化学家加尔命名的向葡萄汁里添加糖水的工艺。当时，摩泽尔产区因葡萄连年歉收、甜度不足，导致酿造出的酒品质不高，而这种工艺可以提高葡萄酒的品质。

② 黑皮诺在德国的别名，又称"德国黑皮诺"。

真言（in vino veritas）"的名言。不过各个国家的饮酒文化差异悬殊，比如地中海国家认为饮用葡萄酒"与社交行为相得益彰"，即葡萄酒适合在任何场合饮用；而在包括德国在内的其他国家，社会学家则认为饮用葡萄酒"与社交行为两相矛盾"，即在社交中可以接受，但并不是逢场必喝。

在西方文化中，诺亚（Noah）是最早的葡萄农，因为他在《圣经·创世记》中将葡萄藤带上方舟，在大洪水退去后将它们重新栽种，但也因饮用葡萄酒而醉倒。应该早在罗马人时代，而并非从中世纪开始，人们才饮酒多过饮水——"诺依玛根运酒船"墓石上表情愉悦的舵手可能会让观者联想到葡萄酒消费的变迁。时至今日，葡萄酒品种的多样化和国际竞争的激烈程度已大大提升，同过去相比，葡萄酒口味更加被时尚潮流所引领：100 年前人们可以说，葡萄酒的口味会保持百年不变，而现在，葡萄酒的口味每十年就一变。在二战结束后物资短缺的 1950 年代，价格低廉、味道香甜的葡萄酒成了"紧俏商品"；在德国经济奇迹时期，用晚熟和精选葡萄酿造的葡萄酒更受欢迎；1970 年代以后，"干"红（白）葡萄酒开始流行；1980 年代，健康风潮使得红葡萄酒愈发受到欢迎，其影响力一直持续至今；1990 年代之后，酒精度数更高、由南半球葡萄品种酿造而成，以及用橡木桶窖藏的葡萄酒在世界范围内备受推崇；在最近的 1000 年中，影响葡萄酒品质和风味的"风土条件"取代了"位置环境"，"土壤类型"取代了"葡萄品种"。现如今，个性化和全球化（或者统一化）的趋势相向而行，葡萄酒的品质也普遍有了明显提高，然而如果葡萄酒这一文化财产"只"是一种饮料，那么它的多样化就不可能出现了。

有一些文化财产时隔几千年才得以重新示人，其中之一就是这块给人留下深刻印象的罗马酒商墓石；显而易见的是，在古代晚期（Spätantike），人们甚至将墓地当成了采石场。

中世纪

维京人

Die Wikinger

005

海泽比 1 号

通过科学家细致缜密的工作，以及对少数出土文物残骸（轮廓）的还原，海泽比 1 号的原貌终于得以重现。

海泽比（Haithabu）可能建立于 8 世纪，它位于今海泽比诺尔湖（Haddebyer Noor）湖畔的德国石勒苏益格（Schleswig）外，1000 年前曾是北欧的一座"大都市"。8 ～ 11 世纪，来往于东西欧的数条远洋贸易航线在这里交会，人们可以从斯堪的纳维亚抵达阿拉伯，世界各地的人和商品云集于此，人们在这里交换各种各样的作物和货币；人们还在这里铸造钱币。在北海和波罗的海之间的货物转运上，这个港口城市有着将近 300 年的重要地位，因为从这里只需在陆上行进 18 公里，穿过特雷讷河（Treene）和艾德河（Eider）就能到达北海。一堵高大的半圆形围墙保卫着这座城市和它的 1000 ～ 1500 名居民，它同丹麦人为防御南面邻居所筑的壁垒——丹麦工事（Danewerk）——相连。

从那个时候起，一艘不寻常的"维京船（Wikingerschiff）"就停泊在这个城市的港湾中。20 世纪初，对这片区域的整体考古发掘才突显了海泽比的重要意义，而早在 965 年，阿拉伯人在他们的旅行编年史中就将此处描述成"大洋最远处极其庞大的城市"。1926 年 12 月，当地渔民在捕鱼时偶然撞上了一块长木头，它像是一条独木舟的组成部分。此后，人们对此地进行了系统性挖掘，因为通过更多的发现或许就能推测出有古船存在。由于当时纳粹党正在寻求"日耳曼人的正统身份"，在"第三帝国"统治时期，挖掘工作在意识形态上具备充分的理由，因此获得了特别优先权：海因里希·希姆莱（Heinrich Himmler）在 1934 年接管了对挖掘项目的"支持"工作，他在 1935 年成立了"智库基金会（Ahnenerbe-Stiftung）"，向海泽比考古项目提供了将近一半的挖掘经费。

直到 1953 年，这个港口栅栏的剩余部分，以及这艘被科学家称为"海泽比 1 号（Haithabu 1）"的维京船残骸才被挖了出来，这是一个震惊世人的发现；直到 1996 ～ 1997 年"罗斯基勒 6 号（Roskilde 6）"在丹麦被发现之前，它是世界上发掘出的最大的维京船。然而将它打捞出来并不是一件容易的事，因为混浊的海水导致了一系列问题，1966 年在德国海军协助下的潜水行动也无功而返。1979 年以后，通过在水中围绕着船体一片一片地打下板桩墙形成箱体，水最终得以从箱体中抽出，维京船中的水终于被排空了。

从船体的形状判断，"海泽比 1 号"有着不同的用途——也被当作战船使用——它的不同寻常不仅缘于 30 米左右的长度，还因为出于建造和修理方便而使用了昂贵的原材料。根据当时的调查研究，这艘维京船可能建造于 10 世纪末，即 982 年前后，并在 990 ～ 1010 年间沉没。燃烧痕迹表明，船在沉没之前向右舷倾斜，身陷熊熊火海，左舷一侧直至吃水线位置全被烧焦。对这艘维京船燃烧和沉没原因的解释可谓五花八门。首先不可能是意外，其次"异教的"祭葬仪式也说不通。较为可信的一种说法是，这艘船在当地遭遇了一场围绕海泽比进行的战斗：在这种情况下，这艘战船可能中了射向港口的燃烧箭，船帆沾上的焦油最后引燃了船体；又或者，它被当作"火攻船"——一种燃烧的攻城撞槌——使用，根据北欧萨迦（Saga）[①] 传说的描述，它是被进攻方故意点燃并扬帆撞向防守方的防御工事的。不过这种质量的船是不是真的被这么用，恐怕至今也无从知晓了。但至少可以确定的是，海泽比已在 1066 年的一场会战中毁于一旦。房屋因着火而纷纷倒塌，从此，在这片北欧曾经的大都市遗址上再也没有大规模地建造过房屋。

---

① 冰岛及北欧地区的一种特有文学体裁。

*

当说起居住在海泽比，或者居住在其附近可能也造船的人们，我们会很容易地提到"维京人（Wikinger）"。然而，维京人究竟是何方神圣？法兰克人干脆叫他们"nortmanni"，即"北方人"，这表示他们清楚"维京人"并不是一个民族。虽然在文字史料中也能找到"Vikingr"的概念，但相关的记载则非常少且表意极为模糊。按照中世纪一名可靠的编年史作家不来梅的亚当（Adam von Bremen）的描述，"维京人"是海盗的别称，丹麦人管他们叫"维京人"，萨克森人称他们为"阿施科曼诺人（Ascomannos）"①。他们由于向丹麦国王纳贡才没有被驱逐。

尽管维京人只是斯堪的纳维亚人的一个分支，然而他们的行为却在整个欧洲，乃至欧洲以外的地区产生了影响。他们的价值主要体现在杰出的造船和领航专业技能上。他们的造船质量堪称传奇；他们建造的船同时也是威望和权力的象征。浅吃水的轻型维京船可以沿着河流深入内陆，而且停靠不受港口条件限制。人们甚至可以将它们拖上岸维修。此外，它们还适合远洋航行，因为大型四角帆能实现远距离航行，长船身可以进行有效划行。像"海泽比1号"这样的维京船约有30组排桨，这使得在没有风的情况下，船也可以惊人的速度前进。也有文字史料提到"维京长船"的速度非常快，因此特别适合进行突袭式掠夺；维京人还制造了一种名叫"诺尔（Knorr）"的商船，船肚比维京船更大、更宽，因此在远洋贸易中具有很大的优势。这种北欧船型在11世纪可以载重60吨，在12世纪已经可以

① 即白蜡树人，因为维京人喜欢用北欧盛产的白蜡树造船。

载重 80 吨，到了 13 世纪载重更是高达 150 吨。

关于维京人野蛮粗暴的传统说法一直延续至今。他们驾船出征同经济和贸易上的利益密切相关，他们经常进行"强盗性质的商业航行"〔弗里德（Fried）语〕：奢侈物品、奴隶、日常用品和食物都是他们猎取的对象，他们在北海和波罗的海、大西洋沿岸和地中海海域四处掠夺。他们还侵入了俄国境内的河流，抵达了拜占庭的水域。他们袭击修道院、庄园和乡村，抢走金银财宝，强行带走并奴役他们的手下败将。查理大帝的编年史作家艾因哈德（Einhard）记录了当时为了抵御维京人而修建防御工事，甚至在重要的入海口布下船只的情景。

根据基辅人 9 世纪的编年史记载，维京人对西法兰克王国和大不列颠群岛的掠夺尤其猛烈，在更遥远的东欧，"瓦良格人（Waräger）"[①] 强迫斯拉夫人和位于今俄罗斯境内的其他民族向其纳贡。维京人一开始的航海抢劫更为随意且以岸边抢劫为主，随着时间的推移，越来越多的好战者开始进行有计划、有规律和更为频繁的冒险，也更加深入内陆地区。最终，维京人在他们占领的地区留了下来，他们的队伍多次在法国过冬，有时也作为一个群体在某些地方建立防御工事，一待就是好些年。比如在 9 世纪末的弗里斯兰（Friesland）和英格兰，或是在 880 年以后的莱茵河下游地区。911 年，一个维京人首领在赢得掠夺战后获得了诺曼底（Normandie）的封地，并在当地建立了一个公国；1016 年，维京人占领了整个英格兰，并从 1020 年开始统治意大利南部。

维京人的势力范围还延伸到了更遥远的北部：他们在 9 世纪发现了冰

044

---

① 东斯拉夫人对斯堪的纳维亚半岛的日耳曼部落，即诺曼人的称呼，西方史学著作中提到的维京人就是瓦良格人。

岛并在那里定居；10 世纪，第一批维京人在格陵兰（Grönland）海岸线安家。11 世纪前后，雷夫·埃里克森（Leif Eriksson）带着他的船队抵达了大西洋对岸的一个后来被他称为"文兰（Vinland）"（今纽芬兰岛）的大陆，因此成了到达北美洲的第一个欧洲人。冰岛的一则萨迦传说记载了这件事，当地的出土文物也在一定程度上提供了佐证。不过，维京人并没有在美洲大陆长期居住。

随着历史的不断发展，维京人的形象在德国人眼中也一再发生变化。13 世纪的英雄史诗《尼伯龙根之歌》（*Nibelungenlied*）再现了日耳曼人民族大迁移时期的场景，它在 18 世纪被再次发现，此后随着 19 世纪对日耳曼人神话热情的日益高涨，德国人对维京人的兴趣也在不断升高。20 世纪的纳粹主义也借此大做文章，进行意识形态灌输，并对维京人的"北方正统地位"和他们对其他民族的霸凌进行种族主义式的美化。而在苏联大诺夫哥罗德（Gründung Nowgorod）和基辅（Kiew）等地的建立过程中，维京人所起的作用则被全盘否定。

我们对维京人的认识还不够全面，还需要进一步的调查研究，而诸如海泽比这样的考古发现则对此提供了巨大帮助。事实上，现如今的研究成果比之前要丰富得多，从 1960 年代开始，人们也愈发避免提出片面的观点，不再只将维京人看作残暴的武夫。今天，在不回避好战性的前提下，他们的远洋贸易、和平定居和航海发现毫无疑问地被高度评价。维京时代后的过渡时期、汉萨同盟对维京人远洋贸易的延续，以及中世纪早期和盛期的继续发展与转变，这些都是值得我们继续深入研究的话题。

文化变迁

中的

钟

Glocken im
kulturellen Wandel

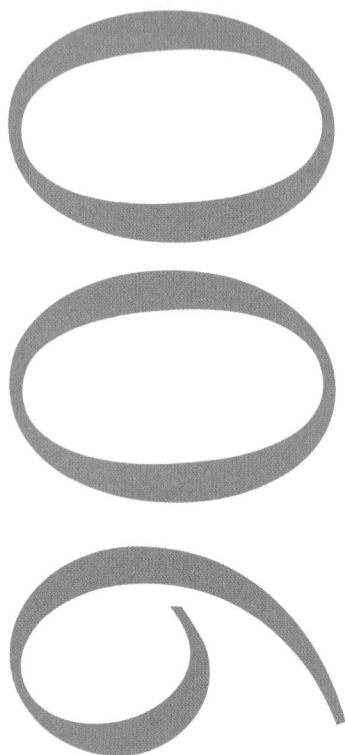

900

绍方钟

绍方钟可能来自 9 世纪。许多
古钟沦为了 20 世纪两次世界大
战的牺牲品。

传说中，绍方钟（Saufang-Glocke）是被一头猪从土里拱出来的（也因此而得名），对于猪来说这可是个了不得的发现。实际上，在敌人靠近时将钟藏起来或者埋在土里的做法并不少见；据传，诺曼人在 881 ~ 882 年野蛮入侵了莱茵兰。也许从 9 世纪最后三十年科隆女修会（Kölner Damenstift）的圣则济利亚教堂（St. Cäcilien）建立开始，这口钟就悬挂在当时的教堂里，直到 1000 年后的 19 世纪末才被收入博物馆。它的历史或许更为悠久，可以追溯到库尼贝特（Kunibert）担任科隆主教的 7 世纪，传说中它被献给主教并在他去世当天一直响声不断，之后才被挂在圣则济利亚教堂内；它作为"圣库尼贝特之钟（sent Kunibertz clocke）"被明确写入了 14 世纪的修会规约。绍方钟"至少是西方古钟历史上唯一早期有记载"[珀特根（Poettgen）语] 的古钟，也是德语区现存最古老且功能完好的古钟之一。

这口古钟由 3 块铁片锻造并相互铆接而成，使用铜进行铸造在当时还很少见。古钟的截面为椭圆形（33 厘米 × 19.5 厘米），外形像朵漂亮的白头翁花蕾，侧面和肩部微圆，棱角不清，下部边缘微微向上翘起。钟锤已不是原件，取代这类内击式古钟常见钟冠的是一个焊接的吊架，它被装在一根方木杆上，重达 15 公斤的钟体可以在上面来回摆动。它不仅从外观上（长度为 42 厘米，比普通钟更长）会让人联想到牛铃，在音色上也与之接近。尽管如此，它也从未被敲出美妙的乐声。

虽然摇铃和钟的造型各异，但是它们发出的声响都主要被当作呼唤信号，比如罗马人用摇小铃铛的方式宣布浴池开门营业，在承认基督教为国教（380）后，罗马基督教徒主要用铃锤敲打的方式呼喊，然后使用摇铃做礼拜，本笃会的修士也用摇铃为彼此祈祷。爱尔兰和苏格兰的游历修道士见状后，将这种形式引入了本国的基督教活动中，首先是手摇铃，接着是钟；据推测，绍方钟也因此被带到了科隆。此外，使用铜来铸造钟的技术也从爱尔兰传入欧洲大陆，来到了德国的富尔达（Fulda）、埃尔福特（Erfurt）、赖兴瑙岛（Reichenau），以及瑞士的圣加仑（St. Gallen），查理大帝进而在 800 年前后将一名修道士从那里带到了亚琛（Aachen）；最晚从那之后，德国除了锻造铁钟之外也有了铜铸钟，在亚琛大教堂（Aachener Dom）还出现了铜制大门。从 11、12 世纪开始，钟的制作不再限于修道院的自身需要，缘于此，铸钟手工艺在德国繁荣兴盛起来。

直到 13 世纪，钟主要被当作一种声音信号使用，不管是在宗教仪式（祷告钟、奉献钟、庆典钟、礼拜钟、晚祷钟等），还是在世俗生活（市场钟、刑罚钟、审判钟、午钟、晚钟、火警钟等）中，它都发挥着相应的作用；它在大多数情况下"独奏"，即被单独敲响，人人都能辨别出它的声音，并且理解它所传达的信息。所有的钟同时被敲响的情况非常罕见，只有在特殊情况下才会发生，例如为了欢迎重量级人物的到访，因此也会让人感觉很吵闹。在 13 ~ 14 世纪多声部音乐刚出现时，出于音乐上和谐统一的考虑，人们在对钟的重视程度、使用频率和制造力度方面都上了一个台阶，每一种钟声也有相应的标记。

在 14 ~ 15 世纪，为了展现声音更多的音乐性，钟的产量明显增多，为此老钟被回炉重造，按照预先确定好的不同音高，重铸成声音非常悦耳的新钟，这一工艺主要依托于当时先进的对钟体截面定形的铸造技术（而不是改变合金的比例，长久以来行会确定的铜锡比为 4 : 1，而它经常被错误地认为是改变钟声声调的原因）。

关于敲钟这件事，德国各地都有一套本地约定俗成的做法。今天我们所熟悉的大教堂钟声产生于巴洛克时代和 19 ~ 20 世纪。直到那时，钟声一直都是敬仰上帝的象征，其他方面的体现还包括教堂规模和装潢、教堂钟楼高度、教堂玻璃窗颜色和样式的多样化、祭坛的豪华程度、布道台的装饰以及雕塑等。

绍方钟传奇的命运表明，在面对战争威胁时，钟曾处于怎样的危险境地。铜钟经常会"变形严重"[克雷默（Kramer）语]，最晚从 14 世纪开始，人们也使用铜铸造大炮。之后每 100 年都会发生类似具有代表性的事件：15 世纪上半叶，勃兰登堡选帝侯腓特烈（Kurfürst Friedrich von Brandenburg）心怀愧疚地下令将柏林圣母教堂（Berliner Marienkirche）的钟熔化，并在临终前让他的儿子们将其重铸成大炮。马格德堡（Magdeburg）市议会通过决议，不止一次地将"我们亲爱的玛利亚"的钟捐献给军队，先是用于施马尔卡尔登战争（Schmalkaldischer Krieg，1546），然后是三十年战争（1631）。天主教联盟的领导人约翰·蒂利（Johann Tilly）曾是科隆耶稣学院（Kölner Jesuitenkolleg）的一名学生，他将在战争中缴获的钟献给了科隆以便重铸新钟，进而在圣母升天节时使用。

拿破仑虽然喜欢钟声，但是由他下令"回收再利用"的钟却在 10 万口左右，比世界历史上任何其他人下令回收的都要多。在德意志帝国战胜法国后，德皇威廉将由法国加农炮重铸而成的钟，包括那口重约 27 吨的"皇帝钟（Kaiserglocke）"捐赠给了将在 1880 年落成的科隆大教堂（Kölner Dom）。1918 年 7 月，这个当时最大的"光荣之钟（Gloriosa）"被取下来，它的原材料再次被用于战争。在那之后，著名的圣彼得钟（St.-Peters-Glocke），也就是当地人口中的"胖彼得（Dicker Pitter）"，以"区区"24 吨的重量取代了"皇帝钟"，于 1925 年首次被敲响，它是世界上挂于直梁的可以通过自由摆动发声的最大的钟；除此之外，科隆大教堂还拥有 7 口钟，其中 2 口来自 15 世纪中叶，因此它成为世界上最伟大和最具历史意义的大教堂之一。

在两次世界大战中损失的钟不仅是因为它们在 1917 和 1940 年被强制征用，还因为它们在这两次战争中被存放和处理不当。据估计，全德国一半的教堂钟毁于一战，二战中损毁的数量达到了将近 50000 口。战后特别在汉堡，人们对堆积钟的大型"墓地"进行了一次仔细清点，还重新收集和整理了大量音像资料，这使得负责任的归还成为可能，比如 1947 年的汉堡"米歇尔（Michel）"教堂就是这样。然而即便如此，据说整个欧洲共有 15 万口钟在第二次世界大战中被熔化。

弗里德里希·席勒（Friedrich Schiller）用诗歌《大钟歌》（*Lied von der Glocke*，1799）纪念铸钟手艺：没有任何一首诗比它享有更高的盛名，它在很长一段时期内成为德国文学的典范，也更为广泛地被收录进金句堆砌的引文宝库，被更多地引用，甚至被改编成戏剧作品。

*

然而随着历史的不断向前发展，发生变化的不仅是通识教育的标准。1950 年有超过 96% 的德国人信仰基督教，今天（根据 2012 和 2013 年的统计数据）只有 30% 的德国人信仰天主教和新教，5% 的德国人是穆斯林（根据 2010 年的统计数据），而没有宗教信仰的德国人占比最高（2010 年为 33% ～ 37%，依统计口径而异）。从中可以推论，最迟二十年过后，走进大教堂祷告的德国人将不到总人数的一半。

德国总计拥有 40000 ～ 50000 座教堂、206 座清真寺（其中 120 座在建或将建）、2600 座礼拜堂和不计其数的"后院清真寺（Hinterhofmoschee）"[1]。

---

① 被当作清真寺使用的穆斯林聚集场所，外形往往不显眼，可以是旧库房或一个房间。

根据伊斯兰教教法，宣礼员要从宣礼塔就近召唤穆斯林每日做五次礼拜，而德国不同地区之间的做法各有不同，最早的宣礼召唤制度产生于 1985 年的迪伦法提赫清真寺（Dürene Fatih-Moschee）。伊斯兰教的祷告召唤受德国宗教自由制度的保护，但如果太过扰民，按照《联邦环境保护法》的规定，其也会被禁止。

针对噪声的严格限制并不适用做礼拜时的钟声，因为根据宪法的规定，教堂在这方面拥有特权。通常在礼拜前、进行主祷文祷告（新教）、化体、足节、复活节守夜荣耀颂以及早中晚奉告祷（天主教）时，钟会被敲响。某些地方还对敲钟作了详细规定，有的地方还流行敲丧钟。

在欧洲大陆的人类文化史中，钟声一直是世俗和宗教紧密联结的纽带。随着工业化、生活和工作节奏的不断加快，以及交流和"丈量世界"方式的改变，人们在很大程度上失去了同外部世界的内在联系。人类的架构体系中不再需要钟了。维也纳文化历史学家弗里德里希·希尔（Friedrich Heer）曾悲伤又冷静地写道，我们生活的欧洲已不再"钟声荡漾"了。

宝座

历史和传说

Königsthron –
Geschichte und Mythos

查理大帝的宝座

这个引人注目的宝座是玛利亚教堂（1802 ~ 1821/1825 年时的名称，1930 年后为大教堂和主教座堂）的"灵魂"。

加冕后的国王"顺着螺旋形楼梯"被引领到了他的宝座前,宝座被架设在"两根极其精美的大理石柱之间,他可以坐在上面俯视所有人,所有人也可以仰望他"。这是编年史作家维杜金德·冯·科维(Widukind von Corvey)在 967 ~ 968 年记录 936 年奥托一世(Otto I)登基时写下的话,它也是关于查理大帝宝座最早的文字记载。维杜金德同时还描绘了被他称作"马尼卡罗利大教堂(Basilica Magni Caroli)"的亚琛玛利亚教堂、由柱廊围成的教堂庭院、八角形圆拱顶教堂内部地上和地下的柱廊,以及这个宝座。在此之后,后者便一再被认为是查理大帝的加冕宝座。长期以来人们都认为,它早就被放置在那里,或许是一个敬奉用的圣髑,而作为加冕宝座首次在 936 年被奥托一世使用。

宝座由两部分组成。一部分为加洛林式,来自意大利的大理石底板上竖着一个由 4 根矮粗柱石组成的简易基座,它的一侧搭建了一个 6 级台阶。柱石的内侧和基座的底面明显被磨得发亮,这应该是无数朝圣者从宝座下慢慢爬过时,他们的衣服同大理石表面反复摩擦的结果。朝圣者们纷至沓来也许是为了表达对查理大帝的敬仰,后者在 1165 年被教宗敕封"圣徒",他的宝座此后成为他的圣髑。据猜测,还有一个圣髑曾被存放在宝座座椅下的凹洞中,它有可能是神圣罗马帝国的珍宝"圣斯德望手袋(Stephansburse)"。它是一个朝圣者的手袋,据说里面装有浸润了圣斯德望血液的耶路撒冷泥土。传说中圣斯德望被投石处死,他的死拉开了基督教徒被迫害的序幕,他自己则成为基督教的第一位殉道者。除了朝圣、重要节庆和举行加冕典礼之外,这个宝座作为圣物被妥善地存放在一个木

箱里〔罗本迪(Lobbedy)语〕。它的侧面被装上了一扇门〔见马里奥·克朗普(Mario Kramp)著作中 1867 年的插图〕,以防止大批"汹涌而至"的信徒从宝座下面爬过,因为当时的人们认为,这种敬拜方式很不得体。

　　原本的宝座座椅被安置在由石灰石制成的基座上，由 4 块二次利用的、适合制作座椅的大理石板组成，石板厚 2.5 ~ 4 厘米。制作宝座座椅的这些大理石板已经是第三次被使用了，上面粗糙雕刻的大量罗马士兵和基督教徒（十字符号和髑髅地）生动地表明了这一点。目前尚未确定它们是否属于圣髑的一部分——它们也许来自圣墓教堂。其中两块——至少是那块刻有直棋棋盘的颊板——此前可能被用作地板。座椅左右两侧的颊板有一个独特的凹形弧度，靠背的上部在 19 世纪初才被做成弧形，之前它的形状近似于一个等边梯形。宽大的座板上可能曾经放置了带有一个厚垫子的木制构造物。4 块大理石板通过 6 个被弯成直角的铜夹片相连接，每个铜夹片通过 4 颗铆钉与石板固定。宝座内部还放置了一个如今重新修缮过的、类似矮凳的木制构造物，它的作用是支撑大理石座板的支承面；1970 年代的研究确定，最初使用的橡木来自 930 年，较近的研究则称其来自 800 年，不过这种说法最终没有得到证实。

　　令人深感困惑的是，查理大帝有没有可能在教堂的另一处使用这个宝座举行加冕典礼？宝座又是从什么时候开始被放置在了现如今的位置上呢？尽管科学家们对此进行了很多调查和研究，然而截至今天仍无法准确定年。最新研究结果表明，"宝座最有可能在 10 ~ 11 世纪被放置到这里"，不过"并没有确凿的证据予以证明"［罗本迪语，引自穆勒（Müller）、巴伊尔（Bayer）与克尔讷（Kerner）］。至少可以确定的是，宝座所在的地点与一个拜占庭皇室教堂的宝座所在地相吻合。查理大帝的传记作者艾因哈德并没有提到它，可能因为这个宝座在他所处的年代还未出现，也可能被他故意忽略了，就像也没有被他特意提及的祭坛一样。

　　还在加洛林时期，虔诚者路易（Ludwig der Fromme）和他的儿子洛泰尔一世（Lothar I）分别于 813 和 817 年在当时玛利亚教堂的救世主祭坛被加冕为共治皇帝；此后神圣罗马帝国的皇位经历了多达 30 次更迭，从 936 年即位的奥托一世开始，到 1531 年登基的斐迪南一世（Ferdinand I）结束，1356 年颁布的《黄金诏书》（Goldene Bulle）确立了皇帝的推选制度。出于加冕传统的考虑，奥托一世有意选择在亚琛接受加冕。在他之后，（几乎）所有的中世纪国王都在受涂油礼和加冕仪式后登上了这个"查理大帝宝座"，后来除了涂圣油之外，坐在此宝座上接受加冕成了一种具有法律效力的行为。在某种程度上，这个宝座成了"地点固定的权力象征"［彼得索恩（Petersohn）语，引自克尔讷，2004］。康拉德二世（Konrad II）的传记作者维珀（Wipo）称此宝座为"整个神圣罗马帝国的总主教办公地"。

特定的加冕仪式也成为一种约定俗成的习惯，标准的流程（引自克尔讷，2014）是：城市和教会的代理人在城门处迎接被加冕人，隆重地陪同他前往玛利亚教堂，进入八角殿堂。在那里，被加冕人面朝下、伸开双臂、身体呈十字形趴在地上，聆听《赞美颂》（Te Deum），然后进行祷告和奉献礼拜，之后紧接着进行加冕礼。在美因茨和特里尔总主教的引领下，被加冕人从尼古拉斯祈祷室（Nikolauskapelle）走向玛利亚祭坛（Marienaltar）。在那里，科隆总主教让被加冕人庄严起誓，对他行涂油礼，将权杖、十字圣球和圣剑交给他，最后同另两位总主教一起对他行加冕礼。就像维杜金德描写的那样，被加冕人随后被引领上通往大堂高处的台阶，坐在宝座上。最后，他对着公元 800 年前后产生于亚琛的珍贵四福音书起誓，并在加冕宴会上发表誓言，诸侯和选帝侯（按照《黄金诏书》的规定）在宴会上依次行使他们的职责，即萨克森公爵作为内廷大臣、勃兰登堡边境伯爵作为司库大臣、莱茵－普法尔茨伯爵作为膳务大臣，以及波西米亚国王作为掌酒大臣。国王在接受加冕后的第三天宣布新的诸侯封地。他先被笼统地称为"国王（rex）"，11 世纪中叶以后才被正式称为统治"罗马帝国（Imperium Romanum）"的"罗马人之王（Romanorum rex）"。1157 年罗马帝国开始称"神圣帝国（Sacrum Imperium）"，13 世纪中叶开始称"神圣罗马帝国（Sacrum Imperium Romanorum）"，德语为"das Heilige Römische Reich"。15 世纪后二三十年在此称谓前又加上了"德意志民族（deutscher Nation）"。

查理大帝宝座之所以受人敬仰，是因为德意志历代国王都以纪念查理大帝的方式坐在上面接受加冕。因此人们认为，中世纪的亚琛拥有"丰富多彩的政治和文化生活……是欧洲的'首都'"（克尔讷语，2000）。科隆总主教于 1562 年逝世，这场更称得上"意外"的事件终结了亚琛作为加冕圣地的地位，它不再成为加冕典礼的传统举行地。在马克西米利安二世（Maximilian II）被选举为神圣罗马帝国皇帝后，7 位选帝侯一致决定将加冕典礼改到美因茨总主教管辖的美因河畔法兰克福举行。尽管亚琛多次作出履行加冕地职责的保证，然而从那时起，加冕典礼就固定在法兰克福的托洛梅乌斯教堂（Bartholomäuskirche）举行。只有两次例外：一次是 1636 年在雷根斯堡（Regensburg），另一次是 1690 年在奥格斯堡（Augsburg）。

查理大帝宝座仍然是受人敬仰的"圣髑"，只不过作为"加冕地"慢慢淡出了人们的视野。约 250 年后，拿破仑的称帝才让人们回想起它"加冕地"的意义：加冕典礼于 1804 年 12 月 2 日在巴黎圣母院（Notre Dame de Paris）举行，拿破仑在精神上和仪式上都模仿了查理大帝。他曾经考虑过将加冕地选在当时属于法兰西帝国的亚琛，还在他称帝和加冕期间前往亚琛瞻仰了查理大帝宝座。据说，他在 1804 年 9 月登上了宝座，并说了一句话："我是查理曼。（Je suis Charlemagne.）"他的夫人约瑟芬

（Josephine）在坐过冰凉的大理石宝座后便患了感冒。在 1898 年的一幅油画中，拿破仑身着军装，头戴三角帽，以他经典的姿势站在台阶的中央，下方站着他的 3 个军官，他向不远处放着德意志神圣罗马帝国皇冠的宝座投去了极其尊敬的目光。法国的历史画家亨利 - 保罗·莫特（Henri-Paul Motte）想要通过这幅画表现拿破仑对传统权力的追求；事实上，在拿破仑到访亚琛时，这顶皇冠已经在法国人来之前被安全转移到了维也纳。

*

随着 19 世纪民族意识的高涨，德意志人民开始重新怀念查理大帝。1839 年，在一次竞选中，亚琛市政府委托 23 岁的阿尔弗雷德·雷特尔（Alfred Rethel）创作 8 幅表现查理大帝生活的湿壁画，用以装饰所谓的"加冕大厅"。其中一幅草图（最终未完成）的背景就是虔诚者路易于 813 年坐在查理大帝宝座上接受加冕的场景，在这样的历史画面中，宝座只是一个布景。直到六十年以后，真正的宝座才以"不体面的状态"出现在世人面前，当时的大教堂建造者约瑟夫·布赫克雷默（Joseph Buchkremer）在 1899 年的一份鉴定意见中这样描述道［格奥尔基（Georgi）语］。此外，当时发现的宝座座位上还放有一个红色天鹅绒垫子。同年宝座开始进行复原，繁复的修复工作一直持续到了 1936 年。

在"第三帝国"时期，查理大帝被"充满矛盾地"［帕珀（Pape）语］"占有"。在希特勒上台后不久，赫尔曼·戈林（Hermann Göring）曾来到亚琛大教堂，"大摇大摆地"坐在宝座上，还"悻悻地"（格奥尔基语）掸了掸沾在白色制服上的灰尘。在阿尔弗雷德·罗森堡（Alfred Rosenberg）和海因里希·希姆莱（Heinrich Himmler）的策划下，查理大帝变成了一位萨克森屠夫，他手下的头目维杜金德反而摇身一变，成了反对法国扩张的"血与土的斗士"，还作为典型人物被纳入纳粹的历史体系。希特勒本人对罗森堡主导的这种片面的解释发出警告，他认为"元首"的形象不应再是萨克森公爵的样子，而应该逐渐向查理大帝看齐。不过他的"政治诉求维持在了一定限度之内"（帕珀语），由此查理大帝并没有被纳入纳粹的节日文化。尽管如此，纳粹还是在 1942 年于亚琛举行了一场纪念查理大帝诞辰 1200 周年的大型庆祝活动。在此期间，纳粹党卫军还组建了一支由法国志愿军组成的"查理曼师（Division Charlemagne）"。

1941 年 7 月，亚琛首次遭到猛烈空袭，此后宝座被一圈带有铁护栏的厚砖墙围住保护起来，基座下的空隙被塞上方木料支撑；这项工作是由被驱逐的外籍劳工完成的。当时德国对赢得战争还抱有很大希望，因此对宝座的保护措施只是出于暂时性考虑，处理工作的完成度也相应打了折扣。当时也没人料到，1948 年底宝座就开始从"掩体"中暴露。从那时起，科学家们几乎每十年都会对这个"德国历史无声的见证人"[施拉姆（Schramm）语，引自克尔讷，2004]展开一番新的研究，其中不乏一些反驳的观点，还包括许多可能性的解释，然而它们最终都无法得到印证。

上帝、

统治

和

经济的

符号

Gottes-, Herrschafts - und
Wirtschaftszeichen

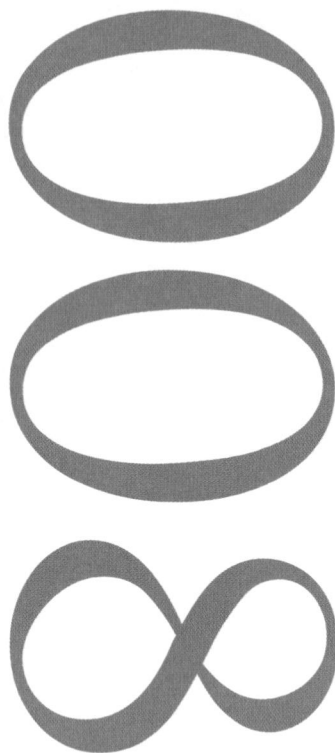

008

这可能是德国最古老的市集十字架，来自 10 世纪的它向我们展示了由历史"讲述"的一些变化。

059

　　这可能是德国最古老的市集十字架，原件在 1964 年被送进了博物馆，在那里它可以免遭大气环境的破坏。它曾是至高无上权力的标志，在 10 世纪时被竖立在诞生地——几近正方形的特里尔市的几何中心，它的位置恰好处于亚琛大教堂（即上一章的玛利亚教堂）的中轴线上。它由三层（也可能是五层）基座及上面的罗马花岗石柱、砂石柱顶与石灰石制成的十字架组成。十字架呈等臂长，四端为壶口样式，其上雕刻有植物纹饰，中心的圆形雕饰是一只象征救赎次序的羊羔，带有这种图案的十字架和柱顶一样，它们首次出现在欧洲大陆的地点都是特里尔，也都是 8 世纪以后主要从英国流传过来的。柱顶呈圣餐杯形状，上面装饰着棕叶和荷花造型的带状雕刻，其上的平冠板已被大面积剥蚀，原本刻有的"特里尔总主教将我建造（Henricus archiepiscopus Treverensis me erexit）"的字样已基本不能辨识。

　　亨利一世（Heinrich I）是神圣罗马帝国皇帝奥托一世的亲戚，并于 956 ～ 964 年担任特里尔总主教，同时是经皇室授予和教宗确立的世俗和教会城市领主。特里尔是从诺曼人于 882 年复活节进行的毁灭性侵袭中缓慢重建的。考古研究发现，市集十字架下的燃烧层是当年惨烈战斗留下的痕迹；当时城市的海拔高度比现在要低 2 ～ 3 米。为了加速恢复经济，亨利决定在紧邻大教堂的位置新建一个市集。十字架是统治意识和城市发展

060

政策的代表，它首先明确了总主教作为城市领主要确保市集的和平秩序，并行使对市集的裁判管辖权。此外他还拥有铸币权。将市集设在大教堂附近的一个重要原因无疑也是为了更加方便管理。除此之外，市集还是城市最主要的收入来源之一，教堂的僧侣则是重要的消费群体。

　　根据《特雷维尔人》（Gesta Treverorum，1105）中关于创始说的描述，早在罗马建立前 1300 年，亚述国王尼努斯（Ninus）的儿子特里贝塔

（Trebeta）就创建了特里尔。尽管约公元前 2500 年这个时间并不是确凿无疑，但是可以确定的是，罗马人在公元元年前不久建立的"奥古斯都大帝的特雷维尔城（Augusta Treverorum）"就是现在的特里尔。它在中世纪还只有罗马城的一半大，且更重视发展北部地区。城市以新市集为中心向外扩展。当时的市集更像是一个零售市场，这一点从邻近的街道名就可以看出来，大宗贸易则可能在特里尔老港口附近的地方开展，那里是从罗马时代延续下来的交易地，不过在当时应位于中世纪的城墙以外。它在很长一段时间被称作"马市"，在中世纪被称作"囤货场（Am Staffel）"，这表明路过的商人可以将他们的货物堆放在那里，并在指定的时间内出售，以此来保护本地商人的优先售卖权。在它附近还有一条"搬运工小巷（Sackträgergasse）"。和其他城市一样，特里尔也拥有诸如设在罗马桥上和新城门前的其他市集。对于当时每一个城市的经济发展来说，货物存放权和经销权都是重要的前提条件。

　　和其他城市一样，当时的特里尔以农业生产为主，但也为满足大教堂的需求而发展了各种手工业。它同时也是城郊的中央市集和重要转运地。异地贸易（葡萄酒除外）在特里尔处于次要地位，即便如此，它在公元 1000 年甚至与莱茵河流域重要的市集中心（科隆和美因茨）齐名，在中世纪盛期的普罗旺斯和当时欧洲最主要的贸易博览会（法国香槟地区）上，都能不时地听到有关特里尔商人的消息。最迟在 11 世纪，犹太人在这样的异地贸易中占据了重要地位。而关于大教堂附近第一个犹太聚居区的消息也可以追溯到 11 世纪；特里尔的犹太巷距离市集十字架仅一步之遥。

　　市集通常在固定时间开放。零售贸易每天都会进行，像大宗贸易和异地贸易这样的跨地区交易则在宗教节日期间进行。12 世纪以后的特里尔跨地区贸易市集就是这样，比如在圣彼得和圣保罗日（6 月 29 日）、马克西

061

米利安日（5月29日）和圣保林日（8月31日）开放；不过长远来看，只有前面提到的零售贸易市集能够存续。

如今我们还可以通过市集十字架的基座推测十字架在法律方面也具有重要意义：基座上的4个洞孔被带有铁镣、脚镣和耻辱石的链条固定，这表示它在当地举行的市集审判中曾被用作刑柱。从13世纪开始，这样的刑柱在执行惩戒时得到了广泛的运用。它常常也会在建城前被用来授予市集权，而不仅限于像特里尔这样的主教城市使用。

特里尔市民意识的发展比其他城市要相对晚一些。市集十字架狭窄的矩形侧面上刻有手拿钥匙的圣彼得半身像，他是特里尔城市徽章上的圣人：他右手拿着一把钥匙，左手拿着一本书，长袍的一部分搭在左肩上。这样的城市守护神形象首次出现在1396年的纺织行业公章上，在1470年前后的议会徽章手册中，也能找到类似的图案。至少从中世纪后期开始，特里尔市才有权决定市集十字架的象征性意义。在十字架南侧钻孔安装的日晷晷针就说明了这一点；虽然并不能确定它产生的具体年代，但是至少在16世纪后便出现了相关的文字记载。据推测，彼得勒斯圣人形象和日晷都是在中世纪晚期被加上去的。

市集十字架上还有一篇描写奇观的碑文，碑文表明，与教会相比，特里尔市拥有愈发举足轻重的地位："为了纪念这个从天上降临到人们头顶的十字标志。958年耶稣降临，第二年教宗即位。(Ob memoriam signorum crucis quae caelitus super homines venerant anno dominicae incarnationis deccclviii anno vero episcopus sui secundo.）"据说在市集十字架被竖立的当年，有数个十字形记号从天而降，因此它被视为上帝的化身；同时代的人都会反复提及这种极其罕见的天气现象。这篇碑文出现的时间肯定不是10世纪，而是最早于12世纪，最晚于15世纪末期。据猜测，愈发自信的市政府可能想通过刻在市集十字架上的这篇碑文重新定义城市守护神，并把市集十字架仅当成一种纪念碑看待。当 15 世纪中期的城市行会在一次暴动中任命了一名市长，这个目的兴许已经达到了。由此，市集十字架最初作为至高无上权力标志的意义被曲解了，而且人们是否能真正理解这样的再定义，仍很值得怀疑。

*

经过几个世纪，特别是许多动荡和战争年代之后，市集十字架再次进入了人们的视野。不论是在三十年战争期间，还是在路易十四针对尼德兰战争更为密集的炮火中，特里尔不断遭受袭击。法国人在特里尔新建了防御工事并拆除了许多建筑物。从 18 世纪初开始，在经历了约 100 年的战争阴影后，特里尔才渐渐恢复了元气，出于战后重建的迫切需要，各类建造方兴未艾。在这样的背景下，市集十字架在竖立起 766 年后也被重新修复：十字架东侧碑文下新增的"修复于 1724 年（Renovatum 1724）"字样就是证明。

在当时所有商业经营者之中，小商贩和商人最顺利地度过了战争和占领时期。大批移民主要从意大利涌入特里尔；因为特里尔港口的吞吐能力非常强，葡萄酒贸易和船员起了重要作用。货物堆放权和其他对贸易关系重大的规定都必须获得城市领主的批准。在决定对市集十字架进行修缮时，市议会抓住机会提议采取更多的措施促进贸易发展。为此又设立了两个博览会，分别在每年 7 月前后的圣彼得和圣保罗日举行两周，每年的 11 月举行一周，其持续的时间明显要长于现在。在这样的背景下，对市集十字架进行修复意义重大。可以看出，与推行贸易促进措施密切相关的，是由财政官员指导和城市领主把控的经济政策。

1979 年的考古研究表明，市集十字架可能在 1830 年代前后被搬离大教堂的中轴线，向东南方向移了 3 米多，并在那时将它三层的基座改成了一层。研究还指出，在纳粹统治期间，紧邻市集十字架的地方曾有过一个五朔节花柱的地基，其上竖立的花柱进一步体现了当地人对农业，以及对日耳曼民族的崇拜，当然也少不了带有纳粹标志的"装饰"，这种崇拜掩盖了市集十字架在基督教和经济上的象征意义。

德国汽车大众化开始以后，尤其出于环境污染的考虑，有必要将经历了 240 年（1964）风雨的市集十字架原件替换成复制品。2004 年以后，市集十字架的复制品被刷上了彩色油漆：柱顶被涂成红黑相间的颜色，十字架的主体被涂成黑色，碑文和描边使用了金色，这种配色是德国早期所有彩饰翻新时使用的颜色；从 1571 年开始，红色作为十字架的颜色、白色作为羊的颜色、金色作为圣彼得的颜色被流传下来，不过在早期历史中并没有相关的文字记载。

君权神授

和

帝王统治

Gottesgnadentum und
Kaiserherrschaft

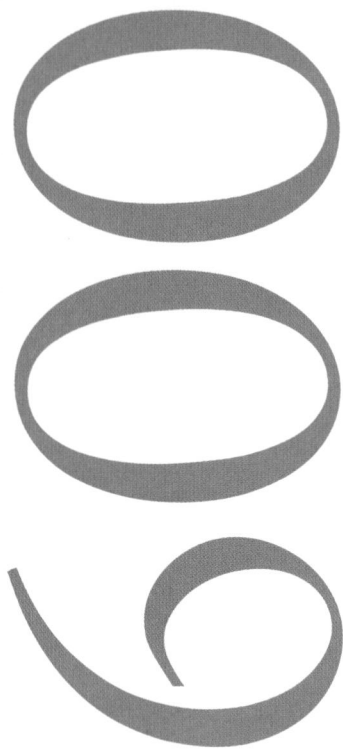

600

神圣罗马帝国皇冠

这顶珍贵的皇冠可能产生于 10
世纪，它是确立统治者合法身
份的一个标志。

065 　　在象征皇权长达千年的历史中,它们究竟在欧洲纵横跋涉了几千公里,既无法猜测也无从计算。它们时而被带上朝圣之路,时而肩负政治使命,时而为履行所代表的任务而起程,时而又被入侵者或争夺帝王位的竞争者逼得四处流亡。它们被掩藏和隐瞒,像圣物一样供人敬仰,又作为展品任人观赏。皇冠出现的地方就是帝国的秘密都城,因此它的存放地点总是意味着政治上的最高目标,也总能引发公众的极大兴趣。

　　在神圣罗马帝国的皇室财宝,也就是所谓的帝国珍宝中,比冕服和圣物(包括圣矛和真十字架)更为重要的是象征皇权的标志:皇冠、圣剑(11 世纪下半叶)、十字圣球(12 世纪末)、权杖(14 世纪下半叶)和“礼仪佩剑”。其中出类拔萃,无疑也是最贵重的非皇冠莫属,“它是古老神圣罗马帝国最美丽的标志”[施塔茨(Staats)语,1991]。它代表了中世纪盛期的帝国意识和神圣罗马帝国的君权神授说;它象征了一种统治观念,其中交织着世俗与宗教、中世纪的政治意识、神学布告和艺术史的发展。它和其他象征皇权的标志一起证明了神圣罗马帝国国王或皇帝的身份。受人尊敬的不是个人、王朝和出身,而是这些象征皇权的标志的所有人。作为帝国珍宝的皇冠是一种“标识”,随着时间的推移逐渐变成了“帝国”有象征意义的代表。从奥托统治时代开始,皇帝的印章上也出现了头戴皇冠、

066 正襟危坐的君主形象,他通常左手托着地球形状的十字圣球,右手握着权杖。中世纪晚期颁布的《黄金诏书》确定了君主和选帝侯的节日礼仪规范:萨克森公爵手持圣剑在紧邻国王的前面,普法尔茨伯爵托着十字圣球在国王的右侧,勃兰登堡边境伯爵手握权杖在国王的左侧,而位于他们身后的统治者显然“只”戴了皇冠。

　　如果皇帝或国王没有这些标志,那么他们作为统治者的合法身份就要遭到质疑。神圣罗马帝国的皇冠由 8 片高低不一的拱形金板组成,它们通

过金属丝连接在一起。起初皇冠的各部分可以拆卸，它们由嵌入其中的铁丝紧紧地"箍"在一起。额头、后颈和太阳穴处对应的较大金板之间的空隙填满了宝石和珍珠，以绿色、蓝色和白色为主，这三种颜色曾是拜占庭皇帝的专用色。8 块金板中的 4 块上绘制了图案：每一块釉质表面上都绘有众王之王的耶稣和《旧约》中国王的形象，顶上还有"PER ME REGES REGNANT"（国王们通过我施行统治）的字样。这一图案代表了皇帝、世俗统治和宗教圣职在职能上的统一。虽然不能确定这顶皇冠产生于什么时期，但据推测，它的主体可能出自莱茵河流域一名金匠之手，也许是为奥托一世 962 年的加冕特别打造的；在亨利二世（Heinrich II）统治时期（1002 ~ 1024），皇冠前额对应的金板上又安插了一个十字；前额和后颈部位对应的金板被用一个盔形拱条连接起来，这个装饰可能是在康拉德二世统治期间（1024 ~ 1039）被加上去的。关于这顶皇冠的描述首次出现在 1200 年前后。14 世纪以后，人们认为它是查理大帝的皇冠，不过可以肯定的是，它是在查理大帝统治了很长时间后才出现的。1512 年前后，阿尔布雷希特·丢勒（Albrecht Dürer）最早将它精细地画进了自己创作的查理大帝画像中。

千年的洗礼和"角色变换"在皇冠上留下了种种痕迹，专业人士可以分辨出其中细微的改动和补充；在保留至今的皇冠上，从太阳穴位置对应的金板上垂下的装饰小链缺失了，由宝石和珍珠组成的百合花也不见了，它最初位于后颈和太阳穴位置，对应着金板上的装饰。至今仍不确定的是，皇冠上最著名的那颗宝石，也就是那颗神秘的、与传奇故事联系在一起的"孤星"是如何遗失的。它在 14 世纪消失以后就被替换成了一颗更小的蓝宝石，而皇冠内侧原有的冠冕也被一顶红丝绒帽子所取代。

统治者们存放这些珍宝的地点都必须尽可能的安全：斯陶芬末代皇帝

将它们长期存放于普法尔茨森林的特里费尔斯城堡（Burg Trifels）；哈布斯堡皇朝的第一个皇帝将它们放在了瑞士温特图尔（Winterthur）的居堡（Kyburg）；它们也曾出现在位于奥地利上因河谷的施塔姆斯修道院（Stift Stams）以及慕尼黑、布拉格和匈牙利。1423 年，神圣罗马帝国皇帝西吉斯蒙德（Sigismund）最终将它们的长期优先保存权授予了帝国自由城市纽伦堡。1424 ~ 1796 年，这些帝国珍宝一直被存放在纽伦堡的圣灵大教堂（Heilig-Geist-Kirche）中。

随着拿破仑军队的逼近，在严格保密下它们于 1796 年被转移到安全地点。幸运的是，在仓皇之中遗失的重要部件并不多：它们首先被带到了雷根斯堡，然后是帕绍（Passau），最后在 1800 年被送往维也纳，存放在了皇家珍宝馆中。1794 年以后，也是在法国人到来之前，一些存放在亚琛的帝国珍宝陆续通过帕德博恩（Paderborn）被转移到了维也纳。此后，这些象征帝国皇权的珍宝终于团聚了。众所周知，当时拿破仑正在极力寻找传说中查理大帝皇冠的下落，于是这些珍宝再次被带离维也纳：它们被送往布达佩斯和特兰西瓦尼亚（Siebenbürgen）的蒂米什瓦拉（Temeschwar）。随着拿破仑的战败，它们被重新送回维也纳，并在 1827 年陈列于维也纳的皇家珍宝馆内。

在此期间，包括皇冠在内的这些帝国珍宝失去了它们旧时的政治意义：在拿破仑于 1804 年 5 月称法兰西帝国皇帝之后，当时的德意志民族神圣罗马帝国皇帝弗朗茨二世（Franz II）在三个月后登上了奥地利的皇位；作为奥地利的第一位皇帝他又称弗朗茨一世。他是世界历史上唯一一个当了两年"双皇帝"的统治者；因此他的皇冠象征了神圣罗马帝国的千年历史，如果不从 962 年奥托一世加冕而从 800 年查理大帝加冕算起的话，更是如此。然而在 1806 年 8 月，弗朗茨二世宣布结束当时已名存实亡的德意志民族神圣罗马帝国的统治。

当然，在经历了宗教改革、宗教战争和内部权力转移之后，老帝国终归同中世纪的那个普世性帝国相去甚远。然而人们心目中的"帝国意识"即使模糊了，也依然鲜活地存在着。尤其在德意志民族处于危难的时期，这种意识成了浪漫的避风港，在19世纪德意志陷于四分五裂的状态下，更是如此。

然而，皇冠的意义向德意志民族统一象征的转变忽略了其跨民族和基督教的背景。因为神圣罗马帝国无论如何也不只是"德意志人的帝国"，它还涵盖了欧洲中部和南部的大部分地区，并有意将自己视为古罗马帝国的延续。同时，皇冠和加冕的象征意义既涉及了罗马帝国，又属于西方基督教的范畴。

尽管如此，帝国皇冠还是成了德意志民族的象征。它代表着统一、荣光和"帝国过去的辉煌"。神圣罗马帝国于1806年解体之后，直到1848～1849年革命爆发，德意志才尝试再确立一个"德意志的皇帝"。不过普鲁士国王腓特烈·威廉四世（Friedrich Wilhelm Ⅳ）拒绝了由法兰克福国民大会授予的皇冠，对他而言，这顶象征神圣皇权的老皇冠上沾满了"革命的尸臭"。在确立德意志民族国家的模式问题上，法兰克福国民大会否定了在奥地利皇帝影响和主导下提出的"大德意志"解决方案。1871年，一个德意志帝国，即"第二帝国"终于建立了。它不仅被爱国者们视为德意志民族神圣罗马帝国的延续，德意志帝国的皇帝也被看作中世纪统治者的合法继承人。然而这个帝国从未拥有过一顶真正的皇冠，也没有任何代表皇权的标志。尽管如此，经过长时间的讨论，考虑到两个帝国在政治和立宪上的不同，象征皇帝至高无上权力的皇冠最后被替换成了和它相似的皇冠纹章图案。

莱茵兰在第一次世界大战后被占领，1925 年于当地举行的千年庆祝活动进一步将国家和民族统一了起来。与此同时，亚琛展出了一件皇冠复制品，它原本是为了 1915 年的一次展览而打造，由于战争爆发，预定的展览被迫取消。展出主要是为了重现老帝国的统治场景，制造它绝不会随着王朝结束而寿终正寝的幻象。

对于纳粹分子来说，"帝国意识"提供了一个进行煽动性自我宣传的理想契合点，因为借此可以将"第三帝国"描绘成中世纪"第一个"德意志帝国的继承者和完成者。这足以让纳粹党有理由为了 1934 年召开的纽伦堡党代会而将亚琛的帝国珍宝借出来，而且在党代会期间并没有标明它们是复制品。1938 年 8 月 31 日，在奥地利"并入"纳粹德国后半年左右，也即在党代会召开前夕，存放于维也纳的真品被用专列运到了纽伦堡。根据日耳曼国家博物馆（Germanisches Nationalmuseum）时任馆长向纽伦堡市市长的描述，它们要在这个"第三帝国的政治朝圣地传递几个世纪以来的大德意志梦想，并由此让新建立的大德意志帝国举世瞩目"。一周后"元首"参观了这些珍宝，接下来的几年它们被展览于纽伦堡名歌手教堂（Meistersingerkirche，原圣凯瑟琳教堂），之后可能被陈列在建设中的纳粹党代会召开地国会大厅。在维特·哈兰（Veit Harlan）拍摄的纳粹宣传片《科尔贝格》（Kolberg，1943 ~ 1945）中，它们成了颇有暗示意味的道具。

由于被保管在纽伦堡艺术品防空洞（Nürnberger Kunstbunker）中，这些珍宝真品在战争结束后得以幸存。它们的复制品则被存放在锡根（Siegen）的一个地道中，于 1945 年 5 月被送回亚琛。真品在 1946 年 1 月被送回维也纳，并在移交过程中暂时陈列于奥地利国家银行（Österreichische Nationalbank）。时任奥地利联邦总理利奥波德·菲格尔（Leopold Figl）在当时的讲话中强调，这些珍宝是"欧洲热爱和平的象征"，而绝不是——正如被迅速扫清的纳粹势力所期待的——所谓"德意志帝国主义野心"的象征。

*

根据有关归还问题的规定，1952 年底，西德联邦议会也开始追问包括皇冠在内的这些帝国珍宝的下落。联邦议会明确表示，要将它们送回纽伦堡，"不是因为它们的实际价值有多高，也不是因为它们在艺术和艺术史上的地位有多高"，而是因为它们具有"象征和见证我们民族和西方国家千年历史"的重要意义。尽管如此，这种说法也仅是一个愿望，德国从来没有在这方面提出过归还要求。这些帝国珍宝放在今天只是显眼的纪念品，和"帝国思想"一样，经过了几个世纪之后，它们所承载的国家印记正在慢慢消失。不过，旧帝国时代多民族的现实情况有时难免会让我们联想到当今欧洲的民族文化多样性。

敬虔

与

新帝国

Frömmigkeit
und Renovatio imperii

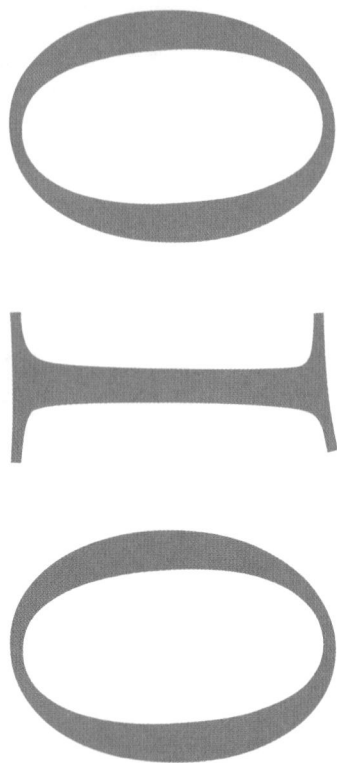

010

基督柱和伯恩瓦尔德之门

它是仿照罗马皇帝柱建造的基督柱：一条长饰带浮雕生动地描绘了圣经故事，它的制作水平不论在艺术上还是在工艺上都极为出色。

071

竖立于希尔德斯海姆大教堂（Hildesheimer Dom）的基督柱（Christussäule）通常被称为"伯恩瓦尔德柱（Bernwardsäule）"，教堂西侧的两扇大门一般也被叫作伯恩瓦尔德之门（Bernwardtür）。两者都以它们的创作者伯恩瓦尔德（Bernward，960 ~ 1022）命名，从 993 年直至逝世，他一直是希尔德斯海姆的主教。19 世纪末，这两件在内容上有着紧密联系的物品才在大教堂内被同时发现，它们是当时无论在艺术造诣上还是在工艺水平上最杰出的作品。

基督柱约 60 厘米粗，值得注意的是其饰带浮雕的艺术造型，它围绕着柱身向上盘旋，上面描绘了基督耶稣的生平。不过，最常被描绘的题材（耶稣诞生、三王来朝、耶稣受难和耶稣升天）则出现在伯恩瓦尔德之门的左扇上，右扇上描绘的是《创世记》中的场景。大门上图案的顺序清楚地展现了基督福音的内容：生活在伊甸园的亚当和夏娃犯下原罪（偷食禁果）后，耶稣通过献身拯救了人类，并在《新约》中复活。《旧约》的预言在《新约》中得到了印证，基督柱上描绘的耶稣的事工是对伯恩瓦尔德之门上图案的重要补充。

伯恩瓦尔德之门的两扇门各有近 5 米高，1 米多宽，约 2 吨重；基督柱约有 4 米高，上面雕刻有大量制作精美的装饰花纹和人物雕像。这两件物品分别通过整体浇铸而成：浇铸前先在一个黏土心上制作蜡模，然后在蜡模上敷上黏土并用火烧；之后向模子中浇入熔化的青铜，蜡因此被熔出，蜡模所在的位置进而被青铜液填满；冷却后打掉模子即成。完成这样的工作需要一流的铸造工场，制作蜡模和 30 ~ 40 厘米高、部分需要全身塑像的人物浮雕还需要极富经验和创造性的艺术家。在 11 世纪早期的德国，没有一个地方的艺术和工艺能达到如此高的水平，除了主教座堂城市（815 年以后）希尔德斯海姆，这显然和作品委托人的身份不无关系。

072

主教伯恩瓦尔德出生于萨克森的一个贵族家庭，与奥托皇室家族关系密切，甚至沾亲带故。借助这层关系，他进入了声誉斐然的希尔德斯海姆大教堂学校学习，之后又在宫廷里谋了个官差，并由美因茨总主教威利吉斯（Willigis）授予了神职。在他 27 岁那年，作为奥托二世遗孀摄政的提奥法努皇后（Kaiserin Theophanu）任命伯恩瓦尔德为她 7 岁儿子，也就是之后（996 年以后）的皇帝奥托三世（Otto III，980 ~ 1002）的老师。五年多以后，伯恩瓦尔德于 993 年在希尔德斯海姆大教堂学校任职。这五年多中，这个身上流淌着东西罗马帝国血脉的未来皇帝正处于成长阶段，伯恩瓦尔德无疑对他施加了重要影响。

与他的前任和后继者不同，奥托三世在他仅六年的在位期间将神圣罗马帝国重新定义为一个基督教帝国［新罗马帝国（Renovatio imperii Romanorum）］。这一思想更多地表现了奥托三世企图用一切手段统治罗马的野心。对此伯恩瓦尔德给予了坚决的支持，为表感谢，奥托三世将珍贵的礼物赠给了他，甚至包括真十字架碎片。年仅 22 岁的奥托三世皇帝于 1002 年去世，重建罗马帝国的希望由此破灭了。但是鉴于对希尔德斯海姆的影响力，伯恩瓦尔德换了一种方式去追随奥托的遗愿。他超乎寻常的高学识和教养使他有能力实现一个壮举，那就是将神学和政治的象征意义最紧密地结合起来。

伯恩瓦尔德分别于 980 ~ 981 年，以及 1001 年到访罗马，在那里他见到了后人为表达对罗马帝国皇帝图拉真（Trajan）和马可·奥勒留（Marc Aurel）的尊敬而竖立的纪念柱。显而易见，罗马的纪念柱和希尔德斯海姆的基督柱在外形上十分相似；不同的是，前者颂扬的是罗马皇帝的丰功伟绩，后者赞美的是基督耶稣的圣恩浩荡；在罗马的皇帝柱上站立的是当时的皇帝雕像，在伯恩瓦尔德下令建造的基督柱柱顶安放的则是耶稣受难像。

073

　　和基督柱本身所代表的含义一样，柱子被竖立的地点——圣十字礼拜堂（Heiligkreuzkapelle）——也颇具象征意义，它因 993 年伯恩瓦尔德为了供奉和展示奥托三世赠予他的真十字架碎片而建，位于大教堂山的北侧，后来被扩建成了圣米歇尔本笃会修道院（Benediktinerkloster St. Michael）。根据一段碑文的记载，伯恩瓦尔德之门建于 1015 年，不排除它和基督柱一样，最初也被放置在圣米歇尔本笃会修道院内。直到 1035 年，才有史料证明它曾被用作大教堂的大门。而真十字架碎片则随着修道院的废除，在 16 世纪被陈列在了真十字圣坛（现在被展示于大教堂的珍宝馆中）上。圣坛背后就是基督柱，在基督柱的前面还竖立了一个拜占庭时期的大理石柱，它也由奥托三世赠予。

　　如今，修道院只剩下了教堂。对《旧约》和《新约》，以及古希腊罗马时代基督教教权象征意义的回溯和大量引用，给伯恩瓦尔德时代打上了"奥托复兴"的标记。这一标记不仅表现在柱子的造型上，还体现在诸如柱脚的小雕塑上，因为它们容易让人回想起古罗马神话中的河神。设计如此宽大且内容丰富的一系列图案需要广博的知识体系，伯恩瓦尔德具备这样的学识。不过，同时代大部分人的受教育程度比他要低得多，他们也需要掌握圣经的入门知识。

　　基督柱的饰带浮雕共有 28 幅图案，伯恩瓦尔德之门上共有 16 块浮雕区。当时，这样丰富多样、制作精良且扣人心弦的画面绝无仅有，它们分别描绘了：耶稣生平和施洗约翰、耶稣诞生、三王来朝、耶稣约旦河受洗并接受魔鬼试验、耶稣呼召门徒、施洗约翰讲道和被杀、耶稣施行的无数神迹和使用的比喻、耶稣进入耶路撒冷、耶稣被钉十字架、耶稣复活和耶稣升天。通"读"下来，消化领悟，并在这个基础上建立起各个层次之间的联系，这便是中世纪人构建知识体系的基本特点，宗教信仰和敬虔行为在这个过程中自然而然地萌生。法律和权力由上帝所赋予，法律准则和政治秩序也是上帝意志的体现，这种观念的形成终究是源于对基督教的笃信。根据广为传播的信仰，耶稣和他的圣徒可以干预人的命运，他们的行为也被寄予期望，并通过各种方式被"齐来祷告"，为此出现了奉献和募捐的行为。人们心存对奇迹的希望并对它们的力量深信不疑。

中世纪的宗教实践种类繁多。普通信众的敬虔行为和政府的宗教活动常常不同：祷告、弥撒、圣礼、布道、圣髑敬礼、募捐和大赦、神迹信仰、圣人或圣母敬礼、受难敬虔、农村祭天和祈祷药草灵验仪式、旷野游行、圣体节游行和其他游行、集体和群体朝圣之旅；最常见的是洒圣水礼和画十字礼。以上所有的宗教实践不仅是真正意义上的基督教活动，还囊括了许多中世纪早期的风俗习惯，其中有一部分是"基督教时期以前的宗教仪式的变形，或者说至少与这些宗教仪式有很大部分的重合"［恩格嫩特（Angenendt）语］。异教的护身符——画十字——并同时向圣像敬礼，是相互兼容的。宗教信仰和迷信观念交织在日常生活之中，虔信程度各有不同。

敬虔行为在中世纪的维度上具有"社会的、可视的和立体的特点"，是"完整的一套行为"［施莱纳尔（Schreiner）语，2002］。口口相传从一开始就是基督教敬虔的一个"主要组成部分"，它的表现形式包括：礼拜仪式、布道、情感抒发、圣人敬礼和宗教游行等。对于个人来说，将圣母作为主保圣人施以敬礼几乎是应对危机的最好办法，不仅如此，整座整座的城市也这样做。不过这些城市的市民们也始终认为，自己的城市拥有众多圣人"在天上的集体守护（himmlisches Schutzkollektiv）"［伦特斯（Lentes）语，引自施莱纳尔，2002］，他们单独或集体地向这些圣人敬礼和祷告。圣像的地位非常重要，信徒们通过在家中和教堂单独或集体注视圣像的方式来寻求修身、慰藉和救赎。信徒的目光与圣像或塑像的眼神相接，意味着后者"将神的恩典传递到了人类身上"（施莱纳尔语，2002）。在圣像上写下自己名字的人期望借此获得神的亲近和守护。有一种说法一直流传至今：圣像和耶稣受难像唤起了具有神秘力量的男女的梦境、幻想和狂喜。

075

中世纪的人基本不能阅读或写字，宗教画像通过向他们"讲述"故事，让圣经、世界和上帝的形象变得生动、可解释和易理解。相比言语和布道，画下来的东西更容易被铭记。早期的基督教徒仍遵循"不可为自己雕刻偶像"的戒律，教宗大额我略（Gregor d. Gr., 也译"格里高利一世"）在公元600年前后向世俗信徒（即平信徒）这样解释《圣经》画像的意义。敬虔行为的立体维度表现在触摸圣髑、亲吻敬拜圣像和模仿被钉在十字架上的基督伸开双臂的动作上。斋戒——禁止食肉——在当时也是很重要的敬虔行为，因此造成了鱼类市场需求的激增；人们还制定了相关细则，比如规定哪些破戒行为犯了何种罪，等等。敬虔在中世纪是"一种多层次的行为，是一种复杂多面的举止"（施莱纳尔语，2002）。圣像唤起了人们心中的情感，它们象征着信仰，为此在教会批判和世俗统治批判时期，圣像一直都是批评家，以及亵渎、抢占和破坏行为的特定目标，所造成的后果即使是在今天看来也令人十分惋惜。

*

伯恩瓦尔德柱也成了这种宗教批判的攻击对象。1544年宗教改革期间的纷乱导致希尔德斯海姆发生了圣像破坏活动，当时伯恩瓦尔德柱柱顶的十字架被推倒后熔化并被重新铸成了一门加农炮。圣米歇尔教堂在此期间也改作新教的牧区礼拜堂。尽管修道院得以存续，然而直到 1803 年世俗化运动以前，本笃会修士仍然只能在教堂的地下室举行弥撒。此外，直至今日教堂的地下室仍为天主教所用，圣米歇尔教堂因此成为德国近 70 个天主教和新教的共享教堂（Simultankirche）之一。

17 世纪末，为了铸造一口钟，基督柱的青铜柱头也被熔化，并被替换成一个木制柱头。1737 年，希尔德斯海姆市议会最终决定将整个柱子熔化，为了确定它的重量，柱子还被放在城市秤上称重。当修道院院长在最后关头拿到皇帝的授权，下令将基督柱归还给圣米歇尔教堂时——尽管它在那里只是"随地那么一放"[亚当斯基（Adamski）语]——它已经被售出了。19 世纪以后，人们对中世纪艺术的兴趣才逐渐浓厚起来。当时基督柱先是被放置在大教堂的庭院，然后在 1870 年换了一个新的青铜柱头，最终在 1893 年才被送进了大教堂。

英雄的史诗

和

忠诚的代表

*Heldenepik und das Ideal
der Treue*

110

《尼伯龙根之歌

这是"所有世界文学作品中可
能最悲壮的"《尼伯龙根之歌》
的第 1 页；这部英雄史诗曾被
几经曲解和滥用。

UNS IST in alten
mæren wunders vil geseit, von helden lobebæren, vō
grozer arebeit, von freude vn̄ hochgeziten
von weinen vn̄ klagen, von kúener re
ken striten, muget ir nu wunder horen sa
gen. Es whs in Búrgonden ein vil edel
magedin, daz in allen landen niht schoner
mohte sin. Chrimhilt geheizen, si wart
ein schone wip, dar vmbe muosin degene
vil liben den lip. Ir pflagen dri kúnc
gen edel vn̄ rich. Gunther vn̄ Gernot, die
recken lobelich. vn̄ Giselher der junge, ein ûzerwelter degen. die frow was ir swe
ster, die helde heten in ir pflegen. Ein riche kúneginne frō Uote ir muo
ter hiez. ir vater der hiez Dancrat. der in die erbe liez. sit nach sime lebene, ein ellens
richer man, d' ouch in siner jugende grozer eren vil gewan. Die herren
wa ren milte, von arde hoh erborn, mit kraft vn̄ maze chúene die recken ûzerkorn.
da zen Búrgonden, so was ir lant genant, sie frumten starkiu wunder sit in Etzelen
lant. ze Wormez bi dem Rine, si wonten mit ir kraft.
in dienten von ir landen vil stolziu ritterschaft. mit lobelichen eren, vnz
an ir endes zit. si sturben sit jæmerliche, von zweier edelen frowen nit.

Ver den kúnigen waren gesezzen, wie ich daz han gesagt, si heten die besten elden, vō waren
aller die besten recken, von den man hat gesaget stark vn̄
vil chúene in scharpfen striten. Das was von notegen klagen
vn̄ ouch bi iren tagen. Hagene v' Tronie, von Aleizen Dancwart,
Ortwin von Metze, Gere vn̄ Eckewart. Volker von Alzeye mit ganzem ellen wol be
rate. Rumolt d' kúchenmeister ein ûzerwelter degen. Sindolt vn̄ Hunolt
dise herren muosin pflegen. des hoves vn̄ d' eren, d' drier kúnige man.
si heten noch manigen recken, des ich genennen niene kan. Dancwart
d' was marshalk. do was d' nefe sin. Truhsæze d' kúniges von waren
Gere. Sindolt d' allez schenke, ein weidelich degen. wer mir uns was chamer

　　"古代的故事告诉我们许多惊人的奇迹，／有值得赞美的英雄，有伟大的冒险事业，／有欢喜和宴会，也有哭泣和悲叹，／还有武士的争斗，现在请听我讲这些奇谈。[①]（ Uns ist in alten Mæren wunders vil geseit / von Helden lobebæren, von grôzer arebeit, / von freuden, hôchgezîten, von weinen und von klagen, / von küener recken strîten muget ír nu wunder hœren sagen. ）"这段由中古高地德语写成、经常被引用的导言出自最著名的英雄史诗《尼伯龙根之歌》（ *Nibelungenlied* ）的 C 版手抄本，它听上去像是一个传奇冒险故事的开头，就像中世纪受过教育的人们所熟悉的《国王叙事诗》（《亚瑟王传奇》）那样。据说《尼伯龙根之歌》写于 1200 年前后，它的作者是为帕绍主教沃尔夫格尔·冯·艾尔拉（ Wolfger von Erla ）服务的一位名不见经传的诗人。在书页左上侧的蓝底上标有两个分开的花体字首字母，其中字母"U"左右颠倒，据推测有可能是从某个版本上用机械的方式复制下来的。右侧印有收藏者"约瑟夫·冯·拉斯贝格男爵（ Joseph Freiherr von Laßberg ）"的藏书标签，在伊丽莎白·冯·菲尔斯滕贝格女侯爵（ Fürstin Elisabeth von Fürstenberg ）的经济资助下，他于 1815 年在维也纳获得了此版手抄本。在他 1855 年去世之后，此手抄本收藏于多瑙埃兴根（ Donaueschingen ）的菲尔斯滕贝格宫廷图书馆（ Fürstenbergische Hofbibliothek ），2001 年以后作为巴登 - 符腾堡州立银行和德意志联邦共和国的财产被存放于巴登州立图书馆。

　　《尼伯龙根之歌》在中世纪流传甚广，共出现了 37 版手抄全本和残本，涉及范围远至整个斯堪的纳维亚地区和西班牙。其中最重要和最完整的 A 版、B 版和 C 版手抄本产生于 1250 年代至 13 世纪末，它们与已遗失的原

[①]　摘抄自钱春绮 1959 年译本。

作的相似程度各不相同。据推测，C 版手抄本并不是《尼伯龙根之歌》的作者所写，它的书写形式是当时最流行的一种变体且非常正式。在史诗的最后一行还有一句结语："故事到这里就结束了：这就是《尼伯龙根之歌》。（hie hat daz maere ein ende：daz ist der Nibelunge liet.）"

《尼伯龙根之歌》C 版手抄本共有 39 个章节名为"奇遇冒险（Aventüre）"，每四行为一"尼伯龙根小节"（总约 2400 小节），由一位书法水平高超的抄写者写在优质的羊皮纸上。它的内容包括叙事、奇遇和冒险，它们是根据一种在书面和口头广为流传的叙事传统写成的。不过在公元 6 世纪以后，至少有两部传奇故事集被证实在几个世纪的口口相传中不断走样：一是《勃艮第传说》（Burgunden-Sage），讲述了老艾达（Ältere Edda）[即被称为《艾达之歌》（Lieder-Edda）的英雄和拜神诗歌]的故事；二是《齐格弗里德传说》（Siegfried-Sage）。

实际上，《尼伯龙根之歌》还反映了欧洲民族大迁移时期的真实历史事件。史诗的第一部分讲述了屠龙者齐格弗里德（Siegfried，也译"齐格飞"）与勃艮第王国公主克里姆希尔特（Kriemhild）的爱情和被哈根（Hagen）谋杀的故事；故事"发生"的地点在莱茵河畔。第二部分讲述了克里姆希尔特在匈人王埃策尔（Etzel）协助下的复仇和勃艮第帝国的灭亡；这一部分的故事发生在今奥地利境内的多瑙河流域和今匈牙利境内。真实的历史背景是：436 年，勃艮第人在与罗马雇佣军及其匈人后备军的一次惨烈毁灭战中败北。传奇故事中的匈人王埃策尔对应的真实人物是匈人首领阿提拉（Attila），克里姆希尔特的哥哥贡特尔（Gunther）对应的历史人物则是勃艮第国王贡达哈尔（Gundahar）。

通过研究，这部英雄史诗的主题被认为是"所有世界文学作品中可能最悲壮的"[布罗耶尔（Bräuer）语]，因为史诗中人物对爱情的渴望和对复仇的愿望、对权力的贪念和对名誉的迷恋，以及相互交织的忠诚和背叛最终在一场虚构的灾难中达到了极致。除此之外，至今应该没有任何一部德语文学作品能够让人如此叹惋。

《尼伯龙根之歌》在中世纪盛期和中世纪晚期作为所谓"狄特里希史诗（Dietrich-Epik）"的一部分被继续推崇，在 16 世纪渐渐被人们遗忘。直到 1755 年，林道医生雅各布·赫尔曼·欧伯莱特（Jacob Hermann Obereit）才在霍恩埃姆斯城堡（Schloss Hohenems）中无意发现了《尼伯龙根之歌》的 C 版手抄本。从那个时候起，《尼伯龙根之歌》开始上升到德意志民族史诗的高度，同时，根据第一批古物鉴定人之一瑞士诗人约翰·雅各布·波德默尔（Johann Jakob Bodmer）的推测，《尼伯龙根之歌》C 版手抄本的叙事风格属于中世纪的一种新型荷马史诗式叙述艺术。1786 年，在克里斯托夫·海因里希·穆勒（Christoph Heinrich Myller）将 A 版和 C 版手抄本首次整体重印四年之后，历史学家约翰内斯·冯·穆勒（Johannes von Müller）预言："《尼伯龙根之歌》将会是德意志的《伊利亚特》。"［埃里斯曼（Ehrismann）语］直到普鲁士国王腓特烈大帝（Friedrich der Große）认为《尼伯龙根之歌》"不及一击炮火有价值"，并辱骂它是"无病呻吟的蹩脚玩意儿"［海因茨勒（Heinzle）与瓦尔德施密特（Waldschmidt）语］之前，德意志的启蒙主义和浪漫主义知识分子一直都将这部英雄史诗尊为经典。它在当时总归已被列入了通识教育的必读书目。

在这些高度评价和赞誉之下，笼罩在《尼伯龙根之歌》周围的光芒和神秘气息不再那么遥不可及，它愈发激起德意志人的爱国主义情怀。在德意志解放战争（反拿破仑战争）时期，这部英雄史诗树立起了德意志民族内省和德意志人民团结一致反抗侵略者的形象，因此在民族性价值模型层面，人们进一步将《尼伯龙根之歌》的重要性提升到了纲领性的高度，并把它与国民教育中的"美德锤炼"相提并论。想象中日耳曼民族的原始美德，诸如英雄思想、英勇气概、牺牲精神和不屈不挠都能够在这部史诗中找到，并可以解释为"不可磨灭的德意志本性（unvertilgbare deutsche Karakter）"和品质，这句经常被引用的话是研究德国早期文学的柏林教授弗里德里希·海因里希·冯·哈根（Friedrich Heinrich von der Hagen）在 1807 年评价《尼伯龙根之歌》时所说。哈根认为，为了"怀着自豪和信任之情看待自己的祖国和人民"，爱国人士也许会在这部英雄史诗里找到一个无法超越的榜样，它给了他们"重获德意志昔日荣光和世界荣耀的希望"。这为 20 世纪人们对"尼伯龙根赞歌"的滥用，以及将《尼伯龙根之歌》曲解为德意志民族的诞生神话打下了基础。因此，德意志解放战争开始以后，"可携带到战场和军营的"战地版《尼伯龙根之歌》（1815）成了普鲁士士兵整装上阵的一部分，也就不足为奇了。

　　随着 1848 年革命的爆发，《尼伯龙根之歌》变成了德意志民族统一的象征。在社会革命者弗里德里希·恩格斯的眼里，齐格弗里德这个德意志传说中最著名和最受欢迎的英雄是"德意志青年的代表"，德国经济繁荣时期的作家费利克斯·达恩（Felix Dahn）在他最具冲击力的德语诗中要求德意志人与敌人抗争到底："埃策尔的房子在熊熊大火中坍塌，他强迫尼伯龙根人 / 日耳曼灭亡之际就是欧洲被大火熊熊燃烧之时！"［《德意志之歌》（Deutsche Lieder），1859］革命失败后，《尼伯龙根之歌》又一次成为英勇就义和舍生忘死的思想动机，语言学家和爱国主义诗人卡尔·西姆罗克（Karl Simrock）曾将 1827 年的《尼伯龙根之歌》改编成标准德语版本，他在 1870 年曾预言道："有了这样的动机，在抗击帝国侵略者和高卢杀戮者的时候，我们就可以用最快的速度集结军队。"从 1843 年开始，理查德·瓦格纳（Richard Wagner）以《尼伯龙根之歌》为题材创作了一部独幕四场歌剧《尼伯龙根的指环》（*Der Ring*）。他的这部代表作于 1876 年在拜罗伊特（Bayreuth）首演；而他的首本散文手稿也取名为《尼伯龙根神话，对一部戏剧的构思》（*Der Nibelungen-Mythus，Entwurf zu einem Drama*，1848）。

这种对民族悲怆之情的理解也体现在艺术创作上，齐格弗里德和克里姆希尔特的形象在 19 世纪甚至被披上了宗教的外衣：人们将他们与基督耶稣和圣母玛利亚相提并论；当时人们对尼伯龙根崇拜像和雕塑的虔诚超过了对圣人的崇拜。此外在 1913 ~ 1915 年，卡尔·施默勒·冯·埃森韦尔特（Karl Schmoll von Eisenwerth）还为沃尔姆斯（Worms）的"Cornelianum"（原沃尔姆斯市政厅西侧的一座建筑物）创作了一组由 7 幅画组成的巨型壁画。

长久以来，《尼伯龙根之歌》都作为"日耳曼的英雄传说"被列为教学读物，教育指南更是将它歪曲为"战斗性的行为准则、沙文主义的民族意识和追求民族优势的教育手段"（海因茨勒语，2005）。这部英雄史诗也经常被用来影射和暗示：在德国军队于 1871 年开进巴黎时，俾斯麦就被称为"胜利的弗里德（Siege-Fried）"。在第一次世界大战期间，尼伯龙根英雄齐格弗里德被视为"德国人英勇精神的完美代表"［海因茨勒语，2013，引自卡尔·赖希（Karl Reich），1918］，并以他的名字命名西线。尽管如此，在德国人的眼里，1917 年 3 月开始形成、被协约国称为兴登堡防线的"齐格弗里德防线"并没有起到防御作用。英国人在一年半后就将它攻破了。

魏玛共和国成立以后和纳粹统治期间，当尼伯龙根的"老一套"说辞被当作宣传进攻性沙文主义的工具时，这部英雄史诗被曲解的程度达到了顶峰：兴登堡（Hindenburg）在他的回忆录中首先将《尼伯龙根之歌》确定为"背后一剑（Dolchstoßlegende）"在文学上的对照。1924年，导演弗里兹·朗（Fritz Lang）创作了表现主义无声电影《尼伯龙根》（*Nibelungen*）两部曲，由于在影片中出现了"将德意志民族统一起来"的献词，人们质疑他想要通过艺术对纳粹臭名昭著的"尼伯龙根基本意识形态体系"的形成推波助澜。随后，齐格弗里德又突然变成了雅利安人崇敬的英雄，外表也换成了金发碧眼的模样；此外，"尼伯龙根忠诚"这个字眼还被过度使用。"忠诚即荣耀"成为党卫军的座右铭。1943年1月末，德国空军最高指挥官赫尔曼·戈林向在斯大林格勒战役中陷入包围而绝望的国防军士兵呼吁，要像在埃策尔城堡被敌人包围的尼伯龙根人饮血止渴、"战斗到最后一刻"那样，誓死捍卫"德意志的胜利"。

081

*

由于被当成了纳粹意识形态的宣传工具，《尼伯龙根之歌》在1945年以后长期被视为禁忌。尽管它在东西德仍旧属于教学读物，人们却开始围绕"尼伯龙根化祸害史"（海因茨勒与瓦尔德施密特语）对《尼伯龙根之歌》进行批判性解释，例如故意对瓦格纳歌剧《尼伯龙根的指环》进行揭露和去神话化。在电影方面的争论则没有那么极端。关于齐格弗里德、克里姆希尔特和尼伯龙根人的不朽史诗被制作成了迎合市场需求的神话故事和图片杂志。美国在1976年拍摄了电影《星球大战》（*Krieg der Sterne*），其中对绝地武士（Jedi-Ritter）组织的塑造就借鉴了尼伯龙根传说的情节和人物。由英国作家约翰·罗纳德·瑞尔·托尔金（J.R.R. Tolkien）在1950年代中期创作的世界著名畅销小说《魔戒》（*Herr der*

Ringe，也译《指环王》），也从中汲取了灵感。

在《尼伯龙根之歌》故事可能的发生地之一——德国城市沃尔姆斯——人们可以从当地一年一度的"尼伯龙根戏剧节"中看到，这部英雄史诗是怎样作为传奇故事的"素材库"被简单"复刻"的：因为在 1937 ~ 1939 年戏剧节上演的黑贝尔（Hebbel）版《尼伯龙根之歌》迎合了纳粹分子对"尼伯龙根忠诚"的要求，沃尔姆斯市后来也批判性地反思了自己在使用这部英雄史诗素材上的问题——对传奇故事的曲解和误读。对于我们来说，重新解释尼伯龙根，以及在戏剧节上重新演绎其题材，比关注诞生《尼伯龙根之歌》的中世纪时代更具有深远的意义，能够厘清当代史和现今所出现的问题。

作为偶像
的
骑士

Der Ritter als Idol

012

班贝格骑士

为什么从 1237 年开始，他就一直"骑"在大教堂的同一个位置？至今他仍没有吐露所有的秘密。

083

1729 年在一篇游记短文中首次被提及时，这位将近 500 岁的骑士显然已经足够老了。又一个世纪过去之后，尝试对他的解释出现了分歧。尽管所有阐述的基本论点都认为，这尊石质立式雕塑可能是中世纪一件罕见且独一无二的艺术作品，然而时至今日，没有一件雕塑品能像它一样，在塑像意义和归因上引起如此大的争议。

从中可以肯定的一点是，从班贝格大教堂（Bamberger Dom）于 1237 年重建落成典礼开始，这尊骑士雕像的地点就固定在了通往教堂东侧唱经楼的左门柱上方，它的高度正好高过教堂来访者们的头顶。雕像上的年轻骑士头戴皇冠，身体呈直立、略向后倚的姿态骑坐在马鞍上，看起来几乎像是站在了马镫上。他身着 13 世纪典型的骑士服装，身穿可能原先为橘红色的罩袍，不过没有佩装盔甲、盾牌和武器。唯一的身份特征是戴在其鬈发上的皇冠。他的姿态放松而自然，左手松拽着缰绳，右手将罩袍的束带拉到胸前，相当时髦地用食指拉紧滑下肩膀的罩袍。他胯下的马雕刻得则不如他那样栩栩如生：它的左后腿仿佛快要落下似的呈站定的姿势，耳朵尖尖地竖起，像是听到了远方传来的什么声音，骑士看起来也正在停住这匹小跑中的马（可能为灰马）。马头的姿态仿佛是在对此作出确认。这与骑士手中没有拉紧的缰绳并不矛盾，因为缰绳是之后才加上去的。

084

一尊骑士雕像出现在这里是异乎寻常的，不仅如此：骑士能在教堂骑马急行吗？为什么一个等比例大小的马的雕塑会出现在教堂，而且它的臀部还令人惊讶和罕见地冲着进门的方向？"这从根本上说是一种大不敬。"〔戈克尔（Gockel）语〕骑士的目标是什么？他的脖子和头微微向前探出，目光投向了右前方的主唱经楼。观者总不免被这样的目光吸引：它是在表达问候，还是看到了某个物体（现已不存在）或一个人，抑或是望向远方，直达永恒？这个目光"散发出了光明和果断，表现出了思想上和行动上坚定不移的决心，温和又不失严肃"［詹特森（Jantzen）语］；它充满了"干劲和高度理想化的精神"［德林（Doering）语］，"温柔与年轻人所拥有的活力、友善和坚毅相契合，给人一种志存高远的感觉"［引自《班贝格的千年皇帝大教堂》（1000 jahre kaiserdom bamberg）］；又或者，它代表了"内心的年轻"，由"纯净的心灵"而生［黑格（Hege）语］？对于这个目光，人们有各种各样的猜测和解读。他们还从骑士的面部表情中感受到了"一位贵族男士的温柔"，以及"决绝的意志和毫不畏惧的坚毅"，骑士的精神面貌所呈现的，俨然是一个"征服了梦想和冒险，并从世俗中汲取了精神力量的男性形象"。［施赖尔（Schreyer）语］

这尊雕像体现的一些反差也很抓人眼球：马身的轮廓清晰且几近平面，它安静的姿态和骑在它身上人物的内心活动形成了鲜明的对比。尽管骑士正襟危坐，却几乎像是站在了马镫上，虽然他紧紧地拽着罩袍束带，表情却是气定神闲，更可以说是踌躇满志地望向远方。他镇静的外表下充满了能量，仿佛可以随时冲上前去。骑士既紧张又从容的仪态在观者面前一览无余：此外，雕像还呈现了"一种在广阔视野下对时间的高度紧迫感"（詹特森语），这与人们对中世纪缺乏活力的固有印象有所不同。无论如何，这种"内心的能量"也给这尊被称为"西方最伟大的哥特式组合雕塑"（詹特森语）增添了魅力。

班贝格骑士雕像是从古罗马时代起保存至今最古老的骑士雕像之一。历史上比它更为悠久的只有马格德堡骑士雕像（Magdeburger Reiter），它制作于 1240 年前后，原型可能是神圣罗马帝国皇帝奥托一世，他也是马格德堡城市和主教区的创建者。和用 8 块方形砂石块创作班贝格骑士雕像的雕刻者一样，马格德堡骑士雕像的雕刻者也不为人知。不同的是，班贝格骑士雕像塑造的是哪位统治者尚无定论，这也是它留给世人最大的谜

085

题。不同年代的艺术史学家曾试图对它进行身份鉴定，版本多达 20 个。其中包括：整个中世纪异教的消除者、第一位基督教皇帝君士坦丁大帝，雕像还原了他看见天空显现十字架时的样子，不过他和班贝格并没有关系；神圣罗马帝国皇帝亨利二世，班贝格主教区的创建者，或者是腓特烈二世（Friedrich II，即腓特烈大帝），雕像出现的时间正处在他的统治时期，不过骑士雕像不应该成为代表两人的皇权标志。是三圣王之一吗？然而雕像上又缺少了相对应的礼物。被提及的人物还有德意志国王施瓦本的菲利普（Philipp von Schwaben）、圣乔治、圣马丁、作为"众王之王"的耶稣等。大多数艺术史学家认为，骑士雕像的原型是匈牙利国王、吉塞娜（Gisela，神圣罗马帝国皇帝和班贝格主教区创建者亨利二世的妹妹）的丈夫圣史蒂芬（Der heilige Stephan），联姻使得两个王朝建立了联系。不过这种说法也被驳斥了。还有一种观点认为，骑士凝视的是早前放置在主唱经楼、象征耶稣复活的胜利十字架（Triumphkreuz），他虔敬的表情就是证明，甚至还给人一种他也许就是"末世统治者"（戈克尔语）的感觉。由同一位佚名艺术家创作的"女先知（Seherin）"雕像也存放于班贝格大教堂，她失明的双眼正对着骑士，仿佛预见了这位末世统治者的到来。今天，关于班贝格骑士雕像身份的争论还在继续：它或许代表了理想的王权或皇权统治，抑或是一种对德国中世纪具有象征意义的纯粹想象？

在班贝格骑士雕像完工的同时，骑士阶层也迎来了它的繁盛时期。从古代晚期开始，骑士阶层的发展过程经历了一个世纪之久。11 世纪以后，辨识度高、身披盔甲的骑士（miles）开始有了一定的社会地位。最初不仅君王和领主可以是骑士，封臣和小附庸也可以拥有骑士身份。从中世纪盛期开始，骑士身份从一种职业发展为出身和地位的代表。骑士的军事职能在十字军东征时达到了顶峰，除此之外，骑士还肩负促进文明进步的使命，尤其对宫廷骑士文化的发展产生了影响。随着步兵的出现，骑士在军事上的作用被淡化了，取而代之的是新组建的陆军的中级或高级指挥官。与此同时，宫廷骑士价值观念的多样化也愈发受到推崇：举行盛大的骑士马上比武、创作宫廷抒情诗、成立世俗骑士团、理想化忠诚美德、提倡忠贞、尊重和爱护女性等。此外，"骑士般的（ritterlich）"这一概念在 12 世纪就已经被用来刻画宫廷女子了。几个世纪过后，崇尚骑士气概的风气发生了变化，从中世纪晚期开始，这一概念作为一种"时尚"和"纯粹形式化的生活方式"［冈绍夫（Ganshof）语，引自博斯特（Borst）］继续流行。当中世纪的骑士走入历史后，浪漫主义又使其"重生"，并一再给人们的想象插上新的翅膀。

086

*

对于班贝格骑士雕像身份的猜测，人们发挥了各种各样的想象。它们也为不断推陈出新、顺应时代潮流的阐释和吸纳提供了前提条件。在班贝格骑士雕像风行的较短时期内，在不同政治体制的统治下，这种情况表现得尤为突出。在帝国时期，这尊骑士雕像更多地成为艺术领域的学术研究对象，并没有产生多大的公众影响力。然而在魏玛共和国时期，它的知名度却上升到了前所未有的高度。摄影师瓦尔特·黑格（Walter Hege）发现了它在镜头里的美感，并在 1920 年代发表了自己拍摄的班贝格骑士雕像照片，这一举动引发了轰动。照片被数千次地重印、出版、仿制和赠送，班贝格骑士雕像因此成为全德国"现代传媒时代的第一个文化形象"［乌尔里希（Ullrich）语］。骑士的头像甚至被印在了 1920 年发行的 100 帝国马克纸币上。1917 年出生、后来荣获诺贝尔文学奖的海因里希·伯尔（Heinrich Böll）猜测，在他的少年时代，"也许每个德国青少年的书桌或床的上方都挂着"［克里施克（Krischker）语］班贝格骑士雕像的照片。随着德国在第一次世界大战中战败，骑士投向远方的目光干脆被解释为对一个更美好未来的预示。这样一来，班贝格骑士雕像便成了一种对臆想中美好时代的浪漫回忆，这个时代就是在强大的"德意志民族神圣罗马帝国"统治下的"德国的中世纪"，它也促使统治者许下在未来建立一个新的德意志大国的承诺。对于纳粹分子来说，这样的解释有利于将班贝格骑士鼓吹成德意志的民族英雄，他们声称班贝格骑士是"一位拥有北方血统的领袖的化身"［阿恩特（Arndt）语，引自欣茨（Hinz），1937］，他简直就是阿道夫·希特勒的代表：作为现代救世主，希特勒最终完成了这件中世纪骑士雕像作品。1920 年代中期，种族主义思想的策划者汉斯·弗里德里希·卡尔·君特尔（Hans Friedrich Karl Günther）就下令将班贝格骑士的头像印在了拙劣的《德意志人民的种族学》（*Rassenkunde des deutschen Volkes*）的卷首画上。在煽动性的宣传电影《永远的犹太人》（*Der ewige Jude*，1940）中，在提到"最神圣的"事物时，班贝格骑士雕像正好出现在了画面上。

087

　　骑士雕像在第二次世界大战中"幸存"了下来，它被放入一个水泥护罩中保存，1947 年得以"重见天日"。由于"第三帝国"曾利用班贝格骑士雕像进行意识形态灌输，1945 年以后，人们对它的接纳程度更低了。尽管它仍然是艺术史上举足轻重的一件物品，是市民普及教育的一门必修课，然而它已不再是一个民族的象征了。1968 年在艺术研究领域兴起了一场关于抛弃纳粹历史的批判性争论，在"充满激动情绪的"［沃恩克（Warnke）语］讨论中，班贝格骑士雕像作为极具鼓动性和说服力的事例被再次提及。

　　不过，不管是意识形态化还是去意识形态化，班贝格骑士雕像从来都是一件令人过目不忘的艺术品。1977 年，联邦德国总统瓦尔特·谢尔（Walter Scheel）在斯图加特举行的斯陶芬王朝展览开幕式上说，这尊雕像重新成为"我们中的一员"。此后骑士雕像的图案还出现在了德国 2 欧元面值的邮票上（2003），用巧克力或铁制成的雕像复制品还曾作为电影短片奖奖杯被颁发给获奖者，甚至最接地气地被做成了德国百乐宝（Playmobil）的玩具：2006 年，以及班贝格大教堂 2012 年千年庆典之后，人们对马格德堡骑士雕像和班贝格骑士雕像的理解突破了"自由解读（frei interpretiert）"的局限，他们赋予了二者更贴合中世纪的不同色彩。

立法

和

法律影响

Gesetzgebung
und Rechtsprägung

013

《萨克森明镜》

一位长胡子老师坐在自己学生的身边，用左手指着教学内容——右侧文本的第一行。

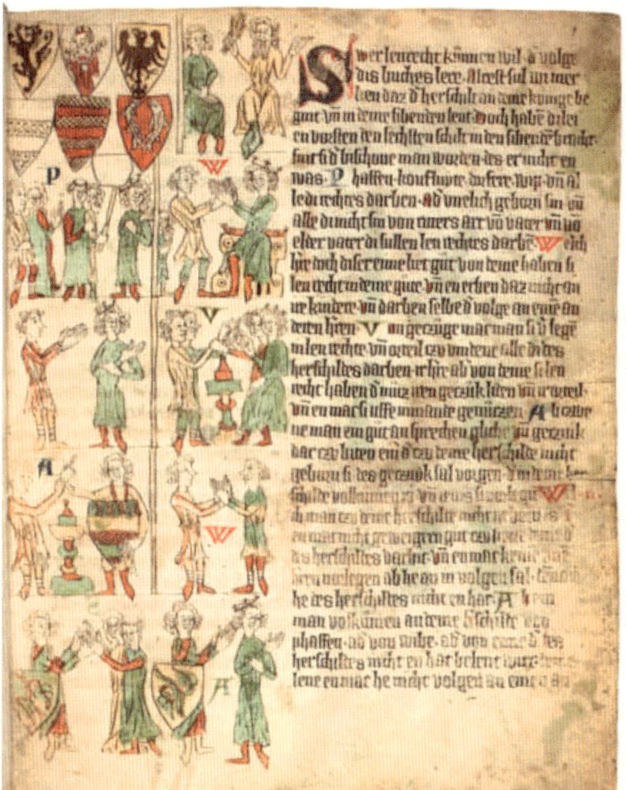

《萨克森明镜》（Sachsenspiegel，又称《萨克森法典》）是德国法律史和德国文学界最伟大的丰碑，它是由艾克·冯·雷普高（Eike von Repgow，生于 1180～1190 年，卒于 1233 年后）在 1220～1235 年间编写的。没有任何一部德意志法典能像它一样曾拥有跨越时代和超越领土范围的效力。不仅如此，《萨克森明镜》是德语母语的开路者，还是第一部由中古低地德语写成的大型散文作品，因此也是德语在中世纪大众交流中脱离拉丁文的一个早期证明。

通过德语母语的书写，艾克的记录能够被广泛的社会阶层所接受；实际上，至今保留下来的法典手抄本和残稿远远超过 400 本，分别由中古低地、中地和高地德语写成。在法典的第四稿，即拉丁文通行本（Versio Vulgata）于 1270 年前后完成后，这部法律汇编作品才在内容上完整了。

在这本拉丁文通行本的基础上，又出现了别具一格的《萨克森明镜》泥金装饰手抄本：它们是成于 1295～1371 年，装饰华丽的海德堡、奥尔登堡、德累斯顿和沃尔芬比特尔手抄本。虽然这四个版本相互之间差别很大，却拥有一个重要的共同点：这种形式独特的插画与文本的结合，在以往的手抄本中从未出现过。手抄本的每一页上都划分有插画栏和文本栏。文本又通过显眼的大写花体首字母来分段。在这四本泥金装饰手抄本中，海德堡手抄本出现的时间最早（成于 1300 年前后），然而也是最不完整的版本；奥尔登堡手抄本的文字内容最为详尽（成于 1336 年后）；德累斯顿手抄本的插画最多且最具有艺术价值；沃尔芬比特尔手抄本则是年龄最小的"妹妹"。

尽管插图在中世纪很受欢迎，然而除了《萨克森明镜》之外，欧洲法律史上并没有出现过配图如此丰富的法典。我们不知道，作为编纂人的艾克是否也被画进了法典。不过可以确定的是，手抄本的誊写者们通过不同方式将他"嵌入"了各自的版本中：在大多数情况下，"这名男子"穿着典型的中世纪服装，胡子和头发修理得干净整齐，没有戴帽子或头巾。他可能作为老师正在教授学生，可能正跪着向皇帝献上他编纂的法典，也可能正在接受被《萨克森明镜》法条陷于不利境地人们的践踏和唾弃。

编纂者在《萨克森明镜》中自称"艾克·冯·雷普高"，其姓取自萨克森－安哈尔特州的一处地名——德绍旁的雷普考（Reppichau bei Dessau）。艾克记录的第一稿还是由拉丁文写成，是从个人角度对他家乡流传下来的习惯法的汇编。从他曾多次作为见证人陪同奎德林堡（Quedlinburg）地方长官霍耶·冯·法尔肯施泰因（Hoyer von Falkenstein）审理各类法律案件可以见得，他极有可能是一位地方高级官员。他接受的教育超过平均水平，可能自身就是陪审员或执行官；总之，他非常了解和熟悉所处时代司法判决方面的问题。

当时人们采取的庭审方式极不统一，不仅在艾克的家乡"萨克森"是这样，在法兰克人、图林根人、萨克森人、弗里斯兰人（Friese）和斯拉夫人居住了几百年的易北河和萨勒河之间的区域也是这样。城市和乡村的司法审判基础是被实践证明的、往往只是口口相传的准则和经验传授。当时还未形成一个受过学校教育的法官阶层，他们的工作往往由业余陪审员代替。除此之外，大量邦国法和地方法在地区与地区之间混杂不清，有文字可考的法源只见于法令、证书、地方法典和城市法。通行的法律准则在很大程度上有所缺失，通常只有个别判例是确凿无疑的。阶层结构决定了对僧侣、世俗信徒、贵族、仆役、商人、手工业者、常住居民、流动人口、农民，以及"诚信的"和"不诚信的"生意人的审判标准依他们所处的社会地位而各不相同。

在 13 世纪，由于王权增强了领主在司法审判上的话语权，城市的司

091

法结构因此得以稳固，用历史回溯的眼光来看，将审判标准尽可能详尽地
规范化，将现有大量没有关联的法源系统地整合起来，其实早就应该着手
进行。被称为"造镜人（Spiegler）"的编者一定非常清楚，落在笔头的东
西才能长期发挥作用。他在序言中提到，他编纂的这本法典最初是用当时
常见的书写和授课语言，即拉丁文写成的，受当时的领主霍耶·冯·法尔
肯施泰因伯爵所托，之后又翻译成了德语。今天，这两本原始初稿均下落
不明。

　　《萨克森明镜》的"历史效应（Wirkungsgeschichte）"在此后产生的
影响是如此巨大，然而它的历史出发点又是那么的朴实无华：它纲领性的
书名表明，这本法典应成为一面"明镜"。按照引言的说法，通过它"萨
克森的法律得到了普及，好似女人通过一面镜子看见了自己的容貌"。同
时可以看出，所谓的"镜子文学 [Speculum-（Spiegel）-Literatur]"是
一种拉丁语境的传统文化。自古希腊罗马时代起，人们便使用拉丁文对照
着书写已知的生活领域，后来还出现了带有批判性的主题——"王者之镜"
和"愚人之镜"：塞巴斯蒂安·布兰特（Sebastian Brant）于 1494 年创
作的《愚人船》（*Narrenschiff*）就属于此类作品，并在 15 ~ 16 世纪成
为"炙手可热"的读物。《萨克森明镜》集记录和保护、整理和批判性评鉴
于一身：作者编纂此法典的初衷并不是为了表述自己的法律观念，或者解
释自己理解的法律，而是为了奠定一个法律基础。艾克收集和整理了在特
定历史疆域广为流行的习惯法，涉及的萨克森所属地区如下：萨克森 - 安
哈尔特的五个普法尔茨城市、萨克森公爵和普法尔茨伯爵领地、勃兰登堡
边区、图林根方伯领地（Landgrafschaft Thüringen）、迈森和卢萨蒂亚
边区（Mark Meißen und Lausitz）、阿舍斯莱本伯爵领地（Grafschaft
Aschersleben）以及总教区马格德堡、美因茨、科隆与不来梅。《萨克森

明镜》为这些地区法律审判体系的形成打下了基础。

这部法典的"历史效应"表明,"打基础"的目标早就已经达成。数不尽的因素影响和创造了它复杂的流传史,对仍处中世纪的这本法典在整个欧洲的传播亦有着贡献。与赫赫有名的《马格德堡法》(Magdeburger Stadtrecht)相比,艾克·冯·雷普高编纂的这部"德意志法(Ius Theutonicum)"在西里西亚、波西米亚、波兰、波罗的海东岸三国、乌克兰、匈牙利、欧洲西部,甚至在加泰罗尼亚都广为流传。《萨克森明镜》在一定程度上满足了欧洲历史发展对编纂法典的需要,用现在的话来说,它是一本火了一个世纪的"畅销书"。

《萨克森明镜》的核心内容是萨克森部落联盟内通行的习惯法,其中涉及两个方面,一是农村的权利关系,二是封建领主间的相互关系。法典在此基础上分为序言和两大部分:地方法(共234篇关于民法和刑法的内容,针对包括农民在内的"自由人")和采邑法(共78篇内容,规定了采邑封君和封臣之间的权利关系)。编纂的内容涉及刑法和刑事诉讼、家庭法和继承法、村镇和邻里关系法,以及关于村民共同生活的规定。此外,这本法典还囊括了涉及范围广泛的单项法律规定,比如国王的选举等。同时,艾克这位"造镜人"还在其中表达了对国家实践和法院规程的看法,比如他借此强调了世俗与教会的裁判管辖权应保持平行。不过,服务法、庄园法和城市法并没有被纳入其中。

毫不令人诧异的是,《萨克森明镜》影响了当时类似的法律编纂——从《德意志和施瓦本明镜》(Deutschen- und Schwabenspiegel,约1275)到《迈森法典》(Meißener,1357~1387),再到《赫尔福德法典》(Herforder,1370~1375)和《格洛高法典》(Glogauer,1386)。不仅如此,直到《德国民法典》(Bürgerliches Gesetzbuch,1900年1月1日)

092

生效前，相当多的小邦仍在使用艾克编纂的《萨克森明镜》，其中包括图林根、安哈尔特、荷尔施泰因（Holstein）和劳恩堡（Lauenberg）。1932年莱比锡帝国法院仍明确以《萨克森明镜》作为审判依据，甚至在今天还考虑继续沿用。如今一些实际的法律问题也对其有所借鉴：甚至关于停车位优先权的规定就能让人回想起 13 世纪通行的习惯法，因为"先上桥的车辆应该先通过"；还有"不许将自家的排水管挂在他人的院子里"的规定，放在今天也同样适用。

《萨克森明镜》给我们留下了珍贵的遗产，除了在法律方面以外，如今它在语言和交流方面的遗产已经成为我们日常生活中不易被察觉的一部分：法典用语部分地采用了头韵法（Stabreim），诸如"先来者先磨"、"彻头彻尾"、"溜了"、"很久以后"、"城市的空气让人自由"，或者"粉饰太平"这样的习惯语被编者首次写入法典。这表明这位"造镜人"用心地"观察了民间的表达方式"，在这方面他与马丁·路德很像。不仅如此，书中的插图还对一些庭审的行为方式起到了示范作用，时至今日仍然受用。

*

《萨克森明镜》记录的内容也不都是无可争议的。例如法典对农奴制的反对以及对教宗和皇帝平权的支持，就引发了社会动荡和大量敌对行为；在教宗和皇帝平权的问题上，罗马教廷在 1374 年对《萨克森明镜》中的14 篇内容进行了"严厉谴责"，这条法律自然失去了效力。《萨克森明镜》的第一位誊写者在新版手抄本的序言里写道：艾克因此成了一头朝着猎犬狂吠的野兽，而这也为这本法典被后人称为"好斗的法律和时代之镜"提供了凭据。

093

人们根据不同的政治诉求理解和吸纳《萨克森明镜》的内容，这也是它"历史效应"的一部分。纳粹分子对它的滥用达到了顶峰，他们在 1933 年宣布举办一场纪念"造镜人"诞辰 700 周年的庆祝活动，并利用此法典来为他们"血与土（Blut und Boden）"的意识形态进行辩护。小至地方报刊都宣称，艾克奠定了"人民权利的基础"。此外，在"国家社会主义德国律师协会（Bund Nationalsozialistischer Deutscher Juristen）"的推动下，一座艾克·冯·雷普高纪念碑在哈尔茨山（Harz）的法尔肯施泰因城堡被竖立了起来，举行落成典礼的那年纳粹正式执政，他们宣称《萨克森明镜》是"北方人种古老智慧的一大遗珠"，它记录下了"日耳曼人的原始见解"。在揭掉盖布的纪念碑青铜铭牌上，法典的编纂者被冠上了"德意志人民权利的专家和使者"的美名，因此这座纪念碑和其他类似的艾克·冯·雷普高庆祝活动一样，彻底沦为了"纳粹卐字下庄严的布景道具"［吕克（Lück）语］。如今，碑文已作了一些修改，我们现在读到的文字已经褪去了强加于它的政治色彩。

在德累斯顿于 1945 年被轰炸后，德累斯顿手抄本为水所淹，损坏严重，当地政府决定对它进行复原：旷日持久的修复工作从 1991 年就开始了，手抄本如今和其他文献一样被制作成了电子版本。每年它也会在萨克森州立和大学图书馆所属的图书博物馆的珍宝馆中展出，为期 6 周左右。

中世纪晚期
至近代早期

014

中世纪晚期

的

穷人救济

和

病人护理

Armen - und Krankenpflege
im Spätmittelalter

吕贝克圣灵医院的小房间

这些极为逼仄的居室出现在 19 世纪初的医院"长厅"内,这所医院是德国最古老的社会福利机构之一。

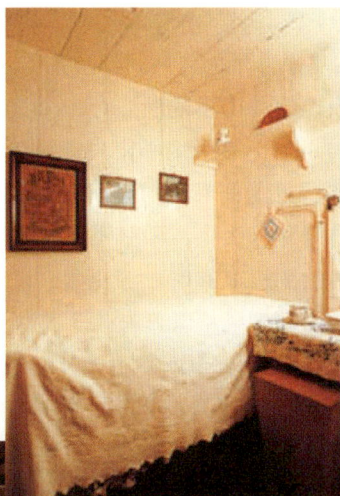

095 看到吕贝克圣灵医院（Lübecker Heiligen-Geist-Hospital）的小房间的人都会难以忘怀。今天，除了建于 13 世纪的这座雄伟砖砌建筑物之外，位于"长厅（Langes Haus）"中心的这些木质小居室也吸引了众人的目光。它们每间只有约 4 平方米大，两间"陋室"之间通过一个仅约 2.3 米高、与大厅天花板不相连的薄木墙隔断。有一个宽约 1 米、朝外开的小门（上方标有"门牌号"），门上有一扇小窗户，每间房间的窗帘都各不相同。只有打开门才能直接看见这间私人"居所"的"室内"：居室陈设十分简陋，只有一套简易的床和床头柜，一张小桌子和一把小椅子，一个放有生活用品的柜子，隔墙的搁板上有时放着花盆，里面种有由居住者精心照顾的蔓生植物。这些小房间的风格常常被认为是中世纪式的，然而实际上它们的内饰布置于 1820 年前后，也就是圣灵医院落成后 500 多年，这所建于 1286 年的医院是迄今为止德国最古老的社会福利机构之一。

中世纪的医院在职能方面与现代医院有着根本的区别。它们承担着大量的慈善工作，看护病人在其中只占一小部分，且绝对不是最重要的。中世纪的医院也被用作孤儿院、养老院以及穷人和朝圣者的临时居所。从 7 世纪开始，在信仰基督教的西方本笃会修道院中产生了第一批医院，之后在其他骑士团中也出现了类似的医院。据推测，在 9 世纪初位于赖兴瑙（Reichenau）的圣加尔修道院（St. Galler Kloster）的建造计划中，总

096 共记载了三所"医院"，它们是本笃会修道院的理想型配置：一是为僧侣建造于宗教禁地的医院，实际上的功能是照料病人；二是为高贵客人提供落脚之地的医院；三是为朝圣者和一般游客提供临时居所的医院。

随着十字军东征对圣地的解放，从 12 世纪开始出现了骑士团，他们在被占领的巴勒斯坦地区展现了乐善好施的好客之道，不仅提供庇护所，还承担起照料病人的工作。在十字军东征失败之后，这些工作仍然部分地在

欧洲继续进行；像约翰尼特骑士团（Johanniter），也就是以他们在16世纪的居住地命名的马耳他骑士团（Malteser）正是这样。差不多同一时期在一些有雄心的城市也出现了市民医院骑士团，其中尤以1180年在蒙彼利埃（Montpellier）成立的圣灵骑士团最为声名远扬。14世纪时的西欧已经建立了近900所这样的医院。一类属于遵循修道院教规的教会骑士团，一类属于接收普通男女和夫妻的世俗修士会。通过教宗特权和市民捐赠，这些医院很快就积累了可观的财产，使其能够接济数量不断增加的穷人。这些医院并不提供医疗看护服务，只满足于将拯救精神和灵魂、严格执行卫生规定，以及提供优质和营养丰富的食品结合起来。此外接收对象还包括穷困和未婚先孕的妇女、弃儿和孤儿，他们中的大多数能够在医院接受教育，女孩子往往还能在出嫁时得到医院赠予的简单嫁妆。除此之外，医院还接收穷人、朝圣者和旅行者。为了在城门关闭后也能接收这些人，医院有时也建在城墙外。

另外，独身的老人也是医院接收的对象，这种情况主要出现在规模较大的城市，它从根本上改变了建立医院的最初理念。随着时间的推移，一些医院转变成了正规的养老院，不仅接收穷困的老人，还接收富裕的老人，后者通过向医院提供资助得以"购买"入院资格。从经济的角度看，这些住在养老院的人相当于医院维持下去的保证，他们用自己的存款承担了在养老院的生活费用。不过这样一来，穷人进入养老院的机会就减少了，并且因为他们的存在，养老院里形成了一个两级社会，付了钱的居住者可以享受优先待遇。

除了接收穷人的医院外，还有专门接收特定病患的医院。其中又分为两种形式，一种是通过基督教的博爱在精神上对他们进行关怀；另一种是对患有传染病的病人进行隔离。例如在麻风病疗养院（Leprosorium），

097

患有麻风病的病人在保证一定生活水平的情况下可以同健康社会隔离开来。而对其他有较大传播风险和发病迅速的疾病采取同样的预防措施，往往为时已晚。尽管设有专门接收此类病患的医院，然而建设工作常常在流行病消退之后才完成，在下一次集中暴发之前长期用作他途。一些港口城市常年设有传染病野战医院，大多位于城外，并作为检疫站使用。建立精神病院的首要目的也是将患有精神疾病的人控制在一定范围内，并将他们与正常社会隔离开来。从 18 世纪开始，有针对性的治疗手段才在这些医院发挥作用。

圣安东尼骑士团（Antoniterorden）医院更多地用博爱思想来照料特别是患有圣安东尼之火病（Antoniusfeuer）的病人。这种病又被称为"麦角中毒症（Ergotismus）"或"麦角病（Mutterkornbrand）"，其实是一种由黑麦真菌感染造成的中毒症，容易在闷热潮湿的夏天发病。在粮食歉收的情况下，被真菌感染的麦子被迫混入正常的麦子中一起加工并被食用。麦角菌中毒会刺激皮肤，产生供血障碍，最后引起四肢麻木。虽然中世纪的人还不清楚引起这一疾病的原因，但是通过向病患提供健康饮食，圣安东尼骑士团医院已经基本有效地控制住了这一疾病。这个骑士团医院在 15 世纪陆续接收了全欧的将近 400 名病患。

在中世纪结束后的近代早期，对穷人的安置主要在城市进行。由于穷人不断涌入，他们被划分成了不同的类别，本地和外来的、负债和不负债的被区别对待。关怀愈发集中在本地的和丧失劳动能力的穷人身上。外来的乞讨者常常被驱逐，有劳动能力的穷人被拘留在所谓的监狱和劳改所，以便让他们在那里接受纪律教育，进而成为对社会"有用"的人。这些机构看起来和已有的慈善机构并无太大的区别。此外它们往往还具备更多的功能，这一点比如从美因河畔法兰克福的一家"贫民、孤儿和劳动所"的名字上就可以看出来。从 18 世纪开始也产生了第一批真正意义上的医院，它们专门用于看护病患，并雇有专职医生。

*

　　吕贝克圣灵医院建于 1227 年前后，是典型的穷人医院。当时的医院大楼并不是现在我们看到的这座，而是位于同城的另一座建筑。出资建造这所医院的是一个兄弟会，可能并不属于圣灵骑士团，应兄弟会的请求，吕贝克总主教于 1263 年批准了他们自己制定的一项的教规。在遵循教会骑士团团规的基础上，这一规定还发出了对穷困、顺从和贞洁的誓言。不仅单身男女可以入会，夫妻双方也可以成为会员，前提是他们没有孩子，并且同意按照性别分开居住。在特殊情况下，可以安排个人或夫妻住在单独的居所。医院由一位专门管理医院的人领导，从当时可能仍由总主教任命的世俗领袖中选任。接收的对象包括穷人和病患，旅行者也可以被接收，只不过只能居留并被照料一个晚上。

　　这所医院可能在一次城市大火中被烧毁，取而代之的是今天我们看到的建筑，它落成于 1286 年。新医院由吕贝克富商出资建成，体现了当时自信和强大的汉萨城市吕贝克市民的自我意识。这座颇具代表性的砖砌建筑是北德最壮美的哥特式建筑之一，它不禁让人联想到同一时期建成的其他汉萨城市市政厅。医院的中心是一个"长厅"建筑，它同时是一个开阔的大厅，可作为大寝室使用。大厅两侧各放置了两排床铺，分别为男性和女性使用。大厅的前端设有医院小教堂，它是一个三层高的"大厅教堂"，这样设计是为了让卧床的病人也能够参加礼拜。不过人们在 14 世纪认为这样的安排不合适，之后便用一堵墙将这座建筑的两部分相互隔开了。

这座医院建筑的"长厅"和小教堂旁边，还有两座民宅和若干综合性建筑。除此之外，医院的基础设施还包括一些以原地产为主的捐赠财产，它们在中世纪的历史发展过程中不断被扩建。大量分散在荷尔施泰因、梅克伦堡和萨克森的农庄也隶属于这座医院，森林、磨坊，包括有收益的吕讷堡盐场也不例外。凭借这些产业，医院同时也相当于一个规模非常庞大的企业，市议会因此极度重视对它的控制权。从14世纪中叶开始，轮换的市长或由他们任命的议员负责对医院的经济和金融事务进行监管，同时还担任医院的主管。

同一时期，其他城市也出现了将慈善机构划归地方经营管理的类似趋势。在宗教改革的影响下，这种趋势又进一步得到了加强，即所有有宗教色彩的慈善机构都划归议会管理，这样的举措往往会引起结构性的深刻变革。吕贝克圣灵医院在这一时期也彻底转变成了一所养老院；与之相关的职能得以保留至今。经过战争和政治体制的转变，医院的产业大大地缩减了，尽管如此它的规模仍然大到足以保证自己的存续。直到19世纪初，医院的居住功能仍没有发生变化：大部分居住者，比如无房可住的接受救济者仍然可以继续睡在大寝室的四排床上。重视私人空间的改建计划在这期间被提上日程，于是才有了这些给我们留下深刻印象的小房间。它们实际上是为总共170名居住者养老送终的微型"私人住宅"，直到1970年仍有人居住，尽管政府早已出台了有关个人隐私和建造适宜居所的相关政策。同年，最后一批居住者从"长厅"搬进了位于医院其他区域、经过现代化装修的房间。同"长厅"和医院小教堂一样，这些狭小的房间最后成了受保护的文物。

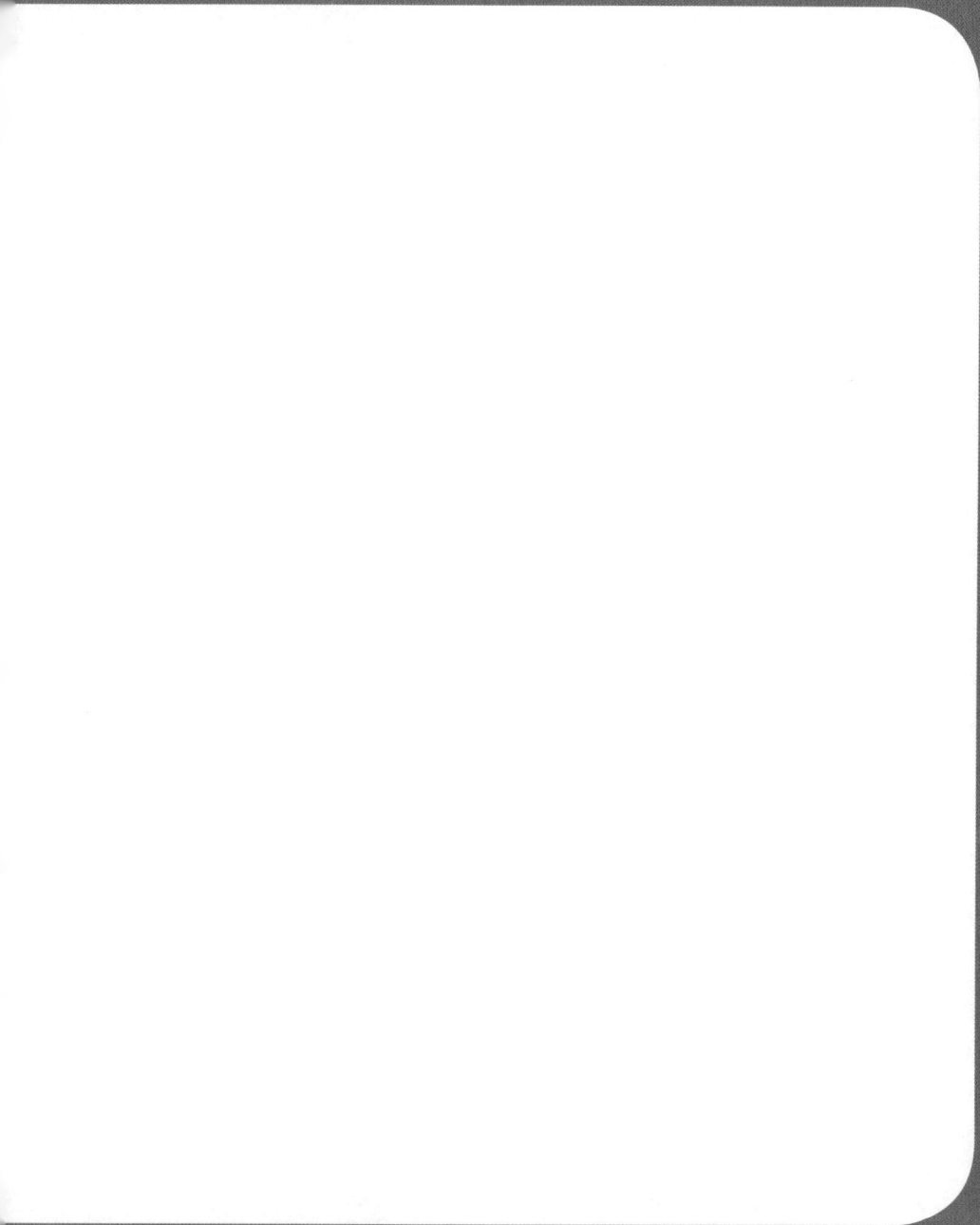

作为经营主

的

修道院

Klöster als
Wirtschaftsunternehmen

015

《特嫩巴赫财产登记簿

这本写于 1341 年的《财产登
记簿》献词页实际上是对中世
纪庄园在权利和缴纳事务方面
的图文解释。

101

　　如果放在今天，如此成规模的财产登记簿也许要先经过公证后才具有法律效力，而且陈述方式一定会乏味得多。这本登记簿是一位修道院院长毕生的作品，在 19 世纪就惊艳了学界，它被评价为"手抄本领域一件罕见的大师级作品"［巴德尔（Bader）语，引自韦伯（Weber）等］、中世纪修道院经济"手册和账簿"的"典范"，以及手抄本研究和中世纪法律、经济、农业及地方历史的一大"福音"。除此之外，凭借富有艺术性的装帧，这本《特嫩巴赫财产登记簿》（*Tennenbacher Güterbuch*）显得独树一帜，因为它的扉页和献词页装饰有十分精美的小画像，正文也画有大量彩色的大写花体首字母。

　　献词页的上半部分包含了一个金色的大写花体首字母"O"，写在了"噢上帝，谨以这件作品呈献给你（O Dee paratum sit opus）"的句首，字母中间画有天堂的场景。下半部分则是一个大写花体首字母"S"，作为"为此我要记录下财产、财产权、庄园（S-cripturus igitur possessiones, bona, grangias）"这句话的开端，字母中间画有世俗的场景。这两幅画及其对应的两部分文本彼此呼应、相互关联，并且都体现了等级森严的僧侣统治制度。三位一体的神（圣父、圣子和圣灵合为一体）飘浮在一片云上，中间的鸽子象征着圣灵，这在圣像学上非常罕见，因为它被画成了与圣父和圣子大小等同。在云彩下方，修会圣人和修会创建人在天上神的宝座旁跪着祈祷：一位是伯恩哈德·冯·克雷尔瓦克斯（Bernhard von Clairvaux，约 1090 ~ 1153），作为西多会修士（Zisterzienser）的他身着灰色修会僧衣；另一位是身穿深色僧衣的努西亚的圣本笃（Benedikt von Nursia，约 480 ~ 547）。在《特嫩巴赫财产登记簿》出现的同一时间，教宗本笃十二世（Benedikt XII，约 1285 ~ 1342）正好也是西多会修士，因此当时的人很容易在看到这幅画的时候想起他，特别是他还颁布了在经营和管理西多会修道院财产方面涉及范围广泛的改革法规。

在图片上部右侧的文本行，特嫩巴赫修道院院长提到了三位一体的神、伯恩哈德和圣本笃，这从下面的放大图以及图中的文字"FRATER IO［HANNES］ZENLI［N］ABBAS"可以辨别得出，从修会典型的灰色外衣上也可以看出来。下图画的是一个"具有当地特色的书写场景"［克里姆（Krimm）语］。画中标有姓名的"FRATER JO［HANNES］MEIG［ER］"正坐在斜面写字台前将一个农民的证词记录在一本书上。农民毕恭毕敬地站在他的统治者代表面前，他的帽子晃晃悠悠地挂在肩膀上：他驼背，满头白发，挂着一根拐杖，用手扶着一位留着胡子的世俗修士（Laienbruder），后者将农民带到桌前，并用手指着他；世俗修士的腰带（Zingulum）上挂着一根符木，上面记录了当时的债务人与债权人的法律关系，必要时可作为证物在当庭对证时使用。从画面中可以推测，一个法律行为正待进行，农民也许正准备陈述证词，世俗修士可能也等着证明他对其庄园的所有权，使之被记入法源（Rechtsquelle）。这里所指的法源相当于修道院财产、收入和管理情况的登记簿，是当前的取证和未来的物证，是对特嫩巴赫修道院财产和收入的目录编制和合法记录。

这本财产登记簿是在双重背景下产生的：一是西多会全体大会希望向修道院索取捐款的行为师出有名；二是教宗本笃十二世在 1335 年发表的改革训谕"fulgens sicut stella matutina"（也被称为"Benedictina"）中提出，要重新划分修道院院长和修道院的责任。财产登记簿的出现是当时的必然产物，因为西多会在 14 世纪的经营方式发生了根本性的变化，对财产的管理变得愈发复杂。

位于布赖斯高弗赖堡（Freiburg im Breisgau）的埃门丁根（Emmendingen）的这座修道院建成于 1158～1163 年间，隶属于瑞士伯

102

尔尼州（Kanton Bern）的弗里因斯贝格修道院（Kloster Frienisberg）。修道院最初被称为"天堂之门（Porta Coeli）"，不过建成后很快就以更为古老的地名"特嫩巴赫（Tennenbach）"命名，并从 1170 ~ 1180 年处于萨勒姆（Salem）西多会修士的监管下。在接下来的 150 年中，通过当地贵族的捐赠，更多地通过购买，特嫩巴赫修道院的地产大幅增加，分布在 200 多个地区，包括奥特瑙（Ortenau）南部的富饶之地，整个布赖斯高地区以及黑森林地区的至高点等。在遵守修会会规的前提下，通过对 14 个庄园（Grangien）的经营，修道院的世俗修士获得了大量的剩余劳动产品，它们被放在 13 世纪下半叶之后兴起的城市集市上销售，其中以弗赖堡城市集市为主。以谷物种植为主的农业耕作（大多实行三圃式轮作，老式的二圃式轮作极为罕见）是修道院庄园经济最重要的组成部分，其次是畜牧养殖，再次是园艺、林业和渔业管理，以及油料作物和纤维作物种植；这一时期的葡萄种植业务大多已出租。修道院非常注重革新，例如改革施肥技术，引进轮作制度和 12 世纪后出现的捣磨，以及用马代替牛耕地，等等。

到了 14 世纪，西多会的经营管理活动不只在特嫩巴赫发生了根本性转变——由当时占主导地位的自主经营管理变为完全或大部分采用租佃制。这"可能是财产登记簿出现的真正原因"（引自韦伯等人）。在持续不断的转变过程中，修道院的财产被详细地登记在册。相较于在庄园合作体系中明确一个拥有劳动力、世俗修士和雇农的农场的所有财产和土地，对一个庄园的财产和土地作明确说明更为重要。不过，当时出现的《特嫩巴赫财产登记簿》却是"僧侣和修道院神职人员收取'租金'的主要凭证"，因为它涵盖了所有权、农田所有人、草场所有人、葡萄种植园所有人、缴纳金等内容，"作为收缴方的僧侣和修道院神职人员，他们一年当中可能只需长途跋涉去收一次'租金'就可以了"（引自韦伯等人）。

编制财产登记簿的准备工作从对"1317 年以前"（引自韦伯等人）的历史资料的调查和汇编开始。修道院的档案资料因此也成了查询的对象，个人的回忆也不例外。修士和农民，包括女性在内的相关人员被一一询问；就连相互矛盾的陈述内容也被详细地记录了下来。约翰内斯·岑林（Johannes Zenlin，于 1300 年前后生于弗赖堡，卒于 1353 年）是当地一名富裕的制革匠的儿子，受过法学和神学教育。当时他是特嫩巴赫修道院的财务和经营主管（Cellerar），负责处理与修道院经济利益相关的一切事务。他着手进行的这项高度系统化的工作简直成了他终生为之奋斗的事业，他在 1336 年出任特嫩巴赫修道院院长后也以巨大的热情投入其中。别人对他的评价是：睿智、年富力强、独立自主。在担任修道院财务和经营主管期间，他对大庄园的解体负有不容推卸的责任。由于当时越来越多的世俗修士转入了托钵会（Bettelorden），于是他将修道院的土地分成小块租了出去。

《特嫩巴赫财产登记簿》后来添加的前言详细阐述了它的编制计划，岑林据此开展了这项"巨大的工程"（引自韦伯等人）：他将总共 233 个地名按照字母顺序排列，其中涉及了特嫩巴赫在当时拥有的财产、息金和合法权利。每一个条目都列出了原始凭证、世袭佃权和有期限佃权说明、息金数额、作为依据的所有权，以及缴租人姓名；后者被分别写在了可粘贴的纸条上，以便随时更新。在每项所有权描述的后面还留有空白，以便补充增加的所有权或备注其他的变更情况。

显而易见，这本登记簿的编制经历了一个漫长的过程。它的整体页面布局经过了细致而缜密的考虑，总共使用了 352 张淡褐色、中等厚度的同种羊皮纸（大多长 33.5 厘米，宽 24 厘米），每页都细心地画有由 50 条小线条构成的外框。作为《特嫩巴赫财产登记簿》的主笔，岑林还额外补充了一些内容，比如对《弗赖堡城市法》的整体誊抄，以及对自己工作内容和家庭情况的注释等。据推测，从 1326 年开始，他的登记簿编制工作受到了约翰内斯·麦戈尔（Johannes Meiger）的大力支持，此人继他之后作为修道院主管经营的高级神职人员，成为这本登记簿的第二主笔；此外，一个佚名的第三抄写者对此亦有贡献。

《特嫩巴赫财产登记簿》的编制工作于 1341 年结束，被当作扉页的献词页也随之编写完成：岑林将他的这部"作品"献给三位一体的神，并请求修会圣人伯恩哈德和圣本笃替他向神祷告。他还特别在这一页体现了"三位一体的特殊象征意义"（引自韦伯等人），他这样做是为了让约翰内斯·麦戈尔——同为他的修会共事、修道院继任者（直至 1363 年）和最重要的支持者——在这次著名的抄写活动中图文并茂地被世人永远铭记。

*

105　　14 世纪中叶前后，特嫩巴赫修道院的发展达到了顶峰，它的财产在整个 15 世纪仍在继续增加。1444 年阿马尼亚克派（Armagnaken）抢劫了修道院；在 1525 年爆发的德意志农民战争中，修道院教堂在被农民大肆掠夺后化为废墟，僧侣因此逃亡到瑞士长达三十年。这两次事件导致修道院的发展陷入了停滞。在三十年战争期间，修会不得不在 1632～1647 年搬离特嫩巴赫。17 世纪末 18 世纪初，战事严重波及了修道院。在 1723 年的一场大火中，整座修道院被烧得只剩下一部分巴洛克式的外观。

1806 年仍有 20 名僧侣居住在特嫩巴赫，随着世俗化的发展，修道院被纳入巴登大公国后被废除，修道院建筑在几年后遭拆除和拍卖。拆除的石料被用于弗赖堡新教教堂的建设，在德国其他一些地方也能看到它们的身影。特嫩巴赫修道院星罗棋布的点点痕迹和历史脉络直至今天仍在被不断地发现：菲尔斯滕费尔德布鲁克西多会修道院（Zisterzienserabtei Fürstenfeldbruck）的一幅巴洛克式的天花板绘画描绘的就是圣母在特嫩巴赫僧侣面前显灵的场景。特嫩巴赫修道院的一个镶有 169 颗宝石的祭坛十字架（1280 ~ 1290）现存于博登湖（Bodensee）湖畔的韦廷根 - 梅赫劳修道院（Kloster Wettingen-Mehrerau）内，它曾在 19 世纪中叶被卖给了梵蒂冈教廷，最终在 1964 年被重新归还给了西多会。特嫩巴赫修道院曾在 1440 年前后完成的余下 11 块圣母主祭坛木版画现存于弗赖堡的奥古斯蒂娜博物馆（Augustinermuseum），不过因为它们出于不明原因为施陶芬堂区教堂所有，而被错误地命名为"施陶芬祭坛画（Staufener Altar）"。通过博物馆对藏品修复工作的研究发现，这些画有可能曾被用于装饰一个举行弥撒的祭坛。属于修道院院长岑林的珍贵镀金圣餐杯（Ziborium）最终有惊无险地在 1998 年归属于纽伦堡，它被放在当地的日耳曼国家博物馆中展出，圣餐杯杯盖沿的底面刻有捐赠者的姓名。

2007 年 4 月，在庆祝教宗本笃十六世（Benedikt XVI)80 岁寿辰之际，《特嫩巴赫财产登记簿》在公众面前展现。巴登 - 符腾堡州政府借此契机，将献词页的摹本敬献于教宗，不仅因为上面绘有圣本笃的形象，还因为该页是这类手抄本中最精美的之一。

随着

城市发展

而

繁荣的行会

Mit den Städten
blühen die Zünfte auf

016

各行会只资助了大教堂 10 扇大
玻璃窗，他们不仅有意在玻璃
窗上展现自己的职业特征，还
在上面画了锤子和钳子。

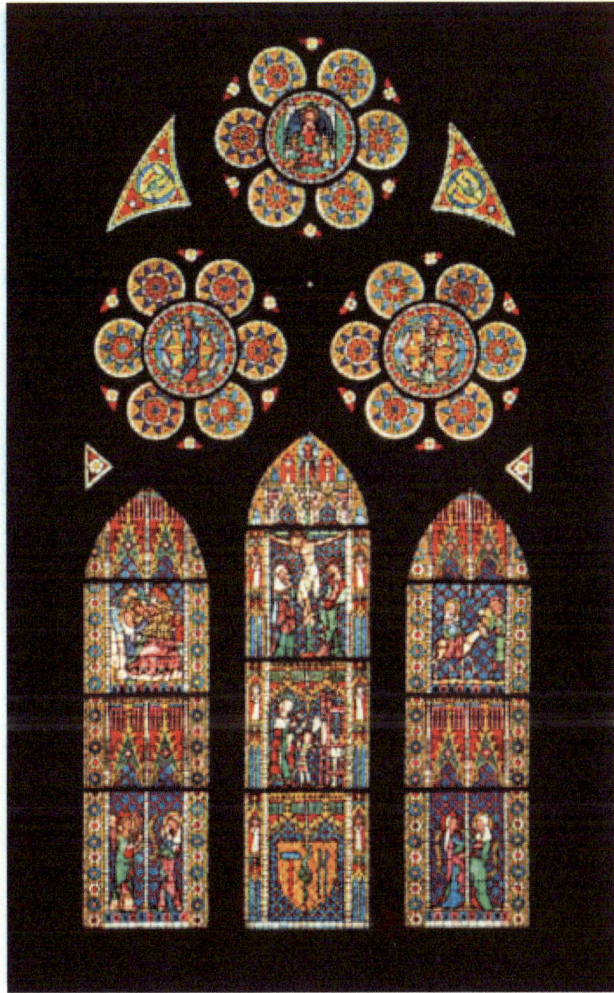

107

　　弗赖堡大教堂（Freiburger Münster）这扇玻璃窗底部的中间有一枚铁匠行会的纹章，上面展示了锤子、钳子和一条正在吐火的蛇，它们是生产工具，以及象征对这一手工行业尤为重要的火。纹章的两旁和上方的玻璃窗分别描绘了圣经故事，如天使报喜、基督受难，以及铁匠的主保圣人圣安利日（Eligius）的生活片断。在成为有名望的金匠和后来投身宗教事业、成为主教之前，这位生活在 7 世纪的圣人最早的职业是一名蹄铁匠。他经常在这里被描绘成一名正在给一条断马腿钉马蹄铁的匠人。有关他的故事，民间流传了各种不同的版本。其中最可信的一个是：曾有一位陌生人来到安利日的作坊，向他展示如何"轻巧地"给马钉马蹄铁：只见他砍下其中一条马腿，给它钉上马蹄铁后又重新装了回去。安利日试着模仿陌生人的做法，当然没有成功。他这才恍然大悟，原来这位陌生人就是耶稣，他这样做是为了向安利日传授基督教谦卑的教义。通过这个传说，安利日成为无数金属加工工匠、鞍具匠、兽医，以及其他与马相关的职业匠人的主保圣人。

　　这扇绘有铁匠行会纹章的玻璃窗是一组共 10 扇玻璃窗中的一扇，它们由各行会捐赠，于 1320 ~ 1330 年被装在了弗赖堡大教堂的长厅内；它们几乎都保留了原本的模样，个别扇在重新修缮时也是忠于原样。除了上文提到的铁匠行会纹章外，在每扇玻璃窗的底部都画有不同行会的标志：扭结面包圈和面包代表面包师，剪刀代表裁缝，靴子代表鞋匠，磨坊的水车轮代表磨坊匠，盾牌代表粉刷匠［Maler，也称"描绘者（Shilderer）"］，工具和直尺代表石匠，作为纹章动物的狮子代表手拿擀杖的毡匠，木桶代

108

表箍桶匠，最后在箍桶匠熟练工捐赠的玻璃窗上还绘有动物纹章。葡萄酒酿造对商业的意义重大，因此箍桶匠行会颇具声望。

　　这些玻璃窗证明，当时的行会对城市生活的影响非常大，而且这些

行会在基督教熏染下开始有了协作意识。当时除了行会向教堂捐赠玻璃窗之外，还有几个有名望的城市新贵家庭和一个城外协会也捐赠了代表自己身份的玻璃窗，后者捐赠的玻璃窗上绘有在"家门口"的绍因斯兰山（Schauinsland）银矿工作的采石匠。有两扇玻璃窗没有绘制行业标志，而是用采石场景代替，生动的画面再现了采石匠的职业和装扮。从采石场中开采出的白银为弗赖堡城市的繁荣作出了巨大贡献，也是支持大教堂建设的资金来源，因此这些采石匠的形象便更有理由出现在大教堂内了。

弗赖堡大教堂建成于 13 ~ 15 世纪之间，最初只是一座当地的堂区教堂，这种教堂被当地人称作"大礼拜堂（Münster）"。为了更好地维护不同团体的利益，中世纪的城市将这些团体作了整体划分，主要分为商人协会，以及依地区不同而叫法不同的手工业者行会（协会、联合会、合作社、同盟 / 同业公会）两部分。位于上层社会的城市新贵在"酒馆社团"中结成同盟，这个团体得名于他们喝酒和聚会的场所。

各行会的集会场所中也有这样的地方，对于确定团体身份来说，行会的祭坛也同样重要，它通常设立在城市的堂区教堂内。虽然在现今的弗赖堡大教堂，这种中世纪的祭坛已不复存在，但是由当时行会捐赠的玻璃窗仍然完整地保留至今，它们是这些祭坛曾经存在的证明。由于行会有捐赠行为，行会成员得以聚集在教堂内，在由他们自己选出的神甫的主持下，在行会祭坛上为已过世的行会成员举行安魂弥撒。当时的弗赖堡大教堂由此成为这种团体的核心中的核心，因此捐赠玻璃窗等捐赠行为才会延续下去。

行会的产生也要归功于从 12 世纪开始的城市繁荣。不断增多的城市行当，以及它们愈发专业的分工，使得制定各手工业行规成为一种必需。那时的许多城市，由新贵组成的小型上层社会几乎在同一时间都试图垄断政治权力，此外他们还渴望确立各自的利益代表。从那时起，行会被赋予了

109

对内和对外职能，承担了包括军事领域在内的大量工作，例如维护和保卫部分城墙等。

行会的规章制度对内部的重要问题进行了规范，首先制定了手工业各行业统一的质量和价格标准，例如详细规定了烘焙类食品的尺寸、重量、制作流程和原料配比。此外，对于城市各手工行业准入多少名工匠、入行需要哪些条件、一间工场应招收多少名学徒和熟练工，以及薪水支付、劳作时间和培训要求等问题，这些行规也作了相应规定。不仅如此，行会还负责监督会员的生活作风，调解各行业首领间的纠纷并处以相应罚金。罚金和行会成员上缴的会费一起归行会所有，再作为资助支付给患有疾病或陷入其他困境的行会成员，这实际上是一种对病患和无劳动能力者共同承担义务的社会救济形式。

不同城市行会的产生过程也不尽相同。它们有时是在封建领主的推动下形成，有时是由行会成员主动发起。上级部门对行会的管控程度也各不相同，因此各行会的自主程度也不一样。但是不管怎么样，各行会规章制度的制定仍要经过上级部门的批准，并同时取得城市领主一定程度的认同。尽管在中世纪，一些行会通过暴动取得了参与统治其所在城市的政治权力，然而这种成功往往是短暂的。16 世纪和 17 世纪初发生的此类暴力行为大多被镇压，行会因此被剥夺权力，甚至被解散。行会作为政治斗争工具的作用有限，事实证明作为"游说团"，它们更为成功。在行会这种组织形式的约束下，非行会手工业者，即往往来自城郊的所谓"规则破坏者"和"单枪匹马者"对行业构成的竞争被破除。与此同时，对手工制品的质量和行会成员道德行为的监督也为手工业取得良好声誉作出了巨大的贡献。

那时的行会体量也在不断变化。小城市通常只有少量行会把持多个手工业行当，而在较大的城市，例如打铁职业有时会被划分到不同的行会，如毛坯铁匠、蹄铁匠、煮器铁匠、刀剑匠和制盒匠。金匠和银匠无论如何都会被归为特殊的行会，并享有极高的声望。行会统管一个手工业行当的所有成员，包括工匠及其家庭成员、熟练工和学徒。行会的重大事项往往仅通过各工匠定期集会，即所谓的"晨会"商议决定。集会在行会所属的房间里进行，其间行会的文件箱被打开，里面存有行会的规章制度和其他重要文件；打开文件箱的做法增加了会议的仪式感。熟练工和学徒则没有资格参加这种集会，根据他们所处的权利地位，他们既无权在行会发言，也没有参与城市事务的话语权。工匠一定拥有公民权利，而熟练工和学徒不仅没有合法的居留身份，还要向他们的师傅（工匠）上缴家用，而且必须无条件听命于对方。在 3 ~ 5 年不等的学徒期，学徒对此不能有任何怨言，因为他们想要学到手艺，最终被"豁免"，即从师傅（工匠）的教导中解放出来，成为被师傅公开承认的熟练工。相比之下，作为完全掌握手艺的手工业者，熟练工需要的是出卖自己的劳动力：为了维护自身利益且不听凭师傅（工匠）的摆布，他们成立了自己的协会，常常为了资助有需要的工友而建立属于自己的账户。

在劳动力短缺时期，熟练工可以大胆地通过示威游行，或者以集体撤离城市的方式威胁雇主，向其施加压力。对此，跨地区的关系网也助了他们一臂之力。虽然长期以来，熟练工在外流动劳作学习的漫游期没有统一之规，但是劳动力市场的需要，或者对某个紧俏工匠职位的招聘信息，都会促使他们加大流动性。行会的工匠师傅往往更倾向于将这类职位交给同行会的男性后代，这对于外地人来说并不公平。大多数熟练工也没有足够的积蓄为自己"买"一个工匠师傅职位。获得此类职位的途径恐怕只有迎娶工匠师傅的女儿，或者在师傅过世后和成为遗孀的师母结婚，而且已经营过工场的熟练工往往具备继续经营的良好前提条件。不过从另一方面

111

来说，守寡的师母也经常独立经营工场（至少是在一定时期之内）。

*

弗赖堡在 1248 年爆发了一场针对城市老议会统治的暴动，当时的市议会由从封建贵族中兴起的城市新兴贵族家庭小团体所把持。以商人为代表的新兴上层社会成员不愿意再忍受自己被当作没有"参政能力"的人，并从城市统治权中被排除。通过揭竿而起的反抗运动，他们与城市统治者达成了一项协议，即在旧议会之外再设立一个与其平权的委员会。1292 年，这个"年轻"的议会第一次提名了一些手工业者为议员。仅一年之后，也就是在 1293 年，城市法的颁布对此委员会现有的成员比例进行了确定：新贵族、商人和手工业者须各占三分之一。因此在城市"立宪"的过程中，行会拥有了自己的一席之地。其影响力在随后的时间里继续扩大，因此才会在短短几十年后有了向教堂捐赠玻璃窗的举动。另外，弗赖堡大教堂的其他玻璃窗大多来自城市上流阶层人士的捐赠。

16、17 世纪，随着手工制品外形的不断推陈出新，手工业行会所承受的经营压力也越来越大。生产规模更大、劳动力划分更为精细的制造工场成了行会的强力竞争对手，将部分制造转移到行会控制范围之外的城郊的外包制度对行会产生了巨大的冲击。随着普鲁士在 1810 年引入职业自由制度，行会的生命开始消亡。其他德意志邦国也竞相效仿，其中包括巴登大公国——弗赖堡自拿破仑时代开始就处在它的统治之下。巴登大公国于 1862 年颁布了有关职业自由的法令，弗赖堡的行会最终解体了。直到 20 世纪初手工业同业会的建立，手工业才重获社会全体的认同，然而它在政治和社会方面的影响力绝不可能与中世纪的行会同日而语。

国王的选举

和

皇帝的诞生

Königswahl
und Kaisermacher

017

《黄金诏书》

"法兰克福版"《黄金诏书》被认为是德意志的"帝国版本"。它是欧洲《基本法》的前身吗？

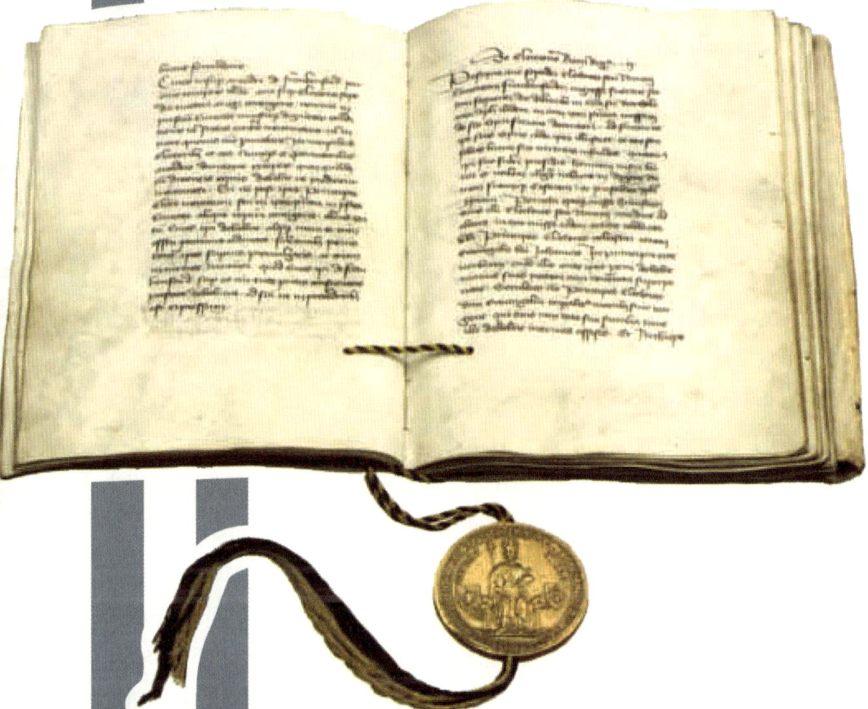

113　　　　1356 年颁布的《黄金诏书》（Die Goldene Bulle）是德意志民族神圣罗马帝国从 14 世纪中期到 19 世纪初期最重要的宪法文件。当时的人称它为"皇帝的法书"，从 1400 年前后开始，人们因挂在诏书上的金玺将它取名为"黄金诏书（Aurea Bulla）"。图中的金玺由两个圆形薄金片通过各自的窄边相互接合而成。中间的缝隙被填上了蜡以保持稳固，内部则焊有沟槽以防止破裂。金玺线穿过内部的沟槽，分别于 1642、1710 和 1988 年在现场监督公证的情况下被更换。金玺的直径长 64 毫米，边缘厚 40 毫米。金玺的正面是神圣罗马帝国皇帝查理四世（Karl IV）的形象，画像上的他头戴皇冠坐在宝座上，左手捧着象征着皇权的十字圣球，右手握着权杖。在他的两侧还分别有一个象征神圣罗马帝国的单头鹰纹章和一个象征波西米亚王国的狮子纹章。沿金玺边缘一圈铸有文字"查理四世，按照神的旨意成为罗马人的皇帝，永远是神圣罗马帝国的皇帝和波西米亚的国王［KAROLUS QUARTUS DIVINA FAVENTE CLEMENCIA ROMANOR（UM）IMPERATOR SEMP（ER）AUGUSTUS ET BOEMIE REX］"。金玺的背面是非写实的罗马城图案，配有拉丁文：（罗马是）"世界之首"，"手中握着地球的缰绳"。

　　　　出身卢森堡家族的查理四世（1316～1378）从 1341 年起成为波西米亚摄政王，1346 年在伦斯（Rhens）被选为对立国王，与从 1314 年开始在位的巴伐利亚的路易同为德意志国王。1346 年 11 月，查理四世在"错误的地点"波恩接受加冕，巴伐利亚的路易此前是在亚琛接受加冕。在路易及其继承者去世之后，为了使自己的加冕具有效力，查理四世于 1349 年再一次在"正确的地点"，即美因河畔法兰克福和亚琛分别举行了选举和加冕仪式。

　　　　查理四世从小成长于法兰西王室。他博学多才且聪慧过人，并于 1348

年在布拉格创建了第一所德意志大学。在任波西米亚摄政王的头几年，他不仅在政治方面面临对德意志王位的争夺，还在军事方面遭受了百年战争中克雷西会战（Krieg bei Crécy, 1346）的打击，在经济和社会方面，他又经历了也许是中世纪晚期最为严重的一次危机——源头是在当时地中海沿岸国家蔓延的黑死病。

为了避免一个半世纪以来围绕王位而不断进行的权力斗争和战争再次发生，查理四世决心巩固已经成熟的神圣罗马帝国体系。于是，在于罗马加冕为神圣罗马帝国皇帝后的同一年，他召集德意志诸侯前往纽伦堡参加帝国议会，会议上对王位继承问题作了明确规定。从 1355 年 11 月末开始，皇帝和各选帝侯对此进行了一个多月的商议，在 1356 年 1 月 10 日出台新规，并于当年底在梅斯（Metz）举行的另一场帝国议会上作了补充。这个由神圣罗马帝国皇帝与各选帝侯最终达成的协议总共执行了 450 年，它被视作中世纪晚期至近代早期结束前神圣罗马帝国的"基本法"。

通过对历史经验的总结，以及对选帝侯获得权利的肯定，查理四世编撰了一部直至 1806 年仍被采用的宪法法典。法典规定，国王应在美因茨选帝侯—总主教的邀请下，由 7 位选帝侯（300 多年后才在巴伐利亚和汉诺威－不伦瑞克－吕讷堡另增了 2 名选帝侯）在美因河畔法兰克福选举产生。凭借地理上的中心位置和经济上的重要地位，从 12 世纪中叶开始，法兰克福一直都是习惯法规定的、选举大多数国王的地方，只有从这里选出来的国王才是合法的。美因茨选帝侯也是法兰克福主教，同时负责主持选举仪式。选举邀请在老国王去世或举办葬礼后一个月内发出，各选帝侯必须在三个月内聚齐法兰克福。人员到齐后，选举要在 30 天内进行，形式类似选举教宗时的枢机团秘密会议。在选举结果出来之前，各选帝侯要作好长期等待的准备，而且在此期间不能出城。选举严格按照特里尔总主教、科隆总主教、波西米亚国王、莱茵－普法尔茨伯爵、萨克森－维滕堡公爵、勃兰登堡边境伯爵、美因茨总主教的顺序进行投票，也就是说在出现僵局的情况下，美因茨总主教手中的那票将直接决定国王的人选。

《黄金诏书》以书面的形式确定了当时各选帝侯按照习惯法所拥有的诸多权利，其中包括：绝对的裁判权，在采矿权、制盐权、关税权、铸币权和保护犹太人方面强大的影响力和控制力，君主的威严，以及长子继承权等。

实际上，除了预定每年召开的、对帝国问题进行商讨的选帝侯议事会之外，在选举和加冕、着装和"宫廷议会（Hoftag）"等诸多礼仪方面制定的规定都被长期严格遵守。此外，当时教宗对国王选举的参与不再写入《黄金诏书》，也就是被悄无声息地略过了，这样的做法相当于剥夺了教宗参与国王选举的权利，因此他是否批准选举结果，也就无足轻重了。

查理四世是中世纪晚期德意志最卓越的统治者。当他在伦斯被选为对立国王时，还无法预见自己会在十年后编写这样一部具有长期约束力的法规。13 世纪中叶以后，尽管通过 7 位选帝侯自由选举国王的原则得到了贯彻，然而王朝的更迭和遗产的分配在诸如由谁投票表决、双重选举和对立国王对谁有利等问题上引发了频繁的争执。此外，为了不让选出的国王危及自己的权力地位，选帝侯偏爱推举孱弱的国王。查理四世承认选帝侯已经拥有的权利和权力，并将它们以书面形式写入了《黄金诏书》，不过出于稳定王国的需要，他还同时设定了相应的前提条件。在他推选自己的儿子温策尔（Wenzel）继任国王时，《黄金诏书》则是他主要针对教宗反对意见的权谋与计策。再次进行（中世纪最后一次）双重选举和拥立对立国王也只是为了对抗教宗。查理四世在去世前不久，教会发生了大分裂，他最终选择了罗马教宗一方。

《黄金诏书》是在纽伦堡商议和颁布的，至少有 5 位选帝侯拥有自己的版本。查理四世统治时期出现的其他所有《黄金诏书》版本都是副本，其中之一存放在了纽伦堡，还有一版由查理四世文书处于 1366 年制作的副本，则留在了进行选举和加冕的老地方——法兰克福。所有的副本都具有完全的法律效力。法兰克福副本是《黄金诏书》最为著名、最常被使用的文件，而且由于在每次选举中它都作为查询工具被使用，很快便成了所谓的"帝国版本"。虽然它的存续时间比选帝侯拥有的原始版本要少十年，但它在很短时间内便被当成了原始文件。

法兰克福的城市代表总是乐于向他们邀请的宾客展示《黄金诏书》。大约从 17 世纪初开始，法兰克福的《黄金诏书》就可以供游人免费参观，后来甚至成了吸引游客的一张城市名片。当时神圣罗马帝国皇帝查理六世（Karl VI）的妹妹、奥地利的玛丽·伊丽莎白女大公爵（Erzherzogin Marie Elisabeth）就被邀请前去参观过。普鲁士的"军曹国王"腓特烈·威廉一世（Friedrich Wilhelm I）也曾在 1730 年 8 月 8 日观赏过《黄金诏书》，当时陪同他的可能是他 18 岁的儿子、未来的普鲁士国王腓特烈二世（Friedrich II，即腓特烈大帝），那时的腓特烈二世正深陷于人生的重大困境（父亲逼婚），三天前他刚刚试图从父亲的王宫中逃跑。约翰·沃尔夫冈·冯·歌德（Johann Wolfgang von Goethe）也观看过《黄金诏书》，而且对它的头几句烂熟于心，并在自己的自传《诗与真》（Dichtung und Wahrheit）中将它描述成乡愁的"价值和尊严"。然而在一至两代人过后，即德意志三月革命前夕，对于海因里希·海涅（Heinrich Heine）和路德维希·波尔内（Ludwig Börne）来说，《黄金诏书》则象征着封建专制的德意志，那正是两人所要抵制的。

《黄金诏书》在革命战争时期得以幸存，它可能在 1796 年 7 月被转

116

移到了安全地点，恰好赶在了法国人预定的掠夺行动，并威胁要将其运往巴黎之前。几个月后，《黄金诏书》被转移到了安斯巴赫（Ansbach），1799～1801 年被存于莱比锡。1845 年它被放入一个带玻璃盖的木盒中在法兰克福城市档案馆（Frankfurter Stadtarchiv）展出，20 世纪初期被收入了当地的历史博物馆。1930 年代，出于纳粹鼓动性宣传的需要，它曾被多次展出：1934 年柏林的 "德国人民，德国工作（Deutsches Volk-Deutsche Arbeit）" 展览、1936 年莱比锡的德国法学家大会（Deutscher Juristentag），以及法兰克福的城市档案馆成立 500 周年庆典和 1939 年法兰克福施塔德尔（Städel）的展览 "德国人民—德国统一（Deutsches Volk-Deutsche Einheit）" 等。1938 年发生的 "德奥合并（Anschluss Österreichs）" 也在法兰克福找到了历史凭证。1938 年，希特勒在一次竞选旅行中访问了法兰克福，当时的市长特意将一本《黄金诏书》手抄本赠予了这位被视为 "德意志帝国思想缔造者" 的元首。挑选出的最终版本是同样存于法兰克福、于 15 世纪初制作的《黄金诏书》的第二译本。由于希特勒没有时间等待礼物递交，法兰克福市市长便在几周后亲自将它送去了柏林，此后这个版本的《黄金诏书》便下落不明。

比它更早、制于 1365～1371 年间，也是《黄金诏书》首个德语译本的手抄本曾在 1942 年以后代替原版展出，它在 1944 年 3 月的轰炸中连同外盒被一起烧毁了。原始版本得以在第二次世界大战中留存下来，它先是被存放在贝特曼银行（Bankhaus Bethmann）的地下金库中，在 1943 年以后又被转移到了位于萨勒河畔诺伊施塔特（Neustadt an der Saale）的科堡联合储蓄银行（Vereinigten Coburger Sparkassen）的保险箱中。1945 年 9 月至 1946 年 8 月，也就是德国已被一分为二期间，《黄金诏书》的原本被送回了法兰克福，可能之后先被存于赫德尔海姆

117

（Heddernheim）的一处地面防空掩体中，直到 1969 年被送到它最后的存放地点法兰克福城市档案馆的担保物管理室中。1956 年 1 月 10 日，一场庆祝《黄金诏书》诞生 600 周年的学术纪念会虽然只在小范围内举行，但它仍引起了媒体的极大关注。

*

从战后时期开始，《黄金诏书》愈发被归为欧洲思想的传统：它在中世纪盛期即已形成的关于选帝侯领地划分的原则被视为德国历史的联邦主义传统。作为帝国联合体的神圣罗马帝国过于庞大且缺乏管理，通过《黄金诏书》确立的选举规则和一系列帝国机构的设置，例如帝国议会、帝国内廷议事会、帝国高等法院和帝国各管区等，松散的神圣罗马帝国拧成了一股绳。以专制主义的视角看，即便没有自我毁灭它也成为不了国家。战后时期几近结束时，当时的人们也看到了它作为中世纪遗产的一面，对此人们最终这样解释，德国是一个 "迟到的国家（verspätete Nation）"。

随着铁幕的倒塌，以及欧洲共同体的一体化程度越来越高，人们看待老帝国的眼光也发生了变化：作为一个涉及多个中心的国家组织，即使在长达数百年的发展历程中，神圣罗马帝国也能够保证它最少的成员国构成、特性和权利，它甚至被视作未来的 "欧罗巴合众国（vereinigte Staaten Europas）"［施密特（Schmidt）语，1999］效仿的榜样。借《黄金诏书》诞生 650 周年之机，德国举办了一场大型回顾展，以唤起人们对它的适当尊重，并围绕它开展了学术上的进一步交流。《黄金诏书》的意义 "不仅相当于一部德国的《基本法》，更堪称一部欧洲的《基本法》"［伯戈尔特（Borgolte）语］。

汉萨同盟

—

一个经济强国

Die Hanse –
eine Wirtschaftsmacht

018

不来梅"柯克"帆船

这艘 14 世纪的"货船"残骸在 1962 年才被发掘出土，人们之前只在图片上见过它。

119　　　1962 年，威悉河（Weser）流经德国不来梅市内莱布灵豪森（Rablinghausen）一段正在实施新欧洲港口流域改造的区域，以满足通行现代货轮的需求。10 月 8 日这天，挖泥船碰到了泥沼中凸起的一个不明物体，起初人们只以为它是个障碍物。它的出现使改造工程面临延期，不仅叫人气恼，为此还可能花费不菲。河堤的坍塌暴露出了一个木质骨架——一艘一半浸在水中，一半陷于威悉河沼泥里的船体终于得以重见天日。毋庸置疑的是，这具残骸来自非常古老的年代。很快，考古学家们被召集到现场，他们看到了至今我们只能在老照片、印章或者从前的城市徽章上才能见到的画面：一艘真正的汉萨同盟不来梅"柯克"帆船（Die Bremer Kogge）。对于航运考古学来说，这是一个轰动的发现。

　　由此，这个北欧早期海上贸易最著名的船型、充满传奇色彩的汉萨"货船"，第一次以历史文物的身份"浮现"在了现实中。在这之前，人们只能猜测它的实际尺寸、确切外形、材质以及制造工艺——如今终于可以一探"柯克"帆船的究竟了。

　　威悉河冬季经常会出现大量流动的浮冰，因此挖掘工作必须尽快开展。不管在资金筹备、专业知识还是技术设备方面，都存在许多有待克服的困难。几年前斯德哥尔摩港"瓦萨（Vasa）"沉船和丹麦罗斯基勒峡湾（Roskildefjord）维京船的发现引发了巨大轰动，不过对它们的打捞经验对不来梅"柯克"帆船并不适用。由于"柯克"帆船船体的木头已经被泡软，稍微一使劲就容易将木板连同钉子一起拔下来，整体打捞并不现实。为此，科学家们首先对位于水上和水下部分的"柯克"帆船残骸作了详细的记录和测量。接下来，潜水员在威悉河混浊的水中费力地将船体拆成碎片并打捞出来。此后，潜水员借助潜水钟又仔细搜寻了其他相关物120　品，截至 1965 年 7 月，在岸上的水箱中总共存放了约 2000 个碎片。这样处理可以避免木头干燥、缩水或者断裂。然后科学家们像拼一个大型拼图一样将这些碎片组合在一起。这项工作耗时 7 年，其间工作环境的湿度始终没有低于 97%，否则这些木头就会因为干枯而粉碎。"柯克"帆船的右舷一侧几乎完全重建，左舷一侧复原了约三分之一。此后实质性的防腐工作便开始了：使用聚乙二醇——一种水溶性合成树脂——对"瓦萨"号的成功实践证明，它可以吸收木头中的水分，并替代水分稳固船体的木质结构。科学家们将"柯克"帆船残骸浸泡在一个充满了聚乙二醇的特制巨型不锈钢"浴缸"中，浸泡过程分两级，共 17 年，其间可以透过玻璃窗从外面观察整个过程。2000 年，也就是在被发现 38 年后，"柯克"帆船才第一次以干燥和固定的状态陈列于德国海事博物馆（Deutsches Schiffahrtsmuseum，此外，博物馆的名称至今仍只有两个"f"）①中，博物馆由建筑师汉斯·夏隆（Hans Scharoun）设计，于 1975 年向公众开放。迄今为止，"柯克"帆船都是德国海事博物馆最重要的研究对象和主要展品。

研究结果另外显示，这艘"柯克"帆船是在它几近完工时被一次海啸从造船厂掀翻到水中，进而沉没的；它的建造工作虽然已基本完成，但仍没有配备完全。一同出土的还有大量的造船工具以及造船木匠的皮鞋，不过既没有发现货物，也没有发现设备或船员行装的踪迹，也就是说并没有找到社会历史学家们希望看到的可以反映中世纪晚期日常生活的物品。

这艘"柯克"帆船取材的橡树于 1378 年在黑森被砍伐，因此可以推测，造船工作应该是在 1380 年前后开始的。当时，汉萨同盟正处于发展的

---

① 德语拼读改革后，"Schiffahrtsmuseum"的正确书写方式应为"Schifffahrtsmuseum"，博物馆名称因为受保护而保持不变。

巅峰时期，14 世纪下半叶时它统一了约 200 个海港和内陆城市，在某种程度上可以算得上一个北欧强国。汉萨同盟的核心由 70 多个同时还和许多其他城市结成联盟的城市以及条顿骑士团（Deutscher Orden）等团体组成。它的势力范围从佛兰德（Flandern）一直延伸到波罗的海诸国，囊括北海以南和远至芬兰湾的整个波罗的海地区。

121

汉萨同盟是 12 世纪中叶以后从商业联盟中发展而来的，商人组建这些联盟的目的是以团体的名义共同抵御远航贸易航行的危险，并在目的地争取更多的利益。当时的商业贸易使用了由弗里斯兰人、萨克森人、维京人和英格兰人开辟的通往水路的交通线，并主要利用它们连接陆路交通。贸易大多通过短期经营的临时性公司进行，根据合约的规定，这些公司台前幕后的"股东"在投资和销售成本、风险和利润的分配上各不相同；亲属关系在其中发挥了重要作用。商人们用来自东方的原料（谷物、兽皮、皮毛、木材、蜜蜡等物）交换西方的制成品（佛兰德和英格兰的布料、金属制品等物）和南方的食品（葡萄酒、水果等物）。对于吕贝克（Lübeck）来说，经由吕讷堡（Lüneburg）的"古盐之路（Alte Salzstraße）"①，以及 14 世纪末开通的施特克尼茨运河（Stecknitzkanal）运来的盐也是有利可图的出口商品。

在伦敦〔从 11 世纪初期开始就有记载，科隆商人曾在"钢院商站（Stalhof）"②以葡萄酒贸易为主业〕、布鲁日（Brügge）、诺夫哥罗德（Nowgorod，今"彼得宫"城区内）、卑尔根（Bergen）和哥得兰岛

---

① 从吕讷堡到吕贝克的运盐线路。

② "钢院商站"是伦敦商站的别名，该名起源有争议，一说是源自德文"货栈（Stapelhof）"一词的讹传，还有说法认为得名于此处出售来自德国的钢锭和钢坯。

（Gotland）的维斯比（Visby），汉萨同盟都设有重要的营业所和账房。维斯比曾是波罗的海海上贸易的一个枢纽，与吕贝克联系紧密。吕贝克于1143 年建城，从 13 世纪末开始就成为汉萨同盟的"都城"，也是汉萨同盟议会（Hansetag）最频繁的召开地（首届于 1356 年，末届于 1669 年），与会的汉萨同盟城市代表视需要协商共同面临的问题。汉萨同盟议会有时一年召开一次，有时每隔几年召开一次。大会是汉萨同盟的最高决策机构，不过这个松散商业联盟的决议执行却由汉萨各城市自行斟酌决定。

德意志西部及低地地区商人最初结成的协作关系逐渐演变成了"汉萨城市同盟（Städtehanse）"——一个虽然松散，其影响力却还能深入内陆的强大组织。随着"东向移民运动（Ostkolonisation）"[①] 不断推进，波罗的海南岸的新兴城市如雨后春笋般涌现出来。长期以来，汉萨同盟几乎垄断了波罗的海东西向的贸易，它涉及范围广泛的贸易特权可以在外交和军事上为自己保驾护航〔主要针对像克劳斯·施托特贝克（Klaus Störtebeker）这样的海盗，以及"粮食兄弟（Vitalienbrüder）"[②] 中的其他海盗，还包括对贸易特权提出质疑的丹麦〕。

借助"柯克"帆船进行的海上运输是贸易往来的支柱，但它同时也可用于战事。当时许多不同种类的船只在命名上都使用了"柯克"一词，其中基础型号（经过几百年造船业的发展和地区性的变迁）的特征是：船身宽阔，高干舷，典型的大方帆，由大型船板搭接而成，设有艏楼和艉楼，

---

① 也被称为"日耳曼东扩运动"，是中世纪神圣罗马帝国内的日耳曼语族向东迁徙，进入中欧、东欧地区定居的过程。

② 指一群活跃于 14 ~ 15 世纪波罗的海海域的海盗，梅克伦堡公爵在 1392 年以瑞典国王的名义发放给海盗们私掠特许状，前提是他们要把粮食等生活必需品运到斯德哥尔摩的居民手上，此举吸引了大批海盗突破丹麦的封锁线，将物资送到城内，缓解了围城的压力。"粮食兄弟"由此得名。

船底部的龙骨是水平的，艏柱和艉柱也是垂直的。它的一大革新在于固定的艉柱舵于 13 世纪逐渐取代了侧面舵。这些因素共同铸就了一艘坚固、可靠、载重量大且具备优良航海和船帆性能的船——对以不来梅"柯克"帆船为原型建造的复制船进行的多项测试也证明了这一点。

出土的这艘不来梅"柯克"帆船长约 23.3 米、宽 7.6 米，可装载约 160 立方米的货物，载重量为 80 吨左右。不过在 1370 年前后，载重 200 吨的货船就不再是什么稀罕物了。当然，和长约 400 米、宽 60 米、可装载 20000 个标准集装箱的现代巨型货船相比，这根本不值一提。但在当时这是惊人的量级，与使用畜力车的陆路运输相比更是如此。这艘不来梅"柯克"帆船当时还不算是同类货船中最大的，后来建造的其他尺寸的"柯克"帆船甚至是它的 8 ~ 10 倍大。作为战船的较大型"柯克"帆船最多可以容纳 300 名战斗人员，负责航行的船员估计有 15 ~ 20 人。

*

最终，"柯克"帆船独一无二地塑造了中世纪晚期和近代早期北欧航海的风貌。因为这个同时影响了欧洲西部和南部造船业的船型，为汉萨同盟奠定了三个世纪的统治地位，进而成为（还出现在城市纹章和印章上）中世纪晚期汉萨同盟海运和德意志远洋贸易的象征，时至今日仍是汉萨同盟的标志，代表了汉萨同盟的创业者和商人精神、敢于从事跨行业贸易的冒险精神，以及最终"可敬商人"的理想形象。此外，今天我们仍可以在许多汉萨城市的城市纹章上见到汉萨同盟的代表色（白色和红色）。

当汉萨同盟的成员于 1669 年最后一次参加"汉萨同盟议会"时，距离同盟的鼎盛时期已经过去了 150 年。随着领地统治的增强，汉萨城市必须愈发向领主让渡利益。它们开辟了新的商路，即便不放弃使用汉萨贸易线路，海外贸易也变得更加重要。三十年战争最终使汉萨同盟彻底丧失了意义，不过它从未"正式"解散，而是像形成的过程一样，逐步地失去了自身的重要地位。

勃兰登堡－普鲁士（Brandenburg-Preußen）[1]的"生日"绝不是汉萨同盟的"忌日"，虽然19世纪的历史叙事倾向于暗示这一点，同样这也表现了后人对汉萨同盟理想化的认识［瓦尔特·福格尔（Walter Vogel）语，引自格赖兴（Graichen）与哈梅尔－基佐（Hammel-Kiesow）］。人们早就开始从学术角度研究汉萨同盟，不过在德意志帝国时期，汉萨同盟也为帝国的海军政策和殖民主义合法化服务。在当时君主制—大德意志统治思想的影响下，汉萨同盟的神话走上了巅峰。

汉萨同盟的形象在19世纪末已经带有较多的社会批判色彩，在第一次世界大战后更是占据了主流——海盗施托特贝克大战汉萨"胡椒袋（Pfeffersäcke）"[2]。即便如此，汉萨同盟依旧是德意志中世纪强盛的代表；1926年成立的第一家德国航空公司，"德国汉莎航空股份公司（Deutsche Luft Hansa AG）"[3]在取名上并不是巧合。强调汉萨同盟对国家和强权政治的重大意义也符合后来纳粹的战争和扩张政策的利益诉求。

二战后，德国人对汉萨同盟的理解发生了"180度的大转弯"（瓦尔特·福格尔语，引自格赖兴与哈梅尔－基佐）：民主德国（DDR）将汉萨

---

① 德意志历史上的一个国家，指近代史中从1618～1701年存在的由勃兰登堡的霍亨索伦家族统治的国家。

② "胡椒袋"是对汉萨同盟商人的一种讽刺性称呼，他们因从事海外调料贸易而变得富有，而中世纪的人将调料统一称为"胡椒"。

③ "Lufthansa"原意是"空中的汉莎"，汉莎指的就是汉萨同盟。

同盟树立为历史上阶级斗争的典范，联邦德国（BRD）则将汉萨同盟塑造成欧洲统一的先驱，时至今日德国人常常也这么认为。在国际上，"汉萨城市同盟（Städtebundes DIE HANSE）"（现拥有 185 个城市成员和 16 个国家成员）还从 1980 年开始组织召开了"新世纪汉萨议会（Hansetage der Neuzeit）"，议题涉及文化交流和旅游业。汉萨同盟的神话仍在继续——虽然将它同今时今日的欧洲放在一起比较并不恰当。

019

骑士

—

雇佣兵

—

步兵

—

常备军人

Ritter – Söldner –
Landsknechte – stehende Heere

板甲衣

这是迄今为止发现的最古老的骑士板甲衣残片，它制成于1350年前后，2002年被发掘，2007年通过拍卖被收入博物馆保存至今。

125

　　这件板甲衣（Plattenrock）不仅是欧洲范围内此样式板甲衣中最古老的，而且是世界范围内独一无二的。2002 年，一名业余考古学家使用电磁探测器在德国下巴伐利亚菲尔斯滕采尔 - 伊尔斯海姆（Fürstenzell-Irsham，帕绍城区）的希尔施施泰因（Hirschstein）古堡废墟中发现了 30 个碎片。它们是一种骑士护甲（Schutzpanzer）的组成部分，人们至今只在墓碑上见过这种护甲的图案。

　　2007 年 4 月，这些碎片作为国家级文化遗产被列入拍卖目录，并被博物馆拍得。从 2014 年 4 月开始，在国际专家的参与下，这件板甲衣被成功复原，并于 2014 年首次展出。它由相互搭接的铁甲片组成，铁甲片内侧衬有布马甲或皮马甲（通常为无袖），相较于古希腊罗马时代为人熟知的凯尔特人和罗马人穿戴的锁子甲（Kettenhemd），它可以更好地保护穿戴者。古希腊罗马时代以后，弩和长弓的使用已愈发频繁，像锁子甲这种传统的护甲，虽然不断地更新换代，却已经不能再对穿戴者提供足够的保护了。从 12 世纪末开始出现了专门针对胸部、肩部和四肢的护甲片（Panzerplatte），1430 年前后又有了可以保护全身的板甲（Plattenharnisch）。

　　在这件复原板甲衣的边缘，我们还能依稀看到一些铆钉头的痕迹，它们的作用是将铁甲片与衣料固定在一起。铁甲片一般刻有装饰性花纹，尽管这样的外观不总能让人第一眼就看出它是武装的一部分，但它仍然具有较高的识别度。此外，这件板甲衣胸甲上配有的 4 条铁锁链（Mamelieres）仍保存完好。为了在战斗中方便取用和避免丢失，穿戴者可以用铁锁链将短剑、斧子、锤矛、剑、盾牌和头盔等武器装备固定在胸前。板甲衣上拱形的肩甲片可能安有一个机械锁闭装置。一些甲片上还刻有制作它的工匠姓名，这也是最古老的手工制品署名方式。

126

　　当时用来保护穿戴者头部的是一种所谓的"中头盔（Beckenhaube）"，

它轻巧灵便，戴上后面部无遮挡，替代了之前流行的锁子甲护罩。那时候，剑仍然是主要的武器和骑士阶层的象征，双刃剑于 14 世纪初开始出现，在板甲于同一个世纪出现后，双刃剑可以刺入护甲片之间的缝隙，因此剑刃越来越多地被做成楔形，同时剑柄也越做越长。

即便不能确定，只能推测这件板甲衣的主人可能是骑士萨卡莱亚斯·哈德勒（Zacharias Haderer），就已经足够引发一场更大的轰动了。

实际上从 13 世纪末开始，可能仅由几座房子组成的伯格斯塔尔希尔施施泰因（Burgstall Hirschstein）山顶小城堡就是哈德勒（或哈德施泰因）骑士家族的产业了，这座小城堡也许曾被作为一个小型的狩猎行宫使用，因为经证实这个骑士家族在当地拥有狩猎权。萨卡莱亚斯·哈德勒是这片家族产业的最后所有者，臣属于帕绍主教区教堂议事会（Hochstift Passau），不过他与帕绍采邑主教阿尔贝特三世（Albert III）的关系并不融洽，后者在 1384 年便对城堡放任不管。

一方面，家臣必须听命于他们的主教，为其征战沙场，并服从其裁判管辖；另一方面，他们也可以从作为封建领主的主教那里获得土地，即包含更多权利、义务和收入的采邑。他们的骑士装备要靠自己置备，像板甲衣这样的戎装无疑是昂贵的，一个普通的家臣可负担不起。

14 世纪的军务发生了复杂的结构性变化。在十字军东征和日耳曼东扩运动期间，士兵的军饷是额外支付的，直到 14 世纪中叶，欧洲陆军向最多三分之一的士兵发饷。尽管骑士军团一直存续到 16 世纪，步兵的地位却变得愈发重要。

15 世纪末，欧洲陆军军队向标准的"步兵战士"发饷，不设常备军，不单独征兵，只在需要时成批征募。服役结束后，步兵可以继续寻找新的"雇主"。从那时起，欧洲的雇佣兵事业迎来了全盛。雇佣兵有独特的战斗本领。分别来自瑞士和波西米亚的两支雇佣兵队伍相互间展开了竞赛，双方的战斗力各有所长。

随着德意志雇佣步兵（Landsknecht）的出现，雇佣兵发展出了另一个类型：他们占领了 16 世纪和 17 世纪初的欧洲雇佣兵市场。为了便于识别，他们穿着鲜艳、引人注目，虽然身着流行的服装，却操着不同的口音。每个社会阶层的人基本上都可以成为雇佣步兵，雇佣步兵队伍中也不乏农民、工匠、市民，甚至还有贵族和骑士。他们投身战场的原因各有不同，比如喜欢冒险或者为君主或权贵赢得声望等，当然钱也是一个重要的考虑因素。社会地位较低的贵族往往没有其他更好的选择，只能应征入伍，不过前提是他们拥有完全独立的组织，"战斗头衔"也要和他们的社会地位完全相符。服役结束后，如果不重操旧业，这些雇佣步兵就以"退役军人（Gartknecht）"的名义到处横行，不但因此获得了盟友们的尊敬，还因为四处掠夺而让人心存畏惧。在骑士传统中，雇佣步兵被视为斗士，然而事实上他们的战斗和中世纪的骑士比武早就不相干了。

社会的变革既是雇佣兵兴盛的原因，同样也是他们衰落的理由。"雇主"因为囊中羞涩只能从城市下层社会中征募新兵，在纳税人的委托下，这些一无所有的穷人发动了战争；三十年战争中的雇佣兵也是这么形成的。那些重装上阵和骑马作战的"斗士"尽管不再是战争的主力，却仍然留在了军队中。射击武器的使用决定了战争的走向。贵族也不得不顺应社会和军事的这种本质变化；贵族往往是 17 世纪军官团（Offizierkorps）的核心。17 世纪下半叶以后，德意志诸侯也愈发以法国的专制主义为目标，组建了有兵营的常备军，常备军意味着必须长期待命。奥地利军队的首批军团就是由华伦斯坦（Wallenstein）的军队发展而来。军队是统治者的工具，也被用于稳固统治者的内部根基。因此，法国首先于 1793 年引入义务兵役制，然后是 1813 ~ 1814 年的普鲁士（1935 年再次实行，联邦德国是 1956 年，民主德国是 1962 年）。

在拿破仑战争爆发之前，雇佣步兵时代几乎要被人们遗忘了，从 18 世纪末狂飙突进运动（Sturm und Drang）时期开始，雇佣步兵的昔日荣光主要在文学作品中重现了。因为拿破仑战争的爆发，人们对中世纪的浪漫主义热情才找到了出口。当时的浪漫主义画家尤其热爱古堡和古堡废墟题材，诗人也偏爱以中世纪为背景抒发情感；威廉·豪夫（Wilhelm Hauff）的骑士小说《利希滕施泰因》（Lichtenstein，1826）就是这样。

骑士和强盗骑士主要在贵族和富裕市民的圈子里成为被颂扬的对象，他们的形象经常出现在化装舞会、戏剧演出、圆桌会议和王室法庭上。从 19 世纪中叶开始，这股热潮又蔓延到了其他社会圈子中。在 19、20 世纪之交，德国青年运动在雇佣步兵老歌的基础上创作了新的运动歌曲。

第一次世界大战结束后，回到祖国的各德国部队又组建了不同的志愿军，它们的成员像雇佣兵一样被征募，享有比在之前军队中更高的军饷。他们不受国家和宪法的约束，只需要无条件听从军团首领的指挥。根据拿破仑战争时期的传统，他们自称"自由军团（Freikorps）"。军团兼具政治性和社会性，成员里既有正规军军官，也有社会上的亡命之徒。离开学校成为士兵的人不愿再过回原先的市民生活。他们以"雇佣步兵"的名义被征募，这个称呼也符合他们并不清晰的自我定位：反对资产阶级，崇尚民族主义，心怀模糊的帝国思想，对君主制度充满敌对情绪，却很少支持民主主义。"自由军团"在 1919 年 1 月杀害了卡尔·李卜克内西（Karl Liebknecht）和罗莎·卢森堡（Rosa Luxemburg），在同年 5 月攻占了总部位于慕尼黑的巴伐利亚苏维埃共和国（Bayerische Räterepublik），在为魏玛国民议会提供保卫服务后，又在 1920 年 3 月的卡普政变（Kapp-

Lüttwitz-Putsch）中企图推翻魏玛共和国。

纳粹的鼓动性宣传将雇佣步兵树立成了德意志的英雄。雇佣步兵因此成为歌颂军人气质的典范和德意志的象征。恩斯特·罗姆（Ernst Röhm）便是受此蛊惑的代表人物之一，他"显然将雇佣步兵和理想主义者互相混淆了"[布洛赫（Bloch）语，引自鲍曼（Baumann）]。他曾是希特勒的早期追随者，1924年以后协助组建了纳粹冲锋队（SA），1934年被希特勒杀害。纳粹党卫军（SS）和德国国防军是纳粹党当时的主要政治工具，雇佣步兵精神也在其中起了一定作用：党卫军将种族精英思想和中世纪晚期的士兵荣誉结合在了一起；国防军则主要强调"士兵（Landser）"这一概念，它和几百年前的"雇佣步兵"概念一样被意识形态化和神化了，尽管二者和它们的真实情况都相去甚远。

令人深感惊讶的是，在1980年代德国联邦国防军的日常生活中，这种"雇佣步兵"浪漫主义仍随处可见。联邦国防军的士兵们时常会唱出雇佣步兵赞美诗中的歌词："我们战斗，目之所及，时而为此，时而为彼……"

*

"雇佣步兵"文化贯穿了与战争事件、政治分野、权力地位和经济利益相关的所有历史阶段，直到今天仍在不断攀登新的巅峰。1831年法国外籍军团（Fremdenlegion）成立以后，德意志人开始为法国人服兵役，人数一度达到了军团总数的一半，其余的则是西班牙人、比利时人和荷兰人。恩斯特·荣格（Ernst Jünger）就曾是他们中的名人，他18岁那年，也就是1913年在凡尔登加入了这个外籍军团，并服役了五年，之后从军团中逃跑，被抓住后在他外交官父亲的帮助下重获自由。尽管外籍军团的士兵完全不是真正意义上的雇佣兵，然而因为军团编入了法国的正规军，因此他们仍然被视为雇佣兵。

如今，海上的掠夺行为推动了相应保护行为的"私有化"，即将风险和保卫工作"外包（Outsourcing）"。由此催生了个性化的雇佣兵新类型：有受雇于安保公司、待遇丰厚、在各个专业领域工作的临时雇佣兵，还有从事信息技术的"网络雇佣兵"。冷战结束以后，大规模的军队组织也走入了历史，28 个北约成员国① 中有 24 个成员国拥有一支自己的志愿军部队。在所有的历史阶段，雇佣兵的面貌随着时间和环境的不同而不断发生变化，身着这件来自 13 世纪的板甲衣的人也不会给人留下"他是士兵"的第一印象，更别说洞察他的目的或想法了。

---

① 2017 年 6 月 5 日和 2020 年 3 月 27 日，黑山和北马其顿分别成为北约的第 29 和第 30 个成员国。

大学

的

建立

和

变迁

Universitäten –
Gründung und Wandel

020

这枚印章在 1857 年以后就被收入了博物馆，它的复制品直到 2012 年才为人所知，其直径比已遗失的原件略短。

131 　　海德堡大学（Universität Heidelberg）建立后不久，莱茵河畔的普法尔茨伯爵便让他的宫廷金匠制作了一枚大印章，也就是说，这枚印章的历史和这所德国现存最古老的大学一样悠久。大印章的背景是一座宏伟的哥特式建筑，前面正中间壁龛的华盖下坐着圣徒彼得（Apostel Petrus），他左手捧着一本正方形的书，右手拿着一把钥匙。在他两侧的小壁龛下分别有一位骑士单膝跪地，双手托举着一个纹章朝向他（左侧为普法尔茨的狮子纹章，右侧为巴伐利亚的菱形纹章）。两个骑士向这所新建大学的主保圣人递交的正是他们各自最有象征意义的物品。左侧的骑士有时被认为是统治普法尔茨几十年的选帝侯鲁普莱希特一世（Ruprecht I，1309～1390），在父亲于 1319 年去世后，他从 1329 年开始才正式即位。右侧的骑士有时被认为是他的侄子鲁普莱希特二世（Ruprecht II，1325～1398），他从 1368 年开始与鲁普莱希特一世共同执政，在后者去世后继位。

　　大印章的图案象征着 1386 年海德堡大学的创办，它比欧洲最古老的两所大学，博洛尼亚大学和巴黎大学（创建于 12 世纪）的建立晚了 100 多年。1348 年建立的布拉格大学和 1365 年建立的维也纳大学则是神圣罗马帝国在阿尔卑斯山以北最早建立的两所大学。当时的德意志大学生首选意大利和法国的高校就读，尤以法国的巴黎为甚。

　　在法国于 1378 年拥立驻阿维尼翁（Avignon）的教宗为正统后，在巴黎大学就读的德意志本科生和硕士生被勒令离开学校，因为当时所有德意志邦国拥戴的是罗马教宗。由于这些学生被认为归属了"错误的"教宗，他们还失去了家乡的资助和学成回国后的工作机会。海德堡大学的创建结束了这一局面：鲁普莱希特一世和他的侄子在 1385 年 6 月 26 日共同创办

132 了海德堡大学，并在同年 10 月 23 日获得了罗马教宗乌尔班六世（Urban VI）的特许。根据文献记载，建立后的海德堡大学在 1386 年 10 月 1 日就

具备了和巴黎大学同等的教学权和自由权。直到现在，1385 年 6 月 26 日仍被确定为海德堡大学的创办日期。

1386 年 10 月 18 日，海德堡大学举行了开学弥撒，第二天仅有 3 名教师"上岗"，没有一所德意志大学像它这样简朴。大学在一个月后才选出首任校长，大约一年后拥有 32 名教师［大多从事博雅教育（Artes Liberales），即"人文七艺"］和将近 600 名"学术公民"。出身尼德兰的首任校长马西利乌斯·冯·因根（Marsilius von Inghen）也是海德堡大学的重要创建人，他在大学建立期间向鲁普莱希特一世和他的侄子提供了诸多建议。他曾作为学者和组织者先后两次担任巴黎大学的校长，他致力于海德堡大学的创建工作可能是为了反抗巴黎当时的教会大分裂。然而满载希望的海德堡大学建设工作差点就在三年后夭折，不仅因为战争的爆发和瘟疫的蔓延，还因为当时拥有 40000 名居民且富裕的德意志城市科隆和埃尔福特分别在 1389 和 1392 年建立了条件更好的大学，它们对本地大学生的吸引力给海德堡大学带来了竞争压力。

当时的大学相当于是师生的自治协会，它们享有 100 年前法律规定的普遍权利，不仅拥有独立裁判权、免税权和廉租宿舍权，还可以拥有属于自己的大印章。海德堡大学的校长还有专属的小印章，印章上刻有普法尔茨之狮，它的前爪举着一本打开的书，上面写着"永远开放（Semper apertus）"——至今仍是海德堡大学的校训。

海德堡大学的经济条件由其创办者负责创造，不过普法尔茨面积并不大，海德堡最多只有 4000 名居民。除了要向首批聘请的教授支付薪水外，选帝侯还要付给校长马西利乌斯高额薪金，因为后者同时也是他正式的"顾问"。在经历了一代人的努力后，海德堡大学才在基础设施上有了一定程度的财政保障。

被称为"强硬派"的鲁普莱希特二世用"野蛮的方式"〔沃尔加斯特（Wolgast）语〕解决了海德堡大学的校舍问题：他将获叔叔鲁普莱希特一世准许进入普法尔茨的犹太人重新驱逐出去，并将他们的巨额财产划归大学所有。

133

在建立几十年后，海德堡大学拥有了四大学科：博雅教育、神学、法学和医学。其中博雅教育以 6 名教授和约 20 名硕士的师资水平位列学科之首，其次是各有 3 名教授的神学和法学，医学学科只有 1 名教授。在相对较高水平的学校教育中，博雅教育主要是教授科学技艺的一门基础学科，具体包括"三艺（Trivium）"，即文法、修辞和辩证（逻辑学），以及后来增加的"四艺（Quadrivium）"，即算术、几何学、音乐和天文学。通常只要经过 2 年的学习就能获得最低的学士学位，再经过 2 年半的学习则可以获得文科硕士学位。获得神学专业的博士学位大约需要进修 12 年，拿到法学和医学专业执照则需要学习 6 年左右。

对于许多大学而言，宗教改革是中世纪晚期结束的标志。在普法尔茨新任选帝侯奥特海因里希（Ottheinrich，1502 ～ 1559）的大力倡导下，海德堡大学在组织、人员、教学内容和学习活动方面进行了现代化改革，几乎相当于被"重建"了一次。在奥特海因里希的继任者腓特烈三世（Friedrich III）的继续推动和改造下，海德堡大学在 16 世纪下半叶作为一所奉行加尔文主义的大学而举世闻名，在国际上的影响巨大，被视为"德意志的日内瓦"。

海德堡大学从 1442 年开始就有了自己的图书馆建筑，在奥特海因里希将自己颇具藏书价值的图书馆赠予大学后，海德堡大学图书馆可能成了欧洲最重要的一所图书馆。然而令人惋惜不已的是，这个举世闻名、被视为"德国图书馆之母"的"帕拉提那（Palatina）"图书馆在三十年战争中遭到洗劫，珍贵的书籍文献被抢走献给了罗马教宗并被收入他的图书馆（后于 1816 年归还）。这所在三十年战争之前还兴旺的大学在 1626 年被迫关闭，直到 1652 年才小规模地恢复了教学活动。1556～1685 年，海德堡大学一共经历了九次教派更替。

1527 年建立的马尔堡大学（又称"Alma Mater Philippina"）是德意志第一所奉行新教教义的大学。当时的地方诸侯竞相让各自管辖的牧师、官员和其他专业人员接受高等教育，在宗教改革和反宗教改革的影响下，直至 18 世纪末（1789）德国（除哈布斯堡皇朝统治地区以外的神圣罗马帝国）共建立了 34 所大学，这个数量比任何一个欧洲国家都要多。然而又有大批大学在拿破仑战争时期"牺牲"了——1800 年前后有 20 所大学被迫关闭，其中科隆大学于 1798 年关闭，直到 1919 年才复校。

134

1786 年，在庆祝建校 400 周年之际，海德堡大学以一所小型"耶稣会大学"的身份进入了它建校史上"最黑暗"的时期（沃尔加斯特语）。不过在城市范围内它仍然是一个重要的经济元素。几年后，随着普法尔茨于 1806 年被转给新成立的巴登大公国，海德堡大学翻开了历史的新篇章：大学进行了第三次相当于重建的深度重组，甚至将当时巴登大公卡尔·腓特烈（Karl Friedrich）的名字加进了大学创建者的行列，并在此后改名为"鲁普莱希特－卡尔－海德堡大学［（Ruperto-Carola）Ruprecht-Karls-Universität Heidelberg］"。

*

在洪堡的影响下，一种新人文主义教育理念，即把大学视为在科研和教学领域自负其责的教育机构，在德国逐渐发展起来。它发端于 1809 年柏林大学（又名"腓特烈－威廉大学"，1949 年后改称"柏林洪堡大学"）的建立。海德堡大学随后也从推行当时还作为科学的神学转而发展法学，从此经过几十年的努力，法学研究为海德堡大学赢得了响亮的名声。从那时开始，国家财政的支持改变了大学必须通过变卖捐赠来筹集资金的窘境。19 世纪末，巴登大公国所有高等学校的支出比其他所有德意志邦国高等学校的支出多出 2 倍（平均每人 1.53 马克，普鲁士为平均每人 0.6 马克）。

1880 年代中期以后，发展到中等规模的海德堡大学常年有 1000 多名大学生注册，其中外国留学生所占比例非常高（10% ~ 15%）。这样的增长必定要大大增加大学员工的数量。另外在女性招生方面，巴登大公国也走在了前面。巴登大公国的女性从 1900 年开始可以注册入学，还享有博士学位授予权。海德堡大学女大学生所占比例从 20 世纪初的 2% 上升到了第一次世界大战前的 10%，第三帝国时期则明显下降到了 6% ~ 7%。

在魏玛共和国时期，德国大学的科研（尤其在物理学、考古学、医学和数学方面）达到了世界顶尖水平。不过多数大学教授对共和国持批判态度，甚至站在了政府的对立面，而海德堡大学哲学专业至少有一半的教授"偶尔或始终"（沃尔加斯特语）支持魏玛共和国，因此海德堡大学在此期间被称为"学术堡垒"。

希特勒在德国上台后，大多数奉行民族主义的保守派大学教授和更多的大学生表示热烈欢迎：在十天前的大学生委员会（ASTA）选举中，74%参加选举的海德堡大学学生有三分之二将票投给了民族主义者和反犹主义者。他们遵守纳粹党鼓吹的领袖原则、教义和一体化，并根据校长会议的决议从 1933 年 10 月开始行纳粹礼。"清洗运动"使海德堡大学 35% 的大学讲师沦为牺牲品，受害者的人数远远超过帝国平均水平。在 1936 年建校550 周年庆典上，海德堡大学成为"纳粹主义"高等学校的代表。

135

在经历短暂的关闭后，海德堡大学的战后重建工作缓慢开展起来，约 70% 有授课资格的教员不得不因其纳粹党（NSDAP）党员身份"或短期，或长期，或永久地离开"（沃尔加斯特语）。

1960 年代以后，德国大学的一大特点是，降低招生门槛扩招的大学越来越多。从 1962 年建立的波鸿大学到 1972 年建立的锡根大学，其间新建的 20 所大学扩大了这种发展趋势。从 1960 年代中期开始，在国际"起义"的影响下，西德大学生开展"六八运动（68-er Generation）"，对上一代纳粹分子的行为进行批判性辩论变得愈发重要。其中标志性的事件是 1967 年汉堡大学的学生在校长交接仪式上打出横幅以示抗议，横幅上写着标语"礼袍内，尽是千年霉味（Unter den Talaren-Muff von 1000 Jahren）"。

从 1960 年代末开始陆续出台的大批高校法规表明，对于德国大学亟待解决的问题，政府虽紧张却无计可施。尤其在 1970 年代以后，教学和科研之间的差距越来越大。显而易见的是，一方面存在过度教学、灵活性缺失和自我约束化的问题；另一方面，学术自由正在逐渐丧失。此外，同时出现的科研人员"不稳定型无产者化（Prekarisierung）"遏制了大学生群体日益庞大的发展趋势。像"博洛尼亚进程（Bologna-Prozess）"这类为促进欧洲高校和谐统一而开展的国际合作是否能最终达到它们的目标，现在比以往任何时候都难以确定。

021

晚期

哥特式大教堂

和

大教堂

工场协会

Kathedralen und Dombauhütten in der Spätgotik

女巴勒半身塑像上的巴勒标志

这个半身塑像胸部纹章上的直角尺拐角图案是一位著名建筑师的家族标志，在这个作为底座的塑像上方曾竖立过另一尊雕像。

137

　　这个半身塑像塑造的是一个面带微笑的年轻女人。据推测，它曾出现在科隆大教堂附近名为"阶梯上的圣母玛利亚（St. Maria ad Gradus）"修道院教堂的一根柱子上。塑像背面的凹陷说明它的安放位置是提前留好的。女人的衣着和发型属于典型的晚期哥特式，因此推测塑像的产生时间应该在 1390 年前后。不过这个美丽的科隆女人半身塑像却不是一件独立作品，而是连同她头上的植物造型一起，作为另一个雕像的底座使用，上面竖立的也许是圣母玛利亚的雕像。

　　半身塑像的胸部有一个盾形纹章，上面刻有建筑师常用的一个工具图案——直角尺。在中世纪的手抄本中，直角尺图案一般是建筑师（工头）的标志。更令人感到惊讶的是，这个带有直角尺拐角图案的纹章属于某个建筑师和石匠家族（巴勒家族），直角尺图案是他们的职业标记，并部分地出现在他们的家族印章上。巴勒（Parler）这个名字也和他们从事的工作有关："Parlier"意为"建筑负责人"（相当于现在的施工经理），他同时也是工场协会的会长。这个词由法语"parler"派生而来，至今仍可以在德国的施工工地上找到"Polier"（工头）的字样。巴勒家族的第一代人可能也做过类似的职业，不过在其家族成员成为欧洲顶尖的建筑师，并主导了大量以教堂建筑为主的大型工程之后，巴勒家族才得到了公认。

　　家族中最有名望的无疑是布拉格的大教堂建筑师彼得·巴勒（Peter Parler）。他出生于 1330 年前后，他的父亲是一名科隆的建筑工头，曾负责建造施瓦本格明德（Schwäbisch Gmünd）的大教堂，并从此取名为海因里希·冯·格明德（Heinrich von Gmünd）。彼得也许在父亲手下当

138

了五年的学徒，在作为熟练工必须进行的流动劳作学习期间，他在莱茵河畔结识了自己的第一位妻子葛楚（Gertrud），她是科隆建筑工头巴托洛梅乌斯·冯·哈默（Bartholomäus von Hamm）的女儿。彼得在 23 岁的年

纪就成为建造布拉格圣维特大教堂（Veitsdom）工场协会的会长，继而从事该项工作很多年。除此之外他还负责建造了许多别的建筑，例如易北河畔的科林教堂（Kirche von Kolín）和布拉格跨越伏尔塔瓦河（Moldau）的查理大桥等。

彼得·巴勒不仅是一位伟大的建筑师，同时还是一位杰出的雕塑家，像是放置在圣维特大教堂唱经楼内的半身塑像组，就是他本人或至少是在他指导下完成的雕塑作品。在中世纪的很长一段时间内，对人物形象的再塑造一直有很大的限制，也就是说必须将国王塑造成国王的样子，对骑士、神甫和农民形象的刻画也不能体现个人特征，而必须能代表他们各自所处的社会阶层。人物的地位往往通过雕像的大小来体现，比如国王的雕像要大于骑士的雕像，骑士的雕像又大于农民的雕像。体现个人特征的人物肖像雕塑在中世纪晚期才开始出现，圣维特大教堂内的半身塑像组就是向这一方向迈出的重要一步。除了一系列经典的圣人雕像之外，这组半身塑像还包括了大量的人物肖像雕塑，比如王室家族成员、布拉格最初的几位总主教，以及管理工场协会财政的建筑师等，大教堂的建筑"工头"彼得·巴勒及其前任马蒂亚斯·冯·阿拉斯（Matthias von Arras）的雕像也在其中。这组半身塑像的大小一致，个别雕像间的差别也并不大，不过最具个人特色的当属建筑师和工头的雕像。彼得·巴勒的半身塑像尤为突出，因为塑像的胸前也有一个与科隆女人半身塑像一模一样的巴勒标志——刻有直角尺拐角图案的纹章。

对于晚期哥特式建筑圣维特大教堂来说，这组半身塑像是一种独创设计，因为它们展现了当时人们眼中颇具权威的成功人士。除了必须雕刻的主保圣人塑像以外，王室委托人、大教堂庇护人，甚至于大教堂工场协会的行政、艺术和技术负责人都成为雕刻的对象。对后者（工场协会相关人员）的高度重视是圣维特大教堂缓慢而长期建造过程的必然结果，这种情况可以追溯到 12 ~ 13 世纪的早期哥特式建筑时期。

在 12 ~ 13 世纪，欧洲的社会发生了根本性的变化。大量新兴城市的出现催生了新的经济和政治中心。与此同时，由于采取了先进的农业生产技术，农产品的产量得到了提升，盈余部分又保障了对城市的供应。其结果是人口开始大幅增长，进而进一步促进了城市的扩大、货币经济的产生，以及当时还不为人所知的资金向城市的聚集。于是建造有代表性建筑的强烈需求便应运而生，人们首先想到的就是教堂。

新型建造工地的出现使得分门别类的工场越来越多。实际的建造工作需要石匠、泥瓦匠、木匠、屋顶匠、玻璃匠和许多帮工共同完成，此外还有铁匠、制绳匠、采石匠、泥水匠等配件供应商参与其中。监理工作起初由委托方指定的管理者，即建筑师负责。早期的建筑师少有专业出身，更多的是在手工行业负责财政、招工和发放薪水的神职人员或普通市民。按照手工业者论资排辈的习俗，石匠排在第一位，他们中的某个人工作一段时间就能成为建筑师最信任的人，进而接管工场间的协调工作。起初"工头（Werkmeister）"这个职业并不是特别突出，薪水只比其他石匠的薪水稍高。如果招到优秀的工头，他们往往会因为较低的薪水而同时接好几个活干。从那时起，他们待在同一个工地的情况越来越少，在每个工地干活的时间也越来越短。因此委托方出于对自身利益的考虑，会向工头提供更优厚的条件，使其更稳定地为自己和乙方的建筑工程服务。

与此同时，在规模日益扩大的工地上，对建造技术的要求也发生了变化。大型建筑草图从一开始便画得更为直观，并借助直角尺、测量杆和铅垂线对现场进行测量，13 世纪以后第一次出现了建筑图纸和正视图。虽然当时这些图纸的比例还不准确，但在更换工头的情况下，或者在较长时间的停工后，这些图纸至少可以为继续开工提供指导。科隆大教堂就是这种情况，教堂的建造工作从 16 世纪开始便陷于停滞，直至 19 世纪才在这类图纸的指导下最终完成。绘制建筑结构图需要将不同的几何图形按照合适的比例组合在一起。像巴勒这样卓越的中世纪工头之所以被当时的人们颂扬，正是因为他们熟谙几何学。由于当时还不具备建筑结构静力计算方面的知识，他们主要依靠工场协会或家族内部传授的经验。

*

"哥特式（Gotik）"最早起源于法国，并从那里扩展至整个欧洲。工场协会里的工匠来自四面八方，高水平工匠的流动性很大，因此相关的知识和经验被广泛传播。以巴勒家族的名匠为例，他们不仅在施瓦本和波西米亚工作，还踏足了摩拉维亚（Mähren）、莱茵河上游与中游流域及维也纳。1391 年，由于建造者在几年前开工建造的米兰大教堂的结构问题上出现争执，当时的法国工头离开了进行中的工程，因此当时建造乌尔姆大教堂的建筑师海因里希·冯·格明德首先被请去发表（专家）意见。他是与彼得·巴勒父亲同名的另一位巴勒家族成员，他给出的意见显然不足以被采纳，于是次年在米兰召开了有 14 位大名鼎鼎的工头（其中包括彼得·巴勒）参加的会议，他们就米兰大教堂继续开工的前提条件进行了讨论。这个例子恰好说明，随着时间的推移，"工头"这一职位的性质发生了根本性的变化，尽管它仍是手工业职业的一种，就像画家和雕刻家等其他艺术家一样。

在中世纪，工场协会对雇佣关系的处理非常灵活。石匠既可以被正式雇佣，也可以按照计件的方式工作，以制成的建筑构件单件计算薪酬。其他手工业者也是一样,根据工场协会需求的迫切程度不同,他们被雇佣的时间也长短不一。通常情况下,大量的帮工作为短工被雇佣,他们的薪水由建筑师按日或按周发放。由于夏天和冬天的光照条件和天气情况不同,工作的时间有长有短,被雇佣者在不同季节的收入也非常悬殊。夏季平均每天的工作时间长达 14 个小时(早上 5 点至晚上 7 点),冬季则短得多。而且星期日和众多的节日没有工作可干,被雇佣者在这期间的收入完全要依靠各自的雇佣关系。在 15 世纪,为了获得一定的权利保障,一些工场(例如石匠工场)便结成兄弟会。兄弟会的性质近似于城市的行会,它的作用在于向雇主提出和贯彻有约束力的要求。

从这一点上看,工头可以享受相当大的特权。他们对维系工场协会的意义越是重大,雇主或委托方就越是努力地用优厚的待遇吸引其留下。14 ~ 15 世纪的雇佣合同已经不再划分季节性的工作时间,工头往往长期,甚至终生被雇佣;在因衰老或疾病丧失工作能力的情况下,他们有时还拥有养老金保障。除此之外他们还可以得到单独工舍、独立住房或建房用地。以布拉格大教堂建筑师彼得·巴勒为例,在固定的年收入之外,他亲手制作的建筑构件也额外计费,在享受免费住宿的同时他还有专门的置装费和取暖费。他工作期间一共在布拉格城堡区获得了 5 栋住房,还在当地担任了多年的荣誉法官,无疑成了市民上层社会中的一员。

对于出现在科隆大教堂工场协会的巴勒标志有两种解释:一是科隆极有可能是彼得·巴勒作为熟练工四处劳作学习时停留过的地方;二是他的父亲出生于科隆。除了这两种解释外,再也找不到其他详尽的说明了。不过通过比对风格可以推测,巴勒家族的两位名匠(可能是彼得·巴勒的侄子和女婿)曾在 1380 年代制作了科隆大教堂彼得大门(Petersportal)上的大部分雕像装饰,而且创作图示中的半身塑像(底座)的艺术家,可能也是他们中的一个。这位"女巴勒",正如人们对它的亲切称呼,是在 19 世纪初被发现的。1817 年,为了保证科隆大教堂周围的视野不受遮挡,前面提到的修道院教堂被下令拆除,而"女巴勒"正是在拆除过程中被发现的。不久之后她被收入了著名的科隆艺术品收藏家,即费迪南·弗朗茨·瓦尔拉夫(Ferdinand Franz Wallraf)的藏品名录中,并于 1824 年和瓦氏的遗产一起被送回科隆。

知识技术
的
革命

*Revolution
der Wissenstechnik*

072

古腾堡的活字印刷

这样或类似这样的器具可能是古腾堡最早用于浇铸活字的铸字盒——古腾堡印刷工场的原件已不复存在。

143

这个铸字盒可以通过字模浇铸出许多一模一样的字母，它的发明过程非常复杂，是"古腾堡发明的核心"[菲塞尔（Füssel）语，2013]。因此对这项发明的保密是可以理解的。来自 15 世纪的原件已不复存在，不过根据 300 年后的百科全书描述，人们在当时制作了一个复制品，其外观和功能应该和原件相差无几。最新的研究也表明，约翰内斯·古腾堡（Johannes Gutenberg，1400 ~ 1468）"很有可能"发明了一个"阳模—阴模—铸字盒系统"[雷斯克（Reske）语]。

活字印刷术被认为是 2000 年以来最杰出的一项发明[美国时代生活图书公司（Time-Life），1997]，它甚至可能算得上是欧洲历史最重要的一项发明。能获得这样的赞誉，少不了 15 世纪中叶三大因素的共同作用，它们是活字印刷术发明的前提。最重要的因素无疑是当时传统的"印刷"方式——书写和誊写——已经不能满足人们不断增大的阅读需求；第二个因素是制作大量手抄本需要的适合书写的纸张；第三个因素才是活字印刷本身，它是约翰内斯·古腾堡这个"千年之材"的独创想法。

古希腊罗马时代晚期以后，许多和技艺相关的知识逐渐失传。从 12 ~ 13 世纪开始，随着城市数量的增多和愈发通过书面化的方式对城市进行管理，人们产生了新的需求。城市行当的种类越来越多，手工业领域的分工越来越专业，新的职业也不断涌现，其中不少对文化程度有一定的要求。法律工作者、医生和商人不仅要会读和会写，还必须具备相关的专业知识。为了奠定这方面的基础，人们在城市中设立了普通学校和高等院校，学校的出现又催生了新的职业。

144

13 世纪托钵会建立以后，宗教领域也发生了变化。多明我会（Dominikaner）和方济会（Franziskaner）主要关注的是牧灵（seelsorge，灵魂上的关怀），因此他们将修道院建到了城市的中心，他们有时也使用世俗语言进行布道，并将相关文献从拉丁文翻译成日常用语。当时除了宗教作品以外还同时存在世俗文学，世俗文学也越来越多地由日常用语写成。不仅诗人用日常用语写作，职业的分工还催生了教科书，朝圣者们在前往罗马或圣地之后也会撰写游记。尽管学术语言仍是拉丁文，但当时的德国城市已经开始出现拉丁文学校和德语学校、学术作品和通俗文学并存的现象。虽然农村地区人们的识字水平仍然很低，但是城市读者群的扩大起了决定性的作用，由此产生了对各类读物的需求。

为了满足人们日益增长的阅读需求，选择一种更便宜且产量更高的书写材料便成为一种必然。当时普遍使用的羊皮纸是以兽皮为原料，经耗时耗力的工序制作而成，而且因为"制作一本大开本的《圣经》往往需要牺牲整个羊群"［弗鲁戈尼（Frugoni）语］，它的价格自然非常昂贵。与此同时，随着城市人口的不断增加，提高《圣经》威望的需求也越来越多，每个教堂至少要拥有一本《圣经》。

早在公元 1 世纪下半叶，中国人就发明了利用植物纤维造纸的技术，然而经过了整整 1000 年以后，这个工艺才通过阿拉伯地区传到欧洲。1390年，德国第一个造纸工场在纽伦堡城门前开张。活字印刷术的发明带动了造纸业的繁荣，活字印刷术和造纸术这两门技术也相互交织着共同向前发展。

在这之前，人们发明了雕版印刷术，印刷前需要将每一页的文字和图案雕刻在单独的木版上。这种工艺非常耗时耗力，而且完全不适合用来翻印篇幅较长的文字。在这种背景下，产生使用活字进行印刷的想法便容易被理解了，因为通过对活字不同的排列组合可以印刷出内容不同的文字。唯一的问题在于活字的制作：制成的活字必须能够均匀整齐地组合在一起，中间不能有空隙；同时还必须足够坚固，不能有较大的磨损，以便不断地重复使用。人们曾尝试各种办法进行木制活字印刷，然而无一成功，充其量也只做到了对突出句首的大写字母使用木活字印刷（后来也确实这样做过），对于正文中较小的字母却不适用，这样印刷会使得落墨不均匀，木活字也很容易磨损。

实际上，古腾堡发明的并不是印刷本身，而是更偏重一种工艺，借此可以制作出大量排版统一的坚固活字，每页可以印刷 1500 ～ 3000 个字符。相比那些让古腾堡无数次深陷其中，最后让他一举成名的工艺流程，我们对他的个人生活几乎一无所知；至今也没有一幅关于他的真实画像。不过可以确定的是：他出生在美因茨，父亲是一名城市新贵。他可能也是在美因茨接触了造币工艺，这些经验对他后来从事的工作起了不少作用。古腾堡从手工制作且质地较软的由金属（通常为黄铜）压成薄片的冲模中获得了灵感，由此研制出了浇铸活字用的阴模（字模）。这种阴模由更软的铅浇铸而成，这一工艺流程被不断地重复，直到可以大批量制作出所需要的活字。

从这个方面来说，适合的铸字仪器（铸字盒）也很重要。制作精良的铸字盒可以使铅合金精确地填充字模，每次注入的量都能够保证制成的活字高度一致。此外铸字盒还必须可以调节，要制作不同大小、不同宽度的活字需要浇铸的铅合金用量也不一样。浇铸出足够的活字之后，它们被放入一个铅字盒中进行分类，以便迅速排版。排版通过一个排字手托完成，即将字母、数字、标点符号和用于字符间空格的填空材料一行一行地排列整齐，以便在印刷时自动形成边框。一页排版完成后放在印刷机上上墨，在上面覆上一张纸后就可以印刷了。这个过程可以一直重复，直到印刷出想要的份数。然后可以将活字拆散，再用于下一页的排版。新技术的研发实际上需要巨额的投入，古腾堡为了他的这项发明负债累累，以致将自己的工场抵给了一个债主，后者在古腾堡昔日雇工的协助下继续维持着工场的运转。

直到 19 世纪，这项发明在工艺流程上耗时耗力的状况仍没有得到真正的改善。第一次的革新出现在对印刷机的改造上。古腾堡和他的继任者长期使用的印刷机工作原理是，通过转轴和螺纹带动压板在每一张纸上压印出文字，这个过程需要使用很大的向下然后再向上的旋转力。18 世纪发明的杠杆式压印法使得每次只用操作几下就可以实现加压，从而大大地节省了气力。19 世纪初，莱比锡的弗里德里希·柯尼希（Friedrich Koenig）发明了一种蒸汽驱动的印刷机，可以通过机械方式给字模上墨。当时，印量不断提高的报纸也需要效率更高的印刷工艺。

尽管在古腾堡的带领下（或者至少在他之后的很短时间内），活字印刷术已经大踏步地前进了许久，然而古腾堡自己几乎没有从中获利。他流传至今的印刷作品很少，主要广为人知的是著名的《古腾堡圣经》（Gutenberg-Bibel）。据推测，他在 1452 ~ 1455 年间一共印刷了 180 版次的两卷本《圣经》，至今在世界范围内仍有 49 版次完整或残缺的《古腾堡圣经》存世。其中一版在 1987 年以破纪录的约 500 万欧元的成交价被卖出。

大量在美因茨受过专业训练的印刷工后来又迁往其他国家和地区，以尼德兰和意大利为多，他们在那里开设了自己的印刷工场并推动了印刷技术的革新和蓬勃发展。以 15 世纪的罗马为例，十年内就印刷了约 16 万本书籍。批量印刷的成果是巨大的：突然之间，书籍不再像以往那样昂贵，而变得人人都可以购买；各式各样的小文章和传单等印刷品也找到了热销的市场。

由于宣传册或传单可以被大量印制，新思想的传播速度比以往快了很多，例如 16 世纪发生的农民战争和马丁·路德发表的《九十五条论纲》就是这样。很难想象，如果没有活字印刷术的存在，对欧洲产生深刻影响的宗教改革还会不会发生。可以肯定的是，宗教改革在活字印刷术的作用下展现了巨大的活力，在 1517 ~ 1520 年的短短几年间，马丁·路德宗教改革思想的宣传单就从 30 份卖到了 30 万份。在宗教改革决定性的影响下，活字印刷术也得到了大范围的应用。宗教改革的核心关切之一就是建立教徒与宗教经典的紧密联系，使其可以不经神职人员的传授就能学习领会。因此《圣经》必须大量印刷，鉴于大多数教徒不懂拉丁文，德语译本也要大批印制。

推动活字印刷术传播的另一个重要原因是人们对了解新鲜事物的渴求，例如发生在东欧的土耳其扩张战争，或者欧洲航海家发现新大陆等。这些消息往往凭借宣传册或传单（也就是当时人们理解的"报纸"）进行传播，然后又被写入当时已有的世界编年史等历史著作中。印刷技术在 17 ~ 18 世纪又继续向前发展，直到出现具有现代意义的报纸。尽管一开始的报纸只有几页的厚度，内容却涵盖了政治、社会、活动通告和广告，与我们今天读到的已相差无几。

*

在活字印刷术发明几百年后，人们才特别强调了它的发明人古腾堡的重要历史贡献。他的第一座纪念碑在 1827 年树立于美因茨，第二座更大的纪念碑于 1837 年树立。他从 19 世纪开始被刻画的"孤独、清心寡欲和被人利用的发明家"形象逐渐褪去了，取而代之的是一个"卓越的组织者"和"非常具有商业头脑、精于计算的经营主"形象〔哈内布特－本茨（Hanebutt-Benz）语〕。

　　印刷技术的革新在 19 ～ 20 世纪又向前迈出了一大步：机器排版取代了人工排版，纸卷筒代替了逐张放纸，转轮式印刷机实现了双面同时印刷。照相排版和计算机的运用最终引发了第二次大众传播革命，而第一次大众传播革命仍然非约翰内斯·古腾堡发明的活字印刷术莫属。

023

15、16 世纪

的

全球化

Globalisierung
im 15./16. Jahrhundert

马丁·倍海姆的地球仪

马丁·倍海姆在 1492～1493 年制作的地球仪是世界上现存最古老的地球仪。它恰似一部了解欧洲以外世界的百科全书。

149

　　这个极其易碎的地球仪（Erdapfel）制作于距今 500 多年前（1492 ～ 1493）的纽伦堡。它的直径为 51 厘米，核心是一个以地球为原型的陶土球，陶土球上粘了四层亚麻材料，亚麻材料的表面覆盖了多层羊皮纸，羊皮纸上又蒙了一层薄皮革，最后在薄皮革上敷了一层绘有图案和文字的纸。地球仪被放在一个 1.3 米多高、由铁棒制成、可水平转动的三脚架上，地球仪的两极从内部斜挂在一个由两条经线组成的子午圈上，由此它从一开始就可以在任意一点被垂直于地面地转动。地球仪原本还有一个皮制保护罩和起初可能为木制的撑脚，不过它们并没有保留下来。尽管地球仪上描绘的世界地图早在古希腊罗马时代就已经为人所知，且在它产生前的几十年已有绘制好的地图供人参考，但它仍然算是世界上现存最古老的地球仪。

　　这个地球仪产生的年代正是帝国城市纽伦堡发展的盛期。作为"神圣罗马帝国的珍宝库"，1470 ～ 1530 年的六十年，纽伦堡一直是世界上最重要的贸易和制造中心之一，在许多城市设有自己的营业所。此外，纽伦堡也曾是现今德国范围内最大的帝国城市之一，作为科学仪器的制造中心而世界闻名，例如彼得·亨莱因（Peter Henlein）就曾在纽伦堡制作钟表。

　　在这样的一座城市产生制作地球仪的想法，尤其通过绘制地图的方式对产品来源地、贸易航线和世界市场进行定位，势必会引发人们的强烈兴趣。马丁·倍海姆（Martin Behaim，1459 ～ 1507）出生于纽伦堡一个有权势的家庭，他有这样的想法或许也是为了赢得在海外贸易公司工作的纽伦堡远洋贸易商的好感。[引自克伦本茨（Kellenbenz）] 在说服了市议

150

会后，他便开始着手制作地球仪，他所参照的是托勒密古地图、中世纪的《古世界地图》（Mappae Mundi），以及可能由他从当时的制图学中心里斯本带回的新近绘制的航海图和各种旅行游记。倍海姆是经过系统培训的

纺织品贸易商，曾先后在尼德兰和葡萄牙工作，他在 1485 年被葡萄牙国王若昂二世（Johann Ⅱ）授予骑士头衔，并于第二年在葡萄牙举行了高规格的婚礼。就个人航海经历来说，他至少沿着非洲西海岸向南航行过一段距离。哥伦布曾在 1484 年劝说葡萄牙国王资助他向西航行直达东亚的航海计划，此举可能引发了王室激烈的争论，最终哥伦布被拒绝。几年后倍海姆返回葡萄牙王宫，他对这件事件一定是知情的。

直到今天，倍海姆制作地球仪的真正动机仍没人解释得清楚：有人说，用球形来绘制地图的想法是在倍海姆、舍德尔（Schedel）和闵采尔（Münzer）[1] 三人的谈话过程中产生的；还有人说，倍海姆在葡萄牙时就已产生制作地球仪的想法；又或者，这个想法已被前人"酝酿已久"，并不新奇，在《纽伦堡编年史》（Weltchronik）中已经出现过类似形状的插图。

根据地球仪上的献词铭文可以推测，倍海姆制作地球仪是受纽伦堡市议会的委托。实际上，市议会在 1494 年 8 月列支了制作地球仪的各项费用：向汉斯·格洛肯吉塞尔（Hans Glockengiesser）支付地球仪球体制作费用；向制秤师鲁普莱希特·科贝格尔（Ruprecht Kolberger）支付覆盖在球体上的材料和胶水费用；向书籍插画师和彩饰师格奥尔格·格洛肯登（Georg Glockendon）夫妇支付绘图和文字说明费用。也许在制作地球仪的过程中，倍海姆并没有和纽伦堡市议会结算，而是将要支付的样品制作费直接转给了对方承担。还有一种可能性是，借当时造价最为昂贵的历史著作之一，即《纽伦堡编年史》的出版之机，倍海姆有了利用纸质新媒介来推广他制作的地球仪系列的想法。和他设计的其他版本相比，制作出的样品要稍大，更像是"工场作品"且黏合得"相对粗糙"［维勒斯

---

[1]　纽伦堡人文学者、医生和地理学家，与舍德尔同为《纽伦堡编年史》的作者。

（Willers）语〕。格洛肯登以其出色的木质印刷版制作工艺而闻名。他可以将球形模型图改画成平面图，再将平面图雕刻在木版上，形成由一个个弧形组成的版面，也就是制作地球仪必需的球面二角形（sphärische Zweiecke，也称"月形"或"瓜瓣形"）。纽伦堡市议会曾买过一张《古世界地图》，令人将它上色后挂在市政府的文书处，可惜后来遗失了。

151

　　于是倍海姆提议制作一个大的地球仪，并亲自监督其制作过程，与此同时，科贝格尔继续制作较小的球体，在上面粘贴通过木版印刷的《古世界地图》。除去制版和印刷等费用，倍海姆在将这些较小的地球仪卖掉后应该赚了一些钱。他也许也将其中一些印刷的地图带回了葡萄牙。至于制作地球仪系列的尝试为什么最后失败了，至今并没有定论，坊间对此有过诸多猜测，其中包括木雕印刷版的质量问题。倍海姆既不是一个经验特别丰富的航海家，也不是一个杰出的宇宙结构学家或地图制作者，因为他制作的地球仪在地理学知识方面并没有达到葡萄牙人当时最新的认识水平，而且被证实在宽度和距离数据上存在明显的错误。不过倍海姆成系列地制作地球仪的想法仍具有独创性和前瞻性，并且成功地起到了大众传播的作用。

　　倍海姆在 1493 年回到了葡萄牙，那时他的地球仪还未制作完成。第二年他又去了佛兰德，在当地遭到了洗劫，并被关进了英格兰人的大牢。从那里逃出来重新回到里斯本后，由于王室庇护人的去世，倍海姆的工作和生活陷入了困境。身居葡萄牙的他肯定获悉了哥伦布发现美洲的消息，也一定知道，葡萄牙探险家瓦斯科·达·伽马（Vasco da Gama）于 1497 年从里斯本出发，在 1499 年返回的同时带回了发现印度航路的消息。1500 年，达·伽马在再次前往印度的途中还意外发现了巴西，这件事倍海姆肯定也听说了。之后倍海姆再也没有回到纽伦堡，于 1507 年在里斯本去世，去世时身无分文，穷困潦倒。

他制作的地球仪被放在纽伦堡市政厅的一个陈列室中展出。对于哥伦布和达·伽马发现新大陆的消息，作为当时国际贸易枢纽的纽伦堡不可能不在第一时间获悉。第一批标有美洲大陆的世界地图随后被绘制出来，其中最早的于1507年出现在弗赖堡的沃尔夫韦勒（Wolfenweiler），由制图师马丁·瓦尔德泽米勒（Martin Waldseemüller）绘制。他是最早在地图上使用"亚美利加（America）"命名美洲的人，当时的人们错误地认为是亚美利哥·韦斯普奇（Amerigo Vespucci）发现了美洲大陆。

西印度群岛和美洲大陆的发现也许并没有引起纽伦堡的重视。[引自格茨（Görz）]倍海姆的地球仪在1510年仍在纽伦堡有着极高的地位，以至于还专门为它重新打造了一个新的、保存至今的支架，以及一个由黄铜制成、上面标有太阳和星座的大水平环。两者自然降低了地球仪起初的华丽感和活动性。九十年以后（约1600），原先的地球仪因为过于老旧终于被一个新的地球仪所替换，并被交还给了倍海姆的后代。之后很长时间它不再受到重视，只被人用亚麻籽油刷过一遍，有一部分已无法辨认，而且整体受损严重。1822～1823年，人们对它进行了第一次修复，铭文部分被补写甚至被重写。

那时倍海姆和他制作的地球仪已经有了相当大的名声，就连慕尼黑玛菲公司（Maffei）于1847年制造的火车头也被命名为"倍海姆"，他出生时的房子在1861年举行的一次音乐节期间被装饰成了当年的模样，另外在1890年纽伦堡还树立了一座他的纪念碑。在一幅于1901年完成、以纽伦堡名人为主题的市政厅绘画中，倍海姆被描绘成了远洋贸易领域的纽伦堡名人。这股"倍海姆复兴"之风也与纽伦堡城市本身的发展息息相关，19世纪中叶以后，纽伦堡的经济活力重新迸发出了新的光彩，让人不禁联想起三个多世纪以前，也就是15、16世纪之交时纽伦堡城市的繁荣景象。

152

创造传奇故事的时代已然开启：1902 年出版的《德国历史图集》（*Bildersaal Deutscher Geschichte*）在当时广为流传，这本受人追捧的历史图册对倍海姆的描述严重偏离了所有史实，他被塑造成一个雄心勃勃的帝王式人物，想要通过制作地球仪谋得海上霸权。不仅如此，图册中还写到他制作的地球仪为哥伦布发现新大陆指明了方向。这一点在学校的教材中也有体现，比如当时的板书就是一个例证。

1847 年，在顶住巴伐利亚学术研究院（Bayerische Akademie der Wissenschaften）和巴伐利亚政府的强压，并克服了倍海姆家族的强烈反对后，法国国家图书馆（Bibliothèque Nationale de France）复制了一个同样的地球仪。尽管复制品并不具备充分的科学价值，它总归还是成了巴黎科学家的研究对象。1847 ~ 1908 年所有关于倍海姆地球仪的出版物主要是以这件复制品为基础来著述的。1906 年，倍海姆家族将由他们保管的地球仪原件借给了纽伦堡的日耳曼国家博物馆，作为馆藏科学仪器之一向公众展出。1927 ~ 1928 年，公众中传出一阵流言蜚语，称倍海姆家族由于经济上的困难将地球仪卖给了美国，日耳曼国家博物馆必须在 1928 年将其归还给倍海姆家族。要将地球仪卖到国外的消息四处传播，激起了许多公开抗议。最后，地球仪被列入了德国国家珍贵文物名单。

由于纽伦堡市政府和博物馆都拒绝出高价购买，地球仪的所有权问题在此期间被反复讨论。1937 年纽伦堡市市长终于答应替希特勒承担购买此地球仪的绝大部分费用。又经过一次修复之后，地球仪最后被送进了日耳曼国家博物馆。在同年纽伦堡党代会召开期间，地球仪作为一件核心展品在"纽伦堡，德意志的城市（Nürnberg, die deutsche Stadt）"展览上展出，随后又在常设展览中长期展出。在塑造传奇、拼凑历史，并以此造成人们对历史误解的影响方面，法伊特·哈尔兰（Veit Harlan）拍摄的电影《不朽的心》（*Das unsterbliche Herz*，1939）可以说是无出其右，电影的主演是海因里希·格奥尔格（Heinrich George）和克里斯蒂娜·泽德尔鲍姆（Kristina Söderbaum），数千名纽伦堡市民作为群众演员也参加了拍摄。影片中的德国工匠亨莱因见倍海姆缺少一块航海用的怀表，便在纽伦堡发明了"纽伦堡蛋（Nürnberger Ei）"——不过它的存在从未被证实过，而且这个情节严重脱离史实，两个人的生平资料也是捏造的。

第二次世界大战期间，地球仪被存放在纽伦堡艺术品防空洞中而得以幸存，1948 年以后被重新展出。此后地球仪只在 1954 ～ 1955 年被借给布鲁塞尔展览过一次，然而就是在那一次被借出的过程中，地球仪遭到了损坏。1992 年，为了庆祝地球仪诞生 500 周年，在庆典准备期间，地球仪被西门子埃朗根（Erlangen）实验室拿去进行了电脑 X 光断层扫描检查。

*

倍海姆制作的地球仪至今仍有许多未解之谜，对它的研究也一直没有停止。2011 年，研究人员对地球仪进行了高分辨率的数字拍照和大量的文字和图片分析。地球仪上绘有 110 幅小画像，标注了约 2000 个地名和区域名并包含有大量文字。除了有马可·波罗（Marco Polo）的画像之外，它涵盖的内容包罗万象，在广度上等同于百科全书。不仅如此，地球仪上绘制的内容还保留了在倍海姆生活的年代中，人们对欧洲之外世界认识程度的珍贵史料。地球仪的绘制既符合当时的制图传统，又使用了从航海经验中获得的流行元素，生动地展现了哥伦布发现新大陆之前人们对世界的认识。和航海大发现时代一样，倍海姆制作的地球仪也处在中世纪和近代的过渡带上。

024

文艺复兴时期

的

人体画像

和

性别角色

Körperbilder und
Geschlechterrollen in
der Renaissance

阿尔布雷希特·丢勒
《女子浴室》

和宗教无关的裸体画像：作为
先锋派画家的阿尔布雷希特·
丢勒。

155

　　这是一幅在不足标准 A4 纸张大小的硬质手工纸上用炭黑色墨水画成的钢笔画，是阿尔布雷希特·丢勒（Albrecht Dürer，1471 ~ 1528）年仅 25 岁时创作的一幅大胆的作品。它不是丢勒画作中最漂亮的，却是"最有趣、最不同寻常和最受争议的"[略维尔 - 卡恩（Röver-Kann）语，2012]。这幅画作给人的启发使它成为丢勒所有作品中"最有价值的证书之一"[温克勒（Winkler）语] 和"欧洲艺术史上的一个关键性作品"[赫尔佐根拉特（Herzogenrath）在略维尔 - 卡恩 2001 年著作中的评价]。

　　丢勒自称这是第一幅和宗教无关的女子集体"裸体画"。在这幅画中，艺术的表现形式转移到了人像的自由和人性上，在此之前的裸体绘画大部分以宗教题材为主：亚当和夏娃、耶稣生平、"虚空"譬喻、福尔图娜（Fortuna，幸运女神）和七宗罪中的色欲等。19 世纪才出现了"裸体人像（Akt）"这一概念。

　　画中的浴室比例并不完美：低矮、没有窗户、天花板和墙面由木镶板铺设而成。浴室中有瓷砖壁炉、煮水壶、浴盆、下沉式水池、浴帽、海绵、流苏束、树叶捆等物品。浴室内共有 6 名女性，她们的年龄、身材和容貌迥然不同——有的年轻貌美、体态婀娜、丰满健美，有的则年老色衰、大腹便便、面容丑陋。此外还有 2 个小男孩也出现在了画面中。在当时，这样的浴室是城市公共生活中的一种清洁设施，并且按照性别严格划分使用。

　　大量史料证明，当时无论是洗浴者还是工作人员都不允许在浴室内完全裸露。因此在这样的背景下，看到这幅画的人才更感到惊讶。年轻的阿尔布雷希特·丢勒肯定不能进入女性浴室，他可能也并不了解人们之前是怎样描绘浴室的。丢勒曾在三年前（1493）照着一个模特画过一幅女性裸体钢笔画，据推测这个模特可能是一位在浴室工作的女仆。从迄今为止的研究来看，这应该是阿尔卑斯山以北地区人们根据真人进行的第一次裸体

156

人像研究。三年后丢勒创作了这幅《女子浴室》(*Frauenbad*),几乎同一时间他还画了一幅稍大的《男子浴场》(*Männerbad*)。

我们并不知道进入浴室的女人都是些什么样的人,但有一点是确信无疑的,那就是她们不可能来自下层社会,因为当时城市和农村的社会状况是有区别的。城市女性比农村女性拥有更多的职业选择,而在中世纪和近代早期的农村,男女在很大程度上没有分工,因此农妇改善自身状况的空间远不如城市女性大。家长式的家庭结构长期稳定地存在,只有在体现性别特点的协作上才变得有一些开放,在女性拥有经营能力的贸易和手工行业(不仅是纺织行业)中尤其如此。生活和工作在同一个地点,这减轻了职业女性的压力。在丢勒生活的年代,女性通常在 15 ~ 18 岁嫁为人妇。一些城市的"剩女"人数占城市总人口的 20%。尽管如此,和"1918 年以前近代女性职业生活的不公平状况相比"[恩嫩(Ennen)语],丢勒所处时代女性的职业生活无论如何都要好得多。在以上因素的影响下,女性的精神面貌也发生了变化,她们在《女子浴室》中明显的自信不是自然流露,而是像丢勒试图表现的那样,是一种刻意的展现,这正是这件艺术品的另一个特点。

尽管如此,这幅画作并没有因为它的题材而特别受到关注,毕竟在丢勒之前早就有人画过和洗浴相关的人像,虽然画中的女性身体"不那么直观",而"主要通过香艳的场景引发人们的性欲"[邦内特(Bonnet)语,2001]。丢勒在《女子浴室》中塑造的女性还可以单独地拿出来欣赏:一个背朝前站着,一个在左边侧坐着,两个站着(一个在前面站着,一个在右边侧站着),一个看起来德高望重的在右边蹲坐着,一个在前面中间跪坐着。乍眼看下,每个人物的动作都很自然,符合各自所处的环境,然而实际上丢勒对每个人物以及她们组成的画面都进行了"精心的雕琢和构思"。

画裸体人像时，丢勒先勾勒出轮廓造型，再按照不同的尺寸和比例进行调整，使每幅画或同一幅画中的人像都略有变化。事实上，丢勒就是不断地使用这个方法完成这幅"裸体画"的。由于缺少条件优秀的模特，丢勒之后的裸体人像作品也是在描印这幅画的基础上略作改动而画的。

157

这幅画的另一个特点体现在对视线的分析上：其中两名女子看向了观看者，这种目光可能会让观看者产生轻佻、色情、好奇或者放荡的感觉，就好像她们看见了观看者，特意为他摆出了姿势一样，仿若作好了随时被打量的准备。而按照当时的社会风俗，男女之间不能有目光接触，与男性面对面时，女性的目光必须低垂。

当我们再次看向这个方向时，会吃惊地发现另一条视线：在木镶板后墙上只开了一条缝的"窗户"外，有一名男子正偷偷地朝浴室里看，贪婪地欣赏着眼前的春光。而正对着窗户的女子不但不介意在两个小男孩面前敞胸露怀，而且更是大胆地将自己的身体完全暴露给这个"窥淫癖"看。"不管是看向画面还是从画面中看出来，不论以观看者的角度从前往后看，还是从窥淫癖的角度从后往前看"，这些人像（几乎）在各个角度都呈现了不同的姿态和外貌。这个房间因此变成了一个"展览橱窗"（邦内特语，2001）。

这幅《女子浴室》也许和差不多同一时间完成的《男子浴场》一样，是制作木版画的底稿：除了场景换成了室外，后者刻画的也是 6 名年龄和姿态各不相同且几乎全裸的男子，也有一个穿衣服的"观众"在欣赏。这幅画是丢勒在自己的画坊创作的第一批作品之一，他使用了最好的纸张印刷、制作木版画，亲笔签名，然后放到市场上去卖。事实证明丢勒取得了巨大的成功，因为这种类型的木版画非常受市场欢迎，他作为"自产自销的经营主"获得了比其他同时代画家更高的收入、更大的名气和更高的地位。丢勒的作品吸引了各个阶层的买家，"粉丝们"对他的画作狂热崇拜，他的签名"AD"成了世界闻名的"商标"。不过丢勒并没有将这幅《女子浴室》投放市场，之后他的同行们照着这幅画粗制滥造了许多版本。

虽然丢勒的大部分画作是以基督教为题材，但是他本人更像是一个具有创新精神的画家、一个遵从自己想法的艺术家和一个将画作以市场为导向"输出"的工匠。同时代的画家没有一个能像他一样，可以完全体现近代早期的艺术特点。在合乎时代精神的人像创新方面，他和莱昂纳多·达·芬奇（Leonardo da Vinci）并驾齐驱，甚至"比达·芬奇要成功得多"（邦内特语，2014）。丢勒的创作不受传统束缚，他喜欢寻找新的绘画题材，带着学术研究的态度，从透视和人体比例的角度深入探究、精心雕琢。简而言之，他是中世纪向近代早期过渡时期的先锋派画家，而且他自己也意识到了这一点。

158

*

许多艺术史上的杰出作品都拥有一段传奇经历，这幅画也不例外。在丢勒去世后，这幅《女子浴室》从谁的手中流传下来，至今仍无法证实。1820年代得到它的人是不来梅艺术协会（Bremer Kunstverein）的联合创始人希罗尼穆斯·克卢格基斯特博士（Dr. Hieronymus Klugkist），在他去世后这幅画作为遗赠归协会所有。从那以后，它的主要作用是向观看者展示过去的人们是怎样洗浴的。

在第二次世界大战德国遭轰炸期间，和其他博物馆一样，不来梅艺术馆（Bremer Kunsthalle）于1943年夏将其藏品转移到了四处较安全的地点。其中近5000件藏品被送往位于易北河以东屈里茨（Kyritz，勃兰登堡）

的卡尔佐宫（Schloss Karnzow），然而二战后被送回的艺术品却屈指可数。它们的命运清晰地折射出艺术品在归还方面遇到的现实问题：101 幅素描画于 1990 年代初从那里被匿名送到了位于莫斯科的德国大使馆，并于 2000 年 4 月在俄罗斯政府的批准下被送回德国。

1993 年在阿塞拜疆国家博物馆的一次展览中，德国大使馆送去展出的 12 幅素描画尤其引人瞩目，其中就包括这幅《女子浴室》。它们在展览开幕前被人盗走，不久后被送到了纽约苏富比拍卖行（Sotheby's）。美国联邦调查局（FBI）没能将两名卖主——一名日本商人和一名阿塞拜疆女检察官——逮捕。四年后，即 1997 年初夏，这名日本卖主以家产为名义，向德国驻日本大使馆出售这批画作，报价高达 1200 万美元。同一时间他还就这些艺术品的归还问题与不来梅艺术馆讨价还价，由于这些作品上有明显的艺术馆馆章，双方只以日本卖主开出价钱的一半成交。尽管如此他仍对酬金数额不满意，因为按照当时的惯例，失主应付给拾得者物品估值的 10%～15% 作为酬金，而仅这幅《女子浴室》在当时美国的估价就达 2300 万马克。1997 年 9 月，为了鉴定这批画作的真假，不来梅艺术馆最后决定派代表前往纽约。戏剧性的场面出现了，其中 6 幅画作被扣在了日本卖主住的酒店房间内，另外 6 幅画作随后由中间人交出。几个星期以后，阿塞拜疆女检察官在美国入境时被抓获。终于，在经过了五十多年的颠沛流离和将近四年的交涉之后，包括丢勒的《女子浴室》在内的这 12 幅画作于 2001 年夏被送回了不来梅。值得一提的是，这些作品在送回德国前曾暂时存放于纽约世界贸易中心（World Trade Center），短短几个月后便发生了震惊世人的 "9·11 恐怖袭击事件"。

当时被转移到卡尔佐宫的不来梅艺术馆藏品还和另一个人物发生了一段扣人心弦的故事，此人就是维克多·巴尔金（Viktor Baldin），他被称为"带着箱子的男人"。当年，他是苏联红军的一名大尉，出身于建筑师和博物馆专家家庭。1945 年初夏，他见到了这些藏品，"每一个苏联上校都从那里拿走了 200 公斤艺术品"（略维尔－卡恩语，2012）。他自己则将 362 幅素描画（其中包括丢勒的许多作品）和 2 幅油画放进箱子里带走。在后来的几十年当中，他小心翼翼地保管这些画作，制作了目录进而归档，并将它们寄存进博物馆，他余生一直担心这些个人收藏品被破坏，或者有朝一日被送回不来梅。现如今从他手上"拯救"下来的艺术品被存放在圣彼得堡的冬宫博物馆（Eremitage）内。实际上，单件的艺术品总是会在各个地方出现，它们有的能通过钱买到，有的能物归原主。至今人们对艺术品归还问题的处理仍非常谨慎（略维尔－卡恩语，2012）。

时至今日，俄罗斯仍拒绝归还二战期间从德国掠夺的艺术品，因为俄罗斯国家杜马在 1998 年曾声明，为了抵消德国对俄罗斯造成的战争破坏，二战结束时转移到苏联的文化艺术品归俄罗斯国家所有。波及的物品达上百万件，其中约有 20 万件的物品具有较高的文物价值。此外还包括 460 万本书籍和连起来有 3 公里长的档案卷。苏联军队一共从德国占领区带走了约 250 万件文化艺术品，在 1950 年代将其中约 150 万件归还给了德意志民主共和国（DDR），包括现存于柏林的帕加马祭坛和存于德累斯顿的《西斯庭圣母》画像。多年以来，德国不再就艺术品归还问题同俄罗斯严正交涉。德国在战后陆续归还了非法占有的艺术品，而俄罗斯仍然拒绝归还属于德国的艺术品，唯一的例外是在 2002 年，经过旷日持久的谈判，俄罗斯政府终于将战后从奥得河畔法兰克福（Frankfurt an der Oder）圣母玛利亚教堂唱经楼掠夺走的 111 块中世纪花窗归还给了德国。

捐赠人、
艺术
和
政治

Stifter, Kunst und Politik

025

汉斯·巴尔东·格里恩的
《边境伯爵油画版画》

"圣母子与圣安妮"被巴登边境
伯爵家族围绕在画面中心：这
幅 16 世纪的著名油画在 2006
年还引起了很大的轰动。

161

　　这幅《边境伯爵油画版画》（*Markgrafentafel*）是画家汉斯·巴尔东·格里恩（Hans Baldung Grien）于 1510 年前后创作的一幅作品。画面中心刻画的是"圣母子与圣安妮（Anna Selbdritt）"，即圣安妮与她的女儿玛利亚和孙子耶稣。年轻的玛利亚坐在母亲的右侧，怀里抱着还是婴儿的耶稣，母亲手里翻开着一本书，看上去像是在给她的孙子教授书中的内容。将他们围绕在中间的是巴登边境伯爵克里斯托夫一世（Christoph I, Markgrafen von Baden）的整个家族，伯爵和他的 10 个儿子跪拜在男人一侧，伯爵夫人奥蒂莉·冯·卡岑耐伦伯格（Gräfin Ottilie von Katzenelnbogen）和她的 5 个女儿则跪拜在女人一侧。这样的安排常见于近代早期的还愿画（Votivbild）①，画中的捐赠者以虔诚恭顺的姿态出现在圣人旁侧。这幅还愿画的尺寸与众不同，它的宽度超过 2 米，高度则接近 70 厘米。

　　虽然一个家族拥有 15 名子女可以算作庞大，不过这个数字在 16 世纪的欧洲并不鲜见。纵然当时未成年夭折的情况也不少。从其他史料中可以得知，这幅画在绘制时，这个边境伯爵家族至少有 4 名子女已不在人世。将在世和已去世的子女并排画在一起，这种做法所表达的含义是：这些子女都属于这个家族，并且是组成家族的一部分。子女们不同的衣着代表他们不同的身份地位：作为女修道院院长的 2 个女儿身着教会法袍，戴着帽子（意为已出嫁）的 3 个女儿则身着世俗服装。在儿子之中尤为突出的一个身着主教服、手执主教权杖，他是从 1503 年开始任特里尔总主教的雅各布（Jakob）。其余的儿子们有的身着骑士戎装，有的身着平民服装，还有的身着宗教服饰，其中 3 个人是大教堂教士会成员。

---

① 　以捐赠的形式表达捐赠人实现愿望后对神的感恩的油画。

据推测，画中伯爵儿子的排列方式传达的是一种政治信号：巴登边境伯爵克里斯托夫一世于 1510 年患病，对传位规则有所考虑，为了避免封地在自己死后被瓜分，他只想要指定其中一个儿子作为他的单独继承人。他的第五个儿子，可能是画面中从左边数第三个骑士菲利普（Philipp），就是他的候选继承人之一。不过克里斯托夫一世并没有将他制定的传位规则付诸实现。

汉斯·巴尔东，又称"格里恩（Grün）"，曾多次为克里斯托夫伯爵画像。他是 1484 年出生于施瓦本格明德，后定居在斯特拉斯堡（Straßburg）的一名画家，他被认为是阿尔布雷希特·丢勒最有天赋的学生，也是当时非常受推崇的一位艺术家。在当今人们看来，汉斯·巴尔东主要以女巫画，以及人格化的骷髅拥抱或亲吻裸体少女的死神画而著称。不过他也创作了大量宗教题材的作品，其中尤以弗赖堡大教堂的主祭坛画最为出名。与同时代的其他许多艺术家相比，汉斯·巴尔东的画家生涯给他带来了显赫的声名和巨大的财富。他于 1545 年去世，当时的他是斯特拉斯堡市议会议员和最富有的市民之一。

尽管《边境伯爵油画版画》的历史并不长，然而它却因为 2006 年发生的"卡尔斯鲁厄文化财产事件（Karlsruher Kulturgutaffäre）"而轰动一时，成为被调查的对象。巴登－符腾堡州政府当时计划出售一大批位于卡尔斯鲁厄的州立图书馆馆藏手抄本和早期印刷品。收入所得作为对巴登大公家族的补偿，因为后者就一系列艺术品的所有权问题向州政府提出了赔偿要求。如此大规模的售卖文化财产在德国可谓史无前例，此事件引发了民众的激烈抗议。这幅《边境伯爵油画版画》在其中也产生了一定的影响力，因为巴登－符腾堡州州长君特·欧廷格（Günther Oettinger）此前曾明确表示这幅画应归巴登边境伯爵家族所有。后者也想将它拍卖，不过

162

在赞助商和文化机构的出资下，这幅画最后以 800 万欧元的价格被州政府提前拍得。弗赖堡历史学家迪特尔·默滕斯（Dieter Mertens）首先站出来理直气壮地向政府发问："究竟谁才会买下本就属于自己的画？君特·欧廷格就这么挥霍了 800 万欧元。"事实证明，君特·欧廷格所筹划的"艺术品采购"行为荒谬无比，是一出名副其实的"闹剧"，因为这幅画在 1930年就已经归州政府所有了。

163

在 1688 年普法尔茨继承战争期间，为了避免法国人即将进行的掠夺，一批画作被从杜尔拉赫（Durlach）安全转移到了巴塞尔（Basel），这幅《边境伯爵油画版画》首次名列这批画作的清单之中。一年以后，位于杜尔拉赫的巴登边境伯爵官邸被付之一炬，更加突显了这一决定的明智。一个世纪以后，这幅画才被重新送回巴登，后于 1789 年被陈列在位于卡尔斯鲁厄的巴登边境伯爵画廊。19 世纪初，这幅画被送给巴登 - 巴登（Baden-Baden）的里希滕塔尔修道院（Kloster Lichtenthal）使用了几年，它作为装饰被挂在了"王公祈祷室（Fürstenkapelle）"的祭坛上。不过巴登大公利奥波德（Leopold）于 1833 年命人制作了一个复制品，后将原件送回了卡尔斯鲁厄。

在巴登大公国君主统治结束后，新成立的巴登共和国同巴登大公家族于 1919 年签订了一个赔偿协议。其中对当时存放于卡尔斯鲁厄艺术馆、属于巴登大公私人财产的绘画作了特别规定：共 549 幅画作仍归巴登大公家族所有，不过后者表示，只要不强迫他们卖掉这些画，他们反对巴登政府一直让艺术馆承担对其的管理费用。画作只能在紧急状况下才能被出售，巴登政府则拥有优先购买权。

1928 年，最后一任且无子嗣的巴登大公腓特烈二世（Friedrich II）在遗嘱中宣布，在他去世后，巴登大公家族的艺术品和书籍收藏将不归巴登边境伯爵在萨勒姆地区（Salem）的族系所有，而由他的妻子希尔达（Hilda）继承。遗嘱还承诺公开宣布希尔达对这些收藏的所有权，且规定只能在紧急状况下方能将它们出售。在希尔达去世后，应将它们捐献给某个慈善机构。

然而，当巴登大公家族收到的 800 万帝国马克赔偿款因德国 1923 年发生的恶性通货膨胀而贬值时，以上两份文件中提到的"紧急状况"在腓特烈二世仍在世时就已经出现了。和其他曾经有过统治权的统治家族一样，巴登大公家族向巴登政府提出"增值"要求，以弥补他们因此蒙受的损失。当时的巴登政府并没有答应这一要求，不过很快就想出了一个解决办法：政府一次性买下巴登大公家族收藏的全部油画和铜版画，同时通过加价的方式满足其提出的"增值"要求。对此的商谈在腓特烈二世在世时就已经开始了，不过直到他于 1928 年去世仍没有谈出结果。

此后与巴登政府继续谈判的实际上是大公遗孀希尔达的法定代表，为了满足巴登大公家族提出的全部补偿要求，萨勒姆地区的巴登边境伯爵族系也被牵扯进来，作为亲属的道格拉斯－朗根施泰因伯爵（Graf Douglas-Langenstein）被委任为家族一方的谈判代表。由于在此期间须尽快对大公的遗产进行管理，迫于时间的压力，巴登大公家族不得不选择向银行贷款，以维持大公在 1919 年以协议形式承诺的符合大公家族地位的生活水平，尤其用于向家族的 130 名雇员支付薪水和退休金。

在谈判过程中，大公家族一方首先提出，将包含这幅《边境伯爵油画版画》在内的家族成员画像从待售画作中排除。艺术馆一方则以这幅画对其馆藏具有重大意义为由拒绝了这一提议。时任巴登共和国内政部部长的亚当·雷梅勒（Adam Remmele）对艺术馆的反对理由表示赞同，并坚持将这幅画连同其他 6 幅类似的画作纳入谈判。当时的总统约瑟夫·施米特

164

（Josef Schmitt）也支持这样的做法，他认为最终与巴登大公家族达成的补偿协议对巴登政府有利，此外弥补巴登政府之前在文化上可能造成的损失也是一个可以提出的正当理由：巴登政府曾经大批量出售过从 1831 年开始就向公众开放且与巴登历史休戚相关的艺术品收藏。

经过无数次会谈后，巴登政府逐渐与巴登大公家族达成了一致，不过关于是否要将家族成员画像，特别是这幅《边境伯爵油画版画》一同出售的问题最终也没有得到解决。此外巴登大公家族还抛出一种论调，即这幅《边境伯爵油画版画》是从里希滕塔尔修道院的"王公祈祷室"送回卡尔斯鲁厄的，这说明它与整个大公家族的联系非常紧密，以至于它无论如何也不能被舍弃。事实上，这幅画在修道院仅出现了非常短的时间，尽管如此，"王公祈祷室"还是突然间成了这幅画的原始目的地。

1930 年 2 月 18 日，雷梅勒和道格拉斯伯爵共同参观了卡尔斯鲁厄艺术馆，在看过这幅《边境伯爵油画版画》之后，道格拉斯伯爵明显作出了让步。当天下午边境伯爵贝特霍尔德（Berthold）就发函给巴登政府，表示为了国家的利益正式放弃对这幅画的所有权。三天后，谈判双方最终达成协议。4 月 1 日，国民议会通过了巴登政府向巴登大公家族购买画作的法案，并于 4 月 14 日颁布，4 月 17 日印发。法案首先确定了待售艺术品的所有者从巴登大公夫人希尔达变更为巴登政府，其次认定了通过双方签订的协议，巴登大公家族提出的所有"增值"要求都由此得到了满足。此举让巴登政府达到了一箭双雕的目的：一是厘清了与昔日统治家族的关系，二是为卡尔斯鲁厄艺术馆"救下"了这幅《边境伯爵油画版画》。

然而，当这幅画作为巴登大公家族的财产于 2004 年出现在以贵族私人艺术收藏为主题的慕尼黑"德国的宝库（Schatzhäuser Deutschlands）"展览上时，人们显然已经忘记了事实是怎样的。经过历史学家迪特尔·默滕斯的一番调查，真相再次浮出了水面，巴登－符腾堡州政府因此避免了陷入真正的大丑闻，而且还省下了一大笔冤枉钱。2007 年，更多"巴登大公家族的骗局"（原文刊登于《法兰克福汇报》2007 年 3 月 10 日第 59 期）被曝光，其中包括巴登大公家族曾在 1995 年出售当时已不属于家族财产的艺术品。

*

在追溯所有权问题上的争执不像这件事一样总能得出清晰明了的结果。因此，追查在纳粹统治时期的德国被非法侵占的艺术品来源就显得更为重要。纵然这项工作在德国开始得太晚且进展得太慢，不过对艺术品的系统调查从 2008 年前后已经展开，进而在那之后成为一项理所应当进行的工作。在世界犹太人大会（World Jewish Congress）主席罗纳德·S. 劳德（Ronald S. Lauder）的不断要求下，归还非法侵占的艺术品成为掠夺者在法律上和道德上应尽的义务。此外，还必须让艺术品最终摆脱"第二次世界大战最后一批战俘"的角色。对艺术品来源的追查不仅限于1933 ~ 1945 年，还必须作为所有博物馆的工作，以及部分档案馆和图书馆工作的完整组成部分被长期开展；不仅要对现有藏品进行追溯性调查，还要在新进藏品和协调谈判中进行主动性调查。如果说博物馆和展览是历史的橱窗，那么藏品和档案就是历史的良心。倘若获取知识的过程要以牺牲良心为代价，那么像卡尔斯鲁厄因这幅《边境伯爵油画版画》而引发的闹剧便很容易再次上演。

啤酒

—

从饮用水的
替代品到
经久不衰的
大众饮料

Bier – vom Wasserersatz zum
Volks - und Kultgetränk

026

《啤酒纯净法

宁要啤酒不要水——这只是出于健康的考虑:《啤酒纯净法》可能是世界上最古老的食品安全法规。

das selbo den pfarren in unsem lannde nit gestatt werden
sol/ausgnomen was die pfarrer vnd gaystlichen von aigen
neuen gewachssen habiñ/vnd für sich/ze pfarrgesellen/priesterschafft vnd haußgesind/auch in der not den landsklenttern/
vnd frawen leütten/vmbuillich geben/das mag jne gestatt
werden. Doch gemiltlicher weis/von schennck han vnd gewins wegen/sollen sy frawen wein einlegen.

Wie das Pier summer vnd winter auff im lannd sol geschennckt gepauwen werdan.

Item Wir ordnen/setzen/vnd wöllen/mit Rathe vnser
Lanndtschafft/das füran allennthalben in dem Fürstenthumb Bayrñ/auf dem lannde/auch in vnsern Stettñ vnd
Marckten/da deßhalb biennet kain sondere ordnung ist/
von Michaelis biß auff Georij/ain maß oder ain kopf piers
über ainen pfenning münder werung. Vnd von sant Jörgen tag/biß auff Michaelis/die maß über zwen pfenning
derselben werung/vnd berennden der kopf ist/über drey
haller/bey nachgesetzter Pene/nicht gegeben noch auff ge-
schennckht sol werden. Wo auch ainer im Merzñ/oder
der annder Piet pauwen/oder sonst habñ würde/sol Er
doch das/kaine wegs höher/dañ die maß vmb ainen pfen-
ning schennckhen/vnd verkauffen. Wir wöllen auch son-
derlichen/das füran allennthalben in vnsern Stettñ Märck-
ten/vnd auf dem Lannde/zu kainem Pier/mer stuckh/
dann allain Gersten/hopffen/vnd wasser/gnomen vnd
gepraucht sölle werden. Welher aber dise vnnser ordnung
wissennlich überfarn/vnd nit halten würde/dem sol von
seiner gerichtsoberkait/dasselbig vas pier/zestraff vnnach-
läßlich/so offt es geschiehe/gnomen werden. Jedoch wo
ain Gewurt von ainem Pieprewen in vnsern Stettñ
Märckten/oder auf im lande/zozeyten ainen Emer piers

167

　　每个喝啤酒的人恐怕都读过，至少是听说过这个法案。《啤酒纯净法》（Reinheitsgebot）的简介中写道："冬夏两季，啤酒是这样酿造出来的。"然后，《啤酒纯净法》规定了夏天每"杯（Maß）"①啤酒的最高价格为 1 芬尼（Pfennig），冬天为 2 芬尼。在酿造过程中，下发酵啤酒需要更低的温度，一般来说原麦汁浓度越高，产生的酒精度也就越高，只要在阴凉的地窖里保存得当，便能存上一段时间。相较而言，夏天酿制的啤酒比较容易酸败，最好赶紧卖出去，在当时那个年代，酿酒有时还会遭到禁止。此后，出现了"最负盛名，而且可能是唯一名留青史的 1516 年地方法案"［弗朗茨（Franz）语］，"它的篇幅近 150 页"，直到 470 年后，这部法案才有了自己的名字——《巴伐利亚第 11 号法案》（11. Gebot der Bayern）。它"既是法律，也是神圣的信条"："我们也特别要求，在我们的城市、市集和乡村中，任何含有除大麦、啤酒花以及水之外其他成分的啤酒，既不允许喝也不允许酿。"（弗朗茨语）紧接着是威胁处罚的内容，一经违反"即毫不手软地进行处罚"。

　　这部 1516 年颁发的法案是世界上第一部关于食品的法规性文件，而且至今仍旧有效。在啤酒瓶的标签上，通常标注着"按照 1516 年《啤酒纯净法》酿造"的字样，而啤酒厂当然也乐于将德国啤酒酿造的悠久历史当作自己的金字招牌。当时，这部国家法规以对开本方式印刷，一共有 90 页。1516 年，又用羊皮纸印制了经过修订并赋予法律效力的版本，一共 3 份。扉页上用红色木刻字写着"此书是上巴伐利亚和下巴伐利亚公爵统治下国家所用法律、规定、条款的合集……"下面的黑色木刻画上描绘了"顽强者"威廉四世（Wilhelm IV, der Standhafte）和路德维希十世（Ludwig

---

① 容积约为 1.069 升，但在现代概念中已统一为 1 升。

Ⅹ）两位公爵身披铠甲共同举着巴伐利亚纹章的形象。兄弟两人分配了手中的权力，并分别统治慕尼黑和兰茨胡特（Landshut）。

《啤酒纯净法》颁布实施之时，正值 1504 ~ 1505 年兰茨胡特王位继承战争结束之后，巴伐利亚公国从中世纪晚期四分五裂的状态重归统一。不同的地方法规必须统一成新的公国法律，内容也要和新的形势相适应。1516 年 4 月 23 日，英戈尔施塔特（Ingolstadt）市议会颁布了这项法案，它对先前的地方规定作了统一调整，充实内容并彻底变成了"一种先驱式的法律文件形式"（弗朗茨语）。在公国体制下颁布有关酿造和价格的规定的推动力并非来自当时执政的两位公爵，而是来自城里的议员。

至于"纯净法案"这个概念，其实最早出现在 1918 年 3 月 4 日巴伐利亚州议会的一份会议纪要中。寻找这部法案原件的行动则于 1959 年才开始进行。在此之前，酿造者参考的大多是 18 世纪末印制的新近版本，他们显然认为《啤酒纯净法》是"一种理所应当的存在"，因此并没有必要去寻找最初的一版——这是啤酒酿造这个传统行业忘却自身发展历史的一个令人惊讶的证据。更让人感到窘迫的是，发起寻找初版行动的是家美国啤酒厂，它 1959 年时想要得到"纯净法案"初版的一份影印件。美国人无功而返，因为 1961 年人们尽管"发掘"出了这个初始文件，却没有给美国人复印一份，原因是这样一份用作广告的影印件会让巴伐利亚的啤酒酿造传统及其统治地位"蒙羞"。巴伐利亚啤酒酿造联合会（Bayerische Brauerbund）甚至将"纯净法案"的"元年"称为"巴伐利亚的一项特权"，根据 1958 年联邦法院的一份判决，啤酒这个概念在巴伐利亚州"同'纯净法案'有着直接而紧密的联系"。[引自施贝克勒（Speckle）]

毫无疑问的是，1516 年《啤酒纯净法》本身是一个长期被人遗忘，或者说被人忽略的传统：因为 1516 年出台的法案同 1487 年慕尼黑颁布的一项规定很类似，后者也提到"大麦、啤酒花和水"，1493 年兰茨胡特颁布的法案更是明确标明啤酒的成分应为"麦芽、啤酒花和水"。此类规定的历史还要往前追溯很久，而多数规定旨在当发生纠纷时，能够保证啤酒的质量。1447 年慕尼黑市议会就曾颁布过这样的规定，而在更早的 1363 年，慕尼黑就已经建立了啤酒质量的监督组织。1434 年，图林根地区的维森塞（Weißensee）也颁布过类似的规定，1293 年在纽伦堡，1143 年在奥格斯堡（Augsburg），都有生产劣质啤酒就要受罚的说法。1156 年，这样的规定甚至已经写入了奥格斯堡的城市法中。酿造权问题首次有记载是在 974 年，当时神圣罗马帝国皇帝奥托二世就曾在列日（Lüttich，位于今比利时境内）的教堂中向他人授予过啤酒的酿造权——中世纪时，这是领主或君主们优先享有的一种权利。查理大帝在位期间，就曾经在宴会上享用过啤酒。

如果追溯和现代啤酒相类似饮料的历史，那可是非常久远。在西亚幼发拉底河与底格里斯河流域，人们发掘出的考古遗迹显示，啤酒早在公元前 5000 年就已经成为当地普通人的饮料了。公元前 3000 年，苏美尔人用楔形文字在"书籍"上记录了国有粮仓向酿造作坊运送谷物的情况，其中还叙述了啤酒的种类和生产方法。公元前 1700 年的巴比伦《汉谟拉比法典》（Codex Hammurabi）记载着历史上最早关于出售啤酒的规定、配方以及相应的惩罚措施。《塔西佗历史》（Tacitus' Bericht）中有记载称，日耳曼人喜欢喝一种不明所以，但和葡萄酒酿造相似的"由大麦或者小麦产出的汁液（ex hordeo aut frumento）"，而且经常喝多。

如果普通人家自己酿造啤酒，他们一般会选用手头现有的原料，不管是大麦、燕麦、黑麦甚至扁豆都可以。他们用原料制成面包，再做成酒浆，经过煮沸、糖化后让其发酵。制成的饮料就倒在壶里，然后拿到田间地头于工间饮用。这样酿成的啤酒酒精度其实很低，就算小孩喝也没有任何问题；人们当时还常把这种啤酒煮成汤做成早餐。说起中世纪啤酒酿造业的真正实践者，还要数各个修道院，它们拥有酿造啤酒所必需的地窖。修道院酿出来的啤酒度数其实也不高，除了用来出售，也要满足修士们自己的需要。一个辛勤工作的成年人，一天可能要喝上 5 升啤酒才行。按照当今啤酒酿造师们的说法，那时候的啤酒是"不凉、没加啤酒花、没有碳酸也没有泡沫、甜甜的但是酒精含量很低且浑浊不透明像菜汤一样的饮料"。

啤酒在当时不仅是常受细菌污染的饮用水的最好替代品，同时还解渴、饱腹、能够治病甚至给人带来迷醉的快乐。随着人口增长，啤酒的需求量也越来越大，有关酿造原料或者啤酒价格的矛盾时有发生，尤其是面包师和酿酒师对谷物的争夺最为激烈。而如果啤酒酿造师不光"富有实验精神"，还冒险将各种各样的草药拿来酿酒，那结果很可能会得到一些十分危险的混合物。在纽伦堡，一个酿酒师因为乱用原料而遭到"把自己酿出来的东西喝完为止"的处罚。巴伐利亚州的一块墓碑则向后人继续描述它那位酿酒师主人狼藉的声名："贝特，一位漫游者，三篇主祷文，而这下头躺着一个让人生气的、把啤酒弄得一团糟的人。"

要落实 1516 年的《啤酒纯净法》，就不断需要新的领主及城市级别的法令与之相配合，内容包括质量、价格以及监督，另外还有关于培训和营业许可方面的问题，当然，财务方面也不可或缺。从 13 世纪起，城市里就开始对一些生活必需品征收某种形式的消费税，征税的对象包括谷物、葡萄酒、啤酒、肉类和盐。其中，啤酒税首次见诸文献是在 1220 年。

在不同地区之间，来自德意志北部的啤酒长期占据着主导地位，比如其中著名的艾因贝克的烈性啤酒（Einbecker Bockbier），维特尔斯巴赫家族（Wittelsbacher）甚至在 16 世纪中叶将它卖到了慕尼黑。汉堡在 1500 年前后成了"汉萨同盟的啤酒厂"，甚至有一种观点认为，德意志中

170

部的啤酒酿造技术对 1516 年的《啤酒纯净法》产生了影响。[伊尔西格勒
（Irsigler）语，引自施贝克勒] 至少可以肯定的是，1950 年代巴伐利亚啤
酒酿造联合会的专家所宣称的，即《啤酒纯净法》将巴伐利亚变成啤酒王
国的说法并不准确。维特尔斯巴赫家族所钟爱的小麦啤酒本身就违反了它
自己颁布的"纯净法案"，毋庸多言，在啤酒中用小麦代替大麦的行为是
要给国家交罚款的。三十年战争期间，德意志北部的啤酒酿造工艺逐渐没
落，巴伐利亚直到 19 世纪才真正成为"啤酒王国（Bierland）"。随着世
俗化进程的推进以及修道院体制的解体，啤酒的酿造权被收归国有，国家
得以实施再分配，或者直接建立国有啤酒厂，因此到 20 世纪初，维因施特
凡（Weihenstephan，位于慕尼黑北部的弗赖辛）方成为"酿造技艺的圣
地（Mekka der Braukunst）"。

　　直到 19 世纪，人们在酿造啤酒的过程中仍然缺乏生物化学的相关科
学知识，这常常导致酿造失败或者啤酒酸败，直到路易·巴斯德（Louis
Pasteur）在 1870 年代发现了酵母微生物的存在，啤酒发酵过程中一直
使用的、存在于空气中的野生酵母才由人工酵母取代。因而酵母在当时从
未被当作啤酒酿制过程中的特殊成分，也就从未被单独提到过。此外，卡
尔·林德（Carl Linde）发明的冷冻机（1877）让啤酒酿造业的工业化发
展进程得以不断推进，还特别使批量酿制啤酒并保持相同质量水准的愿望
成为现实。

　　从 1871 年德意志帝国成立到 1906 年，德国关于啤酒生产的法规是同
啤酒税法合并存在并执行的。它实际上针对的是当时从英国进口的啤酒。
此外，为了让《啤酒纯净法》在德国全境都具有法律效力，巴伐利亚还以
此作为自己归属魏玛共和国的一个条件。

　　1950 年代，巴伐利亚啤酒酿造联合会打出了一波强力广告攻势，让

171

"啤酒纯净法"的概念在整个德国深入人心。首先是提出了"巴伐利亚啤酒纯净法"的称谓，进入 1980 年代又改成了"德国啤酒纯净法"，并强调它"已经有将近 500 年的历史"。在酿造联合会的倡议和各方的共同作用下，联邦德国政府对其他欧洲国家发动了三十多年的"啤酒战争"，不允许个人和国家以"德国啤酒纯净法"为名向德国出口啤酒。特别是在 1980 年代，外国啤酒甚至被贴上"化学啤酒（Chemiebier）"的标签。即使德国境内不同地方的啤酒酿造业者所关切的利益各不相同，甚至相互对立，他们对外来啤酒的进口以及对欧洲共同体（1992 年起改为欧盟）的态度却是坚决的一致对外。当这场纠纷达到顶峰时，重要的已不是 1516 年《啤酒纯净法》的本来内容，而是对此大加宣传，好让"啤酒纯净法"的概念及其悠久的历史变得人尽皆知。

这场"战争"以德国人的胜利而告终：欧盟委员会于 1997 年允许将啤酒作为"具有历史传统的食品"并加以保护，当时只有德国啤酒获此殊荣。可是，对 1516 年《啤酒纯净法》的"信仰"越坚决，绕过它另寻他途的人也就越多。此后，不论是啤酒的酿造技术还是用来酿造啤酒的原料又都有了长足的进展。而且德国啤酒酿造工业所面临的形势也发生了天翻地覆的变化。德国尽管仍是世界上人均消耗啤酒数量第二多的国家——仅次于捷克——其人均消费量却在过去的三十年中下降了 50% 以上，剩下的部分还有不少是含有其他各种成分的啤酒混合饮料。在急速发展的全球化进程中，德国这个"啤酒国（Biernation）"的酿造者们已经算不上国际啤酒行业内举足轻重的角色了，唯有《啤酒纯净法》仍在坚守着神话一般的地位。

早期资本主义

中的

贸易

Handel im Frühkapitalismus

027

在"金色账房"

样貌明显已超过 70 岁的雅各布·富格尔和才 20 岁出头的马托伊斯·施瓦茨正就翻开的总账本进行交谈。

173　　　这幅图展现了德国 16 世纪初商业活动的主要场景：奥格斯堡商人马托伊斯·施瓦茨（Matthäus Schwarz，1497～1574）正在向一本账簿中登记一笔款项，他身前的桌子上还摆着两本书；站在他面前的是比他年长 38 岁、被称为"富人"的老雇主雅各布·富格尔（Jakob Fugger，1459～1525）。图片的背景是一个由许多抽屉组成的信件柜，每一个抽屉都贴有一个标着城市名的牌子，富格尔的家族企业在罗马、威尼斯、布达佩斯（德语写作"Ofen"）、克拉科夫（Krakau）、米兰、因斯布鲁克（Innsbruck）、纽伦堡、安特卫普（德语写作"Antorff"）、里斯本以及其他许多城市都设有分支机构，而所有这些分支机构都与总部有着密切的书信往来。

　　　以上的场景发生在奥格斯堡的"金色账房"中，它是富格尔家族企业的总账房所在地。通过图片上方的文字我们可以了解到，施瓦茨于 1516 年 10 月来找富格尔，也许他刚刚结束试用期，并在 1517 年 1 月正式成为富格尔家族企业的簿计。

　　　对于当时刚过 20 岁的马托伊斯·施瓦茨来说，富格尔家族企业从各个方面看都是一个理想的工作场所。马托伊斯·施瓦茨是一名葡萄酒商的儿子，在奥格斯堡度过了童年之后，于 1514 年被父亲送到米兰、热那亚和威尼斯，他在这些地方学会了复式簿记法。当时的意大利正处在文艺复兴时期，在经济上也是阿尔卑斯山以北各欧洲国家学习的典范。无现金的汇兑业务和其他意大利人发明的新兴事物，例如我们今天仍在使用的账户、往来账户、贴水、抵押贷款等概念被各国纷纷仿效。马托伊斯·施瓦茨在米兰学到了在那个时代经商所必需的最顶尖的知识，这为他日后在奥格斯堡事业上的成功奠定了基础。在供职富格尔家族企业后不久，施瓦茨就编写了一本商业教材——《三式记账法》（*Dreierley Buchhaltung*，1518 年写成，1550 年出版）——并长期担任富格尔家族企业的总簿计师（相当于商行的授权签字人），此外他还对企业内部惯行的许多重要做法进行了书面总结，因此获得了很高的声望。

马托伊斯·施瓦茨曾在 1519 年着手撰写一本名为《世界之道》（*Der wellt lauff*）的自传，不过可惜后来没有流传下来，而这幅图的绘制就是出于为其制作一系列插画的考虑。这本书一共包含了 137 个人物小画像，是画家纳尔崔斯·雷纳尔（Narziß Renner）、克里斯托夫·安贝格尔（Christoph Amberger）和耶雷米亚斯·舍梅勒（Jeremias Schemel）受马托伊斯·施瓦茨之托创作的水彩画，图画的注释则由施瓦茨手写而成。他的儿子韦特·康拉德·施瓦茨（Veit Konrad Schwarz，1541 ～ 1587 / 1588）之后又向这本图文并茂的历史书中添加了 41 幅插图，在那之后就交付出版了。这本书经常被冠以《民族服饰大全》（*Trachtenbücher*）这个令人感到困惑的名字，其实它的内容和民族服饰没有一点关系，而更像是一本"服装传记"。马托伊斯·施瓦茨本人特别痴迷漂亮的服装，因此这本书中的所有插图都体现了他个人的特色和喜好。

富格尔家族在奥格斯堡的历史可以追溯到 1367 年，当时一个名叫汉斯·富格尔（Hans Fugger）的年轻亚麻纺织工匠第一次踏足这座雄心勃勃的帝国城市。他的家乡位于莱希费尔德（Lechfeld）的格拉本（Graben），从那里到奥格斯堡用不了一天。在去奥格斯堡之前，汉斯·富格尔的手艺在家乡已有了一定的影响力，尽管后来的传说倾向于他是白手起家，然而事实并非如此：为了让自己尽快跻身市民阶层有名望人士的行列，他使用了必要的手段。当时的奥格斯堡已成为高地德语区内一个重要的纺织品生产中心，尤以棉和亚麻混织的条纹布为主要经营产品，纺织行会也是当地最受人尊敬的行会之一。1368 年，也就是汉斯·富格尔到奥格

174

斯堡仅一年后，奥格斯堡的城市行会就在反抗城市新贵的统治中取得了胜利，实际上接管了城市的统治权，纺织工匠在这次暴动中充当了发言人的角色。汉斯·富格尔的两任妻子都是行会师傅的女儿，他借此获得了市民权利，很快也当上了行会师傅。得益于这次城市政权更迭，他进而成了城市议员。

奥格斯堡不仅是一个手工业城市，还因地理位置处在连接欧洲北部两个经济中心佛兰德和布拉班特（Brabant）与意大利最重要的一条贸易路线上，而成了当时的一个主要贸易城市。从那以后，汉斯·富格尔的后代们渐渐分成两大族系也就不足为奇了。除了继续从事已有一定影响力的手工业行当之外，富格尔家族的另一个分支还在当地经营着生意不错的贸易行，不仅用赚来的钱在郊区置了地，还被当时的神圣罗马帝国皇帝腓特烈三世（Friedrich III）授予了代表贵族阶层的纹章。

根据纹章上的称号，这个成功的富格尔家族分支叫作"百合花的富格尔（Fugger von der Lilie）"。他们的崛起始于 1473 年皇帝腓特烈三世对奥格斯堡的访问。皇帝当时经由奥格斯堡前往特里尔拜访勃艮第公爵大胆的查理（Herzog Karl der Kühne von Burgund），以共同促成皇子马克西米利安（Maximilian）与公爵之女玛丽（Maria）的婚事。查理只有一个女儿，这无异于将从佛兰德到第戎（Dijon）的广大且富有的勃艮第继承领地拱手送给了哈布斯堡家族。不过当时的哈布斯堡家族不仅没钱，还负债累累，为了在这次会面中展现相称的财力，皇帝腓特烈三世不得不紧急借款。提供应急款的正是"百合花的富格尔"家族企业当时的负责人，即汉斯·富格尔的孙子乌尔里希·富格尔（Ulrich Fugger）。他也许根本没指望这笔钱能如数归还，他期望的是借此与皇室攀上关系，并从中获利。事实证明这个愿望变成了现实。尽管奥地利人缺钱，然而他们坐拥大片广阔的地产，作为对富格尔家族的酬谢，他们允许富格尔家族开采属于自己的位于特里尔的银矿、汞矿和铜矿，同时在贵金属贸易方面也给予富格尔家族相应特权。富格尔家族"企业"因此发展成为一个"国际大集团"，除了从事纺织品生产以外，还经营采矿、贸易和银行等业务。在从中世纪商人向近代早期现代经营主的转变过程中，富格尔家族的心态也逐渐膨胀，为了继续扩张商业版图和开拓新的经营业务，他们将获得的利润不断地再投资。家族的分支之一还密切地参与了同葡萄牙王室的香料贸易。

当雅各布·富格尔于 1479 年从威尼斯学成回到奥格斯堡，开始参与家族企业的经营时，这种扩张才刚刚开始。在雅各布的领导下，家族企业的发展达到了顶峰。不过起初掌管大权的是他的两个哥哥乌尔里希（Ulrich）和格奥尔格（Georg）。几年后，也就是在 1485 年，26 岁的雅各布在奥格斯堡的富格尔家族企业"总部"获得了他人生中第一个责任重大的职位：因斯布鲁克"分部（Faktorei）"的主管。因斯布鲁克是蒂罗尔公爵西吉斯蒙德（Herzog Siegmund von Tirol）的官邸所在地。这位挥霍无度的王公经常陷于手头窘迫的状况，对此富格尔家族总是拿出大笔资金予以资助。作为回报他们获得了位于因河河谷且矿藏丰富的银矿开采份额。欧洲当时正处在蓬勃向上的发展阶段，对贵金属的需求日益增多。为了满足市场需求，必须提高开采量。矿山的坑道越挖越深，技术革新也愈发显得必要，而大多数蒂罗尔企业主缺乏足够的资金。富格尔家族在这时顶了上去，迅速地扩大了自身的影响力。

1490 年，尽管有贷款，西吉斯蒙德欠下的债务依然达到了天文数字，迫于享有特权的议会代表的压力不得不退位。他的继任者是马克西米利安（1508 年后成为神圣罗马帝国皇帝），后者将西吉斯蒙德的债务转嫁到了富格尔家族头上。由此，值得注意的与这位哈布斯堡皇室成员共生的一个现

176

象出现了：富格尔家族给予他经济上的资助，他则在政治上为富格尔家族保驾护航。由于马克西米利安所需的资金数额庞大，远远超过富格尔家族本身的经济实力，因此后者不可避免地要不断寻求新的赚钱门道。其中之一就是继续拓宽矿业方面的生意——通过成立匈牙利铜矿的开采企业成为投资者，进而作为幕后"隐秘的合作伙伴"坐收渔翁之利。不过和蒂罗尔的各矿山相比，匈牙利的开采区距离贸易路线非常远，在雅各布·富格尔的大力促成下，当地修建了全新的通商路线和驿站，以便将从匈牙利开采的铜矿运送往欧洲市场。

神圣罗马帝国皇帝马克西米利安一世（Maximilian I）于 1519 年去世，富格尔家族拥戴他的孙子西班牙国王卡洛斯一世（Carlos I）为下一任皇帝。为了赢得各选帝侯的选票，卡洛斯一世需要花费 85 万古尔登（Gulden），其中约三分之二由富格尔家族承担。由此，卡洛斯一世成为神圣罗马帝国的新皇查理五世（Karl V）之后，就与富格尔家族建立了紧密的联系，同时为他们的家族企业开拓了西班牙的市场，使其得以从事西班牙海外殖民地的进口商品贸易。

在雅各布·富格尔于 1525 年去世后，他的侄子安东（Anton）接管了家族企业。尽管他仍将企业经营得不错，不过还是被迫削减了个别业务，并降低了业务量。在 1570 年代发生的经济危机中，大批贸易商行因此倒闭关张，在他的继任们领导下的富格尔家族企业也受到了波及。尽管最后挺了过来，但元气大伤的富格尔家族辉煌不再。此外也发生了心态上的转变：之后的富格尔家族成员对贸易的兴趣不如对贵族生活方式的兴趣大，他们对教育、艺术和慈善事业倾注了更多的精力，仍然可观的家产对此也给了他们强有力的支持。

177

*

　　尽管富格尔家族的形象仍被后世的人们打上了成功的生意人标签，然而其中也掺杂着矛盾的成分：一方面，于 1509 ~ 1512 年兴建的福利住宅区"富格尔之家（Fuggerei）"为世人称赞；另一方面，迄今为止在南德人民的口中，"富格尔"仍然是游走在法律边缘经商的代名词。不过富格尔家族对艺术和科学的进步也作出了巨大的贡献，除了留下了不少科学方面的遗产，他们身后的文化遗产在现如今也愈发受到人们的重视。

　　尽管流传下来的施瓦茨版《民族服饰大全》与富格尔家族后来的声誉并没有什么关系，不伦瑞克公爵奥古斯特二世（Herzog August der Jüngere von Braunschweig）仍在 1658 年将其作为珍品收入了自己的图书馆。1704 年，汉诺威女选帝侯索菲（Kurfürstin Sophie von Hannover）借出了马托伊斯·施瓦茨的版本，并令人制作了两个副本（现存于汉诺威和巴黎）。人们在 19 世纪就已经认识到它们对于欧洲服饰史的价值，不过主要认为它们体现了浮华无度的时髦。直到 1963 年重编的完整版才给出了另一种解释，而且新近的研究也表明，马托伊斯·施瓦茨绝不是个"时髦狂"，而是一个对时尚具有敏锐嗅觉的人。所以他才会在回到奥格斯堡之后，脱下在意大利期间经常穿的、具有西班牙风格的外套，而过了几年，在奥格斯堡兴起这股时尚潮流后又重新将它穿上。回到奥格斯堡之后，他还立即剃掉了此前在纽伦堡停留期间蓄的胡子，因为当时的奥格斯堡人不时兴留胡子。施瓦茨总是随机应变，这一特点也与富格尔家族企业授权签字人的职位非常契合，毕竟这个顺势而为的家族企业给当时欧洲早期资本主义的发展树立了一个全新的标杆。

农民战争和早期资产阶级革命

028

Bauernkrieg und frühbürgerliche Revolution

巴特弗兰肯豪森的
维纳尔·图布克全景画

战争仍围绕着托马斯·闵采尔激烈地进行着，然而他手中象征农民鞋运动的旗帜已经垂下——他也许心知肚明，战争的大势已去。

179

　　这幅画给人的第一印象不只是动人心魄：史无前例的全景式绘画，没有明显的起始，长 123 米，宽 14 米，面积达到了 1722 平方米。这是一幅来自 16 世纪的巨型油画，画面上共有 3000 多个人物，使用的颜色和表现形式丰富多样，无尽的画面好像在向人们讲述无尽的历史，现实和魔幻之间的界限仿佛也模糊不清。草图和三分之二的内容由维纳尔·图布克（Werner Tübke，1929～2004）一人创作完成，他在绘画过程中极度投入，历时十几年，以劳神和损害健康为代价完成了这一壮举。

　　图布克不仅是一位画家，还是一位历史爱好者，出于对他描绘对象的深深着迷和对史实的长期了解，他实现了可视化地"将历史与多个事件结合起来"的艺术目标：他想要描绘的并不是一幅在思想上具有阐释和教育意义的革命画卷，而是一幅用隐喻来讲述、具有美学内在价值的时代全景画。图布克没有为"上面的"意思所左右，坚持了遵从内心的自由创作。

　　他一共花了 11 年的时间完成这件艺术作品，在他详细调查各类史料、深入探索不同的内容和题材之后，他画了一幅比例为 1∶10、宽达 12 米的草图，给 1981 年看到它的专家们留下了极为深刻的印象。不过，这幅草图的反响却趋于严重的两极分化，有的大加赞赏，有的则彻底否定，持后一种观点的主要来自西德：或许冷战导致的"侮辱性批评"不绝于耳——有的人认为这幅草图"彻头彻尾地体现了麻木的历史观"，有的人认为它是在"胡编乱造"，还有的人认为它是"偏执狂式的时代错位"。

　　1983～1987 年主要进行的工作，是将这幅尺寸超常的草图以精确的尺寸一笔一画地转画到同样巨大的油画画布上，这无疑是一个巨大的挑战。为此图布克一天工作 10 小时成了家常便饭，在 14 米高的画布前长期作画让他的手臂过度劳损。1987 年 10 月 16 日，图布克终于得以在完成的作品上署名。戈洛·曼（Golo Mann）在即将开幕的展览前观赏了这幅画作，

180

并以一名观众的名义在留言簿上写下了评语，"大开眼界、惊叹不已"。

这幅画作共分为五大主题，全景式的绘图方式并没有设置固定的观看顺序，观看者从任意一点看起都可以一览整个时代：现实和隐喻的场景、群体人像、既有在宗教改革和战争现场角力的"大人物"又有不起眼的"小人物"、人文主义改革和对教会制度的抨击、宗教和经济，等等。观看者可以看到文艺复兴时期的风景画和充满喻义的场面，例如最后的审判等。此外还画有当时著名的领袖人物画像，以及反映当时农民沉重和愉快心情的日常生活场景。除了对现实社会等级、瘟疫、处刑和庆祝场面进行刻画之外，图布克还描绘了更具象征意义的代表巫术、魔鬼创造物、愚昧和梦境符号的场景。在这幅时代画卷上，各种反差强烈、有启发意义的元素猝不及防地碰撞在一起，相互呼应，激发了观看者对站在臆想的画面中心，大难临头却若有所思的托马斯·闵采尔（Thomas Müntzer）的无限遐想。

15 世纪末以后，乡村贵族和农民之间出现了无法调和的矛盾，1524 年在黑森林的东南边爆发了一场大型农民战争，上施瓦本地区（Oberschwaben）直至米尔豪森地区（Mühlhausen）都受到了波及，这场农民战争以 1525 年发生在弗兰肯豪森（Frankenhausen）的戏剧性决战告终。① 这场会战受到了后来民主德国领导层的重视，这幅有纪念意义的油画巨作正是受后者的委托创作而成。图林根和沃格兰（Vogtland）的农民在弗兰肯豪森遭到了诸侯军队的屠杀，共有 6000 余人战死，他们的领袖和传教士托马斯·闵采尔被处死。至今人们仍将通往山间战场的路命名为"血槽（Blutrinne）"。马丁·路德关于宗教改革的雄辩激发了农民起

---

① "农民鞋运动（Bundschuhbewegung）"即是这场德意志农民战争中的农民组织，因旗帜上的农民鞋而得名。

来反抗的斗志，马丁·路德本人却在 1525 年大肆批评"成群结队的农民烧杀抢掠、嗜血成性"，慈运理（Zwingli）对农民的诉求至少还表示了部分认同。长期以来，两个基督教教派，特别是刚成立的新教教派认为，对于想要以"基督徒的自由"为中心的新教教徒来说，烧杀抢掠的行径是一种"失足"。

历史事件给了人们在艺术、文学和历史传记领域进行辩论的机会：阿尔布雷希特·丢勒在 1525 年为被屠杀的农民设计了一个纪念柱；美因茨总主教在 1526 年为了感激农民的牺牲为自己的城市捐建了一座喷泉；歌德在 1773 年创作的《铁手骑士葛兹·冯·伯利欣根》（*Götz von Berlichingen*）至今仍是颇具影响力的纪念剧作。从 1795 年开始，历史学家们将这场农民战争与法国革命联系起来。后来出任法兰克福国民大会代表的威廉·齐默尔曼（Wilhelm Zimmermann）在他于 1841 ~ 1843 年出版的《农民大战争史》（*Geschichte des großen Bauernkrieges*）一书中写道：这次事件是德意志农民反抗压迫的一场"战争"。他将农民的斗争与他所处时代围绕自由和民主进行的革命相提并论。哲学家弗里德里希·恩格斯认为，对于 19 世纪中叶的德国来说，这场农民战争是"德国人民最伟大的一次革命尝试"。他的战友卡尔·马克思认为，这次受压迫人民的起义代表着封建主义向资本主义的过渡，是"德国历史最残酷的事实"。

八十多年过后，农业史学家和纳粹党党员君特·弗朗茨（Günther Franz）在他至今仍备受推崇的科研成果中表示，农民战争的爆发"既不是主要出于经济原因，也不是出于宗教原因"，它更多是由封建领主挑起的。1960 年代的研究对此又有了新的阐述。按照恩格斯的说法，1476 ~ 1525 年间，在后来民主德国的区域内首先产生了"早期资产阶级革命"的纲领，然后才影响到了后来的联邦德国，马克思主义对民主德国的研究性纲领在联邦德国国内存在争议。不过彼得·布瑞克（Peter Blickle）也着重强调了这场农民战争的革命属性，并指出实际上参与这场战争的不只有农民，还有市民、矿工和大部分"平民（gemeine Mann）"。德意志农民战争爆发450周年之际，围绕这一主题开展的活动在两德都受到了极大的重视。

在这一背景下，维纳尔·图布克于1975年受民主德国文化部的委托，创作了这幅20世纪最宏伟的艺术作品。当时他已是国际知名的画家、大学教师、"民主德国的典范"和著名的"莱比锡画派（Leipziger Schule）"的代表人物，尤其以敢于挑战权威的思想而著称。他绝不会为了灌输意识形态而作画，他的艺术创作完全遵从内心的自由。

在委托图布克作画时，负责这个项目的东德政府官员本意并不是想要图布克描绘一场悲惨的会战（指"德意志农民战争"），而是想要图布克表现"德意志早期资产阶级革命"的时代图景，以此将闵采尔的历史影响力树立为信奉社会主义的民主德国的历史遗产，同时以发生在15～16世纪的经典战争为例阐述马克思主义的历史观。在美学表达上，东德政府官员要求图布克发挥艺术的现实主义作用，证明其可以将现代和传统有效结合，并以此大力抨击"空洞的形式主义"和"精神上的小花园"，而这两点恰好是图布克想要表达的思想。

东德政府提出的这两个要求让这幅画作无论在个体表现，还是在集体表现上都面临失败的风险。特别在民主德国之外的批评家看来，这种用全景式、尤其以巨幅画面体现思想上的怀旧是令人质疑的做法。1974～1975年，在这幅全景巨作的草图还没画出来时，民主德国的政治文化领导层就势在必行地下令建造为展示此画作而特别设计的全景博物馆。完成整个项目预计需要15年，这从历史回溯的眼光来看也许非常宏伟，然而实际上它只是提高了出丑的风险。

182

图布克的这幅时代画卷不是只用一两句话就能评价的，因为它将各种隐喻和细致入微的造型错综复杂又非常艺术性地混合在了一起。光是简单地了解这幅巨型史诗画卷的产生历史就足以说明，在艺术批评和政治领域，在东德和西德之间，图布克的"世纪形象（Jahrhundertbild）"从一开始就充满了非常激烈的对抗，同时他还成为制造对立的工具，为两德分裂的历史打下了烙印。

1989 年是宗教改革运动家和革命家托马斯·闵采尔诞辰 500 周年，官方也将这一年称为"托马斯·闵采尔年"，在这个时候将这幅全景画作为极具象征性的庆典献礼向公众展出，并非出于偶然。尽管民主德国的领导层在同年 9 月就开始为民主德国成立 50 周年庆典作准备，他们在巴特弗兰肯豪森（Bad Frankenhausen）最重要的庆典代表却缺席了，这完全出乎东德政府的意料。比起当时的东德政府，人们参与政治的意愿走得更远，他们愈发自信地为争取自由而示威游行。剧变早就开始了。

183

几乎没人预料到这种政治走向，图布克自己也不例外。东德转型后，图布克马上重申了他的艺术创作意图。纵然他在 1978 年已向西德的媒体代表特别强调："这幅画是对历史的记录，它被两极分化了，它淋漓尽致地展现了我们今天的现实、可能有的懈怠、无计划性以及相见恨晚抑或生不逢时的疑问……这幅画从它产生的第一天起就必须作为现代艺术的一部分来解读。"2014 年 9 月，位于弗兰肯豪森会战发生地的全景博物馆迎来了开馆 25 周年庆典，截至当时它总共接待了 260 多万名参观者，看到这幅巨作的人无一不被它的宏伟所震惊。不管它是不是一件"定制作品"，这幅巨作对艺术史的本地化（演绎）使其在当时的国际舞台上大放异彩：作为不论在艺术上还是在历史文化上都引人注目的一部反映宗教改革历史的作品，图布克的这幅时代画卷描绘的是整个德国，乃至整个欧洲的全景图。此外，它还被正式列入了"欧洲文化遗产名录"（2011），并成为别具国家意义的"文化纪念地"。

图布克在1985年就已经预言："对于那些只把这幅画当作历史课板书的观众来说，这幅画包含的思想和情感内容将依他们各自想要提出的观点而给予他们不同的启发。"图布克的画作不是教学，它提供的是看问题的角度，以及对观点进行检验和反思的可能性。这样才能让历史真正成为历史，正如历史进程本身和观察它的人所获得的认知一样，永远没有尽头。今天，这部作品被视为"一则历史寓言"[爱德华·博康（Eduard Beaucamp）语]，它将历史的真相转化为"对世界产生和毁灭的永恒启示"。这种观点认为，这部作品也反映了图布克人生经历中对乌托邦深感失望的一个过渡阶段。事实上直到今天，图布克的全景画"愚弄"了所有以意识形态为基础的解读。画面中不仅出现了历史上的愚人形象，它可能还给了观看者一个暗示，那就是画中那个身着小丑服装的人可能就是图布克自己。

圣经翻译

和

宗教改革

Bibelübersetzung und
Reformation

0 2 9

马丁·路德的德语《圣经

马丁·路德翻译的第一版共
3000 多套的德语《圣经》——
《旧约》和《新约》——很快即
被一抢而空。

185

"Biblia / das ist die / gantze Heilige Sch= / rifft Deudsch. / Mart. Luth. / Wittemberg. / ... gedruckt durch Hans Lufft. / M. D. XXXIIII" [《圣经》，宗教的经典，由马丁·路德于维滕堡（Wittenberg）译成德语……汉斯·卢夫特（Hans Lufft）印刷，1534]——这是出版于 1534年、由马丁·路德翻译的两册德语《圣经》第一版的扉页文字。这一版《圣经》共逾 900 页，由 6 个独立部分组成，每部分都有单独的标题页，不过由于没有进行统一的编辑，它会给人留下一种"未完成的印象"[菲塞尔（Füssel）语，2012]。马丁·路德亲自参与了大部分的排版工作，对插图也非常重视，给予了不少指导。书中的标题页、共 117 幅木版印刷插画和大写花体字首字母是由来自卢卡斯·克拉纳赫（Lucas Cranach）工场的一名工匠"MS"制作的，他的身份至今没有得到确认。起初用于印刷的木版现存于波兰的克拉科夫。

这第一版的德语"全本圣经"出现在 1534 年 10 月初的莱比锡秋季博览会上。当时共印制了 3000 多套，尽管定价比较高，依然很快被抢购一空，以至于它在 1535、1536 和 1539 又多次原样重版。此后人们才对其文本作了进一步的编辑，印刷术和印版也发生了变化。据考，直至 16 世纪中叶，此版德语《圣经》部分或全本地再版了 430 余次，印刷量在当时可能达到了"近 50 万这个惊人的数字"（菲塞尔语）。在 1534 年印刷的那批《圣经》中，存放在魏玛的版本与保留下来的其他 60 套有着明显的区别，不同之处主要在于它使用了浓重的蓝、绿、红不透明颜料，重点部分使用了金色予以突出："传达神的旨意的，不仅只有印刷的文字，还有图片。"[克诺赫（Knoche）语]

这并不是历史上第一次印刷德语版《圣经》，此前的德语版《圣经》都是以出现在古希腊罗马时代晚期（4 世纪末）的"武加大（Vulgata）"

拉丁文译本为基础来翻译的。对于文化水平不高的"普通德意志人"来说，这些翻译成"晦涩德语"的《圣经》都非常难懂。马丁·路德也是以"武加大译本"为基础进行翻译的，不过他还同时参考了基督教《旧约》的希伯来语《犹太圣经》和《新约》的希腊语《圣经》原文。

马丁·路德开始翻译《圣经》时的年龄是 37 岁，当时的他已经是个颇有名气，但也非常受争议的人物。原因在于他主要针对赎罪券买卖对教会进行激烈的抨击，并通过宗教改革最终导致了基督教会的分裂。

在马丁·路德的童年和青少年时期并没有迹象表明，他日后会走上这样一条异乎寻常的人生道路。他 1483 年出生于艾斯莱本（Eisleben），成长于曼斯费尔德（Mansfeld），父亲汉斯·路德（Hans Luther）是一位冶金名匠和市镇议员。马丁·路德于 1501 年在埃尔福特（Erfurt）接受了基础教育，为了满足父亲的愿望，他随后选择了法律专业，不过据称他在 1505 年从曼斯费尔德前往埃尔福特的路上遭遇了一场恐怖的雷雨，从此人生轨迹便改变了。当时的危险境地让他感到，在被时人认为是神在发怒的电闪雷鸣面前，人是多么脆弱和无助，于是他发誓要进入奥古斯丁隐修会（Augustiner-Eremiten）做一名修士。1507 年，马丁·路德被授予神职，并从第二年开始在维滕堡学习神学。在 1511 年游学罗马之后，他在 1512 年获得了博士学位，并按照当时的惯例于同年在维滕堡大学教书，主要研究领域为"圣经批评"。在此期间他逐渐形成了对教会的批判立场，尤其强烈抨击教会当时通过赎罪券买卖进行赦免的做法。

1517 年，马丁·路德将他的批判观点写进了《九十五条论纲》（95 Thesen），并通过印制传单的方式广为传播。传说中，印有《九十五条论纲》的传单甚至被张贴在了维滕堡诸圣堂（Wittenberger Schlosskirche，也称"维滕堡城堡教堂"或"维滕堡王宫教堂"）的大门上。这种非常直接地公开斥责教会弊端的做法引起了罗马教廷的注意，后者于第二年在奥格斯堡帝国议会上传唤教廷特使与其对质。由于在会议上拒绝撤回《九十五条论纲》，马丁·路德被控诉成异端，并以逃跑的方式躲避了因此要接受的惩罚。此后马丁·路德向教宗的权威发出了更加猛烈的攻势，要求举行全体宗教会议，并以焚烧针对他颁布的教宗敕令来回应公开烧毁他论作的行为，敕令则威胁要将他逐出天主教会。

187

1521 年，马丁·路德的庇护者萨克森选帝侯智者腓特烈（Kurfürst Friedrich der Weise von Sachsen）旁听了沃尔姆斯帝国议会对马丁·路德的处罚决定，会议最终宣布了由神圣罗马帝国皇帝批准的教会驱逐令和帝国禁令。马丁·路德因此"被放逐"，失去了所有的法律保护。在萨克森选帝侯的动议下，马丁·路德在同年 5 月返回维滕堡的途中以"被劫持绑架"的方式被保护了起来。在藏身的瓦尔特堡（Wartburg），马丁·路德化名为"容克约格（Junker Jörg）"用 11 周的时间将《新约》翻译成了德语，并在 1522 年 9 月出版（又称《九月新约》），由此开启了"《圣经》翻译的新纪年"（菲塞尔语，2012）。这一版《新约》在极短的时间内便售罄，紧接着在 12 月又追印了一版（又称《十二月新约》）。马丁·路德在 1523 年又出版了《旧约》的部分译文，余下的翻译工作则花费了更长的时间，尤其借助了密友菲利普·梅兰希通（Philipp Melanchthon）的帮忙。人们对"全本圣经"的需求日益高涨，这才有了后来《旧约》和《新约》的成套出版。

马丁·路德的思想如野火般在整个德意志地区迅速蔓延，受到了民众的热烈欢迎。《圣经》的翻译是他的核心诉求之一——为"用全体教徒自学《圣经》代替神职人员解读《圣经》"的论证提供了有力的证据。他认为，"唯独《圣经》（sola scriptura）"才能作为衡量信徒良心的准则。从这一点来说，他非常看重用通俗易懂且有说服力的语言来表达《圣经》。马丁·路德在 1530 年时曾说，必须要"问问家里的母亲、街上玩耍的孩子和市集上的普通人，听听他们是怎么说的。然后再翻译，他们就能明白并意识到你是在和他们讲德语"。在翻译《圣经》的过程中，马丁·路德还自创了许多新概念、词语意象以及词组，没有第二个人能像他那样引领风格和创造语言了。

随着时间的推移，马丁·路德的论纲愈发深入宗教生活的各个方面并产生了深远的影响，其中一部分甚至远远超出了最初的设想。他提出"信徒皆可与神相通而无须通过神甫"的论点在一定程度上促使了像托马斯·闵采尔一样独树一帜的传教士的出现，他们将马丁·路德的论述从社会革命的角度进行阐释，进而掀起了反抗当权者的暴动。

1530 年，路德派神学家在奥格斯堡帝国议会期间呈上了《奥格斯堡信条》（Confessio Augustana），以期他们坚定不移的信仰能够得到承认。不过《奥格斯堡信条》并没有奏效，因为皇帝并不准备接受他们的信仰。第二年，路德派帝国等级议会代表（Reichsstand）[①] 结成施马尔卡尔登联盟（Schmalkaldischer Bund），与皇帝领导下的天主教诸侯联盟爆发了多次战争。直到 1555 年双方才达成和解，签订了《奥格斯堡和约》（Augsburger Religionsfrieden），正式承认了路德派在神圣罗马帝国的合法地位。"教随君定（cuius regio，eius religio）"的原则规定，君主的宗教信仰也要成为其臣民的宗教信仰。尽管路德派和天主教派之间的对立后来也不断引发争端，然而他们也愈发将政治利益与权力状况联系起来。

188

---

① 特指神圣罗马帝国之中在议会拥有席位和投票权的成员。少数帝国官员有席位但无投票权，因此就其本身而言还不算是"帝国等级议会代表"。

*

马丁·路德依然是德国新教教义的领军人物。他的贡献不仅在于对《圣经》的翻译，透过部分由他亲自编曲的 34 首赞美诗，以及他撰写的包括《基督教大教义问答》和《基督教小教义问答》在内的神学著作，他的影响力经久不衰。

对马丁·路德的狂热崇拜在当时就已经显出了苗头，例如 1693 年，人们将他在艾斯莱本出生时的房子改造成了博物馆兼贫民学校。不过，随着 19 世纪德意志民族主义的产生，作为宗教改革家的马丁·路德被树立成代表人物，真正的"马丁·路德崇拜"才开始形成。在反对拿破仑统治的德意志解放战争中，马丁·路德创作的赞美诗《上帝是我们坚固的堡垒》（*Ein feste Burg ist unser Gott*）尤其被反复改编和传唱［德意志爱国诗人恩斯特·莫里茨·阿恩特（Ernst Moritz Arndt）后来也改编过这首歌曲］，并被提升到了颂扬德意志人民能够自我主张的高度。当时的德意志民族主义者将宗教改革阐释为对罗马天主教普救论（Universalismus）的破除，以及使日耳曼人反抗瓦卢斯（Varus）的条顿堡森林会战和德意志人反抗拿破仑的解放战争联系起来的纽带，它集合了德意志人为抵抗"罗曼语国家"征服而长期奋战的所有要素。

1817 年正值宗教改革 300 周年和莱比锡各民族大会战爆发 4 周年，为此德国大学生社团在同年举行了"瓦尔特堡节（Wartburgfest）"以示庆祝，他们将马丁·路德尊为德意志民族宗教的奠基人。在这次集会上，大学生主要提出了自由和民族统一的要求，并第一次举起了象征德意志民族的黑红金三色旗。一个月后，在附近的艾森纳赫（Eisenach）举行的马丁·路德张贴论纲 300 周年庆祝活动上，参加者们主要讨论了他所提出的宗教改革观点：马丁·路德被视为"坚如磐石者（Felsenmann）"和继圣徒彼得 [①] 之后基督教新教教派的创始人。

五十年过后，随着 1868 年巨型路德纪念碑在沃尔姆斯的树立，人们对马丁·路德的崇拜上了一个新台阶。当时的德意志正沉浸在普丹战争和普奥战争告捷的庆祝气氛中，普鲁士借由这两次战争的胜利稳固了在德意志邦联的统治地位。在路德纪念碑的落成典礼上，政教联盟开始成为未来德意志帝国成立的一大特征。宫廷牧师阿道夫·斯托克（Adolf Stoecker）甚至在帝国成立时宣称："从 1517 年宗教改革到 1871 年德意志帝国成立，这都是上帝创造的神迹。"像他这样的人士认为，宗教改革对德意志帝国的成立产生了重要影响：新教教义对罗马教权的胜利为德国最终战胜信仰天主教的法国铺平了道路。短短几年后，俾斯麦挑起了针对天主教中央党的"文化斗争（Kulturkampf）"，这种思想被提到了一个新的高度。1883 年，在纪念马丁·路德诞辰 400 周年的庆祝活动上，一些天主教会代表还能做出宽容，或者说至少是克制的表态，而这在"斗争"期间是根本不可能的。

1917 年，德国又举行了一场有关马丁·路德的大型庆祝活动，那时第一次世界大战尚未结束。在一战的头几年，马丁·路德创作的赞美诗再次作为战地歌曲被德国士兵们经常传唱，不过在 1917 年，这种情况已不如斗志满满的战争初期那样普遍了，士兵们只是固执地发誓要与德国生死与共。

1933 年是马丁·路德诞辰 450 周年，同年希特勒上台。在包括埃尔兰根神学家汉斯·普罗伊斯（Hans Preuß）在内的一些作家眼里，纳粹分子不可避免地要借机将路德和希特勒放在一起比较，尽管两人完全不能相提

[①] "Petrus"的本义正是磐石。

并论。1983 年是马丁·路德诞辰 500 周年，民主德国在老"左翼党派"的阐释基础上将马丁·路德颂扬为无产阶级革命的先锋。2017 年，德国把宗教改革 500 周年的庆典当作一件国际盛事举办，与此同时也宣布了对《圣经》德语译本的再版。

中世纪晚期

和

近代早期

的

城市生活

Stadtleben in Spätmittelalter und Früher Neuzeit

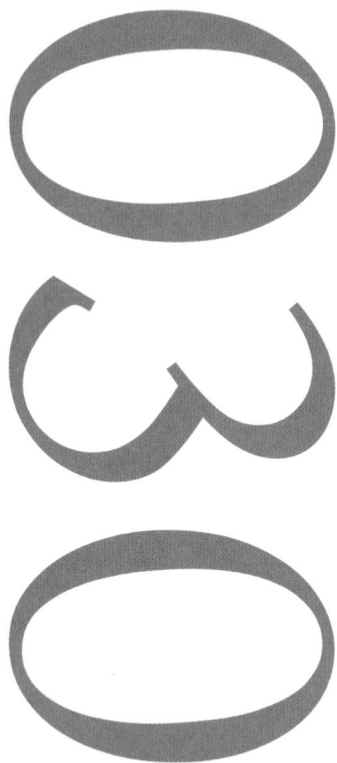

030

奥格斯堡月历

这幅画生动地展现了一年四季中 10 ~ 12 月的冬景、雪橇、货摊和城市议员。

　　这幅画表现的是 1530 年冬季的奥格斯堡佩拉赫广场（Perlachplatz）：位于画面中心的是佩拉赫塔（Perlachturm），周围摆放着各类货摊，当时几乎在德意志所有的城市都可以见到这样或类似的场景。塔前有一位贵族妇女坐在马拉雪橇上，这是当时颇为流行的一种休闲运动。画的左侧是奥格斯堡城市屠宰中心（Stadtmetzg），主要用于屠宰和加工猪肉；画的右侧是中世纪的奥格斯堡市政厅，从中走出的一群人是城市议员。画面背景是群山屹立的莱希山谷（Lechtal）。热闹非凡的场景和五颜六色熙熙攘攘的人群真实地再现了德国中世纪晚期和近代早期的冬季城市生活。尽管如今很多场景都发生了变化，不过也有一些和画中描绘的相符。这是一组共 4 幅大型油画的一部分：每幅画的面积近 8 平方米，用一幅画对应三个月的方式描绘了一年四季的不同场景，同时还刻画了城市生活，生动地展现了一些不为人知的历史事件。

　　用月历画来展现一年四季的传统做法可以追溯到中世纪。比如为个人使用、包含每日祷告流程的祈祷书中就有大量的此类插图。月历画的内容主要反映了季节性的农作和宫廷贵族的娱乐生活。全景式的绘画涵盖了播种和收获、收割干草和采摘葡萄、打雪仗、骑马郊游和放鹰捕猎等内容，表现了风景画向类型画发展的趋向。与此同时，以 15 世纪的特伦托（Trient）为例，那里还出现了一类不带宗教色彩的四季画，它可能也传到了奥格斯堡，并影响了当地的月历画风格。

　　不过，这里提到的一系列月历画却是以奥格斯堡画家老约格·布勒（Jörg Breu d.Ä.）的画为样板绘制的，他在 1525 年受一个城市新贵家族委托，创作了一系列用于玻璃窗画的"模板（Scheibenriss）"。后来的月历画混杂和穿插了不同的绘画方式，即在传统绘画手法的基础上借用了由布勒的"模板"创造的图案，最后加上各自的主题而成。这一组月历画的主题包括宴会（1月）、年轻人划船（4月）、男女老少沐浴和收割干草（6月）、收获粮食（7月）、摘葡萄和榨汁（9月），以及准备木柴和宰猪（11～12月）。这些都取材于奥格斯堡当时真实的社会生活：男女老少的沐浴文化、受上层社会欢迎的各种狩猎和大型骑马比武，或者画作委托人的特别喜好等。

画中人物的服装在很大程度上体现了当时的流行样式，画家仿佛认为，最大限度地追求服饰上的多样性比尊重事实更加重要。其中一些人物的服饰非常奢华，暗示了城市新贵在这方面竭力效仿传统贵族。在这个背景下也可以看出，画家试图通过服装等级来维持社会阶层的差异，而在富裕的城市这往往是不必要的。奥格斯堡在1530年颁布的《警察条例》（Polizeyordnung）也包含了对普通市民、手工业者、商人、经营主和贵族的着装要求。

这组月历画大部分以自然风景为背景，给人一种城乡结合的感觉，不仅就奥格斯堡的地理位置而言是这样，就政治行政、文化，尤其经济上的联系而言，也是这样。比如说，城市的纺织业者在农村设立分销处，分销商通过供应原材料或预付款的方式最大限度地将生产划分为不同的阶段。

城市和农村在供给方面相互依赖：例如画面中有一处刻画了人们从马车上卸下木柴，堆在房屋外墙边的场景；还有一处表现了人们将在农村饲养的猪赶到城市里去卖，喂它们吃橡子的情形。画中的一处"浪漫故事"表明，城市新贵也在农村拥有土地和城堡；他们在农村置业不仅因为爱情，还因为这些产业可以给他们提供经济上的保障，特别是他们从事的异地贸易经常要冒很大的风险。此外，有钱的商人渴望成为传统贵族，企图通过联姻或社会地位的提升而跻身贵族阶层。

和其他月历画相比，这幅画的人物和色彩更为丰富，人物角色的差异

193

也更加明显：除了男人、女人和孩子之外，还刻画了乞丐、瘸子、傻子、卖艺人、外国商人，以及犹太人等边缘群体的形象。孩子们玩的游戏非常具有时代特征：滚铁圈和玩小风车是当时很风靡的一种消遣。大人们则玩纸牌、下棋或玩"Tric-Trac"①。还有一个场景展现了卖鱼摊位旁的"拔牙者"，他有一个带招牌的露天"诊所"，同时开展多项业务，不禁让人怀疑他是不是个江湖骗子。

在这组月历画描绘的丰收场景、城市室内场景和市集场景中出现了许多女性，实际上在中世纪晚期和 16 世纪初，城市和农村女性的职业状态要比"她们在之后时代的职业状态强得多"［席林（Schilling）语］。雅各布·富格尔的遗孀在 50 岁时仍能将丈夫遗留下的商行经营得有声有色，她的儿子们在她去世后获得了对富格尔家族财产的全部继承权。除了商人的妻子外，手工业者的妻子也能取得稳固的法律地位，而且不仅作为遗孀拥有继承家业的权利，还能在丈夫尚在世时成为其代理人。

完成这 4 幅人物众多、如此巨大的月历画不仅需要一个有经济实力的委托人，还需要一个有生产能力的画室，它们能够在奥格斯堡出现，绝非偶然。当时的奥格斯堡是继科隆和纽伦堡之后，德意志民族神圣罗马帝国最重要的金融和贸易中心，拥有超过 30000 名常住居民，上层人士腰缠万贯，手工行业欣欣向荣，画家往往同当时的大都市所在地意大利和佛兰德有着紧密的联系。这两个城市不仅同奥格斯堡有经济上的往来，还对奥格斯堡月历画中例如建筑风格、风景描绘、滑稽场面和略带深意的场景产生了重要影响：一个正在捉蜜蜂的傻子所暗含的意思是，想在游戏里取胜就如同想在冬天里抓到蜜蜂一样困难。在"4 月"的月历画上还画有一个光着

194

---

① 双陆棋的一个变种。

屁股的傻子，也许是在讽刺他旁边的一对情侣，也有可能是在警告他们要守住贞节。在采摘葡萄的"9月"，两只猴子出现在一堵墙上，仿佛在提醒人们贪杯的后果。

月历画还描绘了当时典型娱乐活动的诸多细节，它们体现了富裕的上层市民毫无节制地生活享乐：马上比武、跳舞、郊游、坐雪橇等娱乐场景和农民一年四季的劳动场面相互交织在一起。悲惨和贫穷被刻意忽略了，只是在"4月"月历画的最边缘可以看到一个貌似又聋又哑的乞丐，他右手拿着一个碗，作伸手乞讨状，左手则指着自己的嘴巴。月历画还回避了政治方面的内容。仅在"8月"月历画的一处有一支农民武装队伍从画面中穿过，它可能暗示了当时爆发的德意志农民战争也在奥格斯堡城郊引起了骚乱。

*

这组月历画的作者尚不清楚，据推测其是由多名画家共同完成的。"模板"的绘制者老约格·布勒及与他同名的儿子可能也参与其中。至今也无从知晓这些月历画身处何处，它们或许被挂在了位于城郊、属于某位奥格斯堡新贵庄园的多栋住宅或城堡中。有很多迹象表明，这组月历画的委托人是雷林格尔（Rehlinger）家族的某位成员：雪橇上出现了雷林格尔家族的纹章，画面上还出现了其家族成员和与其家族相关的大量人物画像。例如在几名身着象征奥格斯堡城市颜色（红白色）制服的侍卫带领下，一群市议员正从市政厅走出来，其中走在侍卫身后的两名市议员，一位是奥格斯堡"市政厅主任"康拉德·波伊廷格尔（Konrad Peutinger），另一位是奥格斯堡市市长乌尔里希·雷林格尔（Ulrich Rehlinger）。根据画面可以推测，他们也许刚刚参加完市政府例行的年终宴会。站在波伊廷格尔身后的女士是他的妻子、出身韦尔瑟（Welser）家族的玛格丽特（Margarethe），一位披着黄色斗篷、以舒展的姿势看向他面前的卖鹅摊位的男士是安东·富格尔（Anton Fugger），他在 1527 年迎娶了安娜·雷林格尔（Anna Rehlinger）。老约格·布勒，或者小约格·布勒也出现在了画面中，看起来正在买一只"马丁鹅（Martinsgans）"①，作为画家的二人都以他们常穿的黄色皮毛外套而闻名于世。

195

画面中最左侧头戴金色帽子、坐在红凳子上的男士是雅各布·富格尔，那时的他已被称作"富人"，可能是当时整个德意志民族神圣罗马帝国最富有的人。站在他身后、亲昵地将手搭在他肩膀上的女士是他的妻子西贝拉·阿茨特（Sibylla Artzt）。不过雅各布·富格尔已于 1525 年去世，没过多久西贝拉就改嫁给了康拉德·雷林格尔（Konrad Rehlinger），几年后这组月历画才被绘制出来。因此，西贝拉和康拉德被多次画进月历画中：在"11 月"，一个出现在卖鹅摊位后，一个出现在雪橇上；在"4 月"至"6 月"，两人更是同时出现了三次。

这组月历画也许还向我们讲述了一段故事：在"4 月"月历画中，一位年轻的女士独自站在一座城堡的大门前，一位男士正一边划着小船向前，一边向她投去炽热的目光。同时身穿粉红色连衣裙的西贝拉·阿茨特位于画面的前景，她的身后是划着小船向她靠近的康拉德·雷林格尔。在"5月"，西贝拉·阿茨特再次坐在了画面的前景，这一次她正在玩纸牌，手上拿着一张红桃 7，康拉德·雷林格尔则站在她身后，右手扶着她的肩膀。一种可能的解释是：前一幅图在暗示两人感情的疏离，后一幅图则代表康

---

① 德国圣马丁节的传统烤制食物。

拉德·雷林格尔再次走进了西贝拉·阿茨特的生命，两人重燃爱火（红桃7象征着爱情），开启了幸福生活的新篇章。两人在年轻时就相互爱慕，这早就是一个公开的秘密，西贝拉·阿茨特并不情愿嫁给雅各布·富格尔，事实证明他们的婚姻也不那么美满。因此，这样的解读非常令人信服。

难以想象，在这组人物和场景非常丰富的月历画中竟然还藏着这样一段私密的爱情故事。不仅如此，画面中只出现了少数几名富格尔家族成员，这充分表明，西贝拉·阿茨特与部分富格尔家族成员相处得并不融洽。

到了19世纪末，这组月历画的"踪迹"消失了，之后它们陆续出现在了巴伐利亚的各个城堡中，直到20世纪方被收入博物馆。这些画混杂了虚构和现实，尽管它们并不完全是历史的真实映照，却仍然为阐释和研究奥格斯堡的历史提供了不少素材，这一工作虽然早已开始，却远远没有结束。

近代早期

三十年战争

Der Dreißigjährige Krieg

031

维特施托克会战中的酒

这两个酒塞塞住的是烧酒：战前可以壮胆，战后可以止痛，当然还可以用来庆祝胜利，或者借酒浇愁。

197

　　酒塞越小，度数越高：这句话说的应该是烧酒。战争前喝两口烧酒，可以壮胆；负伤后喝两口烧酒，可以缓解痛苦。烧酒之所以有这样的用途，是因为在那三十年当中，损伤和惨烈程度大到让人无法想象。据推测，这两个酒塞并不是用在葡萄酒或者啤酒的酒桶上，而是用在度数较高的烧酒酒桶上。它们的造型并不奇特：一个和普通的酒塞并无二致，另一个则像一把三叶草形状的钥匙。按照通行的做法，它们的身上都有代表其制作者的"匠人标识"：前者刻有字母缩写"HZ"，后者在"三叶草"的中心刻有一个火鸡头。酒塞这一物品早在罗马时期就已经出现了，中世纪最早且有图片记载的酒塞则来自 13 世纪以及 15 世纪以后的出土文物。

　　不过这两个酒塞的出土地点却有些不同寻常，它明确指向了一个历史事件的发生地。2007 年，人们在勃兰登堡州维特施托克（Wittstock）附近的一个采石场偶然发现了大量手工制品和人类遗骸。于是人们首先联想到这可能与 1945 年 4 月在附近的萨克森豪森集中营（KZ Sachsenhausen）被集体杀害的囚犯有关，不过对它们进行的人类学研究很快否定了这一猜想。最终得出的结论是，它们是迄今为止发现的有关三十年战争的最大规模墓葬，其中的人类遗骸是在 1636 年 10 月 4 日的维特施托克会战中牺牲的士兵。在众多不同领域专业人士的参与下，当地共发掘出了归属于 125 具遗体的骸骨——88 具完整的人体骸骨和 37 具遗体的零散骸骨。此外还发掘出了 1100 余件金属制品，以铅弹为主，还有钱币、皮带扣、顶针和图中提到的酒塞。

　　这类墓葬在近代早期非常罕见，这批文物的出土堪称"一声惊雷"。由于当时的雇佣兵地位低下，在三十年战争各场会战中战死的雇佣兵数量往往非常庞大，而且他们的遗体几乎不会被集体安葬。而维特施托克会战的情况不太一样，因为在对方逃跑后，只有获胜的瑞典军队留在了战场，

198

为了休整，军队临时驻扎在了那里。几天的时间足以让他们完成一些整理工作，并出于防止传染病的考虑将同伴和敌人的尸体掩埋。

发掘的集体墓穴平面占地 6 米×3.5 米，墓中的遗体被堆成了三层。由于维特施托克是三十年战争中规模最大的会战之一，当时共约 8000 人战死沙场，这里的 125 具士兵遗体显然只是冰山一角，不过从这个"小"发现中，我们足以深入了解当时士兵的日常生活。

比方说，一同出土的顶针和其他缝纫工具是用在士兵戎装上的吗？这个问题比较好回答，因为这些工具的作用就是为了保证士兵装备的完整，况且一同发现的还有明显属于女性的衣物和饰品残片。为此，自传性史料为归类这些出土文物提供了线索。这些史料包括亲历战争的市民自述、途中目睹战后惨烈场面的旅人游记，以及参与战斗的士兵、军官和随军神职人员撰写的报告——其中一名普通雇佣兵对军队生活的描述尤为生动。[引自彼得斯（Peters），1993] 他在 1625 ~ 1648 年底参加了三十年战争，大多数时候为神圣罗马帝国皇帝而战，也有几年为瑞典军队效劳。他的战绩平平，还在战争的艰难时期兼任军队的面包师。在 24 年的战斗生涯中他总共结过两次婚，一共生了 9 个孩子，可惜只有 1 个活了下来。

战争与家庭生活并存是那个时代的一个显著特征。军团内部往往还有一支庞大的随军队伍，包括向雇佣兵供应口粮和日用品的商贩（随军小贩既有男也有女）、妓女以及为数众多的士兵和军官配偶等。无论如何，随军队伍中大量女性的存在为维特施托克集体墓穴中出土的缝纫工具和女性物品提供了佐证。

维特施托克会战只是这场为争夺德意志民族神圣罗马帝国统治权而进行的长期战争中的一场，一些非德意志国家也参与了这次战斗。尽管如此，维特施托克会战却可以说是三十年战争的一个转折点。三十年战争起始于

199

1618 年新教联盟和天主教联盟之间的 "宗教战争"，著名的 "布拉格扔出窗外事件（Prager Fenstersturz）" 是其导火索。借此，信仰路德派的波西米亚人民掀起了反抗哈布斯堡皇朝领导的 "反宗教改革" 的斗争，并推举信仰新教的普法尔茨伯爵腓特烈五世（Friedrich V）为 "对立国王"。尽管腓特烈五世从即位到被推翻的时间还不足一个冬季，也因此被冠上了颇具讽刺意味的 "冬王（Winterkönig）" 称号，然而这场战争却从波西米亚蔓延开来。在白山会战（Schlacht am Weißen Berg）惨败过后，腓特烈五世不仅失去了波西米亚的王位，他的普法尔茨伯爵领地和相应的选帝侯称号也被转赐给了巴伐利亚。几乎同一时间在尼德兰，哈布斯堡家族的西班牙分支暴力镇压了新教教派领导的独立运动。

1625 年，通过击败丹麦军队，三十年战争的第二阶段以哈布斯堡皇朝军队及其盟友，即巴伐利亚和信奉新教的萨克森的胜利而告终。当时的战争早已不仅围绕天主教和新教的领地争端，还涉及路德派和改革派，以及有竞争关系的各诸侯之间的权力斗争。大多数信奉路德派的统治者至少一开始是支持神圣罗马帝国皇帝的，一些人则坚持此立场直至战争结束。例如黑森 - 达尔姆施塔特方伯（Landgraf von Hessen-Darmstadt）坚定支持神圣罗马帝国皇帝，而改革派的黑森 - 卡塞尔方伯（Landgraf von Hessen-Kassel）却在后来转投了路德派。两派都希望通过赢得领地来实现统治家族的更迭。

1629 年，在神圣罗马帝国最高军事统帅华伦斯坦（Wallenstein）的指挥下，帝国军队战胜了丹麦军队及其德意志诸侯盟军。战争双方缔结了《吕贝克和约》（Lübecker Frieden），以期暂时结束战争局面，没想到瑞典在第二年的加入迅速打破了这一期望。为了让瑞典赢得欧洲北部的霸权地位，国王古斯塔夫二世·阿道夫（Gustav II Adolf）推行强硬的统治政策，出于同样的目的他还以新教教义在德意志的开路先锋自居。他同时还得到了法国的资助，虽然当时的法国是个天主教国家，但是为了摆脱哈布斯堡家族在西班牙和神圣罗马帝国代表的牵制，路易十三（Ludwig XIII）和他颇有影响力的大臣黎塞留枢机（Kardinal Richelieu）费尽心思地想要扳倒哈布斯堡家族。于是三年后，也就是1635年，通过向西班牙宣战，法国以与瑞典结盟的方式加入了战争。

就在这之前不久，又出现了一次很快可以停战的机会。瑞典国王古斯塔夫二世·阿道夫在1632年的吕岑会战（Schlacht bei Lützen）中阵亡，瑞典方面失去了他们最重要的统帅。而神圣罗马帝国方面的情况也不容乐观，强势的华伦斯坦因独断专行失宠于皇帝，并在1634年被几个老部下在海布（Cheb）谋杀。1635年，神圣罗马帝国皇帝与暂时转而支持皇帝的萨克森公爵在布拉格达成了和解。大多数帝国诸侯也紧随其后，实际上只有法国同西班牙的争端尚未解决，双方的主要战场在尼德兰。不过瑞典军队仍没有撤离德意志，法国也一直在背后支持瑞典以及少数未与神圣罗马帝国皇帝签订和约的帝国诸侯。

在三十年战争规模最大的维特施托克会战中，形势进而转变得对瑞典军队有利。瑞典将军约翰·巴内尔（Johan Banér）使用了当时并不常见的迂回战术，成功血洗并击退了庞大的帝国—萨克森联军。在这场不分敌我（当时还没有出现可以明显区分敌我双方的军服）的射击、投掷和刺杀混战中，士兵们是有可能通过小贩售卖的酒精饮料来提升作战勇气的。瑞典军队的出奇制胜使得三十年战争又延长了12年，直到1648年签订《威斯特伐利亚和约》（Westfälischer Friedensschluss），这场旷日持久的战争才终于宣告结束。

*

三十年战争给德意志民族神圣罗马帝国带来了广泛且深入的影响，许多年过去后仍能从因人口减少而荒无人烟的地区、被损毁的城市和村庄，以及完全荒废的基础设施中感受到战争的伤痕：在战争中死亡的人数因地区不同而相差悬殊，有的地区损失的人口达到了本地人口的三分之二，估计占到了整个帝国人口损失的 15%～20%。帝国各地的战后重建工作都因缺乏资金而困难重重。根据和约规定，作为战败方的神圣罗马帝国还必须向法国，尤其向瑞典支付数额巨大的战争赔款，这无疑是雪上加霜。

不过，相比物质上的损耗，战争在精神方面造成的伤害可能更为严重。战争过去三十年后，大多数人仍无法摆脱阴影，他们对建立有序的社会关系并不抱多大的希望。这些人当中也不乏文人志士，比如生于 1616～1622 年间的安德烈亚斯·格吕菲乌斯（Andreas Gryphius）和汉斯·雅各布·克里斯托夫·冯·格里美豪森（Hans Jakob Christoffel von Grimmelshausen），他们将自己在战争中的见闻写成了文学作品——格吕菲乌斯以诗歌和悲剧著称，格里美豪森以流浪汉小说见长。后者最著名的流浪汉小说是 1669 年以笔名出版的《痴儿西木传》（Der Abentheuerliche Simplizissimus Teutsch），小说戏剧性地刻画了深受剥削和压迫的农民形象。他 1670 年出版的《女骗子和女流浪者库拉舍》（Lebensbeschreibung der Ertzbetrügerin und Landstörtzerin Courasche）激发了贝托尔特·布莱希特（Bertolt Brecht）的灵感，后者于 1939 年在流亡瑞典期间创作了剧作《大胆妈妈和她的孩子们》（Mutter Courage und ihre Kinder）。布莱希特在他的这部作品中向人们着重发出了"战争恐怖"的警告。此外他还控诉了作为战争之源的资本主义及其在道德层面制造的恶果。

布莱希特创作这部剧作时正值戴高乐将军流亡伦敦（1940），人们称这一时期为"第二次三十年战争"，以 1914 年为肇始，至德国二战的失败而终结。这种说法在当时也不失为一种对"战争恐惧"的隐喻。

布莱希特这部剧作问世整四十年后，君特·格拉斯（Günter Grass）出版了短篇小说《相聚在特尔格特》（*Das Treffen in Telgte*，1979），小说中库拉舍化身成一个名叫里布施卡（Libuschka）的女性。尽管故事发生在 1647 年，读者仍不免联想到德国著名的文学团体"四七社（Gruppe 47）"①，后者成立于第二次世界大战结束后不久的 1947 年。在这部短篇小说中，格拉斯用理性又文学的手段探究了一个问题——和三十年战争以及纳粹统治时期相比，当时的德国是否有可能再次陷入更深的政治和道德危机，以及界限到底在哪里。

---

① 四七社，又称"47 德国作家聚合体"，由里希特、安德施等于 1947 年发起成立，很快聚集了一批当时德国及欧洲的最具实力的作家和评论家，其中君特·格拉斯、海因里希·伯尔获诺贝尔文学奖，十几人获毕希纳奖；四七社成为战后德国及欧洲的文学摇篮和思想重镇，后于 1977 年解散。

犹太人

的

生活和习俗

Jüdisches Leben und Traditionen

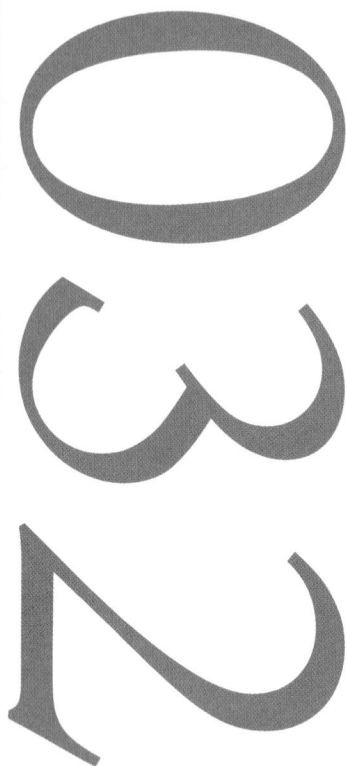

032

这具有 8 个灯盏的光明节灯台由约翰·瓦伦丁·许勒制作，作为送给新娘的一件昂贵礼物，它曾出现在 1681 年美因河畔法兰克福举行的一场盛大婚礼上。

　　这个银质灯台因为它的尺寸、造型，尤其因为它的历史而出类拔萃。它首先让人联想到了光明节（Chanukka-Fest）的历史：公元前164年，犹太人在马加比家族（die Makkabäer）的领导下，从塞琉古王朝（Seleukidenreich）手中夺回了耶路撒冷的第二圣殿，当时的第二圣殿被塞琉古王朝亵渎并改造成了一座宙斯神庙。为了纪念这个历史事件，犹太人在每年的11月或12月都会举行一座持续8天的节日。根据犹太法典《塔木德》（Talmud）中的传说，在将第二圣殿重新献给主时只找到了一小罐灯油供犹太教灯台（Menora）燃用。按理说这些油最多只够用一天，灯台却奇迹般地燃烧了整整8天，直到重新供上新的灯油。图中的这个"八支灯台"也不禁使人回想起这个奇迹。中间的"第九支"是一个油盘，它的作用是点燃其余的8盏灯。

　　灯台的底座上装饰有几个小天使，座脚的造型是4只狮子。灯盘（中间第九支）上方可见一个戴着头盔的男性塑像：它的原型是马加比家族的起义领袖——犹大·马加比（Judas Makkabäus）。顶端的圆盘中央立着一个女性塑像：手提赫罗弗尼斯（Holofernes）头颅的朱迪斯（Judith）。这不禁让人回想起犹太人历史中的另一个颇具传奇的伟大事件：朱迪斯以"美人计"诱惑并杀死了敌军统帅赫罗弗尼斯，拯救了自己的人民。这也是艺术家们经常表现的一个题材。

　　8个灯盏的上方各装饰有一棵小橄榄树，每棵橄榄树前各有一个小动物造型：（灯台对称的）两边各有一只松鼠、一只鹈鹕、一头鹿和一只山雕。这些小动物代表着犹太人历史上的一种对"门牌号"的分类方法。在真正的门牌号于18世纪引入城市之前，犹太人一直使用不同的动物来标识和区别住宅，位于法兰克福的犹太巷就是这样。

　　1681年在法兰克福犹太巷举行了一场隆重的婚礼，双方是颇有影响力的犹太人家族成员。新郎摩西·米歇尔·斯派尔（Moses Michael Speyer）居住在父辈的"金鹿"房，他的母亲来自"金山雕"房；新娘名叫沙因勒·宾－坎（Scheinle Bing-Kann），她的父亲伊萨克·坎（Isaak Kann）作为多个德意志诸侯的"宫廷承办商"享有较大的权力和名望。伊萨克·坎居住在"松鼠"房，他的妻子则来自"鹈鹕"房。这个灯台以动物造型的方式将两个家族联系在了一起，显然是送给新娘的礼物。通常情况下，双方的家族成员会在婚礼前的最后一个星期五聚餐，这样的礼物会在现场送出。直到这场聚餐之前，双方的婚姻就像是"一笔生意"，主要由两个家族公认的职业媒人在其中牵线搭桥。新人也只是在这场聚餐上才有了进一步了解对方的机会，新郎同时要向新娘赠送礼物。按照法兰克福当地的习俗，礼物以灯台、灯具和酒杯为主。这三类物品都有宗教方面的作用：光明节灯台、安息日灯（Schabbat-Lampe），以及在安息日或其他宗教节日盛有葡萄酒、由一家之主举起的"祝祷酒杯（Kiddusch-Becher）"。

灯台上印有大写字母缩写"V S"，代表打造它的银匠约翰·瓦伦丁·许勒（Johann Valentin Schüler，1650～1720），他在1680年以后成了法兰克福的名匠，制作了大量犹太教礼拜用品。现存纽约犹太博物馆（Jüdisches Museum New York）的一个安息日灯也出自他手，灯上也出现了同样的动物造型，和灯台一样同为送给新娘的礼物。另一件礼物"祝祷酒杯"据说没有保留下来。一个信仰基督教的银匠为信仰犹太教的委托人工作，甚至看起来还成了犹太教礼拜用品的制作行家，对于像美因河畔法兰克福这样的城市来说，这是基督教徒和犹太教徒共存的突出表现。从这一点来说，许勒并不是一个特例。其他基督徒工匠师傅，像是约翰·亚当·博勒尔（Johann Adam Boller，1679～1732）和约特格尔·赫富特（Rötger Herfurth，1722～1776）也都完成过很多犹太人的订单。

205

　　法兰克福的犹太人社区在 16 世纪的居住人口达到了近 3000 人，是德意志民族神圣罗马帝国当时规模最大、最重要的犹太聚居区。从 1462 年开始，犹太人被强制要求统一居住在一个封闭、有围墙的社区中，社区的大门在夜间和周末必须关闭。犹太人虽然和基督教居民一样受帝国城市议会的统治，但是他们拥有一定程度的自治权，不仅有自己的法院，还可以不受约束和干预地在许多犹太会堂举行宗教仪式。与此形成鲜明对比的是 16 世纪中叶以后从尼德兰移民德意志的加尔文派教徒的处境，在当时信仰路德派的法兰克福，他们被长期禁止举行自己教派的礼拜仪式。

　　尽管法兰克福的犹太人群体部分脱离于基督徒社会独立存在，不过两个圈子的来往还是十分频繁：犹太人医生经常接受基督教徒的咨询，犹太商人和基督徒商人往往互为生意上的伙伴，法兰克福展会上的犹太人银行家、货币兑换者和旧货商还是一支不可忽视的经济力量。除此之外，上层犹太人士委托信仰基督教的手工业者制作犹太教礼拜用品也是一种必然，因为受基督教行会垄断和市场规模所限，犹太人的手工业传统并没有发展的空间。

　　不过，在法兰克福这种规模的城市中能形成拥有犹太会堂、犹太法院、犹太医院和犹太浴室等大量独立机构的犹太聚居区，这在近代早期的欧洲不如说是一个特例。当时德意志范围内的犹太人大多生活在农村，他们以小团体的形式分散得很开，常常仅由少数几个犹太人家庭组成，并不具备社区形态。他们在农村或小城市的经济发展十分受限。犹太人往往没有资格拥有土地，因此他们无法在农业上获得立足之地。和犹太人行会组织在城市的境况相比，农村在这方面的局限性要略小，因此犹太人往往容易在农村打造自己的经济环境。他们可以零散地从事手工业，例如成为玻璃工匠等。不过他们最经常从事的行当是贸易。很多犹太人行走在城市与乡村间，向农村居民兜售城市的商品。甚至在一些地区，牲畜贸易几乎都掌握在犹太人手里。

不论在城市还是农村，除了小额放贷之外，典当业都是犹太人的一个重要收入来源。从销售逾期典当品中，犹太人最终发展出了另一个特色行当——旧货贸易。不过较大数额的现金交易几乎只存在于城市，因此催生了一个小规模的犹太人上层社会。其中有宫廷背景的犹太人尤其有名望，他们向德意志的诸侯提供奢侈品（往往以赊账的方式），还经常成为军队的供应商。这些犹太人有的小富既安，有的则可以达到富可敌国的程度，比如著名的罗斯柴尔德家族（Familie Rothschild）就是从法兰克福的犹太巷逐渐发展起来的。

坎家族和斯派尔家族就属于这样的上层圈子，通过 1681 年两位新人的结合，这两个家族也紧密地联合在了一起。坎家族的姓氏"坎"最早来自祖宅"金壶"房，在 16 世纪以后的法兰克福就已然出现。虽然斯派尔家族的祖上米歇尔·斯派尔（Michael Speyer）1644 年才从斯派尔移居法兰克福，却很快就升入了当地犹太聚居区的领导阶层。这两个家族经常一个担任聚居区领导，一个担任聚居区司库，他们还将各自家族财产的一部分捐出来给聚居区使用。从坎家族中也走出了不少著名学者，他们尤其对《塔木德》的研究作出了贡献。斯派尔家族长期向法兰克福犹太主会堂（Frankfurter Hauptsynagoge）捐赠礼拜用品，其中包括一只价值不菲的"祝祷酒杯"和一幅《妥拉》卷轴（Tora-Zeiger），它们的来源从各自身上刻有的铭文就可一目了然。图中的这个光明节灯台则长期为坎家族所有，直到 19 世纪末或更晚才被收入建立于 1877 年的法兰克福历史博物馆（Historische Museum Frankfurt）。

20 世纪初，曾经的杜塞尔多夫工艺美术博物馆（Kunstgewerbemuseum

Düsseldorf）馆长海因里希·弗劳贝格尔（Heinrich Frauberger）提议在法兰克福建立一个专门机构，用以保护德国境内的犹太人文化遗产。在查尔斯·L. 哈尔加滕（Charles L. Hallgarten）等犹太慈善家的共同努力下，弗劳贝格尔迈出了此设想的第一步——在法兰克福创建了"犹太艺术文物研究会（Gesellschaft zur Erforschung jüdischer Kunstdenkmäler）"。研究会的目标主要是汇编犹太艺术品的文献资料，由于资金有限，当时根本不可能有从属于自己的藏品。不过随着时间的推移，研究会也拥有了为数不多的犹太艺术藏品，并在不同的场合展出过，也有了为其长期设展的想法。1911 年，出于在未来进行扩建的考虑，这批藏品被寄存在了法兰克福历史博物馆。然而第一次世界大战的爆发让扩建项目化为了泡影。

一战后没几年又出现了一个新机会：罗斯柴尔德家族在 1922 年宣布，将他们在法兰克福办公楼闲置的一层转让给犹太艺术文物研究会，于是同年在那里开办了"犹太古物博物馆（Museum jüdischer Altertümer）"。通过他人赠送，或者在市政府允许的情况下借用法兰克福历史博物馆的藏品，研究会目前的犹太文物收藏得到了扩充。图中的光明节灯台可能就属于借来的藏品之一，不过对此并没有确凿的证据。1938 年，犹太古物博物馆在"水晶之夜（Reichspogromnacht）"遭到了洗劫和破坏。幸运的是，在法兰克福历史博物馆时任馆长的争取下，一部分藏品于第二天被归还并转移到了法兰克福历史博物馆中。

1980 年代，作为联邦德国首批博物馆之一，在法兰克福建立犹太博物馆（Jüdisches Museum）的时机已经成熟，不过和 1922 年时相比，当时更加缺少合适的馆藏。于是法兰克福市政府决定，将法兰克福历史博物馆中的犹太古物博物馆藏品的一部分放入新博物馆中。这批藏品还包括了若干当时被犹太古物博物馆借去的文物，以及图中的光明节灯台。如今这个光明节灯台是犹太博物馆的珍宝之一，此外博物馆也设在位于法兰克福下美因河码头街（Untermainkai）的罗斯柴尔德宫（Rothschild-Palais）的其中一栋建筑中。

*

对于每个犹太人家庭来说，光明节灯台都是一个不可缺少的犹太教礼拜用品。和犹太教传统的"七支灯台"（犹太教最重要的标志，以色列的国徽图案）不一样，光明节灯台有 8 支灯盏和中间"助燃"用的小灯盘。在光明节开始时，第一盏灯于日落后约 20 分钟被点燃，其余的每天点燃一盏。光明节灯台的放置位置应在门外，正对门柱圣卷（Mesusa）[1]，也可以放在窗台上。通过这样的方式，犹太人对那个"传奇故事"的纪念得到了广泛的传播。

---

[1] 挂在门框上的放有犹太教经文的小匣子。

黑死病

Der Schwarze Tod

0 3 3

瘟疫医生面

这个由织物、皮革和玻璃片组成的面具与一块长布相连，在1700年前后，它是医生用来抵御具有致死性恐怖病菌的防护用具。

209

乔万尼·薄伽丘（Giovanni Boccaccio）在他著名的短篇小说集《十日谈》（*IL Decamerone*，写于 1349 ~ 1353 年）中写道，如果看到有人"腹股沟或腋窝肿大，有时大如鸡蛋或苹果"且"全身布满黑色或红色斑点"时，那就说明"死神已经降临"。患上这类严重疾病的人很难康复，健康人只能穿上防护服装避免被传染。至少从 17 世纪开始，这样的防护服装即已出现，它由一件长及地面的袍子（由表面上腊的布料或光滑的皮革制成，袖口直接连通皮制的长手套）和一个"瘟疫医生面具（Pestartztmaske）"组成。面具的前端有一个鸟嘴似的凸起，里面放有一块海绵，海绵内填有能散发芳香的物质，能使戴面具的人呼吸到肉桂和丁香的香气。这样做是因为放火烧和烟熏被证明是清洁空气和驱散瘴气的有效办法。富人也使用熏香和没药，穷人则使用刺柏，甚至角屑肥料。这个让人产生恐惧感的面具的眼部装有普通玻璃片或水晶玻璃片，既能保证视线，又能防止眼睛和呼吸道一样，受到有传染性瘴气的侵害。1660 年前后，纽伦堡出版商保罗·菲尔斯特（Paul Fürst）创作并发表了一幅关于"瘟疫医生"的画作，名为《罗马的鸟嘴瘟疫医生》（*Pestarzt Dr. Schnabel in Rom*）。

产生于 1700 年前后的一批瘟疫医生面具是稀有的珍品，因为它们只被两家博物馆，即英戈尔施塔特的德国医学史博物馆（Deutsches Medizinhistorisches Museum）和柏林的德国历史博物馆（Deutsches Historisches Museum）所收藏。一幅作于 1493 年的木版画可能是对此类瘟疫医生防护用具最早的描绘：画面上有一名正在为病人诊脉的医生，虽然没有戴面具，但是医生用一块吸有醋的海绵捂住了口鼻。根据当时盛行的学说，传染病的病原体进入空气后会向上运动，因此病人被放置在了较高处。两名年轻的助手站在他们周围，手举火把伸向半空中，通过烟熏驱散由瘟疫产生的毒气。作为多位法国国王的御医，查尔斯·德洛姆

（Charles Delorme，1584 ~ 1678）可能是第一位穿上这种全身防护服的医生，法国巴黎在 1619 年全面暴发了瘟疫（黑死病）。据推测，他当时还发明了一种带有 15 厘米长鸟嘴的类似防护面具。

近年来人们才认识到，鼠疫杆菌（Yersinia pestis）是导致欧洲中世纪瘟疫（德语为"Pest"，拉丁语为"pestis"，意为"瘟疫、流行病"）横行的元凶。尽管瑞士裔法国医生和细菌学家亚历山大·耶尔森（Alexandre Yersin）在 1894 年香港暴发瘟疫期间就发现了导致疫情的鼠疫杆菌［1967年以后以他的名字被命名为"耶尔森氏杆菌（Yersinia pestis）"，此前则以法国微生物学家路易·巴斯德的名字被命名为"巴斯德氏杆菌（Pasteurelle pestis）"］，然而直到 2010 ~ 2011 年，通过对埋于伦敦一处坟场的中世纪瘟疫病人牙齿遗骨的研究，人们才认识到，当时肆虐欧洲的瘟疫实际上是从亚洲传来的。跳蚤，尤其老鼠可能是这一病菌的载体。《圣经》记载了大规模的瘟疫，古希腊神话认为，是神射出的瘟疫之箭引发了瘟疫。后来，被乱箭射穿身体的基督教殉教者圣塞巴斯蒂安（St. Sebastian）被尊为"染瘟疫者的代祷圣人（Pestheiliger）"。在罗马和 6世纪发生过几次大规模瘟疫，其真正的诱因直到现在也没有定论。一种可能的说法是，"腹股沟淋巴腺鼠疫（Beulenpest）"和其他传染病一起导致了瘟疫的大暴发。

14 世纪中叶以后的欧洲经常遭受瘟疫的侵袭。1346 ~ 1347 年，瘟疫通过商路，主要从意大利的各海港传播开来，蔓延范围从远东迅速深入欧洲的中部和南部。薄伽丘的《十日谈》真实地再现了当年发生在佛罗伦萨的一场瘟疫，描述的场景让人感到压抑。作为世界著名的文学作品，它还向人们提供了有关当年疫情的史料——佛罗伦萨约有五分之四的人口死于这场瘟疫。不久后，瘟疫蔓延到了德意志各城市。尽管找到这方面确凿的

210

史料很难，但是可以将瘟疫暴发的时间和地点作为线索或依据：1348 年的普斯特拉亚山谷（Pustertal）、1349 年的维也纳和巴塞尔、1350 年的汉堡、1356 年的法兰克福和黑森、1357 年的雷根斯堡和波西米亚、1359 年的纽伦堡，以及 1380 年的奥格斯堡。截至 1349 和 1350 年之交，瘟疫已经蔓延到了斯堪的纳维亚的北部地区。不过也有许多城市和地区并没有受到这场大瘟疫的侵害。统计出当时准确的人口死亡率就更加困难了：根据笼统且相差悬殊的估算，约有三分之一的欧洲人死于 1347 ~ 1351 年的这场普遍被称为"黑死病"的大瘟疫，死亡规模堪称欧洲历史上最大。从那以后，几乎每间隔 6 ~ 12 年，欧洲的不同地区都会暴发瘟疫。在三十年战争期间，这种情况发生得更为频繁。直到 18 世纪初，瘟疫一直是欧洲的一种常见现象。

当时的人们认为，瘟疫是神对人类的惩罚，因此要通过敬拜来表达忏悔之意，敬拜的对象主要是圣塞巴斯蒂安和圣罗胡斯（St. Rochus），传说中后者染上瘟疫后又恢复了健康。人们随身携带气味浓烈的植物［通常为大蒜或有黄瓜香气的"Pimpernelle"——小地榆（Kleiner Wiesenknopf）］，将十字架和瘟疫徽章挂在身上，还拿着带有瘟疫相关文字或图案的小纸条或象征射穿圣塞巴斯蒂安的小弓箭。人们还用特别的方式惩戒自己，比如在瘟疫暴发期间出现了越来越多的"鞭笞派（Flagellant）"教徒，他们通过上街游行和自我鞭笞的方式来赎罪。有负担能力的人则选择在瘟疫肆虐时逃离。有时，在来势汹汹的瘟疫浪潮袭来之前，犹太人甚至被大规模地屠杀，偶有整片整片的犹太聚居区被血洗（1349 年的纽伦堡、斯派尔、沃尔姆斯、美因茨、科布伦茨、科隆、特里尔，等等）。

感染瘟疫的初步症状是发烧、头痛、四肢疼痛、麻痹；然后颈部、腋窝和腹股沟会出现带脓的肿块；最后出现的精神错乱会导致意识障碍和高烧性谵妄。当时没有针对瘟疫的有效治疗手段，感染上瘟疫的人至少要被隔离40天（隔离检疫）。有支付能力的病人可以请医生或护工在其脓疮上涂抹药膏、挤脓或通过风险极大的手术切掉肿块。喷洒醋液和在街口放火烟熏都是为了使空气"清洁"。

不过据估计，瘟疫感染者的存活率只有10%～40%：腹股沟淋巴腺鼠疫通常由跳蚤叮咬引起，潜伏期为6天左右，1～4周后致人死亡；肺鼠疫一般通过飞沫传染，病菌通过空气传播感染肺部，潜伏期只有大约1天，可迅速致死。各城市在瘟疫暴发期间都采取了隔离措施，比如锁闭瘟疫感染者的房屋，由专门雇佣的"瘟疫士兵"看守，并在必要的情况下负责照料事宜。大量的死者通常由其亲属或掘墓人和"瘟疫士兵"埋葬在远离普通公墓的"瘟疫公墓"。埋葬后会撒上石灰，以加速尸体分解。一些地方还成立了自己的"瘟疫兄弟会"，将尸体集中在一处下葬。

在瘟疫暴发期间，城市充斥着瘟疫感染者、死者和尸体腐烂散发出的恶臭。这是由人口密集和缺乏消毒条件引起的。特别在许多人居住的狭小空间，感染瘟疫的概率更大。

瘟疫的致死性和恐怖程度不仅让信徒比往常更频繁地向神祈求帮助，还让艺术家和文学家创作出了许多以"黑死病"为题材的作品。1348年巴黎暴发严重瘟疫后，他们开始描绘"死亡之舞（Totentanz）"，在壁画中，各个年龄和阶层的人都被画成了死神的"舞伴"。丢勒著名的木版画《天启四骑士》（*Apocalyptische Reiter*，1498）就是以当时发生在纽伦堡的瘟疫为背景创作的。薄伽丘《十日谈》中的主要人物也是在瘟疫蔓延到佛罗伦萨之前逃到了郊外的农庄。丹尼尔·笛福（Daniel Defoe）的小说《大疫年日记》（*Journal of the Plague Year*，1722）曾长期被误认为是对

212

1655 年伦敦暴发的那场瘟疫的"目击者报道"。埃德加·爱伦·坡（Edgar Allen Poe）的小说《瘟疫王》（*King Pest*，1835）描写了 14 世纪遭受瘟疫侵袭的伦敦，他的另一篇小说《红死病的面具》（*Masque of the Red Death*，1842）则是受了 1831 年巴尔的摩（Baltimore）暴发霍乱的启发，他亲身经历了那次霍乱，小说在情节上借鉴了《十日谈》。在德语文学作品中，瑞士作家耶雷米阿斯·戈特赫尔夫（Jeremias Gotthelf）的代表作《黑蜘蛛》（*Die schwarze Spinne*，1843）被认为是"独一无二的世界文学作品"［托马斯·曼（Thomas Mann）语］。他将一个关于同魔鬼做交易的古老传说改编成了一个充满譬喻的短篇小说，其中的蜘蛛就是瘟疫的象征。

*

随着历史的进步，瘟疫已长期销声匿迹。直到 2013 年底，数十人在马达加斯加暴发的腹股沟淋巴腺鼠疫中丧生。事实上，尽管大多数的病原体早已被消灭，一些病原体变种却仍然存在。其中的一个变种随时有可能再次引发大瘟疫，不过和中世纪以及近代早期不同的是，现如今人们可以使用抗生素来避免传染病的扩散，也就是说可以有效治愈传染病。另一方面，尤其在德国，政界、行政机关和媒体对这次瘟疫暴发的反应过激，鉴于发生在 1997 年的"禽流感"和 2009 年的"禽流感和猪流感（H1N1 流感）"，他们对待这次瘟疫的态度可以说是"风声鹤唳，草木皆兵"，以至于让人产生了对中世纪大瘟疫的恐怖联想。

这种过激反应甚至还殃及了存放在英戈尔施塔特的这个"瘟疫医生面具"，当时它被要求进行彻底的"处理"：因为它的材料已经变脆，产生了

裂纹，而且许多地方都出现了白色菌斑。德国医学史博物馆在 2014 年 1 月
宣布，面具将被送到一位纺织品修复女专家那里接受"疗养"。后来，"经
过初步会诊后得出结论：他可能要开始真正的健康度假了，包括深度清洁、
抗皱舒纹、美鼻及其他保养"。此后，在经过"一个晚上的诊察"后，这
个当时被称为"鸟嘴先生"的展品被重新送回了博物馆。如今，博物馆严
令禁止参观者对此展品拍照。

从永恒

到

生命的终结

Von der Ewigkeit zur Endlichkeit des Lebens

034

《跳舞的死神》

据推测，这个《跳舞的死神》雕像（约 1680）的作者是约阿希姆·亨嫩，它曾一直被视作死亡的象征。现如今，人们已不再相信"永恒"。

215 　　死神在跳舞！这个只有 13 厘米高的小雕像《跳舞的死神》（*Tanzende Tod*）出现在 1680 年前后，据推测，它出自雕刻家约阿希姆·亨嫩（Joachim Hennen）之手。雕像展现了一具正在跳舞的骷髅，骷髅被视为人格化的死神。骷髅的左手抓着一条缠绕的蛇，蛇在《圣经》里是原罪的象征，通过诱惑夏娃来到人世，给人类带来死亡。骷髅右手握着的可能是一支箭或一把镰刀，代表死亡的毁灭性力量。即便在今天看来，这个雕像仍让人感到毛骨悚然，当时为了打造出极具艺术价值和装饰性的作品，雕塑家使用了造价昂贵的象牙作为材料。

　　在现代人的眼中，表现"死亡之舞"是一件更加奇怪的事，因为一方面，舞蹈完全是生活乐趣的体现，而另一方面，人们排斥一切有关死亡的记忆，并将它挤向社会边缘。不过在中世纪和近代早期，"死亡"却是一个广为流传的题材，是这一时期人们典型的主要生活感受，因为死亡无处不在。那时候人们的平均寿命不到 30 岁，和如今少数第三世界国家的情况差不多。主要原因在于婴儿和儿童的死亡率很高：约四分之一的婴儿在出生的第一年就不幸夭折，还有四分之一的儿童活不到成年就死去了。平安度过儿童期的成年男性寿命为 50 ~ 57 岁，成年女性为 38 ~ 50 岁。和现在不同，当时男性的平均寿命要比女性长三分之一到一半，因为女性还要承担分娩的风险。不过，抛开所有平均统计数据不看，总有人能够活到相当高的年龄，哪怕以今天的标准来衡量也是如此。

216 　　当时常见的死亡原因是感染疾病和瘟疫，以及营养不良和战争。在刚刚可以满足大多数人基本生存需求的农业社会，粮食稍微的歉收或者完全的颗粒无收都会极大地抬高粮食价格，大部分人口的最低生存线因此被压低。而居住成本相对不高，普通人收入的 60% ~ 80% 都花在了购买食物上，因此即便粮食价格上涨得不厉害，也会对人的营养状况产生巨大的影响。

连年的战争，加上暴风雨和干旱等恶劣天气导致的粮食歉收，使得颗粒无收的情况时有出现。三十年战争期间，在受波及最为严重的地区，农业生产几乎全面崩塌。因为，如果粮食收成都被路过的士兵毁坏或掠夺，还有什么理由继续播种呢？当时，许多地方的人出现了营养不良的情况，它愈发成为一种生活常态和导致死亡的最重要原因，因为营养不良削弱了人体的抵抗力，使人更容易生病。在战争期间，或由路过的士兵传播的瘟疫尤其会带来毁灭性的后果。

最恐怖的瘟疫非鼠疫莫属，不过当时也存在其他传染性疾病，腹泻往往是发病的症状之一，比如痢疾。瘟疫暴发的间隔无法估计，而且严重程度也各不相同，不过总的来说，瘟疫在中世纪和近代早期暴发的频率非常高，以至于当时的每个人实际上都至少经历过一次严重的流行病，或者为因此病故的亲朋好友而悲痛，或者全家都因瘟疫而去世。

这样的经历自然导致了生存的不确定性，让人感到绝望无助、生命无常，以及摆脱自身命运的徒劳无功。人们在宗教中找到了心灵的慰藉。根据基督教的描绘，天国的永生总归要比短暂的人生有意义得多，仿佛只有承认人在世间努力的无用和徒劳［虚空（vanitas）］才能获得永恒。这样一来，表现死亡至少也就不那么令人战栗了。人们甚至更经常地把死亡形容成人在去世前的认真准备。实际上人们还创作了大量表现"死亡艺术（ars moriendi）"的作品，它们的存在是为了让"读者"作好"安详死去"的准备，并帮助其走上通往天国的道路。因为无法预计死亡来临的那一刻，所以要随时随地作好准备。从这一点出发，最令人感到恐惧的无疑是毫无准备的死亡，它不仅会在瘟疫中夺去人的性命，也有可能在旅行途中突然降临。为了获得宽恕并接受基督教的"病人傅油圣事

217

（Sterbesakrament）"，适时并虔诚地忏悔是最重要的（死亡）准备工作。

基督教的"虚空"思想将人世间的虚妄与死亡的不可避免相互对应，由此形成了中世纪和近代早期人们的主要生活态度。在有关"死亡之舞"题材的作品中，这种态度被展现得淋漓尽致。相关的大量油画、壁画和雕塑被留传下来，取材往往来自人们对欧洲 14 世纪黑死病的印象。其中最主要的表现方式是"轮舞（Reigen）"，即社会各阶层的代表依次在人格化的死神，即骷髅的引领下翩翩起舞。轮舞首先从身份最高的达官显贵皇帝和教宗开始，其次是王公、贵族和僧侣，最后是市民、农民和乞丐。不论男女老少、身份高低，所有人都一视同仁，就连幼儿也要被死神从母亲身边强行带走。

"死亡之舞"所表现的思想一目了然，在一定程度上还可以让人感到安慰，因为死亡面前人人平等。在最后的轮舞中，财富和地位的悬殊都失去了意义。在这样的情境中，对特定职业群体的描绘尤其受欢迎，它既突显了这些人受质疑的道德品质和逐利行为，也可以预见他们的下场：向葡萄酒里兑水的店主、放高利贷者和占卜者。

"死亡之舞"作品中的文字往往表现为死神与其舞伴的押韵对话，一方骤然降临、冷酷无情，另一方则露出了人类的惊恐：所有人，无论身份地位如何，都不能"放开"尘世的生活。死神这个"不速之客"，既不多做停留，也不急着离开。死神不懂得同情和怜悯，也不会因为半裸身体坐在街上的乞丐渴望看到自己的眼神而现身。因为他并不是死神首先要找的那个人。这样的画面给人留下了极为深刻的印象，它是 16 世纪的一组木版画中的内容，根据小汉斯·荷尔拜因（Hans Holbein d.J.）所画的素描所绘制。

"死亡之舞"的存在形式多种多样，除了有荷尔拜因组图的小型木版画，在柏林的圣玛利亚教堂内部和意大利北部平佐洛（Pinzolo）的圣维吉利奥大教堂（Kirche San Vigilio）外墙还各有一幅长达 22 米的大型湿壁画。而巴塞尔一处公墓的内墙和吕贝克圣玛利亚教堂的祈祷室内，也都绘有"死亡之舞"。二者都产生于 15 世纪下半叶，出现的位置也都非常合理——人们在那里追忆逝者，同时也提醒自己：记住，人终有一死！（Memento mori！）

图中的象牙制小雕像也表达了同样的思想内涵，只是它所展现的"死亡之舞"省去了死神的"舞伴"。因此人们也可以将它摆放在私人场合（如家里），随时随地警示自己。除了《跳舞的死神》外，人们表现死亡的形式多种多样。比如在德国南部和特里尔曾流行过一种所谓的"注视用小棺材（Betrachtungssärglein）"，里面放有蟾蜍或蛇的部分尸骸，它艺术性的装饰也在向人们发出"死亡"的警告。

最与众不同的表现"虚空"的艺术作品往往造价不菲，有时会像《跳舞的死神》一样以象牙为材料。人们不惜花费大价钱来表达对死亡的纪念。还有一种"阴阳头（Wendekopf）"造型也很受欢迎，一半为逝者的头部，一半为死神（骷髅）的头骨。有时它还具有实用性的功能，比如被用作球形把手或嗅盐瓶。将具有神学思想的物品作为普通生活用具使用，这样的强烈反差往往容易给人留下更为深刻的印象。甚至还经常能见到一种外形像小棺材、可以拿在手里的鼻烟盒。

*

尽管婴儿的死亡率从 18 世纪开始有所下降，19 世纪下降得更多，然而在 1870 年前后的德国，这个数字仍高达 25%，直到 1919 年才下降到了

16%，1920 年代末下降到了 10% 以下，不过到了 1950 年代才下降到了不到 5%，1970 年代以后仅为 2.5%，至今一直维持在不足 1%。随着时代的进步，医疗条件也有了极大的改善，特别是 19 世纪中叶以后，消毒技术得到了发展和推广。在今天的德国，新生女婴的预期寿命可达到约 83 岁，新生男婴可达到约 78 岁。在欧洲半数的国家中，这两个数值甚至更高，而在例如非洲等国家则要少上 10 ~ 20 岁。

和过去相比，人的寿命发生了巨大的变化，人们现如今的寿命甚至相当于过去"活了两次"那么长。400 年前，人的平均死亡年龄在 30 岁左右，而现在则为 70 ~ 80 岁。从这一点来说，在过去的 300 ~ 400 年中，人的"平均最大预期寿命"都没有超过 85 岁，不过"今天越来越多的人能最大限度地活到这个理论寿命的极限"［伊姆霍夫（Imhof）语］。同时，从进入前工业社会开始，"人生阶段"的模型也发生了深刻的变化：工业社会以前，不同的"人生阶段"之间几乎没有什么明显的过渡；到了工业时代，尤其在 20 世纪，"人生阶段"已愈发趋于标准化；今天，人的儿童阶段、受教育阶段、就业阶段和养老阶段之间已有了"非常严格的分界线"［博夏德（Borscheid）语，引自伊姆霍夫］。随着生活条件的不断改善，人们对待死亡的态度也发生了改变，尽管认为死亡不可避免，但是相较以往，人们对死亡的预计和把控能力变得更强了。这种变化也反映在了那些中世纪和近代早期以"死亡之舞"为主题的大型绘画作品后来的命运上。直到 18 世纪初，人们仍然持续地维护和修缮巴塞尔的"死亡之舞"壁画，在那之后却将它冷落一旁，并在 1805 年拆除公墓围墙时把它毁掉了。吕贝克的"死亡之舞"壁画也经历了相似的命运，尽管保存得并不完好，却还是暂时得以"幸存"，直到 1942 年在第二次世界大战的轰炸中"牺牲"了。

也许有一天，死亡会愈发可以被预测，甚至被彻底克服——这种乌托邦式的想象曾给了一些人"长生不死的幻想"。然而随着社会世俗化的加深，人们已不再相信永恒。亚瑟·E.伊姆霍夫（Arthur E. Imhof）对此作出了精彩的描述："我们的生命没有更长，而是趋于无限的更短。现在的人虽然可以比过去多活一倍的时间，然而也只剩下这个了。我们赢得了寿命，却失去了永恒。"

035

移民国家
——
普鲁士

Einwanderungsland
Preußen

《波茨坦敕令

一项具有历史意义的成功"难民法案"——对避难者和避难者接收国都有好处。

Chur-Brandenburgisches
EDICT,

Betreffend

Diejenige Rechte / Privilegia und andere
Wolthaten/ welche Se. Churf. Durchl. zu Bran-
denburg denen Evangelisch-Reformirten Frantzö-
sischer Nation so sich in Jhren Landen nieder-
lassen werden daselbst zu verstatten gnä-
digst entschlossen seyn.

Geben zu Potstam/ den 29. Octobr. 1685.

221

普鲁士在 1685 年颁布《波茨坦敕令》(Das Edikt von Potsdam)，以作为对法国在此前不久颁布的《枫丹白露敕令》(Edikt von Fontainebleau)的回应。勃兰登堡－普鲁士的勃兰登堡大选帝侯腓特烈·威廉(Friedrich Wilhelm，1620 ~ 1688)作出的这一回应既迅速又坚决。他自己是加尔文派教徒，身边也有不少持相同观点的"宫廷顾问"。此外，他作出这一决定还出于经济方面的考虑，希望能借此改善自己国家的经济状况，三十年战争（尤其在人口损失方面）对一代以上的勃兰登堡－普鲁士人产生了深远的影响。

由腓特烈·威廉签署并盖印的《波茨坦敕令》的原始文件没有被保存下来。尽管如此，由于《波茨坦敕令》在颁布后就立即下发，迄今至少在 6 处存有数量可观的印刷副本，并被翻译成了多种语言，共有 13 个不同的版本。据推测，《波茨坦敕令》的总印量超过 5000 份，相当于某种"广告小册子"，它的出现标志着勃兰登堡新起点的开始。

1685 年 10 月 29 日（儒略历，按照格里高利历为 11 月 8 日），《枫丹白露敕令》颁布后仅 11 天，腓特烈·威廉就正式向法国的新教徒发出了避难邀请。法国国王路易十四(Ludwig XIV)通过颁布《枫丹白露敕令》废除了他的祖父亨利四世(Heinrich IV)于 1598 年颁布的《南特敕令》(Edikt von Nantes)。法国胡格诺派教徒被迫害的局面再次趋于紧张。

尽管经常不被遵守，《南特敕令》仍准许深受加尔文主义影响的法国新教徒享有宗教信仰自由，而信奉国教天主教的太阳王路易十四则严令禁止国民信仰新教。在此前的几十年间，胡格诺派只是占法国总人口约 4% 的宗教少数派，他们逐渐在政治上和经济上遭受迫害和歧视。此外，这种情况不仅导致越来越多的避难者涌入德意志各邦，还尤其引起了一些德意志诸侯的注意，他们出于不同原因对此积极回应，将特权给予这些特别是在

222

1680 年代以后来到自己国家的 "难民（réfugié）"。

不过，争取这些有意愿移居国外的避难者和大幅让步也十分必要，因为在选择 "流亡地" 的问题上，这些改革派人士大多会追随他们已流亡国外的前辈们的足迹。实际上，和经济上 "极度倒退且不发达"［拉赫尼希特（Lachenicht）语］的勃兰登堡－普鲁士相比，在经济繁荣的荷兰和英格兰，这些避难者的关系网要更深且更起作用。

法国在 1670 年前后共有约 90 万名改革派人士，由于残酷的迫害行动，他们中的大多数不得不转变立场。新近的研究表明，在 17 世纪最后三十年，其中 15 万 ~ 16 万人因生命受到威胁而被迫离开家乡。据推测，他们中的 50000 人流亡到了英国（包括爱尔兰和美洲殖民地），35000 ~ 50000 人逃到了荷兰（包括其殖民地），38000 ~ 44000 人涌入了德意志的势力范围（1680 ~ 1730）。在当时的德意志，有 6500 ~ 7500 人移居黑森－卡塞尔，4000 人移居弗兰肯，3000 人移居符腾堡，而绝大多数人——16000 ~ 20000 人——选择留在了勃兰登堡－普鲁士，其中有三分之一的人住在柏林，1700 年前后的柏林城市居民有五分之一是胡格诺派新教教徒。当时（1701 ~ 1705），柏林专门为这些教徒兴建了法兰西腓特烈施塔特教堂（Französische Friedrichstadtkirche），之后（1780 ~ 1785）又在这一基础上加盖了一个穹形塔楼（Kuppelturm / dome），也就是所谓的法兰西大教堂（Französische Dom）。

在今天的人们看来，《波茨坦敕令》是居住在勃兰登堡－普鲁士胡格诺派教徒的 "基本法"。和其他国家避免在敕令问题上冒险的做法不同，腓特烈·威廉在《波茨坦敕令》的引言中对路易十四的 "迫害行为和残酷无情" 表示了强烈谴责。14 项条款详细规定了对避难信徒的接收条件，其中还包括他们享有的特权和优待。根据《波茨坦敕令》的规定，符合接收条件的移居者在勃兰登堡－普鲁士不仅拥有以法语作为其宗教语言和在建议的选项中自主选择居住地的自由，还可以享有大范围减免税费、免费使用农业用地和建筑材料、免劳役、手工业者和手工业工场主免受行会制约以及获得财政补助等"优惠"。此外，按照规定他们还拥有独立的管辖权，具有贵族身份的移居者享有与当地贵族亲属同等的权利。其他德意志诸侯也作出了类似的让步，不过妥协程度大相径庭，例如移居者的免税期从 10 ～ 25 年不等。

虽然避难者接收政策在人口统计学、经济学和宗教伦理学方面作到了很好的平衡，但是按照当时的法律解释，这些"难民"属于"外地人（Fremde）"。当时的人们往往也将他们视作外来人口和竞争者。这些人同时带来了新事物，或者说进一步推动了移居地的革新。比如，农民移居者带来了冷床和温床栽培技术、油磨坊和炼糖场、水果、芦笋、花椰菜、芹菜、菊苣、蘑菇、洋蓟、菊苣根制成的代咖啡，以及非常重要的烟草种植技术；手工业移居者带来了皮具、帽子和假发的制作工艺，特别是还引入了丝绸加工、花边装饰和制袜技术，而且已经出现了用机械方式加工袜子的情况。此外，移居者还向当地的珠宝业注入了新的活力，他们将家乡（法国）更精美的时髦饰品带到了德意志。

不过，将一些避难者开设的手工工场作为德意志工业化前经营范本的愿望已基本落空，只有极少数的工场维持了十年以上，政府给予的津贴大部分被浪费了。作为"银行家（banquier）"的他们加入了当时在这一行当占主导地位的犹太人的行列。他们对当地中介机构和证券交易市场的产生作出过不可估量的贡献。

除了给德意志带来的积极影响外，移居者也面临不少阻力，因为他们的存在，当地农民不愿意上缴农产品，行会反对不入会的个体经营行为，行政机关不认同区别对待的特殊规定。即便移居者让一些德意志地区获得了极大好处，然而他们对接收国经济发展的贡献无论如何也不应被高估。避难者的后代尤其容易制造"他们把当地休耕的田地转变为蓬勃发展的国民经济体"的神话。

1709 年，也就是《波茨坦敕令》颁布后过了约一代人的时间，居住在勃兰登堡－普鲁士的胡格诺派再次在法律上取得了与本地居民完全同等的地位和权利，不过他们拥有的特权和法律上强调的"难民"地位仍没有发生变化。1809 年，他们作为一个独立的集体进一步在宗教、法律和行政方面被纳入国家体系。颇有意味的是，胡格诺派需要取得多长时间超越平均水平的成就，才能和所拥有的与本地居民相比的突出权利地位相匹配呢？

这些移居者没有意识到，在霍亨索伦家族统治下普鲁士王国的壮大过程中，他们也发挥了重要的作用，形成了"一股平衡不和谐声音的力量"[冯·塔登（von Thadden）语]，他们并没有因居住地而成为勃兰登堡人、波美拉尼亚人、东普鲁士人或威斯特伐利亚人，而是成了直属国家的普鲁士爱国者。他们在生命受到威胁的紧急关头被接收，这促使他们成为心怀感激并持续不断地亲近和忠于霍亨索伦王室的基石。

因此纪念《波茨坦敕令》颁布 100 周年的庆祝活动就成了向普鲁士王室（1785 年在位的普鲁士国王是腓特烈大帝）递交"效忠信"的机会。当时的普鲁士已从一个小诸侯国跃升为一个受尊敬的欧洲强国，胡格诺派自我吹嘘，称"作为普鲁士全国上下忠心耿耿的臣民，他们对国家的强盛责无旁贷"。从 1806 年开始的施泰因—哈登贝格改革（Stein-Hardenbergsche Reformen）提升了他们作为"难民"的特殊法律地位，进一步促进了他们与德意志社会的融合，同时拿破仑统治时期推行的政策激起了他们的抗议，其中的很多人甚至放弃了自己的母语——法语。

224

从那时起，一次广泛且自愿的民族同化便开始了，胡格诺派和本地居民的界限因而变得愈发模糊。胡格诺派在维持自身传统和归属普鲁士－德意志国家之间找到了属于自己的位置。

与此同时，胡格诺派也愈发注意发扬自己的国民意识，在对侨居国外的法国人的历史叙事中，他们热衷于突出对德国社会现代化，以及对德国科学和经济发展所立下的汗马功劳。1885 年，在庆祝《波茨坦敕令》颁布 200 周年之际，胡格诺派集体表达了对"霍亨索伦君主们一如既往的感激之情"。当时的胡格诺派已经彻底将德语当作主要语言了，他们在普法战争和 1871 年德意志帝国建立期间就将自己视为"出类拔萃（par excellence）"的德国人。因此，总有传闻宣称俾斯麦慎重地将他们归为"最优秀的德国人"，也就不足为奇了。

在纳粹统治时期，纳粹分子也认可了胡格诺派自己塑造的"国家支柱"形象，他们必定要把这些来自法国的避难者树立成"流淌着最优秀日耳曼血脉的卓越精英"［弗里希－格鲁贝特（Fuhrich-Grubert）语，引自诺伊格鲍尔（Neugebauer）］。在对待纳粹主义立场的问题上，胡格诺派发生了分裂。德国胡格诺派协会会长决定加入认信教会（Bekennende Kirche，也称"宣信会"），并随即脱离了协会；而居住在德国的大多数法国改革派团体则比柏林人更为坚决地拥护纳粹政权。1935 年，借《波茨坦敕令》颁布 250 周年之机，一位胡格诺派牧师这样描述道："没谁能比我们更爱我们的元首了。"

*

《波茨坦敕令》颁布 300 周年时，围绕当时移民的主要形象问题，东西德借机开展了一次更为深入、更具有批判性的辩论。民主德国的历史叙事将胡格诺派认定为早期资本家的原型，指责这些避难者的资产阶级贵族出身，对"胡格诺－普鲁士式爱国主义"［格劳（Grau）语］进行批判，认为他们是令人厌恶的霍亨索伦统治王国的支柱之一。尽管这些"难民"对"历史进步有益的功绩"没有被抹煞，然而他们在纳粹国家建立过程中所扮演的角色，以及他们给自己创造的"历史神话"却备受争议和指责："从道德和文化，或者说从以功绩为导向的角度来看，在普鲁士崛起的神话中，胡格诺派和首批移民美国的清教徒有些相似。"（格劳语）

1985 年不论东德还是西德，"'胡格诺派'代表的仍然是促进接收国经济和文化繁荣的精英后代"［弗里希－格鲁贝特语，引自贝内克（Beneke）与奥托迈尔（Ottomeyer）］。此外，当时的政界和媒体还把他们当成工具，形容他们是"德法友谊的基础"，而对他们以前所表现的爱国精神视而不见。

不管怎么样，对胡格诺派避难者的接收直到今天仍然是民族融合和同化的成功典范。它一方面证明了德国人的宽容，另一方面也说明了在艺术、文化和经济方面，胡格诺派确实发挥了创造性和国家支柱的作用。

巴洛克时期

的

建筑

和

建筑艺术

Architektur und Baukunst
im Barock

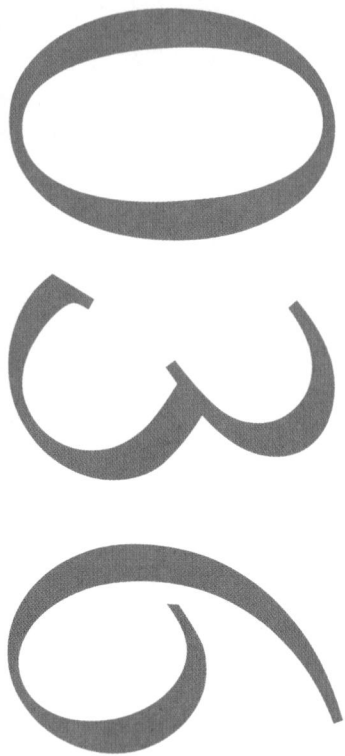

巴尔塔扎·诺伊曼的
建筑计算工具

这个计算工具由一位 26 岁的建
筑师制作，它的作用是计算经
典柱子样式的各项基本数据。

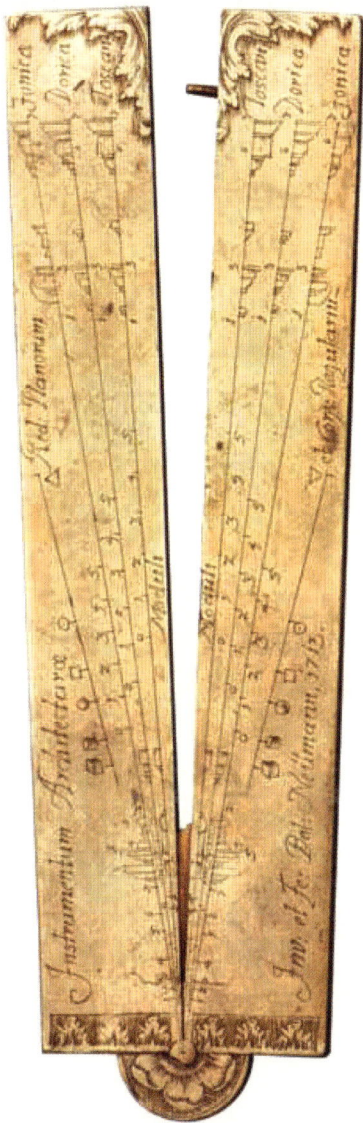

227

　　维尔茨堡宫（Würzburger Residenz）、巴特施塔弗尔施泰因（Bad Staffelstein）的十四圣徒教堂（Wallfahrtskirche Vierzehnheiligen）、布鲁赫萨尔城堡（Schloss Bruchsal）和布吕尔城堡（Schloss Brühl）的楼梯间，以及位于博登湖和莱茵兰之间的约 100 座桥梁、教堂、城堡、修道院、住宅和商业大楼，这些伟大的巴洛克式建筑艺术都和一个人的名字密切相关，他就是 18 世纪最著名的德意志建筑师约翰·巴尔塔扎·诺伊曼（Johann Balthasar Neumann，1687 ~ 1753）。

　　巴尔塔扎·诺伊曼早期设计的"建筑计算工具（Instrumentum Architecturae）"鲜为人知，这属于他在 1713 年设计的一批作品，它们在诸多方面都具有启发意义：它不仅仅是普通的刻度计算工具和比例规——16、17 世纪之交由伽利略·伽利雷（Galileo Galilei）发明并闻名于世，19 世纪为建筑师和工程师计算和设计所用。和同时代的许多数学家一样，巴尔塔扎·诺伊曼也自己制作计算工具并在上面署名"Inv. [enit] et Fe. [cit] Bal [thasar] Neumann 1713"（意为"1713 年由巴尔塔扎·诺伊曼发明并制作"）。

　　这个计算工具由黄铜浇铸而成，270 克的重量并不是特别轻。它看起来很像一个加宽的圆规，两脚可以展开到 180 度，不过连接处不是尖端，而是直尺的两端。从连接处发散出 4 条直线，上面可以见到各式各样的标记和文字说明。巴尔塔扎·诺伊曼可以用它进行各类计算，特别是用它来计算柱子的长、宽、高，以便绘制草图和建筑图纸。不仅如此，巴尔塔扎·诺伊曼显然还可以用它进行其他数学运算。规脚上雕刻的文字标明了柱子的基本类型——"塔司干柱式 [Toscan（a）]"、"多立克柱式（Dorica）"、"爱奥尼克柱式（Jonica）"、"科林斯柱式 [Corint（h）ia]"和"混合柱式（Composita）"——这是一种建筑的新规范，它是启蒙时代纲领性的要求和代表：对室内造型的细节作这样的规范，既能体现理性的建筑力量，又能象征引领理性的政治权力。

228

巴尔塔扎·诺伊曼建筑艺术的"前科学"式发展与他在手工行业作为大炮和大钟铸造工匠、烟火制作工匠和造枪匠的职业素养分不开。当时，想要成为建筑师的人都必须首先成为军官和堡垒工程师，并且掌握那时在数学、几何、测量技术、自然科学等领域所必备的知识。巴尔塔扎·诺伊曼就是这样，他的成功集合了天赋、机遇、必需的勤奋和雄心。

从 1714 年开始，巴尔塔扎·诺伊曼在维尔茨堡主教区任职，当过炮兵部队的副官和军士，1718 年曾担任诸侯军队的工程总监（Ingenieur-Kapitän）。1719 年，在美因茨选帝侯洛塔尔·弗朗茨·冯·施波恩（Lothar Franz von Schönborn）的举荐下，巴尔塔萨·诺伊曼被新上任的采邑主教约翰·菲利普·弗朗茨·冯·施波恩（Johann Philipp Franz von Schönborn）任命为总工程师和建筑总管。洛塔尔·弗朗茨·冯·施波恩是约翰·菲利普·弗朗茨·冯·施波恩的伯父，自 1715 年开始就非常欣赏巴尔塔扎·诺伊曼。从 1720 年起，顶着新头衔的巴尔塔扎·诺伊曼便着手开展维尔茨堡宫（1720 ~ 1744）的设计和新建工作，并进行了无数次考察旅行，其中对维也纳和巴黎的考察给了他许多灵感。由此，作为施波恩的房屋和宫廷建筑师，巴尔塔扎·诺伊曼开始了井喷式的创作期，在波恩和康斯坦茨、莱茵河和多瑙河之间，他主持建造了许多富有创造性的民用和教堂建筑。

除了拱顶、圆形中殿和球形屋顶，巴尔塔扎·诺伊曼建筑艺术的主体就是柱子和成对的柱子，这在很大程度上体现了近代早期的时代活力：一方面，18 世纪的专制主义和启蒙运动相互角力；另一方面，借由测量、计算和几何化猜想，建筑艺术正在迎来科学化的趋势。巴尔塔扎·诺伊曼制作的这个计算工具因此也代表了人们在启蒙时代的特别努力，即将建筑更多地向数学看齐，进而更明确地将其作为实用数学的一个分区进行构建，一如 1700 年前后文艺复兴式建筑所要求的那样。约翰·J. 舒布勒尔（Johann J. Schübler）在他写给巴尔塔扎·诺伊曼的《木匠工艺教程》（*Lehrbuch zur Zimmermannskunst*，1731）中提到，"建筑艺术"应通过数学计算和"理性"来"保证物品的完整性"，并且使其上升到"可以彻底和理性地被称作美"的程度。

巴尔塔扎·诺伊曼从一个波西米亚织布工人的儿子一跃成为 18 世纪欧洲的知名建筑师，靠的不仅是他的天赋异禀，他也是所在时代人们对建筑抱有极大热情，以及许多实行专制统治的诸侯国权威的体现和产物。看上去，既有才又有抱负的巴尔塔扎·诺伊曼出现得适逢其会。

巴尔塔扎·诺伊曼是一名建筑师，也是一个多才多艺的全能型人才。马库斯·F. 克莱纳特（Marcus F. Kleinert）曾于 1727 年给他画了一幅画，这幅也是他最著名的画像展现了他事业的巅峰状态和极为广泛的涉猎：他穿着那时时兴的铠甲，右手拿着堡垒设计图纸卷，俨然一副工程师的模样；由于紧靠着一门加农炮，他炮兵少校的身份同时也得到了体现。此外，他民用建筑工程师和建筑师的职业也在画像中有所强调，他左手指着身后维尔茨堡宫的一角；这个姿态将他的自信和骄傲之情展露无遗。

这幅画像并没有暗示巴尔塔扎·诺伊曼用他制作的计算工具实现了精确的建筑结构静力计算。当时常见的做法是，根据详细绘制的建筑图纸，在建筑艺术直觉以及个人经验和观测值的基础上来进行静力"计算"。因此在拱形结构的造型艺术方面，巴尔塔扎·诺伊曼非常规的创造发明获得了更高的评价。当时所用建筑材料的特性最终也被考虑了进去，整整一个世纪以后欧洲才在 1850 年前后引进了作为建筑材料的混凝土。

巴尔塔扎·诺伊曼就像一块海绵，从自己在教堂建筑和普通建筑领域已有所建树的行会同行那里了解和学习了建筑结构设计的不同解决方案。他的建筑艺术体现了所在时代最卓越的建筑师们产生的影响，例如巴伐利亚的丁岑霍费尔兄弟（Brüder Dientzenhofer）、巴黎贵族热尔曼·博夫朗（Germain Boffrand）、维也纳巴洛克风格的代表人物约翰·卢卡斯·冯·希尔德布兰特（Johann Lukas von Hildebrandt）和约翰·伯恩哈德·菲舍尔·冯·埃尔拉赫（Johann Bernhard Fischer von Erlach）、凡尔赛宫的建筑师和路易十四手下的宫廷营造师罗伯特·德·科特（Robert de Cotte），巴尔塔扎·诺伊曼与后者相识于巴黎。不过巴尔塔扎·诺伊曼终生都是一位独立和自信的建筑师，这从维尔茨堡宫宏伟楼梯间的大胆设计就能够看出。城堡的主楼梯象征着对实行专制统治君主的推崇和赞美，走上楼梯的君主宛若神祇升天。而"下"楼梯和这个从古希腊罗马时代就存在的动人理念不符，为了避免这个问题，统治者在返回时要选择侧楼梯下楼。

维也纳宫廷的首席建筑师约翰·卢卡斯·冯·希尔德布兰特认为，巴尔塔扎·诺伊曼设计的没有支撑的、面积达 18 米×30 米的维尔茨堡宫拱顶是一种鲁莽和冒险。他甚至发誓说，如果它（拱顶）不垮，他将绞死自己。作为回击，巴尔塔扎·诺伊曼称可以用加农炮的炮声来证明他设计结构的承重能力。这场"打赌"并没有付诸实现，因为建筑施工的质量证实了巴尔塔扎·诺伊曼对这种建筑愿景的自信心，以及他出色的工程技术能力。这个事例也表明，巴尔塔扎·诺伊曼的建筑设计理念远远领先于同时代的其他建筑师。

有上百个成功案例和未完成的建筑图纸可以证明，巴尔塔扎·诺伊曼的建筑包含了许多建筑结构方面的前卫成果。接到第二个大单，即维

230

尔茨堡大教堂（Würzburger Dom）北边的施波恩小教堂（Schönborn-Kapelle，1721 年以后）时，巴尔塔扎·诺伊曼就首次产生了建造中央带拱顶的圆形中殿的独特设想，这样一来，教堂建筑艺术存在的一连串问题中的十字交叉部分的连接问题，通过一个带拱顶的圆形中殿就得到了艺术性的解决。对于维尔茨堡宫和布吕尔的奥古斯都堡（Schloss Augustusburg）楼梯间的设计，巴尔塔扎·诺伊曼自信地采用了双柱结构。他用令人称奇的低矮弧线构造出了内雷斯海姆（Neresheim）的圣乌尔里希和圣阿夫拉修道院教堂（Abteikirche St. Ulrich und Afra）具有曲线变化的室内空间。在几十年间，巴尔塔扎·诺伊曼不停歇地完成了新颖、有运动效果的空间结构设计。与此同时，凭借他独一无二的拱形和屋顶构造艺术，通过打通空间间隔和制造光影效果，他创造出了那个时代具有工程技术感的室内空间。在去世之前，作为建筑师和艺术家的他在欧洲声名远播。在晚期巴洛克发展的巅峰，没有一个德意志建筑师能像巴尔塔扎·诺伊曼一样，擅长利用对建筑艺术和美学"总体艺术作品式"相互糅合的敏锐嗅觉，创造出对绘画、雕塑和光影效果都具有艺术包容性的建筑室内空间。

*

巴尔塔扎·诺伊曼的建筑艺术是晚期巴洛克的尾声，从 18 世纪中叶开始，它在政治、建筑技术和审美方面就已经过时了。1760 年代以后，晚期巴洛克和洛可可建筑风格逐渐消失，新古典主义逐渐兴起，巴尔塔扎·诺伊曼设计的雄伟建筑退到了艺术和建筑史的幕后。直到 19 世纪的最后几十年，他才受到更为热烈的追捧。巴尔塔扎·诺伊曼能够重回人们的视线，

231

要归功于科内利乌斯·古利特（Cornelius Gurlitt，1850～1938），后者重新发现了巴尔塔扎·诺伊曼对艺术史的价值，他在1889年对巴尔塔扎·诺伊曼作出了谨慎的评价："他可能是当时最伟大的建筑师。"1890年代中期，对巴尔塔扎·诺伊曼生平和作品的研究已更加广泛，他"难以置信的多面性"与"只是意大利文艺复兴主要代表人物的化身，比如米开朗琪罗、拉斐尔和莱昂纳多·达·芬奇"［克勒（Keller）语，1896］形成了对比。迄今为止的建筑史叙事证明，他拥有掌握全面设计风格的天赋，并认定他是"德国的拉斐尔"［克纳普（Knapp）语］。在德国的大部分地区，巴洛克时代与巴尔塔扎·诺伊曼的创作和影响息息相关，它始终是西欧宗教和文化统一在广泛程度和影响力度方面的最后范例。

今天，"巴尔塔扎·诺伊曼"这个名字常常作为高质量的标签被使用，德国营造师、建筑师和工程师联盟（Bund Deutscher Baumeister, Architekten und Ingenieure）也以这个名字设立奖项，以此鼓励建筑成绩突出且具有美学设计语言的人。巴尔塔扎·诺伊曼的头像和他的比例规曾被印在德国50马克纸币上长达十年。

巴尔塔扎·诺伊曼独一无二的创造力证明，没有人能够继承他艺术的衣钵，因为他精巧的艺术设计同时保证了拱形结构的可靠性，在"技术上"也不容易传承。他设计的富丽堂皇的空间艺术作品和透视技法经久不衰：他对维尔茨堡宫楼梯间的设计不仅经受住了约翰·卢卡斯·冯·希尔德布兰特的极度怀疑，还在200年后，也就是1945年3月16日，承受住了在轰炸中坠落的屋顶架的重量。

勃兰登堡王室

的

奇迹

Das »Mirakel des Hauses
Brandenburg«

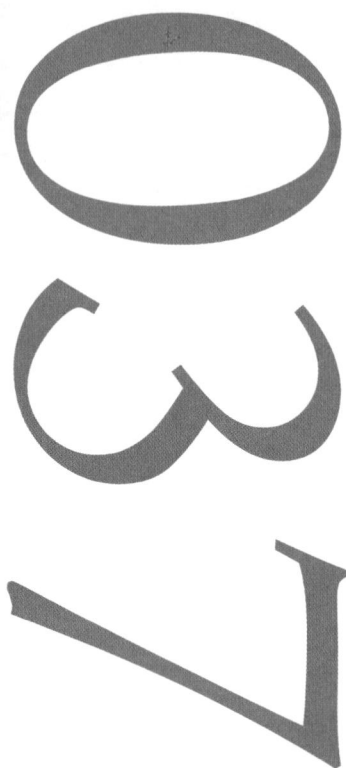

037

腓特烈大帝的鼻烟盒

腓特烈大帝的这个鼻烟盒极具
传奇色彩，据说它曾在1759
年的库勒斯道夫会战中救了主
人一命，它抵挡住的也许就是
鼻烟盒上的这颗铅弹。

233

　　在腓特烈大帝（Friedrich der Große，1712～1786）精致又奢华的鼻烟盒收藏中，这个小鼻烟盒是最不起眼、最朴实无华的一个。它由黄金制成，不过相较之下，鼻烟盒上面的装饰和绘画却比较朴素：郁金香、银莲花和玫瑰蔓延在盒身和它没有边沿的盖子上，没有任何装饰用的宝石，而且绘制的花、昆虫和藤蔓也仅是上了层釉。腓特烈大帝拥有众多奢华的鼻烟盒，它们都满满地镶嵌或装饰了诸如玛瑙、红宝石、蓝宝石、猫眼石和碧玉等昂贵的宝石。它们中最贵的价值12000塔勒[①]，而从保留至今的账单上看，在1755年前后，这个小尺寸的鼻烟盒只值约250塔勒。尽管如此，这个朴实无华的鼻烟盒却比它所有闪着宝石光芒的"姐妹"要有价值得多。如果说之前它里面装的是给"伟大的国王"的鼻烟，那么现在它则盛满了传奇故事。

　　鼻烟盒盖上的一个厚约11毫米的铅弹表明，鼻烟盒盖在这个位置发生了形变。原因在于，这个鼻烟盒曾在1759年爆发的库勒斯道夫会战（Schlacht bei Kunersdorf）中抵挡住了敌方射向腓特烈大帝的一枚铅弹，从而救了他一命。作为补充证物，这个救命的鼻烟盒被陈列于黑欣根（Hechingen）的霍亨索伦城堡中，在它旁边展示的是腓特烈大帝当时被射穿的战袍（可能是真品，也可能是仿制品）。

　　这场会战发生在1759年8月12日，地点位于奥得河畔法兰克福的库勒斯道夫附近，普鲁士军队和俄奥联军进行了激烈的交战，战局风云变幻、扣人心弦。只有50000人的普军明显不敌80000人的俄奥联军，不过腓特烈大帝一开始就表现了胜券在握的信心。然而当普军攻下一个高地突然陷入不利时，奥军的骑兵部队用毁灭性的炮火和集中反扑大破普军阵型，使普军

234

[①]　德意志18世纪通用的银币。

士兵大乱并仓皇逃窜。库勒斯道夫会战因此成为七年战争（1756 ~ 1763）中最可怕、最血腥的一场会战，也成为"彻底失败"的象征。

腓特烈大帝曾尝试重新控制他已如鸟兽散的军队，后来证明只是徒劳。他将自己的指挥部置于敌军反击地的中点，没有任何防护地，并从战事混乱的中心发号施令。他的许多随从、指挥官和副官都在炮火中阵亡或负伤。尽管如此，当腓特烈大帝的参谋们催促他将指挥部转移到安全地带时，他并没有同意。当时他骑的两匹马已被击毙，一个目击者这样形容后来发生的事：

> 国王起身（骑上另一匹马），调转马头向左。就在这个瞬间，一颗小铅弹飞向他，穿过了罩在马鞍上的匈牙利罩子——因为国王上马时将它推到了较高的位置，然后穿透了国王扣好的军袍口袋和臀部之间的位置，又穿过他的马甲，击中了国王军袍口袋里的金制鼻烟盒，并嵌入其中。只见国王转身并说道："我觉得我被一颗铅弹击中了。"不过他一直在原地没有动。这时，克鲁瑟马克将军（General Crusemark）和其他一些人再次赶来向国王禀报，我们所有人都极力恳请国王尽快撤离这个对他而言十分危险的地方。他的回答让人难以忘怀："我们必须尽一切所能，赢得这场会战。而我必须在这里，和你们一样，出色地完成我的任务！" **和其他统治者不一样，腓特烈大帝的确亲自上阵，指挥军队作战。**（黑体字为本书作者所加）

腓特烈大帝的命运因这个小小的鼻烟盒发生了改变，后来他又侥幸从一支哥萨克骑兵的追捕中逃脱。尽管如此普鲁士军队的溃败仍然是毁灭性的：20000 名普鲁士士兵在 8 月 12 日傍晚的战场上丧命或负伤，受到重创的普军的其余部队像散沙一样撤退了。俄奥联军也损失了 15000 名士兵，不过他们是否会前往柏林并夺取最终的胜利，还是个未知数。

235

腓特烈大帝陷入了绝望，会战刚结束就给他青年时代的朋友和他的大臣卡尔·威廉·芬克·冯·芬肯施泰因（Karl Wilhelm Finck von Finckenstein）去了一封信，这封信被认为是普鲁士历史上最具戏剧性的一份文件："今天上午 11 点，我指挥军队向敌人发起了进攻……全军都投入了战斗，他们创造了奇迹。但是……最后我差点做了俘虏……我的军袍被射穿，我的两匹马被击毙。倒霉的是，我居然还活着。"他感到非常绝望，甚至想要自杀，"这真是天大的不幸。我无法承受这一切……而且，实话和你说，我认为我已一无所有。我不能接受我的祖国走向灭亡。永别了！"

然而敌军开始犹豫不决，并没有认识到局势正对他们有利。俄国和奥地利在是否要冒险发动最后一击的问题上无法达成统一。会战结束后的几天内，普军再次集结，腓特烈大帝的心中又燃起了希望。而且实际上，俄奥联军已经朝着西里西亚方向进发了。柏林和普鲁士得救了。

对于腓特烈大帝来说，这场会战的惨败并不是他最担心的结果。1762 年，俄国女沙皇伊丽莎白病逝，皇位由腓特烈大帝的崇拜者彼得三世（Peter III）继承，俄国随后出乎意料地退出了对抗普鲁士的奥地利—法国—俄国—瑞典联盟，奥地利一年后便结束了战争。七年战争因争夺西里西亚的统治权而爆发，最终以 1763 年签订《胡贝尔图斯堡和约》（Frieden von Hubertusburg）而结束，奥地利放弃了对西里西亚外省地区的管辖。当时的普鲁士距离库勒斯道夫仅一步之遥，七年战争过后，通过普军坚定的意志、敢于牺牲的精神，以及腓特烈大帝的天才领导，普鲁士最终抵御住了与其相比具有压倒性优势的敌人，成长为欧洲的一大强国。在写给弟弟亨利的一封信中，腓特烈大帝将普鲁士的得救称为"勃兰登堡王室的奇迹（Mirakel des Hauses Brandenburg）"。他所指的"奇迹"正是敌军在库勒斯道夫会战后出乎意料的撤退。它也被用来形容由俄国意外退出所导致的反普鲁士联盟的破裂。在民间，这个"奇迹"更是延伸到了让腓特烈大帝逃过一劫的鼻烟盒上，人们赋予了它传奇的色彩，并将它上升到了决定君王命运的高度。不仅如此，腓特烈大帝从敌人的追捕中脱险，免于沦为俘虏，民间也将此称为"奇迹"。

在书写德意志的传奇故事方面，库勒斯道夫会战无疑给腓特烈大帝天才统帅和政治家的光环平添了光彩。在还在世时，他在军事上取得的成就，以及作为霍亨索伦家族成员具有启蒙思想的统治才能已经声名远播，甚至超越了普鲁士的国界。腓特烈大帝因此成为"人民的国王（Volkskönig）"。

236

和这位"伟大的国王"有关的轶事达数百件之多，在民间吹起了一股对他的崇拜之风，其中文学性和真实性的界限往往模糊不清。这位只有 1.6 米高的伟大国王一方面被形容成暴君、虐待士兵者和"讨厌的老家伙"，另一方面又被看作具有启蒙思想，还会吹笛子的改革家。他是德国历史上最受争议且最有魅力的人物之一。没有任何一个统治者能像他一样，在去世后短短几十年就引发了德国人如此热烈的追捧。事实上，他最初接管的普鲁士（1920 年前德国最北的城市）只是在荷兰边境和尼曼河 [Memel，今立陶宛的克莱佩达（Kleipeda）] 之间一块拼凑起来的领地。通过战争与和平（改善）手段，腓特烈大帝扩大并整合了这块领地，势力范围增长了一半，人口从他统治初期的 220 万增长到了 550 万。从那时起，人们便开始了对腓特烈大帝的早期个人崇拜，霍亨索伦家族的继任统治者们也利用了这一点。腓特烈大帝将自己的一生都奉献给了国家，霍亨索伦家族在德国的合法统治因此一直延续到了 1918 年。

库勒斯道夫会战中，在他胯下被击毙的两匹马、将他从哥萨克骑兵的追捕中解救出来的身着匈牙利式制服的轻骑兵，以及替他挡住敌人子弹的金制鼻烟盒，都是"腓特烈传奇"的组成部分。真实与传说早已并行不悖、相辅相成。陈列于黑欣根霍亨索伦城堡内的鼻烟盒真的是那个救命的鼻烟盒吗？鼻烟盒上的铅弹确实是会战结束后在腓特烈大帝破损的军袍里发现的吗？历史学家们对此争论不休。虽然鼻烟盒相对较好的保存状态令人生疑，但也可以用后来的修复工作来解释。不过这件物品的魅力并不会因此受到影响，起决定作用的是它背后的传奇故事。而且这个传奇故事早已不再维系在陈列于橱窗玻璃后的那个鼻烟盒身上，而是独立存在了。

1945 年时的历史叙事认为，库勒斯道夫会战的毁灭性并不是太大，它更多地体现了在看似绝望的境地中勇于克服困难、不屈不挠的男子气概。不管再遇到多么无望的情形、陷入多么无力的困境，普鲁士人坚韧不拔和勇于牺牲的精神总能够帮助国家找到出路。

在纳粹独裁统治期间，"腓特烈传奇"发挥的作用却是灾难性的。希特勒狂热地崇拜这位"无忧宫的英雄"，并乐于见到拥护者将他与腓特烈大帝和俾斯麦等普鲁士 – 德意志的历史名人相提并论。

腓特烈的最后一个愿望是死后可以葬在无忧宫（Sanssouci，由他亲自设计的避暑行宫）的露台上，葬在他的爱犬旁："不要任何富丽堂皇的装饰，连最起码的仪式也不要举行。"由于继任者（他的侄子）的忽视，他于 1786 年被安葬在位于波茨坦的驻军教堂（Garnisonkirche）内，葬在了他生前厌恶的父亲旁。直到 205 年以后，也就是两德统一后的第二年，腓特烈的这一愿望才得以实现，不过是以国葬的形式进行的：1991 年 8 月，他的墓被迁回无忧宫，"上演了如同把走失的孩子领回家的隆重场面"〔库尼施（Kunisch）语］。

于是，霍亨索伦家族的两任国王——腓特烈大帝和他的父亲腓特烈·威廉一世——的灵柩结束了由战争所致的长期漂泊，两人的遗体也不再"并排"葬在一起了：他们的灵柩于 1943 年被从驻军教堂转移到附近位于波茨坦艾伊歇（Eiche）的防空洞，以避免轰炸造成损害，第二次世界大战结束前又被安全转移到图林根贝尔恩特罗德（Bernterode）的一处盐矿中。1945 年春，灵柩被美军发现，后被运往马尔堡（Marburg）的圣伊丽莎白教堂（Elisabethkirche）。为了满足霍亨索伦家族明确表达的愿望，他们于 1952 年被葬在了位于黑欣根的霍亨索伦城堡小教堂内，那里正是如今陈列腓特烈大帝救命鼻烟盒的地方。

拨云见日

的

启蒙时代

Erhellende Aufklärung

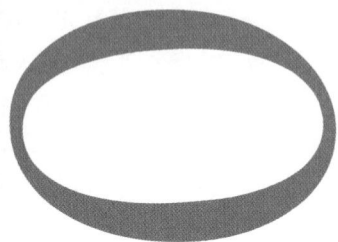

038

避雷针

黑默尔五针式避雷针可能是德国现存最古老的避雷针。

239　　　这个黑默尔（Hemmer）五针式避雷针得名于它的外形和它的发明者普法尔茨选帝候宗教顾问约翰·雅各布·黑默尔（Johann Jakob Hemmer，1733 ~ 1790）。它由一根主棒和两根固定在棒中心点的横棒组成，横棒的作用是截获水平方向的雷电电击。底座是一个用铜皮包覆的橡木支柱，以便安装在屋顶时与接触的部分绝缘，最底部有若干个用于安装铁链的钩子——铁链的作用是将房屋附近的电荷导入地下。

　　　这个避雷针在 1781 年为富有的商人和银行家、利本霍芬（Liebenhofen）贵族贝内迪克特·亚当·利伯特（Benedikt Adam Liebert）所使用，它被安装在利伯特位于奥格斯堡酒市边新建的宫殿上，宫殿后来被转到了利伯特的女婿约翰·洛伦茨·谢茨勒（Johann Lorenz Schaezler）的名下，因此得名"谢茨勒宫（Schaezlerpalais）"。如今的宫殿拥有一个博物馆，陈列着城市和国家的艺术收藏品。

　　　安装在谢茨勒宫屋顶的黑默尔五针式避雷针是帝国城市奥格斯堡的第一个避雷针，也是全德最早使用的避雷针之一。不仅如此，它还是公认的、德国现存最古老的避雷针。当时的科学家研究电的现象已有几十年，在社交聚会或年度集市上演示电机的工作原理是一件非常喜闻乐见的时髦事儿，不过人们只是为观察到的电火花而惊叹不已，并没有想到将其运用于实际。本杰明·富兰克林（Benjamin Franklin）发明了避雷针，他关于电和雷电关系以及截引闪电的理论也促使许多欧洲人进行相关的实验。其中尤以 1752 年受法国国王路易十五（Ludwig XV）委托，在巴黎郊外马利镇（Marly）做的实验而闻名于世。竖立的 13 米高的铁棒成功截获了闪电电击，证明了它对电荷的吸引作用。随后，其他欧洲国家也接连进行了许

240　多类似的实验。个别研究者和空想家幻想能彻底掌控天气现象，不过公众对此的反应更多偏向于对立。

当时人们有一种根深蒂固的思想，那就是人类不能干预神创造的自然秩序。在古希腊罗马时代，雷电被视为神发怒的表现，古希腊神话和古罗马神话中的众神之王——宙斯和朱庇特——常常被塑造成"掷闪电者"。人们在这方面也对基督耶稣有过不少类似的想象。在圣芭芭拉的传说中，圣芭芭拉的父亲遭到了被雷劈死的惩罚，原因是他在女儿拒绝与非基督徒结婚后愤而处死了她。对宗教的皈依有时也被归因于雷击，比如12世纪初普利孟特瑞修会（Prämonstratenser）的创建者圣诺贝特·冯·尚登（Norbert von Xanten）和300年后的马丁·路德，相传二人都是在被雷击后决定信教的。天主教教义认为，被供奉的"雷钟"可以抵御雷击。此外在所有的宗教教派中，忏悔祈祷都是人们避免雷击的重要途径。那么，用技术手段来对抗神的"发怒"，看起来难道不像是人类的狂妄之举吗？

实际上，关于避雷针的争论之所以那么激烈，是因为它触及了西方基督教世界观的一个重要部分。而且在引发争论的年代，这方面的世界观也正处于发生根本性转变的时期。这种争论尽管绝不可能撼动基督教的根基，却对人与世界的关系提出了新的解释。对中世纪的人们来说，生存于世首先是通往永生道路上必须承担的重担。17世纪的唯心主义哲学认为，世界是按照神的旨意，用尽可能好的方式建立起来的。从那以后，用科学的手段观察神建立的秩序不再被视为狂妄，而被视作对"神创造万物"的进一步的认识，因此最终成了弥撒的一种形式。

对此需要不断积累知识和数据，而仅靠某个学者的能力是不可能做到的。因此在17世纪下半叶的伦敦、巴黎和其他欧洲城市，一大批学者为建立各类学会而聚集在一起也就不足为奇了。他们的目标在于将研究者们的发现集中在一起，系统化，进而通过实验共同推进。进入18世纪以后，沿着这个发展方向又出现了"百科全书"，人们将当时已获得的全部知识作了归纳和整理，使人人都能够从中学习。在德尼·狄德罗（Denis Diderot）和让－巴普蒂斯特·勒朗·达朗贝尔（Jean-Baptiste le Rond d'Alembert）的主导下，一套共 35 卷的法语《百科全书》（Encyclopédie）在 1751 ~ 1780 年间于巴黎问世。全书涵盖了所有知识领域，涉及 100 多个学者，共有 72000 个条目。而在德语区，1732 ~ 1754 年，莱比锡出版商约翰·海因里希·泽德勒（Johann Heinrich Zedler）出版了共 68 卷的《科学和艺术百科大辞典》（Grosses vollständiges Universal-Lexicon Aller Wissenschafften und Künste）。

这两套"百科全书"反映了一个时代的知识水平，然而也反映了科学进步和未被彻底驳倒的守旧学说之间的裂隙。关于闪电的条目就是证明：泽德勒在 1733 年还写到人们没有研究清楚闪电产生的原因。24 年以后，编写相关条目的作者知悉了富兰克林的实验，便将其写进了书里。不过这名作者也提到了自古以来的代表性观点，即闪电是有毒雾气通过燃烧而形成的。与此同时，他试图对"雷钟"发出的声响进行合理性解释，坚持认为钟声或炮声可以影响大气，进而引开雷电。出于这样的笃信，当时被供奉的大钟上经常标有"闪电为我所破（Fulgura frango）"的字样。在被新的知识取代之前，这种观念产生了较长时间的影响。如果当时的学者看到了轰动世人的实验结果，却仍然对承认富兰克林的启迪为真理而犹豫不决的话，那么这一启迪直到若干年以后才变得更加广为人知，进而对它的实际运用——避雷针的安装——才开始进行，也就完全可以理解了。

1760 年，也就是富兰克林发现雷电与电的关系的八年后，欧洲的第一个避雷针出现在英国：它被安装在了一座灯塔上。德意志从 1770 年开始才逐步在公共建筑上安装避雷针，其倡导者往往是当地富有责任心和热情的个人，比如普法尔茨的神学家、物理学家和气象学家，也是图中这个五针式避雷针的发明者约翰·雅各布·黑默尔，以及汉堡的医生约翰·阿尔贝特·莱马鲁斯（Johann Albert Reimarus）等。1750 年，仅存在了九十年的汉堡圣米迦勒教堂（Michaelis-Kirche）因被闪电击中而成为废墟。1767 年，汉堡圣雅各教堂（Jacobikirche）的塔楼也被闪电击中。这件事促使莱马鲁斯紧急发声，圣雅各教堂终于在 1770 年成功装上了避雷针，从而成为全德首个安装避雷针的建筑物。不过教会委员会作出这个决定是艰难的，代表们曾多次就施工办法进行商讨，并"以种种理由表示对此举的成见"［默林（Möhring）语］。一年后，汉堡圣尼古拉教堂（Nicolai-Kirche）紧随其后，然而由于圣凯瑟琳教堂（Katharinen-Kirche）当时的牧师持续反对，1817 年才在下一任继任者的支持下安装了避雷针。

看起来，避雷针（有时也被称为"雷伞"）在信仰新教的地区普遍要比在信仰天主教的地区受到的阻力小。教宗本笃十四世（Benedikt XIV）是罗马教廷著名的"进步派"，不过即便他在知悉富兰克林的发现后马上表示支持引入避雷针，也无法消除广泛深入人心的疑虑：这（安装避雷针）是对神创造秩序的冒犯。而改革派新教教徒，比如在符腾堡占优势地位的新教徒在这方面则几乎没有遇到阻碍。因为新教徒认为，根据加尔文主义预定论，人的命运本就是神预先确定好的，他们绝不可能通过干预改变神预定的惩罚；他们同时还认为，谁保护了自己免遭雷击，谁就一定得到了神额外的恩典。

不过，在信仰天主教的帝国诸侯中也不乏启蒙运动强有力的支持者，普法尔茨选帝侯和巴伐利亚选帝侯（1777 年以后）卡尔·特奥多尔（Karl Theodor）就是其中之一，他同时也是黑默尔的雇主，为后者努力推广避雷针提供了支持。在这样的前提下，黑默尔于 1776 年将自己制作的第一个避雷针安装在了九年前落成的、位于普法尔茨的特里普施塔特宫

242

（Trippstadter Schloss）的房顶上。同年，特奥多尔还规定，普法尔茨的所有宫殿和火药塔都必须装上避雷针。而在天主教和新教混杂的奥格斯堡，即便得到了采邑主教克莱门斯·温策斯劳斯（Clemens Wenzeslaus）的首肯，大多数居民仍对这个新事物表示抗拒。

*

243

然而思想转变的迹象开始出现了，例如伊曼努尔·康德（Immanuel Kant）在 1756 年还反对避雷针，到了 1774 年却建议首先在科尼希斯贝格（Königsberg）引入避雷针技术。1780 年，在数学家和物理学家格奥尔格·克里斯托夫·利希滕贝格（Georg Christoph Lichtenberg）的倡议下，哥廷根安装了首个避雷针。自称无神论者的他同时宣称：“布道是在教堂内进行的，因此安装在教堂外的避雷针并不是多余的。”和大多数同时代文化人一样，作为泛神论者的歌德也对避雷针（歌德将其称为“Wetterableiter”）有所关注。不过当时也有个别人认为，他在狂飙突进运动（Sturm-und-Drang）时期最著名的诗歌《普罗米修斯》（Prometheus，1773 / 1774）是“对本杰明·富兰克林的过度颂扬”［施拉弗尔（Schlaffer）语］：诗中将“乌云滚滚（Wolkendunst）”形容为孩童在玩耍，在后几行又写道，“但你动不了 / 我的大地 / 我的茅屋（musst mir meine Erde / doch lassen steh' n / und meine Hütte）”，也可以将其解读为“理性的表现和面对雷电等自然现象的冷静”（施拉弗尔语）。这种对上帝信仰的批判与启蒙运动倡导的技术思想是相契合的。歌德在他的小说《少年维特之烦恼》中也写下了关于雷电场面的著名片段，这同样符合当时自然科学的发展水平，以及不同性别角色对此的理解：女孩们坚持认为雷电是神对人类的惩罚，男人们则与一切传统行为规范背道而驰，他们点燃了烟斗。

1783 年尤其严重的雷雨期也推动了人们在思想上的进一步转变。根据我们现在的了解，雷雨期出现的原因是冰岛火山喷发。时人当时坚信自己不久就能摆脱雷电带来的无妄之灾，这种信念使他们获得了看待这种自然现象的全新角度，他们更多地从美学角度将雷电视为一种自然景观。此外，几乎在同一时间段的其他领域也出现了类似的观念上的进步。譬如阿尔卑斯山，其在往常被游人视为一座大自然恐怖和危险化身的高山峻岭，可突然间它就引起了包括自然科学家在内的人们的浓厚兴趣。一股阿尔卑斯山热由此兴起，对于当时的社会状态来说这已经算得上创造了旅游业的繁盛。尽管当时一些人和后来一些作家对大自然魔力的消除有所抱怨，然而事实证明，为了更有效地抵抗大自然，人们对启蒙的好奇心散发出了更为强大的力量。

法国大革命

在

德国

Französische Revolution
in Deutschland

039

歌德的《自由之树》

对革命持怀疑态度的歌德在摩泽尔河畔画下了这个象征法国大革命的标志。

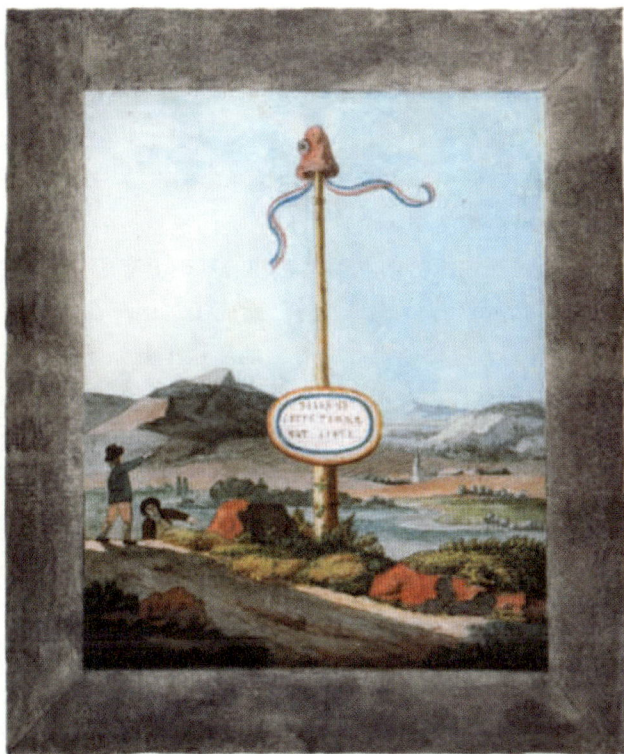

245 　　这 幅 水 彩 画 展 现 的 是 法 国 大 革 命 的 符 号 之 一 "自 由 之 树
（Freiheitsbaum）"。更 准 确 地 说，它 其 实 是 一 根 树 立 于 地 面 之 上、顶 端 悬
挂 着 蓝 白 红（三 色 旗 颜 色）彩 带 和 一 顶 红 帽 的 木 杆。三 色 旗 是 法 国 大 革 命
的 旗 帜，弗 吉 尼 亚 帽 则 是 雅 各 宾 派——一 支 由 罗 伯 斯 庇 尔（Robespierre）
领 导 的 激 进 派 革 命 团 体——的 身 份 象 征。这 种 帽 子 可 以 让 人 回 想 起 古 希 腊
罗 马 时 代 奴 隶 解 放 后 的 穿 着，继 而 在 大 革 命 期 间 代 表 了 对 自 由 的 承 诺。"自
由 之 树"来 源 于 美 国 革 命。1765 年，英 国 在 其 美 洲 殖 民 地 对 包 括 报 纸 在 内
的 所 有 印 刷 品 强 制 征 税，变 相 进 行 文 字 审 查。此 举 在 当 地 多 处 引 发 了 抗 议。
同 年 8 月 在 波 士 顿，一 个 名 为 "自 由 之 子（Söhne der Freiheit）"的 男 性
组 织 聚 集 在 一 棵 大 榆 树 下，将 两 个 象 征 英 国 税 务 员 的 稻 草 人 挂 在 了 树 枝 上。
这 个 形 式 在 模 仿 当 地 流 行 的 五 朔 节 花 柱 的 基 础 上 有 所 变 化，并 在 1790 年 首
次 树 立 于 巴 黎 后，这 种 形 式 的 "树" 就 成 了 法 国 革 命 的 象 征。画 中 的 "自
由 之 树" 上 多 了 一 个 写 有 "自 由 的 土 地 从 这 里 开 始（passan, cette terre
est libre）"的 徽 章，它 被 视 为 进 入 法 国 领 土 的 请 帖。

　　这 幅 画 是 大 名 鼎 鼎 的 约 翰·沃 尔 夫 冈·冯·歌 德（Johanm Wolfgang
von Goethe，1749 ~ 1832）于 1792 年 创 作 的。他 自 始 至 终 都 对 大 革 命 抱
着 怀 疑 态 度。起 初，与 他 立 场 相 同 的 德 意 志 知 识 分 子 凤 毛 麟 角。对 于 这 场
发 生 在 邻 国 的 大 事 件，德 意 志 报 刊 报 道 的 详 细 程 度 令 人 讶 异，还 常 常 表 达
出 对 革 命 的 友 好 态 度。受 启 蒙 影 响 的 精 英 人 士 尤 其 感 到 振 奋，很 多 大 学 生
也 树 起 了 "革 命 之 树"，还 有 一 些 人 像 "革 命 朝 圣 者" 一 样 赶 赴 巴 黎，意
图 共 襄 盛 举。教 师 约 翰·海 因 里 希·坎 珀（Johann Heinrich Campe）便
246 是 他 们 当 中 的 一 员，他 曾 经 给 洪 堡 兄 弟 当 过 几 年 的 老 师，并 在 1789 年 带 着
自 己 当 年 的 寄 宿 生 威 廉·冯·洪 堡（Wilhelm von Humboldt）一 同 起 程。
同 年 秋 天，坎 珀 出 版 了《来 自 巴 黎 的 信》（Briefe aus Paris）。另 一 个 人

是奥尔登堡的行政文员格哈德·安东·冯·哈勒姆（Gerhard Anton von Halem），他于次年前往巴黎。不过在 1791 年出版旅行日记时，他已然要同更大的困难作斗争了，因为当时的德德意志政治生态发生了变化，像他这样的公务员公开表明对革命的信仰是很危险的。阿道夫·冯·科尼格男爵（Adolph Freiherr von Knigge）如今只因被误认为是"行为举止指导类书籍"的作者而闻名，他其实在 1790 年 7 月 14 日于汉堡附近光明正大地参加了一场纪念攻占巴士底狱一周年的自由庆典。两年后，他在不来梅担任高级行政专员，然而他出版的声援革命的讽刺文集引起了当权者的震怒。1789 年 9 月 12 日，政治评论家施托尔贝克－施托尔贝克伯爵弗里德里希·利奥波德（Friedrich Leopold Graf zu Stolberg-Stolberg）在写给文学家弗里德里希·海因里希·雅克比（Friedrich Heinrich Jacobi）的信中评价道："除了不那么热爱自己的祖国而又满怀世界主义的德意志以外，再没有哪个国家能有如此多的人为法国人鼓掌叫好了。"

1750 年出生的施托尔贝克与比他年长一岁的歌德是同辈人，两人交情甚好，并在 1775 年一同游学瑞士。大多数受到革命鼓舞的德意志人都来自他们这一代，不过他们的上一辈，像是生于 1724 年的弗里德里希·戈特利布·克洛卜施托克（Friedrich Gottlieb Klopstock），他不仅是当时最具声望的德意志文学家之一，同时也是革命的拥护者。他满怀热情地颂扬法国大革命，并在 1789 和 1790 年分别写下了诗句"法国自由了（Frankreich schuf sich frei）"和"假如我有 100 种声音，我将用它们来歌颂高卢的自由……（Hätt ich hundert Stimmen, ich feierte Galliens Freiheit... ）"。

巴黎人民于 1789 年 7 月 14 日攻占巴士底狱后，几乎全德意志地区都发出了对本国统治者的指责，许多地方尤其是德意志西部爆发了比往常更为激烈的动乱：人们索求更多的城市参政权，拒绝赋税和前线征兵。德意志各诸侯的立场趋于两极化，一些人支持攻占行动，因为这个不受欢迎的邻国因此在政治上被削弱了；另一些人则误以为这种变革会在他们身上重现，亲法诸侯们有的小心谨慎，有的很快抱成一团。最坚决的反对者是教会统治下的各诸侯国。

欧洲列强最终决定，如果不能彻底扭转大革命的形势，就想办法进行阻挠，并于 1792 年 4 月向法国发出了《同盟战争宣言》。作为卡尔·奥古斯特·冯·萨克森－魏玛公爵（Herzog Karl August von Sachsen-Weimar）最信任的顾问（从 1776 年开始），歌德也随之奔赴战场。为此他经过了美因茨，在从德意志边境前往巴黎的路上，他经历了自 1792 年 9 月 20 日开始在法国香槟的小村庄瓦尔密（Valmy）持续数天的炮火。歌德也许意识到了这场会战的特殊性，尽管他在三十年后才写下了那句名言："今天，世界历史的一个新时代从这里开启，你们可以说，你们曾在场。"这场会战确实是一次转折，因为普军在之后便仓皇撤退了。歌德经过卢森堡回到了摩泽尔河畔，他也许就是在那里创作了这幅著名的《自由之树》，葡萄种植小镇申根（Schengen）也因此为人所知。后来他途经特里尔前往杜塞尔多夫，并在彭佩尔福德（Pempelfort）的一个朋友处，也就是上文提到的雅克比那里逗留了 11 ~ 12 月的几个星期。他将这幅自己称为"一棵生机勃勃的自由之树"的水彩画赠送给了雅克比。此外，他在 1792 年 10 月从卢森堡写给魏玛哲学家约翰·戈特弗里德·赫尔德（Johann Gottfried Herder）的信中也提到了此事。

1973 年 5 ~ 8 月，在包围和夺回法国革命军占领的德意志城市美因茨的行动中，歌德再次跟随公爵上了前线。在法军的保护下，由教授、大学生和公职人员组成的雅各宾俱乐部于 1792 年 10 月在当地成立。1793 年 3

月 18 日，美因茨共和国（Mainzer Republik）宣告成立，它是德意志土地上建立起的第一个民主政权。美因茨革命的头领之一叫格奥尔格·福斯特（Georg Forster），还是小伙子的他就跟随父亲参加了 1772 ~ 1775 年詹姆斯·库克（James Cook）的第二次环球航行，并从那以后作为科研工作者和旅行作家而声名鹊起。歌德在 1792 年 8 月前往法国的途中还曾拜访过他。

美因茨政权是法兰西昙花一现的"姐妹共和国"，在普军围攻四个月后于 1793 年 7 月 23 日被收复，美因茨共和国也随之走入历史。从关于此事件的报道中可以看出，德意志人民对雅各宾派的同情少得可怜。城市光复后，当地的雅各宾派成员遭到了不法行为的粗暴对待，一些人甚至被私刑处死。德意志其他地方的雅各宾俱乐部也很快就解散了。这些经历让歌德久久无法释怀。西方马克思主义史学界对美因茨共和国的阐释和评价极具争议。

在 1792 年 8 月举行的法国立法议会上，18 名外国人被授予了荣誉市民称号，其中包括教师坎珀、约翰·海因里希·裴斯泰洛齐（Johann Heinrich Pestalozzi，也是唯一一位瑞士人）、诗人弗里德里希·戈特利布·克洛卜施托克和弗里德里希·席勒。席勒于 1782 年举行首演的剧作《强盗》（Die Räuber）中有几个片段表达了共和思想，因而成为大革命期间巴黎演出最多的剧目之一。成为法兰西共和国荣誉市民后，席勒也因这部戏剧受到了人们的尊敬，就像克洛卜施托克因为他热情洋溢的革命赞歌获得了声望一样，两人都亲眼看到了这一时期革命在法国的进展。尽管克洛卜施托克在 1792 年 11 月一封内容详尽的信中表达了对这一荣誉的感谢，但在他随后发表的诗作《雅各宾党人》（Die Jakobiner）中，他将雅各宾派比喻成被自由法国抛弃的毒蛇。而席勒的政治表态并没有他剧作里表达的那么激进，甚至于更为谨慎。他也在若干信件中流露了对福斯特的担忧——并不怎么支持美因茨共和国这个"实验品"。

对法国国王路易十六（Ludwig XVI）的审判以 1793 年 1 月对他的处决而结束，这最终让许多德意志知识分子背离了革命。对于众多坚定不移的共和党人来说，将一个君权神授的统治者推上断头台的想法本身就是难以置信的。同一年，在大批政治反对派聚集在断头台下的同时，雅各宾派施行的恐怖统治也登上了历史舞台。诗人克里斯托夫·马丁·维兰德（Christoph Martin Wieland）也许看到了形势的这种变化，他曾在 1790 年盛赞法国大革命是"世界舞台上演的最伟大、最有趣的一出戏"。三年后，法国方面的消息促使他"关注祖国的现状"，通过观察，他确信德意志的政治形势要好得多。他认为，为了将法国人民从雅各宾派专政中解放出来，有必要向革命的法国发起同盟战争。只有少数德意志知识分子坚守着对革命的信仰，诗人戈特弗里德·奥古斯特·比尔格（Gottfried August Bürger）就是其中之一。他是《明希豪森历险记》（Münchhausen-Geschichte）的改编者，曾在一首诗中大骂德意志诸侯是独裁者，并号召德意志人民不要参加反法战争。另一位诗人弗里德里希·荷尔德林（Friedrich Hölderlin）尽管也不主张向法国开战，但他写了一首诗庆贺年轻的拿破仑将军在 1796～1797 年的意大利战场上取得了胜利。

*

拿破仑·波拿巴（1769～1821）的上台彻底改变了局势。他的粉墨登场直接影响了接下来发生的事：1799 年雾月政变后成为法兰西第一共和国第一执政官；1804 年 12 月 4 日，在教宗的见证下，他在巴黎圣母院举行了盛大的登基仪式，成为法兰西第一帝国皇帝。法军在他的率领下所向披靡，不断攻占欧洲领土。在 1806 年德意志第一帝国最终放弃神圣罗马帝国称号以前，拿破仑就对其领土统治权觊觎已久。莱茵河左岸的土地已被法国收入囊中，像威斯特伐利亚王国这样的新兴邦国则被拿破仑时年只有 23 岁的弟弟热罗姆（Jérôme，自 1807 年起）和法兰克福大公（自 1810 年起）所掌控。从回溯历史的眼光来看，这些政权并没有延续多长时间。随着法军在 1812 年俄国战场上的失败，拿破仑的统治开始走下坡路，并在 1813 年莱比锡各民族大会战失败后走向末路。

接下来进入了封建王朝复辟和恢复封建统治秩序的历史时期，这两者是维也纳会议为神圣罗马帝国统治时期的德意志帝国所设计的。不过还是有了一些改变，比如德意志小邦国的数量明显减少了，在莱茵河左岸地区，由拿破仑一世于 1804 年颁布的《民法典》（Code civil），也就是近五十年后被他的侄子拿破仑三世（Napoleon III）更名为《拿破仑法典》（Code Napoléon）的法国近代法典仍在发挥效用。"自由之树"在德意志的象征意义于 1832 年才再度显现，尔后尤其活跃于 1848 ～ 1849 年的革命时期。

19世纪

现代的发端：

普鲁士改革

An der Schwelle zur Moderne:
Die preußische Reformpolitik

040

《十月法令

法令原件上有国王的署名和大臣的签字确认——它对现代化的推进程度比当时人们预想的还要深远。

251 　　《十月法令》（Oktoberedikt）是开启"普鲁士改革"的第一份，也是最著名的一份法律文件，它诞生于关乎普鲁士国家存亡的关键时刻。原件上落有当时 37 岁的国王腓特烈·威廉三世（Friedrich Wilhelm III）、他的大臣卡尔·威廉·冯·施略特尔（Karl Wilhelm von Schrötter）及其兄弗里德里希·利奥波德·冯·施略特尔（Friedrich Leopold von Schrötter）的签名。它在引入人权方面迈出的重要一步，以及它所产生的深远影响超过了大多数同时代人的预想。

　　1806 年 10 月，普鲁士在耶拿和奥尔施塔特（Auerstedt）两场会战中惨败于拿破仑。在接下来签订的《提尔西特和约》（Frieden von Tilsit）中，普鲁士被迫割让了大半领土，包括整个莱茵河左岸地区，国家也被法国军队占领。除此之外，普鲁士还要向法军缴纳数额庞大、事实上无法承担的特别税。同时进行的"大陆封锁"也给普鲁士的经济增加了额外负担。看起来，腓特烈当初为普鲁士打下的江山已濒临崩塌，残存的只是一个被掠夺一空、被敌人占据且四分五裂的国家，只是因为拿破仑的怜悯才没有从欧洲的版图上消失。当时的普鲁士国王腓特烈·威廉三世只不过是一个傀儡。

　　一批仁人志士在普鲁士处于这样的"最低点"时涌现出来，他们试图进行根本性变革，并将德意志民族从异族统治中解放出来。他们从深刻的切入点着手，开启了普鲁士改革的历史篇章，从 1807 年开始的改革涵盖了国家、行政、经济、军事、教育和社会的各个方面。许多改革先驱甚至都不是普鲁士人：卡尔·奥古斯特·冯·哈登贝格男爵（Karl August Freiherr von Hardenberg）和军事改革家格哈德·约翰·大卫·冯·沙恩霍斯特（Gerhard Johann David von Scharnhorst）都是汉诺威人，

252 后者的战友奥古斯特·奈哈特·冯·格奈泽瑙（August Neidhardt von

Gneisenau）生于萨克森，长在弗兰肯。普鲁士改革最具有首创精神的人物、1807 年《十月法令》之父海因里希·弗里德里希·卡尔·冯·施泰因帝国男爵（Reichsfreiherr Heinrich Friedrich Karl vom und zum Stein）来自拿骚。施略特尔兄弟也积极投身于改革运动。

恰好在签订《提尔西特和约》后，为了安排一个得力的副手推动履行严苛的和约条款，拿破仑任命施泰因男爵为普鲁士首席大臣，没想到却给自己树立了一个最大的敌人。在 1804 ~ 1807 年 1 月期间，身为法律研究者的施泰因是普鲁士的经济和财政大臣，不过固守陈规的国王腓特烈·威廉三世坚决拒绝了他一再提出的改革建议，甚至在 1807 年 1 月将他解职。遭受了这一挫折后，施泰因于同年 6 月起草了《拿骚呈文》（Nassauer Denkschrift），它实际上就是普鲁士改革的纲领性文件。

短短几个月过后，腓特烈·威廉三世逐渐认识到了政府的"一片混乱"。1807 年 10 月 4 日，施泰因被拿破仑强制任命，再次出任大臣。施泰因以令人讶异的速度快速投入工作，仿佛已经预感到自己在任的时间只剩 14 个月了。因为拿破仑知道施泰因参与了反抗法国统治的准备工作后就非常排斥他。施泰因被迫在 1808 年 11 月流亡国外。施泰因上任仅五天后，普鲁士国王就签署了《十月法令》，签署的地点位于尼曼河畔，即他最东边且未被法军占领的王宫。文件在当天就被印制出来。

当时，《十月法令》被它的共同起草者们看作"人身自由保护条令（Habeas-Corpus-Akte der Freiheit）"[特奥多尔·冯·舍恩（Theodor von Schön）语，引自迪沙尔（Duchardt）]，参照了英国于 1679 年颁布的《人身保护令》，其中规定未经司法调查不允许拘押臣民。这条法律也被写入了 1789 年的美国宪法，今天早已成为人权的重要组成部分。《十月法令》消除了"世代依附性、农奴制和不光彩"（舍恩语），引入了"自由"

253

的思想。《十月法令》被认为是"普鲁士曾颁布的、涉及范围最广的准则"〔莱曼（Lehmann）语〕和早就该发出的"信号"〔克拉克（Clark）语〕。它还被当作一记重锤和"引领性的汽笛"〔福格尔（Vogel）语〕。不过相较具体的规定，它更像一份意向书。单是宣布从 1810 年圣马丁节（11 月 11 日）开始短暂过渡后，普鲁士"只有自由人"这一点就已经非常激动人心了。《十月法令》使得有人身依附关系的奴仆开始向法律承认的国民转变，这是普鲁士改革的序曲。不过与此同时，《十月法令》发出的"过度兴奋的声音"也是史无前例的，是"平民表决法令的修辞范本"（克拉克语）。

《十月法令》不仅废除了农奴制和农民相应的劳役、缴纳义务和世代依附性，还取消了对商品往来和职业选择的限制。此外，自由获取所有权也变得容易。从此以后，普鲁士的每一位居民都有权利不受限制地选择想要从事的行业，自由支配和使用自己的地产。农民可以移居城市并在那里选择行当、城市居民可以在农村购买土地、贵族也可以从事市民的职业。《十月法令》的革命内核是强调了每一个个体的人身自由，尤其是赋予了农民与国民同等的权利。

此外，随后进行的行业改革，尤其是普鲁士于 1810 年废除了"强制会籍制"，也为德意志其他邦国的工业化铺平了道路。威廉·冯·洪堡领导了教育改革，他于 1808 ~ 1809 年接管普鲁士内政部的文化和公共教育署。普鲁士在 19 世纪末能扮演先驱者的角色，主要受益于洪堡推行的改革。1812 年，犹太人拥有了与市民平等的地位；1813 ~ 1814 年，通过引入义务兵役制，普鲁士实施了军事改革。在地区自治、省级行政管理改革（行政区）和公职服务法以及司法和行政相分离等方面，普鲁士成为其他国家效仿的对象。普鲁士内阁改制，由最高国家行政机构的专职大臣各司其职。也是从那时起，普鲁士确立了五大传统职能部门——内政部、外交部、财政部、司法部和战争部。立宪和成立议会制代表机构应该标志着此次改革的圆满结束，不过普鲁士国王分别于 1808、1810 和 1815 年作出的立宪承诺均没有兑现。

1815 年德意志解放战争的胜利证明普鲁士改革是正确的。另外，由于缺乏有效的执行手段，随后的农民解放也产生了不小的副作用：农民突然间在社会、经济和政治上有了独立的地位，同时也带来了诸多不利。随着封建领主衰老或残疾，农民对其的照料义务被解除，农民向封建领主支付的土地和劳役赎金长期没有统一，或者干脆没有明确规定，久而久之导致包括建筑物在内的农庄用地越来越少，且缺乏经济效益。因此农民经常失去生存基础，以无产业农业工人的身份承包劳务，或者迁往城市，而通过接收被这些农民放弃的农庄用地，大庄园的规模甚至还扩大了。虽然农业生产力在几年后还是有了明显提高，但是关于财产分配的规定仍然持续了整个 19 世纪。在《十月法令》指引下开展的改革只能逐步且要经过一段时间才能完成，施泰因的提前离职也是一个原因。施泰因的目标是实现国家的真正革新并颁布宪法，而他的下下任继任者普鲁士首相哈登贝格（Hardenberg，1810 ~ 1822 年任职）则更关心行政管理的有效性。

作为普鲁士东山再起和德意志帝国最终统一的前提条件，《十月法令》和普鲁士改革在德国历史和德意志民族意识中占有稳固且积极的地位。施泰因男爵也因为推行改革而赢得了历史学家们的尊敬，他同时还因为开启了中世纪德意志历史最重要的资料汇编《日耳曼历史文献》（Monumenta Germaniae Historica，1819）而被历史学家们称颂。施泰因甚至长期亲自参与初期的编辑工作。曾给他当过一段时间私人秘书的恩斯特·莫里茨·阿恩特是不带任何批判色彩的"施泰因崇拜"的创始人。

*

施泰因后来在政治上被各种利用。纳粹分子也把他当作鼓动性的宣传工具，称他的治国才能源自"日耳曼血统的永恒力量"〔安德烈亚斯（Andreas）语〕。他们将施泰因尊为拿破仑的对手，用"领袖原则"来形容他以身作则的精神，并在他们缔造的农业和社会浪漫主义中，对农民解放的副作用进行戏剧化的渲染："根除"农村人口、"向城市致命性输血"、约 250 万农民无产阶级化，以及农民大规模移民海外。

民主德国的历史叙事也颇有指向性地提出了类似的观点，虽然对封建社会秩序的改革表示赞同，却批评改革并没有像法国大革命那样削弱贵族的经济和政治力量。其观点还认为，改革本应推动无产阶级的产生，最后却沦为资本主义的统治工具。1980 年代以后，普鲁士改革又发挥了重要作用，因为民主德国的历史叙事开始更多地关注普鲁士历史，民主德国政府宣称，普鲁士在德意志解放战争期间与俄国结成的军事同盟是对"德苏友谊"的提前践行。为了表达对施泰因的尊敬，民主德国在 1953 年将他评为"德国爱国人士"，并将他的形象印在了邮票上。1963 年在庆祝莱比锡各民族大会战胜利 150 周年之际，民主德国将施泰因树立为德意志民族解放的斗士。1957 年正值施泰因诞辰 200 周年，联邦德国发行了一套纪念邮票（两德统一后的德国在 2007 年也发行了一套施泰因诞辰 250 周年的纪念邮票）。

在 1950 年代的"施泰因狂热"过后，联邦德国在 1960 年代末也出现了一种批判性观点，即借由普鲁士改革而实现的现代化完全是当时所推行政策意料之外的副作用。不过联邦德国国内普遍将普鲁士改革列为资产阶级解放史的重点篇章，认为它是争取平权、参政权利和个体自由的前民主主义的早期组成部分。从这个观点出发，普鲁士改革也不再被评价为"德国对法国大革命的回答"，以及与法国大革命的对立，而更多地被归入1776 年（美国《独立宣言》）和 1789 年（法国大革命发端）启蒙运动的行列，尽管当时的德意志距离民主生态的建立还有很长的一段路要走。

与其说《十月法令》拉开了"自上而下革命"的序幕，不如说它以 18世纪最后几十年的开拓性思想引领了现代化的进程。

04

古老的

民间文化

和

新思想

——

浪漫主义

Altes Volksgut und
neue Ideen: Die Romantik

《格林童话

它是格林兄弟的私人藏本，集
合了他们辛苦收集和多次改编
的童话故事。"德国"的童话故
事往往也来源于法国。

Kinder- und Haus-Märchen.

Gesammelt
durch
die Brüder Grimm.

Berlin,
in der Realschulbuchhandlung.
1812.

257

"从前……"——《格林童话》（*Kinder- und Hausmärchen*）里差不多一半的故事以这句话作为开头。这个句式让格林兄弟——雅各布·格林（Jacob Grimm，1785 ~ 1863）和威廉·格林（Wilhelm Grimm，1786 ~ 1859）——的童话集和他们本人世界闻名。他们的名字就像他们童话中的人物，比如青蛙王子、汉赛尔与格莱特、小红帽那样耳熟能详。格林兄弟是童话集的共同作者，他们在私生活和工作上终生密不可分，不过仔细观察他们还是各有所长：雅各布·格林更像是科学家，威廉·格林更像是童话集的浪漫主义基调和风格的真正"创造者"。这样的基调和风格对德意志产生了巨大的影响，全世界的童话故事都有它们的影子，并受到了它们和阿拉伯童话故事的启发。

《格林童话》的第一卷出版于 1812 年圣诞节前夕。首版印刷的 900 本在三年后售罄，而原定 1815 年出版，后来提前到 1814 年出版的第二卷则成了"出版人的失败"。这两卷分别带有手写笔记的两个私人藏本陈列于位于今卡塞尔的格林兄弟博物馆（Brüder-Grimm-Museum）中。它们体现了雅各布和威廉严谨的工作作风：第一卷的"前言"共 24 页（包括各 3 页的注解和目录），正文共 388 页，包含 86 个连续编号的童话故事和一些断篇，注释整整有 60 页；同样，第二卷的"前言"共 16 页，正文共 298 页，包含 70 个童话故事，注释共 70 页。在这两本印刷品中，格林兄弟手写了大量详细的笔记和补充文字。

258

促使格林兄弟最终作出编写童话集的决定是在 1802 ~ 1803 年以后，当时他们正在马尔堡就读法律专业，被他们的老师弗里德里希·卡尔·冯·萨维尼（Friedrich Carl von Savigny）推荐给了同事克莱门斯·布伦塔诺（Clemens Brentano）和阿希姆·冯·阿尔尼姆（Achim von Arnim），以协助两人收集民间诗歌。这两人于 1808 年出版了名为

《少年魔法号角》(*Des Knaben Wunderhorn*)的诗歌集,后来它成了德意志浪漫主义的代表作。就是在分析和整理这些民间诗歌的过程中,格林兄弟萌发了对古老童话故事的热忱。

事实上,在启蒙运动末期就出现了通过传奇和童话故事来叙事的发展趋势。它的开端是 1782 ~ 1786 年由约翰·奥古斯特·穆赛乌斯(Johann August Musäus)出版的五卷本《德意志民间童话故事集》(*Volksmährchen der Deutschen*),威廉·克里斯托夫·君特尔(Wilhelm Christoph Günther)在 1787 年紧随其后,1789 年在这一领域的代表人物是本纳迪克特·诺伯特(Benedikte Naubert)。此外在 1799 ~ 1801 年还出现了一些无名氏的故事集,与格林兄弟同姓但没有亲戚关系的阿尔伯特·路德维希·格林(Albert Ludewig Grimm)也协助布伦塔诺收集过诗歌,并在 1808 年出版了一卷本《童话故事》(*Kindermährchen*)。迄今广为流传的一种观点认为,为了收集到由"普通人"讲述的"童话故事",格林兄弟走遍了一个又一个村庄。然而事实并非如此,他们更多的是将搜集到的已经出版的故事集进行汇总和加工。就这一点而言,1808 年以后雅各布在威斯特伐利亚国王热罗姆·波拿巴(Jérôme Bonaparte)的宫廷图书馆任职,则不失为一件幸事。从这一点来说,格林兄弟有机会使用布伦塔诺藏书量巨大的私人图书馆也实属幸运。

除了卡斯帕·大卫·弗里德里希(Caspar David Friedrich)之外,菲利普·奥托·龙格(Philipp Otto Runge)也是德意志早期浪漫主义最有代表性的一位画家,他曾向《格林童话》提供过重要素材。为了表达对布伦塔诺赠予他《少年魔法号角》的感谢,他回寄给布伦塔诺两个由他记录的童话故事,"可能讲述了有关妻子的故事":《渔夫和他的妻子》(*Von dem Fischer un syner Frau*)和《杜松树》(*Von dem*

Machandelboom）。这两个故事是《格林童话》的"标准"［约勒克（Rölleke）语］。

《格林童话》的整体结构更偏向科学性，而并非只为了大众传播，这在今天看来是令人惊讶的。格林兄弟对 1819 年再版的《格林童话》进行了大幅改动，尽管在商业上没有获得成功，却迈出了编辑史上最重要的一步，因为他们找到了自己的风格。他们考虑了当时舆论的批评，将故事重新改编，使其更具有故事性、更讨人喜欢，并首次将一个理想型"童话太太"的图案作为装饰印制在了书的封面：由格林兄弟的画家弟弟路德维希·埃米尔·格林（Ludwig Emil Grimm）设计的"菲曼太太（Viehmännin）"，一名卡塞尔农妇，"精力充沛、年过五十"，在计划于 1815 年出版的第二卷《格林童话》的前言中，格林兄弟将她塑造成了讲述"地道黑森童话"的人。然而真正的多罗特娅·菲曼（Dorothea Viehmann）既不是农妇，年纪也没那么大，更不是什么黑森人。她的父亲是位于鲍纳塔尔（Baunatal）的一名啤酒馆老板，名为"Knallhütte"的饭馆至今仍在经营，她是一个寡妇，丈夫生前是一名裁缝。她娘家姓"皮尔森（Pierson）"，证明她来自胡格诺派。为什么格林兄弟要隐瞒为他们贡献了近 40 个童话故事，也是他们最重要讲述人的法国出身呢？

实际上，在以 1813 年 10 月发生的莱比锡各民族大会战为代表的德意志解放战争中，借助普鲁士、奥地利、俄国、英国和瑞典的同盟，德意志最终摆脱了拿破仑的统治。德意志的民族思想和民族自信因此空前高涨。此外，不仅经常在格林兄弟家边喝茶边向其讲述法国"格林童话"的"菲曼太太"出身胡格诺派，大多数药剂师、牧师或中高级公职人员的女儿也是胡格诺派信徒。她讲述的故事大多源自夏尔·佩罗（Charles Perrault），此人早在 100 多年前就已经出版了《附道德训诫的古代故事》

（*Histoires ou Contes du temps passé*，1679）。

尽管如此，《格林童话》的成功尚待时日。1823 年，《格林童话》的英语节选本问世，在英国一炮而红，而德意志的销量仍显平淡。甚至据此特制的、包含 50 个童话故事的插图版"口袋书"在德国也卖不到 1 塔勒。直到 1837 年第三版的发行，《格林童话》才触动了时人的"神经"，取得了真正的成功（此后的版本分别出版于 1840、1843、1850 和 1857 年）。格林兄弟也因此汲取了经验：他们尽量优化每个故事，替换掉外来词，加入民间俚语，让童话故事整体上更适合儿童阅读，而且更迎合市场需要。他们同时还考虑了时代风格，让他们的童话故事更加具有浪漫主义和多愁善感的色彩，更加偏向毕德麦雅风格（Biedermeier）①，也更加贴近基督教，并拿掉了色情和性爱的暗示。

如此，《格林童话》才经久不衰地畅销到今天。放眼全球，《格林童话》的影响力甚至仅次于《圣经》和莎士比亚戏剧，因为它所有版本在全世界的销量加在一起可能超过了 10 亿本。

之后民间流传了一种说法，那就是《格林童话》的成功势不可当，并且不会因格林兄弟的去世而告终。1870 年代版权过期后，《格林童话》甚至成了"入学必备读物"，从 20 世纪初开始，《格林童话》还透过大型教学壁画影响了一代又一代人对世界的想象。19 世纪最后三十年，随着影印技术的进步，市面上的插图版《格林童话》越来越多。其中对《格林童话》闻名世界作出巨大贡献的是 1893 年由菲利普·格罗特约翰（Philipp Grotjohann）和罗伯特·莱因韦贝尔（Robert Leinweber）共同出版的

260

---

① 在毕德麦雅时期，即德意志邦联 1815～1848 年的历史时期中，中产阶级发展出了他们的文化和艺术品味，以"袭旧""保守"为特色，以家庭音乐会、室内设计与时装、田园诗等非政治题材为主。

版本，为此两人共绘制了 300 多幅插图。

在纳粹统治时期，纳粹分子肆无忌惮地利用此类流行故事集进行意识形态灌输，他们将许多童话故事中反复出现的诸如奉献、忠诚和勇敢等美德当作进行鼓动性宣传的工具，配合相应的人物和对话，让纳粹儿童电影和纳粹童话电影成为主流：童话里亲民的、正义的、神圣不可侵犯的国王象征着"元首"，用"猫元首万岁（Heil dem Kater Murr）"来表达对"穿靴子的猫"的赞扬；睡美人看起来一定是金发日耳曼人的模样，王子不是用吻而是用纳粹礼唤醒了她；拯救小红帽的"猎人叔叔"穿的是带有纳粹标志的制服；多嘴的农夫要被威胁贴上"黄点"[①]。

*

二战结束后，《格林童话》被视为纳粹思想的代表。在当时的德国西占区，人们谴责、唾弃，并且禁止印刷《格林童话》。英国人将《格林童话》列为学校禁书。人们将《汉赛尔与格莱特》（Hänsel und Gretel）中对女巫处以的火刑同奥斯威辛集中营的毒气室联系起来。在苏占区和后来的民主德国，对《格林童话》有无价值的争论没有比 1950 年代中期以前更为激烈了。虽然新的版本在当时暂停出版，不过《格林童话》在苏联的印数却达到了 6 位数之多。此外，卡尔·马克思还是推动《格林童话》在苏联出版的支持者，他也在家中阅读《格林童话》，并从中读到了"缄默和愚蠢"［燕妮·马克思（Jenny Marx）语］。即便《格林童话》在当时的东德和西德都经历了重重阻碍，但是它很快又成为最受欢迎的儿童读物。

---

① 相当于纳粹统治时期的犹太人标识"黄星"。

261

　　然而在 1970 年代，人们认为童话故事具有反动性，且与旧时妇女形象和封建专制的家庭结构有着千丝万缕的联系。它们也为暴力解决矛盾提供了借口，在"六八运动"期间引发了冲突。伊林·费切尔（Iring Fetscher）的著作《谁吻醒了睡美人？颠覆童话》（Wer hat Dornröschen wachgeküsst？Das Märchen Verwirrbuch，1972）和《雅诺什讲格林童话》（Janosch erzählt Grimms Märchen，1972）可以说是明确用借古讽今和"去神秘化"的手法重新解读《格林童话》的最早且尤为著名的尝试。美国心理分析学家布鲁诺·贝特尔海姆（Bruno Bettelheim）在他的著作《儿童需要童话故事》（Kinder brauchen Märchen，德语版：1977）一书中强调，要让儿童熟悉人的基本矛盾和冲突。同时，在那个童话故事如此自相矛盾的时代，针对《格林童话》及其来源的系统性和科学批判性争论也开始涌现。

　　童话故事能够帮助儿童应对日常生活中的矛盾和冲突，因为童话故事给了他们信心，并且童话故事的结尾从来都是正义战胜了邪恶。《格林童话》能够在一些思想的"战场"上幸存下来，也可以让今天受到过度刺激的儿童重新找回自我。《格林童话》总是合时宜的，即使在现代继亲家庭中也能找到它的影子。《格林童话》迎合了儿童的心理，因为它非黑即白，不存在什么中间立场；它还契合了儿童天生的正义感，并且总能够在最后找到解决办法。因为，如果英雄没有死，那么他们今天依旧活着。

　　不过，格林兄弟绝不只是"童话叔叔"。这一点从他们为私人藏本所作的海量注释中就可以看出来。兄弟二人在政治和科学方面均有所建树。雅各布曾是威斯特伐利亚国王热罗姆·波拿巴枢密院的成员，之后曾负责收回拿破仑从卡塞尔掠夺的艺术珍品，还曾作为黑森选侯国的代表出席了维也纳会议。威廉从 1831 年开始在图书馆任职，和哥哥雅各布并称著名的"哥廷根七君子（Göttinger Sieben）"，身为教授的两人在 1837 年因参加反对废除汉诺威王国宪法的示威游行而被大学开除。在威廉·冯·洪堡的举荐下，普鲁士国王腓特烈·威廉四世在 1840 年刚即位就委任格林兄弟到柏林洪堡大学任教。在 1848 年于法兰克福圣保罗大教堂举行的德意志首次国民大会中，雅各布·格林还担任过几个月的大会代表。此外，两兄弟还共同开启了《德语词典》（Deutsches Wörterbuch）和《德语语法》（Deutsche Grammatik）的编纂工作，这两本巨著在他们去世 100 年后才最终编纂完成，也因此将日耳曼语言学最终确立为德国的一门学科。时至今日，格林兄弟在这一领域的影响仍未消失。

莱比锡

各民族大会战

——

从解放战争

到

纳粹主义

*Die Völkerschlacht –
vom Befreiungskrieg zum
Nationalismus*

042

带有炮弹的骸骨

至今仍能发现"民族残杀"的痕迹，这片工地"呼吸"着历史的气息，这里出土的文物代表了民族精神。

263　　　今天人们仍能发现莱比锡各民族大会战的痕迹。例如 2005 年 10 月，在莱比锡南部新建高速公路匝道的过程中，人们发现了马的骸骨、马蹄铁、手枪子弹和一枚炮弹。据推测，一匹马的胸部被击中，这枚炮弹留在了伤口上。经过鉴定，考古学家很快便确定，这是 1813 年 10 月 14 日发生在里伯沃克维兹（Liebertwolkwitz）的一场骑兵交战的遗留物。在石灰质的黄土中，这些文物得到了较好的保存。发现文物的这片工地仿佛"呼吸"着充满戏剧性的历史气息。

　　　1813 年 10 月 18 日早上，奥古斯特·奈哈特·冯·格奈泽瑙（August Neidhardt von Gneisenau）在给妻子的信中这样写道："现在是早上，我们马上要进行世界史上绝无仅有的一场会战。它将决定整个欧洲的命运。"他所言非虚，即便此时拿破仑还未最终下台。这场会战从 10 月 16 日星期六一直持续到下一个星期二，也就是 10 月 19 日的中午，在会战接近尾声时，它又有了一个新的称呼——"各民族大会战"。普拉特豪斯（Platthaus）认为，第一次，"人民的战争对象是一位君主，这场战争不亚于一场革命"。总数超过 50 万人（约 60 万人）的欧洲士兵在正面交锋：一方是俄国、奥地利、普鲁士和瑞典组成的反法同盟军，另一方是法国军队。此外，波兰人、尼德兰人、意大利人、西班牙人、少数英国人和其他欧洲人也参加了战争。德意志人又分为两个阵营：一方为普军效劳，另一方，来自莱茵邦联的约 20000 名士兵则身着法军制服。在莱比锡这片广阔的地区，处于战争劣势的拿破仑无法有效突破对方的包围，因此损失了三分之一的兵力。

264　　　将拿破仑这位"战争之神（Kriegsgott）"［克劳塞维茨（Clausewitz）语］拉下神坛所付出的代价无疑是巨大的。在四天之内就有超过 90000 名士兵在战争中丧生，其中 54000 名来自反拿破仑的盟军，38000 名来自法军，双方的伤员也不计其数。乍一眼看上去，这样的"民族残杀"场面就已经让人深感震惊，伴随战争而流行的伤寒症又造成了无数死亡。1813 年之前的莱比锡曾是一座繁荣的贸易和汉萨同盟城市，拥有约 30000 名居民，城市周围有大片广阔的低地平原，适宜集结军队。各民族大会战过后，莱比锡的城市发展陷入萧条，设于教堂和公共建筑内的野战医院日益增多。为了加固老城墙，从 10 月 17 日开始，莱比锡人必须上交所有的家具和其他个人物品。为了防治致死性传染病，整个城市都燃起了粪堆，还到处散发着尸体和伤口腐烂的气味，"如同置身于阴沟之中"［德国历史博物馆基金会（Stiftung DHM）］。

这场会战的起因是，直到 1813 年 9 月底拿破仑仍无法击败反法同盟的主力军，拿破仑想要各个击破，盟军各部队却都希望打一场决定性的大会战。反法同盟军约 36 万名士兵中有 20 万人坚决站在了反拿破仑的一方。从 1813 年 4 月开始的几场春季战役拉开了德意志解放战争的序幕，莱比锡各民族大会战将其推上了戏剧性的高潮，1815 年 6 月 18 日爆发的滑铁卢会战（Schlacht von Waterloo）让长期称霸欧洲、不可战胜的拿破仑最终倒台，解放战争因此而结束。

在战争前，法国的统治早已引发了德意志人民的反抗：强行驻军和强取豪夺、限制食物供给和物价上涨的情况屡见不鲜，德意志人民对拿破仑压迫的厌恶情绪日益高涨；德国社会的所有阶层都呈现着无所不在的悲惨与困苦。

当然，起初也有不少德意志人曾是拿破仑的仰慕者，例如贝多芬、黑格尔（Hegel）和歌德。然而这些对拿破仑实行先进统治抱有希望的文化精英很快也失望了，自从拿破仑在 1812 年俄国战场上失败以后，人们对他的好感便消退了。

通过团结一致地妖魔化法国的异族统治，德意志爱国主义的钟声敲响了，德意志人民对自由、独立和民族统一的愿望被唤醒了。在普鲁士改革的推动下，德意志在 1813 ~ 1814 年引入了义务兵役制，动员国民成立志愿军，例如拿破仑统治时期的代表"吕佐夫志愿军（Lützowsches Freikorps）"。

德意志在其他方面的动员也同时展开。从 1807 年开始，德意志民族身份认同方面的代表者哲学家约翰·戈特利布·费希特（Johann Gottlieb Fichte）在他于柏林发表的《对德意志民族的演讲》（Reden an die deutsche Nation）中呼吁，于他而言，要摆脱拿破仑带来的重负就必须获得"德意志性（Deutschheit）"。1808 年，德意志著名神学家施莱尔马赫（Schleiermacher）在布道坛上宣布，将国家交到一个异族统治者手里违背了神的意志。在这方面持相同观点的还有德国"体操之父"弗里德里希·路德维希·雅恩（Friedrich Ludwig Jahn），他作为狂热的民族主义者曾大力宣扬民族解放思想。

在当时的文学界和艺术界还产生了许多类似的民族思想，它们在反抗法国统治的前提下吹起了一股民族自省之风。德意志解放战争时期最具有代表性的作家之一恩斯特·莫里茨·阿恩特毫不掩饰他对拿破仑，乃至对所有法国人的厌恶之情。他的事例表明，对于一些德意志作家来说，他们的"民族主义思想发端"［温克勒（Winkler）语］伴随着对法国人毫不掩饰的厌恶。尽管弗里德里希·恩格斯认为，在德意志解放战争时期，怀有这种厌恶之情是所有德意志人的"义务"，然而由此引发的敌对情绪却催生了直到 20 世纪仍影响深远的"德意志狂热（hektische Deutschtümelei）"［达恩克（Dahnke）语］。通过谱曲，无数爱国主义民间诗歌也变得脍炙人口，例如西奥多·克尔纳（Theodor Körner）的诗歌《吕佐夫的穷追猛打》(*Lützows wilde，verwegene Jagd*) 被卡尔·马利亚·冯·韦伯 (Carl Maria von Weber) 谱成了曲。爱国主义的大众传播和传单文学也号召人们殊死反抗。甚至德意志古典主义作家海因里希·冯·克莱斯特 (Heinrich von Kleist) 在他煽动性的反拿破仑剧作《赫尔曼会战》(*Die Hermannsschlacht*，1808) 中也鼓动人们为争取民族自由而战。这样一来，发生在 1813 年秋的那场会战便成为一场反抗法国侵略者的解放战争，它最终结束了欧洲从 1792 年开始，由法国大革命引发的拿破仑战争。

这场各民族大会战的发生地位于今日的莱比锡城区。在当时拿破仑指挥部的附近树有欧洲最大的纪念碑之一——各民族大会战纪念碑 (Völkerschlachtdenkmal)。它的主檐口刻有"1813 年 10 月 18 日"几个大字，无不在提醒人们这是人类历史上最大规模的一场会战。第一个提议建造此纪念碑的人是恩斯特·莫里茨·阿恩特，他在莱比锡各民族大会战结束后不久就提出了这一动议。战争爆发第一年的纪念活动因众多分散性且声势浩大的庆祝活动而被迫取消，尔后则上升到了国家政治事件的高度。在这个时候树立纪念碑显然为时过早，而且在君主复辟时期（1815 年以后）和 1848 年革命以后，这种对自由和民族统一的集体怀念在政治上都不受到欢迎。最终，萨克森站在了拿破仑的一边。这样一来，树立纪念碑的计划真正得以提上日程已是 19 世纪末的事了。1894 年，专门为建造此纪念碑的"德国爱国者联盟 (Deutscher Patriotenbund)"宣布成立，1895～1896 年公开对外招标，1898 年举行奠基典礼，经过 15 年的建造，这座大型纪念碑终于在战争胜利 100 周年之际完工。这座纪念碑不论在规模上还是在艺术上都达到了当时的世界之最：地基面积约 5600 平方米，高 91 米，是当时全世界最高的纪念碑；艺术性的土丘造型即使相隔数公里也一览无余。纪念碑宏伟的阶梯设计、两个各宽 30 米表现战争场景的大型浮雕、一个高 68 米的名人纪念堂及其巨大内部空间中的 324 个骑士雕像,都给人留下了极为震撼的印象。纪念碑的设计者是当时最杰出的纪念碑建筑艺术家、基弗霍伊泽纪念碑(Kyffhäuserdenkmal)的设计者布鲁诺·施米茨(Bruno Schmitz)和莱比锡建筑师克莱门斯·蒂姆(Clemens Thieme)。纪念碑的雕塑者是克里斯蒂安·贝伦斯(Christian Behrens)和弗朗茨·梅茨纳(Franz Metzner)。

1913 年 10 月 18 日,各民族大会战纪念碑在德意志帝国皇帝威廉二世的出席下盛大落成。它很快成了一个伟大的"民族神话产物和为历史哲学所利用的工具"[塔默尔(Thamer)语]。隶属民族自由党的青年德国骑士团(Jungdeutscher Orden,1924)举办的英雄纪念大会就体现了这一点。同样的还有属于右翼保守党的"钢盔团"前线士兵联盟(Bund der Frontsoldaten »Stahlhelm«)所举办的首届德意志帝国战士大会(Deutsche Reichskriegertag,1925)。在这样的情形下,各民族大会战纪念碑被塑造成了光芒万丈的圣地。尽管各民族大会战纪念碑在纳粹的节日日历上并不突出,然而从 1933 年开始,希特勒频繁地以这座纪念碑为背景发表演讲,"第三帝国"的士兵在这样的背景前举行大型阅兵式仿佛也变得神圣起来。纪念碑在第二次世界大战期间成了美军轰炸的目标,300 余名忠于希特勒的士兵为这座被宣称为防御据点的纪念碑构筑了防御工事。

*

在联邦德国的记忆文化中,莱比锡"距离太远"且鲜有出现。而在德国统一社会党统治下的国家(SED-Staat,即东德),莱比锡各民族大会战被宣传为可以被写入世界历史的一场战争,位于莱比锡的这座各民族大会战纪念碑始终被视为"人民的胜利"［克勒（Keller）语］，是德意志民族运动的表现，是留给社会主义国家的优秀遗产。而且鉴于当时东西德的分裂状态，全民族起义的象征意义在德意志人民的心目中被打破，比起冷战期间的社会主义联盟，每年在这座纪念碑前举行的阅兵式更加突显了"德国—苏联军事同盟"的历史性联系。不过，生于萨克森的民主德国反对派作家艾利西·略斯特（Erich Loest）创作的小说《各民族大会战纪念碑》（*Völkerschlachtdenkmal*，1984）却背离了这种意识形态构架。在这部小说中，他用戏谑、魔幻和非现实的手段将事件与人物交织在一起，把莱比锡各民族大会战虚构成了划时代的"露天跳蚤市场"。尽管小说中的主人公在跳下纪念碑的前一刻被抓，然而他的话却振聋发聩："我的城市……已经失去了它的象征意义。"

实际上，各民族大会战书写的民族神话并不是随着两德统一才失去影响力的。战争和纪念碑始终是对德意志民族主义诞生的记叙性和冷冰冰的回忆。借纪念各民族大会战胜利 200 周年之机对"历史的再现"，28 个国家约 35000 名观众被置于"复杂的情绪"中。"莱比锡神话失去了魔力"［舍费尔（Schäfer）语］，20 世纪爆发的战争，以及德国在这些战争中扮演的角色还需要承担一个责任：它们留下的或大或小的历史痕迹。

043

自由、平等、博爱

Freiheit, Gleichheit, Brüderlichkeit

贝多芬《第九交响曲》

图为贝多芬《第九交响曲》原始总谱的节选，从这里开始出现了"欢乐女神圣洁美丽……"的旋律。

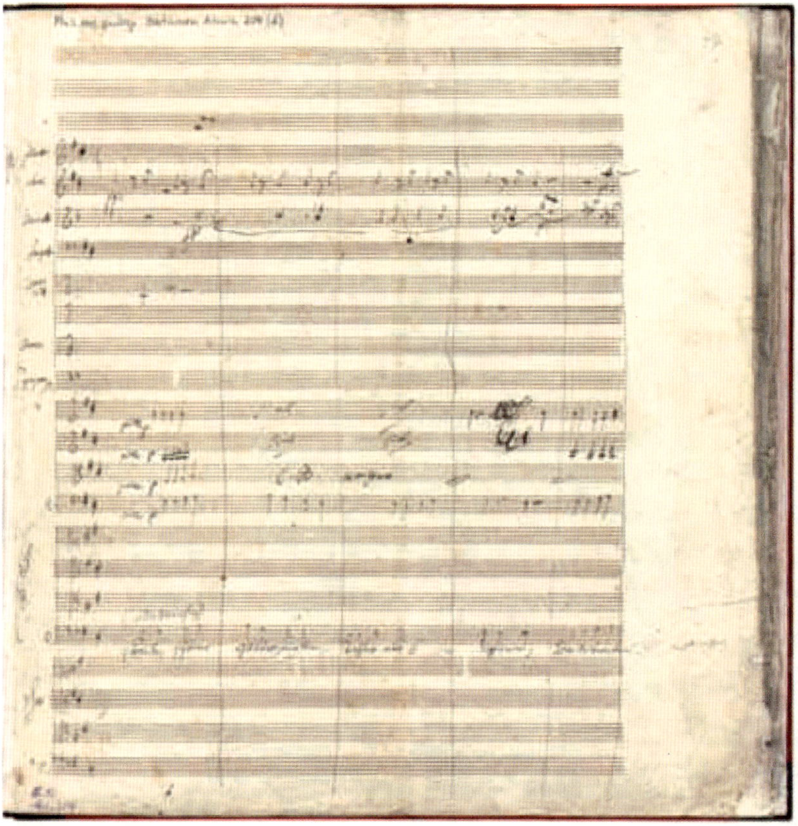

　　贝多芬《第九交响曲》第四乐章总共 940 个小节中，"只有" 16 个小节最让人耳熟能详："欢乐女神圣洁美丽，灿烂光芒照大地……（Freude schöner Götterfunken，Tochter aus Elysium…）"；在 "很快的快板（Allegro assai）"、二重赋格 "精力充沛的快板，始终保持清晰突出（Allegro energico esempre ben marcato）" 和最后 "庄严的行板（Andante maestoso）" 部分多次重复。贝多芬《第九交响曲》的原始总谱由 200 多页未切分的横格谱纸组成，每页多为 16 行，装订成若干本。纸稿上可见大量删除线、擦除痕迹、覆盖字迹、批注，以及贝多芬难以辨认的笔迹，它们须由誊写员原样复制在誊清稿上，以便在 1824 年 5 月 7 日于维也纳凯恩特纳托尔剧院（Theater am Kärntnertor）首演。

　　当天的演出票销售一空，贝多芬（1770～1827）获得了他音乐生涯中最大的一次成功，2000 名观众在演出结束后热烈鼓掌。不过由于节假日的原因，第二次演出的上座率只有一半左右，人们对之后演出（1825 年于伦敦、法兰克福和亚琛，1826 年于莱比锡、不来梅和柏林）的评价也趋于两极分化。对于第四乐章合唱部分的批评尤甚，因为这样的安排对交响乐来说是前所未有的。在伦敦的演出（还使用了意大利语译本）遭到了冷遇，因为光是演出时长（应为 80 分钟）就被认为是 "荒谬" 的。此外，库尔特·马苏尔（Kurt Masur）"完成" 的最短版本时长为 53 分钟，塞尔吉乌·切利比达克（Sergiu Celibidache）的版本为第二长，将近 79 分钟。

　　关于 "时长问题的批评声" 也传到了德意志，直接影响了贝多芬《第九交响曲》的名声，直到十年后才首次在伦敦重获赞誉。1837 年，伦敦一名文艺评论家几乎预见性地将《第九交响曲》描绘为 "欧洲伟大的同济会颂歌，应由上千人合唱及 500 人组成的管弦乐队演奏"。然而又过了十年，这样的规模依然没有在美国实现。1846 年在曼哈顿，一个为城市音乐厅募捐的"音乐节"将《第九交响曲》放进了庞大的节目单中，总共安排了 260 个合唱声部，彩排是临时进行的，而且现场组织混乱，上座率只有五分之一，因为同一天上万人聚集在附近庆祝美国对墨西哥的胜利。《欢乐颂》（*Ode an die Freude*）在音乐性上失败了，合唱的门槛也被轻易地突破。

可想而知，这样的演出质量不会太高。曼哈顿的音乐家也会在排演前后参与创作，其中一些人甚至直言不讳地表达了他们的顾虑，因为《第九交响曲》的高难度的确毋庸置疑。

在德意志三月革命前的一些主流音乐节上，贝多芬《第九交响曲》的演出也遇到了类似的情况。由于在审美上存在争议，技术上的要求又很高，观众几乎不能在普通音乐会上欣赏到它。演出《第九交响曲》不仅需要一个大型的管弦乐队和一个同样庞大的合唱团，还需要一名优秀的指挥及其特殊的音乐项目经验。此外，作为贝多芬极具代表性的遗世之作，《第九交响曲》还直接体现了他的个人魅力：也是因为如此，《第九交响曲》的总谱同他创作的《庄严弥撒》（*Missa Solemnis*）总谱一起，于 1845 年被砌进了位于波恩的贝多芬纪念碑底座内。在创作完成后，贝多芬将《第九交响曲》献给了当时的普鲁士国王腓特烈·威廉三世，他的继任者腓特烈·威廉四世出席了于同年在波恩举行的"贝多芬音乐节"，音乐节笼罩着保守主义的气氛。至今仍无法确定，三月革命前的德意志听众是否在《第九交响曲》中听出了自由和革命的思想［艾希霍恩（Eichhorn）语］。出于对席勒作品的理解，当时的人们将席勒本人视为自由诗人，他的诗歌《欢乐颂》在反对拿破仑统治的德意志解放战争中激起了人们的爱国主义情感。贝多芬在波恩期间读到过这首诗，并很早就打算用自己的方式来诠释它。事实

证明，贝多芬对它的改编的确从当时众多的流行小调中脱颖而出。从 1840
年代开始，越来越多的人认为贝多芬具有激进的自由主义思想。

或许也正因如此，在理查德·瓦格纳（Richard Wagner）的改编
下，贝多芬《第九交响曲》才终于"变得流行且戏剧化了"［希尔德布兰
特（Hildebrandt）语］。瓦格纳在 1846 年于德累斯顿完成了改编工作，
那年他 33 岁。他对贝多芬的这首作品进行了自由润色和配乐，使其变成了
"自己"的交响乐作品。的确，他毫不顾忌自己颠覆性的改编几乎让人感到
《欢乐颂》的作者是歌德而非席勒。为此他精心安排了管弦乐团和多达 300
人的合唱团，不管在他之前还是在他之后，都没有指挥家这么做过。瓦格
纳成了诠释贝多芬的专家之一。瓦格纳首次改编《第九交响曲》的六年后，
这首交响乐作品被研究音乐史的观众评价为"创造了自基督教诞生以来最
伟大的历史功绩，是人类未来的福音"，原因也许在于瓦格纳要求合唱团
"唱出祈祷感"，尤其赋予了《第九交响曲》宗教美感。1872 年，瓦格纳改
编的《第九交响曲》在拜罗伊特节日剧院（Bayreuth Festspielhaus）的
奠基典礼上奏响，可见这首作品于他来说有多么重要。

贝多芬《第九交响曲》在 19 世纪成了一部代表市民阶层的音乐作品，
人们不再认为它体现了贝多芬对法国大革命的同情，席勒的诗歌《欢乐颂》
也不再被认为具有颠覆性的革命倾向。不过到了 20 世纪初的头几年，声
势浩大的工人运动有意将自身与《第九交响曲》的革命传统，以及德意志
三月革命之前的时期联系起来：为了缅怀 1848 年革命的牺牲者，1905 年
3 月在柏林一家啤酒酿造厂的大厅内举行了一场纪念音乐会，这场有 3000
名工人观看的音乐会拉开了"收复失地"运动的序幕。库尔特·艾斯纳
（Kurt Eisner）在音乐会上播下了意识形态的种子，即便他十分清楚，这
部音乐作品在当时广大工人阶级中的知名度还远远不够大。他打算将贝多

芬《第九交响曲》变成"工人在阶级斗争中的理想方针"（希尔德布兰特语）。1905 年同时也是席勒逝世 100 周年，工人运动也借用了他充满革命性的理想主义思想。

第一次世界大战期间，席勒与人民相关的思想，以及贝多芬《第九交响曲》的博爱理想同协约国的理解相矛盾。战后，这部交响乐作品再次作为重要的音乐会曲目到处演出，人们不仅用它来庆祝胜利（比如在纽约），还用它来"庆祝和平与自由"。社会民主党开办的工人教育学院在莱比锡水晶宫（Krystallpalast Leipzig）的阿尔贝特厅以此名义举办了一场音乐会，将近 3000 名观众聚在一起庆祝一战结束、德国十一月革命的爆发，以及君主政权的倒台，每年举行新年音乐会的传统也由此而建立。音乐会通常在 23 点开始，这样最后一个乐章开始时正好跨年。

与贝多芬《第九交响曲》相关的国际思想、博爱思想，以及它们在工人运动期间的普及，使得纳粹分子很难将这部音乐作品纳入他们的鼓动性宣传体系。尽管个别事例表明，他们筹划的演出并没有达到预期的效果，不过他们还是不断尝试将博爱思想转化为对社会全体成员的要求，并努力把纳粹主义融入《第九交响曲》的大量演出中。纳粹在二战期间也以此来"激励人心"，1942 年希特勒生日的前夜，在戈培尔发表讲话过后，现场奏响了《第九交响曲》，由富特文格勒（Furtwängler）担任指挥。这部音乐作品最终在"第三帝国"的演出频率并不比在其他时期少。

因此，贝多芬《第九交响曲》继续为政治所用便不足为奇了。在两德分裂的四十年中，东西德都主张对贝多芬及《第九交响曲》拥有唯一代表权：东德拥有贝多芬的手稿，将贝多芬对法国大革命的同情与马克思列宁主义联系在了一起；西德则占有贝多芬的出生地波恩，不过贝多芬的"神话"在当地褪去了光环，贝多芬纪念日的氛围也有些死气沉沉，他的形象甚至充满了批判性的色彩。对此，东德一再谴责西德的贝多芬是"替身"。

直到 1952 年，也就是确定联邦德国国歌的那一年（见第 48 章"第一版《德意志之歌》"），从那以后贝多芬《第九交响曲》第四乐章的部分旋律一直被作为代国歌使用：1952 年于赫尔辛基举行的夏季奥林匹克运动会和于奥斯陆举行的冬季奥林匹克运动会，仅西德参赛；1956 ~ 1964 年的奥林匹克运动会，东西德组成联合代表队参赛；1968 年的奥林匹克运动会，东西德各组代表队参赛。后来，德国的这种权宜之计也发展到了欧洲层面：1972 年以后，经改编后的《欢乐颂》旋律正式成为《欧洲之歌》，不过按照政府和行政机构的通行做法，略去了歌词，由赫伯特·冯·卡拉扬（Herbert von Karajan）指挥演奏。由此，两德从 1950 年代开始的跨国寻找国歌的竞赛终告结束。

1989 年圣诞节的第一天，为了庆祝柏林墙的"倒塌"，伦纳德·伯恩斯坦（Leonard Bernstein）指挥演奏了贝多芬的《第九交响曲》，合唱部分用"自由女神圣洁美丽"替代了"欢乐女神圣洁美丽"；丹尼尔·巴伦博伊姆（Daniel Barenboim）在柏林的波茨坦广场指挥多台塔式起重机在《欢乐颂》的旋律下"翩翩起舞"。当时，诸如此类通过夺人眼球的方式演奏贝多芬《第九交响曲》的做法还有很多。此外，1983 年以后在大阪上演了万名歌唱者合唱《欢乐颂》的盛大场面。2014 年克里米亚危机期间，交响乐队成员在敖德萨（Odessa）的一个鱼市发起了一场《欢乐颂》快闪行动，场面令人动容。不管是粗制滥造还是过度修饰，不管是贬低还是赞扬，不管是颠覆性的改编还是忠于原作，不管是粗糙化还是细腻化，贝多芬《第九交响曲》至今仍在全世界人民的音乐生活中流传，其经久不衰的程度胜于任何一部交响乐作品。不仅如此，《第九交响曲》还对后来的交响乐创作产生了巨大的影响。

*

那么，《第九交响曲》在政治和社会方面的作用是否比它的配器更为重要呢？对它的各种拔高，比如"艺术的福音"、"人类的《马赛曲》"、"宇宙的大合唱"以及"绝对的声音"，远不会停止。至今它仍被认作"绝妙的流行乐"，当然也仍是好的音乐。

在德国历史中，贝多芬《第九交响曲》的原始总谱命途多舛：贝多芬去世后，除第四乐章较大篇幅乐谱之外的原稿为他多年的秘书、后来的传记作者安东·辛德勒（Anton Schindler，1795～1864）所有。他将其中的 2 页送给了贝多芬在伦敦的一个朋友（后于 1956 年被间接地送到了波恩的贝多芬故居），又将第四乐章中的 3 页交给了一个陌生人（现存于巴黎的法国国家图书馆）。1846 年，辛德勒将他所有的 137 页乐谱赠送给了当时的柏林皇家图书馆（Königliche Bibliothek），以换取终生养老金。辛德勒缺失的第四乐章 67 页乐谱在 1827 年贝多芬遗产拍卖会上被贝多芬的维也纳音乐出版人多米尼克·阿塔利亚（Domenico Artaria）拍得，他的后人在 1901 年将它们卖给了当时的柏林皇家图书馆，于是直到二战期间，贝多芬《第九交响曲》共 204 页的原始总谱一直存于柏林皇家图书馆内。1941 年，出于安全考虑，原始总谱被转移到别处：之前属于辛德勒的、由红色半皮革装订的部分乐谱被转移到了西里西亚［先送至克雄日城堡（Schloss Fürstenstein / Zamek Książ），后转移至克热舒夫修道院（Kloster Grüssau），1946 年后被送往克拉科夫］；第四乐章的第一至第三部分先被转移到了老马林（Alt Marrin，波美拉尼亚），之后被转移至易北河畔舍纳贝克（Schönebeck）［1946 年被送回"菩提树下"老图书馆，即后来的德国国家图书馆（Deutsche Nationalbibliothek）]；第四乐章的第四和第五部分被转移至博伊龙修道院（Kloster Beuron），后于 1947 年被送到图宾根大学图书馆，1967 年被送到柏林国家图书馆。在丢失多年之后，（据称）波兰政府在 1977 年将存于当地的原始总谱交还给了民主德国政府（柏林国家图书馆）。至此，贝多芬《第九交响曲》的所有原始乐谱（第四乐章有 13 个小节丢失）被存放在了当时分裂的柏林，"裂痕"从第四乐章的二重赋格处一穿而过。随着两德统一和柏林两个国家图书馆于 1992 年合并，《第九交响曲》的原始总谱也"重新统一"了。

大型工地

的

工程艺术

Ingenieurskunst auf der Großbaustelle

044

约翰·戈特弗里德·图拉墓碑

地球仪、数学书、拱桥——这座立于蒙马特的墓碑上的图案表明，墓碑的主人是在巴黎逝世的天才工程师。

　　为了纪念他,人们在巴黎最著名的公墓之一,即蒙马特 (Montmartre)公墓为他树立了一座墓碑。许多杰出的历史人物,如海因里希·海涅 (Heinrich Heine)、埃米尔·左拉 (Émile Zola) 和埃克托·柏辽兹 (Hector Berlioz) 也长眠于此。他的名字遍布于故乡巴登的学校和纪念地。不过当人们歌颂“莱茵河之父”时,想到的却不是他——约翰·戈特弗里德·图拉 (Johann Gottfried Tulla,1770 ~ 1828)。他可以说是今天的“莱茵河河道之父”,或者正如位于他出生地卡尔斯鲁厄的墓碑所描述的,他是“野性莱茵河的驯服者”。

　　这座墓碑上的立体图不仅展示了改道前蜿蜒的莱茵河,还展示了经约翰·戈特弗里德·图拉改造后笔直的莱茵河。他设计并实施了莱茵河的河道改造工程,初尝了成功的喜悦,也遇到了不少的困难和挫折。尽管如此,在他去世时,绝大部分的改造工作仍尚待完成。他甚至不能确定改造计划能否完全实现。他患有严重的腹绞痛,尽管在巴黎接受了膀胱结石手术,仍不幸去世。巴登大公下令在 1825 年修建的蒙马特公墓内为他树立一座墓碑。为了纪念这位天才工程师和数学家,碑石上雕刻了一本翻开的数学书,上面刻有希腊哲学家毕达哥拉斯 (Pythagoras) 的名言。此外,碑石上还雕刻了一座拱桥,拱桥上方刻有一个地球仪,也是为了纪念他创建卡尔斯鲁厄高等技术学校的功绩。

　　约翰·戈特弗里德·图拉长期投身于这项宏伟又轰动的莱茵河河道改造工程,撰写了无数的鉴定和研究报告。他从 1809 年开始起草的报告《未来莱茵河河道改造工作的原则》(*Grundsätze, nach welchen die rheinbauarbeiten künftig zu führen seyn möchten*) 于 1812 年出版。这个巨大的工程项目意味着从瑞士边境巴塞尔至莱茵黑森边界沃尔姆斯的总长超过 345 公里的整个莱茵河上游河段要被彻底地重新改造。在充分考虑了 18 世纪的重农思想，以及全盘接受"现代化"（政治和技术领域的先进理念和技术，也包括可以测量莱茵河流速的最新测量仪器）的基础上，约翰·戈特弗里德·图拉打算首先进行土地改良，即通过河床疏干和沼泽排干限制每年洪水泛滥所造成的巨大破坏，保护民众、收成和土壤。

在约翰·戈特弗里德·图拉之前，为了防治洪水人们也实施过个别措施，如截弯取直、筑堤和加固河岸等，不过他的总体规划开启了"德意志历史上直至当时可能最大规模且最为棘手的水利工程"［拉德考（Radkau）语］。这项工程历时半个多世纪，巴登大公国的所有政府机构都参与其中。这项工程帮助巴登——这个被拿破仑升格为大公国的国家——沿着它的"主动脉"莱茵河完成了统一，并重新划定了与法国的边界。

从 1812 年起经过多次徒劳的尝试之后，约翰·戈特弗里德·图拉的这项整体改造工程最终于 1817 年在卡尔斯鲁厄的科尼林根（Knielingen）启动，并于 1876 年在伊施泰因（Istein）结束。莱茵河的长度因此变成了273 公里，缩短了将近四分之一，河的宽度被大大缩小，从最宽处的 3 公里减少到只约 250 米。所进行的几十处截弯取直使莱茵河变得更直。其中的一处截弯取直挖了几条最宽处达 24 米的沟渠，并将河水引入，以提高河水的流速，因为这样可以减少一个河流弯道。与此同时，水流的冲刷还使新的河床变得更宽和更深。最后用几米长的木柴捆加固新筑的岸坡，以此确保在正常水位下原先的莱茵河弯道和支流同改造后的莱茵河河道相互分离。每年单是所需的木柴数量就达到了上万捆，大片的森林是其主要的供应源；主要使用的工具有锄头、铁锹和桶，此外还会使用畜力补充人力。

截弯取直的施工时间依土壤性质的不同而长短不一，平均需要约 5 年；不过有时也要因此耗费几十年的时间。在每个施工阶段，工地上都会有

3000 名左右的工人，必要时，通常在施工范围覆盖的一些村庄发生抗议的情况下，还会出现几百名士兵。抗议的原因有的是害怕因此失去农田或林地，有的是担心会受到高水位的威胁。科尼林根本地人更是发起了声势浩大的抗议，以至于需要出动部队维持秩序。

约翰·戈特弗里德·图拉并不怎么理解他的反对者，这并不是他的责任。1819 年普鲁士在听说了这项大工程后，前 6 处的截弯取直工作已几近完成，普鲁士便警告其所属的莱茵省有洪水泛滥的危险，1825 年后的几年中，关于图拉改造工程对环境产生影响的争论趋于白热化。1827 年 7 月底，约翰·戈特弗里德·图拉不得不暂停曼海姆莱茵河上流的截弯取直工作。可想而知，在他三个月后前往巴黎接受手术的途中，除了担忧病情，他一定也为工程进度的耽搁而焦头烂额。最终他没能返回德意志，也再没有机会得知从 1830 年代开始，包括普鲁士在内的德意志各邦逐渐消退了对完全赞成改造工程的质疑声。原因一方面在于图拉的改造工程预先做好了大范围的河岸加固工作，另一方面在于改造后的莱茵河河道愈发突显了航运的优势。不过，1876 年的洪水和 1882 ～ 1883 年格外严重的"世纪洪水"使得对莱茵河河道改造工程的批评声在新兴的、不同往日的媒体生态中卷土重来，一场揭示"现代环境之争特征"［伯恩哈特（Bernhardt）语］的辩论也由此而起。

对于当地居民来说，莱茵河"取直"虽然加剧了他们对水流量不可预测性的担忧，但同时也给他们带来了肥沃的农田和更适宜的气候，在医学进步之外，也使得莱茵河上游河岸居民的健康状况得到了提升。原因在于，改造前的沼泽地带长期是疟疾、伤寒和痢疾的温床。然而生物学家认为，和末次冰期结束后的 10000 年相比，改造后的莱茵河对动植物物种和生态的变化逐渐产生了更为严重的影响。莱茵河地区特有的植物和许多鱼类已彻底消失，包括广受人们喜爱的鲑鱼在内的其他鱼类也大量减少。19 世纪中叶以后，莱茵河地区传统的渔业失去了主导地位，降级为副业，曾经繁荣的渔村也不复从前。

理查德·瓦格纳在1851～1854年创作歌剧《莱茵的黄金》（*Rheingold*）期间，以及《莱茵的黄金》在 1869 年于慕尼黑首演时，人们依然可以找到与剧中描写的沉在莱茵河河底、由莱茵仙女们守护的黄金宝藏传说相对应的真实历史背景，尽管经过时间的洗礼这一背景已经褪了颜色。淘金曾是莱茵河河边一项最古老的职业，根据史料记载和罗马人的记述，这一职业最早出现在公元前 3 世纪。黄金在中世纪尤其受到人们的追捧，因为和白银相比它的价值越来越高。出现在莱茵河流域的黄金来自阿尔卑斯山，沉积在碎石中的一粒粒黄金在河水的裹挟和不断冲刷下，从巴塞尔一路来到美因茨，变成更细小的颗粒沉淀下来。在真正密集的河道改造工程初期，前期的挖掘工作使得黄金的"产量"大幅提升。1840 年代末，巴登政府向多达 400 名淘金客支付了报酬，每年还有数公斤的黄金被制作成巴登大公国通行的货币。不过在那之后的二十年中，通过这种方式获得的黄金数量降到了最低，从莱茵河沙砾中"淘金"不再可行，淘金这一职业也因此而消亡。

和持批评态度的人们一样，图拉也没有预见到莱茵河河道改造工程可能带来的其他后果：在巴塞尔和卡尔斯鲁厄之间的南部地区，莱茵河被"驯服"了，天然形成的河水泛滥消失了，由此导致地下水位大幅下降、静态水域干涸、植物和树木枯萎。此外，由于河水的流速加快，莱茵河中下游地区在洪水来袭时遭淹没的情况反而更严重了。直到今天，科布伦茨、波恩、科隆和其他许多德国城市的防洪措施都必须对此作出相应的调整。

278

*

约翰·戈特弗里德·图拉也许并没有考虑过，莱茵河河道改造工程会对德意志的交通和工业发展作出贡献。在古罗马时代之前，莱茵河就是一条重要的商路，在中世纪，它是德意志最重要的通道，从斯派尔（Speyer）驶向河流上游的船只往往需要马匹在岸上拉才能继续前行。从 16 世纪开始，莱茵河地区的四个选侯国 / 选候区（科隆、美因茨、普法尔茨和特里尔）都对河道严密监管，直到法国大革命过后，航运才实现了自由化。1831 年颁布的《美因茨莱茵河航运法》（Mainzer Rheinschifffahrtsakte）首次确保了从巴塞尔至入海口完全自由的人员和货物运输，1868 年又出台了《曼海姆航运法》（Mannheimer Akte），至今仍具有基本的法律效力。

19 世纪以来，图拉改造工程对德意志交通和贸易发展的意义不容小觑。曼海姆港口曾是从北海运来货物的重要转运地，也长期是莱茵河大型航运的终点。莱茵河河道改造之后，曼海姆港口仿佛在一夜之间失去了作用；不过，后来扩建成工业港口的曼海姆港因入驻的货物再加工企业而再度繁荣。今天，布莱萨赫（Breisach）和巴塞尔之间的莱茵河航运仍在使用 1928 年以后在阿尔萨斯一侧扩建的阿尔萨斯大运河（Grand Canal d'Alsace），其中的一部分仍为改造前的老河床。莱茵河是当今世界上通行密度最大的水路之一。

莱茵河河道改造工程可能是"德意志历史上最大规模的建筑工程"［布拉克布恩（Blackbourn）语］，它的完成发人深思：像巴登大公国这样一个好不容易建立起来的中小型国家，是怎样利用工业化时期以前的技术手段开始、坚持并最终完成这项"五十年计划"的呢？在约翰·戈特弗里德·图拉逝世 200 年后才抛出这个问题,着实让人感到非常惊讶。要回答这个问题将很困难,德国现今的许多工程案例(斯图加特 21、易北爱乐厅、柏林勃兰登堡机场等)已表明,"德国是如何把自己的未来弄成了一团糟"[冯·格坎(von Gerkan)语]。建筑师和建筑批评家"有时会将贪婪"的目光从德国转向那些实行专制统治的国家——由于决策时间更短、行政环节更少、不受选举期和大众参与的影响,大型工程项目在这些国家的推进速度要快得多,也务实得多。图拉的莱茵河河道改造项目如果放在今天的环境下,可能只能想象而不再可行。

045

第一次

民主尝试

和

失败

Erste Demokratieversuche und ihre Niederschlagung

哈姆巴赫宫的旗帜

这面"德国三色旗"来自哈姆巴赫宫的"上吧，上到城堡去"展览，它是从诺伊施塔特城市博物馆借出的馆藏。

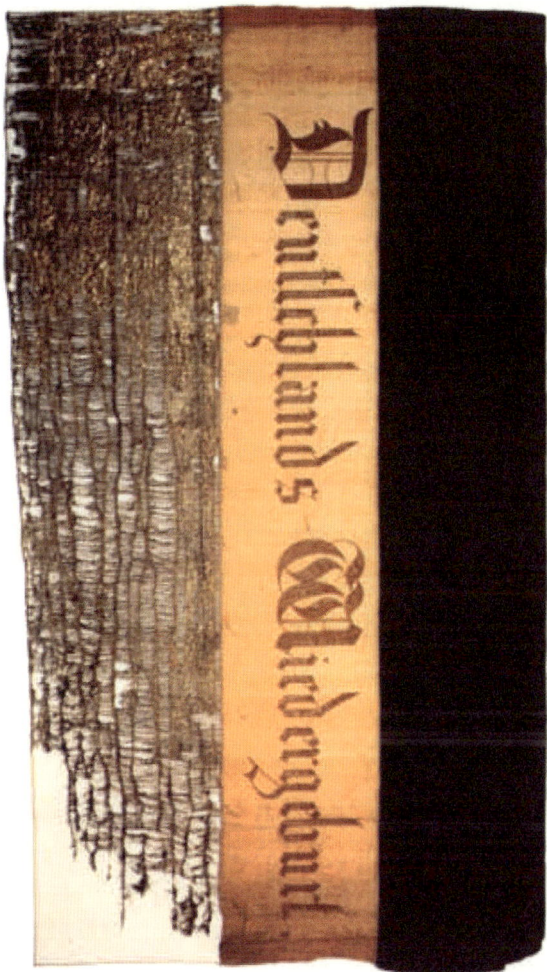

1832 年 5 月 27 日星期日，两三万人中的许多人在清晨奏着乐唱着歌，朝着哈姆巴赫宫（Hambacher Schloss）城堡遗址的方向进发，人群中还高高飘扬着旗帜。现陈列于哈姆巴赫宫的"原始旗帜（Urfahne）"是德国少有的流传至今的主要旗帜之一。它是诺伊施塔特的农场主和商人约翰·菲利普·阿布雷施（Johann Philipp Abresch，1804 ~ 1861）特别制作的。尽管有夸大和不符合事实的成分，他仍被认为是以从上到下的顺序制作黑红金三色旗的第一人。除此之外，他还在旗帜上绣了"德意志重生（Deutschlands Wiedergeburt）"的字样。阿布雷施扛着这面自制的旗帜加入了从诺伊施塔特集市到 4 公里外哈姆巴赫宫的游行队伍，并将它插在了城堡的塔楼上。

实际上，1832 年 5 月在哈姆巴赫宫举行的是一年一度的民间节庆，它还被写入了巴伐利亚的宪法，因为普法尔茨从 1816 年开始便隶属于巴伐利亚王国。然而诺伊施塔特的市民改变了这场节庆的用意，使之成为"德意志的民族庆典"。政治集会在当时遭到禁止，节日庆典则没有这方面的问题。借由民众想出的这个机智办法，一次相对自由的集会才得以实现。实际上，这场集会成为迄今为止德意志民众组织的要求自由和民主的最大规模活动。巴伐利亚政府当时试图阻止庆典，非但没有成功，反而更加引起了人们的额外关注。参加这次庆典的实际人数远远超过了以约翰·格奥尔格·奥古斯特·维特（Johann Georg August Wirth）和菲利普·雅各布·西本普法伊费尔（Philipp Jakob Siebenpfeiffer）为首的组织者们的预计。

从星期日上午 11 点开始，庆典就达到了高潮："上吧，爱国者们，上到城堡去，上到城堡去（Hinauf, Patrioten, zum Schloss, zum Schloss）"，西本普法伊费尔专门为此创作的诗歌的首行这样写道。他和许多组织者一样都是记者，他们为了共同的目标"一个自由的德意志"而走进了游行队伍，他们反对"政治上的屈从"，要求实现国家统一、获得公民的自由权利。他们所谓的"自由"主要包括思想自由、言论自由、集会自由和新闻自由，以及法律面前人人平等。此外他们还要求以德意志民族国家的名义颁布一部体现自由民主的宪法。事实上，在 1813～1815 年反对拿破仑统治的德意志解放战争胜利之后，德意志各邦就向民众承诺，要实行改革并引入（自由化）宪法。不过，随着 1815 年维也纳会议后的君主复辟、1819 年《卡尔斯巴德决议》（Karlsbader Beschlüsse）后民族自由运动被镇压，以及对新闻自由的限制，德意志民众要求全面公民自由权利和建立统一的德意志民族国家的呼声就被暴力扼杀了。就连 1815 年成立的、由 41 个主权独立的国家和自由城市组成的松散国家联盟德意志邦联（Deutscher Bund）也更多地服务于封建统治秩序，它看起来并不像是建立民主立宪制民族国家的一种过渡形态。

在哈姆巴赫举行的这次庆典再次引发了人们关于民族国家和立宪问题的激烈争论，这也是该问题自 1817 年德意志大学生瓦尔特堡节之后的首次争论。1813～1815 年的思想之火再次被点燃，一方面，新一轮的镇压强化了民族思想；另一方面，1830 年法国再次爆发革命和波兰人民起义的消息鼓舞了人心。各个阶层的德国民众都参与了哈姆巴赫庆典：市民、大学生、手工业者、葡萄农、商人、医生、小农和记者。人潮都向着高高飘扬的、象征德意志民族的黑红金三色旗方向涌去。西本普法伊费尔在他创作的诗歌中表达了对德意志地方分治主义的批判："巴登人用金色和红色蹉跎了什么？白色、蓝色、红色的巴伐利亚和黑森又干了些什么？众多的颜色让德意志陷入困境，只有统一才能展现强大。我们不需要彩色的矫饰，我们只需要一种颜色和一个祖国！"

黑红金三色不仅出现在旗帜上，还经常出现在帽徽、臂章或绶带上，它们与哈姆巴赫一起象征着自由意志。这也许是黑红金三色，即未来的德国"国色"第一次作为政治标志为民间所使用。"三色"的设计借鉴了法国的三色旗，也表现了对法国大革命革命理想的赞美。当时的德国还没有确定代表德意志民族的颜色。即使有，也更可能是黑金两色，它们是德意志民族神圣罗马帝国时期旧皇权的象征色，表现为黑色的老鹰和金色的背景。在德意志解放战争期间，黑红金三色就开始作为"德意志"的代表色了，它们曾是吕佐夫志愿军军服的配色：黑色的军服，红色的翻领和绲边，搭配金色的纽扣。当这群大学生志愿军在解放战争结束后重返课堂时，这三种颜色便成为大学生社团的通用标识。1816 年制作、现存于耶拿城市博物馆（Jenaer Stadtmuseum）的耶拿大学生社团团旗就是由黑红金三色组成：在宽度不尽相同的红黑红横条背景的正中有一个倾斜的金色橡树枝图案，旗帜边缘装饰有金色的流苏。

不过，直到 19 世纪初仍没有正式确定黑红金三色的横条式组合，在使用黄金双色，以及更常见的红色方面出现了非常多的搭配方式。

随着黑红金三色具有了政治象征意义，公开展示它的人也开始遭到迫害，梅特涅（Metternich）将此称为"哈姆巴赫丑闻（Hambacher Skandal）"。1832 年 7 月，哈姆巴赫庆典过后不久，德意志邦联的最高机构德意志邦联代表大会颁布禁令，禁止使用黑红金三色标志。事实上，在庆典结束后，当地的检察官也很快对庆典的组织者和演说者进行了调查。他们中的 13 人被起诉，尽管最后被判无罪，涉事人在事后仍被安上了其他罪名，并受到了惩处。阿布雷施被以政治问题为由处以 4 次罚款和短期监禁，身为民主党人的他在举行哈姆巴赫庆典的倡议书上签了名，还曾作为市议员抗议集会禁令，他和西本普法伊费尔同为当地支持独立新闻媒体的

"媒体联合会"的成员，后者和其他人在事后逃到了国外。1819 年反动的《卡尔斯巴德决议》被赤裸裸地激化，德意志邦联在美因河畔设立了一个中央机构，在接下来的几年中对 2000 名嫌疑人进行了调查。共和国运动因此被扼杀，毕德麦雅时期再次到来。

才过了 16 年，巴黎二月革命产生的影响便动摇了德意志封建旧秩序的根基，德意志邦联代表大会开始关注争取自由的运动，并在 1848 年 3 月急忙对"德意志三色"作出解释，寄希望于通过确定黑红金三色为德意志的"邦联色"来平息民众的愤怒。尽管如此，黑红金三色仍然成为由市民阶层领导的 1848 年革命的标志色。阿布雷施再次担任诺伊施塔特城市议员，并于 1848 年 5 月带着自己制作的这面"原始旗帜"参加了在家乡举行的 1848 年革命的庆祝活动。6 月，在罗伯特·布鲁姆（Robert Blum）的带领下，法兰克福国民大会派出的一个代表团访问了诺伊施塔特。阿布雷施去世后，这面"原始旗帜"由他的遗孀保管。在纳粹统治时期，她的后人将这面旗帜妥善地藏了起来。

1848 年革命失败后，黑红金三色从大众视野中再次消失，仿佛它已经失去了代表德意志人民追求民主和自由的象征意义。

同时，对哈姆巴赫庆典的纪念成了长期争论不休的话题。直到 1918 年以前，它在国家层面的公共纪念政策上仍没有占据重要地位。1918 年以后，德国各政党才开始围绕 1832 年的历史遗产问题展开辩论。其中有两点争议从魏玛共和国时期一直延续到了德意志联邦共和国时期，一是 1832 年的历史遗产究竟是什么，二是 1832 年哈姆巴赫庆典的重要意义应当怎样同国家的纪念政策联系起来。哈姆巴赫在政治上被"利用"了：19 世纪末社会民主党人将它同"共和制民主"联系了起来，之后自由党人把它等同于"公民权利"，自由民主党人将它视作标杆，1980 年代成立的绿党认为它充满了"和平运动精神"。

从 1919 年开始，黑红金三色旗成了魏玛共和国的国旗，不过由于立宪委员会的退让，商船旗仍沿用了德意志帝国时期的黑白红三色旗，只是在旗帜的左上角嵌了一面小的黑红金三色旗。极右派辱骂黑红金三色旗是"黑红芥末黄三色旗"。此外 1932 年哈姆巴赫庆典举行 100 周年之际，纳粹党员约瑟夫·布吕克尔（Josef Brückel）嘲讽哈姆巴赫庆典是"僵死体制的狂欢"。

联邦德国和民主德国在选择代表自身颜色上延续了哈姆巴赫的传统（这里的民主德国国旗指的是在黑红金三色旗的基础上，在中间添加了由麦穗环绕的锤子和圆规图案的国旗）。在当时的联邦德国，莱茵兰-普法尔茨州（Rheinland-Pfalz）用"德国民主的摇篮"给哈姆巴赫庆典披上了神话的外衣。1946 年 12 月，莱茵兰-普法尔茨首任州长威廉·博登（Wilhelm Boden）在政府声明中就提到了哈姆巴赫。康拉德·阿登纳（Konrad Adenauer）借 1952 年哈姆巴赫庆典举行 130 周年之机命人去寻找一面哈姆巴赫旗，以便挂在他位于绍姆堡宫（Palais Schaumburg）的总理府中。在韦斯特林山（Westerwald）发现的一面旗帜首先被拿去鉴定，可惜由于"错误"的"黑金红"颜色排列而遭到了舍弃。不过在诺伊施塔特城市博物馆（Stadtmuseums Neustadt）的馆藏中，还有两面哈姆巴赫庆典用旗帜。

较小的一面旗帜曾被送往波恩，并于 1953 年被挂在了内阁的会客厅中，之后又被换到了走廊。后来这面旗帜被收进了阁楼，因为当时的波恩政府办公楼差点被当作"彻头彻尾的博物馆"，这样的"先例"在很大的程度上激起了其他地区也想要展示本地纪念品的想法。直到 1968 年 3 月，这面"压箱底"的旗帜才被送回了普法尔茨，此后联邦议会议长也没有提出要将它挂在联邦议会具有代表性的位置上。

较大的一面旗帜从 1953 年 3 ~ 4 月开始被莱茵兰 - 普法尔茨州议会征用，它先是作为装饰被挂在了议长的办公室中。在 1955 ~ 1959 年州议会会议期间，人们都可以在会议大厅的正前方见到它。当时这面旗帜被直接挂在了墙上，没有任何保护措施，1987 年后才被放进了玻璃框中。它只在1957 和 1982 年庆祝哈姆巴赫庆典举行 125 周年和 150 周年时，才被送返哈姆巴赫宫展览。

1957 年哈姆巴赫庆典举行 125 周年之际，哈姆巴赫庆典所传达的"欧洲"信号仍远未被公众所接收，最晚从 1982 年 150 周年庆典开始，它才渐渐被人们所认识。毕竟，在 1832 年庆典前往哈姆巴赫宫的游行队伍中，还有来自法国和波兰的为民族独立自由而斗争的战士，他们共同组成了哈姆巴赫庆典的一条传统"欧洲"脉络。而另一条，实际上明显与 1832 年并行的脉络却无论如何也没有引起人们的注意：人们在哈姆巴赫庆典上明确表达了实现民族统一的愿景，而在冷战时期人们却没有表达结束两德分裂的类似愿景。在 1953 年 6 月 17 日的民主德国，黑红金三色旗也在发动人民起义的游行示威者手中高高飘扬。黑红金三色毋庸置疑也是两德统一的代表色。2007 年哈姆巴赫庆典举行 175 周年之际，距离两德统一已经过去了17 年，黑红金三色也已彻底变成了德国人友好和德意志民族身份的象征，当德国队在 2014 年世界杯创造"一个夏天的神话"时，它更是如此。

德意志

关税同盟

Der Deutsche Zollverein

046

《边境困窘

1848 年刊登在周刊《传单》上的这幅讽刺画以荒诞的手法表现了关税对德意志小邦国产生的影响。

Gränzverlegenheit.

„Sie sehen, Herr Gränzwächter, daß ich nir zu verzolle hab', denn was hinte auf'm Wagen ist, hat die Lippl'sche Gränz noch nit überschritten, in der Mitt' ist nix, und was vorn drauf lä, ist schon wieder über der Lippischen Gränze drüben."

287

讽刺性周刊《传单》(*Fliegende Blätter*) 在 1848 年刊登了一幅以夸张和荒诞手法反映现实的漫画：一辆满载货物的大型马车正在经过绍姆堡－利伯（Schaumburg-Lippe）边境。只见马车的中部处在利伯境内，而马车的后部和包括马匹在内的前部都身处国境以外。在绍姆堡－利伯狭窄的领土上，运货人向关税员解释道："边境守卫先生您看，我不需要缴税，因为我马车后部的货物还没进入利伯，马车中部没有货物，而马车前部的货物已经出了利伯的边境。"

这幅漫画生动又幽默地刻画了德意志小邦国在 1815 年成立的德意志邦联内的真实处境。这个松散的国家联盟由 35 个诸侯国和 4 个自由城市组成，所有诸侯国和自由城市完全拥有独立主权。当时的德意志版图没有形成一个统一的经济区，而是像一条由各个小邦国拼凑起来的地毯，这些小邦国相互之间还被关税和其他贸易壁垒阻隔；此外，重量、度量单位和货币体系的不统一加剧了这种"分据"。18 世纪末，德意志的不同地区之间共设有 1800 多个关卡，通过繁冗的手续向过路的人和货物征收关税。因此实际上属于"德意志国王"的特权被削弱了，因为他们将权力的行使权赋予了各诸侯和各帝国城市。

在许多德意志邦国，统一的关税法规和免税的国内市场逐渐形成：1808 年的巴伐利亚、1810 年的符腾堡和 1811 年的巴登。1815 年成立的德意志邦联仍迟迟没有提出有关经济和关税问题的进一步解决方案，因为拥有独立主权的诸侯不愿意放弃对他们有利的收益。不过，解决这个问题的紧迫性已众人皆知：卡尔·弗里德里希·耐本尼乌斯（Karl Friedrich Nebenius）和弗里德里希·李斯特（Friedrich List）是当时的两名策划者，他们提出了一个涉及全德的解决方案。李斯特认为："38 条关税和通行

288

税路线使德意志的交通陷入瘫痪……如果想要从汉堡前往奥地利，以及从

柏林前往瑞士从事贸易，人们不得不跨越 10 个邦国，学习 10 次关税和通行税法规，缴纳 10 次通行税。"

1816 年以后，普鲁士废除了所有的国内税费，并从 1818 年开始实施统一的关税制度，包括对外较低的保护性关税、高额通行税以及各种进口税。通行税迫使相邻的德意志小邦国向普鲁士靠拢。从 1820 年开始，南德意志诸邦就关税和成立关税同盟问题展开了艰难的谈判，直到 1828 年 1 月，巴伐利亚和符腾堡才签订了一个关于建立南德意志关税同盟的条约。2 月，黑森－达尔姆施塔特加入了普鲁士的关税体系，1831 年黑森选侯国紧随其后。1833 年 3 月，普鲁士—黑森关税同盟正式建立，巴伐利亚和符腾堡最终签订了一个关于建立德意志关税同盟（Deutscher Zollverein）的国家条约，萨克森在几天后、图林根在几周后也加入了此条约。以回溯的眼光看，德意志关税同盟的建立过程貌似比较顺利，然而这样的结果历经了无数次艰难的谈判。

1834 年 1 月 1 日，条约正式生效，有效期 8 年，在没有特别说明的情况下到期后会自动延长 12 年。巴登于 1835 年也签订了条约，当时举足轻重的"瑞士工业"因此在巴登大公国大肆建厂，以稳住其在德意志愈发广阔的销售市场。其他德意志邦国也陆续加入进来（拿骚于 1835 年、法兰克福于 1836 年、不伦瑞克于 1841 年、卢森堡于 1842 年、奥尔登堡于 1854 年、其余邦国在 1919 年前陆续加入），绍姆堡－利伯也于 1854 年加入了关税同盟条约。

绍姆堡－利伯位于今德国汉诺威和威斯特伐利亚之间的下萨克森地区，这个当时的小侯国完全反映了德意志小邦国的发展史。绍姆堡－利伯在 1830 年代的人口仅有不到 27000 人，领土面积也只有约 340 平方公里，然而它的统治者格奥尔格·威廉（Georg Wilhelm）在带领绍姆堡－利伯

289

于 1807 年加入莱茵邦联后被升为侯爵，之后绍姆堡－利伯便成为一个朝着大国方向发展的封建国家。不过它的都城比克堡（Bückeburg）即使披着尊贵的外衣，也掩盖不了自身的小市民气息。比克堡对宫廷生活的坚决维护十分典型地反映了顽固的专制统治，它必定要因此在当时愈发具有活力的大环境下忍受许多嘲笑和讽刺。不仅 1848 年，五十年后也是如此，从赫尔曼·隆斯（Hermann Löns，1866～1914）的辛辣讽刺作品《十二开》（Duodez）中就可以见得。赫尔曼·隆斯在 1906 年作为记者被派往比克堡，他在其间创作了这部讽刺作品，序言中写道："当你从科隆前往柏林，在经过明登（Minden）后不久就会看到一些蓝、白、红色的界桩，当你询问你的旅伴'那是什么'时，你会得到这样一个答案：'噢，那里就是绍姆堡－利伯啊。'"

也许隆斯曾亲眼见到过卡尔·施陶伯尔（Carl Stauber，1815～1902）在 1848 年画下的场景。施陶伯尔是 1844 年后声名鹊起的讽刺性周刊《传单》的首批和最多产的雇员之一，截至 1893 年，经他发表的不同题材的讽刺性漫画有 9000 多幅。《传单》的涉猎非常广泛，其中包括短小精悍的故事、诗歌和卡通漫画等，内容皆取材于德国的民间生活，非常接地气。市侩毕德曼（Biedermann）和布曼迈尔（Bummelmaier）是当时特别受读者欢迎的连环漫画人物，他们的创作者是路德维希·冯·艾希罗特（Ludwig von Eichrodt）和维克托·冯·施费尔（Victor von Scheffel）。在结合毕德曼和布曼迈尔这两个漫画人物的基础上又诞生了另一个漫画人物韦兰·戈特利布·毕德麦雅（Weiland Gottlieb Biedermaier），以及一个从 1869 年开始用"毕德麦雅"命名的文化历史时期。毕德麦雅时期即 1815～1848 年的君主复辟时期，代表着个人生活的倒退、"平庸"和"保守"。此外，还有许多著名的艺术家，诸如卡尔·施皮茨韦格（Carl

Spitzweg）和威廉·布施（Wilhelm Busch）等都为《传单》周刊供稿。

签订关税同盟条约的目的是消除国内关税壁垒，建立一个统一的关税体系，实行统一的关税政策，共同获得关税收入。这些目标在条约生效后就立刻实现了。这为一个德意志统一经济区的形成夯实了基础。经关税同盟所有成员国的一致同意，全体成员国大会成为关税同盟的最高职能机构。大会一年召开一次，决议须经全体成员国一致通过，并由各个成员国独立落实。这样的决策过程太过繁琐和缓慢，以至于往往只有在普鲁士威胁要解散关税同盟的情况下，一些至关重要的决议才能通过。不过值得注意的是，1866 年普奥战争期间，关税同盟成员国在派兵参战的同时并没有暂停海关的工作：关税的收缴和结算仍在继续，关税税费在扣除管理费后，按照协商好的成员国人口分配比例进行分摊。

随着 1871 年《德意志帝国宪法》的颁布，关税同盟的职能由德意志帝国接替。1888 年以前，汉堡和不来梅一直处于关税区之外，在帝国的大力扶持下，它们拥有了自己的自由港口，此后仍可以继续待在关税区外。关税同盟的重要共生现象是重量和货币的逐步统一，以及对普鲁士《贸易法》的承认。直至 1861 年，德意志邦联颁布了《德国普通商法典》（Allgemeines Handelsgesetzbuch），它是 1897 年颁布的《德国商法典》（HGB）的前身，后者同《德国民法典》（BGB）于 1900 年同时生效。

在 1945 年前的历史叙事中，对德意志关税同盟的描述几乎都只基于国家政治方面的观点。历史学家们认为，在 19 世纪的德国从"文化民族（Kulturnation）"向"国家民族（Staatsnation）"的经济发展，特别是政治发展过程中，德意志关税同盟起到了核心推动作用。以普鲁士为中心的德意志帝国史学史特别强调，普鲁士是德意志关税同盟建立的主导力量，并将德意志关税同盟阐释为在普鲁士领导下于 1871 年建立的德意志帝国的预备阶段和先决条件。实际上，普鲁士和德意志关税同盟的其他创始国从一开始就根本没打算在一个统一的德意志民族国家内建立这样一个组织，当时反对普鲁士专制的声音更是层出不穷（从这一点来说，绍姆堡－利伯是一个很好的例子，因为它在德意志关税同盟成立二十年后，也就是 1854 年 1 月 1 日方才加入）。不过在创造国家经济价值方面，德意志关税同盟对德国工业化的意义一直尤为突出。

在纳粹统治期间，德意志关税同盟的地位被持续拔高：它不仅为德国成为欧洲的经济强国打下了基础，还在政治上推动了德意志民族国家的构建。它甚至被认为是除了义务兵役制以外，"普鲁士政府最伟大的作品"。来自国外的各种观察角度，尤其是威廉·O.亨德森（William O. Henderson）的研究也认为，有决定权的普鲁士官员共同参与了德意志关税同盟的建立，他们还为德意志民族国家的成立贡献了力量。

291

*

在战后时期，民主德国的研究认为，德意志关税同盟是国家经济政策在经济上对资产阶级的妥协。联邦德国则主要将德意志关税同盟视为欧洲传统发展道路的一部分，并将它树立成欧洲经济共同体（EWG）的历史范本。这样一来，德意志关税同盟便成为欧洲政治和经济一体化进程的成功先例，表面上延续了自 20 世纪中叶以来的（西）欧经济合作。从这一点上来说，德意志关税同盟对德意志民族国家构建的文化意义要大于政治意义，因为它较少地改变了德意志的内部边界，而较多地改变了成员国的"认知和交流模式"。在两德分裂期间，这个话题还被人们从不同角度进行观察，德意志关税同盟只被看作德国 19 世纪愈发快速的工业发展和德意志民族国家构建的一个非决定性的前提条件。

1984 年，德意志关税同盟成立 150 周年的纪念活动进行得如火如荼。当时不仅举办了各类展览，还发行了 5 马克的纪念硬币，硬币上所展现的是正在通过栏杆的邮政马车。如今一枚纪念硬币的价格翻了不到 2 倍，为 13 欧元，而巴伐利亚分别在 1827、1833 和 1835 年借关税统一之机发行的"协定塔勒（Konventionstaler）"的价格如今却翻了 50 倍。除了 1856 年引入的海关磅（Zollpfund）和其他度量单位以外，德意志关税同盟建立和发展时期留下来的纪念物品已非常稀少。在当今几乎没有边境的欧洲经济区内，对于普通旅行者或商务人士来说，这样的"边境困窘"早已成为历史。不过利伯的特色一直保留了下来：北莱茵－威斯特伐利亚州纹章下方的那朵红玫瑰就是一朵"利伯玫瑰"。

铁路

德国

向工业化的

迈进

Die Eisenbahn –
Deutschlands Aufbruch
in die Industrialisierung

047

鹰号机车

鹰号机车是德意志土地上的第
一台蒸汽机车，1835 年从英国
进口，1935 年被原样复制。

1835 年 12 月 7 日，在当时的时代风格，即充满赞美诗诗意和对进步的信仰下，人们为德意志土地上一台蒸汽机车的处女航，以及第一条德意志铁路的开通举行了庆典。一列由 9 节车厢组成的火车，载着 200 名贵宾以每小时 30 ~ 40 公里的速度从纽伦堡驶向菲尔特（Fürth），大约 6 公里的路程仅用了 9 分钟。这个速度大概是相同路线上邮政马车速度的 3 ~ 4 倍。人们在庆典上齐唱"艺术的杰作……像老鹰一样飞翔"，赞颂的是一台从英国纽卡斯尔（Newcastle）进口来的约 40 匹马力的蒸汽机车。

将这台自重 7 吨的火车头连同后面的煤水车运到现场，花了将近两个月时间。1835 年 9 月 3 日，这台机车被拆成 100 多个零件并分装在 19 个箱子中，然后乘着蒸汽拖船沿运河向目的地进发。它先是从鹿特丹逆流而上来到下莱茵兰的埃默里希（Emmerich）。因为赶上枯水期，又用驮马拉纤的方式到达科隆。到达时已经是 10 月 7 日了。随后，艰苦的陆上重载运输开始了：货箱换装上路，用骡马大车沿着颠簸的大路拉到纽伦堡，10 月 26 日到达了纽伦堡约翰威廉施拜特机器工厂（Nürnberger Maschinenfabrik von Johann Wilhelm Spaeth）。在随行机师威廉·威尔逊（William Wilson）的监督下，人们将这台蒸汽机车重新组装起来。威尔逊起初只打算在当地工作八个月，没承想最后却在那里待了一生。鹰号机车（Adler）连挂的客车车厢是在巴伐利亚制造的，直到 12 月 7 日举行盛大的启用仪式前，这台机车已经在新建成的线路上进行了多次试验。按照英国式样生产的钢轨是沿着同样的路线从产地科隆旁的新维德（Neuwied）运到纽伦堡

的。铁道的轨距也沿用英国标准（4 英尺 8 英寸，即 1435 毫米）。这个标准也成为所谓的"标准轨距"在全世界沿用至今。此外值得注意的一点是：后来希特勒宣称要建立 4 米的宽轨距铁路，这种想法根本就是妄自尊大，完全没有落实到规划中。

　　要论德意志工业化起步的标志，这次火车处女航无疑最恰当不过。这次事件变成了一次民众的节日。参加的人被要求着节日盛装，穿燕尾服，戴大礼帽，激动的人群在线路旁欢呼，马儿受了惊，孩子们大呼小叫，路人惊讶的目光中含着惊恐，紧接着关于发生危险需要医疗救护的议论不胫而走。然而对于这个划时代的技术革新所产生的经济意义，大多数见证者显得相当自信：从各地聚集到此的记者们撰写了激动人心的报道。

　　这条铁路线取得了空前的成功，给人留下了十分深刻的印象：运营第一年，旅客发送量就达到 45 万人。接下来的二十多年中，这条德意志最初的铁路线一直可靠运行，保持着每小时一班车，票价也相当便宜——每张车票只需 6 十字币 [①]。

　　处女航二十年后，鹰号机车的技术状况已近暮年。1857 年，新的现代化机车取代了它的位置，它被按废铁的价格卖到了奥格斯堡。后来这台机车可能还作为固定式蒸汽机服役了一段时间，然而它轮下的轨道却已走到终点。19、20 世纪之交，首次有人提出疑问，为什么这台极具历史意义的机车没有保留下来？ 1925 年，鹰号机车的复制品建成下线，并在 1935 年德国铁路百年庆典时亮相：这台红绿亮色的机车完全按照历史原样复制而成，还有那些明黄色的车厢也是一样。它在当地一条 2 公里长的线路上行驶，然后又转到斯图加特的坎施塔特草坪（Cannstatter Wasen，斯图加特啤酒节举办地），1936 年参加了柏林奥运会，1938 年又到普鲁士第一条铁路柏林—波茨坦铁路上行驶，为其建成 100 周年庆典助兴。最后，这台机车回到 1899 年建成的纽伦堡交通博物馆（Verkehrsmuseum Nürnberg）安家落户。2005 年，博物馆车库发生火灾，鹰号机车的复制

---

① 　奥地利和德国流通的一种辅币，从 11 世纪初沿用到 20 世纪初。

品几近损毁。直到 2010 年德国铁路建成 175 周年庆典前，人们完全按照 1935 年机车的物料和结构又复制了一台——德国铁路公司（DB）为此投入了近 100 万欧元，才使它再次开动起来。

德国铁路事业缘起于私人的倡议，其中来自罗伊特林根（Reutlingen）的弗里德里希·李斯特（Friedrich List，1789 ~ 1846）起了重要作用。从 1828 年开始，在美国流亡多年的他声情并茂地讲述了有关当地铁路建设的故事。他认为，建设国家级铁路系统同消除当时德意志小邦国之间关税壁垒的关系就像是"连体婴儿"一般紧密。

当时的纽伦堡是巴伐利亚王国最重要的交通枢纽和商品批发贸易中心。推进铁路计划在纽伦堡落地实施的主要是两名富有的商人：一名叫格奥尔格·查哈里亚斯·普拉特纳（Georg Zacharias Platner），主要经营靛蓝染料和烟草商行，他同时也是巴伐利亚等级代表会议（Ständekammer）的议员；另一名叫约翰内斯·沙尔（Johannes Scharrer），是个啤酒花商人。通过同英国的生意往来，两人对当地的铁路建设有所了解，决定为建立德意志第一家铁路公司筹措资金。公司股份很快被抢购一空，因为承诺的红利高达 12.5%，遥遥领先于其他公司。随着铁路网的不断扩展，铁路建设过程中对各种材料的需求急剧增大，相应的供应商企业也如雨后春笋般涌现出来。铁路建设行业同钢铁、采矿及机器制造业一样，成为德意志投资型工业发展的重要支柱。1839 年，德意志生产出了满足运营需要的蒸汽机车：德累斯顿"育碧高机器制造厂（Maschinen-Bauanstalt Übigau）"生产的"SAXONIA"号蒸汽机车便是其中的第一台。

众多收益丰厚的铁路公司无一例外地采用股份制经营方式。这带动了金融行业和股票交易所的繁荣兴旺。铁路建设和相应的资金筹集基本上算是企业家和投机商的"私人事务"。面对这种新兴交通技术，国家起初只是在一旁观望。如果由国家主持建设铁路，那么单是因为缺乏资金就会严重拖慢建设进度（巴登和符腾堡采取国家铁路模式，巴伐利亚采取混合模式），而由私人主导的铁路建设（德意志北部和西部地区）的速度要明显快得多。1846 年成立的德意志铁路管理协会（Verein deutscher Eisenbahnverwaltungen）只是一个由众多私营和国营铁路公司组成的松散团体，然而要让铁路系统发挥作用，还必须依靠越来越多的地区间协调。举个例子：如果以一定的太阳高度为标准，那么德意志东部边境地区的正午 12 点就会比西部早 1 个小时。从 1848 年起，普鲁士全境的铁路时刻表都按照柏林时间编排，巴伐利亚则按照慕尼黑时间，比柏林要晚 7 分钟。直到 1893 年 4 月 1 日，欧洲中部标准时间才以帝国法律的形式真正确定下来。

起初，人们错误地估计了铁路对军事和战争的意义。李斯特甚至希望铁路日后能让别国无法实施针对德意志的侵略战争，因为它可以迅速调集足够的士兵投入防御。1857 年，普鲁士元帅毛奇（Moltke）意识到了铁路的作用，提出了沿莱茵河建设更多东西向铁路的要求，以为将来同法国可能爆发的战争作准备。1866 年，在克尼格雷茨会战（Schlacht bei Königgrätz）的军事部署中，铁路在物流方面发挥了特殊作用，同时也指明了战争对从政治决策到军事动员的一系列有序部署具有依赖性。1866 年，从军事动员到临战准备共需要 25 天，1870 年则缩短到了 20 天。到了 1914 年，德军从 8 月 2 日开始动员到投入西线战斗，用时已不到两个星期。

1913 年，德国各州铁路的运营利润还有 10 亿马克。第一次世界大战的爆发使德国铁路总体陷入了亏损。1919 年已累计亏损 41 亿马克。战后州一级的铁路系统根本无法重建，总长 54000 公里的铁路线于 1920 年收归国有，成为帝国资产。

在"最终解决"犹太人问题上，帝国铁路扮演了"死亡齿轮"的角

296

色 [引自赫尔穆特·施瓦茨（Helmut Schwarz），《时代列车》（Zug der Zeit）]。1938 年 10 月，第一列集中运送犹太人的火车启动，从 1939 年 12 月至 1940 年 3 月，数百万犹太人被强行塞进火车迁往波兰居住，而自 1941 年 10 月起，在系统性地驱逐犹太人的过程中，最终被杀害的犹太人有超过一半被送进了灭绝营。阿道夫·艾希曼（Adolf Eichmann）是"死亡送货员"中的重要一员，帝国铁路便是他的"送货工具"。装载犹太人的都是货车车厢，却按照旅客车厢计价，甚至还按照每人每公里 4 芬尼的减价票或者"团体旅行"优惠票计价。每趟列车最初装载 1000 人，后来上升到 2000 人，最多甚至塞入了 5000 人，由于所谓的"旅客"都是在到达后才清点人数，列车也"免费运送"死尸。帝国铁路各级官员都在这副残忍的"齿轮"中干着自己的工作。而比起 1942 年铁路上的每天 20000 趟列车，这 10 ～ 20 趟驱逐犹太人的死亡列车只是"边缘现象"而已。

随着盟军的轰炸行动愈发密集，列车时刻表也愈发失去了意义。1941 年铁路开始将儿童送往乡下避难，不久又开始运送被疏散的居民和因遭受轰炸而无家可归的人们。在战争结束时和战后头几年的乱局下，铁路成了难民和遭受驱逐者的重要逃亡路径。1944 年底，仍有大约 1200 万德国人居住在奥得河和尼斯河以东，到了 1945 年 4 月，这个数字已经下降到440 万人。两个月后又有 110 万人回流当地，因为很多只到达苏台德地区（Sudetenland）或者"苏占区"的难民又回到了自己的家乡。1946 年 1 月，捷克斯洛伐克开始了系统性驱逐德国人的行动，每天都有若干辆列车驶向西方。仅 1946 年一年就有超过 1000 趟列车，载着超过 100 万人到达美占区，75 万人到达苏占区。到 1947 年底，又有大约 50 万人被从波兰驱逐到苏占区。1948 ～ 1949 年，留在东普鲁士其他地区的德国人也被悉数驱逐，这些从奥得河和尼斯河以东地区开来的列车直到 1950 ～ 1951 年方才消停。

297

*

二战结束后，四大占领国分别接手了各自占领区内帝国铁路的运营。1946 年起，美英两个占领区联合运营铁路。联邦德国成立以后，1949 年 9 月成立了德国联邦铁路公司（Deutsche Bundesbahn）。随着电气化的不断发展，蒸汽机车在 1970 年代被内燃机车和电力机车取代。1971 年起城际列车网（Intercity-Netz）连接了德国境内的几大经济中心，1991 年起又开行了城际快车（Intercity-Express，ICE）。除战后重建的被毁线路、车站、车厢和机车之外，德国铁路的最大成就莫过于联邦铁路公司和民主德国国家铁路公司在两德统一之后进行了合并，以及 1994 年以私有化股份制方式（股份全部由联邦所有）建成的德国铁路公司。铁路网自 1998 年起交由德国铁路公司的子公司德铁网络股份公司（DB Netz AG）经营。2012 年，总计 33000 公里的铁路线异常繁忙，鹰号机车也只有在获得难能可贵的特许后，才能找条支线"放飞自我"。德国现今按计划运行的城际快车最高时速可达 300 公里每小时，是德国第一台机车速度的 10 倍。

统一、

正义

和

自由

»Einigkeit und Recht und Freiheit«

048

第一版《德意志之歌》

这是由奥古斯特·海因里希·霍夫曼·冯·法勒斯雷本作词的第一版《德意志之歌》。它是一首有许多"生日"的国歌。

Das
Lied der Deutschen
Hoffmann von Fallersleben.
Arrangirt für die Singstimme
mit Begleitung des Pianoforte oder der Guitarre.
Das Lied der Deutschen.

当奥古斯特·海因里希·霍夫曼·冯·法勒斯雷本（August Heinrich Hoffmann von Fallersleben，其中"冯·法勒斯雷本"为他的出生地地名）的歌声尚未落下时，出版商就将4枚金路易①放在了他的桌上，他应该感到非常高兴。一首歌能在当年有这样的收入已经算是不错，抵得了一个纺织厂领班三个月的薪水。况且在获得这笔收入之前，身为教授的奥古斯特·海因里希·霍夫曼刚被解雇不久。

1841年8月，奥古斯特·海因里希·霍夫曼回到黑尔戈兰岛（Helgoland）休养。为了德意志邦联能够克服阻力、德意志民族能够实现政治上的统一，他做了宣传鼓动、诗歌创作和谱曲等方面的工作。他为他的诗歌《德意志之歌》（*Das Lied der Deutschen*）所选的配曲再简单和庄严不过了：它是约瑟夫·海顿（Joseph Haydn）于1797年为德意志民族神圣罗马帝国末代皇帝弗朗茨二世（Franz II）所创作的乐曲；他的《皇帝四重奏》（*Kaiserquartett*）中第二段旋律"上帝保佑吾皇弗朗茨"被选为奥地利当时的国歌——《帝皇颂》（*Österreichische Kaiserhymnen*）。

1841年10月，在为法学教授卡尔·特奥多尔·韦尔克（Carl Theodor Welcker，即此后爆发的1848年革命中巴登自由党的发言人）举行的火炬游行中，参加者举行了一次《德意志之歌》的小型首演。一开始，霍夫曼拒绝进一步传播这首歌曲。甚至于在他去世之前，他一直失望地将其称作"垃圾"。他可能根本没想过有一天这首歌能成为德国国歌，就更别说尊敬国歌或权威了，他更喜欢对它们进行讽刺性的模仿。

在霍夫曼去世16年、诗歌创作完成50年、海顿作曲近一个世纪后，《德意志之歌》才在官方场合被反对德意志小邦国分据的文学"激进分子"

---

① 法国金币名，铸于1641～1795年，币上铸有路易十三和路易十四等人的头像。

唱了出来：1890 年 8 月 9 日在黑尔戈兰岛——这个此前属于英国的岛屿在当时被转让给了德意志帝国。

1901 年，《德意志之歌》在德意志帝国皇帝在场的情况下第一次被唱响，十年过后，它成为德国人最经常歌唱的曲目。它尤其在第一次世界大战期间激励了德国人，不仅因为它的第一节坚定地表明德意志"高于世间万物"，还因为它与从 1914 年 11 月 11 日开始的、通过"朗格马克神话（Langemarckmythos）"快速结束战争的全员亢奋密切相关：年轻的人们应该在朗格马克以西高唱着"德意志，德意志高于一切"，然后英勇战死在前线的沙场。

一战结束后，魏玛共和国成立，关注的重点发生了急剧变化。直到 1922 年 8 月，"统一、正义和自由"才真正被提到了国歌的高度，即便如此，总统艾伯特仍尴尬地回避了这个概念。他小心地描述道："我们要正义。在艰苦的斗争过后，宪法给了我们正义……我们要自由。正义会带给我们自由。我们要统一……统一、正义和自由是宪法应当给予我们的保障。统一、正义和自由！"

在希特勒独裁统治下的德国，国歌第三节提到的"正义"是不受欢迎的，尽管没有明令禁止，但它在希特勒就任帝国总理（1933 年 1 月 30 日）后不久就被列为禁忌。纳粹德国采用了双国歌：第一节《德意志高于一切》（Deutschland über alles）同纳粹党党歌《旗帜高扬》（Die Fahne hoch, die Reihen fest geschlossen）放在一起演唱，唱的同时还要求举起右手行纳粹礼。双国歌做了 12 年纳粹运动之歌，奥地利在此基础上增加了第四节："奥地利回到了祖国母亲的怀抱。"从那时起到之后的数年，许多德国人不愿再听到《德意志之歌》。此外，《德意志之歌》还在集中营和灭绝营中由关押的囚犯为纳粹的党卫军哨兵演唱。因此便可以理解，盟国对德管制委员会（Alliierte Kontrollrat）为何在 1945 年 7 月不仅严禁了所有纳粹歌曲，还不允许在包括死刑在内的行刑过程中演唱《德意志之歌》。

尽管人们在这段"没有国歌"的时期内别有忧患，然而一首反映德国被占领时期人民生活状态和渴望统一的音乐作品还是突然出现了：卡尔·珀尔布尔（Karl Berbuer）创作的狂欢节游行歌曲《我们是三占区生人》（*Wir sind die Eingeborenen von Trizonesien*，1948）获得了极大的成功，以至于它暂时填补了缺失国歌的空白——1949 年 4 月在科隆举行的一场国际自行车比赛中，德国队获胜后奏响的就是这首歌曲。

1949 年颁布的联邦德国《基本法》在国歌问题上没有表态，民主德国则公开表示了决裂。霍夫曼的《德意志之歌》被从历史中"清除"了。在民主德国成立后的第二天，总统威廉·皮克（Wilhelm Pieck）就委托文化联盟时任主席约翰内斯·R.贝希尔（Johannes R. Becher）为国歌重新作词。作曲者是汉斯·艾斯勒（Hanns Eisler）。1949 年 11 月 7 日，在庆祝"十月革命"胜利 32 周年的典礼上，民主德国国歌《从废墟中崛起》（*Auferstanden aus Ruinen*）被首度唱响。

根据《新德意志报》（*Neues Deutschland*）的报道，公众热烈鼓掌，"情绪激动而兴奋"。不过"德意志，统一的祖国"这一句却让国歌的歌词遭受厄运。从 1970 年代开始，德国统一社会党（SED）就不再将德国统一作为政治目标，民主德国于 1974 年出台的宪法也被修改，规定国歌只能演奏，不能演唱。

在民主德国 1976 年的巡回演出中，彼得·克罗伊德尔（Peter Kreuder）所作的《再见，约翰尼》（*Goodbye Johnny*）也遇到了类似的情况，在听到与国歌旋律相似的前奏时，观众们纷纷从座位上站起来欢呼鼓掌。其他歌曲在当时也遭到了审查，其中包括音乐教育家卡尔·祖施耐德（Karl Zuschneid）编写的钢琴教材中的《第 8 号圆舞曲》，以及贝多芬为歌德诗歌《喜悦与悲伤》（*Freudvoll und leidvoll*）所作的配乐。

在分裂时期的两德关系问题上，一些德国人对两国拥有各自的国歌总怀有诸多抱怨。从东德国歌词作者约翰内斯·R.贝希尔 1950 年的日记中可以得知，当时在演唱国歌时，一些政府部长只是做出了"尴尬的咀嚼动作"。

在确定未来国歌的问题上，西德国内也争论不休。康拉德·阿登纳最后拍了板：1950 年 4 月 18 日，在柏林提塔尼亚皇宫（Titania-Palast）发表演讲后，他邀请现场所有人与他一起合唱《德意志之歌》的第三节。在场的部分社会民主党人因此愤然离开了礼堂，包括西柏林市市长恩斯特·罗伊特（Ernst Reuter）在内的其他社会民主党人则同大多数观众一道起身合唱。三个代表西方国家联盟的市警备司令官则尴尬地坐在原地；他们的政府对西德总理这次被库尔特·舒马赫（Kurt Schumacher）称为"突袭"的行为提出了正式抗议。

阿登纳的举动让西德总统特奥多尔·豪斯（Theodor Heuss）备感压力，后者曾对失去国歌的决定权有过抱怨。豪斯反对将霍夫曼的《德意志之歌》作为西德国歌，进而重新找了歌词并希望由卡尔·奥尔夫（Carl Orff）谱曲。卡尔·奥尔夫拒绝后，改由赫尔曼·罗伊特（Hermann Reutter）作曲的国歌彻头彻尾地失败了。1950 和 1951 年之交，西德总统发表了新年广播讲话，在电台首次播放了这首国歌之后，德国诗人戈特弗里德·贝恩（Gottfried Benn）讽刺地说，这样的话人们也可以拿"兔毛当国旗"了。

根据豪斯自己的描述，他"低估了传统主义和它的惯性"，于是放弃了具有象征意义的重新开始。在他与阿登纳于 1952 年 4 ~ 5 月的一封官方通信中,《德意志之歌》被再次确定为联邦德国国歌,同时他还明确强调:"在国事活动中,应唱《德意志之歌》的第三节。"

短短几个月过后,1953 年 6 月 17 日在民主德国发生的骚乱足以表明,这首歌是多么深入人心。在柏林,人们高唱着《德意志之歌》穿过勃兰登堡门。在莱比锡和其他地区,人们也唱起了这首被民主德国封杀的歌曲,为了抗议德意志统一社会党推行的政策,并表明统一德国的诉求,《德意志之歌》的第一节也时而被唱响。

关于德国国歌的争论仍在继续:当联邦德国代表队摘得 1954 年世界杯桂冠时,激动的德国人合唱了《德意志之歌》的第一节。瑞士广播电台切断了转播。此举引发了激烈的口水战。西德总统豪斯看到自己的担忧成为现实,便在 1954 年 7 月 20 日于柏林奥林匹克体育场为世界杯德国代表队举行的大型庆祝活动上,表态性地让数万名球迷齐唱《德意志之歌》的第三节。

对于有过被关押在西伯利亚痛苦经历的德国战俘来说,《德意志之歌》第一节强大的象征力量在 1955 年得到了展现:在阿登纳访问莫斯科之后,最后一批德国战俘得以返回祖国,在抵达弗里德兰(Friedland)时,他们高唱"德意志,德意志高于一切"。当时西德新闻媒体拍摄到了他们泪流满面唱歌的画面,但是剪掉了歌唱的内容。

在奥林匹克运动会等国际比赛的领奖台上,德国人很难听到自己国家的国歌。1958 年在瑞典首都斯德哥尔摩举行的欧洲田径锦标赛上,东西德虽然组成了一支代表队,却没有确定一首官方国歌。不过德国观众的热情高涨,特别是当阿明·哈利(Armin Hary)获得 100 米短跑金牌时,众人齐唱《德意志之歌》第三节的歌声甚至盖过了比赛的喇叭声。在 1960 年罗马奥运会和 1964 年东京奥运会开幕式上，伴随东西德联合代表队入场的是替代国歌，贝多芬的《欢乐颂》。1968 年以后，两德分裂的状态再也不容忽视了。

1978 年当德国歌手海诺（Heino）在巴登－符腾堡州州长汉斯·费尔宾格（Hans Filbinger）的官邸莱茨施泰因别墅（Villa Reitzenstein）为一个学校的班级完整地演唱了国歌的三节，并将灌制的现场黑胶唱片发放给学校时，德国社会掀起了一场大讨论。一方认为，《德意志之歌》的第一节与国歌有着"天然的联系"；另一方则认为，国家这一概念"但愿最终是过时的"，或者认为，海顿—霍夫曼版的国歌是一首"民族主义的酒馆歌曲"。从 1985 年开始，这首国歌才成为人们收音机里节目的结束曲。

1989 年 11 月 9 日，《德意志之歌》所传达的正面国家情感达到了顶峰。当西德联邦议会议长丽塔·许什穆特（Rita Süssmuth）在波恩宣布了柏林墙倒塌的消息后，议会代表们自发地全体起立（这在德国联邦议会的历史上前所未有！），并合唱"统一、正义和自由"。差不多一年以后，两德统一的当天，也就是 1990 年 10 月 3 日，《德意志之歌》的第三节成了全体德国人民高唱的国歌。1991 年 10 月，与 1952 年进行的官方程序一样，德国联邦总理科尔（Kohl）在与德国联邦总统魏茨泽克（Weizsäcker）的一次通信中正式确定《德意志之歌》的第三节为两德统一后的国歌。

此后，国歌问题偶尔也会引发新的讨论，比如在 1998 年的大选曾要求更换国歌以利于内部统一。不过，尤其在德国队创造了 2006 年世界杯"夏天的童话"之后，德国人确定了对包括《德意志之歌》在内的传统民族象征的清晰而又正面的基本态度。

303

*

　　今天，《德意志之歌》唤起了人们的诸多历史记忆：从德意志民族神圣罗马帝国、1797 年海顿创作的《皇帝四重奏》、霍夫曼·冯·法勒斯雷本在 1848 年革命前夕的梦想、一战期间德国人民的爱国主义热情，魏玛共和国对 1848 年革命传统的回归、1933 年以后对国歌的滥用，一直到作为政治和经济上最为成功的民主国家——德意志联邦共和国在德意志土地上的建立——从这一点上来说，《德意志之歌》的确拥有许多个"生日"。

变革中

的

农业

Landwirtschaft im Wandel

049

金𬮿

这是一个表达感谢之情的象征性物品，它感谢的对象是"农民国王"、改革家和农业现代化的推动者——符腾堡国王威廉一世。

305

这个等比例的犁是为庆祝符腾堡国王即位 25 周年专门打造的，在他 60 岁寿辰的第二天，一场大型的游行将庆典推向了高潮。1841 年 9 月 28 日，这个犁被装在一辆花车上，同将近 10000 名游行者、600 多名骑士，以及逾 700 头牲畜一起走在游行队伍中。这次庆典是直至当时在斯图加特举行的 "最盛大和壮观的活动之一" [绍尔 (Sauer) 语]。这个犁是一件表达感谢之情的象征物品，它被涂成了金色，它要感谢的对象是德高望重的 "王位上的改革家"（绍尔语），即被称为 "农民国王" 的威廉一世（Bauernkönig, Wilhelm I von Württemberg），他是符腾堡农业现代化的推动者。活动安排提到 "霍恩海姆学校" 的 "负责人、教师和学生"，以及 "农业生产者" 要带着这个犁和其他农业用具一起游行，以重现当时的情景。

当时有人写道 [格里茨 (Göriz) 语，引自魏瑟尔 (Weisser)]，一年后 "金犁" 成了一件抓人眼球、极具吸引力的物品，它被陈列于霍恩海姆 (Hohenheim) "德意志农业和林业经营者" 主题活动的一个展览入口。展览上不仅可以见到大量的现代农业用具，还可以看见若干三维技术模型，它们被标记为此类型中 "首批……批量生产的产品"，是数十年来 "农业技术转让最为重要的工具" 之一，是 "技术史上的一块瑰宝"（魏瑟尔语）。它们是德意志最古老农业技术集合的基础，表明了霍恩海姆在 1840 年前后数年所发挥的重要作用。为了突显这一点，霍恩海姆最近被拿来同今天的 "硅谷" 相比较（魏瑟尔语），尽管当时的倡议是 "自上而下" 进行的。

1816 年秋，35 岁的威廉一世即位。那一年正是欧洲编年史记载的 "无夏之年"，被民间贴上了 "冰冻 1800 年 (Achtzehnhundertunderfroren)" 的标签。原因在于印度尼西亚松巴哇 (Sumbawa) 岛上的坦博拉火山 (Vulkan Tambora) 爆发，整个欧洲因此受到寒流侵袭。大幅度的降温使

306

农业歉收、粮食价格倍增并出现大饥荒，1817 年的大饥荒最为严重。符腾堡也受到了相当大的打击。在这样的情形下，威廉一世（王后卡塔琳娜给予了他大力支持）迅速果断地着手处理，对此他推行了促进农业生产的有效措施：除对食品制定价格上限和禁止出口，以及从国外购买粮食之外，他在 1817 年推动成立了一个农业协会，总部设在斯图加特。总部向农民提供咨询服务，还将协会并入了一个负责农业机械设备的部门。1818 年 11月，出于"农业教学、农业实验和模范教育"等目的，国王威廉一世在霍恩海姆捐建了一所农业学校，这所学校在 1847 年成为专科院校，1904 年成为农业高等院校，1967 年成为大学。威廉一世创办农业学校是在效仿阿尔布雷希特·冯·特尔（Albrecht von Thaer），后者分别于 1802 年在策勒（Celle）、1804 年在柏林附近的默格林农庄（Gut Möglin）创办了农业学校。与此同时，威廉一世还设立了一个一年一度的节日，日子选在了他生日的第二天，1818 年 9 月 28 日为第一届。它就是今天巴登－符腾堡州最受欢迎的民间节日"斯图加特啤酒节（Cannstatter Wasen）"的前身。为了唤起农民对现代农业技术的兴趣，节日以竞赛拉开序幕，国王夫妇为在农业机械方面取得进步的人士颁发奖项。

　　长期以来，农业在德意志没有得到多少重视。而在英国，很早就出现了和农业科学相关的文学作品，直至近代早期，这类文学作品也只是零星地出现在德意志。其中可以看出在中世纪的德意志，农业改革对全社会的发展意义重大。在罗马帝国衰落，以及许多农业技术在民族大迁移期间失传之后，德意志的农业从 11 世纪才开始有些"复苏"。三圃式轮作的引入明显提高了农作物的产量：在一年之中，第一块地种植夏熟作物，第二块地种植越冬作物，第三块地休耕。隔年轮换，三年为一周期。铧式犁不仅可以划破土地表面，还可以掀起和翻动松动的土壤，使犁地更为深入，也更加有效。对此需要耗费较大的力量，通常要通过马匹的牵引，而将挽具固定在马颈圈上，可以防止在用力时窒息。这一革新是城市发展的重要前提，因为它提高了农作物的产量，进而首度出现了剩余粮食，这意味着农业可以养活越来越多的、不必亲自参与粮食生产的人。

不过在取得这一进步之后，德意志农业的状况在数百年的时间内几乎没有再发生变化，这也要归因于僵化的农业政策，以及因此形成的农民社会困境。当时，只有在德意志很少的地区，例如西南部和北海沿岸，农民才完全或者说在很大程度上拥有土地。贵族是大多数的土地占有者，他们有的将土地租给农民耕种，靠收租金过活；也有庄园主自己经营的情况（主要在易北河以东）。正是在 16、17 世纪的这些地区，农民的境况日益窘迫，他们与庄园主之间的人身依附关系愈发严重，直至农奴制的出现。除了要向庄园主上缴收入之外，他们还要在庄园服苦役，在收割季节，他们一周往往有数天在庄园主的土地上干活，因此没有时间经营自己租种的土地。

在易北河以西，由于当地的领主少有自己经营土地，这样的苦役表现得不那么突出，不过领主在当地拥有封建权利，比如狩猎权就引发了农民的不满，有时还会引发农民暴动，在 1525 年甚至导致了德意志农民战争。不过，在易北河以西，农民的人身自由没有受到多少限制，他们也普遍在庄园拥有财产权，通常也可以自由继承庄园职位。农民财产占多数时，继承权就发挥了重要作用。一些地区，尤其是德意志北部实行单独继承权制度，规定只有一个儿子（不一定是长子）拥有继承权；其他地方，尤其是德意志西南部则进行不动产分配，即将财产分配给所有继承人。因为有这些情况存在，不同地区庄园的规模大小和农民的处境也就相差悬殊。

18 世纪出现了一个明显的趋势：几乎走入历史的封建权利死灰复燃，

它被认为是法国大革命爆发的诱因之一。在德意志帝国，实行专制统治的诸侯逐渐对农业产生了兴趣，因为他们认识到农业对国家的财政意义重大，便致力于增强农民相对于领主的权利。在启蒙运动期间，帝国内许多地区农民的困苦状况备受指摘，泛滥的苦役更是被认作导致农民陷于困境的原因。对此人们提出的第一批改革建议，比如将收割季节农民的苦役工作限制到一周三天，这样除去周日，农民还有三天可以用来经营自己的土地，这些建议更加突显了问题的严重性。18 世纪末 19 世纪初，废除封建制度的呼声越来越高。普鲁士于 1807 年颁布的《十月法令》是德意志农民解放的开端，不过又过了几十年，德意志邦联所有邦国的农民才真正得到了解放。

*

威廉一世在霍恩海姆创办农业学校和模范教育时，农民的生活和工作条件，以及农业对整个国家的作用正是当时公众讨论的重点对象。在这种情况下，"无夏之年"和紧接着爆发的大饥荒起到了催化剂的作用。农业学校肩负若干任务：除了教学以外，学校还要负责收集农业设备，并进行测试和改良。1818 年，约翰·内波穆克·胡贝特·冯·施韦茨（Johann Nepomuk Hubert von Schwerz，1759 ~ 1844）出任农业学校的首任校长，他因著有关于比利时农业［引自哈莱（Halle），1807 ~ 1811］的三卷研究文集而获得了此领域专家的称号。当时的人们认为比利时的农业发展水平非常先进，因此许多农业设备刚在比利时生产出来就被学校买走，进而将其放在霍恩海姆集中测试和改进。为了顺利完成这项工作，施韦茨在 1819 年创办了"霍恩海姆农业设备工厂（Hohenheimer Ackergeräthefabrik）"，它是德意志最早的农业机器制造厂。购进的设备

309

被放进工厂中测试、改良、重新研发，并对优良产品进行批量生产，以达到有针对性推广的目的。通过购买或他人赠送，新的设备源源不断地集中在一起，在外国实习的学生也会带回新设备，往往还同时带回了新的知识和经验。

知识在农业学校，进而在农业技术进步——从霍恩海姆试验地和模范教学扩展领域中获得——中得到传递，它们是"农业革新的发动机"（绍尔语）。新的知识在符腾堡、整个德意志地区乃至更广泛的区域迅速传播。霍恩海姆的农业设备，特别是长期被视为"德意志当时最先进农具"（魏瑟尔语）的犁，还踏上了国际展览的舞台。1819～1838年，霍恩海姆农业设备工厂仅向国内外输送的犁就超过了1500台。生产人员最多时有20名，根据订单情况每年会生产300～400台设备。

不过，销售自己的产品固然重要，将知识传授给不会制造霍恩海姆设备的人也同样重要，这符合通识教育的目的。几百年来，农民都是自己制作简单的农具，或者委托当地的铁匠或造车工按照自己的描述定制农具。尽管19世纪初出现了描写新型设备的书籍，不过长期以来并不是每个人都能够接触。考虑到这个问题，霍恩海姆研究出了一个特别具有革命性的解决办法——制造按比例缩小的模型。这些模型按照设备原机的微型尺寸制作，尺寸精确且可以运转。来访的人可以将模型装进背包里带走，以便给本地手工业者制作同样的设备提供样品。这些霍恩海姆模型取得了巨大的成功，它们的销量很快赶上了设备原机的销售规模，因此成了技术转让的重要组成部分。除了轮作（在18世纪下半叶，主要在19世纪取代了三圃式轮作）、使用新型肥料，以及培育具有经济价值的肉牛和奶牛品种等其他革新之外，这些设备模型还使得欧洲农业革命在19世纪成为可能，并为工业革命的逐步展开奠定了基础。

德意志

的

军国主义

Der deutsche Militarismus

050

尖顶头盔

长期以来，这顶尖顶头盔都象征着德意志的军国主义和臣服心态。

311　　　没有一件物品能像这顶黑色带金属尖刺的尖顶头盔（Pickelhaube）一样，可以代表帝国时期普鲁士 - 德意志的军国主义，以及德意志的纪律和对当权者的归顺。这顶尖顶头盔高超过 34 厘米，是 1842 年设计的首批款型之一，它甚至还可能是一个样品。从 1842 年开始，展开翅膀的战鹰成了普鲁士黑鹰勋章常见的装饰。从镀金的金属片和侧面带银环的帽徽可以看出，这是一顶军官用头盔。

　　1841 年 3 月，普鲁士骑兵就第一次尝试统一头盔样式（当然得由金属制成），艾伯费尔德的金属品制造商威廉·耶格尔（Wilhelm Jaeger）凭借和普鲁士王室十分密切的关系，以军队供应商的身份承接了此事；最晚从 1842 年开始，便有了"尖顶头盔"这个叫法。根据一名指挥官的鉴定，此头盔在材料和战斗测试中表现出色，"佩戴舒适"，"可以完全固定在头上"，"甚至在遭到击打时"也不会掉落。头盔的前檐和后檐可以保护佩戴者的面部和颈部，而不会妨碍佩戴者活动，也不会遮挡其视野；此外，头盔金属尖刺的底部还有数个透气孔，金属尖刺可以拧下来，在阅兵时替换成一束浅色或黑色的马鬃毛（士兵日常也这样穿戴），或者给军官的头盔换上牛鬃毛。由来自哈斯佩（Haspe）的皮制品供应商克里斯蒂安·哈尔科特（Christian Harkort）生产的皮制"尖顶头盔"也经受住了考验；它们主要为步兵使用。1842 年普鲁士国王在莱茵兰大调兵期间，这些头盔不仅引起了士兵们的注意，还成为调兵观察员的观察对象；此后以"试用"为名，普鲁士各个军团都有一个军营为士兵配备了"尖顶头盔"。

　　"尖顶头盔"的发明者并不为人所知；有一种说法是，普鲁士国王腓特烈·威廉四世曾在 1842 年访问俄国，当时他在沙皇尼古拉一世的写字台
312　上看见了一个士兵头盔的打样，在返回普鲁士后便叫人复制了一个；另一种说法是，普鲁士王室委托历史画家海因里希·施蒂克（Heinrich Stike）

设计了这种样式的头盔。不过无论是哪个说法，都缺少确凿的证据。

这种尖顶头盔的正式名称是"带尖刺的皮制头盔（Lederheim mit Spitze）"。1842 年 10 月 23 日，普鲁士国王腓特烈·威廉四世将其引入普军，先是骑兵，然后是步兵、猎兵、步枪兵和炮兵。这种带有固定金属装饰片的压制皮头盔取代了 18 世纪末由匈牙利"骠骑兵帽（Husarenmütze）"（在普鲁士也被叫作"Schackelhaube"）发展而来的、从拿破仑战争时期开始普遍流行的"桶形头盔（Tschako）"。在近距离战斗中，外形像钟罩的"尖顶头盔"及其金属尖刺可以分散冷兵器和枪托攻击对佩戴者造成的伤害；此外它的皮制材料还可以更好地防晒，尤其可以更好地挡雨，因为桶形头盔由毡子制成，吸水会变重。炮兵佩戴的"尖顶头盔"上没有尖刺，而是用一颗小珠子替代，以避免在操作大炮时刺伤彼此。

普鲁士启用尖顶头盔的速度越快，效果越好，它给普鲁士军国主义打上完全负面和刻板标签的时间就越早且越持久。1843 年末至 1844 年初的冬天，在从巴黎流亡地返回亚琛的途中，海因里希·海涅第一次见到了普鲁士士兵，并写下了这样的诗句［这一感受也在他的长诗《德国——一个冬天的童话》（Deutschland. Ein Wintermärchen）中有所体现］："我不讨厌这新装 / 我必须要称赞这些骑士 / 特别是他们佩戴的尖顶头盔 / 它的钢制尖刺冲天。"在后面三节他继续讽刺道："是啊，是啊，我喜欢这顶头盔，它证实了 / 那个至高无上的笑话！国王一时兴起的想法！/ 尖刺是它的噱头！// 我只是担心，如果遇上雷雨天 / 这根尖刺会轻易 / 劈掉你那浪漫的头颅 / 因为天空的闪电才最先进！"海涅讽刺和批判的对象正是普鲁士的军国主义，以及普鲁士社会的军事化。

在尖顶头盔启用后不久，它也作为军事操练和无意志服从的象征，出现在了例如《杜塞尔多夫月报》(*Düsseldorfer Monatsheften*)素描画等讽刺画中：一名牵线木偶般站得笔直的士兵戴着一顶"尖顶头盔"，画上写着"机器人（Automat）"（1848）；在"1849 年 8 月欧洲全景画"（1849）上，戴着"尖顶头盔"的普鲁士国王出现在了一张欧洲地图上，他正用一把扫帚将革命者扫出德意志的领土。尽管当时普鲁士的审查制度很严格，但是由于翻印条件和销售渠道的改善，这些讽刺画很快就在大众中得到了广泛传播。由于普鲁士士兵对 1848 ~ 1849 年革命进行了暴力镇压，"尖顶头盔"给德意志各邦留下了普鲁士王国持有反动和反民主立场的负面印象。1850 年代，普鲁士警察也配备了"尖顶头盔"，特别在 1860 年普鲁士陆军改革后，这种军事化的形象进一步得到了强化；首先是柏林的警察戴上了这种头盔，最晚从德意志帝国成立开始，普鲁士以外地区的警察也紧随其后，甚至到 1936 年以前，巴伐利亚警察一直都戴着"尖顶头盔"。1918 年至 1960 年代，不管是在后来的西德还是东德，其他所有联邦州的警察又重新戴回了"桶形头盔"。

随着德意志统一战争的爆发（1864 年的普丹战争、1866 年的普奥战争和 1870 ~ 1871 年的普法战争），更多的德意志邦国启用了当时（自 1850 年代末起）几乎只有最初设计"一半高"的头盔。直到 1871 年德意志帝国成立，"带尖刺的皮制头盔"成为帝国内的主要军事头盔，其样式依军种、军队级别和所属联邦州而各不相同：普鲁士的头盔徽章是一只帝国之鹰，萨克森是一颗星和盾形纹章，巴登是一只狮鹫。作为并入德国的最后一个联邦州，巴伐利亚传统的带兽皮和羊毛盔缨的头盔（Raupenhelm）最终在 1886 年被"尖顶头盔"取代，其徽章是两只狮子和盾形纹章。

为了庆祝德意志帝国成立，官方安排了三支胜利队伍步行穿过勃兰登堡门。1871 年 6 月 16 日，特奥多尔·冯塔内（Theodor Fontane）为第三支队伍写下了这样的诗句："看那里，第三次了／他们通过了那大门／……彩色格子花纹的普鲁士、黑森／也不要忘了巴伐利亚和巴登／萨克森、施瓦本、猎兵、步枪兵／尖顶头盔、头盔和帽子。"长期以来，"带尖刺的皮制头盔"（尖顶头盔）也是德意志帝国具有正面意义且促进身份认同的一个军事象征。每年的"色当日"^①都会举行阅兵仪式，它和尖顶头盔、军装和正步一道作为德意志帝国成立神话中的组成部分，成为人们对这个年轻帝国的集体回忆。德皇威廉一世及其宰相奥托·冯·俾斯麦，尤其是其后即位的威廉二世皇帝，在正式场合都着军装，并以头戴尖顶头盔的形象示人。包含预备役和军官职业生涯的义务兵役制、军校和普通学校的军事教育，以及委任退役军人管理民政等措施在促进军事对德国社会的影响和渗透方面，都发挥了决定性的作用。

314

在 1870 ～ 1871 年普法战争结束后的几年中，法国的大众传播大大强化了"尖顶头盔"的外部效应。法国阿尔萨斯画家让－雅克·华尔兹（Jean-Jaques Waltz，以艺名"汉斯"为人熟知）在这方面的影响力无人能及——他的绘画作品树立了戴着"尖顶头盔"的德意志士兵迈着正步行军的形象。他借此表现了被法国人视为耻辱的普法战争的失败，以及法国将阿尔萨斯－洛林地区割让给德意志帝国的苦楚。

＊

1906 年 10 月 19 日《皇家特权报》（Königlich Privilegierte Zeitung）^②在评论冒牌"科佩尼克上尉（Hauptmann von Köpenick）"事件时称，

---

① 庆祝色当会战胜利的纪念活动。
② 德国温和自由派报纸《福斯报》（Vossische Zeitung）的前身。

"德意志的法律和行政体系历来都教育它的人民要尊敬（军人的）肩章……军官制服是特权的象征，和穿它的人一点关系都没有"。鞋匠威廉·沃伊特（Wilhelm Voigt）就是这样，他本是个有前科的无业游民，凭借着在一个旧货商那里买到的一身军官制服成功地占领了科佩尼克镇政府，居然还从那里的行政官员手中骗得了公款。1931 年，卡尔·楚克迈尔（Carl Zuckmayer）将这个真实事件搬上了戏剧舞台，因为他亲眼看见了势力日渐强大的纳粹分子是如何"将国家置于制服狂热之中的"。他想要借此给予德国社会一面警醒的镜子，提醒人们注意军事思想和军事行为已经擢升到了强势的地位，它在 1918 年德意志帝国结束后的魏玛共和国中，也深深地影响着人们的日常生活。"冒牌上尉"威廉·沃伊特于 1922 年在卢森堡去世，1975 年后，人们在他的墓碑上又挂了一块纪念铭牌，上面刻了一顶"尖顶头盔"。

在 1933 年 3 月 21 日举行的"波茨坦之日（Tag von Potsdam）"上，那张著名又充满矛盾的现场照片，将希特勒跻身腓特烈大帝、俾斯麦和兴登堡的行列，普鲁士的历史及其传奇也因此与纳粹主义扯上了关系：希特勒穿着便服，手上拿着一顶礼帽，鞠躬，以谦恭地姿态握住了时任德国总统保罗·冯·兴登堡的手。兴登堡则穿着装饰精美的制服，还异乎寻常地戴了一顶"尖顶头盔"。在驻军教堂举行的这次大型活动表明了希特勒同魏玛共和国保守主义领导层之间的亲密关系，也符合德国人民对魏玛共和国动荡时期安定、平稳和有序的愿望，当时激进派政党拥护者之间的巷战已经成为常态。对于那时的军队来说，在适当的公共场合佩戴尖顶头盔是表明支持君主统治和反对共和立场的一个标志。

而在当时的军队中，"尖顶头盔"早已处于"退役"状态了。在第一次世界大战爆发之前，头盔上的金属尖刺和闪亮的金属饰片早就被证明是有

315

害而无利。金属饰片会反射太阳光，佩戴者容易被敌人从远处发现，从而轻易暴露自己的位置。因此从 1849 年起，军队在野战时就已经将头盔涂上颜色，1892 年后则涂上芦苇绿颜料作为伪装。在一战中，虽然出于隐蔽目的取下了金属尖刺，不过这种头盔还是不能抵御炮弹碎片的袭击，佩戴者头部负伤的比例超过 80%，并常常遭受致死的严重脑损伤。1916 年，德国士兵最终配备了新研制的 1916 式钢盔（M16）——虽然之后被认为是协约国的研制成果；这种钢盔在军事应用中取代了"尖顶头盔"。

在世界范围内，尖顶头盔、钢盔和德国老好人带的尖顶帽是德国漫画形象的代表：16 世纪就出现了"德国老好人（teutsche Michel）"图文并茂的形象，其在毕德麦雅时期很受欢迎，不过主人公或多或少是以笨蛋的形象出现的；从 20 世纪开始，钢盔象征了军国主义，"尖顶头盔"则代表了普鲁士 - 德意志严谨的军事作风。在这样的背景下，1962 年以后为人熟知的警官阿洛伊斯·邓佩尔莫扎（Alois Dimpfelmoser），尽管是个戴着尖顶头盔的"国家的蠢货"，同时却又是奥得弗雷德·普鲁士勒（Otfried Preußler）所著《大盗贼》（Der Räuber Hotzenplotz）一书中最滑稽的人物，这本儿童读物在当时被翻译成了 30 多种语言，印数达到了数百万册，这不失为一种"令人欣慰的和解"。

"经济难民"

和

移民出境

Armutsflüchtlinge und
Auswanderung

051

略布·施特劳斯的出生登记

见1829年2月26日（第五行）：
"略布·施特劳斯 / 在世 / 父亲：
希尔施·施特劳斯 / 商人 / 居住
地：布滕海姆 / 门牌号：83"。

					Haus N°
Jacob	lebendig	Mendel Scheid	Lederhandl	Bittesheim	79
	lebendig	Isaac Scheid	Getreidehandler	Bittesheim	81
	lebendig	Lazarus Strauß	Kaufhandl	Bittesheim	134
	lebendig	Mayer Strauß	Getreidehandler	Bittesheim	121
	lebendig	Hirsch Strauß	Handelsmann	Bittesheim	83
	lebendig		Gewürzhandl		12
	lebendig	David Lichtmann	Vichhandl	Bittesheim	39
	lebendig	Isaac Koch	Metzger	Bittesheim	80
	lebendig	Daniel Lichtmann	Getreidehandler	Bittesheim	69
	lebendig	Isaac Koch	Metzger	Bittesheim	80
	lebendig	Aaron Lichtmann	Getreidehandler	Bittesheim	79
	lebendig	Mendel Scheid	Lederhandl	Bittesheim	79
	lebendig	Mayer Strauß	Getreidehandler	Bittesheim	121
	lebendig	Mayer Hecht	Bürgermeister	Bittesheim	62
	lebendig	Daniel Lichtmann	Getreidehandler	Bittesheim	69
	lebendig	Moses Garrnni	Schuster	Bittesheim	60
	lebendig	David Lichtmann	Vichhandl	Bittesheim	39
	lebendig	Isaac Koch	Metzger	Bittesheim	80
	lebendig	Aaron Lichtmann	Getreidehandler	Bittesheim	79
	lebendig	Mayer Hecht	Bürgermeister	Bittesheim	60
	lebendig gegen Tales	Jacob Laden	Wirth	Bittesheim	124

317
　　一个国家并不鼓励它的国民移民。有关移民国外者的信息大多出现在教会名册的出生登记上，也可能在用于登记移民出境的税务清单上找到，有时甚至会在地区信息报的移民出境通知上见到。不过如果一个移民在他的新故乡有所建树，这些信息就会被仔细调查。这样的事情就发生在一个德国移民身上，他在新故乡的名气大到世界上几乎每个孩子都知道他。在 1984 年以前，距离班贝格东南部仅 15 公里的小城市布滕海姆（Buttenheim）的 3000 名居民都完全没有意识到，他们中间出了一个大名人。1900 年前后，也就是他去世前两年，他还曾向出生地捐赠了一大笔钱，用于当地犹太人公墓的修缮，不过修成后他再也没有去过那里。

　　在他移民出境 137 年后，一封从美国密尔沃基（Milwaukee）寄到布滕海姆的信先是让当地人感到了难以置信的惊讶，进而促使他们对此进行详细的调查。当时在密尔沃基，为庆祝第一批德意志人移民美国 300 周年，一个有关德裔移民的名人展正在紧张筹备之中。纺织品贸易公司李维斯（Levi's）称，布滕海姆是其公司创始人的出生地，展览组织者随后便向布滕海姆市市长寻求帮助。事实上很快就找到了他的出生登记信息，紧接着还找到了当时的移民登记和其他登记信息；他出生的、建于 1667 年的房子甚至还保留着。这位牛仔裤的发明者出生于德国弗兰肯地区的布滕海姆，而且根据迄今为止的推测，他并不是距离布滕海姆 70 公里巴特温茨海姆（Bad Windsheim）的一位钟表匠的儿子。他出生于 1829 年 2 月 26 日，出生登记上的名字是略布·施特劳斯（Löb Strauß），18 岁时同母亲丽贝卡（Rebecca）及两个姐妹范妮（Fanny，也叫"Vögela"）和迈拉（Maila，也叫"Mathilde"）一起移民美国，投靠两个同母异父的哥哥

318
（母亲第一段婚姻所生）。在他前往美国的十年前（1836），他的两个哥哥就已经同他的姐妹（都出生于 1813 ~ 1817 年之间）先到了美国，并在纽

约创办了一家小型纺织品贸易公司。希尔施·施特劳斯（Hirsch Strauß）的长子，一名经过正规培训的裁缝也移民了，不过移民到了伦敦。

布滕海姆在 19 世纪初只是一个小乡镇。遗产分配、土地整治和农业歉收使老百姓的生存变得困难。当地的犹太聚居区规模相对较大，其人口占布滕海姆总共 900 多名居民（1824 ~ 1825）的五分之一。1741 年以后，犹太聚居区有了一座设有拉比的犹太会堂以及宗教学校、旅舍和犹太教浴池。从 1819 年开始，犹太聚居区有了自己的公墓，且一直保留至今。犹太人虽然自 1813 年起拥有了巴伐利亚国民的身份，但是（直到 1860 年代）他们的权利仍然受到诸多限制，他们既不能自由地选择居住地，也不被允许未经批准结婚；他们往往因此而被迫移民。

不过，施特劳斯一家移民的原因主要是迫于经济方面的压力，这在当时非常常见：和许多"农村犹太人"被禁止经营地产、行业买卖及许多贸易商行一样，一家之主希尔施·施特劳斯只是一个走街串巷兜售纺织品和缝纫用品的商贩。这一生计根本不足以养活他的大家庭——他结过两次婚，共有 5 个子女，年幼的 2 个是他与第二任妻子所生。长期患病的希尔施·施特劳斯于 1846 年去世，全家此后陷入了困境。母亲变卖了她少得可怜的家当，并于 1847 年向班贝格地方法院申请移民。为此她必须提交出生证明、品行证明书，以及乘坐远洋轮船所需的其他证明材料，最后还要向所在乡镇的贫民救济基金缴纳一笔保证金，以应对身无分文返乡的情况。1847 年 4 月 15 日，班贝格地方法院将此移民申请公示在了《巴伐利亚信息报》（*Bayerisches Intelligenzblatt*）上，并确定离境日期为 5 月 7 日，这表明对移民家庭的法律诉求有效期截至当天为止。施特劳斯一家在 1847 年 6 月 14 日拿到了移民许可证。据推测，约十天后，他们乘坐邮政马车抵达了不来梅，至于在当地乘坐的是当年夏季的哪一班远洋轮船，则无法得知。当时，乘坐帆船到达美国需要 6 ~ 12 周，1870 年代以后乘坐轮船需要 12 天，1900 年以后则只需要 7 天。

施特劳斯一家从布滕海姆移民的动机十分具有代表性：家乡经济状况、社会和权利方面的限制，以及对"连锁移民"成功先例的跟随和效仿。不过施特劳斯一家最终还是成了特例，因为去到新大陆的移民几乎不可能在经济上取得如此巨大的成功。略布·施特劳斯在抵达纽约五年后就加入了美国籍，并在 1853 年改名为李维·施特劳斯（Levi Strauss）。同年，24 岁的他在旧金山创办了自己的商行，主营纺织品和缝纫用品，十年后成立了李维斯公司（Levi Strauss & Co.，简称"Levi's"）。他在 1867 年已经拥有了一栋四层的商业大楼，1873 年在美国、1874 年在英国，他和雅各布·W. 戴维斯（Jacob W. Davis）一起申请了通过铆钉加固裤缝的专利。他在 45 岁时已成为百万富翁。1880 年，李维斯公司的销售额达到了 240 万美元。1920 年代以后，现代人所称的牛仔裤诞生了，它直到 1960 年代仍被称为斜纹布工装裤，第二次世界大战后则成了风靡全球的时尚服装。

*

欧洲的移民潮开始于 17 世纪，成群结队的人不断离开欧洲，其中有一部分是出于宗教原因。在移民潮开始之前，从欧洲移民的就有小几十万人。1815 ~ 1914 年，有约 4000 万人从欧洲移民到美国，其中 700 万人为德意志人。在 1816 ~ 1817 年的饥荒之后，就有约 20000 名德意志人移民。尤其在德意志早期工业化时期，随着人口的不断增加，移民的数量也大幅增加。19 世纪总共出现了三次明显的移民潮。

1846 ~ 1854 年欧洲危机期间，共有 110 万名德意志人离开家乡，其中大部分为手工业者和小农，举家移民的大多集中在德意志西南部。三月革命失败以后，很多人在 1848 年因政治原因移民，弗里德里希·黑克尔（Friedrich Hecker）和卡尔·舒尔茨（Carl Schurz）是其中最著名的两人。美国南北战争期间（1861～1865），欧洲移民的数量明显下降。

在此后的十年中，欧洲移民的数量再次上升，超过了 100 万人，其中尤以德国东北部和西北部的农民和市民为主，举家移民的情况相较第一次移民潮要少一些。

从 1880～1893 年，最终有 180 多万人从欧洲移民，移民主要集中在 1880 年代的前五年，多来自德国北部和东部，其中不乏产业工人群体（1900 年以后占移民总人口的一半以上）。在这些产业工人中还有一小部分社会民主党人，他们选择移民是为了躲避俾斯麦颁布的《反社会党人非常法》（Sozialistengesetze，1878～1890）。

移民使 19 世纪德国的人口增长大幅减缓，从 1841～1910 年，德国平均新增人口只有总人口的七分之一。这意味着，算上移民德国的人口，移民净"亏损"达到了约 500 万人。据估计，1900 年前后返回德国的人口比例为 15%～20%。尽管出现了大规模的移民潮，在 1840～1910 年间，德国的人口还是翻了近 1 倍，从约 3280 万人增长到 6490 万人。

90% 的移民选择去了美国，大多数人从不来梅出发，1850 年代以后从不来梅港起程。当地在 1850～1864 年建立起了"移民之家"，起初作为示范性社会福利设施使用，不过其规模很快就缩小了。在通过代理接收移民、住宿和膳食，以及极其艰苦的远洋航行条件等方面，存在一系列非常棘手的社会问题。德国在 1897 年才出台了法案《保护船上移民，远离德国海港》（zum Schutz der Auswanderer an Bord der Schiffe, die deutsche Häfen verlassen），此后移民出境的人数再次大幅减少，在高度

320

工业化期间，当时的德国已然成为"劳动力输入国"［巴德（Bade）语］。

第一次世界大战爆发前的几年中，每年有 45 万～ 55 万临时工，即季节工涌入德国，此外还有主要从事鲁尔区建设工作的约 40 万波兰人、20 万俄国人、10 多万意大利人。据推测，在 1910～ 1914 年，每年有 120 万～ 130 万外国劳工来到德意志帝国。相较美国，当时的德国实际上是最大的劳动力输入国，不过德国并不认为自己是一个移民国家，而认为自己"实行了无情拒绝外来移民的政策"［赫尔德尔（Hoerder）语］。

一战期间，许多人被拒绝返回家乡（据推测，仅波兰劳工就有 50 万人），数万人在德国占领下的比利时被强征入伍。加上 150 万名战俘，共有 250 万人被强制留在了德国，每 7 个人当中就有 1 个人是劳工。在魏玛共和国时期，共有约 42 万德国人移民海外，其中在 1923 年恶性通货膨胀期间，选择移民的德国人就在 10 万人以上；那几年的德国移民政策仍具有限制性，就业政策偏向于照顾德国人，外国雇员因此被挤走。

在 1933～ 1939 年纳粹统治期间，共有约 12 万德国人移民美国，不过同时有 30 多万早前移民的德国人，主要出于经济原因又返回了家乡。1939 年以前，约有 50 万德国人被迫离开德意志第三帝国（不包括奥地利），其中包括 28 万犹太人，这一数字在 1938 年"水晶之夜"事件发生以后增加了一半左右。在战备期间，德国军队在 1938～ 1939 年之前共招募了 436000 名外籍劳工。在二战期间纳粹的独裁统治下，有 950 万～ 1000 万民工和战俘被送进劳动营遭受剥削，另有 250 万人进入了党卫军集中营，150 万人进入了灭绝营；所有这些人中的四分之一为德国 1944 年的经济发展作出了贡献，其中的很多人都未能幸存，单是从苏联俘房的 570 万名战俘中活下来的就不到一半。

二战结束后，移民的混乱状况很快在占领区内蔓延：从集中营中活下来的 1000 万～1200 万人成了"流离失所者"。一方面，1945 年底，仍有 170 万人被关在集中营。1000 万人从城市中疏散出来，大部分人寄居在收容所。在占领区外还有不少德国战俘和约 1400 万德国平民。联邦德国和民主德国在战后时期的一大功绩是接收了 1250 万难民和被驱逐者。另一方面，直到 1961 年前，共有 78 万德国人移民海外（美国、加拿大和澳大利亚）。从 1950 年代中期开始，随着将外国劳动力作为"外籍劳工"系统性地吸纳，正如 1979 年记录的首位外国人代表所断言的那样，联邦德国成了"真正的移民国家"，虽然政府和公众层面对此的反应仍以怀疑为主。从这一点上看，德国历史的发展呈现了连续性的特征。（引自赫尔德尔）时至今日，德国仍在摸索它在"移民国家"问题上的态度。

另一个

乌托邦的

幽灵

Das Gespenst einer
alternativen
Gesellschaftsutopie

052

《共产党宣言》

迅速写成，马上出版，"自人类
和民权启蒙以来影响最为深远
的政治宣言单行本"。

Manifest

der

Kommunistischen Partei.

Veröffentlicht im Februar 1848.

Proletarier aller Länder vereinigt euch.

London.

Gedruckt in der Office der "Bildungs-Gesellschaft für Arbeiter"
von J. E. Burghard.
46, Liverpool Street, Bishopsgate.

323

　　"一个幽灵，共产主义的幽灵，在欧洲游荡。"《共产党宣言》（Das Kommunistische Manifest）的开篇名句有如一记重锤，令人振聋发聩。这部著作于 1848 年 2 月 21 日在伦敦以德文出版，距离巴黎二月革命爆发只有短短几天。它的作者是一对革命挚友卡尔·马克思（Karl Marx，1818～1883）和弗里德里希·恩格斯（Friedrich Engels，1820～1895）。

　　《共产党宣言》的第一版是个只有 23 页的小册子——封皮为灰绿色，装帧朴素，纸张质量粗糙，带有镶边花纹。1848 年 2 月底以前，这本书在伦敦高霍本街区德鲁里巷的共产主义工人教育协会（Kommunistischer Arbeiterbildungsverein）中发售。当时，这部著作的名称还叫作《共产党的宣言》（Manifest der Kommunistischen Partei），封面上并没写明作者是谁，取而代之的是书的出版日期"1848 年 2 月出版"以及著名的口号"全世界无产者，联合起来！"——它也是这部纲领性著作的结束语，吹响了国际工人革命运动进击的号角。

　　《共产党宣言》诞生前的历史，是一部体现当时决定国家前途命运的革命性变革力量的历史。对于德国来说，主要指"三月革命之前"（1815 年至 1848 年 3 月爆发革命之前）。在这个时期，社会改革派、社会主义者和无产阶级的利益不断增强并自成体系。其中就有 1847 年成立、处于政治光谱最左边的"共产主义者同盟（Bund der Kommunisten）"。该同盟由马克思和恩格斯倡导，由流亡法国的德国首位空想社会主义者威廉·魏特林（Wilhelm Weitling）在已有的"正义者同盟（Bund der Gerechten）"的基础上建立。

　　卡尔·马克思，一名土生土长的特里尔人，犹太律师的儿子，大学学习法律后又获得了哲学博士学位。弗里德里希·恩格斯来自莱茵兰的巴门市（Barmen），是一位训练有素的批发商，父亲是基督教虔信派教徒与成功的纺织厂主。1847 年起，两人一同加入"共产主义者同盟"，任负责人并受托共同起草宣言。马克思和恩格斯 1842 年结识于科隆，从理论上讲，当时两人都属于激进派的社会改革分子。马克思自那一年起为新成立的自由主义报纸《莱茵报》（*Rheinische Zeitung*）工作，同时也是影响广泛的《德法年鉴》（*Deutsch-Französische Jahrbücher*）的合伙出版人之一。马克思和恩格斯早在 1845 ～ 1846 年就合写了论战文章《德意志意识形态》（*Die deutsche Ideologie*），1846 年初在布鲁塞尔建立了共产主义通讯委员会（Kommunistische Korrespondenz-Komitee），进而将组织各国革命工人和组建无产阶级政党的工作开展了起来。

　　1845 年，在普鲁士政府的要求下，马克思被法国驱逐出境，迁往布鲁塞尔。此时的他是革命政治杂志的编辑、学者、充满激情的辩论家，按他自己的说法"也陷入了穷困潦倒的境地"。《共产党宣言》的意识形态框架由恩格斯搭建。早在 1847 年底，恩格斯就在《共产主义者信仰声明提纲》（*Entwurf des Kommunistischen Glaubensbekenntnisses*）和《共产主义原理》（*Grundsätzen des Kommunismus*）等著作中勾勒了《共产党宣言》的雏形。共产主义者同盟委托马克思和恩格斯在这个基础上起草第一部共产主义基本纲领；按照书面约定的期限，两人不到一周就拿出了成品，马克思抓住了机会，在恩格斯的支持下将文体从最初计划的"教义问答"式信仰声明改为纲领性文件。1848 年 1 月底，马克思将经过夫人燕妮审定的文本从布鲁塞尔送往伦敦，2 月，《共产党宣言》好不容易刚刚出版，革命就在法国爆发了。到了 3 月，德意志邦联不少城市也爆发了革命起义。

　　《共产党宣言》使名为"马克思主义"的世界观体系中的大部分内容得到了进一步的发展。"到目前为止一切社会的历史都是阶级斗争的历史。"《共产党宣言》第 1 章开篇短小精悍却一针见血的陈述，展现了共产主义的基本观点。两位作者毫不掩饰这幅历史图景必然的残酷结局：旧政权必须用暴力推翻，因为"无产者在这个革命中失去的只是锁链。他们获得的将是整个世界"。只有"无产阶级专政"才能最终实现"无阶级社会"。

1848 年欧洲革命是一场乌托邦吗？当年革命的燎原之势最初并没能让《共产党宣言》横空出世，光是严格的审查制度就足以产生阻碍。1848 年《共产党宣言》出版之后，马克思先被比利时，后又被法国驱逐出境，只好迁居到伦敦。早在 1845 年他就已经放弃了普鲁士国籍，以便逃离普鲁士对他的控制和影响；彼时，他已是无国籍人士。

不论是从《共产党宣言》激荡的诞生史还是从它产生影响的世界史，都能看出为何"《宣言》有它本身的经历"（恩格斯，1890 年德文第四版序言）。"从未有人"曾在 19 世纪五六十年代"预言过《共产党宣言》将有非凡的前景"［霍布斯鲍姆（Hobsbawm）语］。而早期的出版记录看上去简直有些荒唐。若是和讽刺性杂志《野蜂》（*Die Hornisse*）在 1849 年 4 / 5 月刊对《共产党宣言》的部分翻印，以及延续到 1860 年代的几次半合法乃至非法翻印的行为相比，第一次由官方批准的印刷版本竟然是 1853 年在柏林印制的、供警察阅读的、名为《19 世纪共产主义者的阴谋》（*Die Communisten-Verschwörungen des 19. Jahrhunderts*）的小册子（作为 1852 年科隆共产主义者审判有关内容的附录）。与之相似，《共产党宣言》在德国第二次合法全文刊印，是威廉·李卜克内西（Wilhelm Liebknecht）于 1872 年将其作为控告他和奥古斯特·倍倍尔（August Bebel）的"莱比锡叛国审判案"案卷摘录的内容。这个题为《共产主义者宣言》的版本成了后继所有新版的基础，并加上了马克思和恩格斯两位作者重新撰写的前言。

马克思和恩格斯在 1848 年发表《共产党宣言》时，就自信地宣告已完成法语、意大利语、佛拉芒语及丹麦语译本。但除去 1848 年完成了瑞典语、1850 年完成了英语译本外，前述四种语言的译本直到 1873 年才最终完成。看上去《共产党宣言》"陷入了沉睡"［勒夫（Löw）语］，直到巴黎公社发动革命起义和 1870～1871 年普法战争的爆发才苏醒过来。接下来的四十年中，《共产党宣言》伴随着新（社会主义）工人党的兴起席卷了世界"（霍布斯鲍姆语），尽管这些政党都没有选择以"共产党"命名，但 19 世纪八九十年代马克思主义对他们的影响很快就显现出来。恩格斯认为，应当强调不断上升的工业化水平和逐渐觉醒的工人阶级意识之间的内在联系。

后来《共产党宣言》被各方所接纳的历史，显示其在政治战略层面拥有极强的结合能力。《共产党宣言》的文本在任何版本中从未发生过改变，唯有不断更新的序言反映着宣言同当时欧洲社会政治热点问题之间的联系。在 1872 年版序言中，马克思和恩格斯这两位作者仍旧断言："不管最近 25 年来的情况发生了多大的变化，这个《宣言》中所阐述的一般原理整个说来直到现在还是完全正确的。"

至于《共产党宣言》所阐述的道理如何正确，则是在其出版 75 年后方得以显现。1945 年后，马克思共产主义运动中最核心的纲领性内容成了各社会主义国家的建国宪章。虽然西欧国家将共产主义视为威权体制而予以拒绝，《共产党宣言》中的词句和宗旨却是社会主义国家和其同路人贯穿整个 20 世下半叶的意识形态基点。因而不论是中国、古巴，还是东欧国家和苏联的人民，都生活在由各国坚持并贯彻的马克思主义思想之中，出版《共产党宣言》和《马克思恩格斯全集》的工作，当然也被倾尽了全力。甚至连法国、希腊和葡萄牙等属于西方阵营的欧洲国家也长期将"马克思式的弥赛亚主义（marxistische Messianismus）"［洛维特（Löwith）

326

语〕作为改变帝国主义政治现状的另一种政策建议。究其原因，自当始自这部恩格斯所称的"全部社会主义文献中传播最广和最具有国际性的著作"（《共产党宣言》1888 年英文版序言）——多么准确的预测！不论是对马克思主义一窍不通的门外汉、研究马克思主义的学者还是批评家，至今都仍会惊异于《共产党宣言》的优秀品质。

*

最晚从 1968 年 5 月的"五月风暴"开始，《共产党宣言》在当时的联邦德国就扮演了从意识形态角度抗议美国战后政策的"另一条路线"、批判资本主义的"申诉书"以及左翼政治"灵感源泉"的主要角色。在苏联的影响下，马克思列宁主义社会经济学基本思想被提升为民主德国统一社会党执政中统领一切的政治意识形态和世界观基础。在意识形态的自我认知方面，民主德国认为其政治体系是马克思恩格斯学说的发展产物，也是"无产阶级专政"下无阶级社会在当代的现实存在。简写为"ML"的马列主义思想专业在所有大专院校和厂办学校中都是民主德国教育活动的基础内容。《共产党宣言》中的传世格言在统一社会党的每一次会议上均被反复传诵，还被写到了统一社会党的一些旗帜上。由马克思和恩格斯在《共产党宣言》中首次系统性建立的阶级斗争理论给这个德意志社会主义国家的内政和外交打下了深刻的烙印，而"生产资料社会主义公有制"则成为贯彻于劳动生产、立法及法律观点中的思想信条。然而在很大程度上，《共产党宣言》所号召的目标在民主德国的社会主义实践中仅仅浮于表面，思想则发生了突变。民主德国只刻画出了社会主义的政治外立面，却背离了马克思恩格斯的原本观点，反常地运用了过快推进社会变革的路线。而《共产党宣言》中关于共产主义发展的最终历史目标,统一社会党领导下的民主德国在两德分裂的形势下,注定是无论如何也无法实现的。革命者和设计师最终倒在了通往苏式现实社会主义的道路上。

时至今日,《共产党宣言》差不多已被译成世界各国的所有语言,也因此成为世界政治文学领域印制数量最多的作品之一,当然也是"自人类启蒙和法国大革命民权启蒙以来,影响最为深远的政治宣言单行本"(霍布斯鲍姆语)。可惜《共产党宣言》的"初版一印"只剩下寥寥数册,即便人们寻遍世界各大图书馆的藏书库,也只是无功而返。2001 年在德国南部一个私人收藏中发现的第 25 册初版《共产党宣言》甫一现世,便引起了巨大轰动,第 6 页上词句的错误可以证明它的真实性。1976 年,同样一册《共产党宣言》曾在拍卖会上拍出了近 18000 欧元的高价;而这一次,众多竞拍者竟将它推上了近 10 万欧元的历史性高价!媒体评论的标题也很有意思:《哎,万一市场经济当时输了呢?》[*Na, wenn das kein Sieg der Marktwirtschaft ist*,《世界报》(*Die Welt*) 2001 年 5 月 2 日]。

圣保罗教堂：

德国民主

的

摇篮

Die Paulskirche:
Wiege der
deutschen Demokratie

053

约翰内斯·格略茨克的
《国民代表队伍》

既失礼又诡秘——国民代表用
担架抬着被拒绝的皇冠，担架
下蹲着衣不蔽体的妇女。

329 　　当我们看向这幅画时，这支黑色的国民代表队伍仿佛无穷无尽，因为它像是正在环绕着由柱子组成的墙——圣保罗教堂的中央长廊——从左向右移动。这幅长 32 米、高 3 米的环形壁画是由出生于 1937 年的柏林画家约翰内斯·格略茨克（Johannes Grützke）所作，它总共在 96 平方米的画幅上展现了 200 多名议会代表的形象：除了这支队伍之外的其他人则形态各异，有的拥挤一团、相互推搡，有的面露好奇的神色，有的暴跳如雷，有的感到震惊，还有的百无聊赖。他们的头硕大、油亮、热气腾腾，仿佛也用或批判，或打趣，或快快不乐的眼神看向观者。他们的面部表情栩栩如生，仿佛真的出现在观赏者面前，然而同时又像极了辛辣讽刺漫画中有疏离感的讽刺性自画像。

　　格略茨克在风格上另辟蹊径，在内容上特立独行。他的具象型绘画经常被误读，甚至被归入当时民主德国艺术的行列。这样一个"身在自由国度的反对者"［博康（Beaucamp）语］于 1987 年得到了在美因河畔法兰克福圣保罗教堂绘制壁画的机会。1989 年 4 月至 1990 年 10 月，他将自己的艺术理念付诸实现。1991 年 4 月，壁画正式揭幕。

　　近一个半世纪之前，也就是 1848 年 5 月 18 日，在钟声、隆隆炮声和数千名市民的欢呼声中，384 名着盛装的男士庄严地步入了位于美因河畔法兰克福的圣保罗教堂，那里将要举行第一届以德意志统一为议题的法兰克福国民大会。现场的气氛虽然热烈而隆重，却是在革命催生下，围绕民主选举议会问题在欧洲召开的第一次也是唯一的一次国民大会。召开法兰克福国民大会是为了趁着三月革命的热度推动现代化，为出台民族国家和德意志统一的解决方案预先作出准备。

330 　　大会的目的是制定一部适用于全德意志的宪法，并同各地方政府协调一致，不过即使有这样的抱负，这一目标后来也没有达成，因为被选出的总共 850 名代表中只有一小部分人出席了会议，他们并不能完全代表不少于 38 个的德意志邦国及其拥有的 4500 万国民。会议一开始的气氛十分热烈，根据大会速记员的记录，大会代表卡尔·吉斯卡拉（Karl Giskra）先对着"德意志统一的守护神"起誓，称自由市民阶层反抗梅特涅独裁统治的精神屹立不倒，大会代表阿诺德·卢格（Arnold Ruge）反对战争和叛乱，要求"欧洲普遍非军事化"。具有明确民主诉求的大会代表罗伯特·布鲁姆（Robert Blum）提出的要求之一，是最终必须建立一个"庞大而完整的"德国。大会代表古斯塔夫·冯·梅菲森（Gustav von Mevissen）最后总结，"看起来整个欧洲都感到，它未来的重心要放在圣保罗教堂了"。

法兰克福国民大会召开之前，欧洲正处于政治动荡时期：1848 年 2 月，《共产党宣言》在伦敦出版，同时，巴黎爆发的二月革命推翻了当时的法国国王，法兰西第二共和国宣告成立。革命的星星之火在 3 月就已经烧到了德意志的土地上：为了反对贵族、帝国直属贵族（Standesherr）和邦国统治，德意志农民和市民组织的街垒战、巷战、请愿同国民大会一道定下了革命的基调。仅柏林就造成了数百人死亡，各地的暴动和随后封建君主的退位（例如慕尼黑的路德维希一世）标志着革命的结束。三月革命的结果动摇了德意志各专制国家的根基。君主复辟"像一座纸牌屋那样坍塌了"〔尼佩岱（Nipperdey）语〕。

3 月，在革命进行得如火如荼的同时，政治上的考虑也接踵而至——建立一个政治机构，实现由公民选举产生国民大会，并为在法兰克福建立一个民族议会作选举准备，它就是法兰克福"预备议会（Vorparlament）"。1848 年 3 月 31 日至 4 月 3 日，圣保罗教堂"预备议会"开幕。会议通过一致决议，德意志邦联不需要以革命为代价进行改革，即便德意志不必以搞突然袭击的方式重新建立，议会也应该保持强大。因为旧式的"二元式"

帝国统治——奥地利和普鲁士——不被圣保罗教堂议会所信任。在此期间，一次企图通过武力以巴登为起点直接建立德意志共和国（1848 年 4 月从康斯坦茨开始的"黑克尔远征"）的尝试失败了，这次失败指明了以暴力手段推翻政权的革命力量的边界。

通过实行（成年男子普遍和平等的）选举制度产生的国民大会于 1848 年 5 月在"德国民主的摇篮"圣保罗教堂顺利召开，这一称呼是约翰·F. 肯尼迪（John F. Kennedy）在 1963 年到访圣保罗教堂并发表讲话时提出的。尽管以今天的眼光来看，国民大会的构成相当的不均一且等级交错，然而在当时的人们看来，它更像是成分单一的"教授议会"或者"学院议会"。虽然国民大会只有 5% 的代表是大学教师，不过三分之二的代表受过学院教育，10% 的代表来自贵族阶层。公职人员和律师构成了大会的基础，其中也不乏像阿诺德·卢格、路德维希·乌兰特（Ludwig Uhland）和弗里德里希·特奥多尔·菲舍尔（Friedrich Theodor Vischer）一样的作家，还包括民族运动的开路先锋恩斯特·莫里茨·阿恩特和"体操之父"弗里德里希·路德维希·雅恩，以及日耳曼学学者雅各布·格林（Jacob Grimm）、历史学家约翰·古斯塔夫·德罗伊森（Johann Gustav Droysen）和格奥尔格·戈特弗里德·格尔文努斯（Georg Gottfried Gervinus）等杰出的学者。因此也可以说这是一次纯粹的"男性议会"。尽管女性也参加了革命期间的街垒战，她们却没能获得相应的选举权和发言权，她们只能坐在观众席，也就是所谓的"女士楼座"。

因为没有通过选举获得特权，国民大会面临着多重挑战：要建立一个全德意志的统一国家，要制定一部帝国宪法，还要说服现有邦国政府落实可能通过的决议。

1849 年 3 月 28 日，国民大会决议通过了《圣保罗教堂宪法》——一部涵盖全德意志的"德意志帝国宪法"。事实上，联邦德国实质上的基本权利（包括"基本权利"概念在内）同样要追溯到《圣保罗教堂宪法》，它几乎原封不动地被纳入了《魏玛宪法》（1919）和《德意志联邦共和国基本法》（1949）。"每一个德国人"这一表述追根溯源也是来自《圣保罗教堂宪法》，在各邦分据的德国，这完全不是一种不言而喻的措辞。对基本权利的描述是"《圣保罗教堂宪法》最重要的遗产"［莫姆森（Mommsen）语］。

位于基本权利目录最顶端的是自由的概念，它是法国大革命的一大口号。其他的还有：法律面前人人平等、承认阶级无差异、不再将贵族视为一个阶级（第 2 条）。《圣保罗教堂宪法》第 3 条规定：人的自由不可侵犯，宣布废除死刑、刑柱和体罚，并保证居所和个人通信隐私不受侵犯。自由表达意见的权利、新闻自由、道德自由和信仰自由也应和集会自由、神圣不可侵犯的物质和精神财富、科学自由和理论自由，以及择业自由一样，是每个公民不可侵犯的权利。宪法还宣布实行政教分离。学校从此以后只归国家管辖，须由国家设立，而不再归属教会。工作权利和由国家承担费用的权利虽然列入了讨论，却和女性选举权一样少有落实。

国民大会的第二大任务是建立一个民族政权，这个任务遇到了更大的问题。统一德国的"大德意志方案"，即建立一个包括奥地利德语区在内的德意志国家曾是国民大会最初的目标。而最后实施的却是所谓的"小德意志方案"：建立一个实行君主立宪制的"德意志帝国"，即通过选举使君主统治合法化，设立民主选举产生的帝国议会，由普鲁士及其作为"德意志人的皇帝"的国王来领导。

以上两点在国民大会上都停留在了妄想的层面：一是制定的宪法不被德意志各诸侯承认；二是 1849 年 3 月 18 日由大会代表选出的"德意志人的皇帝"——普鲁士国王腓特烈·威廉四世——令国民大会代表大感失望

地拒绝了大会在 4 月 14 日给他送去的皇冠。普鲁士大会代表的席位被从法律上完全剥夺了。国民大会因此陷于合法性和存续性的双重危机。自由党派的市民阶层缺乏联合社会弱势阶层的勇气，使得封建专制国家的反动势力很快卷土重来。当逃往斯图加特的、由百名代表组成的"残缺议会"最后被符腾堡军队暴力解散时，结局已尘埃落定。在围绕建立德意志自由民族国家和宪法协商问题激烈斗争一年多以后，正如大会代表威廉·约尔丹（Wilhelm Jordan）描述的那样，这些代表必须承认召开国民大会这一计划的"悲伤结局"。路德维希·西蒙（Ludwig Simon）曾在当时回顾说："已经没有什么力量在反对政府了，到处充斥着软弱无能，对此感到不满的人民却被施以最大的暴力和费力的对抗，革命的大势已去。"1850 年 9 月 2 日，圣保罗教堂塔楼上飘扬的黑红金三色旗被迫降下。

*

长期以来，历史叙事对 1848 ～ 1849 年革命的评价"更为克制"（莫姆森语）。不过作为德国人理解自由民主、充满历史和具有象征意义的地方，法兰克福的圣保罗教堂在今天仍是重要的民族纪念地，尽管由于本身属于教堂建筑而在 1944 年的轰炸中被摧毁。战后及战后重建结束之后，为了纪念法兰克福国民大会召开 100 周年，1948 年 5 月 18 日在教堂旧址上举行了民族纪念碑的落成仪式，作为政治纪念场所，这里成了德国民主早期的记忆之地。联邦德国将 1848 ～ 1849 年革命，尤其是首届国民大会的召开地评价为构建国家道路上的重要阶段。民主德国则将重点更多地放在了发生于 1848 年 3 月 18 日的柏林街垒战、参加战斗的工人阶级以及在三月革命中牺牲的人们身上。今天，"圣保罗教堂精神"象征着德意志民族为实现民主自由和民族统一所作的努力。

如果愿意，也可以将壁画全景看作失败的民主思想的"送葬队伍"，格略茨克曾在描述自己的创作时这样说。他的整幅作品实际上分为 14 个部分，正如耶稣受难的"苦路（Kreuzweg）"一样。壁画其中一处展现了 1848 年 11 月在维也纳牺牲的革命者和国民大会代表罗伯特·布鲁姆的遗体，另一处则描绘了置于担架上的、被腓特烈·威廉四世拒绝的皇冠。壁画最大的一处场景以人民（包括妇女和孩子）为主题，大会代表正从人群旁走过。不管是格略茨克，还是他的作品都不是三言两语就能解释得清的，更别说这幅《国民代表队伍》（Zug der Volksvertreter）了。这幅画令人不安、"倒胃口"、愤怒——就如同人们不断要求重新解释德国民主的历史一样。

电气工业

Die Elektroindustrie

054

维尔纳·冯·西门子的发电机

这台生产于 1856 年的西门子
发电机是电气化进程中的"里
程碑"。

335　　　电动力学的原理我们并不一定要了解得十分清楚，但是我们得知道，发现它并使它得到进一步发展是世界步入电气化时代进程中重要的里程碑。因为它让生产和分配大量电力变成现实，并且发展出了强电技术。维尔纳·西门子（Werner Siemens，1816～1892）是发现电动力学的人，并于1867年首次在巴黎世界博览会上展出了第一台实验性发电机。

　　　维尔纳·西门子（1888年起更名为维尔纳·冯·西门子）成为德国"最受爱戴的企业家和科学家"［科克（Kocka）语］，他的发明同其他"科技精品"一道在慕尼黑德意志博物馆展出。那是他1856年制造的一台发电机，1866年12月，西门子通过改善一种地雷引爆器获得灵感，又改造并优化了它。他把最早已经改造过、带双T形衔铁的磁力发电机中的永磁体更换为电磁体和一个熟铁磁轭，使得磁体中留下的剩磁产生感应电流并使其增强。这台发电机通过手动及辅助传动装置达到每分钟4000转的转速，并发出25瓦的电力。

　　　1866年12月，在西门子为他的发明奋力工作的同时，他写信告诉在伦敦的兄弟自己的进展，也将此告诉了他过去的老师海因里希·古斯塔夫·马格努斯（Heinrich Gustav Magnus）。马格努斯肯定了西门子发明的重大意义，对他表示支持，并于1867年1月就这台发电机在柏林科学院发表了一篇论文。1867年2月，维尔纳·西门子的兄弟威廉（Wilhelm，迁居英国后改称"William"）也在伦敦王家学会提出了这一科学发现。维尔纳·西门子对自己的发明将带来进步的杰出意义充满自信，不过直至1870年代，电气工业才真正出现如火如荼的发展。

336　　　拥有这项划时代发明之时，维尔纳·西门子已经是一名受人尊敬的工程师和科学家，成功从事企业经营二十年，拥有超过160名雇员。他出生于一个人丁兴旺的家庭，1834年在柏林普鲁士军队下属的炮兵和工程师学校接受培训并成为工程师。双亲亡故后，西门子挑起了照顾年幼弟妹们的责任，通过科技发明并将其市场化来贴补自己微薄的收入。

在电报领域，西门子在已有发展的基础上首次取得了巨大成功。英国人迈克尔·法拉第（Michael Faraday，1791～1867）于 1831 年发现了磁电感应现象，来自哥廷根的物理学家卡尔·弗里德里希·高斯（Carl Friedrich Gauß，1777～1855）和威廉·爱德华·韦伯（Wilhelm Eduard Webe，1804～1891）于两年后研制出了电报机，在各自的研究所之间实现了编码信息的交换。西门子 1846 年优化了这个系统，以指针方式将编码转化成字母。除此之外，他还在 1847 年发明了铜导线无缝绝缘技术，使线缆得以敷设于地下。早在 1847 年 10 月 "西门子—哈尔斯克电报机制造公司（Telegraphen-Bauanstalt von Siemens & Halske）" 在柏林成立时，他就已将建造合同 "收入囊中" 了。公司的发展前景一片广阔，几乎没有竞争，此外在经营企业之余，西门子还担任了两年左右的政府电报事务主管。其间，他的合作伙伴机械师约翰·格奥尔格·哈尔斯克（Johann Georg Halske，1814～1890）负责所有制造事务。

建设柏林和美因河畔法兰克福之间的电报线路是一项大工程，同时也具有重要的政治意义。法兰克福是国民大会的召开地，1848～1849 年，这项工程在紧锣密鼓中完成，并让西门子的企业一下子变得更加出名。1849 年 3 月 28 日，普鲁士国王腓特烈·威廉四世被选为德意志皇帝，这条消息只用了不到一个小时就从法兰克福的圣保罗教堂传到了柏林的王宫中。德意志各邦亟不可待地向西门子发去了建立电报线路的合同。尽管业务出现衰退，西门子公司仍旧在敷设线缆业务的成功中得以壮大，并在 1851 年伦敦世界博览会上获得组委会颁发的最高奖。紧接着西门子又接到了国际订单，俄国要建造从波罗的海到克里姆林宫的电报网络（1853～1855），英国要建设从伦敦到印度加尔各答长达 11000 公里的电报线路。这条印欧电报线有多达 70000 个工作站点和电报线杆，却仅用了 2 年（1870 ~ 1872）就建成了，创下了建造速度的纪录。它引起了世界轰动，当第一封电报用 2 天时间从加尔各答到达伦敦时，两地间的海路运输尚需要 35 天之久。

此外，同样引起轰动的还有西门子的海底电缆生意，西门子在英国的分公司全力以赴，威廉·西门子为此还特意让船厂建造了一艘敷设线缆的蒸汽船。1875 年 9 月 15 日，在伦敦支持"西门子兄弟"事业的卡尔·西门子（Carl Siemens）宣布大西洋电报海底电缆正式开通。迅速的信息传递为人们带来了更广阔的视野，全世界看上去"更加紧密地联系了起来"。

在弱电和电缆领域取得的成功，让西门子得以进一步投入资金研发强电和发电机等技术设备。到 1873 年，他总共仅售出了约 260 台小型发电机。但这也使他让自己的发明变得日趋完美。自 1875 年起，功率更大的发电机投入生产。在 1879 年柏林举办的商业博览会上，西门子在广大公众面前推出了自己研制的第一台电力机车，它牵引一列小火车，载着 18 人在 300 米长的铁路上运行。共有 90000 人乘坐了这列火车。虽然西门子在柏林内城敷设线路、开展电气铁道试验的申请未获批准，但在 1881 年 5 月，他将从柏林利希特费尔德火车站（Bahnhof Berlin-Lichterfelde）引出的一条已有线路改造成了第一条电气铁道试验线，2 公里的路程仅用 10 分钟即可跑完。随着功率更大的发电厂和更强的输电线路，以及同样由西门子工程师发明的滑板式受电弓投入使用，铁道电气化也在更为广阔的天地中不断延伸。

1881 年，巴黎举办了国际电气化博览会，这次盛会让世人见识到电气工业的迅猛发展。西门子的电气铁道尽管吸引了大量的注意力，但更为引人注目的却是照亮会场的 1000 颗电灯泡，这些电灯由美国发明家托马斯·阿尔瓦·爱迪生（Thomas Alva Edison，1847～1931）发明问世，参观博览会的人将它们惊讶地称作"人造星星"。西门子对电气照明事业最初持迟疑态度，进而又紧随其后，拿下了沙皇俄国这个大客户：1884～1885 年，西门子电灯点亮了圣彼得堡壮丽的涅瓦大街（Newski-Prospekt），坐落于此的冬宫则配备上了当时世界上最贵的内部照明设备。尽管电灯相比于传统的煤气灯优势巨大，市政部门对这种新型能源却一直持怀疑态度，尤其认为其费用难以估计。直到 1882 年柏林莱比锡大街和波茨坦广场上的路灯试运营获得成功，同时证明电气照明具有优越的经济性，柏林市议会方才同意逐渐引入电弧光灯作为城市照明。1888 年，西门子电灯照亮了柏林繁华的"菩提树下"大街，取得又一成功。

　　西门子—哈尔斯克公司的市场优势延续到了 1875 年。1870 年代末，电话开始蓬勃发展，而 1880 年前后兴起的电力照明浪潮又催生了一批相关的工厂企业。西门子最大的竞争对手是德国爱迪生应用电力设备公司（DEG），1887 年起则变为通用电气公司（AEG）：出身柏林的工程师、企业家埃米尔·拉特瑙（Emil Rathenau，1838～1915）认识到巴黎博览会上展出的电灯泡背后的市场机遇，并从爱迪生手中取得了在德国的销售权，于 1883 年建立了 DEG 公司。最初他同西门子展开合作，而后因利益而分道扬镳。DEG 公司在柏林主持建立了数家发电厂，其中第一家公用发电厂于 1885 年在柏林投入运营：6 台蒸汽机，发电量达 600 千瓦时。1883～1889 年，慕尼黑的工程师、后来慕尼黑德意志博物馆的建立者奥斯卡·冯·米勒（Oskar von Miller）担任了 DEG／AEG 公司经理，他研发了交流电，通过变压器将电力传得更远，而传统的直流电在输送中电压损失极大。这项技术首次问世就令人惊叹不已，20 千伏高压输电线路成功地将交流电从劳芬（Lauffen）送到了 175 公里外的法兰克福，不仅给在当地举办的电气博览会送去光明，还为会场上一条人工瀑布提供了动力。

自此，要驱动机器不一定非要在当地通过水力、燃煤、蒸汽或者煤气获得动力，通过电线从远方获取能量也同样可以。直到 1870 年代中期，人们一直认为发电机只是强电设备，其地位同弱电设备相比并不重要，结果到了 1890 年前后，新型涡轮机、电动机、照明系统、发电厂［1898 年莱茵集团（RWE）成立］、电气铁道以及各种工业设备将弱电行业远远甩在了身后。以大规模电气化为标志的工业化第二阶段拉开了帷幕，电动机同柴油机一道，渐渐取代了蒸汽机的位置，市场迅猛发展，范围从供应工业、市政到不断满足更新的需求，如电灶、电熨斗等最初的家用电器（1893 年首次在美国出现）。然而相比之下，电力产业在德国的发展就显得有些缓慢，这与煤气公司长期把持能源供应的垄断合同密切相关。

自 1890 年起，强电技术的发展道路变得一马平川，德国电气工业迅速繁荣起来，到第一次世界大战之前已跻身国际前列，柏林集中发展电力事业的态势无与伦比，并在世界上以"电气中心"的盛名而著称。

*

比利时建筑家、设计家亨利·范·德·费尔德（Henry van de Velde，1863 ～ 1957）这样写道：在 1900 年巴黎世界博览会电力宫中，他"神情肃穆"地站在一台西门子发电机前，并"为这台机器完美展现的现代美学深表惊叹"。电气设备的大规模工业生产激发了艺术家的设计热情，工业设计开始逐渐出现。埃米尔·拉特瑙从 1906 年起雇用了画家和图像设计师彼得·贝伦斯（Peter Behrens），不仅让他做图形设计，还让他为设计造型提供艺术咨询——小到电器，大到新式涡轮机房。贝伦斯不仅是新兴的、不过分修饰的实用主义美学，以及标准化建筑学的领路人，同时也是品牌设计和企业形象设计的先驱。至于家庭电气化得到广泛发展，则又是几十年后的事了，这是因为强势增长的购买力直到二战结束方才形成，再加上生产成本的降低，电动"家庭帮手"带来的豪华感受才真正走进不同阶层的千家万户。

第三帝国

德意志帝国

宣告成立

Die Proklamierung des Kaiserreichs

055

安东·冯·维尔纳的
《凡尔赛》

这幅画是安东·冯·维尔纳的
第三幅表现德意志帝国成立的
油画（1885），它是德意志帝
国皇帝送给俾斯麦 70 岁寿辰的
贺礼。

Wilhelm I. wird in Versailles zum deutschen Kaiser proklamiert (Fürst Bismarck)

341

　　为什么一幅在事件发生 14 年后画的画能成为表现德国重大历史事件的重要画作呢？今天，在德国几乎每一本教科书里都能见到这幅画的影子。借由一幅油画，德意志帝国的建立变得可视化，尽管这幅画是对发生在 1871 年 1 月 18 日历史事件的记录，却更多地表现了对生日的友好祝愿。

　　1885 年 4 月 1 日正值德意志帝国宰相奥托·冯·俾斯麦 70 岁寿辰，这幅作为画家同主题的第三版和"最小的"油画是德意志帝国皇帝送去的贺礼。由于没有时间新创作一幅油画，俾斯麦收到的这幅画是在第二版习作基础上的赶工修改版。画家甚至都来不及将所有的修改想法付诸实现，不过画中的俾斯麦至少佩戴了"蓝马克斯（Pour le Mérite）"勋章，这枚勋章在此画作完成前七个月才授予了他。作为与俾斯麦并肩战斗并结成深厚友谊的战争部部长阿尔布雷希特·冯·罗恩（Albrecht von Roon），虽然并未出席在凡尔赛宫举行的建国仪式，却仍被画进了画中。除此之外，画家还对一些人物的"时代感"作了调整，至少俾斯麦本人的形象比建国时老了 14 岁。和此前两幅此主题的油画相比，这幅画更加偏离了 1871 年 1 月 18 日发生的真实情况。在俾斯麦 70 岁寿辰后的第二年，公众就可以一睹这幅画的真容，它被以俾斯麦当时的住所命名为《弗里德里希斯鲁版油画》（Friedrichsruher Fassung），在普鲁士艺术学院（Akademie der Künste，今柏林艺术学院）举行的一次展览上首次展出，1910 年又在庆祝普鲁士王国成立 300 周年的纪念展上展出。

　　从 1860 年代末开始，德国画家安东·冯·维尔纳（Anton von Werner，1843～1915）就已经以擅长历史题材的插画和油画而著称。他在 1862 年以后居住在普鲁士的文化首都弗里德里希斯鲁，同当地艺术学院有名气的画家们一起学习和创作。安东·冯·维尔纳曾为当时的畅销作家约瑟夫·维克多·冯·施费尔（Joseph Victor von Scheffel）的诗歌画过插画,后被其引荐给了普鲁士国王威廉一世的女婿,即巴登大公腓特烈一世(Friedrich I,1826 ~ 1907)。安东·冯·维尔纳曾多次从弗里德里希斯鲁出发旅行,比如在 1865 ~ 1867 年去过巴黎,在 1868 ~ 1869 年带奖学金在意大利深造一年,1870 年则前往基尔,接受创作一幅表现毛奇视察巴黎战场油画的委托。1870 年 10 月,他最终去到了德军位于凡尔赛的大本营。他在那里一直待到普法战争结束,并创作了一批战争速写画。

刚回到弗里德里希斯鲁后不久,安东·冯·维尔纳就于 1871 年 1 月 15 日意外收到了来自宫廷的电报,电报里要求他尽快赶回凡尔赛。在宣告德意志帝国成立的当天,他在上午 11 点进入了凡尔赛宫镜厅,并根据要求用画笔作记录。当时的场景令人印象深刻:600 ~ 800 名军官摩肩接踵地挤在一起,举着部分被烧毁旗帜的士兵密密麻麻地在几级高的台阶上列队。安东·冯·维尔纳事后回忆说,"仪式以最简朴的形式进行,对于(德意志帝国建立)这件伟大历史事件而言,它的流程实在是短得过分了"。

安东·冯·维尔纳记录并速写了"匆忙之中最关键的场面",在举行礼拜仪式之后,他看见普鲁士国王上台发表讲话,而俾斯麦"面无表情"地听着,几乎没有注意讲话内容,直到巴登大公走到国王身边高喊:"尊敬的陛下,大获全胜的威廉皇帝,万岁!"在"三次雷鸣般的武器碰撞声"中,他应声附和,只听凡尔赛宫前的军队发出"好啊!"的欢呼声,他就知道,"这历史性的一幕结束了:一个德意志帝国再次建立了,一个德意志皇帝再次产生了!"接下来就是接受众人的祝贺了。

巴登大公建议,在威廉一世 80 岁寿辰时,代表德意志诸侯将这幅宣告帝国成立的油画作为贺礼送给他,费用由巴登大公承担。1872 年 6 月,油画的委托创作完成,安东·冯·维尔纳获得了 20000 帝国塔勒的报酬,并拒绝制作其复制品。油画于 1877 年 3 月 22 日被递交上去,宫廷上下振奋不已，不过安东·冯·维尔纳自己却认为这幅画"没有完成"，批评家抨击这幅画表现的是"制服纽扣现实主义（Uniformknopfrealismus）"。在1877 年于柏林、1879 年于慕尼黑举行的艺术展上，公众可以见到这第一幅所谓的"凡尔赛宫版"油画。后来这幅画长年被挂在柏林皇宫［今柏林城市宫（Berliner Stadtschloss）］的白厅中，那里不仅经常举行宫廷舞会，还是帝国议会会议的开幕地。这幅油画在第二次世界大战中被毁，只保留下来翻拍的黑白照片。

343

　　和第一版不一样，第二版较小的画作使用了加蜡颜料，它是由柏林军械库（Zeughaus Berlin）在 1880 年订制的，目的是装饰军械库内设立的勃兰登堡－普鲁士军队名人堂。它的构思有些许不同：画中的人物虽然更少，但欢呼的感情更强烈，军官们将军刀高高举起，俾斯麦穿着另一套制服，人物的年龄也和当时相符；此外，当时被提拔的人被挪到了前面。安东·冯·维尔纳必须迎合皇帝的心思和喜好，因此这幅表现德意志帝国宣告成立的画作从交代一件德意志的历史事件变成了展现一件普鲁士的历史事件。画作于 1882 年完成，从 1891 年起被挂于柏林军械库的"统帅厅（Herrscherhalle）"中，与其他三幅历史壁画一起赢得了许多观众的惊叹。从一定程度上可以说，1871 年德意志帝国的建立是德意志民族历史阶段的顶点和结束，是在普鲁士领导下军事行动的结果；德意志帝国建立的日子由威廉一世选定，当天正好是普鲁士首任国王在科尼希斯贝格（Königsberg）登基（1701 年 1 月 18 日）170 周年。相比描述历史事件，这幅画作将重点更多地放在了表现"现在的统治合法性借由历史事件实现"［格特根斯（Gaethgens）语］这个观点上。这幅画同样毁于二战，只保留下来一些彩色照片。

　　德意志帝国宣告成立画作的第一版是最还原史实的可视化文献媒介，

其他两版则愈发地"从历史画演变成了民族主义的象征"［比尔－格拉默（Bühl-Gramer）语］。一方面，安东·冯·维尔纳和1890年代以后创作德意志帝国宣告成立的其他画家很愿意看到这一主题愈发受到欢迎，愈发经常地表现为大众化的作品。而另一方面，在俾斯麦下台，也就是被解除帝国宰相职务之后，这一主题的画作对公众的吸引力明显下降。德意志帝国议会大厦（今国会大厦）的建筑师保罗·瓦洛特（Paul Wallot）曾建议用一幅表现德意志帝国宣告成立的画装饰帝国议会主席台后面的墙壁，不过这一建议被否决了。在德意志帝国和魏玛共和国的教科书里，德意志帝国宣告成立这一主题的画作彻底消失了，它更多地只被视为除了皇帝、帝国宰相或一次帝国议会会议之外，德意志帝国建立的"一个"可视化标志。在魏玛共和国和纳粹统治时期，《凡尔赛》（*Versailles*）被片面地与令人厌恶的《凡尔赛条约》联系在了一起——1919年6月28日，德国派出的两名代表在沉重和耻辱的气氛下签订了条约，签订地点也被有意地选在了凡尔赛宫的镜厅。尽管如此，"在1931年的德国看来，1871年发生的历史事件将德国民主同它真正的敌人区分开来"［格瓦尔特（Gerwarth）语］。希特勒也利用了1871年的"神话"为自己服务，不过在1933年以后，"第三帝国"不仅要在意识形态上盖过1871年建立的"第二帝国"，这一点也许在兴登堡在凡尔赛宫镜厅出席条约签订仪式时就已经有所暗示，希特勒于1938年将奥地利并入德国更是被描绘成是在完成俾斯麦的大业。

344

*

1945年以后保留至今的只有这幅《弗里德里希斯鲁版油画》，它已经成为德意志帝国时期的可视化主题。如今，它再也激发不起一点德国人的身份认同了，而只被视为对德意志历史上一段重要时期比较真实的记录。

1965 和 1971 年可以体验到记忆政治变化的迅速。1965 年在波恩的会场大厅举行了庆祝俾斯麦诞辰 150 周年的纪念活动。时任联邦总理艾哈德（Erhard）在现场宣称："当我们向俾斯麦表达敬意时，说明我们拥护我们的历史。"艾哈德说，我们不能再像魏玛共和国时期那样，将俾斯麦视为"反对德国民主的证人"。汉斯·罗特费尔斯（Hans Rothfels）如数家珍地评价了帝国宰相俾斯麦的历史功绩，"没有辩解的口气，而是充满了温暖"[康策（Conze）语]。

1971 年则完全大变样：经过国内的争论之后，庆祝德意志帝国成立的活动被禁止，只在每年 1 月 18 日前一晚由联邦总统古斯塔夫·海涅曼（Gustav Heinemann）发表简短的电视讲话。他虽然同意复制一幅安东·冯·维尔纳的宣告式油画，也不介意画中的俾斯麦站在中间，但是他拒绝对德意志帝国的建立发表任何评论，并在提到这位帝国宰相时表现了"几乎不情愿"和"主观"的态度（康策语）。联邦德国的最高代表"利用（电视讲话的）机会，在数百万公众面前以当时前所未有的方式总结了德意志帝国建立以及帝国和俾斯麦的神话"（比尔－格拉默语）。古斯塔夫·海涅曼说，俾斯麦不能被写入"希望统一和民主自由的黑红金德意志家族的族谱"，正是在他的逼迫下，"小德意志的各邦才将奥地利统治下的德国人也排除在外"。这幅油画首先被视为"自上而下建立帝国"和普鲁士－德意志军国主义的见证。德意志帝国建立时的前提条件、当时的民族主义浪潮，以及帝国议会的多数意见皆被全盘否定。古斯塔夫·海涅曼指出 1871 年是德意志民族史的"阴霾"，并强调民主传统的重要性。他的讲话是"典型的记忆政治"，"是在将历史为现在所用"[温克勒（Winkler）语]，即便这个概念当时还不常用。

同时，古斯塔夫·海涅曼倡议并于 1974 年在拉施塔特（Rastatt）开设的机构"德国历史上自由运动的记忆地（Erinnerungsstätte für die Freiheitsbewegungen in der Deutschen Geschichte）"也同样出于"记忆政治"的目的。此外，这位"市民总统（Bürgerpräsident）"（古斯塔夫·海涅曼很乐意人们这么称呼他）曾祖父的兄弟曾作为街垒战斗士参加了 1849 年在艾伯费尔德（Elberfeld）爆发的"五月起义"，后作为囚犯死于拉施塔特的防弹掩体中，此地作为巴登革命的战场和 1848 年革命共同争取自由的地点发挥了重要的作用。

从 1971 年 3 月开始，柏林国会大厦开设了一个参观人数众多的"德国联邦议会展"，首次亮相便以 19 世纪和德意志帝国建立的政治历程为主要内容；展览在 1974 年进行了扩充，内容涉及当下。当时展览的标题是"向德国历史提问（Fragen an die deutsche Geschichte）"，如今在宪兵广场旁边的德国大教堂（Deutscher Dom）前举办的后续展览则被命名为"道路、迷途、弯路（Wege，Irrwege，Umwege）"。

历史叙事和历史阐释中的"道路（Wege）"的确各有所指：帝国时代的历史学家大多支持 1871 年德意志帝国的建立，而 1918～1919 年间民主共和体制的新开端，他们则更多地站到了对立面上。今天的史学史毫无疑问地支持德国的议会民主制。或许它的"敌人"更加会去追求"政治上的正确"了。

工人运动

的

开端

Die Anfänge der
Arbeiterbewegung

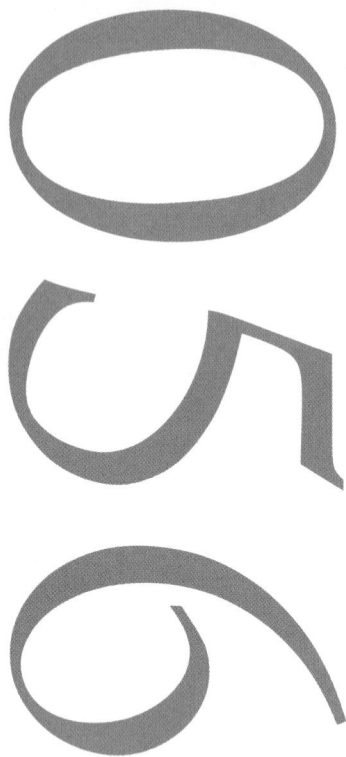

056

社会民主主义的传统旗帜

这面旗帜被保存、隐匿、珍藏了
150 多年：尺寸为 1.70 米 ×
1.85 米，是德国社会民主主义
的传统旗帜。

Freiheit, Gleichheit, Brüderlichkeit!

2. Mai 1863

Einigkeit macht stark!

为了 1873 年在布雷斯劳 [Breslau，今波兰城市弗罗茨瓦夫（Wroclau）] 举行的全德意志工人联合会（Allgemeinen Deutschen Arbeitervereins，ADAV）成立 10 周年纪念活动，西里西亚女工——根据当时的说法——特意缝制了这面旗帜。她们在深红色的布料正中间绣了两只被橡树叶花环环绕的、握在一起的友爱之手，花环上方绣有法国大革命提出的要求——"自由、平等、博爱（Freiheit，Gleichheit，Brüderlichkeit）"，花环下方有一句口号："团结就是力量！（Einigkeit macht stark！）"此外，花环底部还有一个上面绣着"1863 年 5 月 23 日（23. Mai 1863）"字样的装饰性蝴蝶结，它是全德意志工人联合会成立的日期，其创建人是生于布雷斯劳的费迪南·拉萨尔（Ferdinand Lassalle，1825 ~ 1864）。这面旗帜的历史代表了社会民主主义工人运动在德国的发展过程：在工业化高度发展时期，它被制作完成；在德意志帝国实行《反社会党人非常法》和第三帝国时期，它被藏了起来；1947 年，它被转交给了德国社民党主席库尔特·舒马赫（Kurt Schumacher）。这面旗帜是德国社会民主主义的传统旗帜。

德意志自 1840 年代起就建立了工人（教育）联合会，联合会往往受到自由主义市民阶层的影响，部分以民主主义和早期社会主义为发展方向。在 1848 ~ 1849 年革命的期间，德国成立了印刷工人和烟草工人工会联合会。在此期间爆发的人民起义中，多个欧洲国家和地区同时举行的抗议活动都提出了"全世界无产者，联合起来！（Proletarier aller Länder，vereinigt euch！）"的口号，这句话出现在 1848 年发表的《共产党宣言》中，其作者是分别居住在伦敦和曼彻斯特的共产主义理论先驱卡尔·马克思（1818 ~ 1883）和弗里德里希·恩格斯（1820 ~ 1895）。提出这个口号的目的是将全世界工人阶级联合起来，共同反抗资本所有者。

布雷斯劳这面旗帜上绣有的"团结就是力量！"这句话，以及"握在一起的友爱之手"的标志，都体现了将无产阶级联合起来的原始要求。自人类有思想以来就有这种（握手）标志，古希腊的浮雕和古罗马的钱币就已经具象地表达了其象征意义，既可以表示问候，也可以表示达成约定。在法国大革命期间，握手标志象征着相对于封建统治制度而言的"博爱（fraternité）"精神；在工业化进程中，握手标志则象征着工人阶级的友爱之情。沿着这条传统路线，1849 年于纽伦堡成立的"工人教育和帮助联合会（Arbeiter Bildungs- und Unterstützungs-Verein）"在其第一批会员卡上也印制了握手标志。不同的是，握在一起的手围绕的是一把象征宣战的剑。

像法国大革命中市民阶层一样从事独立和自由的工作，以及通过经济发展积累财富的良好愿望与工厂恶劣的工作条件形成了鲜明的对比：一天工作 14 个小时，重体力劳动，时常从事单调重复性的工作，工作环境经常充满震耳欲聋的噪音和各种各样损害健康的风险——纺织容易将纤维组织吸入肺里；矿工不但容易遭受煤灰的侵袭，发生事故的可能性也很大。此外，不稳定的收入——比如只有采出的煤符合质量标准时，矿工才能获得薪水——生病时缺乏照料、事故、年龄问题以及拥挤的居住环境，这些都加剧了工人阶级的不满情绪。

工人运动的发展与工业化进程息息相关：数千人涌入城市寻求生计和工作岗位——有未经系统培训的工人，其中大多数来自乡下；也有经过正规培训，比如曾经从事机器量产手工行业的工人。由于城市的规模迅速扩大，尤其在鲁尔区、上西里西亚等人口稠密的工业城市和大型工业城市，人的居住空间不仅狭窄，居住成本还很高。许多家庭只能挤在一间屋子里，还不得不将床位出租给"寄宿者"。

1848 ~ 1849 年革命后的君主复辟时期，工人联合会被禁。自 1858 年起，随着普鲁士内政的自由主义发端，类似的公开性组织在当地重新建立了起来。1863 年 5 月 23 日，德国建立了第一个跨地区工人组织：在费迪南·拉萨尔的领导下，来自 11 个德国城市的代表在莱比锡组建了全德意志工人联合会。为了与之抗衡，两周后在美因河畔法兰克福成立了德意志工人协会联合大会［Vereinstag Deutscher Arbeitervereine，VDAV，1867 年起改称德意志工人协会联合会（Verband Deutscher Arbeitervereine）］。随着全德意志烟草工人联合会（Allgemeinen Deutschen Cigarrenarbeiter-Verein）的成立，德国第一个中央工会组织于 1865 年在莱比锡成立，成为许多其他工会组建的样板。费迪南·拉萨尔 39 岁英年早逝后，新政党在它成立后的数年陷于有关个人和政治问题的争论。1869 年，奥古斯特·倍倍尔（August Bebel，1840 ~ 1913）和威廉·李卜克内西（Wilhelm Liebknecht，1826 ~ 1900）在艾森纳赫（Eisenach）建立了继全德意志工人联合会后第二个工人政党德意志社会民主工党（Sozialdemokratische Arbeiterpartei Deutschlands，SDAP），许多曾经的拉萨尔追随者也加入其中。相较于拉萨尔建立的工人组织，"艾森纳赫派"更贴近马克思和恩格斯的革命理想，并且确立了其作为反对派的主要目标：取消雇佣劳动、生产资料社会化，以及加强工会力量和罢工力度。

当这面传统旗帜在 1873 年首次使用时，拉萨尔派和艾森纳赫派还在为争夺政治优势而激烈论战，然而股市狂跌（从 1873 年开始）导致的经济萧条，以及越来越大的压制力量使得两个工人组织的合并变得更加紧迫。1875 年 5 月在哥达（Gotha）举行的全体党代会上，德国社会主义工人党（Sozialistischen Arbeiterpartei Deutschlands，SAP）成立了。它是现在德国社会民主党（SPD，社会主义工人党于 1890 年改名为社会民主党）的前身之一，其传统始于 1863 年 5 月 23 日。

社会民主主义者在当时被视为国家公敌，尽管这种情况并不是从 1870

年北德意志邦联议会就普法战争贷款问题表决时，倍倍尔和李卜克内西投弃权票才开始的，两人对巴黎公社抱有同情也是众人皆知。巴黎公社的主要领导人遭到了迫害，倍倍尔和李卜克内西也被安上了叛国罪名；从那时起，社会民主主义者就被称为"没有祖国的家伙"，加上对手的挑衅，这一声名愈发根深蒂固。两名社会民主主义者行刺德皇威廉一世（1797～1888）事件更是给了俾斯麦理由，在 1878 年的帝国议会上说服了多数保守党人和民族自由党人，通过了《反社会党人非常法》[全称为《反对社会民主党进行普遍危害活动法》(Gesetz gegen die gemeingefährlichen Bestrebungen der Sozialdemokratie)]。在其 12 年的有效期内，德国警察可以根据自己的判断，在没有法院判决的情况下，对社会民主党派及其成员采取行动，解散其政治性联合会，并禁止其集会和出版刊物。社会民主党派被迫转向地下活动，其成员只能以单独候选人的身份申请进入州议会和帝国议会的资格。在这样的情形下，帝国议会的选举结果尤为显著地体现为议会代表对社会民主主义的同情有所增多，直至 1887 年其议会代表的支持率为 10%，1890 年《反社会党人非常法》失效前，其支持率甚至达到了 20%。此外，以救济为生的穷人还被剥夺了帝国议会的选举权。

"布雷斯劳派"将这面传统旗帜常年藏了起来，直到针对社会民主主义者的镇压行动致使时任社民党帝国议会代表尤利乌斯·克雷克尔（Julius Kräcker）——当时他曾多次被监禁长达数月——委托尤利乌斯·莫特尔勒（Julius Motteler）将它带往苏黎世。1888 年迫于德意志帝国政府的压力，苏黎世政府将尤利乌斯·莫特尔勒驱逐出境，他便将这面旗帜带到了伦敦，在《反社会党人非常法》失效后又将它寄回了布雷斯劳。不过这面红旗仍被视为"威胁国家安全"的象征，会让人产生破坏公共秩序的联想。1890 年秋在哈勒（Halle）举行的党代会上，德国社会主义工人党（SAP）正式

350

改名为德国社会民主党（SPD），其传统旗帜仍保持不变。

不论是俾斯麦主导的镇压运动，还是他同时在 1881 年《皇帝诏书》中宣布的社会福利政策（见第 58 章 "1881 年 11 月 17 日的《皇帝诏书》"），都没能将社会民主主义与工人阶级剥离。社会冲突的剧烈程度简直让当时的德国政府被一种对表现社会主义演出的恐慌情绪所笼罩，在《反社会党人非常法》失效两年后，1892 年 3 月格哈特·霍普特曼（Gerhart Hauptmann）创作的戏剧《织工》（Die Weber）被禁就是这种恐慌情绪的突出表现。柏林警方担心剧中对 1844 年西里西亚纺织工人的生活状况及其起义过程的描写会引发骚乱，尽管霍普特曼特意声明，他绝对没有煽动意图。因为创作了具有社会批判性的戏剧作品，霍普特曼触动了那个时代的敏感神经。1894 年 9 月，当《织工》赢得法律诉讼后得以公开演出时，当时的德意志帝国皇帝威廉二世宣布撤掉他的剧院包厢以示回应。

此后，工人运动和社会民主党的力量得以壮大，并获得了德国社会的认可，以社会民主主义为指导的德国自由工会（Die Freie Gewerkschaften Deutschlands）的成员数量从 1890 年的 30 万人上升到 1913 年的 250 万人，成了德意志帝国内最强的工人组织，其规模和实力远远超过了自由党派和基督教派的工人组织。从帝国议会的选举结果上可以明显看出，社民党的支持率也越来越高：1893 年为 23%，1903 年超过 31%，1912 年则达到了近 35%；而社民党的党员数量在 1905 年就超过了 30 万人，到了 1914 年更是突破了 100 万人大关。

*

这面传统旗帜在它诞生 50 周年纪念日上尤为受人瞩目，在魏玛共和国时期于布雷斯劳举行的许多集会上，它皆占据了"荣誉之席"。当时没人预料到，当社会民主党人在十年后遭到希特勒领导的纳粹政府的残忍迫害时，它不得不再次被收藏起来。1933 年 7 月，这面旗帜可能被用油纸包住后埋进了布雷斯劳的一个小果园内；它在 1942 年被挖出来，从那时起被社会民主党人轮流保管。自 1945 年 1 月起，这面旗帜被藏入布雷斯劳一处地下室的深处，从而躲过了盟军的轰炸。1946 年 2 月，它被"迁往"纽伦堡避难，交给了当地社民党办公室，之后又被移交给市政厅，在 1947 年夏于纽伦堡举行的党代会上，它被交到了时任社民党主席库尔特·舒马赫的手上；在那之后，它又被送到了汉诺威。1952 年 8 月，它被盖在了库尔特·舒马赫的灵柩上。2013 年正值社民党（组织）成立 150 周年之际，德国发行了一款以这面旗帜为主要图案的纪念邮票和一款费迪南·拉萨尔纪念章。

自两德分裂时起，随着苏占区和民主德国的历史发展，"握在一起的友爱之手"这个具有象征意义的标志主要作为德国统一社会党（SED）的徽章为人们所识。迫于苏占区的压力，社民党同意与德国共产党合并，1946 年 4 月 22 日在柏林的海军上将宫举行的"合并党代会"上，两党正式合并。合并后新成立的德国统一社会党党员徽章展示了在一块红布上"握在一起的友爱之手"，1948 年以后，其背景换成了一面在椭圆环中飘扬的红旗，并配有"德国统一社会党（Sozialistische Einheitspartei Deutschlands）"的字样。在民主德国，这个标志还被用在了德国统一社会党党旗、各种党组织及所有党员的徽章上。

在 1989 年的剧变中，抗议者们多次将由麦穗环绕的锤子和圆规标志从民主德国的国旗上剪掉。"握在一起的友爱之手"标志上的"SED"字样和德国统一社会党党旗则被他们无视了——两者都已毫无前途。

工业化进程中

的

现实主义绘画

*Malerischer Realismus
in der Industrialisierung*

057

**阿道夫·门泽尔的
《轧铁工厂》**

这颗"宝石"的诞生伴随着轰动
和社会批评——如今它是表现工
业化进程的一幅"主题"画作。

353　　　在柏林的老国家美术馆（Alte Nationalgalerie）里，阿道夫·门泽尔（Adolph Menzel，1815～1905）的两幅画作的固定展位之间只有几米之遥，而两幅作品完成的时间也才相差 23 年。不过两幅画所表现的主题却相差了一个世纪。《腓特烈大帝在无忧宫的长笛音乐会》（Das Flötenkonzert Friedrichs des Großen in Sanssouci）展现的是 18 世纪中叶普鲁士宫廷在洛可可风格大厅中进行社交活动的场景。这幅画的大小和另一幅大体相仿，而且同样恢弘——可惜它并不是第一幅描绘宫廷社交的作品，而旁边的《轧铁工厂》（Eisenwalzwerk）却是首次关于德意志工业题材的宏大艺术表达。在此画作画成约四十年前（约 1830），卡尔·布莱欣（Carl Blechen）绘制了一幅《埃伯斯瓦尔德新城的轧钢厂》（Walzwerk bei Eberswalde），展示的仅是浪漫田园风光之间一座工厂厂房以及旁边冒烟的烟囱。而门泽尔则将观众带进了 1870 年代的工厂车间和钢铁生产的劳动世界中。他如此描述道："这幅画的场景是一个生产铁轨的大型车间……可以看见一台很长的轧机，它的第一个轧辊将要接住从加热炉中出来的一方炽热的铁坯。近处的两名工人正忙着抬高手推车的车杠，让铁坯滑向轧辊，而另外三人则试着用钳子给铁坯引导方向。在轧辊另一边的工人已经作好准备，用钳子和撬棍接住铁块……左边一名工人正将经过蒸汽锤锻打成型的铁坯送去冷却……马上就要换班了：在稍远处的中景中，工人们正半裸着冲洗，右边的一名工人正在吃一个小姑娘装在篮子里送来的午饭。"

354　　　在这个全新的题材领域，门泽尔为自己，也是为整个德国艺术界进行了深入的研究。1872 年，门泽尔曾在他的故乡西里西亚花了几周时间为霍茹夫炼铁厂（Königshütte / Chorzów）和生产钢轨的轧铁厂工人绘制了多达 100 幅的细致素描画。霍茹夫炼铁厂早在 18 世纪末就已建成投产，是当时欧洲大陆上规模最大，也是第一个采用蒸汽机驱动设备的炼铁厂。这些素描画同门泽尔对机械和柏林的一些生产场景的部分研究一道构成了《轧铁工厂》的创作基础。这幅画是由他人委托的作品，但主题是门泽尔自己选定的。他展示了铁或钢从加热到成为白热的方坯，再到轧制的生产过程，以及制造铁轨的步骤。沉心观看此画作的人，会感受到灼热的空气、机器的噪音以及整个工厂约 40 名工人带来的严谨感觉。没有任何一名德国艺术家能够如此逼真地展示工业生活的日常。出于对社会现实和变化的敏锐洞察力，门泽尔将工厂中的工人摆到了中心位置，并将他们塑造成工业化的真正参与者和价值创造者。

当时由于铁路网的扩建以及随之而来的对钢轨、车厢以及铁路机车的巨大需求，德意志钢铁工业正处在跃升式的发展时期，并被认为是工业化的"发动机"。与之相伴的是不断增加的人员流动性和规模可观的城市发展。在门泽尔 1845 年的作品中，位于他寓所附近的柏林安哈尔特火车站周边仍旧是一片乡村景象，从柏林通往波茨坦的铁路穿行在田野间；而能够显现城市发展和工业化速度的，只有地平线上的烟灰色城市轮廓。当时的柏林从一个居住城市变成了一个工业大都市，它的人口在 130 年间增加了 10 倍；1870 年代末，柏林大约有 100 万居民，到了 1905 年已经超过了 200 万，其中增长强劲的是产业工人。《轧铁工厂》这幅画完成 25 年后，德国已经从传统的农业社会变成了一个现代的工业国家。

没有任何一位艺术家能像门泽尔一样，让我们能够通过他的生活和作品去追寻柏林的城市发展历程。门泽尔一家在他 14 岁时从布雷斯劳来到柏林，门泽尔的父亲希望在柏林找到更好的工作机会，不料却在两年后去世了，当时才 16 岁的门泽尔不得不继续经营自家开办的印刷厂，以维持全家的生计。他非凡的绘画天赋——不仅因为他这个左撇子能用右手画画——从童年起就崭露头角，不过他后来的发展主要是自学成才。

　　门泽尔曾为弗朗茨·库格勒（Franz Kugler）1840 年出版的《腓特烈大帝的故事》（*Geschichte Friedrichs des Großen*）创作插画，也因此而出名。除木版画之外，门泽尔还绘制了以腓特烈二世的生活为主题的 7 幅大型油画，这些作品巩固了门泽尔作为普鲁士"宫廷画家"的地位。当时，门泽尔的朋友卡尔·尤斯图斯·黑克曼（Carl Justus Heckmann）经营着一家特殊金属加工厂，也是酒蒸馏器和铜质蒸汽机车火箱市场的引领者，1869 年他在工厂成立 50 周年庆典时送给门泽尔一张"纪念画"，它是特奥多尔·冯塔内（Theodor Fontane）创作的一幅令人惊叹的水粉画。从此之后门泽尔便开始对工业题材进行深入研究。门泽尔熟悉柏林的金属加工企业，不仅因为这些企业从 19 世纪初开始就将厂址定在柏林北部通往城外的肖泽大街（Chausseestraße）上，还因为他有时就住在那附近。当时人们把奥拉宁堡（Oranienburg）门前包含许多工厂烟囱在内的这片区域称为"火之地"。和门泽尔一样，奥古斯特·博尔西希（August Borsig）也来自布雷斯劳，1836 ～ 1837 年他在"火之地"创办了一家铸铁厂。两年后，博尔西希开始维修铁路机车，1840 年时便开始独立制造。1843 年，该厂生产的"博尔西希 1 号"机车竟然在一次引人注目的竞赛中跑赢了乔治·史蒂芬逊（George Stephenson）制造的火车头，打破了英国产蒸汽机车在德国的垄断地位，也为博尔西希日后的成功夯实了基础——二十年后，他的企业发展成为欧洲最大的铁路机车制造商。

　　实际上，在 1862 年伦敦世界博览会上，德国商品居然就已经得到了"确实非常好（very good indeed）"的评价，即便它们往往只是稍逊于英国原版的仿货，却因为价格便宜而拥有了强大的市场竞争力。虽然在 1876 年的费城世界博览会上，连德国自己的评判员都认为德国商品"价钱便宜质量又不好"，但在 1883 ～ 1893 年的十年间，从德国出口到英国的商品总值却增加了 30%。由于德国索林根地区（Solingen）的刀具生产厂家厚颜无耻地给自己的产品打上了"谢菲尔德制造（Sheffield made）"的标签，英国议会最终在 1887 年出台强制规定，要求进口产品必须标明产地；到了 19、20 世纪之交，因为一直注重提升产品质量，"德国制造（Made in Germany）"这个原先的"耻辱印记"，竟逐渐发展成了多种产品的品质保证。

在门泽尔准备绘制这幅《轧铁工厂》时，他也怀有资本主义工业发展进程中的矛盾心理：1871 年德意志帝国建立以及赢得对法战争胜利后，德国的经济开始了一次真正的繁荣，法国付给德国的 50 亿法郎战争赔款（大约折合今日的 2000 亿欧元）成为极大的推动力量。那时也是一个投机交易大行其道的年代，特别是在铁路股份投资和腐败问题上，铁路大亨贝特尔·亨利·施特斯贝格（Bethel Henry Strousberg）因同政客们一同卷入其中而首当其冲；1873 年，这个问题在帝国议会中引发了激烈争论，并导致贸易部部长辞职。5 月 9 日发生了所谓的"黑色星期五"事件，大量企业破产。尽管人们回忆其后的几年时将其称为"大萧条"，实际上它只是个经济增长波动过程中的一个片段。从 1850 ~ 1880 年，仅在德国生产的生铁总量就达到 270 万吨，比原先增加了 13 倍。1913 年，产量再次增长了 5 倍多，达到 1700 万吨。

对于《轧铁工厂》这幅作品的看法，在门泽尔的同代人中间就出现了两极分化，因为它的选题和表现形式都太新颖了。门泽尔是第一个敏锐又引人入胜地对恶劣工作环境作出描绘的艺术家。工人的面部表情和肢体动作都是单独画成的，不少人神态疲惫，显得灰心丧气，例如近处左边拉着一辆沉重手推车的男人们。其他轧铁工人在门泽尔的画笔之下则呈现各种近乎英雄式的姿态，站得很直，嘴角还叼着烟斗或雪茄。尽管他们的生产

356

过程依赖机器完成，但是他们呈现着很强的自主性，甚至以此为豪。一位戴着帽子的"绅士"，可能是工厂的经理或工程师，只是在左侧背景中出现，不仅画面很小，而且和主景相分离。

不管门泽尔是否真的想用这幅画来进行社会批判，都不妨碍他用独立的视角记录下当时德国经济和社会的新时代，并且——无论是否有意为之——将当时的劳动条件以批判的态度，至少是以矛盾的方式表现出来。只有 1.4 米高的门泽尔，尽管身高不如他人，整个人却充满能量、活力和好奇心。他这幅《轧铁工厂》堪称他所有绘画作品中最绚烂的"宝石"，是他"最不寻常（的绘画作品），不论从写实还是从艺术角度都引起了轰动"[韦勒斯霍夫（Wellershoff）语]。

银行家阿道夫·冯·利伯曼（Adolph von Liebermann）——几年后成名的画家马克斯·利伯曼（Max Liebermann）的叔叔——是这幅《轧铁工厂》的第一任主人，至于这幅画是不是他委托门泽尔所作，就无从知晓了。由于陷入经济危机，1875 年他把这幅画卖给了柏林国家美术馆（Berliner Nationalgalerie），即便只收到了对方支付的第一笔款项。从 1874 年开始，马克斯·约尔丹（Max Jordan）担任柏林国家美术馆馆长，在为将于 1876 年开放的新展厅寻找现代艺术作品的过程中购得了这幅画。不过，为了得到文化主管部门的批准，他必须将这幅作品称作一幅历史题材的现代绘画作品，而且是"对恪尽职守英雄气概的一次动人刻画"。同时，该作品的名字也根据当时的审美口味从神话角度拔高了些，按照古希腊神话中的制造工匠和武器之神取名为《现代独眼巨人》（Moderne Cyclopen）。

1878 年，这幅作品在巴黎世界博览会上受到广泛关注。在门泽尔生命的最后二十年里，他在国内外的声誉都达到了顶峰。门泽尔过世后，德意

志皇帝为他举行国葬，一个月后国家美术馆举办了一次十分全面的门泽尔
作品回顾展，随后还收藏了他身后的画作，并出版了一本作品索引集。之
后，门泽尔的绘画作品受到关注的程度有所下降（尽管他的素描作品因此
更受青睐），不过这幅《轧铁工厂》却从 1906 年起便收入了德国的教科书
中。今天——有趣的是，这个说法来自法国教科书——更是欧洲"绘画典
范"中的"顶尖作品"之一。［波普（Popp）语］

*

  门泽尔的绘画作品一方面独特而富于变化，另一方面却充满矛盾。对
于 19 世纪艺术史来说，他只是一个局外人，或者说是一个例外。如果要从
他的个别作品入手，对他总共 7000 多件作品重新有所发现的话，《轧铁工
厂》则是最重要的一条线索。这幅画当然也避免不了被不同意识形态体系
所利用：在纳粹统治时期，希特勒的办公室里曾经挂着几幅门泽尔的作品；
民主德国则认为，门泽尔在《轧铁工厂》画作中表现了"工人阶级所扮演
的历史角色"，并以此向劳动者们宣示，"他们终将胜利"［凯泽（Kaiser）
语］；从风格上看，门泽尔的作品在当时被归入了社会主义现实主义的范
畴。实际上直到今天，门泽尔的这部作品都无法从任何一种单方面评价中
跳脱出来——不管这种评价是"反动的"还是"进步的"，皆是如此。它显
然是一幅内涵丰富的作品，因而也具有多重含义。

社会福利国家

的

基础

——

胡萝卜加大棒

*Grundlegung des
Sozialstaats –
das Zuckerbrot zur Peitsche*

058

1881 年 11 月 17 日的
《皇帝诏书》

这是由俾斯麦联合签署、德意志帝国皇帝颁布的《皇帝诏书》：出于对社会动乱的担忧，它忐忑地拉开了国家社会福利政策的序幕。

Wir Wilhelm,
von Gottes Gnaden,
Deutscher Kaiser, König von Preußen,
etc. etc. etc.

1881 年 11 月 17 日颁布的《皇帝诏书》是德国建成社会福利国家的一个基础。按照最初的计划，它应该在帝国议会盛大的开幕式上以演说的形式宣布。然而在开幕式前一天的傍晚，德皇威廉一世身体抱恙，便委托帝国宰相奥托·冯·俾斯麦（Otto von Bismarck，1815 ～ 1898）代其出席开幕式并当众宣读这条"至高无上的消息"。在宫殿教堂举行完礼拜仪式后，俾斯麦紧接着便在聚集于柏林皇宫白厅的帝国议会代表，以及联邦参议院的全权代表面前宣读了这份《皇帝诏书》。

社会福利政策是德国当时的一大核心要点。从此前的书信来往可以得知，德皇尽管实质上支持俾斯麦提出的社会福利政策，却还是担心此提案在新选举产生的帝国议会上遭到否决。俾斯麦宣读的正是他曾亲笔写给德皇的呈文："早在今年 2 月，我们就已经表明了决心，要治愈社会的伤口，不仅要打击社会民主党人的不法行为，同时还要想办法提高工人的福利。"除了通过 1878 年颁布的《反社会党人非常法》镇压社会民主党人以外，针对意外、疾病，以及因年老或残疾丧失劳动能力的社会保险制度也已出台。

自由党人认为此举对国家的干涉过大；霍亨索伦家族的王侯们也持类似的观点，并对《皇帝诏书》予以无视。社会民主党人认为，将《反社会党人非常法》与社会保险制度并行显然是为了用胡萝卜加大棒的方法离间工人阶级与其政治领袖。

在各方利益分庭抗礼的角力场中，俾斯麦将他的社会福利政策运用得游刃有余：它一方面回应了工人的抗议和要求，另一方面体现了提高援助对象收入的道德责任感，此外还安抚了精英阶层对社会动乱和颠覆的担忧情绪。

俾斯麦想要用一纸诏令赢得新选举产生的帝国议会代表对他提出的社会福利政策的支持，对于将要实施的举措，他简述道：就已经开始的、分歧非常大的企业意外保险，以及补充的医疗保险、养老和残疾保险进行谈判。在接下来的几年中，随着谈判的进行和这三项保险制度的出台，围绕实施办法、资金筹集，以及国家对经济进行干预的必要性等问题的激烈辩论一直没有停歇。

为了维持国内和平，既不影响经济发展，又不阻碍民族国家的继续壮大，在当时德国社会的紧张关系下，寻找解决"社会问题"的办法变得愈发紧迫。工业发展的最大获益者是资本和生产资料的所有者和管理者，而大多数工人不得不为其恶劣的生活和工作环境进行斗争。除了工人们在患病、遭遇意外和年老时缺乏经济保障之外，狭小的居住空间和不稳定的工作收入等严重问题越来越引发工人阶级的不满。

这种不满情绪渐渐表现为停工和罢工。在经济繁荣期至德意志帝国成立期间，这种情况发生得尤为频繁。罢工潮开始于 1869 年，北德意志邦联出台的《工商业管理条例》废除了针对工人的《同盟禁令》（Koalitionsverbot）。在直至 1874 年的五年中，德国共出现了 1250 多起劳动争议，共有约 20 万工人罢工。第一次较大规模的罢工发生在 1872 年 6 月的埃森（Essen），20000 多名矿工停工；他们要求实行一天 8 小时工作制和工资提高 25%。举行罢工的工人面临被开除的风险，在罢工期间也没有收入（当时的工会组织尚不能为罢工行为拨款）。工人们提出的要求一直没有得到满足。

仅仅由于工人的高度流动性，具有家长统治思想的大型工业企业，例如博尔西希（Borsig）和克虏伯（Krupp）就在企业内部设立了抚恤基金，并着手解决工人的住宿问题。此外，当时在萨尔经营冶炼厂和炼钢厂的大工业家卡尔·费迪南·施图姆－哈尔贝格（Carl Ferdinand Stumm-Halberg）在 1867 年，也就是德意志帝国建立之前，以自由保守党议会代表的身份，在北德意志邦联议会上提出了一个解决劳动争议的方案，并称，"所谓的社会问题……只有通过提高资本和劳工之间休戚相关的感觉，才能得到真正解决"。他 1865 年就已经在诺因基兴（Neunkirchen）建立了一个矿业医疗保险机构，其董事会也包括 1 名工人代表；此保险机构提供医疗津贴和孤儿津贴，会将其中的三分之二支付给雇员，三分之一支付给雇主。

它是俾斯麦医疗保险的一个早期样板，1883 年 6 月，帝国议会最终通过了俾斯麦提交的方案。从那时起，年收入为 2000 帝国马克及以下的雇员可以接受医治、获得药品，并在患病后第 3 天至第 13 周领取金额为平均工资 50% 的医疗津贴，不过最高为每工作日 2 帝国马克。对于一个每月最低生活收入约 25 帝国马克的四口之家，虽然医疗津贴并不能解决物资短缺的燃眉之急，不过在患病时至少可以保证被保险人能接受医治。新出台的强制性保险制度使得被保险人在更换工作时，也可以提出获得相应保险金的合法要求，这一点与企业医疗保险有所不同。此要求可以在被保险人工作一周后提出，保险金的三分之二由雇员支付，三分之一由雇主支付。此外在已有的手工业同业工会的基础上，还设立了新的地区医疗保险机构，工人也有权参与其管理。

1884 年 7 月出台的《意外保险法》对以上保险金起到了补充作用，根据其规定，雇员在出现工伤事故时，不论责任在谁都可以自事故发生后第 14 周起领取金额为其工资三分之二的赔偿金；此条同样适用因工伤完全丧失劳动能力的人。因工伤事故致死的，其遗孀可领取其工资的 20% 作为补偿。意外保险金完全由企业主承担，为此还成立了同业工伤事故保险联合会。起初这一保险只针对工厂、矿山和采石场，1886 年扩大到了农业和林业领域，1911 年随着三大社会福利保险的合并，普通雇员也可以享受此

362

福利。

《皇帝诏书》中宣布的残疾和养老保险的出台则有所推迟。1889 年 5 月 24 日，在鲁尔区矿工大罢工的直接影响下，这一保险制度才得以正式颁布。从 4 月 24 日开始，从波鸿到埃森，直到几乎所有的矿山企业，有超过 90000 人（约占全体矿工的 90%）主要提出了工资上涨 15%、8 小时工作制（包括出入矿山坑道越来越长的时间），以及反对加班的要求。对此，企业主雇专人对罢工行为进行阻挠，并向警察和军队寻求保护。此举引发了激烈冲突，并导致 14 人死亡。由于受到此事的震动，当时 30 岁、已登基近一年的德意志帝国皇帝威廉二世（他的上台违背了俾斯麦的极力举荐）于 5 月 14 日在柏林皇宫接待了鲁尔区的一个罢工领袖代表团。他虽然批评了罢工行为，却同意以试行的办法满足工人提出的要求，并安排工人与矿山所有者进行谈判。直到 6 月初，罢工才宣告结束，至于矿工提出的要求，并没有得到真正的满足。不过此后加入新成立的工会组织的成员在迅速增多。

在罢工运动进行正酣之时，帝国议会于 5 月 24 日通过了有关养老和残疾保险的法律。根据规定，年收入在 2000 帝国马克以下的雇员在工作满 30 年和年满 70 岁后，可领取平均工资的三分之一作为养老金。因残疾导致谋生能力下降三分之二的雇员须经工会管理人员和医疗保险机构证明，工作满 5 年后方可提起残疾保险金领取要求。国家向每位退休人员每年支付金额为 50 帝国马克的基本养老金，养老金的较大部分由被保险人和雇主各承担一半。具体金额平均为雇员周薪的 2%，并通过粘贴一张带有缴费标记的卡片累计。

新保险规定于 1891 年 1 月 1 日正式生效，为了更好地为大众所接受，还为其设置了一个较长的过渡期。实际上，在规定生效当年，所有符合条件的人都提出了保险申请，约 133000 名工人获得了相应的保障。在当时的德国，人的平均预期寿命只有约 45 岁，达到法定退休年龄的德国人勉强能有五分之一。设置这样高的资格限制，尽管在帝国议会存在争议，却是立法者有意为之，因为养老金应"只满足在物价便宜的地方的基本生活需求"（《1887 年政府纪要》）。领取养老金的年龄限制直到 1916 年才降为 65 岁。德国 1891 年一年的养老金平均约为 126 帝国马克。

俾斯麦原本打算通过国家税收为这三大社会福利保险提供资金，不过这种"国家社会主义"首先遭到了自由党人的抵制。然而强制性保险在国家层面得到了贯彻，这对于俾斯麦来说已经成功了。雇员和雇主因此被关联进了社会福利国家的体制内，年轻的德意志帝国的内部凝聚力也得到加强。全德国使用统一的保险卡，通过粘贴的方式将带有帝国之鹰装饰的养老和残疾保险缴费标记贴在上面。另外，这种"粘贴法"一直延续到了1960 年代。

*

俾斯麦在去职前发表的最后一次讲话，是在 1889 年帝国议会上为养老和残疾保险所作的辩护。1889 年发生的矿工大罢工进一步加剧了年轻的德意志帝国皇帝和比他年长 40 多岁的老政治家间的分歧，十个月后，时年近75 岁、担任了 19 年帝国宰相和 28 年普鲁士宰相的俾斯麦被解职。

俾斯麦对德国社会保险制度的建立可谓功不可没，尤其毋庸置疑的是，德国因此在这方面成了世界先驱；因为在德国之外的其他国家，引进相应的保险制度已经是大概 25 年后的事了，那时的德意志帝国已有超过 40%的劳动者上了社会保险，为世界之最。1881 年 11 月 17 日《皇帝诏书》的颁布为德国成为社会福利国家奠定了三块基石；它们的队伍后来又壮大了：1927 年德国出台了失业保险，1995 年德国又出台了护理保险。回溯历史，俾斯麦主导的这些事件显得微不足道，和它们当时所起的作用相比更具有决定意义的是，它们为德国延续至今的国家社会福利政策打下了坚实的基础。

汽车时代

的

开端

Der Start ins
automobile Zeitalter

059

"奔驰 1 号"专利机动车

这台"奔驰 1 号"专利三轮机动车的结构同三轮自行车类似。它在法国市场取得成功后方才"回流"德国。

365

　　能够算得上是汽车诞生日的日期有两个，一个是 1886 年 1 月 29 日，那天卡尔·奔驰（Carl Benz，1844 ~ 1929）向柏林的帝国专利局提交了有关他发明的三轮"汽油机驱动车辆"的专利申请（37435 号）。另一个日期是 1886 年 11 月 2 日，这天他的专利申请被正式通过，也就是说第一辆汽车得到了自己的"出生证"。在九个月的等待期间，奔驰于 1886 年 7 月 3 日在曼海姆的环路上举行了第一次公开试车活动。他的儿子欧根（Eugen）举着一瓶汽油在车旁边跟着跑，看燃料快要耗尽时就赶紧加上。

　　一段时间之后，奔驰把这台汽车拆掉，零件被用作其他用途。他接着又制造了第二辆车，主要用来试验转向机构，然后同样也拆掉了它。最后，第三辆样车于 1888 年 8 月问世，并且由奔驰的夫人驾驶——这在当时十分引人注目——她还带着 15 岁的儿子欧根、13 岁的儿子理查德（Richard），完成了曼海姆到普福尔茨海姆（Pforzheim）往返 100 多公里的长途行程，引发一时轰动。

　　又过了大约 15 年，1886 年"奔驰 1 号"原型车上的零件才再次引发外界关注：奔驰想要让自己发明的第一台汽车载入史册。为此，他让人将当时尚存的原有零件重新组装起来，并于 1906 年把这台"奔驰 1 号"专利机动车赠送给了慕尼黑德意志博物馆。该博物馆的发起人和首任馆长奥斯卡·冯·米勒当时正在为将于 1925 年开业的博物馆寻找"科技上的大师巨作"。

366

　　奔驰制造的第一台三轮汽车就像是一辆三轮自行车，实际上这台汽车上相当多的零件也确实来自自行车工厂：两个大大的辐条式后轮、较小的前轮以及转向机构，还有轻便的钢管车架、链条式传动装置、差速器甚至滚珠轴承等无不如此。巴登林业官员卡尔·德莱斯（Karl Drais）在 1817 年曾发明了一种能够行驶的装置（后来被称作"Draisine"），尽管算是最古老的可操纵的自行车，然而却没有进一步发展。较高的大轮自行车并不实用而且很危险，自从较低的自行车在 19 世纪七八十年代开始流行，还有所谓的三轮自行车，即 1880 年以后，英国和法国出现了以电力驱动的三轮车。

奔驰在卡尔斯鲁厄高等技术学校完成大学学业后，又到机器工厂工作并积累了经验。1871 年，他在曼海姆开办了自己的机器车间，未婚妻贝尔塔（Bertha），一个木工的女儿，给了他强有力的资金支持。1879 年跨年夜，由他试制的第一台运转轻盈、由汽油驱动的固定式两冲程发动机在较长时间可靠运行后宣告成功。生产这台机器让奔驰获利颇丰，也使得他能够将精力集中于发明汽车的工作中。

在此期间，尼克劳斯·奥古斯特·奥托（Nikolaus August Otto，1832 ~ 1891）在科隆成功发明了四冲程、油气混合气压燃式内燃机，并于 1877 年获得了专利。这台固定式发动机取得了巨大成功，其间，道依茨煤气机厂股份公司（Gasmotoren-Fabrik Deutz AG）的首席工程师戈特利布·戴姆勒（Gottlieb Daimler，1834 ~ 1900）和威廉·迈巴赫（Wilhelm Maybach，1846 ~ 1929）也为此作出了贡献。这种新型的发动机在尺寸上小于蒸汽机，因此也更适于驱动车辆。此外，这种内燃机采用液体燃料，耗费更省，故障率更低，相较于煤气机操作更为简便，更不用同固定式的煤气管道连接在一起。它的优势显而易见，不过由于奥托式发动机起初受到专利保护，已经在 100 公里外成立公司的奔驰和戴姆勒的研究工作只能像探秘或者另辟蹊径一样进行。两人都认为液态燃料是驱动道路机动车辆的关键，不过在戴姆勒尝试用机器驱动四轮马车的同时，奔驰却研发着自己的车辆。

由于专利权过期以及其间的发明，奥托式发动机的专利权于 1886 年被取消。这为奔驰和戴姆勒研发并出售功率更大的四冲程发动机扫清了障碍。不过奔驰发明的汽车在德国起初并没有引发多大的关注。尽管报纸报道了1886 年的处女航，但这只是 1888 年由奔驰本人在回忆录中所提及。实际上，贝尔塔·奔驰那次驾车旅行——不管她丈夫是否知晓——的意义已经远远超过试车或者展示的范畴。就算路上不得不找一家店购买燃料，这次运行也更证明了汽车相对于马车拥有更高的可靠性。

1888 年在慕尼黑举办的动力机和工作用机器展览会上，奔驰车的亮相至少提高了它在跨地域以及专业领域方面的公众知名度。但是这并未给奔驰带来经济上的成功。起初要操作这台咔嗒作响的机器颇为耗时费力，同时聚精会神地操纵行进方向也是一件十分困难的事。这台汽车大约有 1 马力，时速为 16 公里，同第一台火车头差不多快。尽管奔驰此后不断改进技术，却拿不出成功的销售策略，无法在潜在的客户面前展示它的用途，也就激不起他们的购买欲望。

最终，装有内燃机的汽车获得广泛的市场成功，还是先在法国实现进而回到德国的。当奔驰还把"骑老式自行车的人"作为自己的目标客户时，法国人首先迅速发觉了汽车的价值——作为运动用的奢侈消费品——并以此制定了市场战略。

公开的赛车活动无疑让新型汽车得到了公众的广泛认识，1894 年 7 月22 日举办的首次重要的长距离赛车活动充分展现了汽油机汽车的巨大优势。在从巴黎到卢恩 126 公里长的赛道上，所有 14 台汽油机汽车都坚持完成了比赛。不过其中有 13 台车装载了戴姆勒生产的发动机，只有一台用了奔驰发动机，并由奔驰在法国的销售伙伴艾米勒·罗热（Émile Roger）亲自驾驶。获得奔驰和戴姆勒两位德国工程师的生产许可后，法国开始自行生产发动机，后来又制造整车。

在自己生产的机动车取得专利之后，卡尔·奔驰一度将精力集中在生产固定式发动机上。这成了奔驰的主要经济来源，也让这家位于曼海姆的企业发展成为继位于科隆的道依茨煤气机厂之后的德国第二大发动机制造商。自 1893 年起，奔驰公司已完成了第 1000 台发动机的供货。1897 年奔驰设计的 "Contra 发动机" 功率更大，也成为发展至今的水平对置式发动机的鼻祖。除了改进发动机技术外，奔驰还解决了转向问题，以便能够制造行驶更加稳定的四轮汽车。通过进一步改进马车结构中的转向节式转向机，这个问题得到了解决并获得了专利。1893 年，装载该转向机的四轮汽车 "维多利亚（Victoria）" 走向市场。一年之后公司通过销售 "奔驰 Velo 型" 车，销售量继续攀升，而这也是奔驰第一次批量生产的车型。随着汽车产业的不断拓展，1896 年奔驰设立了一个单独的生产部门，并让奥古斯特·霍希（August Horch）担任主管，此人便是后来霍希和奥迪汽车公司的缔造者。1899 年起，奔驰公司改名为 "Benz & Cie. AG"，1900 年以 603 台汽车的销售量迎来了发展的第一个高峰，随后三年，销量又回落到每年 172 台。

销售量急剧下落的原因之一，是位于坎施塔特的戴姆勒汽车公司（DMG）生产的梅赛德斯汽车（Mercedes-Wagen）取得的市场成功。[梅赛德斯于 1900 年成为产品名称，1902 年成为注册商标，系由用戴姆勒汽车参加比赛的合作伙伴埃米尔·耶利内克（Emil Jellinek）的女儿的名字命名，"三叉星徽" 则于 1909 年投入使用。] 早在 1901 年，第一台 "梅赛德斯" 汽车就在法国汽车比赛中取得了三次胜利。其中一个重要原因，是车辆使用了由博世（Bosch）开发的更好的低压磁电式点火器。罗伯特·博世（Robert Bosch）1902 年又为自己生产的改进型高压磁电式点火器取得专利并将其投放市场，不仅提高了转速，还减小了机件的体积。在此之前，保持对油气混合物的精确点火时间一直是汽车发展的一个弱项，博世的点火器则让汽车内燃机功率更大、转速更高，并能更加可靠、持久地运转。

Benz & Cie 股份公司一度错过了研发速度更快的汽车的机会，并陷入了一场危机。直至公司创始人奔驰于 1903 年退出管理层，并让一支法国工程师团队将曼海姆的这家公司的生产重点转到研发功率更大的汽车上后，危机方告结束。"闪电般的奔驰车"1909 年问世，功率达到 200 马力，最高时速为 228 公里，它在赛车场上为公司带来了声望，对于汽车企业来说，当时的这种成功比现在更具有重大意义。

第一次世界大战带动了汽车制造业的发展，特别是在军事车辆方面。第一次世界大战结束以后，德国汽车制造业陷入困境，由于经济不景气，汽车向民用产品转换的过程十分艰难。《凡尔赛条约》又堵住了德国汽车的出口之路。除此之外，市场上新的汽车制造厂商又不断涌现。为了撑过这一景况，Benz & Cie 股份公司同戴姆勒汽车公司于 1919 年起逐渐融合，广告说道："德国最老而且最大规模的两家汽车企业团结了起来……"两家竞争企业于 1926 年 7 月以合并后的戴姆勒—奔驰股份公司面世，商标也是相得益彰，由奔驰的月桂叶花环和戴姆勒的三叉星徽共同组成。

从个人交通工具发展大众化的角度看，奔驰、奥托、戴姆勒和博世的发明创造意义非常。奔驰申请机动车专利权才过了几十年，汽车就挤掉了行人和马车在公众道路上的原有地位，成为道路交通的主宰。卡尔·奔驰本人对于神化他自己的发明并赋予其纪念意义做了不少工作。他重新组装了自己的第一台汽车并将其赠送给慕尼黑德意志博物馆的行为使他得以澄清那个争论已久的问题：究竟谁才是第一台汽车的发明者？1906 年，这台汽车同首批"科技精品"一道，在位于慕尼黑马克西米利安大街的老国家博物馆的一次临时展览中与公众见面。1925 年奔驰再次出借此车，参加在慕尼黑举办的一次汽车巡礼活动。

2011 年以来，奔驰在 1886 年取得的专利文件除了被列为世界文化遗产之外，还连同汽车的结构图、使用说明书一同被列入"全新文本形式：技术文档（ganz neue Textform：die technische Dokumentation）"和"通俗易懂的示范文本（vorbildlich verständlich [er]）"[霍伊申（Hoischen）语]，进而成为德意志语言文化的瑰宝。

化学制药工业

成为

世界市场

领先者

Die pharmazeutischchemische
Industrie wird
zum Weltmarktführer

090

阿司匹林

阿司匹林的最初形态为粉末状，它被誉为"百年老药"，不过对它的发明者目前尚存争议。

371

　　是什么能让一位歌剧中扮演主角的男高音、一位诺贝尔文学奖获得者、一次登月任务、一位牧师和一位信仰共产主义的市长，包括我们当中的许许多多的人相互产生联系？卡鲁索（Caruso）用它来对抗天气变化引起的难忍疼痛，托马斯·曼（Thomas Mann）用潘趣酒将它送服，"阿波罗 11 号（Apollo 11）"在 1969 年首次登月时将它带上了太空，唐·卡米洛（Don Camillo）则建议他的对手用"一杯葡萄酒和两片美妙的阿司匹林"来抵御流感。还不仅如此：奥特嘉－加塞特（Ortega y Gasset）在他著名的《群众的反叛》（*Aufstand der Massen*，1929）中将它称为自己所在年代的标志；据说"神奇郎中"拉斯普京（Rasputin）曾在 20 世纪初"无意中"治愈了沙皇尼古拉二世（Nikolaus II）的儿子和皇位继承人阿列克谢·尼古拉耶维奇（Alexei Nikolajewitsch）的血友病，是因为他将正用阿司匹林给太子治疗关节痛的医生赶走了。弗朗茨·卡夫卡（Franz Kafka）在与当时的女友通信时也提到过它；《好兵帅克历险记》（*Die Abenteuer des braven Soldaten Schwejk*）中也出现了它的影子；卡尔·楚克迈尔（Carl Zuckmayer）、库尔特·图霍夫斯基（Kurt Tucholsky）和格雷厄姆·格林（Graham Greene）在各自的作品中均描述过它；汉斯·赫尔穆特·基斯特（Hans Hellmut Kirst）在小说《08 / 15》（*Null-acht-fünfzehn*）中提到过它；埃德加·华莱士（Edgar Wallace）和瓦尔特·肯波夫斯基（Walter Kempowski）也在自己的著作中写到过它。就连酒徒、有自杀倾向、意志消沉的费尔南多·佩索阿（Fernando Pessoa）也在他后期创作的诗歌《我得了重感冒》（*Ich habe eine schwere Erkältung*，1931）的结尾尚存希望地写道："……我需要真理和阿司匹林。"

　　人们通常认为，阿司匹林（Aspirin）诞生于 1897 年。"A"代表乙酰；

"spir" 取名于水杨酸的化学名称 "Spirsäure"，它是古老草药 "绣线菊（Mädesüß）" 的萃取物；结尾的 "in" 往往代表药品。

在阿司匹林出现的数千年以前，人类就已经学会了使用药物。公元前2000年，古埃及人就认识到用风干的桃金娘叶制成汤剂可缓解疼痛症状。"医生之父" 希波克拉底（Hippocrates）使用从柳树皮中提取的液体治疗发热和疼痛；古罗马人，以及像印第安人等许多未开化的民族也都对这个药方有所了解。在中世纪，这一疗法大面积失传了；哥伦布发现美洲大陆之后，人们开始部分地使用从金鸡纳树皮中提取的奎宁（Chinin），特别是以柳树皮的萃取物作为药方基底，以保护当时蓬勃发展的编篮业不被定为犯罪。在拿破仑大陆封锁政策期间，欧洲对金鸡纳树皮的进口中断，因而寻找具有相同疗效、在欧洲常见的柳树皮提取物作为替代基底遂开始成为主流。1828年，慕尼黑成功提取出水杨苷；1838年，巴黎成功提取出水杨酸；1853年，斯特拉斯堡首次成功提取了乙酰水杨酸（ASS，尽管提取纯度不高且不可长久保存）；1859年，赫尔曼·科尔贝（Hermann Kolbe）在马尔堡作了化学分析，并成功制取了乙酰水杨酸合成物。之后他的学生弗里德里希·冯·埃登（Friedrich von Heyden）在德累斯顿附近的拉德博伊尔（Radebeul）开始工业化生产，并很快取得了成功。

但是制成的药物口感粗劣，以至于继续研制易于人们接受的水杨酸成为一种必要，在这方面走在前面的是拜耳集团（Bayer）。1897年，拜耳集团的博士费利克斯·霍夫曼（Felix Hoffmann，1868～1946）在由博士亚瑟·艾兴格林（Arthur Eichengrün，1867～1949）领导的研究部门成功合成了纯乙酰水杨酸药物，该药物口感酸涩，可以有效缓解疼痛和退热；这一合成药物在当时被认为对胃没有刺激且易于吸收。根据1934年的报道，霍夫曼很有可能是在使用此药物治疗父亲的风湿性关节病时，父亲的胃因受刺激而疼痛难忍，进而发现了它的副作用。霍夫曼 1897 年 8 月 10 日的实验报告被视为阿司匹林的"出生证明"。

不过一年半以后，也就是 1899 年 1 月 23 日，这一合成药物才被取名为"阿司匹林"。它于同年 2 月 1 日在德国注册商标，3 月 6 日在柏林的皇家专利局登记商标，登记号为 36433。不过此次登记并没有取得专利，因为从 1897 年开始，位于拉德博伊尔的冯埃登化学制药厂就已经生产和销售乙酰水杨酸合成药物了（后来改为乙酰）。直到 1921 年，拜耳集团才在德国获得了一个制作流程略有修改的专利。在经过与冯埃登药厂旷日持久的诉讼后，阿司匹林首先在英国获得的专利被宣布无效，但在美国它于 1900 年就已经获得了专利；1909 年，拜耳集团在美国销售的阿司匹林已然占到了全世界销量的近三分之一。虽然冯埃登药厂和拜耳集团在有关阿司匹林的专利问题上存有争议，但这并不妨碍双方维持商业伙伴关系；冯埃登药厂长期向拜耳集团提供生产原料。

从经营和竞争的角度上看，阿司匹林得名前所耽搁的一年半时间负有责任，尤其是竞争者均在这方面大费周章：虽然霍夫曼在他实验报告的最后一行自信地写道，新药物已"通过可用性测试"，阿司匹林的问世仍被推后了。原因之一是，拜耳医药实验室的领导（1897 年 4 月上任）海因里希·德雷泽（Heinrich Dreser，1860 ~ 1924）错误地估计了阿司匹林的市场前景；原因之二是，他认为阿司匹林会对心脏造成损伤。德雷泽认为，霍夫曼或艾兴格林无论如何也需要将此药物交由柏林的医生做秘密临床实验。他在事后强调说，在可能的情况下也需要艾兴格林以身试药，也许还需要拜耳集团总经理卡尔·杜伊斯贝格（Carl Duisberg）的推动，直到艾伯费尔德（Elberfeld）总部的"刹车者们"变成跃跃欲试的支持者。

和几乎所有的药品一样，制成的阿司匹林一开始为粉末状，不过一年

373

后就被压制成了可溶于水的片剂，因此开了所有重要药物的先河，并从 1904 年开始印上了拜耳十字（拜耳集团的标志）。因为专利问题，阿司匹林当时只能在美国销售，而且只到第一次世界大战期间（1917）拜耳集团的资产被没收就停止了。尽管为了扩大销售市场，拜耳集团还进行过无数次仿制药品（非专利药）的尝试，阿司匹林的成功仍然不可阻挡。伪造阿司匹林虽然是不法行为，但是仍有病患愿意为此铤而走险。

一战德国战败后，根据《凡尔赛条约》的规定，拜耳集团失去了在美国、英国和法国的商标权；直到 1994 年，拜耳集团才以 10 亿美元的高价回购了 1919 年以 530 万美元拍卖给出价最高的美国的商标权；从那时开始，阿司匹林得以再次由拜耳集团在美国销售。不过迄今为止，"阿司匹林"这个名字在美国、英国和法国已是一个自由标记，不再默认为属于拜耳制药。

*

德国 20 世纪的历史进程以及对其的梳理工作往往也会涉及这个话题：在这种情况下会提出的问题是，拜耳集团是否使阿司匹林的发展史"雅利安化"了？在阿司匹林获批面市后，艾兴格林担任拜耳集团的医药部门主管，后于 1908 年离开拜耳，成功创办了自己的化工企业。在"第三帝国"时期，身为犹太人的艾兴格林遭到了迫害，1943 年以后被关押在特雷津集中营（KZ Theresienstadt）。在战争结束前的最后一段时间内，他在给公司的信中写到自己于 1941 年在慕尼黑德意志博物馆的一次展览上才了解到，拜耳集团将阿司匹林的发明归功于德雷泽和霍夫曼，对他曾经的参与避而不谈；1949 年他又在某出版物中强调了这一点。此后，直到 1999 年，对于此事的这种表述一直被忽略。根据对拜耳集团档案的整理和分析，苏格兰医史学家瓦尔特·斯尼德（Walter Sneader）支持了艾兴格林的观点。不过，拜耳集团仍然继续将霍夫曼确立为阿司匹林的发明者，并指出，不可能基于不完善的资料再对这个问题作出明确的声明。82 岁高龄的亚瑟·艾兴格林于 1949 年在泰根湖畔巴特维塞（Bad Wiessee am Tegernsee）去世。

费利克斯·霍夫曼一生谨言慎行、低调谦虚。他出生于路德维希堡（Ludwigsburg），在经过药剂师学徒、大学深造和取得博士学位后，26 岁的他进入了拜耳集团。随着阿司匹林的问世，他以实验室化学研究员的身份履行完五年合同后，于 1899 年 4 月 1 日被任命为拜耳集团的市场部门主管，部门的建立一直与他的名字相关联。他在 1901 年获得了这一职能部门的委任书。1928 年底，60 岁的他退休，后被拜耳集团视作"元老"。

没有任何一种药能比阿司匹林被更多地研究，也没有任何一种药能比阿司匹林更为人所知——尤其是英国的约翰·罗伯特·范恩爵士（Sir John Robert Vane）于 1971 年证明了乙酰水杨酸当时并未被发现的预防血小板凝结的特性，并因此于 1982 年获得了诺贝尔生理学或医学奖以后，更是如此：阿司匹林并不是现在才从"世界名药"变成"百年老药"（范恩语）的；然而我们也不应该低估它的副作用。

阿司匹林是德国发明的、最闻名于世的药物，它不仅是一个企业的标志，还代表了德国化学制药工业的整体发展水平。19 世纪中叶以前，德国化学制药工业就开始崭露头角，它的产生往往依托于药店，比如世界上最古老的医药企业默克集团（E. Merck-Darmstadt，1668）就是这样。

1860 年代，随着拜耳颜料公司（Farbwerke Bayer，1861）、后来的赫希斯特颜料公司（Farbwerke Hoechst，1863）和巴斯夫公司（BASF，1865）在路德维希港成立，德意志化学制药工业进入了蓬勃发展时期。一战前，德国制药行业几乎毫无争议地跻身世界领先行列。1931 年，德国化学工业产品的出口额占世界总出口额的 28%，赫希斯特颜料公司以拥有约10000 名员工而成为世界上规模最大的化工企业，它在 1890 年代后的分红高达 20% ~ 30%。德国化工这唯一一次世界范围的繁荣发展与这一时期德国自然科学的突出地位紧密相关，也是企业联合组织和卡特尔大力推动的结果。一战的战败使德国失去了这种统治地位。1925 年，德国若干家化工企业联合组建了世界上最大的化工企业法本公司（I.G. Farben）。由于投身纳粹主义、从事军火生意和使用强制劳工，法本工业集团最终遭到解散，并进行了破产清算。组成法本公司的各个企业以此前的或新的组织结构继续独立存在，所有权转移的情况也经常出现。目前，德国是全世界化学制药品最大的出口国和第三大进口国。

从

绘画故事

到

现代漫画

Von der Bildergeschichte
zum modernen Comic

1901

"面带笑容悲观主义者"
威廉·布施的铅笔

那个经常脾气暴躁、对自己感
到不满意的画家对他的画笔却
有着近乎真挚的感情，他画作
协调的美感证明了这一点。

377

没有他的铅笔，幽默诗人、画家和漫画家威廉·布施（Wilhelm Busch，1832 ~ 1908）什么都干不了，他用铅笔画草图，用钢笔完成，几乎不着颜色。他曾表示，只有用铅笔他才能"流畅地将情景表现出来"，而且今天没人能确切地说出他一生中究竟"消耗"了多少支铅笔。图中的这4支铅笔被妥善地保管起来，此外还有设于纽伦堡施魏因瑙（Schweinau）的 G.W. Sussner 公司和奥得河畔法兰克福的 Trowitzsch & Sohn 公司生产的铅笔。威廉·布施尤其常用和爱用的铅笔来自 A.W. Faber 公司，该公司位于纽伦堡弗兰肯地区的施泰因镇（Stein），铅笔的原产地也是铅笔制作者的住址。虽然威廉·布施非常晚才使用了这个品牌经典的六角形铅笔［辉柏嘉（Faber-Castell），1905 年以后］，不过"他的"石墨笔芯的 Faber 铅笔已经涵盖了不同的硬度和粗度。他与这一"绘画工具"之间近乎真挚的关系甚至再三成为他绘画故事书的主题。威廉·布施于 28 岁创作的一首"叙事诗"《一支铅笔的可怕结果》（Schreckliche Folgen eines Bleistifts，1860）中写道，老师提醒同样天赋异禀又自命不凡的绘画学校学生佩德里罗（Pedrillo），说他"将 7 号铅笔两头削尖的做法是错误的，即便他认为这样更加实用"。佩德里罗爱上了他的模特——一位漂亮的西班牙裁缝之女，这场爱恋的结束是致命的："啊！一支 7 号铅笔，/佩德里罗削的铅笔，/两头尖尖，/它让血液喷洒。"在《呼噜猪和蜜蜂》（Schnurrdiburr oder die Bienen，1869）中，铅笔变成了一支赐予意象诗人灵感的"魔杖"："噢，缪斯！给我那支 Faber 笔/必须要是纽伦堡制造的！"许愿者受到了激励，手中的铅笔立刻如有神助，有如插上了"飞马（Stecken-Pegasus）"一样想象的翅膀，仿佛乘着魔帚在虚构的世界里翱翔。

在《被耽误的诗人——巴尔杜因·贝拉姆》（Balduin Bählamm, der

verhinderte Dichter, 1883) 中, 对诗歌创作灵感的希望也被寄托在了该品牌铅笔的身上:诗人的额头如同"轻风拂过 / Faber 铅笔让思想闪光"。威廉·布施甚至知道怎样充分发挥手中不同硬度 Faber 铅笔的"变化多端",让笔下生花,画出充满艺术性的画作:他的《画家克莱克瑟尔》(*Maler Klecksel*, 1884) 中的"小市井"人物库诺(Kuno)成功地击败了艺术批评家欣特施迪希博士(Dr. Hinterstich),在一场扭打中,库诺像骑士"抽出"一把剑那样抽出一支"Faber 5 号铅笔",用它的笔尖朝着批评家的臀部"猛戳了好几下"。克莱克瑟尔最后意味深长地总结道:"一个真正的画家,聪明又勤奋, / 随身总带着一支削尖了的铅笔。"

靠着绘画铅笔,出生于萨克森偏远地区维登萨尔(Wiedensahl)的海因里希·克里斯蒂安·威廉·布施(Heinrich Christian Wilhelm Busch)成了世界著名的画家,他大多数故事的灵感来自自己的家乡。1847~1851 年他就读于汉诺威的综合技术学校,1851 年在杜塞尔多夫,1852~1853 年在安特卫普,1854 年以后在慕尼黑学习绘画,1858 年他作为自由雇员受聘于当地开办的第一家德语讽刺幽默周刊《传单》(*Fliegende Blätter*)。在威廉·布施的"恶作剧画"日趋成熟,以及他的"首创"(从 1859 年开始)发表之前,他一开始也为周刊的一些外语文章画过插画。1861 年,他出版了首本带有押韵双行诗的绘画故事书《乌鸦的巢》(*Das Rabennest*)。威廉·布施的早期作品主要包括顽童的故事,以及带有人物和"人格化"动物的灾难性绘画故事入门,故事取材于 18、19 世纪的通俗文学作品,尤以童话、传说和寓言为主。

这种也被歌德评价为带有平版印刷绘画的"奇异小说"是一种新型幽默讽刺表达形式的基础,兼具画家和诗人天赋的威廉·布施将它发扬光大,他构建了一个动态的文本—绘画创作流程,并将诗歌艺术同绘画艺术紧密地结合成了一个艺术整体。他的押韵准确、通畅、具有文学水准；他的文字富有想象力，至今仍广为流传。

他出版的第一本绘画故事得到的反响虽然不热烈，但是他在艺术上的自我定位方面却获得了突破，而且他首次结束了入不敷出的状况。《马克斯和莫里茨》(*Max und Moritz-eine bubengeschichte in sieben streichen*) 于 1863 ~ 1864 年一经出版，从第二版（1868）开始便取得了巨大销量，1870 年就已经出版了第五版，尽管大多数人批评它是轻浮且对年轻人有害的鼓动性宣传。事实上，威廉·布施将模棱两可的讽刺口吻、幸灾乐祸和更"辛辣的"作品作为道德启蒙教育的一部分，正如二十年前海因里希·霍夫曼（Heinrich Hoffmann）在他的《蓬头彼得》(*Struwwelpeter*, 1845) 中对孩子的塑造一样。霍夫曼的作品重点强调了孩子要为他们犯下的错，或者说做出的错误行为受到惩罚，《马克斯和莫里茨》也是如此。在威廉·布施的这部作品中，由于孩子对成人恶作剧，孩子或动物要接受被受害者或第三人的报复以示惩罚［引自吕勒（Rühle）］。

就这样，威廉·布施的一个并不被看好的作品开始成为世界上最受欢迎的绘画故事；事实上，起初他不计报酬地将手稿交给的第一位出版商拒绝了他；第二位出版商海因里希·里希特（Heinrich Richter）通过一次性支付给威廉·布施 1000 古尔登获得了全部版权，以后仅靠此作品的收入就可以衣食无忧。在近四十年之中，这部作品再版了 50 次（截至 1904 年），直至 1925 年的总销量达到了 150 万本。在威廉·布施生前还出版了合订本和流行本，他的作品合集首次出版于 1943 年。今天，这部作品被翻译成了 300 种（甚至不乏遥远国度的）语言和方言，一些无法翻译的"布施式"拟声词，譬如"schnupdiwupp"被作为通用德语为读者所接受。

威廉·布施的《马克斯和莫里茨》被胡尔达·冯·莱韦措（Hulda

379

von Levetzow）于 1896 年照搬进了她的《利斯和莱妮》（*Lies und Lene*，利斯和莱妮是她虚构的马克斯和莫里茨的姐妹），它的副标题是《给大人和小孩的七个恶作剧故事书》（*Buschiade für Groß und Klein in sieben Streichen*）；这个故事在同年也被别人抄袭，并在英国以《唠叨和瓶子》（*Tootle and Bootle*）的名字出版；它还于 1897 年在美国被德裔美国人鲁道夫·德尔克斯（Rudolph Dirks）改编成《柯茨纽珈玛家的孩子》（*The Katzenjammer Kids*），刊登在《纽约新闻报》（*New York Journal*）的周日附刊上，它可能是世界上最早的现代连环画；1903 年出版的由路德维希·托马（Ludwig Thoma）写作、托马斯·特奥多尔·海涅（Thomas Theodor Heine）配图的《坏男孩》（*Die bösen Buben*）对这个故事进行了嘲讽，它同时鼓动人们反对教权主义和"尖顶头盔－军国主义"，出版当年还举办了威廉·布施 70 岁诞辰的庆祝仪式；这个故事还被加以利用，它在第一次世界大战期间被改编成了《战地里的马克斯和莫里茨——一个有趣的士兵故事》（*Max und Moritz im Felde. Eine lustige Soldatengeschichte*，1915），从前的淘气鬼突然变成了战士，"同英勇的光荣部队一道，为德国的荣誉而战"，并为当时盛行的民族主义效劳。

　　威廉·布施称他创作的这个"东西"根本没有艺术价值，他将它看作"纽伦堡的小玩意儿（Nürnberger Tand）和简单的滑稽诗（Schnurrpfeifereien），它的价值不在艺术方面，而是在试图迎合公众的需求上"［魏斯魏勒（Weissweiler）语］。不过，这个被称为谦虚又不善交际的"面带笑容悲观主义者"（魏斯魏勒语）还是通过他的绘画—押韵—诗歌开创了一种新型的表现形式，只是展现了顽童表面上的无恶意和幽默。他充满想象力的虚拟悲惨场景、暴行、谋杀以及在流水线上被输送的尸体残肢极大地扩展了这一领域。不仅如此，他笔下诙谐又讽刺的故事所蕴含

380

的双重道德［引自于丁（Ueding）］、深刻"且向暴虐狂发展的幽默"［柯尼希（König）语］，以及破坏社会秩序的兴趣使他的一些创作成为针砭时弊的讽刺作品，尽管这并不是他关注的重点。他还用这种方式表达了将德意志帝国建成德意志民族神圣罗马帝国延续的政治愿望（1864），在"文化斗争"背景下尖锐抨击了天主教会的圣像（1870），在教宗宣布"教宗无谬误"之后批判了耶稣会（1872），在普鲁士围攻巴黎期间大力主张反法（1870），还讽刺了他汉诺威同乡的反普鲁士思想（1873）。

威廉·布施无所顾忌，甚至可以说他有意触犯禁忌，在性爱描写上不断触碰边界，他也对所处时代的陈腐思想极尽利用之能事。对反犹主义的陈词滥调也是一样，纵然他笔下夸张的人物形象会让人注意到他们被其他犹太人拿来取乐；最后罗伯特·格恩哈特（Robert Gernhardt）［引自戈洛·曼（Golo Mann）］指出，威廉·布施作品中只有少数犹太人的形象"被歪曲了"，不过他确实"利用了"社会上广为流传的偏见。人们总体上认为，威廉·布施作品的"深度"在一个由精确象征和比喻组成的"秘密绘画语言"［皮茨克（Pietzcker）语］中被加密。在这种押韵形式中，他为荒诞的世界和生活状况配上了插图，开辟了未知的道路——也为艺术家们开辟了认识自我的道路。时至今日，他的作品仍活跃在各类媒体乃至广告中，这也要归功于他优秀的心理学知识，即便他自身脾气暴躁且不容易相处；此外，西格蒙德·弗洛伊德（Sigmund Freud）曾是他忠实的仰慕者之一。

381

1960 年代以后的评论认为，威廉·布施的绘画故事开了漫画的先河，对此有大量证据佐证：例如在他早期的绘画故事《可恶的捉狗人和可怜的小狗》（*Der böse Hundsfänger und das arme Hündlein*，去世后方才出版）中，威廉·布施就尝试用几近于电影的方式连续排列图片，这比系列漫画《阿斯泰利克斯》(*Asterix*, 1959)早了将近 100 年。此外，他还影响了"对话框故事"，也就是连环画的开端。作为一种像《格林童话》一样受欢迎的、老少皆宜的家庭读物，威廉·布施的绘画故事在 1945 年后的德国也流传甚广，就像"超人"等非讽刺性英雄让美国漫画文化流行起来一样。在德国分裂时期，东西德的漫画世界也"分裂"了。1950 年代以后，《梅基》(*Mecki*)和《一刻不停的尼克》(*Nick Knatterton*)在联邦德国风靡一时，罗尔夫·考卡(Rolf Kauka)出版的《费克斯和福克西》(*Fix und Foxi*)成为与从美国引进的《米老鼠》(*Mickey Mouse*)相抗衡的对手。同一时期在民主德国流行的是《迪格达格斯》(*Digedags*)和《阿布拉法克瑟》(*Abrafaxe*)，它们在德国统一社会党的审查下于 1955 年发表在《马赛克》(*Mosaik*)和《腐蚀》(*Atze*)等漫画和绘画杂志上。1960 年代下半，西方出现了各式各样在大众传播方面针对《马克斯和莫里茨》作部分抄袭的作品。

*

直到现在，对威廉·布施本人及他的押韵诗和绘画的改编、戏仿、模仿、复制以及抄袭等的影响力仍然巨大，对他作品的配音，以及电影和舞台剧的改编也是如此；不过，一些"重制"版本只是证明了这一题材是多么经久不衰。威廉·布施的一生必定充满了自我怀疑和挫败感。他徒劳地想要得到作为画家和抒情诗人的认可，他与那个年代的道德观念极为格格不入，他抽烟喝酒非常凶，他的婚姻以不幸而告终，他让他的姐姐操持家务，这让其他人难以忍受。他多次被评为"德国幽默大师"，作为"风格鲜明的名家之一"永远留在了人们的记忆里。[引自阿尔伯特·爱因斯坦（Albert Einstein）] 没有人能像约阿希姆·林格尔纳茨（Joachim Ringelnatz）一样将威廉·布施的亲切形象诉诸笔端，他在纪念"布施大师"100 周年诞辰所作的诗的最后几行中这样写道："……百年威廉·布施。/ 我感到 / 仿佛就是一瞬间。/ 我不必多说。/ 只想摘下帽子 / 从边上溜走。"

帝国主义

和

殖民主义

Weltmachtpolitik und
Kolonialismus

062

小黑人赛洛缇－莫尔

19世纪末之后的较长一段时期内，异国题材都很受欢迎，充满异国色彩的人物成了殖民主义的象征。

DER SAROTTI-MOHR

383

当柏林的巧克力制造商赛洛缇（Sarotti）于 1918 年 8 月将三个"莫尔（Mohr）"捧着托盘接连跑向前的画面作为其商标展示时，对于大多数德国人来说，甜食长期以来都只是记忆中的一种奢侈味道。德国的物资供应情况不仅在第一次世界大战结束前的最后几周可以用近乎灾难来形容。从战争导致的海上封锁开始，德意志帝国就一直无法进口制作巧克力的原料可可生豆，而赛洛缇股份有限公司早在 1915 年就已经耗尽了库存的最后一批紧俏的可可原料，遂只得转而生产水果罐头、果酱和"战争饼干"。

糕点师胡戈·霍夫曼（Hugo Hoffmann）在 1868 年创办了一家专门制作"精致的夹心巧克力糖、夹心巧克力软糖和水果酥皮点心"的公司，1881 年接管了 1852 年成立的公司"菲利克斯－赛洛缇甜食糕点贸易（Confiseur-Waaren-Handlung Felix & Sarotti）"以后，公司改名为"赛洛缇"，公司在 1918 年成立 50 周年时还不是特别引人注目。"平面艺术家"尤利乌斯·吉肯斯（Julius Gipkens）受委托为赛洛缇公司设计商标，在设计过程中可能受到了公司最早的生产场所"莫尔大街（Mohrenstraße）"的启发。后来，这个眼珠突出、缠着大头巾、身穿刺绣灯笼裤、衣服下摆上扬、浑身金色包边、脚蹬金色软底尖头克拉科鞋（Schnabelschuh）的"小莫尔"成了德国深入人心的广告形象，以及渴望对苦中带甜、带有异国风情的舌尖之享的象征。1922 年 11 月，小黑人赛洛缇－莫尔（Sarotti-Mohr）被正式注册为赛洛缇公司的商标（从那以后改为单人形象，不过外形与 1918 年的版本一致），时至今日仍家喻户晓。

从殖民地国家进口的商品往往带有异国风情，常见的罐头包装上印有棕榈叶、中国式平底帆船、中国人或非洲人形象，形式尤以 1870 年代以后越来越受欢迎的"集齐兑奖卡片（Sammelbilder）"为主。利比希（Liebig）从 1872 年开始就为其生产的"浓缩肉汁"配上了颇具异国风

384

情的彩色包装图案，上面画有在金字塔前作仆人状的棕色人种，吉肯斯在 1911 年以后为赛洛缇公司设计的图案则借用了缠着腰带的典型的非洲人形象。吉肯斯在 1912 年设计了一幅主题为"为巧克力收获香草"的"集齐兑奖硬币（Sammelmarke）"，画面上深色皮肤的妇女们正在海边的棕榈树前劳作。当时，莫尔这一人物形象有着深厚的传统背景，也广受文学界喜爱，比如德国作家威廉·豪夫（Wilhelm Hauff）在 1826 年创作了一系列童话作品，其中就出现了一个叫"小穆克（Kleiner Muck）的人物"。又比如由商人哈根贝克（Hagenbeck）牵头举办的、具有异国特色的"种族博览会（Völkerschau）"极为吸引人，有时一天就有超过 60000 人前去参观。

此外从德国人的角度来看，一战的爆发也是为了继续扩大德意志帝国的海外殖民霸权，从而获取更好的进口原料，不过战争的结果恰恰相反。德国的海外供应被大大阻断，在战争的头一年，几乎所有的德国殖民地都被协约国军队占领。1919 年缔结的《凡尔赛条约》第 119 条确定，德国必须交出所有殖民地。

当时，对于德国人来说，小黑人赛洛缇-莫尔早已不只象征着对散发着深色光芒的美味可可糖膏的渴望，正如后来的帝国宰相伯恩哈德·冯·比洛（Bernhard von Bülow）在帝国议会对德国 1897 年的殖民扩张所形容的那样，它还代表了德国人收复"阳光下的地盘（Platz an der Sonne）"的要求。从根本上说，首任帝国宰相奥托·冯·俾斯麦长期奉行的对外政策是与争取殖民地背道而驰的，因为对于他来说，寻求殖民地看上去劳民伤财且冒险，也更使人担心德国在此问题上与其他大国产生冲突。不过从 1880 年代开始，德国要求扩大殖民地的呼声越来越大，俾斯麦也只好放弃了这种保留态度。所有要求德国扩张海外殖民地的人都出于不同的考虑，不管是商人、冒险家、投资者、传教士，还是研究者。除此之外，民族主义和种族思想也愈发高涨，有人提出一个计划，即将当时主要移民美国的德国人吸引到德国自己的海外领地，以在当地建立拓殖型殖民地。各类殖民地协会以游说集团的形式不断涌现出来，其目标是对舆论和政府施加影响。他们辩称，在民众所谓的"生存斗争"中，殖民扩张是维持生存的必需品。

385

他们将目光首先锁定了非洲，因为当时的非洲大陆少有被欧洲列强侵入。作为"后来者"的德意志帝国还可以从那里出发，从而获得殖民赛跑的胜利。德国的商人和探险家，比如阿道夫·吕德里茨（Adolf Lüderitz）、阿道夫·威尔曼（Adolph Woermann）和卡尔·彼得斯（Carl Peters）与非洲当地的统治者签订契约，后者在不了解契约内容的情况下同意将国家转让给他们。不过仅这样获得的这些"私人"殖民地并不具有独立主权，于是帝国政府在 1884 年以后积极寻求在政治上对此作出保障，并宣称这些殖民地是德国的"附属地"。

为了避免在瓜分非洲问题上出现殖民大国之间的潜在冲突和战争，在 1884 ~ 1885 年于柏林召开的西非会议（也称"刚果会议"）上，与会的若干欧洲国家、奥斯曼帝国和美国代表确定了对非洲殖民的普遍原则。会议达成的协议系统化地推动了之后的进程，经过几年的时间，各大国几乎将整个非洲大陆瓜分殆尽。在这个过程中，除喀麦隆和德属西南非之外，德意志帝国还确保了对德属东非（今坦桑尼亚、卢旺达和布隆迪）和多哥的占领。德意志皇帝威廉二世（Wilhelm II）继续推动了极为狂热的扩张主义殖民政策，并使其成为影响德国对内政策的一个要素。

德国对殖民地的"胃口"不只局限于非洲。直至 19、20 世纪之交，德意志帝国也在太平洋地区（德属新几内亚、萨摩亚）和中国胶东半岛（包括海港城市青岛在内）争取到了海外领地。因对中国怀有殖民野心，德国在 1900 年也共同参与了镇压义和团，后者旨在反对清政府签订的一系列不平等条约，以及破除外国列强窥探中国政治中心的侵略野心。作为对德国派驻北京使节被谋杀的报复，一个国际扩张集团因此而成立。在德国海军从威廉港（Wilhelmshafen）出发之前，德皇威廉二世在他所谓的"匈人演说（Hunnenrede）"中命令全体海军士兵，不要心慈手软，不要留下活口，就像是当初的匈人一样，用残暴赢得尊重。士兵们坚定不移地贯彻了这一指示，甚至招致其他大国军队对他们产生了恐慌情绪。德国士兵（匈人）野蛮粗暴的"名声"由此埋下了伏笔。

386

德国在海外的残暴行为绝不可能止步于镇压义和团起义。1904 年，德属西南非的赫雷罗人（Herero）和纳马人（Nama）先后爆发了对德国非法侵占与司法专横的抗议和暴力抵制，德国这个殖民大国对此毫不怜悯地痛下狠手。德军指挥官洛塔尔·冯·特罗塔（Lothar von Trotha）不仅打算对赫雷罗人实施军事打击（瓦特贝格会战），还计划对其进行种族灭绝：包括妇女和儿童在内的赫雷罗人被强制隔断水源，许多人因此被渴死。这样灭绝种族的行为也成为德国国内的一大公开丑闻。由于社民党和中央党的反对，1906 年召开的帝国议会首先拒绝了继续提供资金支持对被蔑称为"霍屯督（Hottentotten）"的纳马人的持续作战。德国媒体挑衅性地将帝国议会解散后即将进行的重新选举称为"霍屯督选举"。

德国的殖民政策具有多面性：德国人在非洲横征暴敛、强制劳动、暴力统治时，他们在太平洋地区则稍有收敛，不过也存在其他剥削行为，例如中国工人必须承担椰子种植园的繁重工作。一些德国殖民者也存在一种想象，那就是生活在南太平洋的岛民过着"天堂般的"生活，这种"高贵的野性"不应被现代性的消极影响所打扰。

此外，为了系统性地加深对异国的了解，1908 年成立了汉堡殖民研究所（Hamburgisches Kolonialinstitut）。不过尽管个别企业主在参与开拓殖民地的过程中获得了巨大利益，然而殖民地对于德国的经济意义终究是微不足道的。由于德国殖民地向德国输出的热带原材料并不能满足国内需求，德国仍需要从其他国家的殖民地继续进口。除了德属西南非，即现在的纳米比亚之外，德国在非洲也没有其他的移民殖民地。尽管如此，德国人仍然认为这些殖民地发挥了适当的作用，因为对殖民地的占有是德国成为世界强国的凭证，也被视为对"德意志本质"使命的完成。

387

《凡尔赛条约》签订后不久，个别利益集团要求德国收回殖民地，殖民协会再次遍地开花。在纳粹统治时期，类似对殖民地的争取更为踊跃。希特勒被视为扩张政策的"主保圣人"。尽管在这段充满"优越感（herrenmenschentum）"的时期内，许多和非洲人相关的图片被排斥于公众场合之外，不过小黑人赛洛缇－莫尔仍然得以继续飘扬在赛洛缇公司的旗帜上。

*

二战结束后，小黑人赛洛缇－莫尔一直是德国人对后殖民主义的记忆，虽然德国的殖民时代已逐渐淡出了大众的视野。相反在 1950 年代，基本上自创作伊始形象就已固定的小黑人赛洛缇－莫尔也开始以胜利者的姿态重新出现在电影院和电视台的广告短片中，这一形象因此深刻地印入了西德战后一代的消费意识里。小黑人赛洛缇－莫尔的外形几乎没有改变过，这表明在殖民时代人们对于"他者"的想象和战后时期人们心目中一成不变的非洲人代表形象之间，存在一种思维倾向上的历史延续性：在欧洲扩张的蜜月期，莫尔们的形象，诸如厚嘴唇、儿童化和仆人姿态等身体特征已经催生了一幅将"我们"与"他者"区分开来的等级制图景。

平面广告中的殖民旧思想并不只体现在小黑人赛洛缇－莫尔的身上，但它的确是这一类型的商标中使用时间最长的。最晚从 1990 年代开始，越来越多的人发出了谴责的声音，称小黑人赛洛缇－莫尔的形象，以及"摩尔（Mohren）"这个概念是在为种族主义公式化服务。1998 年从雀巢公司（Nestlé）手中买下赛洛缇品牌的施托尔韦克有限公司（Stollwerck GmbH）于 2004 年将莫尔的广告形象焕然一新。作为对此前批评的回应，现在的莫尔以"感官魔术师"的形象示人，通常有着"淡化了"的面孔，玩杂技似地耍弄着星星，不过仍保留了传统的异国特色——缠着头巾，穿着民族服装。如此说来，只能用一个固定形象去替换另一个固定形象吗？可以用黑人奴仆交换东方魔术师吗？更抽象的、以欧洲为中心的傲慢能够掩盖殖民的渴望吗？

100

DEUTSCHE GESCHICHTE IN 100 OBJEKTEN

〔德〕赫尔曼·舍费尔 ▏ 著　　陈晓莉 ▏ 译

物品中的
德国历史

HERMANN SCHÄFER

社会科学文献出版社
SOCIAL SCIENCES ACADEMIC PRESS (CHINA)

下

目 录

上

近代早期

19 世纪

第三帝国

下

20 世纪

1945 年以后的当代史

20世纪

"工业化战争"

与

战争责任问题

Industrialisierter Krieg und
Kriegsschuldfrage

063

MG 08 / 15 机枪

机械化的战争技术主宰了人类:
"08/15"成为军事操练、标准
化和单调统一方面人尽皆知的
代名词。

389

　　没有血色的、憔悴的双手使劲地抓住滚烫的机枪管，手背上青筋
迸出。军服已经变得肥大，又被刮出了口子，膝盖露在外头。原野灰
色和绿色的衣领在艳阳照耀下、在倾盆大雨下、在佛兰德和阿图瓦地
区的烂泥塘中变成了斑驳的混色。可是机枪的机械构造部分依然闪闪
发亮，准星特别干净！！机枪的机匣里面，膏过油、干净得刺眼的零
件正在来回活动。

　　当奥托·莱斯（Otto Lais）将自己 19 岁的这段第一次世界大战经历
公之于众时，他已经 38 岁了。他于 1926 年起在巴登州立艺术学校任教，
却在 1933 年被纳粹分子剥夺了执教资格。他曾经怀着社会批判的勇气，为
工人、小市民和妇女等社会边缘群体制作过一批气氛凝重的铜版画。而他
对自己在索姆河会战（Schlacht an der Somme）爆发首日所见所闻的这
段描述，也是如此有力、冷静且直接。

　　当一波攻击结束之后，维护 MG 08 机枪的工作开始了：由机枪手拧下
机匣上的把手，润滑 MG 机枪的闭锁机构，以及供弹机构的滑动零件。机
枪的弹药箱是"世界上最干净、最精心打造的手提箱"。"一条又一条子弹
带从枪间穿过！ 200 发了、1000 发了、3000 发了！得用备用弹药了，机枪
因为射击变得滚烫，枪里用来冷却的水沸腾了——机枪手的双手很快就被
灼烧到烫伤了。机枪指挥官督促要继续射击……枪里面的冷却水却沸腾了，
随着迅速的射击不断蒸腾。"连喝的水也耗光了，"一名机枪手抓起烧水壶

390

跳进弹坑……然后开始往里撒尿。第二个也跟着往烧水壶里尿，很快就把
它灌满了……机枪手和机枪指挥官手指上的皮肤破裂后粘在了机枪上，他
们的双手都被烫坏了！左手拇指因为连续不断地揿着扳机，看上去已经成
了一团肿胀变形的肉……18000 发了！队里的另一架机枪卡壳了！一名机

枪手头部中弹倒在了自己机枪的子弹带上，子弹带仍在移动，但是送弹角度却倾斜了，然后就卡壳了！再过来个机枪手，上！那名牺牲的机枪手被撂在一边。射击，除了射击之外就剩下换枪管、取弹药，这就是 1916 年 7 月 1 日上午疯狂的节奏"——一共 20000 发，"直到打光最后一条子弹带"。

迄今为止，一战的恐怖烙印所受到的来自机械化和自动化的影响都是超乎想象的——其中就包括机枪技术。1885 年，拥有美国和英国双重国籍的海勒姆·马克沁（Hiram Maxim）发明了世界上第一台全自动射击武器，它可以进行批量生产，利用射击的后坐力使下一发子弹上膛。除了装弹、上膛和首次射击之外，枪支的其他动作都自动完成，因此这种机枪的射速能达到每分钟 400 ~ 600 发。英国军队 1889 年开始装备这种机枪，并于 1893 年起将其投入殖民地战争。其他部队随后也开始装备，不过将军们在相当长的一段时间内却低估了它的军事意义。

德国方面，德国武器和弹药厂股份公司在马克沁机枪的基础上继续研制了 MG 01（1901）至 MG 08 等型号的机枪，MG 08 机枪需要由 5 ~ 6 名士兵共同操作。它全重达到了 78 公斤，在一战战场上已被证明太过笨重，在其基础上改进的 MG 08 / 15 机枪全重则降到了不到 18 公斤；从 1917 年夏天开始，德国军队增加了这种改进型号的装配数量，让 MG 08 机枪存在的意义得以延续。1916 年起，一套分工组织的标准化体系逐步建成，所有机枪零件都实现了大规模、高精度的标准生产。到 1918 年，MG 08 机枪和 MG 08 / 15 机枪的日产量已经达到 550 ~ 600 架，由遍布德国各地的 100 多家工厂分工协作生产。单这一点便是物流业的一项杰出成就，此外，随着这种机枪装备部队，对所有"操作手"实施系统性、图表式培训也变得十分紧迫和必要，毕竟在战争中每次操作都必须"击中要害"。武器技术发展和变得"不人道"的迅猛程度将操作它们的人的思想和感觉远远地甩在了后面。[引自哈贝克（Habeck）]正如恩斯特·荣格（Ernst Jünger）在以他的日记为基础出版的处女作《在钢铁的暴风骤雨中》（*In Stahlgewittern*，1920）中描述的那样，仿佛"机械当道的时候，一切感觉都必须让位"。

"MG 08 / 15"可能是唯一一个作为常用口语而广为使用的武器名称。如今，德语"零八一五（Nullachtfünfzehn）"或"零八幺五（Nullachtfuffzehn）"成了标准化、单调、不用思考就能完成的例行公事，以及便宜、简陋的大路货的同义词，"特指在日常生活中养成循规蹈矩性格的、让人感到无聊和厌烦的人或性格"。（引自《杜登词典》）这个词有时候是中性，有时候是贬义，但绝不会用在褒义的语境下。这个用语现在虽然人尽皆知，然而它来自一战的历史渊源却常常被人们忘在脑后，即便在使用这种说法时，人们同时会联想到单调的操练（当时对 MG 机枪的操作培训）、工业标准化（MG 机枪的生产过程）和单一的品质（MG 机枪实现批量生产）。后来，由于德国联邦国防军于 1936 年用更现代的 MG 34 机枪取代了 MG 08 / 15 机枪的地位，并且 08 系列机枪仅作为后备使用时，"08 / 15"这个词又增加了"大规模生产出来但是过时了的东西"的含义。无论如何，"08 / 15"堪称德语"流通的纪念碑"[贝尔茨（Berz）语]。它甚至算是个德语"原创"的惯用语，在其他语言里找不到对应的说法。

汉斯·赫尔穆特·基斯特（Hans Hellmut Kirst）创作的小说三部曲《军营中的 08 / 15 机枪》（*08 / 15 in der Kaserne*，1954）、《战争中的 08 / 15 机枪》（*08 / 15 im Krieg*，1954）和《直到终结的 08 / 15 机枪》（*08 / 15 bis zum Ende*，1955）曾风靡一时，它们于 1954 ~ 1955 年被改编成了电影三部曲，由约阿希姆·富克斯贝格（Joachim Fuchsberger）主演，这都为"08 / 15"这个惯用语的普及作出了贡献。汉斯·赫尔穆特·基斯

特曾是名职业军官，在这样的经历背景下，他描写了二战期间德国联邦国防军士兵的生活和苦难。基斯特曾担任过纳粹督导军官，与其说他批判的对象是纳粹主义，不如说他更多地抨击了普鲁士的军国主义和普遍意义上的战争。他的著作也将矛头对准了当时在公众间引起激烈争议的联邦德国的"重新武装"计划。在基斯特的著作出版之后，时任联邦部长的弗朗茨·约瑟夫·施特劳斯（Franz Josef Strauß）就将 1945 ~ 1946 年他与基斯特在巴伐利亚雄高镇（Schongau）的论战"旧事重提"，论战由施特劳斯发起，内容与基斯特在"第三帝国"扮演的角色有关。顺便提一下，二战期间施特劳斯和基斯特曾先后在阿尔滕施塔特高炮部队学校担任纳粹督导军官。此外许多书商也对此著作进行了抵制，不过这些都没有影响它的销量。然而小说三部曲和电影三部曲也激发了当时的士兵和联邦国防军军官之间的公开辩论，不过比起一战，焦点更多地集中于二战。

　　基斯特的小说三部曲售出第 100 万册的当年，自 1914 年 8 月起就开始的、有关一战成因和战争责任问题尚存争议的讨论恰巧也重新拉开了序幕。一战期间和魏玛共和国时期的主流共识认为，德国是在被动的情况下发起了一场"防御性战争"；其他国家当时也持相同的观点。不过自 1918 年秋天起，几乎没有一个问题比起战争责任问题更让德国人受到触动，这个问题的政治爆发力尤其在被德国人视为耻辱的《凡尔赛条约》（1919）中得到了体现，因为《凡尔赛条约》将战争责任归结于德国及其盟友，并宣布它们应对战争造成的损失和破坏负责。到了 1930 年代，认为各大国已经"深陷"战争泥潭的"陈词滥调"再次占据了主流。然而，随着 1961 年由弗里茨·菲舍尔（Fritz Fischer）所著的《争雄世界》（*Griff nach der Weltmacht*）一书问世，一场有关记忆政治意义的大型辩论爆发了；其规模和激烈程度只有 1980 年代出现的历史学家之争才能与之比肩。菲舍尔的

392

这本著作撼动了历史学界，因为他打破了直至当时的普遍认识，将一战和德国的战争目的解释为 1914 年以前德意志帝国时期国际政策的延续，以及"后发国家"争雄世界的尝试。与此同时，他也以此将德国从一战到二战的历史串联了起来。

*

由于 1964 年 8 月是一战爆发 50 周年，9 月是德国闪电袭击波兰和二战爆发 25 周年，这种"双周年"的情况尤其引起了媒体的关注。时任联邦总理路德维希·艾哈德、弗朗茨·约瑟夫·施特劳斯和联邦议会议长欧根·格斯登美尔（Eugen Gerstenmaier）等政治家也加入了反对菲舍尔的阵营。值得注意的是，当时的阵营出现了"颠倒"的情形：时年 73 岁的知名历史学家、民族保守主义者格哈德·里特尔（Gerhard Ritter）与第三帝国的反抗运动有过牵扯，被认为是菲舍尔的极右派批判者。相反，比他年轻 20 岁，曾经当过冲锋队队员和纳粹党党员的菲舍尔却成了左翼自由党派观点的代言人。事实上，这场辩论也是在一个特殊的历史背景下进行的：阿道夫·艾希曼（Adolf Eichmann）于 1961 年被带上了耶路撒冷的法庭，奥斯威辛集中营的管理人员也于 1963 年开始在法兰克福接受审判。"菲舍尔的观点令人震惊……所有的德国人都被提醒说，在第三帝国曾发生过怎样恐怖的事情。而现在他们还得为一战负责。"[雅劳施（Jarausch）语]

此后，受菲舍尔和辩论的启发，人们开始了相关的研究工作，对菲舍尔的论点进行"修改、相对化和补充，不过也给予了肯定"[科卡（Kocka）语]。一些人认为一战的问题已经"研究透了"，因此在战争爆发 100 周年之际出版的大量书籍令他们感到惊讶。毫无疑问，澳大利亚历史学家克里斯托夫·克拉克（Christopher Clark）的著述在其中脱颖而出，他在一战爆发 100 周年纪念日之前就出版的作品（英语版：2012；德语版：2013）所引发争议的激烈程度，是舆论先前始料未及的。他认为"长期占据主流地位的思维模式……即完全由罪恶引发战争的观点……需要予以纠正"的看法已经形成一段时间了，这期间的相关研究也考虑到了更多因素和更多方面。[引自罗泽（Rose）] 不过现在看起来，"菲舍尔的孙子辈"要向克拉克发起"论战"了[引自布莱修斯（Brasius），《法兰克福汇报》2014 年 3 月 10 日]，甚至可以说是一场"围绕战争罪行问题的百年战争"[蒙鲍尔（Mombauer）语]。在这个问题上，克拉克首先想要强调的是一战战前历史的多边性，而并不是道德化的战争责任问题。他在结论中特别强调，这场战争是"欧洲的悲剧，而非德国犯下的罪行"。在这场辩论中，一些反对者却给人留下了这样的印象，好像"坚持德国传统的虚张声势比起科学认识更为重要"（罗泽语），其他人则在记录中坦承："'被德国的战争罪行所蛊惑'，也就失去了欧洲视角。"[《世界报》（Die Welt）2013 年 10 月 25 日] 对此克拉克辩称，在对 1979 年首次提出的"20 世纪原始性灾难（Ur-katastrophe des 20. jahrhunderts）"[格奥尔格·F. 肯南（George F. Kennan）的原表述为"20 世纪最根本性灾难（the great seminal catastrophe of this century）"] 的说法进行解读时，不要以国家为重点，而要从整个欧洲出发。世界各国对于一战的记忆并不对称，德国距离以欧洲的视角纪念它还有很长的路要走，好在这条路的方向已然明确。

064

第一次世界大战的原始性灾难

Die Urkatastrophe des Ersten Weltkriegs

《战争》——
奥托·迪克斯的三联画

这幅 4 米宽、2.6 米高的油画
是奥托·迪克斯对亲身经历的
战争苦难的强有力的诠释。

395

　　顾名思义，三联油画由三个部分组成，有时也在中间部分，即祭坛台（Predella）下方的底座周围作补充。三联画是一种独具特色的晚期哥特式祭坛画和圣像表现形式，目的是讲述一个故事。19 ~ 20 世纪的艺术吸纳了这种绘画形式，并赋予其非基督教的题材。三联画经常被有意作为"情念程式（Pathosformel）"［兰克海特（Lankheit）语，始自 1959 年］来使用，以唤起人们对有宗教意义的、值得尊敬或惊叹事物的联想。

　　这幅《战争》（Der Krieg）三联画描绘了以下内容：不计其数的士兵在黎明时分向前线"进发"，他们全副武装，带着头盔，完全分辨不出谁是谁。唯有一名士兵回头，他的一只眼睛看向我们——一名老兵，他呆滞的目光令人战栗。中间部分揭示了那场战役结束时的样子，引用了许多曾出现在照片上的残酷、不人道且令人震撼的景象。在被夷为平地的战壕和如世界末日降临般的废墟中，到处可见残肢断臂、裸露的肠子、血迹和人体碎片，连周围的环境也已没有生命的迹象——唯独一名戴着钢盔和防毒面具的士兵看上去还在存活。

　　现代的工业化战争意味着人的大规模死亡。右侧的画面描绘了一次"夜间撤退"的场景：奥托·迪克斯（Otto Dix）尝试表现一种残存的人性——这是一幅自画像——他没穿制服，看起来正饱受痛苦和惊恐的折磨，同时又展现了拯救一名战友的惊人决心：也许他还能得救。为了逃脱炼狱而牺牲——不论要付出何等代价，也不知道是否会成功。祭坛台上的油画表现的是艺术图像化的基督入墓：沉睡的士兵、脚旁的老鼠，就像多具尸体被放进了狭窄的箱子里；这幅画同右侧的画一起唤起了人们对复活，更确切地说对战争牺牲者复活的希望。"如果只用一个词来形容一战士兵，那便是'牺牲'。他们通过牺牲来摆脱所有的内疚，被一股股不可名状的力量逼入地狱。如果他们活了下来，要么是从地狱中挣脱，要么是改过自新

396

后‘重生’。"［施耐德（Schneider）语，引自达巴耶娃（Dalbajewa）］

迪克斯为逃出地狱者的未来作了留白。"关于这个问题的答案，终究只能从这幅作品在当代之于战争本身所处的地位来决定，这么说既不过分，也不缺欠。"（施耐德语）然而即使战争牺牲者能够复活，他们也会向幸存者讨要说法。后来的历史表明纳粹意识形态对此是如何解释的——一种纯粹的复仇主义。

回想自己的经历，奥托·迪克斯（1891～1969）将自己称为"现实主义者"（1963）。他同时也坦承："作为一个年轻人，我害怕过。当然，如果你碰巧去了……前线，那儿就是张密集的火力网，好吧……换作谁都得吓得尿裤子，不是吗？但是随着你越来越朝前走，你的恐惧感就会越来越少，等冲到最前面时……也就根本不害怕了。"（1963）

第一次世界大战爆发后的头 13 个月，迪克斯分别在德累斯顿、施潘道（Spandau）和包岑（Bautzen）三地接受军事训练，先是学习炮兵技术，然后又被培训成战争中控制武器的 MG 机枪手。1915 年 9 月他 23 岁，所在的部队刚好投入了在香槟地区爆发的秋季战役中，到转年二三月份冬季战役之后，协约国再次尝试突破。在这场战役中，法军损失了将近 145000人，德军损失了 72000 人。令人惊叹的是，在战斗间歇和战地医院接受治疗期间，迪克斯用文字和画笔记录下了自己对战争的印象——他写了战地日记，并从"美丽的满是虱子的泥塘（Läuse-Schlampagne，谐音代指香槟地区）"（1916 年 6 月）寄出战地明信片，尤其还画了总数近 500 幅的素描和 100 幅水粉画。

从 1916 年 2 月开始，在距离迪克斯部队所在地以东 100 公里的地方，毁灭性的凡尔登战役爆发。它标志着大规模技术装备战的开端，并一直持续到了 12 月；德法两国在这里投入了约 250 万名士兵，光德国方面，就发射了 135 万吨炮弹。据估计，直至今天，在曾经凡尔登战场每平方公里的土地上，还散布着 5 公斤的钢制碎片。"凡尔登绞肉机"成为工业化战争的缩影，为期十个月的战斗最终徒劳无功；不过在 1984 年 9 月法国总统弗朗索瓦·密特朗（François Mitterrand）和德国总理赫尔穆特·科尔（Helmut Kohl）的著名会晤之后，这个地方也成为德法两国和解的象征。

1916 年 7 月，迪克斯被转移到索姆河，那里又发生了一场大规模的会战，直到 11 月才结束。死亡、受伤和失踪的士兵超过 100 万人，索姆河会战也因此成为一战中伤亡最为惨重的会战。当会战结束后，迪克斯大大松了一口气；1916 年 8 月 15 日他从战场上寄回一封信，在回顾这次会战时他四次使用了"可怕（furchtbar）"这个词。1992 年，在离迪克斯所在的索姆河战场约 60 公里远的佩罗讷（Peronne）建立的一战历史博物馆（Historial de la Grande Guerre）对外开放，其中展出了迪克斯于 1924 年发表的名为《战争》的铜版画组画（共 50 幅），这无疑具有重大意义。

他随后在法国北部的阿图瓦加入战斗，1916 年夏末，他在那里意外地发现，他的一名战友是他在德累斯顿上大学期间的校友，于是他充满自豪地在战壕中画了"一整摞"关于他的画。此后，迪克斯先是在战地医院停留，后来再次被派往索姆河地区执行作战任务，1917 年夏天又参加了第三次佛兰德会战。

1917 年 11 ~ 12 月，迪克斯所在的军团转战东线，在这里，人们已经可以预见到战争的结束。沙皇俄国的经济和社会问题引发了巨大动荡，进而导致了 1917 年的二月革命，沙皇最终退位并宣布成立共和国。12 月 5 日，也就是达成停战协议的第一天，这个团的军乐队在"前线上"办了一场露天音乐会……"实际上就是站在战壕边上演奏"。他还往家里写了一封信，说当时的场景"是值得拍成电影的历史时刻"。而后，"俄国人聚在一起，隔着我们阵地的铁丝网和我们握手……"12 月中旬的十天停火最终演变成为长期停战——1918 年 3 月，一战交战双方缔结了《布列斯特 - 立托夫斯克和约》（Friedensvertrag von Brest-Litowsk）；不过当德国签署《贡比涅停战协议》后，俄国又撕毁了这个条约。

*

一战期间，东线和西线的战事有着天壤之别，对这两条战线情况的"梳理"也各不相同：相关历史研究和小说创作更多地聚焦于西线的堑壕战，而造成巨大伤亡的喀尔巴阡会战（Karpatenschlacht，1914 年 12 月至 1915 年 3 月）相较于西线战事却鲜为人知——东线的战场就这样长期地被人"遗忘"了。

迪克斯返乡休假之后，自 1918 年 2 月起重新回到佛兰德地区参战，其中包括造成惨重损失的"米夏埃尔攻势（Michael-Offensive）"，有一段时间他负伤住进了战地医院。几个月以来，他一直尝试作为代表去参加飞行员培训，11 月 6 日终于得偿所愿并前往西普鲁士，1918 年圣诞节前夕，他被遣散回到家乡格拉（Gera）。

除了迪克斯之外，几乎没有哪个艺术家有过如此漫长而残酷的战争经历，并且如此暴露在战争环境下，甚至在脖子上留下了被手榴弹碎片击伤的痕迹；在一战期间，有五分之四的致命伤害就是由这样的碎片造成的。但是对于迪克斯来说非常幸运的是，他在 1918 年 8 月 8 日这天只负了轻伤，尽管这一天因被鲁登道夫将军称为"德国陆军黑色的一天"而被世人铭记，当时的德国军队已经损失了 30000 多兵力，其中一半甚至没有抵抗便投降了。这次和迪克斯总共约 38 个月前线生活中的许多其他经历——通常是在最前线——其实并未被他表现出来。他有理由说"没有其他任何人如此真切地看到这场战争的真相，感受到物资匮乏、伤痕和痛苦"，他看着自己的作品还补充道，"我选择真实地描绘这场战争，我要把被毁灭的大地、尸体和伤痛画出来"。（1966）

一战造成了近 1000 万士兵牺牲，此外还有 2000 万士兵负伤；而据估计，多达 700 万平民因一战而丧生。在参战的 1325 万德军士兵中，200 万人失去了生命，270 万人虽然活了下来，却要继续承受身体和心理上的创伤。奥匈帝国共投入 780 万士兵参战，死亡 150 万人；法国 810 万参战士兵中 130 万人没能看到战争结束；俄国 1200 万参战军人中有 185 万人牺牲；英国 700 万参战士兵中有 85 万人丧生；500 万意大利士兵中，死亡约 70 万人。此外，其他参战国士兵也多有折损。

"迪克斯从这么多年的堑壕战地狱中活下来，特别是作为一个机枪手，简直是个奇迹"［舒伯特（Schubert）语］，不过迪克斯为此忍受了"常年，至少有十年的噩梦"，就不能说是奇迹了。出于对在一战中所见所闻的愤怒和恐惧，迪克斯开始寻求公众的注意力。1916 年秋，他就已经在德累斯顿的一间画廊中展出了 11 张素描作品，1918 年 1 月他又给家乡写信，商讨在当地办展览的事情。1920 年，他画下了著名的战争伤残者系列绘画，并在柏林展出，同年他开始创作一幅"关于恐惧的巨型静物画（Riesenstilleben des Grauens）"——《战壕》（Schützengraben，1920 ~ 1923）。当这幅画出现在公众面前时，无异于爆发了一桩巨大轰动的丑闻，由于画中——正如一位批评家写道——"全是令人毛骨悚然的残肢断臂"，它只能蒙上一块幕布展出。纳粹分子对这幅画予以谴责，称它为"文化方面的布尔什维克"，1933 年起将它作为"退化的作品"展出，二战结束后，这幅画便下落不明了。

在这幅画的基础上，迪克斯于 1928 ～ 1932 年——在这个世界性经济危机肆虐、纳粹运动在德国不断得势的时代里——在德累斯顿完成了图中的这幅三联画。这不仅是他对一战亲身经历艺术表现的顶峰，同时也是 20 世纪最杰出的艺术作品之一。（引自舒伯特与彼得斯）和他的画作《战壕》一样，这幅三联画也引起了民众的注意，在纳粹上台前只被展出过一次（1932）。此后在德累斯顿磨厂主、艺术品收藏家弗里德里希·比纳尔特（Friedrich Bienert）的协助下，迪克斯成功地把这幅画藏了起来，进而使它完好无损地保留到了战争结束。奥托·迪克斯自 1936 年起在博登湖畔海门霍芬（Hemmenhofen am Bodensee）定居，1945 年 2 月，他被编入了人民冲锋队，并在阿尔萨斯地区被法国人俘虏，直到 1946 年 2 月才重获自由。

在那一年，迪克斯的这幅三联画在德累斯顿的展出成了一个"大事件"，它在 1947 年以后陈列于哈勒市的莫里茨堡（Moritzburg）；不过直至 1963 年以前，人们都认为三联画右侧的那幅丢了，就用迪克斯 1932 年所作的油画《堑壕战》（Grabenkrieg）代替它展出。1946 年，萨克森州宣布有意收购这幅三联画，民主德国艺术批评家认为这是对资本主义的一种批判行为，毕竟当时在西方盛行的是抽象艺术，迪克斯作为艺术家，由于创作题材等原因已经长时间受到忽视。

"在两德分裂期间，迪克斯留下的艺术遗产、对他作品的理解认识，以及他所造成的影响，在东西两边也各不相同。"（舒伯特语）在相当长的一段时间里，迪克斯同意向德累斯顿出借自己的作品。他从 1963 年开始和该市就转让作品的价格进行谈判，迪克斯当时的出价并不低于比巴勃罗·毕加索（Pablo Picasso）的著名作品《格尔尼卡》（Guernica，1937）。不过 1968 ～ 1970 年，民主德国政府才为这件价值不菲的博物馆展品筹集到了外汇，它在苏富比拍卖行支付的这笔交易长期秘而不宣。直到 1989 年以前，这幅三联画一直都是德累斯顿阿尔贝提努博物馆（Albertinum）中最引人注目的一件展品。迪克斯本人则希望——正如他 1963 ~ 1964 年接受采访时说的那样——这幅作品"被挂在一间地下室中就好：作为纪念物，用来警示每一个在街上经过的人"。

065

法国的胜利

和

德国的复仇

Frankreichs Triumph und
Deutschlands Rache

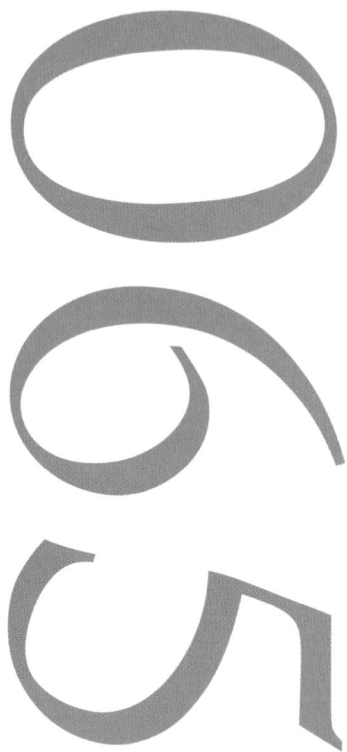

签订《贡比涅停战协定》的
列车车厢

这是 1913 年那列列车车厢的最后遗留物，它们在第二次世界大战爆发几十年后被发现于德国图林根州的奥尔德鲁夫。

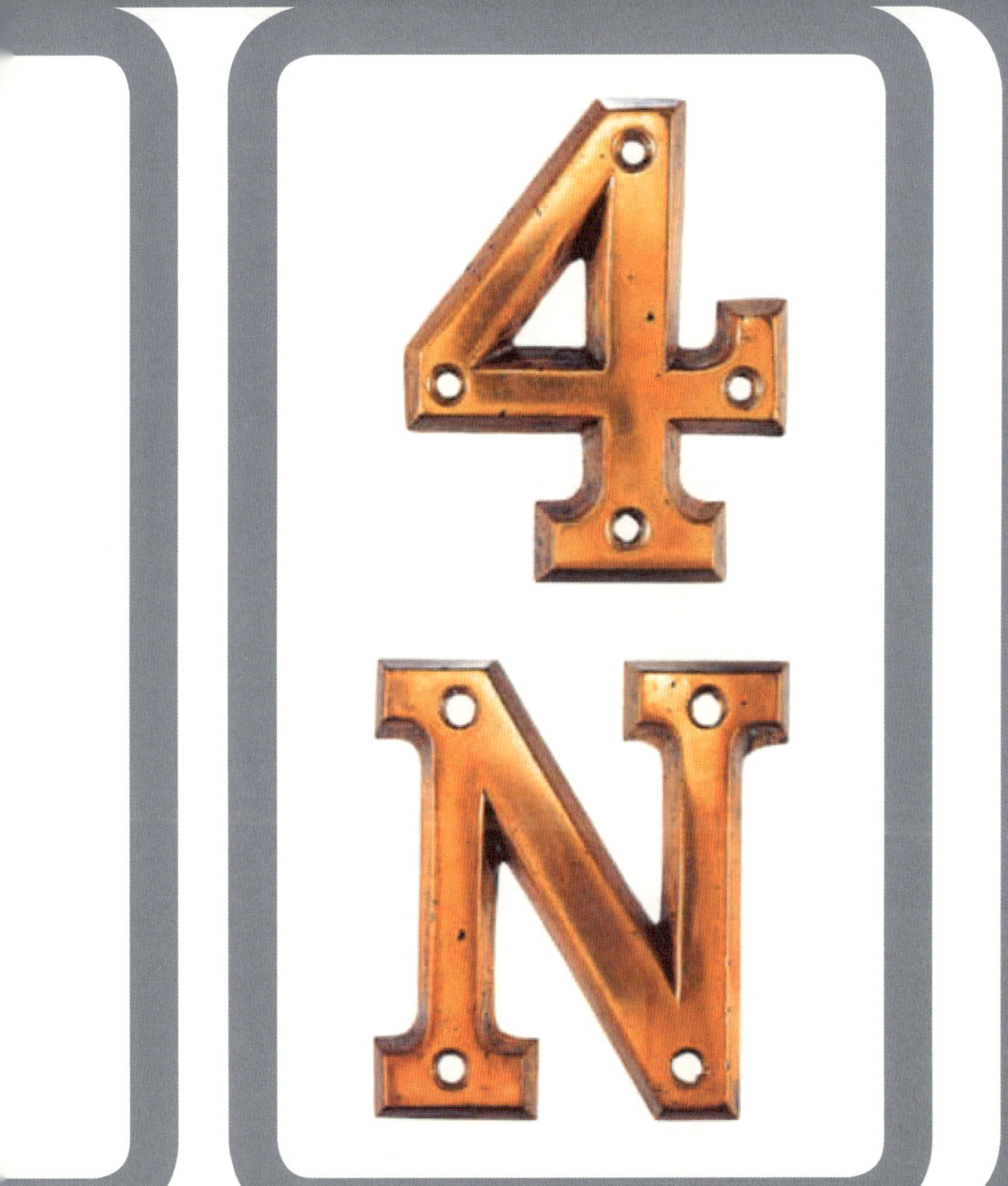
4
N

1913 年时的人们还无法预料，当年由比利时国际卧铺车公司（Compagnie International des Wagon-Lits，CIWL）向法国国家铁路交付的一批 21 节沙龙车厢和餐车车厢中的一个，即 2419 D 号车厢会在世界历史的舞台上占据一席之地。尽管 CIWL 公司生产的豪华车厢在三十年前（1883）就已经让东方快车（Orient-Express）闻名世界。

2419 D 号车厢原本计划投入巴黎至布列塔尼（Bretagne）区间段运营，1914 年 8 月 1 日因战时动员被停放在了法国克利希（Clichy）几个月，并在 1916 年入厂大修。也许是出于偶然的原因，当时的法国战争部在 1918 年 10 月为法国元帅费迪南·福煦（Ferdinand Foch）准备专列时，正好挑中了这列车厢，并将它改装得适宜办公和会谈，其中放置了一张大会议桌，会议椅是原先的餐椅，厨房则被改装成了秘书的工作间。

贡比涅（Compiègne）距离巴黎东北方向 70 公里，自 1917 年起为法军大本营所在地，1918 年 3 月之前也是协约国军队总司令部所在地。贡比涅的悠久历史还因为圣女贞德（Jeanne d'Arc）1430 年曾在这里被捕，并随后被交给了英格兰人。1918 年 11 月 8 日，德国代表团在严格保密的情况下被召唤到贡比涅以东 6 公里的一片林中空地上签订停战协定；这片林中空地虽然不属于任何一个村镇，它在法国历史叙事中却以离它仅 3 公里的村庄被命名为"雷通代林中空地（Armistice de Rethondes）"。

当时德国的最高陆军统帅虽然行使了近四年的专制支配权，却在签订停战协定时临阵逃脱，仅让时任国务秘书和中央党政治家马蒂亚斯·埃茨贝格尔（Matthias Erzberger）率领一支代表团前去谈判。然而法国人并没有准备谈判，他们只想要听德国人说出停战"请求"，然后告知对方停战的条件。同意停战的条件冷酷且苛刻，虽然当时德国军队尚未离开法国国土，协约国的军队却已经开始了胜利的进军，而德国领土上也发出了强有力的战争回响：从基尔港开始的水兵起义预示着德意志君主统治的结束，德皇威廉二世逃往荷兰。不过对于已经发生的这些戏剧性事件，准备去谈判的这个德国代表团的知悉范围却非常有限。实际上他们在谈判上并没有什么回旋的余地，停战协定于 1918 年 11 月 11 日清晨 5 点正式签订，6 个小时后，也就是从当天上午 11 点开始，第一次世界大战宣告结束。

除了签订停战协定之外，福熙元帅还使用过几次这个车厢，其中一次是 1919 年 4 月在比利时斯帕（Spa），它被用于进行有关落实停战协定的谈判。当年 9 月，CIWL 公司生产的 2419 D 号车厢被改回餐车，重新按照普通时刻表运行，不过也在特殊场合投入使用，比如用于时任法国总统亚历山大·米勒兰（Alexandre Millerand）视察凡尔登战场。那时它已经作为"停战车厢（La Voiture de l'Armistice）"小有名气了，米勒兰提出了将它陈列于巴黎军事博物馆（荣军院）的请求。它作为亚历山大·米勒兰专列一部分的最后一次旅程可能是在 1920 年 12 月，包括雷蒙·普恩加莱（Raymond Poincaré）、安德烈·马奇诺（André Maginot）、福熙元帅和霞飞元帅，以及美国大使在内的时代见证者曾坐在它历史性的谈判桌前签署协议。

这个车厢被送到巴黎军事博物馆门前的时间是 1920 年某日凌晨 3 点半，由此它作为博物馆藏品开始了"不幸之旅"：它本应该当时就陈列于荣军院内，被众多迫击炮和加农炮环绕，不过在此之前必须等待荣军院大门扩建完成（扩建工作是临时决定的且施工野蛮）；仅四年后，这件引发了诸多惊叹的展品就已经在气象破坏下遍体鳞伤了，以至于国际媒体在 1924 年将此事作为一件丑闻作了专题报道，并对博物馆对这件历史物品的忽视进行了强烈抨击。1927 年，在一位美国投资者的资助下，2419 D 号列车车厢得以入厂大修，此后它再也没有回到巴黎军事博物馆，而是被送往贡比涅，

403

当年签订停战协定的林中空地在 1922 年作为纪念地对外开放。1927 年 11 月，在国际贵宾和时代见证者的出席下，当地为一栋专门设计的博物馆建筑举行了一场隆重的开幕式，新博物馆还为 2419 D 号列车车厢设计了专门的大门。这处纪念地成为德国在这场"大战（Grande Guerre）"中失败的象征；此外，关于一战持续的时间，法国和德国的定义各不相同，法国人往往认为是五年，而德国人认为是四年，因为战争首先是在法国领土上爆发的，由此这种差异便可被理解了。

当时德国的最高陆军统帅鲁登道夫和兴登堡瞒心昧己地提出了"背后一剑（Dolchstosslegende）"说，认为是革命背叛了已深入敌军腹地且不可战胜的德国军队，战后成立的魏玛共和国从一开始就受到了这种说法的影响，虽然它只是其中的一个方面。不过"背后一剑"说给了纳粹主义以实质性依据，并对希特勒的上台起了共同决定作用。马蒂亚斯·埃茨贝格尔被贬损为"履行政治家（Erfüllungspolitiker）"①，他在 1921 年 8 月一次右翼激进分子的刺杀行动中牺牲了。

13 年后，希特勒统治下德国的"复仇"时刻到来了。1940 年 5 月 10 日德国发起法国战役② 之后，6 月 14 日巴黎就被德军占领了，这场所谓的"闪电战"只持续了 6 周零 3 天。被时任德国陆军元帅威廉·凯特尔（Wilhelm Keitel）称为"所有时代最伟大统帅"的"元首"希特勒，想要赋予这场胜利以象征意义，一雪 1918 年的"耻辱"。他下令炸毁贡比涅的"停战协定"纪念建筑，让签订协议的 2419 D 号列车车厢及其铁轨恢

---

① "履行政治（Erfüllungspolitik）"指的是魏玛共和国从接受 1921 年伦敦会议对德发出的最后通牒到接受 1923 年占领鲁尔期间的外交政策。

② 德国将其称为"西方战役（Westfeldzug）"。

复成 1918 年时的模样，并将近 22 年前签订停战协定时的场景彻底颠覆了：
1940 年 6 月 22 日，希特勒在戈林、赫斯、里宾特洛甫、凯特尔和海军元
帅雷德尔的陪同下，正等候彻夜赶来的法国代表团，率领代表团的人也是
将要和希特勒面对面签订协议的恩奇热将军（General Huntziger）。《每
周新闻》（Wochenschau）用摄影镜头记录下了这场"仪式"的整个过程，
摄影记者也拍摄了现场照片，而在 1918 年只发布了一张官方照片，而且上
面只有福熙元帅及其代表团。希特勒想借此羞辱法国人。他只用了 45 分钟
就宣读了对他来说尤为重要，甚至由他亲自拟定的协议前言，前言中特别
强调了选择协议签署地点的理由，"为了通过地点的选择讨回一个公道，彻
底抹去一段让……德意志民族……史无前例地感到羞耻的记忆"。德国想要
的不是与法国谈判，而是将自己的要求强加于法国，其中涉及了"凡尔赛
账单"，以及戈培尔纳粹宣传中所称的"法国投降"等问题。停战协定于 6
月 22 日（星期六）傍晚将近 7 点时正式签署，并于 6 月 25 日生效。

404

希特勒亲自下令，协议签订后立即拆除铁轨，在一周内将此车厢用
专列运往柏林，一同被运往柏林的还有被炸毁的纪念建筑碎石，上面写有
"1918 年 11 月 11 日，德意志帝国罪恶的骄傲在这里被粉碎……"的字样。
2419 D 号列车车厢通过勃兰登堡门被送入柏林卢斯特花园（Lustgarten），
并分别于 1940 年夏、1941 年和 1942 年在纳粹旗帜的装点下陈列于柏林老
博物馆门前，吸引了数千人前去参观。之后随着柏林遭受愈发密集的轰炸，
它一直被停放在仓库中，并于 1944 年被安全转移至图林根州的奥尔德鲁夫
（Ohrdruf）附近。1945 年，这个列车车厢还是被毁了，摧毁它的可能是纳
粹党卫军。纳粹德国不愿意看到任何人获得重新征服的胜利。

1944 年 9 月，美国人解放了贡比涅，10 月在那片著名的林中空地上举
行了第一次庆祝活动。与此同时，为了同年 11 月 11 日举行的 1918 年停战

协定签订 26 周年纪念活动，德国战俘开始了这个历史场所的重建工作。时任法国临时总统的夏尔·戴高乐（Charles de Gaulle）认为这是德国和法国之间的一场"三十年战争"。1946 年 8 月，112 块带有原先铭文的花岗石被分批从柏林运回贡比涅，到达目的地后又被重新堆放起来，以直观地再现希特勒统治时期德国摧毁它时的场景。直到一战停战协定签订 32 周年，也就是 1950 年，当地的纪念建筑、林中空地和公园才恢复了战前的面貌，当年的老沙龙车厢被替换成了一节（几乎）相同的餐车车厢，它产于 1914 年，编号为 2419 D。不过车厢内的设施至少用了"原件"，其中就包括 1918 年签署停战协定的那张桌子。用于室内布置的"原件们"当时应该被德国联邦国防军安全转移到了某处，在战争结束前被藏入了贡比涅城堡。

几十年后，几名中学生在奥尔德鲁夫发现了 2419 D 号列车车厢的最后一批残留物品，其中包括车体编号"4"和生产商名称中的字母"N"。这些残留物品在 1991 年被送回了位于贡比涅的雷通代纪念地，作为德国人和法国人的和解标志陈列于当地。

德国和法国拥有许多共同的记忆之地，以及生动地体现两国历史共同点的各种物品。这个列车车厢的"真身"不再受到双重屈辱，也许是一种机缘巧合。在冷战的阴影下，曾经的战争对手彼此靠近，并缔结了友好关系。这一良性发展最终在 1963 年双方签订的《爱丽舍条约》（Élysée-Vertrag）中达到了顶峰，在两国的双边关系中，它简直被视为革命性的友好条约。在这个基础上，尽管偶有意见分歧，两国最终成了促进欧洲发展的"发动机"。

共和国

宣告成立

Ausrufung der Republik

1990

谢德曼唱片

讲话发表 14 年后，一个声音和签名收藏者的热情让它在虫胶唱片上"重现"了。

407

　　如今，在世界任何地方发生的所有重要事件都会通过媒介记录下来，以现场直播或稍后转播的方式呈现。不过 100 年前可不是这样。1918 年 11 月 9 日，德意志第一个共和国宣告成立，这无疑是一件重大历史事件，它开启了德意志历史的新纪元。在这一天下午 2 点过后不久，53 岁的菲利普·谢德曼（Philipp Scheidemann）在柏林帝国议会大厦的西面阳台上发表了讲话，他的发言简短但具有决定性意义："皇帝退位了！……封建王朝瓦解了。一个崭新的德意志共和国成立了！"一张照片证明当时上千人为他的这番话而欢呼喝彩。谢德曼从 1903 年开始成为社民党（SPD）党员，1913 年为帝国议会社民党党团两大领袖之一，在奥古斯特·倍倍尔（August Bebel）于同年去世之后，谢德曼成了"最著名的德国社民党人"［布劳恩（Braun）语］，不过长期以来，他的重要性被低估了。

　　11 月 9 日是充满戏剧性的一天。战败早成定局，从 10 月开始德意志帝国实际上就已经是一个由议会统治的封建王朝，因为政府职责已同帝国议会的决议结合了起来。从基尔水手开始的兵变蔓延到了许多城市，11 月 7 日巴伐利亚首先宣告成立共和国。从 10 月底开始，逗留在位于比利时斯帕的德意志帝国最高司令部的皇帝对是否要回应"退位"的要求犹豫不决，柏林方面对此已等得失去耐心。11 月 9 日（星期六），柏林工人总罢工爆发。当天 10 点前后出现了第一个牺牲者，一名军官在乔瑟街（Chausseestraße）朝着示威游行的人群开火，其他地方的士兵拒绝向示威游行者采取行动。

　　在这样的情况下，德意志帝国宰相马克斯·冯·巴登（Max von Baden）未同威廉二世商议，便单方面于中午 12 点宣布德皇将要退位。他随即打算让社民党主席和帝国议会代表弗里德里希·艾伯特（Friedrich Ebert）接管新政府，并建议通过选举产生一个立宪制国民议会。皇帝退位的消息如野火一般迅速蔓延开来。当天下午 1 点前后，柏林莫阿比特监狱（Gefängnis Moabit）被攻陷，数百名政治犯被释放。艾伯特与谢德曼二人同帝国宰相商议后决定德皇应立即退位，并由艾伯特接手政府事务。

当艾伯特就他接管的新政府进行第一次讨论时，谢德曼便急忙在帝国议会大厦上宣告共和国成立，艾伯特紧随其后。从当天清晨时起，帝国议会就被大量群众团团包围，谢德曼被许多人催促对众人发表讲话。他是一名出色的演说家，也比艾伯特更受欢迎，然而当时的他有些迟疑。他非常清楚，正如在回忆录中写的那样："谁现在能使群众从宫殿带来'布尔什维主义'，或者发动群众将'社会民主主义'从宫殿带到帝国议会中去，谁就胜利了！"之后他发表了简短讲话，"响起的欢呼声几乎连绵不绝"（谢德曼语）。5 分钟过后，艾伯特知悉了此事，"气得脸涨成了猪肝色"。他感到十分震惊，将拳头重重地砸在桌子上，并向谢德曼喊道："你凭什么宣告成立共和国？！不管德国是不是要成为共和国，都是立宪会议说了算！"

谢德曼想要抢在卡尔·李卜克内西（Karl Liebknecht）之前宣布成立共和国，据他所知，后者打算在当天下午 4 点按照苏维埃模式宣告成立"自由的社会主义共和国"。事实上，李卜克内西从停在柏林皇宫前的货车上下来后，紧接着便在宫殿阳台上宣告了共和国的成立。当天傍晚时分，商讨共和国成立事宜的会议在柏林进行，由社民党和独立社会民主党（USPD）选出的各 3 名人民代表组成了临时政府，与此同时，威廉二世从斯帕逃往荷兰；不过直到 1941 年辞世之前，他一直幻想着有一天能重返德意志皇帝的宝座。

一年多以后，谢德曼的这段历史讲话才被记录下来，并被压制成了唱片。录音简短且不全，它的文字内容与 1928 年出版的《谢德曼回忆录》中的相应部分只挨了个边。谢德曼当时的讲话稿没有保留下来，也没有被速

408

记员正式记录下来。他的讲话能以唱片的形式保存下来，还要感谢它的制作者威廉·德根（Wilhelm Doegen）。在教师主业之外，他从 1905 年开始建立了德国第一家语音资料室。1909 年，他发明了一种音响设备（也称"声音仪器"），他还将课本改进成多语言自学课程；他制作的语言唱片在 1912 年就为近 1000 所学校及少数大学所使用。在 1910 年于布鲁塞尔举行的世界博览会上，他因为将唱片引入教学和研究领域而荣获银奖。

将语音录制下来需要用到两种设备：其一是由托马斯·阿尔瓦·爱迪生（Thomas Alva Edison）于 1877 年发明的筒式留声机，它可以利用声学和机械原理记录并重放声音；其二是由埃米勒·贝利纳（Emile Berliner）于 1880 年改进，并于 1888 年首次在美国费城演示的唱机，它是可以播放被他称为"唱片"的一种"旋转式读写设备"。埃米勒·贝利纳出生于德国汉诺威，18 岁时（1870）移民美国。留声机可以将声音储存在滚筒上，无需通电且操作简单、便于携带，是实地研究长期不可或缺的设备。而唱片唱机技术的成本较高，放音效果也更好；此外，唱片比滚筒更容易复制。1898 年，埃米勒·贝利纳在汉诺威创立了"德国唱片唱机公司（Deutsche Grammophon-Gesellschaft）"，1906 年就达到了每天压制 36000 张唱片的产量，从 1903 年开始他也在柏林开设了工厂；直到第一次世界大战爆发前，埃米勒·贝利纳的公司一直是世界市场的领先者。

科学的进步直接使人们有机会记录下语音、音乐、声响等声音。1890 年在美国，美国人就和印度人一起使用留声机录音，1892 年以后在欧洲，匈牙利民歌得以通过留声机再现；1889 年，德皇威廉二世向众人介绍了留声机，他 7 岁的儿子对着留声机的喇叭唱歌，俾斯麦还对着喇叭讲了话；1904 年，皇帝朗诵的、由他自己选取的路德维希·冈霍费尔（Ludwig Ganghofer）的几句话，第一次被留声机保留了下来。1899 年在维也纳成立了首个留声档案馆。1900 年在德国，卡尔·斯图姆夫（Carl Stumpf）在他供职的柏林大学心理学研究所完成了留声机录音。他的兴趣主要在于录制包括德国殖民地在内的世界音乐；留声档案馆的最初资料就来自于他的收藏，档案馆很早就与柏林达勒姆民族学博物馆展开合作，二者于 1933 年合并。

威廉·德根建立"民族声音博物馆"的愿望看起来有机会在一战期间得以实现。他提议成立一个涵盖全世界民族的音乐、歌声和声音，包括全德国方言，以及收录伟人讲话的大型声音资料馆，这一倡议促使留声委员会得以建立，斯图姆夫和德根可以在其中继续拓展各自对音乐和声音的兴趣。一战期间，在所有的德军战俘营中都留有录音、文献资料和照片。不过在这一时期不允许公开提及对它们的研究；二战期间的相关录音资料已丢失。后来德根在化学家路德维希·达尔姆施塔特（Ludwig Darmstaedter）那里得到了支持。后者收藏有海量的亲笔手稿（其藏品贡献给了皇家图书馆 / 柏林普鲁士国家图书馆），对德根的声音合作项目上起到补充作用。其中包括许多名人的声音：保罗·冯·兴登堡（Paul von Hindenburg）的讲话《坦能堡之战告捷后向德军的致谢》（Dank an die Truppen nach dem Sieg von Tannenberg），以及德皇威廉二世发表的《致德意志民族》（An das deutsche Volk），此讲话录制于 1918 年 1 月 10 日，可能是一战爆发三年半以来被记录的第一次讲话，它常常出现在纪录影片当中，却几乎"对皇帝的声音并非同期声这件事避而不谈"［朗格（Lange）语］。

不光对谢德曼讲话的录制是出于保存历史文献的需要，1919 年 5 月 21 日宣誓就职魏玛共和国首任总统后，弗里德里希·艾伯特在魏玛国民议会上发表的谢辞也是如此；他的讲话在三个月以后被记录下来。国民议会在

410

1919 年 1 月 19 日进行了选举，2 月 11 日在魏玛召开会议，制定并通过了宪法。2 月 13 日，艾伯特打败谢德曼被选举为临时总统，之后受艾伯特委托，谢德曼主持新政府的建立工作并出任总理，不过由于拒绝在《凡尔赛条约》上签字，他在 6 月 20 日宣布辞职。谢德曼虽然清楚除了签订条约别无他法，但是他仍然说出了那句叫人无法忘怀的名言："那只将它自己与我们套上这副镣铐的手，就一定不会枯萎吗？"（1919 年 5 月 12 日）

当 1920 年 1 月 9 日德根给谢德曼录音时，后者刚当上他家乡卡塞尔市市长没几周，直到 1933 年流亡国外之前，他一直是国民议会代表。《凡尔赛条约》生效后，战俘们被释放回国，不过魏玛共和国内部仍不平静。例如针对通过的《企业代表会法》（Betriebsrätegesetz），柏林出现了冲突的苗头，在录音完成的四天之后（1920 年 1 月 13 日），冲突发展成德国历史上最血腥的示威游行；有 40 多人死在了国会大厦前。

据推测，虫胶唱片可能是由德根和柏林奥迪恩音响公司（Odeon）合作压制而成。今天在德国历史博物馆可以见到谢德曼的这两张录音唱片，它们都是单面"录制"，直径为 30 厘米，两者组成了谢德曼的完整讲话；两张唱片的中心可见"Ph. Scheidemann"的签名，旁边写有"WilhDoegen"和录音日期"9. I. 20"，此外还有存货编号。

世界上仅有的这两份留声资料和藏品在 1990 年代初被重新发现，如果它们如当时计划的那样，在制成后就陈列于柏林洪堡论坛（Humboldt Forum）新建的宫廷广场，那么它们早就可以免于流离失所的命运了。

*

虽然 1918 年 11 月 9 日一个共和国宣告成立，但是它只存在了很短的时间，最后因为走上了独裁统治的道路而以失败告终。宣告共和国成立的这天只能勉强算是一支"墙边之花"［加卢斯（Gallus）语］，它名不正言不顺，充其量只是德国十一月革命结下的第一个民主之果。不过从若干因素上看，11 月 9 日又是德国人的命运之日。因为在 1848 年这个如往常一样阴沉的秋日，罗伯特·布鲁姆（Robert Blum）在维也纳被枪杀，它标志着三月革命的失败；1918 年 11 月 9 日，魏玛共和国在柏林宣告成立；1923 年 11 月 9 日，希特勒在慕尼黑发动的啤酒馆暴动失败；1938 年 11 月 9 日，希特勒下令开展"水晶之夜"行动，在当晚和第二天共杀害和威胁了约 400 名犹太人，30000 多犹太人被送进了集中营；还有 1989 年 11 月 9 日，随着柏林墙的倒塌，两德终于结束分裂，走向统一。总之，命运之日不总是适合作为国家的节日（来庆祝）。

平权

和

解放

Gleichberechtigung und
Emanzipation

067

"女性！选举"

这个主题不仅说服了专业批评家；1919 年首次获得选举权的女性对当年选举的参与比预想中的还要踊跃。

Frauen!

Sorget für Frieden und Brot! Wählet und werbt für die Wahl!

413

　　1919 年 1 月 19 日的国民议会选举周，人们在德国各地都可以见到这张以及其他许多类似的宣传海报，它们标志着女性第一次拥有了在选举方面的平等权利。柏林"妇女联合会委员会（Ausschuss der Frauenverbände）"是德国全体女性党派代表的组织和主导方，其目标是动员女性参与选举。这张海报由当时享有盛誉的海报艺术家和之后的平面艺术家卢西恩·伯纳德（Lucian Bernhard）的广告服务有限公司（Werbedienst GmbH）出品；这家公司在第一次世界大战前就专门从事商业平面广告设计。它在当时就舍弃绘画题材，而选用了现在常见的纯图形设计风格，有时还会使用大写的哥特式字体。长期以来，这种风格一直具有公众影响力，1919 年 2 月在由著名的海报收集者汉斯·萨克斯（Hans Sachs）出版发行的世界闻名的艺术杂志《海报》（Das Plakat）中，一名女记者发表的评论就表明了这一点。选举结束后不久，她在"政治宣传中女性"扮演角色方面强调，"没有一张绘画海报……能突破这种低廉的庸俗感"。她明确将卢西恩·伯纳德设计的这幅海报评价为"迄今最出色的海报"，并坚称每个看到它的人都一定会"难以忘怀"。她的描述简直可以用啧啧称奇来形容："在全黑的底色上，漂亮的浅蓝色哥特字体——'女性（Frauen）'——非常醒目，在下面橙色的方框内还配有两句六音步诗——'争取，为了和平与面包！选举，为了投票争相告！'"除了这张"表现强烈、让人印象深刻的伯纳德式海报"之外，其他的，特别是"满是画"的海报，简直"一无是处"。

　　人们参与选举的热情在魏玛共和国空前高涨：1770 万有选举权的女性的投票率达到了 82.3%，她们中的大部分将选票投给了保守党派［引自坎宁（Canning）］；1500 万男性的投票率为 82.4%。当 1919 年 2 月 6 日在魏玛召开制宪会议时，共有 37 名女性代表出席，多数（19 人）来自社民

414

党。在党派女性占比方面，社民党最高（11.5%），其次是中央党（6%）、德国民主党（5%）和独立社会民主党（3%）。女性代表占与会代表总数的8.7%，已与1953年的8.8%、1957年的9.2%和1983年的9.8%相差无几，此后这个比例持续上升，直到36.1%（截至2014年12月）。

1919年2月19日，一名女性代表首次在议会上发言，众人对她说完第一句话的反应就足以表明，当时的人们还有待习惯这种新情况；议长不得不用摇铃来为她吸引注意力。发言的这位女代表名叫玛丽·尤哈斯（Marie Juchacz），来自社民党，是一位职业缝纫工。她说："尊敬的先生们，女士们！（兴高采烈状）这是女性作为自由平等的个体，第一次被允许在德国的议会上向国民发表讲话，在这里我想要说……这是一场革命，它也战胜了德国的旧偏见……从传统意义上说，我们德国妇女不必感谢这个政府。这个政府做了什么，不言而喻：它弥补了女性直到当时所受的不公正……赋予了女性政治上的平等权利，现在我的性别可以有机会充分发挥它的作用了……在这里我想要说，妇女问题，在现如今的德国、在守旧的观念中已不复存在，它得到了解放。"

按照当时的理解，这个"妇女问题"显然指的是女性在政治决定权上的解放。当时如此之高的女性参选率被评价为"极度引人注目"［马塔雷（Mataré）语］，它引起了非常多的关注，"不单让选举统计员密切注意，更是让政治家们极为关心"（巴登州统计局，1922）。对此，在1920年国民议会选举过后，少数联邦州考虑引入不同样式的男性和女性投票信封，以便"无争议"地根据性别确认投票情况。在1921年10月的巴登州议会选举上，选票还被严格按照性别分开计数。人们吃惊地认识到，不仅参与选举的人数下降了，而且和国民议会时相比，女性选民的人数也大大减少，以至于可以称其为"选举萧条（Wahlflauheit）"。好在巴登州统计局鼓励

415

用不同颜色的选票区分性别的做法没有实现，否则刚开始的平权之路恐怕就要遭受挫折了。

在法国大革命时期，女性就提出了获得完整市民权利的要求，德国女性运动的历史则始于 1848 年前后。1865 年，路易斯·奥托 - 彼得斯（Louise Otto-Peters）在莱比锡创建了第一个"德国妇女协会（Allgemeiner Deutscher Frauenverein）"；1891 年，作为德国第一个政党的社民党引入了女性表决权；从 1908 年开始，女性得以成为党派成员。女性对参与 1919 年第一次选举的热情如此之高，它后来的降温却如此之快，女性议会代表的数量也迅速下降。"用选票实现解放"的目标实现了，官方当即对投票行为予以调查，过程并不容易，不过看起来妇女们和她们丈夫"在投票时间上完全不一致"［霍夫曼 - 戈提希（Hoffmann-Göttig）语］。

受教育水平在一定程度上会影响投票情况。1896 年，首次有 6 名女性从柏林的一所高级中学毕业；1899 年，全德国的女性都有机会接受教育；1908 年，包括大学招生在内的教育实现了形式上的男女平等。1754 年在国王的特许下，多萝特娅·埃尔克斯雷本（Dorothea Erxleben）在哈勒（Halle）获得了博士学位，她是德国历史上第一位医学女博士。从 1860 年代末开始，一直都有个别女性可以进入大学旁听，不过直到 19、20 世纪之交，女性才得以注册入学，其中巴登实行于 1900 年，到 1909 年以前，其他德意志邦国也都陆续允许女性就读大学。此外女性还可以逐渐从事专业对口的职业：尽管在 1921 和 1922 年，法官和律师大会还坚决投票反对女性从事相关职业，然而在 1922 年女性就取得了对此的法定权利；当年年底，第一位女律师取得了执业资格，1927 年第一位女法官诞生。从 1920 年开始，女性也可以取得在大学授课的资格，德国前两位女教授出现于 1923 年。女性权利在纳粹统治时期普遍受到了限制，她们被剥夺了投票权，女大学生的入学率被控制在 10% 以内（二战爆发后此限额被取消），女性在从事特定科学技术职业方面也受到了诸多限制。

魏玛共和国宪法规定，男性和女性拥有"平等的国民权利和义务"，1949 年颁布的《基本法》对此这样描述："男性和女性享有平等的权利（男女平权）。"（第 3 章第 2 条）它主要由四位《基本法》"之母"之一的伊丽莎白·塞尔贝特（Elisabeth Selbert）倡议。男女平权因此成为由宪法保障的基本权利，不过它的落实过程让人想起了"埃希特纳赫跳步游行（Echternacher Springprozession）"[1]。[格哈德（Gerhard）语] 本应在 1953 年以前推行的平权法规实际上在 1957 年才得以落实，进而在 1958 年正式生效：它主要在家庭权利方面作了规定，废除了直至当时丈夫拥有的家庭事务最终决定权，不过保留了父亲在子女教育问题上的最终决定权，以法律形式确定了婚后财产平均分配，允许已婚妇女将其娘家姓加在夫家姓前面；不再允许男性随意解除妻子的工作合同，还首次准许妻子不必取得丈夫的同意就可以在银行开户和考取驾照。

直到 1977 年，《基本法》承诺的条款才借由《婚姻法》的改革被落实；这十年之中掀起的新的女性运动要求"结束对妇女的专制，实现男女平权"，并将当时譬如堕胎等私人话题公开化。尽管和特别是与 1980 年代后斯堪的纳维亚地区实施的，包括建设相应基础设施在内的平权政策相比，德国再次落在了后面，然而德国在男女平权方面仍继续努力。在欧洲各国的促使下，德国在 2006 年通过了《一般平等待遇法》（Allgemeines Gleichbehandlungsgesetz），它距离《反歧视法》

---

[1] 每年圣灵降临节星期二在卢森堡埃希特纳赫举行的宗教仪式，最初是为了表达对传教士和创始人圣威利布罗德（Saint Willibrord）的崇拜。游行广受社会各阶层的喜爱，不过其中的异教因素招致了教会的长期封杀。

（Antidiskriminierungsgeset）提案在联邦议会失败已过去了二十年。在两德统一的过程中，男女平权条款的表述被重新修订，因为当时的德国必须主动推动"平权的真正落实"，必须争取"消除现有的劣势"。

在当今的德国社会，政治和法律方面的平权已经延伸到了经济、社会和精神文明领域：阿伦斯巴赫研究所（Allensbach）的一份民意调查（2014）显示，76% 的女性和 62% 的男性认为两性平权是最重要的 10 项基本权利之一；得票率居于其上的只有人的尊严（86%）和言论自由（77%）（法兰克福汇报网，2014 年 5 月 21 日）。

*

尽管在过去的几年中，德国在男女平权问题上取得了"巨大进步"，却仍存在不足，尤其缺少一个共同的模范和一个"关乎整个人生历程的持续性平等政策"。毋庸置疑的是，仅通过法律和建制措施并不能达到目标。联邦政府专家委员会在出具的平等报告中明确指出，对此最紧要的是在职业生涯方面"转变思想"，报告甚至强调，"如今不平等"的代价可能很快会"远远"超过"推行一个具有前瞻性平等政策"的代价。

根据联邦统计局的数据，实际上在男女平权方面，德国和欧洲其他国家还存在一些差距：德国女大学毕业生的比例在 2002 ~ 2012 年的十年间又有所提高，女教授的比例甚至增长了 9%，所占比例在工程技术科学的 10% 至语言文化学科的 35% 之间。尽管如此，德国女性领导岗位的数量却比大多数欧洲国家要少，即比欧洲平均水平低 5%。从事同样工作的女性所获得的薪酬也总是比男性低 7%，同其他欧洲国家相比，德国在这方面处在"阶梯的最下层"（联邦统计局）。

不过仍乐观的是，年轻女性越来越经常地为获得更高的学历而努力：年轻女性的毕业率为 28%，年轻男性为 22%，2002～2012 年的十年间，具有高校普通学历的年轻女性数量增长了 11%。不过假定阿伦斯巴赫问卷被询问的父亲有一半回答说，他想要与伴侣平等承担教育子女的责任，但实际上也只有五分之一的人真的会这么做；假定有一半的父亲认为男女平权"在很大程度上已经实现"，但是也只有四分之一的母亲持相同的观点——理想与现实的差距非常巨大。

作为世界观

和

意识形态

的

纳粹主义

Der Nationalsozialismus als
Weltanschauung und Ideologie

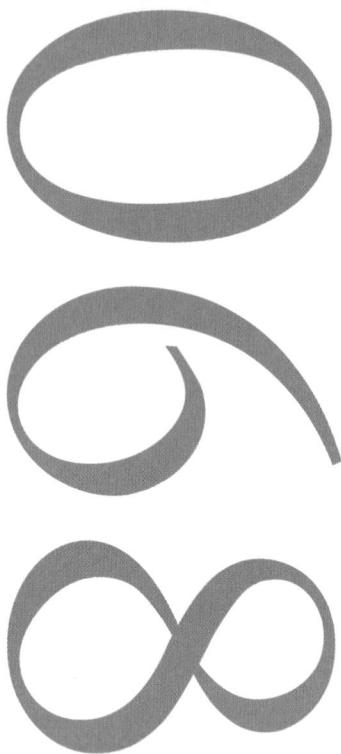

608

希特勒的《我的奋斗》

这是《我的奋斗》（1925）首
版封面的复印件，只有在取得
特别许可，并作批判性讨论的
情况下才可以持有。

Mein Kampf

Eine Abrechnung

Adolf Hitler

419

没有任何一本书能像它一样，虽然作者文化水平不高，而且还是在狱中写成，却意义非凡；没有任何一本书能比它产生更大的威力、印刷更多的版次、更加广为人知；也没有任何一本书能比它掺杂更多的传奇和神话故事、引起更长时间的争议，它从 1945 年开始在德国被禁长达七十年。它在 1924 年 7 月预告时的最初书名颇具神秘感，叫《对抗谎言、愚蠢、懦弱的四年半》(*Viereinhalb Jahre [des Kampfes] gegen Lüge, Dummheit und Feigheit*)。它的第一册正式出版在一年以后，也就是 1925 年 7 月 18 日，出版时更名为《我的奋斗——清算》(*Mein Kampf. Eine Abrechung*)，一共印刷了 10000 本。

书由亚麻布装订而成，价格比较昂贵。对此讽刺杂志《痴儿》(*Simplicissimus*) 创作了一幅漫画，画上的希特勒在啤酒馆推销他的这本书，副标题写道："一本书要 12 马克?! 有点贵了，邻居先生。"书的封面看起来倒是粗劣廉价，只见上面画着一面硕大的、迎风飘扬的纳粹旗，下方是几条正在吐信的蛇。希特勒和纳粹党〔全称：国家社会主义德国工人党（NSDAP）〕自营的埃尔出版社（Eher-Verlag）为此书设定的目标人群是党内及拥护纳粹党的购买者和读者。由于这本书在出版前一年被宣称为希特勒的自传，当时就已经收到许多预订。尽管几乎没有怎么宣传，首版却在出版当年一售而空，预定 1926 年的出版计划因此被提前，1925 年 12 月初就进行了第二次印刷，印量约为 10000 本。第二版的装帧朴素了一些，只用纸板装订，封面朴实无华，而且也可以使用分期付款的方式购书。从第二版面市前的 11 月开始，对这本书的宣传工作就紧锣密鼓地开始了，它还被称为"每一个纳粹党党员……最理想的圣诞节礼物"。在第二版面市之前还出版了一个限量的"精装本"，封皮使用了红色皮革，内页选用了羊皮纸，售价高达 200 帝国马克。

　　1926 年 12 月，预计 1927 年出版的《我的奋斗》第二册提前出炉，印量仍为 10000 本，售价还是 12 帝国马克。第二册的封面与第一册第二版的封面保持统一，不过第二册也出了红皮精装本，售价为 100 帝国马克。出版社加大了宣传力度，因为第一册的需求量已经有所下降；尽管如此，第二册的销量却更低了，分别是 1927 年的约 5600 本和 1928 年的约 3000 本，远远低于第一册的销量。

　　从 1930 年春天开始，《我的奋斗》一书的销量直线上升，以至于出版社在当年 5 月又出版了一个 800 页的简装本（上下册）；装帧更加简洁，尺寸更小，封面是一幅由两个群众场面和希特勒形象拼贴而成的画。简装本售价 8 帝国马克，尽管有些昂贵，却成为标准版。此外，纳粹党在同年 9 月取得选举胜利也对销量起了推波助澜的作用。纳粹党当时获得了 18.3% 的选票，是 1928 年 2.6% 的 7 倍多。《我的奋斗》一书在 1930 年大获成功，销量达到了 90000 本。1932 年又出版了直至当时最便宜的版本，分上下两册，纸板装订，售价仅为 5.7 帝国马克。1933 年，光第一册就出版了 30 多个版本。在纳粹"夺取政权"之前，《我的奋斗》的累计销量已达到了约 241000 本，纳粹上台之后，它的销量更是呈井喷式爆发。仅 1933 年一年就卖出了约 100 万本《我的奋斗》，从 1936 年开始又陆续出版了各式各样的礼品装，适用于婚礼、毕业典礼、入党仪式等不同场合；1940 年后出版了使用圣经纸印刷的所谓"战地版"，印量为 85 万本。最后几个版本在 1944 年秋印刷完成；据估计，《我的奋斗》的印刷总量在当时达到了 1245 万本。此外截至 1945 年，市面上还出现了数量极为庞大的特别版、精装版、纪念版等其他版本与速记版和盲文版，以及 18 种外语译本。从 1933 年开始，作为纳粹主义"圣经"和"教义问答手册"的《我的奋斗》成了炙手可热的畅销书，出版社因此赚得盆满钵满，希特勒本人也摇身成为百万富翁。

　　事实上，《我的奋斗》是希特勒在他被监禁在兰茨贝格堡垒（Festung Landsberg）短短九个月的时间内写成的。他在 1942 年承认，没有在牢狱的经历，就没有《我的奋斗》一书的出现。这个中学肄业生后来将兰茨贝格称为他的"公费高中"，他要感谢它教自己看清了"当局的愚蠢"。德国记者卡尔·冯·奥西茨基（Carl von Ossietzky）在 1924 年 4 月底写道，那是一次"纯粹的恭维式惩罚，一次用司法粉饰的度假"。狱友们纷纷向希特勒献殷勤，监狱长和看守也对他表示同情。他从经常去监狱探望他的，也是他的追随者和资助者海莲娜·贝希施泰因（Helene Bechstein）那里得到了作为探监礼物的写作纸张（带有纳粹标志的优质纸）和一台崭新的雷明顿（Remington）手提式打字机。就是在这台打字机上，希特勒用两根手指敲出了《我的奋斗》。

　　《我的奋斗》上册包含了希特勒个人色彩强烈的自传和纳粹党及其前身德国工人党（DAP）的前世今生。《我的奋斗》下册的大部分是 1926 年秋在上萨尔茨堡山（Obersalzberg），由希特勒向其秘书口述整理而成。内容涵盖了希特勒的政治纲领和纳粹主义的意识形态基础："雅利安人"必定比其他种族更为优越，只有强者才有生存的权利，德国必须在东方开辟新的领土，犹太人是包括梅毒在内一切祸害的始作俑者。

　　当希特勒于 1924 年 12 月 20 日离开兰茨贝格堡垒时，他已经完成了《我的奋斗》上册的大部分内容。他的司机埃米尔·莫里斯（Emil Maurice）可能将原稿藏在留声机的木制外壳中偷偷带了出来。原稿的下落至今仍没有确切说明，希特勒也许将它赠予了海莲娜·贝希施泰因。希特勒对《我的奋斗》一书引以为豪，在被关押进兰茨贝格堡垒之前，他自视为运动"鼓手"，出狱后更是成为运动的殉道者和英雄。他自知："现在的我再也不是无名小卒了。"

确信无疑的是，第二次世界大战结束后许多德国人将他的这本书付之一炬，以消除盟国军队对其与纳粹党联系的怀疑。《我的奋斗》长期被看成虽广为流传却"不能阅读"的书籍之一；因此德国人在二战后承认借出和读过此书的比例比实际情况要少得多。对这本书的评论也褒贬不一：格哈特·霍普特曼（Gerhart Hauptmann）在 1933 年前后十分动情地赞扬它为"希特勒圣经"，不过普遍的看法还是如斯蒂芬·茨威格（Stefan Zweig）对他同行们的描述："少数真正花工夫读了希特勒这本书的作家并不关心他的'宏图伟业'，而是对他晦涩散文式的浮夸嗤之以鼻。"

1945 年 10 月，纳粹党组织的埃尔出版社被关闭，拥有继承权的巴伐利亚自由邦将印刷业务和生产场地交给了 1946 年新成立的阿克塞尔施普林格出版社（Axel Springer Verlag）。直到 1990 年代，这家出版社在当地出版了著名的《图片报》（Bild）。1945 年 10 月，盟国明令禁止销售《我的奋斗》；1946 年 5 月，盟国对德管制委员会下令没收所有表现纳粹主义和军队的文学作品。1945 年的一期《每周新闻》向观众展现了一个美国兵将《我的奋斗》一书的铅字排版象征性地扔进熔液中的画面，熔化后的铅液在 10 月被铸成了《南德意志报》（Süddeutsche Zeitung）的首批印版。

旧书店里当然有不少《我的奋斗》。在 1960 年代的柏林，相当数量的《我的奋斗》被查抄和没收；在 2005 和 2009 年的伦敦拍卖会上，带有希特勒亲笔签名的首版《我的奋斗》拍出了 20000 多英镑的价格。

不过在 1950 年代，首任联邦总统特奥多尔·豪斯（Theodor Heuss）曾提议出版一本评注版《我的奋斗》，因为几乎没有"更好的方法来对抗希特勒思想的死灰复燃了"。最晚从那时开始，对此的讨论就围绕这本评注版《我的奋斗》是否会对现在的德国产生破坏性影响，以及产生哪些破坏性影响而进行。这本书不仅能在网络上读到，在其他国家也可以买到，在一些国家甚至成了畅销书。

德国的法律环境错综复杂。拥有老版《我的奋斗》和旧书销售都是被允许的，但是在 2015 年以前，法律规定每人只能翻印一本。在 2015 年以后，根据《刑法法典》第 130 条的规定，上述情况将被视同煽动群众行为予以追究，不过评注版《我的奋斗》又可以在《基本法》保障的学术自由中找到依据。赫尔穆特·夸尔廷格（Helmut Qualtinger）在 1973 年以讽刺希特勒为目的的当众朗读了《我的奋斗》，朗读时的手势和语调也需要提前获得批准。不仅戈培尔和罗森堡的日记出了批判性评注版，1933 年以前的大多数与希特勒相关的文件都出了批判性评注版。不过对于是否要再出一本学术批判性评注版《我的奋斗》这个问题，目前仍没有讨论出结果。

考虑到《我的奋斗》的版权有效期截至 2015 年底，也就是希特勒去世后整七十年，德国各州司法部部长在 2014 年中期宣布，未加评注的《我的奋斗》在 2015 年以后将继续被禁。在围绕《我的奋斗》版权失效后应如何处理的讨论中呈现了两种截然不同的观点。历史学家同业会，以及德国历史学家联合会（Deutscher Historikerverband）的多数成员赞成再版评注版《我的奋斗》，与其针锋相对的观点则认为，出版一本充满"毒瘤一样空话"的《我的奋斗》完全就是在浪费金钱。德国犹太人中央理事会（Zentralrat der Juden in Deutschland）的代表也表明了支持的态度，而犹太人战争委员会（Jüdischer Weltkongress）主席及其德籍副主席则对此表示反对。

以慕尼黑当代历史研究所为出版方（2016 年初以个人形式出版）的评注版《我的奋斗》有着很浓的学术味。它的出版经历反映了德国在对待历史问题上的游移不定：准备工作开始于 2009 年，2012 年 4 月，巴伐利亚州政府宣布将资助此项目 50 万欧元。2013 年 5 月，巴伐利亚州财政部部长声称，"必须要揭开这本书的神秘面纱"，并为利用包括英文版、电子版和有声版在内的所有销售渠道进行辩护。与此同时，巴伐利亚州政治教育中心准备联合德国联邦政治教育中心出版一本表现极权主义意识形态的文集，内容包括评注版《我的奋斗》的摘录，并将其纳入教学资料库。然而在 2013 年 12 月，巴伐利亚州州长泽霍夫（Seehofer）突然宣布结束此项目，因为他在访问以色列期间发现，在当地居然可以买到希伯来语版的《我的奋斗》；不过政府对此项目的资助并没有被撤回。州政治教育中心虽然被迫中断项目合作，联邦政治教育中心却仍在继续推动项目的进行。

对于德国公众来说，这也是一个难题。2015 年春，当一个电视节目制作团队在科隆的一家书店进行销售测试，并将整整一托盘带有"元首"肖像的《我的奋斗》的仿真海报陈列出来时，顾客们表示疑惑不解，并纷纷绕着此"展品"走。对于慕尼黑当代历史研究所新近出版的学术批评版《我的奋斗》，公众的态度自然大不相同；研究所所长安德烈亚斯·维尔辛（Andreas Wirsching）称，它应该是"普通历史学家能够接受的"。尽管如此，他和他的共同出版者对此版本的销售仍抱有复杂的情绪。他们甚至不希望它能成为畅销书。

精神恐吓：

焚书

Terror gegen den Geist:
Die Bücherverbrennung

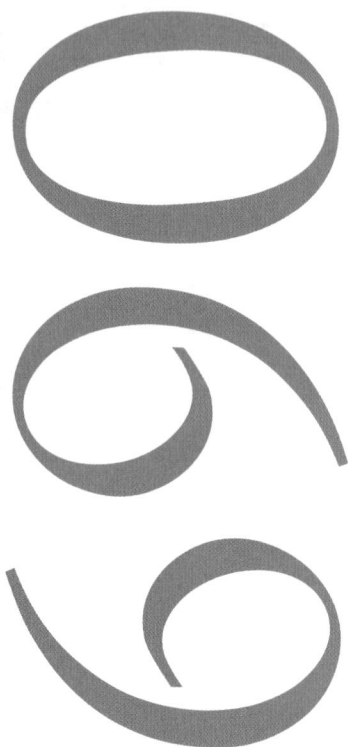

690

免于被焚毁的一本书

这是一家犹太人出版社出版的书籍内页，书名叫作《爱之歌》，作者是 H. M. 温克尔曼。为了方便焚烧，它们被撕裂了。

beherrscht vor Eurem eigenen Denken, daß das Genie der anderen Euch unterthänig blieb. Ich bin, daß Ihr mit Euch allein begriffen ... Als aber erst der Schnee des Alters Euer Haupt bedeckt, hat alles sich geändert. Es schrint, daß Euch Eures Lebens frische Fülle, der weite, klare Blick und die bedeutsame Güte Nächster und Euer selbst sich spät beschieden waren."

Michelangelo: "So ist es. Ich muß gestehen, daß mir der Himmel einen Totenkranz verliehen hat, den meine Fähigkeiten überragt. Weiter als ich bin, reicht ich, und ich seh weiter, als ich reichen kann. Was um mich der geschieht, erschüttert mich. Ich fürchtete, daß meine schwachen Kräfte bald versagen könnten, und ich zwang mit darum mit weiterem Ingrimm und schrecklicher Beharrlichkeit, das hohe Ziel, das ich zu früher dachte, mit meinen Blicke gleichsam zu umflammern. Indessen fühlte ich, wie meine Hoffnung auf Triumph und auch die Angst vor einem Fehlschlag sich verdoppelten, und mich merkte, daß jeder Schritt, so hart und so beschwerlich er mir schuften, mich doch dem Siege immer näher brachte. Der Inhalt meines Lebens waren Arbeit und ein rastloser Kampf. Ich wollte alle Dunkelheiten der Natur ergründen ... Auf Himmelsleitern wollte ich einst steigen und konnte mit stillem Eifer den Berg hinan. Was seit den unerschütterliche Sehnsucht hat, da kampfte ich nicht juh mit allen meinen Gliedern. So ward ich Maler, Dichter, Architekt, Bildhauer, Ingenieur und Anatom. Ich habe Steinblöcke ausgenommen und Elfenbeinschächte gelöst. Ich habe die Vertheidigungen von Florenz und Rom gebaut, Bastionen geprüft, Maria gemessen und Fenstern defiliert. Dann ist es mir gelungen, den Rosenduft des Fürsten der Apostel bis zu den Wolken sich emporzuführen. Und das ist vor um dem Glaube, darin ich kurz panel die Erschütterung des Jüngsten Gerichtes gemalt. Ich darf wohl sagen, daß ich nicht unthätig gewesen bin, wenn auch nicht alle meine Plane zur Vollendung kamen. Ich sah mich..."

eines Tages an so hoher Stelle, wie ich sie nimmer mit erklomm. Der Kaiser und die Päpste, Könige und Fürsten ehrten mich. Die Künstler riefen mich zu ihrem Führer aus, und es gab nichts, was ich noch erstrebens konnte. Ich hatte von der Welt nichts mehr zu fordern, da sie mir mehr gegeben, als ich hoffte; nichts zu erstreben, da ich jetzt wußte, was ich zu gewärtigen war. Nun gab ihr Arbeit meinem Herzen Ruhe. Zweifel und Furcht, von Wege abzuirren, wichen von mir, und ich fand Muße, zu schauen, zu erkennen, zu leben und zu lieben. Die Ungeduld, vor mich der Ungewißheit sklaven peitschgegeben, schwand, und ganz allmählich ward aus mir der Mann, der ich jetzt bin. Ich möchte, um ein wahrer Mensch zu sein, ein Greis noch werden. Diese Erkenntnis ist's, die mich die Last der Jahre leicht ertragen läßt."

Die Marchesa: "Was ich an Euch bewundere, Michelangelo, ist, daß Ihr den Einklang, den anderer Zeitgenossen Geist jetzt geben wird, so ruhig betrachten könnt. Ich seh die Größe des Verfalls, und meine Augen noch Eil folgen in Euch auf."

Michelangelo: "Nein, liebes innges Mitleid fühle ich. Die Welt, die ich jetzt überschaue, war nie ein Gestäube, auf dem ich einen weiten Weg zurückgeigt ... Es ist ermüdet, hat seine Macht verbraucht, es wankt und stößt am Straßenrande wieder, und mich kehrert und beklagt entzückt die Erwartung jenes Lebens, das meiner herrt. Als der Jahrhunderts junger Tag erglühte und wie geheimnen andrer Fahrt begannen, war mein Gefährte hart und klüherd, und überreiche Zuversicht führte in Flammen der heißen Müde, die er in die Welt schweigen ließ. Ich begte bald in manchen Zwiesel, doch mein Gefährte, in seinem jugendlichen Geblüte, er kannte keine Austrauen. War es von der Verderbnis milde verwandelter Jahr, uns kaum besdrt, und angestimmlich, so zeigt — ich schalte ihm diese Gerechtigkeit — sein ganze Sinnen war dem einen Ziel:

425

我们多么想要问一问那些或多或少参与，以及目睹这个场面的人们啊！如果当时不是下了倾盆大雨，围观的人会多多少？要是个别人能提供证词，又会怎样？

一旦点着了那个精心准备的、至少有六层高的方形柴堆，火顷刻之间就能烧起来；在为《每周新闻》拍摄工作弄来的弧光灯的照耀下，充满鼓动性的宣传画面让人眼花缭乱；挂着纳粹旗的讲台、摄像机、话筒和扩音器各就各位。实际上，多少年过去以后，当时的参与者中会有人重新审视或感到羞愧吗？

然而据我们所知，只有一个人诚实地叙述了他的恐怖经历：在柏林洪堡大学前的倍倍尔广场（Bebelplatz），"被身着纳粹冲锋队制服大学生挤得动弹不得的"埃里希·凯斯特纳（Erich Kästner）亲耳听到他被第五个点名，接着亲眼看着他的著作被扔进了熊熊燃烧的火堆里。"像下葬般阴霾的天气笼罩着整个城市。被破坏的马格努斯·赫希菲尔德（Magnus Hirschfeld）半身雕像的头部被一根长棍子挑着，高高地越过缄默的人群，来回地晃动。那场面令人作呕。"

尽管在整个德意志帝国进行的 90 多次集中焚书中，它既不是第一次，也不是最后一次，然而它却给我们留下了难以磨灭的记忆。晚上 9 点，三辆满载着书籍、飘扬着纳粹旗和大幅标语——"德国大学生朝着非德意志精神行进"——的搬家货车行驶在大学生火炬游行队伍中。队伍中有身穿体操服的体育大学学生，有身着大学生社团节日服装、扛着旗帜的社团成员，有穿着长袍的教授，有冲锋队队员，有党卫军成员，有希特勒青年团成员，还有一支演奏乐曲的军乐队。在骑警的护卫下，在从黑格尔广场（Hegelplatz）到奥拉宁堡大街（Oranienburger Straße）上千名观众的注视下，这三辆搬家货车和游行队伍一起从那里通过勃兰登堡门中轴线和

"菩提树下"大街，一直行进到了歌剧院广场（Opernplatz，今天的倍倍尔广场）。火炬在那里被投进火里，大雨也没能阻止它们熊熊燃烧，因为带着汽油的消防队助了一臂之力。

晚上 11 点半前后，焚书开始了：9 名大学生演说者一个接一个走到话筒前，他们每个人都大声发表了"焚书宣言"，紧接着被他们点到作者名的书籍被付之一炬。在针对卡尔·马克思和卡尔·考茨基（Karl Kautsky）著作的第一次"反对阶级斗争和马克思主义"的呼声过后，凯斯特纳就已经从第二个演说者"反对颓废派和道德沦丧"的呐喊中听到了自己的名字，排在他名字前面的是亨利希·曼（Heinrich Mann）和恩斯特·格雷舍（Ernst Glaeser）。接着他又听见了西格蒙德·弗洛伊德（Sigmund Freud）、格奥尔格·伯恩哈德（Georg Bernhard）、埃里希·马利亚·雷马克（Erich Maria Remarque）、阿尔弗雷德·克尔（Alfred Kerr）、库尔特·图霍夫斯基（Kurt Tucholsky）、卡尔·冯·奥西茨基（Carl von Ossietzky）等人的名字。他还听见"那个老奸巨猾的小人和骗子（戈培尔）发表了矫揉造作的长篇大论"，广播电台同时还进行了现场直播。其中他听到了诸如"野蛮思想""污秽""垃圾""劣等人种"等词。"身着棕色制服的大学生社区卫队队员面对着焚书现场，帽带扣住下颚，眼神直勾勾地盯着面前的火光冲天，以及那个正打着手势吟唱赞美诗的小恶魔。"之后，党卫军乐队演奏了军歌《人民快武装》（Volk ans Gewehr），全体还合唱了《霍斯特·威塞尔之歌》（Horst-Wessel-Lied）①。在那之后消防队员扑灭了燃烧着的柴堆，剩下的行人将灰烬中被烧焦的书籍收集起来，其中一些可能被当作"纪念品"卖了。从被焚烧的书籍中拯救出来

---

① 又称《旗帜高扬》，1930～1945 年的纳粹党党歌。

的，至今为人所知，或者说保留至今的只有两本：一本是亚瑟·施尼茨勒（Arthur Schnitzler）的中篇小说《卡萨诺瓦的返乡之行》（*Casanovas Heimfahrt*，1918），它在基尔的焚书运动中幸存了下来；另一本是 H. M. 温克尔曼（H. M. Winkelmann）出版的《爱之歌——来自传说和诗歌、书信和日记》（*Lied der Liebe-in Sage und Dichtung, Briefen und Tagebüchern*，1922）。后者之所以能免于被焚毁，不是因为它的内容，而是因为它是由一家犹太人出版社出版的，进而最后被作为"非德语"书籍处理了。一名冲锋队队员差点将它扔在一名 22 岁年轻女子的头上，她当时正站在驶向柴堆的一辆满载书籍的货车上。为了方便焚烧，这本书的内页已被撕裂。冲锋队队员朝她喊了一声"纪念品"，她吓了一跳，此后便小心翼翼地将它保存了起来，直至去世。

对于思想自由来说，这是黑暗的一天，是"德国思想斩首"［黑尔格·普罗斯（Helge Pross）语］的一天，它的发生有着前因后果。虽然戈培尔长期被认为是主谋，但是焚书的始作俑者可能是德国学生会（Deutsche Studentenschaft，1931 年以后由纳粹控制的大学生伞式组织），它能让人回想起德国焚书的"传统"。尽管在其他历史背景下，大学生也在焚书运动中发挥了核心作用，比如 1520 年在维滕堡（Wittenberg），人们将威胁对马丁·路德处以绝罚的教宗训谕焚烧，1817 年的瓦尔特堡节期间也发生了焚书行为。1933 年 4 月 1 日进行的"犹太人封锁（Judenboykott）"为德国学生作了示范，他们因此打算将对犹太人商业活动的干涉延伸到学术和文化领域。对于焚书活动的筹划和实施，国家和党派各机构都利用其纳粹关系网络提供了助力。虽然魏玛共和国宪法保障了艺术自由并取消了审查制度，但是在"纳粹上台"之前，针对戏剧、文化和文学的审查、禁令与干涉还是死灰复燃了。

1933 年 4 月，德国学生会的一条标语写道："国家沦陷了，高校还没有！思想上的冲锋队联合起来！"从当月开始，各种各样的"禁书委员会"不断整理出一批又一批的黑名单。然而，列在黑名单上的条目并不是严格按照反犹主义、反马克思主义、反女权主义、反和平主义、反现代化、反民主和共和的方向进行筛选的。不过这种筛选是不负责任的，当地的焚书活动组织者手握"生杀大权"，因此也不可能在列入黑名单的作家和书籍那里找到相关内容的具体出处：贝托尔特·布莱希特（Bert Brecht）、阿尔弗雷德·德布林（Alfred Döblin）、欧内斯特·海明威（Ernest Hemingway）、特奥多尔·豪斯（Theodor Heuss）、阿尔弗雷德·克尔（Alfred Kerr）、埃贡·艾尔温·基希（Egon Erwin Kisch）、罗莎·卢森堡（Rosa Luxemburg）、托马斯·曼（Thomas Mann）、亨利希·曼（Heinrich Mann）、克劳斯·曼（Klaus Mann）、卡尔·冯·奥西茨基（Carl von Ossietzky）、约翰·多斯·帕索斯（John Dos Passos）、埃里希·马利亚·雷马克（Erich Maria Remarque）、路德维希·奎德（Ludwig Quidde）、亚瑟·施尼茨勒（Arthur Schnitzler）、安娜·西格斯（Anna Seghers）、奥托·苏尔（Otto Suhr）、弗朗茨·韦尔弗（Franz Werfel）、阿诺德·茨威格（Arnold Zweig）、斯蒂芬·茨威格（Stefan Zweig），这些名字只是单纯地被列了出来。

绝大部分被焚烧的书籍来自城市公共图书馆和民间图书馆、私人图书出租店和个体书店。后两者尤为被身穿冲锋队制服的大学生"突击队"搜查，在个别城市甚至由警察带队搜查。从 5 月 6 日开始，柏林至少有五支这样的"突击队"开着卡车在路上横行。免受骚扰的国家图书馆和大学图书馆并不多，由马格努斯·赫希菲尔德创办的私人机构柏林性学研究所（Berliner Institut für Sexualwissenschaft）遭受了巨大损失，所内图书馆存放的 10000 余册图书几近全毁。

428

　　焚书活动导致的结果是：国际新闻媒体报道了此次焚书事件——尽管激起了许多抗议声，在德国外交层面却没有造成负面影响。《纽约时报》（*The New York Times*）柏林通讯社的记者在事件发生第二天就刊发了报道，不过他认为这只是"大学生的恶作剧"。相较之下，39 岁的作家奥斯卡·马利亚·格拉夫（Oskar Maria Graf）发起的抗议则更引人注意，焚书事件发生时他正在奥地利讲学。5 月 12 日，他在《维也纳工人报》（*Wiener Arbeiter-Zeitung*）头版发表的充满讥讽的呼吁被多次转载——"把我也烧了吧！……我做了什么要接受这样的羞辱？"他的著作"不应该落入那帮穿着棕色制服谋杀者腐坏的头脑和沾满鲜血的手中"。格拉夫于 1934 年放弃德国国籍，于 1957 年成为美国公民。贝托尔特·布莱希特在他 1939 年发表的诗歌中赞扬了格拉夫的勇气。

　　1933 年 5 月底，国际笔会（PEN，又称"世界作家协会"）在杜布罗夫尼克（Dubrovnik）召开的代表大会上讨论了此次焚书事件，犹太裔德国剧作家和和平主义者恩斯特·托勒尔（Ernst Toller）在会议上向世界人民痛斥纳粹政府制造的政治恐怖。由于缺乏勇气，德国代表团提前离场。为了纪念焚书事件发生一周年，在阿尔弗雷德·康特洛维奇（Alfred Kantorowicz）的倡议下，于巴黎创建的"德国自由图书馆（Deutsche Freiheitsbibliothek）"作为纪念地之一正式向公众开放。这家"焚书图书馆"成为流亡法国的德国作家的固定聚点。图书馆藏书迅速增加到了 11000 余册；图书馆在 1940 年德军开进巴黎时被毁。康特洛维奇在 1947 年出版了一本名为《被禁的和被焚烧的》（*Verboten and verbrannt*）的文选，不过他也认识到，想要唤起和这些作家命运相符的记忆，是一件非常困难的事。1947 年 5 月 10 日在柏林举行了首次焚书纪念日活动，四大领域的文化代表齐聚一堂。在苏占区和民主德国,这一天被进一步确定为"自由图书日";在联合国教育、科学及文化组织(UNESCO)确立的国际项目框架下,"世界图书日"从 1996 年开始被列为德国的节日之一。

　　焚书事件发生后三十年,刊登在一本大众杂志上的相关专题意外获得了巨大反响。《亮点》(*Stern*)周刊的主编亨利·南能(Henri Nannen)发现了这个话题的传播潜力,派周刊记者于尔根·泽尔克(Jürgen Serke)展开调查,并公开了"被焚烧作家"的肖像。不过由于缺乏足够的兴趣,从 1981 年开始,由 S. 菲舍尔出版社(S. Fischer Verlag)正式出版的《焚书图书馆》(*Bibliothek der verbrannten Bücher*)一书列出的书目只编到了 31 号。

429

*

　　1983 和 1993 年分别是焚书事件发生的 50 和 60 周年,当时准备了各种各样的活动、展览、研讨会和印刷品,同时还加大了在公众场所唤起人们回忆此事件的力度。1953 年在德累斯顿树立起了第一座焚书纪念碑,直到 1982 年才在汉堡树立了第二座,然后是 1984 年在不来梅,而 1983 年柏林倍倍尔广场一侧则挂了一块纪念牌。1987 年正值柏林建城 750 周年,德国统一社会党原计划在倍倍尔广场树立一座巴拉赫(Barlach)雕刻的纪念碑,结果没能实现,纪念碑的位置被改在了柏林客西马尼教堂(Gethsemanekirche)。不过如今分量最重的是 1995 年出于竞争原因,由以色列艺术家米哈·厄尔曼(Micha Ullman)设计的"图书馆(Bibliothek)"纪念碑:它树立在倍倍尔广场的正中央,那里正是 1933 年架起柴堆的地方;它是一个埋入地下、密封的立方体,立方体的内部铸造有白色的水泥书架，书架上空空如也，大约能放置 20000 本书，正好差不多是当年被焚烧书籍的数量；立方体的上面装了一扇小玻璃窗，使人能从地面看到下面的情况，晚上立方体内被照亮，灯光透过玻璃窗可以发散到广场上；这个立方体式的纪念碑也是一种隐喻，它象征着埋藏在人们记忆中的一座坟墓——虽然让人无法理解的是，这个地点也允许举行商业和娱乐活动。慕尼黑观念艺术家沃尔弗拉姆·P. 卡斯特纳（Wolfram P. Kastner）的作品《书痕》（*Spur der Bücher*）总是能引发公众的讨论，不管这种讨论与政府是一致还是矛盾。从 1995 年开始，沃尔弗拉姆·P. 卡斯特纳充满挑衅意味地在 1933 年事件的许多发生地制造了真正的记忆"焦痕"。位于波茨坦的摩西门德尔松欧洲犹太研究中心（Moses Mendelssohn Zentrum）选编了一本内容涉及 120 本被焚烧书籍的合集，它的前 10 册以教育配套项目的名义于 2008 年 5 月交予了 4000 多所德国学校。

围绕焚书事件发生的一切都出于它的不可磨灭性，正如埃里希·凯斯特纳在 1933 年所言："成为一个被禁的作家，而且他的著作再也不会出现在书店的书架和橱窗，这是一种奇怪的感觉。这些书不会出现在祖国的任何一个城市，更不会出现在自己的家乡。甚至在圣诞节，当德国人为购置圣诞礼物在积着雪的街道上匆匆而行时，也遍寻不到它们的影子。12 个圣诞节是如此的漫长！人就是行尸走肉。"

反犹主义、

种族狂热

和

大屠杀

Antisemitismus, Rassenwahn
und Massenmord

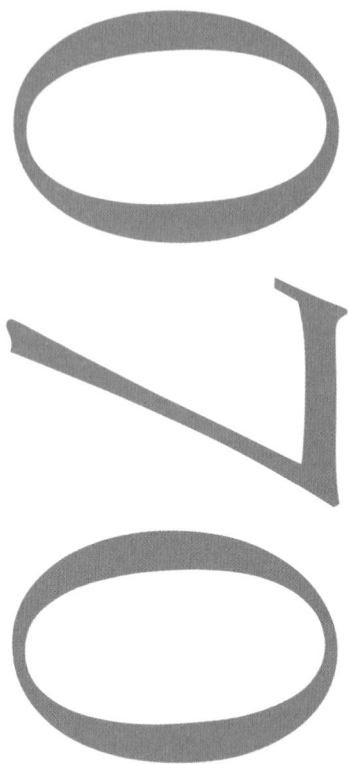

07

431　从 1941 年 9 月 19 日开始，德意志帝国内的所有犹太人都必须遵循《有关犹太人标识的警察条例》，在他们的衣服上佩戴这样一颗手掌大小的六角黄星，"要结实地缝在衣服左侧的醒目位置"。黄星由两个黑色镶边的三角形组成，它们象征着大卫星 ①。黄星的正中间有一个黑色的"Jude"（犹太人）字样（在其他被德国占领的国家则使用当地语言），字体模仿希伯来字母，充满了恶意和嘲弄。从 9 月 16 日开始，这个标志以传递的方式分发，先是每个犹太人手持一个，然后手持多个，以至于平均一个犹太人被分发了 4 颗"星星"。柏林一家专门生产旗帜的工厂在短短几天内就在一条长帜物上制作了 100 万颗黄星；这些黄星标志从犹太聚居区以每个 3 帝国芬尼的价格被购买，继而以每个 10 帝国芬尼的价格转手。官僚主义的彻底性又要求每个"接受者"必须在拿到黄星标志时签收确认，并履行"妥善认真对待标志"的义务，最终在将黄星标志缝在衣服上时"要将突出的料子边缘折进去"。

这些被戈培尔称为"非常人道"的标识规定在 1941 年 9 月 1 日作为警察条例被颁布实施，根据《纽伦堡法案》（Nürnberger Gesetze）的定义，年满 6 周岁的犹太人必须佩戴黄星标志。只有法案定义的"混血儿"，或者处于所谓的特许通婚状态的犹太人不用执行此规定。在被德国占领的波兰，措辞相同的条例已经在两年前颁布实施。

432　从中世纪开始，这个由两个三角形组成的六芒星就作为"大卫星"成了犹太教最重要的标志之一。在中世纪甚至更早，黄色就是"不诚实"群体的标志，也是卖淫者的身份标识，选择黄色作为犹太星的颜色是纳粹

---

① 又称六芒星、大卫之星、所罗门之星、所罗门封印、希伯来之星、犹太星等，是犹太教和犹太文化的标志。

分子有意而为的。标记特定少数群体虽然不是纳粹的发明，却是纳粹主义纲领的组成部分，即对犹太人从"贴标签"发展成对整个犹太民族的"灭绝"。

中世纪的着装规定指出，犹太人应通过不同颜色的"犹太帽"，或者缝有星星或环形图案的衣料以示与其他群体的区别。这种反犹规定首先在穆斯林统治的西班牙推行（在这方面，基督徒也有类似的标识），12 世纪以后也在信奉基督教的西方国家实行。

最晚从十字军东征开始，居住在欧洲的犹太人就不再拥有与其他民族对等的权利地位，而通常只被视作隐忍的外族——其中一部分人受欧洲统治者赋予的特权保护，虽然这种许诺性质的保护维持不了多久。不过近距离观察后，人们愈发拥有一种感觉，那就是基教徒和犹太人各自信奉的"圣经"存在部分重合，也只有他们对重合部分的解读看上去才争议重重。由此造成了基督教一方在限界和寻求转变之间的长期的分裂。一方面，犹太人被认为是"顽固不化"的，因为他们拒绝承认基督教的救赎真理，而且因此被栽赃对基督教犯下了各种罪行。另一方面，人们认为，通过对犹太人实行相应的措施，可以促使他们转信基督教。

在纳粹统治时期，人们对待犹太人的方式有了变化。虽然纳粹利用了人们反犹的仇恨心理，但是在纳粹意识形态中，对反犹主义趋势的利用却远远超出了宗教领域，也就是说，宗教只是纳粹分子的一个幌子。1941 年颁布的《警察条例》只是法律措施和非法律措施长链条上的其中一环，纳粹分子的最终目的在于竭尽所能地将犹太人赶尽杀绝。1933 年 1 月 30 日，"犹太人清理程序"在纳粹夺取政权后不久就启动了。1933 年 4 月 1 日，纳粹分子号召封锁犹太人商店，以及犹太人律师事务所和诊所，它们被贴上了画有大卫星的海报，以表明其产业属于犹太人。几天过后，也就是 4

月 7 日，纳粹颁布了第一条法律规定，并为其取了一个冠冕堂皇的标题——《关于重新制定公职人员终身制的条例》——它真正的目的是将犹太人和政治上不受欢迎的公职人员驱逐出国家体制。在社会公开职位招聘方面，求职者必须出具"雅利安证明"，以证明其双亲和祖父母的"雅利安"出身。不过也存在各种特例，譬如老资格的公职人员、第一次世界大战的参与者或在战争中牺牲士兵的亲属被允许入职，不过在将不受欢迎的群体排斥在外的同时，条例还通过更新大批支持纳粹党的公职人员岗位，实现了政府机构的大范围"同步"。进一步剥夺犹太人公民权的决定性措施要属 1935 年出台的《纽伦堡法案》。法案正式对犹太人下了定义，即根据纳粹思想什么样的人应被视为犹太人；此外法案还将诸如"纯犹太人、半犹太人和四分之一犹太人"等新血缘关系"类型"引入了语言和法律系统。这种充满恶意的意识形态核心是"为了保护德意志血统和德意志光荣的法律"，它禁止犹太人与雅利安人通婚，也不允许双方有私生关系。有"犹太姻亲"关系的人相互之间或与雅利安人结婚要遵守严格的规定。《帝国公民法》只将那些"拥有德意志血统或拥有与德意志相关血统的人"定义为"德国公民"。

在此之后，犹太人以及被定义为犹太人的人遭受了法律上的蛮横对待，他们很快被要求在外表上进行标识以示与其他人的区别。1938 年，其他对犹太人的措施不胜枚举，它们的共同目标是将犹太人从德国的职业生活中排挤出去，在社会层面上将他们孤立起来。根据 1938 年 8 月 17 日颁布的一项条例，犹太人必须在他们的名字上添加一个"典型的犹太"名字〔从 1939 年初开始，如果之前没有的话，犹太男性的名字必须加上"Israel"（伊斯雷尔），女性的名字必须加上"Sara"（扎拉）〕。10 月，犹太人被要求上交护照，或者在护照上标记一个红色的"J"。不久之后就发生了臭名昭著的"水晶之夜"事件，这一系列针对犹太人的袭击事件还使不计其数的犹太会堂和其他犹太建筑遭到了破坏，犹太人在德国的生存面临着重重威胁。

此后德国还实施了更多差别对待犹太人的措施，最晚到 1939 年 9 月 1 日"闪电进攻"波兰，德国也没有顾及其在国外的名声而有所收敛。1941 年 9 月 1 日实施的《警察条例》已经直接导致在德国的犹太人被有组织地驱逐进德国在东欧占领区建立的集中营和劳动营，它们在条例颁布后一个月就建成了。活着走出集中营和劳动营的人接着被转移到灭绝营，绝大部分人在那里被杀害。从有目的地将犹太人排斥和驱逐出德国到灭绝整个欧洲犹太种族的决定性转折正是发生在这一时期。在 1941 年 6 月进攻苏联后不久，德国就作出了对东欧犹太人进行大屠杀的重要决定。同年 10 月，禁止犹太人离开德国的命令张贴在了醒目的位置，这意味着从那时起这些犹太人就被纳入了纳粹政权的全面灭绝计划。1942 年 1 月 20 日召开的万湖会议（Wannseekonferenz）常常被视作纳粹分子所称的"最终解决办法"，即大屠杀开始实施的信号，而事实上这次会议只是从技术角度制订了大屠杀的实施计划。

纳粹分子的反犹种族主义基础主要形成于 19 世纪。启蒙运动之后，犹太人在 18 世纪开始享有与国民相同的平等待遇：随着巴登大公国于 1807 年、普鲁士于 1812 年、巴伐利亚于 1813 年颁布《犹太人法案》（Judenedikt），犹太人开始逐步实现平权。不过后来改革陷入停滞，职业禁令仍继续存在。巴登在 1862 年首先实行全面平权，包括普鲁士在内的北德意志邦联在 1869 年也颁布了同样的法令，相关规定在 1871 年由普鲁士主导建立的德意志帝国也得到了延续。不过另一方面，尤其从 19 世纪中叶开始，各种生物学理论愈发受到人们的追捧，比如提出通过测颅法可将人

434

类划分为不同的人种。这些理论很快被进一步论证和阐释，以达到确定高等人种和劣等人种之间存在质的差别的目的。例如理查德·瓦格纳的女婿、英国人休斯顿·斯图尔特·张伯伦（Houston Stewart Chamberlain）就认为德国人是雅利安人，比劣等的犹太人更高贵。由此，犹太人被冠上一切污名，在主要由基督教发起的长达几个世纪的反犹历史中留下了深深的印记。

435

随着反犹种族主义的出现，德国人对犹太人的仇恨情绪从根本上达到了一个新高度。成为犹太人已不再是一个宗教问题，而意味着犹太人不容改变地被归为了"低贱且危险"的人种。在种族主义者看来，人种的混杂是尤其危险的。随着这些思想的进一步发展，20世纪初德国提出了种族优生计划（优生学），旨在保护自己的种族免受外族的影响，或者通过有针对性的"选种"改善自己种族的品质。在纳粹主义思想体系中，这些以伪科学为基础的各种元素相互混杂在一起，形成了一种残暴无人性的意识形态，最终导致了一场有组织的大屠杀。希特勒在他所著的《我的奋斗》一书中也承认了这种难以理解的矛盾思想（见第68章"希特勒的《我的奋斗》"）。

*

在希特勒12年的统治生涯中，纳粹主义空前绝后地执行了种族灭绝政策。除了犹太人之外，还有不计其数的其他"被排斥"的少数群体被杀害，其中包括被当时的德国人称为"茨冈人（Zigeuner）"的吉普赛人/罗姆人、同性恋者、身体和精神残障者，以及按照纳粹主义恶意的种族思想被剥夺生存价值的人。他们中的大多数死于毒气室，许多人死于严重的肺痨和看守人员的粗暴对待，或者死于在他们身上进行的医学人体试验。有多少人在试图移民和逃亡的过程中，或者通过自杀失去了他们的生命，人们已永远不可能知道。据估计，纳粹掀起的这场大屠杀（Shoah，希伯来语）仅在欧洲范围内就造成了约 600 万犹太男性、女性和儿童的死亡，其中超过 100 万人在奥斯威辛集中营被杀害。

只有少数犹太人在德国幸存了下来，比如英格·朵伊什克翁（Inge Deutschkron），她和母亲一起藏起来，幸运地活了下来，她在讲述自己的经历时说，她们的"犹太星"也让她们拥有了离别的问候、腼腆而友好的姿态，甚至尝试参与或帮助他人的勇气——它仍然是残酷现实中绝对的例外。

充当

宣传工具

的

广播电台

*Rundfunk im Dienst
der Propaganda*

071

国民收音机

这是 1933 年制成的初代产品——VE 301 型国民收音机——政府通过它对民众宣传纳粹思想。

437

　　到德国纳粹党把"国民收音机（Volksempfänger）"这个概念窃为己有之前，罗意威公司（Loewe）早在 1926 年举办的大德意志无线电展览（Grosse Deutsche Funkausstellung）上就已经推出了名为"人民广播接收机"的产品。截至 1932 年，这个机型已经售出超过 100 万台。飞利浦在 1929 ~ 1930 年间也推出了自己的"国民收音机"型号，试销后却不幸宣告失败。到 1933 年时，在德国只有四分之一的家庭能够拥有一台收音机，而买得起收音机的工人家庭只有十分之一。

　　纳粹分子在 1930 年就已经发现了无线电广播作为大众媒体所具有的潜力。为此，希特勒在 1932 年夏天明确表达了对弗朗茨·冯·巴本（Franz von Papen）内阁的宽容，并从纳粹党进入议会以来，就依赖广播发动宣传攻势。1933 年，让纳粹党感到失望的 3 月选举结束后，约瑟夫·戈培尔作为受到指派的纳粹帝国宣传部部长，声称广播必须"为政府拿回失去的 48% 选票……然后我们就能拥有并守住 100% 的支持率……谁也跑不掉"。

　　收音机只有足够便宜才有可能完成扩大广播覆盖率的目标。在纳粹德国宣传部建立后不久，1933 年 3 月政府便发起了这一倡议。在当时，人们认为这是戈培尔所为，不过此事并没有确凿的证据。收音机应该结实耐用，并且保证能够收到本区相应的电台，以及设在柏林周边的科尼希斯伍斯特豪森（Königs Wusterhausen）的德意志广播发射台发出的信号。此外也是最重要的一点，收音机的售价不能超过 70 ~ 80 帝国马克。对于这个需要在良好性能和更低价格中间作出妥协的招标要求，只有三家厂商作出了回应。而在三家厂商中间，纳粹政府最终选择了位于柏林的格奥尔格赛布特公司（Georg Seibt），该公司的总设计师名叫奥托·格里辛（Otto Griessing），是个爱穿纳粹冲锋队制服的冲锋队队员。收音机的电木外壳早在 1928 年就由工业设计师瓦尔特·马利亚·克斯廷（Walter Maria

Kersting）设计完成，而本来应该放置公司标志的位置，则被换成了一个被"环形声波"围绕的、张着大嘴的鹰头。此外自 1938 年起，按照戈培尔的指示，标志中加入了纳粹标志。

438

1933 年 6 月，国民收音机的价格终于定了下来——76 帝国马克。不过，这是艰苦角力的结果——德律风根公司（Telefunken）将电子管供货价格砍掉一半、放弃收取绝大部分专利使用费，并由国家广播电台负责新机器的广告推广，以及经销商降低了利润幅度。国民收音机的生产工作，按份额分配给了各生产商。以 1933 年 8 月在柏林举行的国际广播展为舞台，各方为该机型面世投入了大笔宣传费用。新型 VE 301 型收音机在展会上重磅推出——这个型号的命名来自纳粹夺取权力的日子"1 月 30 日"。希特勒视察展览会时也观看了这台收音机，有感于这台新型国民收音机的力量，戈培尔模仿拿破仑将报刊称作"第七大强国"的论调，在这次展览会开幕式的讲话中将广播事业称为"第八大强国"，并宣布了自己"让德国听广播的人翻一番"的宏伟目标。

实际上，"VE 301"推出了一个配置不同的收音机系列：根据不同地区的需要，分别有交流电和直流电版本，还有售价为 83 帝国马克的电池供电版，毕竟当时德国还有大约三分之一的人口没用上电。产品中少部分用橡木做外壳，其他大部分用胶木做外壳，以酚醛树脂制成，这也是第一种实现工业生产的塑料。从外表上看，这款收音机是个黑色的圆角方盒子，尺寸就像立起来放的大号鞋盒一般。收音机上部基本上被一个圆形的扬声器占满了，扬声器口上绷着布料。扬声器下面是一个倒置的 U 形带状装饰，在它的顶部弯曲处是一个扇形频率表。机器底部横向排列着三个圆形旋钮开关。中间开关的上方是收音机的商标以及型号"VE 301"。

对于这款收音机的产量，其实存在巨大争议，而这并不为外界留意。

439

出于政治目的，预计生产的收音机数量可能有 50 万～100 万台，不过生产商们担心其他品牌收音机的销售就此毁于一旦，故先生产了 10 万台。后来迫于政治压力，他们才不得不屈从，并于 1935 年同意生产 100 万台的计划。事实上，初期阶段所获成功"极其巨大"［萨克维茨（Sarkowicz）语］：1933 年头两次在展览上亮相时就卖出了数千台，到 1934 年 2 月时销售量大约是 60 万台，1935 年 8 月则达到了约 150 万台。

这种售价较低的收音机满足了大量的要求，并在一定程度上挤占了品牌收音机的市场份额。然而对当时大部分人，特别是工人群体来说，这个价格他们依然无力支付，毕竟这相当于月平均工资的一半。听广播的人当中只有十分之一能够通过社会福利免去费用负担。因而在政府内部曾有一种比较中肯的评价："我们的广播现在还没法覆盖到每周取酬的那一大群人。"［柯尼希（König）语］通过分期付款方式，收音机的销售自 1934 年初起"确有起色"，但是就算戈培尔的宣传部门主导了广告攻势，首付款 7.25 帝国马克，18 个月分期付款，每期 4.4 帝国马克的价格让这种收音机"仍旧完完全全是中产阶级的物件"（柯尼希语）。

1936 年底，《人民观察家报》（*Völkische Beobachter*）刊发了呼吁将收音机价格降到 50 帝国马克以下的文章。1937 年的广播展上，标准型号收音机价格从 75 帝国马克降到了 59 帝国马克，不过真正的"突破性进展"其实是展后受托投产的、更加便宜的一个机型，经过改进后，它的价格降到了 30～35 帝国马克。这种小型"国民收音机"被戈培尔取名为"德意志小型收音机"，加上定型年份后简称"DKE 38"。没过多长时间，民间就把这个机型叫作"戈培尔的嘴巴"，它既能用交流电也能用直流电，扬声器得到改进，频率窗还加了背光，总之是取得了巨大成功。截至 1939 年，这一机型共销售了 90 万台，至 1943 年停产前共生产了 280 万台。对于

90% 的购买者来说，"DKE 38"是他们的第一台收音机，而他们也就成了广播收听费的缴纳者。缴费的人数持续大幅上涨，从 1932 年的 420 万人上涨到了 1939 年的 1200 万人，到 1943 年时已经超过了 1600 万人。对于戈培尔和他的宣传部门来说，这带来了某种意义上一个不错的副作用，毕竟每个收听者每月缴纳 2 帝国马克的话，收来的收听费可就不是一笔小数了。

即使市场上可供选择的品牌机型繁多，不过在强大的竞争压力下一方面提高质量，一方面降低价格，"DKE 38"在 1933 ~ 1939 年间的销售量也达到了每年 100 万台左右（柯尼希语）。而在国际市场上，德国收音机并没什么特殊地位，美国品牌才是主宰。1940 ~ 1941 年，美国社会的广播覆盖率已经达到了 80% ~ 90%，而且很多家庭已经开始购买第二台收音机。即使德国家庭拥有收音机的比例从 1933 年的 25% 上升到 1941 年的 65%，可还是比不过其他一些欧洲国家。根据 1941 ~ 1942 年的统计数据，德国广播收听者的比例排在瑞典和丹麦之后，位列第三，超过了英国和瑞士。但这是因为并没有其他哪个国家为了如此庞大的宣传工作而推广收音机，"即使是纳粹党自己……也对他们努力得来的结果感到失望"（柯尼希语）。

除了"VE 301"和"DKE 38"的推广外，纳粹德国还在 1935 年推出了专门在企业中和大型活动上集体收听节目的"一线工作用收音机"。它的型号被定为"DAF 1011"，因为希特勒上台后于 1933 年 11 月 10 日在柏林的西门子工厂首次发表了对工人的讲话。除此之外，政府还计划在人口数量超过 12000 人的城市分别设立 6000 个广播喇叭柱，用来转播重要的广播消息。这种喇叭柱计划做成类似广告柱的样子，分为带钟和不带钟两种。不过，这个计划借着在布雷斯劳举办竞技体育节之际建成头 100 个之后就成了镜花水月。为了实现戈培尔"第八大强国"所准备的基础设施也

440

同时正在建设，不过随着战争爆发，收音机的生产工作也失去了原有的优先地位。

"收音机型号的统一性和广播节目的统一性是相辅相成的"（柯尼希语），因此 1933 年德国广播转播了数十次希特勒的演说，还有各类纳粹党的庆祝活动，它承载的政治功能过大，以至于戈培尔这个宣传部部长知道之后都吓了一跳。长期以来，广播发射台就已经收归国有，其中最重要的工作人员都经过了更换，或被送进了"纳粹培训班"，这样一来广播电台的"主要任务"——按照 1934 年科隆帝国电台的描述，"要让德国人作好一旦元首来到人民中间时对他们发表讲话，就能随时收听广播的准备"。（引自萨克维茨）每日播音时长从 1933 年的 14 个小时延长到 1938 年的将近 20 个小时，娱乐和音乐节目是广播节目的特色，带有宣传色彩的语言类播音或多或少地被"嵌入其中"。其中一档名叫《多彩的夜晚》（*Bunte Abende*）的节目特别受听众的欢迎，而像 1936 年柏林奥运会这样的盛会则成了当时广播事业的亮点。当时共有 20 辆信号转播车、几百名工程师投入其中，向全世界播发了近 3000 条广播消息。

1935 年 10 月起，纳粹党一纸禁令，不准再播放所谓的"黑鬼爵士乐（Nigger-Jazz）"。不过这条规定并没有严格落实，结果有些爵士乐改名换姓之后，继续以舞曲的身份保留了下来。纳粹统治时期，最受欢迎的电台节目是战争爆发后第二个月开始，每周播送一次的联邦国防军点播音乐会。不过这个节目在 1941 年 5 月时停播了。

有一个言之凿凿的传言，即所有型号的国民收音机都设计成接收不到外国广播台发射的信号。其实收听外国电台只是被严格禁止。至于在战争时期，有多少德国人收听了外国广播电台专门针对德国播送的"特别节目"——例如英国广播公司（BBC）——这个数字只能去估算了，但肯定比德国人战后透露的数字要低得多。他们自称，战前有 20% 的德国人收听过外国电台，战争期间有 50%，不过"最有可能"的数字也就是几百万人。[引自亨斯勒（Hensle）] 托马斯·曼在 1941 年 8 月通过 BBC 向德国人发表讲话称："守在收音机前'静静地听'，是对希特勒恐怖统治在精神层面上的一种反抗举动。"当然了，绝大多数听众收听外国电台也仅是出于"渴望信息的饥饿感"（亨斯勒语），跟这种反纳粹的"主旋律"并没有多大关系。

*

海因里希·伯尔（Heinrich Böll）的父母也曾拥有过一台第一代"国民收音机"，根据海因里希的兄弟阿尔弗雷德（Alfred）的回忆，这台机器是他们的大哥阿洛伊斯（Alois）在 1934 或 1935 年买的。

海因里希·伯尔（Heinrich Böll）当时 15 或 16 岁，是个优秀的高中生，向往成为一名作家，后来梦想成真。在遗物中，人们发现了他在 1938 年被征召参加劳役时的"纳粹信条"，这体现了他的政治态度。它看上去显得既愚蠢又讽刺，"以最苦涩的方式侵犯了那些虔诚忏悔的人们"[福姆韦格（Vormweg）语]："我相信元首，相信这位德国人全能的父亲、第三帝国的缔造者，帝国将成为永恒。"然后是戈林、戈培尔和纳粹党的一些呼吁，结尾写道："我不相信死人能够复生，也不相信有来世。"即便现在依然不能确定这篇文字是否伯尔独自写成，但在他透过 VE 301 型国民收音机播出的反纳粹宣言和其自身对纳粹的"信仰"之间已然呈现了最巨大的矛盾。

对
纳粹主义
的
反抗

Widerstand gegen den
Nationalsozialismus

072

乔治·艾尔塞的工作台

在乔治·艾尔塞位于科尼希斯布龙手工作坊的这个工作台上，他花了一年多的时间精心制作了暗杀希特勒的那枚"定时炸弹"。

在这张家用木工刨台（工作台）上，乔治·艾尔塞（Georg Elser，1903 ～ 1945）开始了他暗杀行动的准备工作。他在 1938 年秋以后就决定"将希特勒炸死"。所有准备工作都在地下进行，面对别人的疑问他解释为正在进行某种"发明"。只有一次，那是在 1939 年 8 月，当他不得不作进一步解释时，他用施瓦本方言回答道："在政府被炸上天之前，俺们在德国不会过上更好的日子，有更好的前途。俺还跟你说，俺就在做这件事，正在做。"这是乔治·艾尔塞儿时的好友欧根·劳（Eugen Rau）后来在受访时的描述。他说，两人告别时艾尔塞还补充了一句："哎，烂肚里头，千万别跟别人说！"

乔治·艾尔塞的身世背景并不复杂，作为长子的他出生于一个普通的家庭，他的父亲是黑尔马林根（Hermaringen）的一名农场主和木材商。乔治·艾尔塞曾就读于海登海姆市（Heidenheim）的科尼希斯布龙镇（Königsbronn），他短期地学过车工，之后又受过木工培训，在博登湖畔和瑞士的很多企业中工作过。1937 年春，他重返老家科尼希斯布龙。在那里，这名酷爱手工制作的爱好者将他挣得的第一桶金投入工具制作，并建立了一个小规模的手工作坊，自然也必须为其配备一个工作台。他以细木工自居。在别人眼中，他是一个安静、有些不合群、有时沉默寡言的独行者。不过他具有敏锐的观察力、善于倾听、有自己的想法并因此得出结论：在纳粹推行军备政策期间，工人的境况会越来越差，想要自主地更换工作岗位也将变得越来越难，国家干预儿童教育，宗教信仰自由也受到了限制……这些事实他没法视而不见。他并不是纳粹主义的拥趸，因而他在自己的社交圈子中显得有些不入流：据后来的人说，有一次他离开了正在一起收听"元首"讲话电台转播的房间，没有行纳粹礼。

1933 年以前，乔治·艾尔塞曾是工会成员，因为他认为工人就应该进入工会，他支持德国共产党（KPD），因为他将其视为自身利益的代表，他在 25 岁时加入了"红色阵线战士同盟（Roter Frontkämpferbund）"。不过除了战士同盟以外，他没在任何一个组织如此全身心地投入过，他在那里还与人合奏齐特琴（Zither）或其他乐器。他对政治并没有表现特别的兴趣，虽然也偶尔收听莫斯科广播电台的德国转播，却不经常看报纸。

"我是在 1938 年秋决定暗杀希特勒的"，他在接受审讯时这样说道。当时纳粹独裁的军事扩张已经开始，《慕尼黑协定》（Münchner Abkommen）的签订使得阻止又一场大战在欧洲爆发变得艰难。乔治·艾尔塞预感到"德国将……吞并其他国家，因此一场战争不可避免"。当他在 1939 年 11 月接受审讯时说出这番话时，他害怕的事情其实早就发生了：9 月 1 日，德国开始对波兰发动"闪电袭击"，从 9 月 3 日开始，德国已作好了与法国和英国开战的准备。

在决定暗杀希特勒后，乔治·艾尔塞全身心地投入了这项行动。1938 年 11 月 8 日，他考察了慕尼黑的贝格勃劳凯勒啤酒馆（Bürgerbräukeller），每年的 11 月 8 日，纳粹党的"老战士们"都会在那里集会，以纪念希特勒于 1923 年 11 月 8 日在同一地点发动的"啤酒馆暴动"，希特勒每年也会在集会中发表讲话。乔治·艾尔塞打算将他制作的定时炸弹埋入演讲台后方的柱子内，以便炸死"希特勒和纳粹党的头目"。与此同时，他还确定了一条逃跑路线，决定在暗杀行动结束后逃往瑞士。他从供职的公司中偷出火药，在 1939 年 4 月再次前往慕尼黑，以落实进一步的细节工作。为了获得爆破技术的经验并制作雷管，他换了一份采石场辅助工人的工作。他还精心制作了定时引信，并在他父母一处偏僻的花园中进行了试爆。他变卖了一些家当，有了 350 ~ 400 帝国马克的积蓄，作为 8 月前往慕尼黑实施计划的旅费。

445

　　8 月和 9 月，他分别寄宿在慕尼黑的两户家庭旅馆中，每天傍晚就像普通客人那样走进贝格勃劳凯勒啤酒馆。他在那里秘密地工作了 30 ~ 35 个夜晚，只在一盏昏暗的台灯下，坚持不懈一点一点地将他准备埋炸弹的木头柱子挖空，以及一步步完善他的"定时炸弹"。他的炸弹设计得十分精密，以至于直到他在牢房原样复制了那枚炸弹，调查人员才相信他确实是自己设计的。11 月 5 日，他完成了最后的冲刺，并解决了最后一些问题。当晚，他将定时炸弹的爆炸时间设定在了 11 月 8 日晚上 9 点 20 分。当他第二天带着膝盖擦伤离开慕尼黑时，他几乎花光了所有的积蓄。他前往斯图加特向他的姐姐借了 30 帝国马克，于 11 月 7 日小心翼翼地回到了慕尼黑，以便在他 11 月 8 日动身前往康斯坦茨前确保万无一失。

　　炸弹爆炸前的 35 分钟，乔治·艾尔塞被两名正在收听收音机里希特勒讲话的海关官员控制了起来，逮捕他的原因只是由于他"过境"所需的证件过期了——这是这个技术完美主义者的一大疏忽。海关官员当时并没有意识到在他身上搜出的雷管正是接近午夜由电报员播报的那起爆炸案肇事者亲手制作的。爆炸现场非常惨烈：演讲台上方的柱子连同部分天花板被炸塌，现场约 200 人中有 8 人被炸死，其中包括 1 名酒馆女招待；另有 63 人在爆炸中受伤，其中 17 人重伤。假定希特勒没有为了赶上返回柏林的专列，而反常地在晚上 9 点 7 分就结束了讲话，世界历史有可能因此被彻底改写；当天的天气状况不允许飞机起飞。根据戈培尔日记的记录，列车在经停纽伦堡车站期间，希特勒听说了这起"无疑由伦敦炮制的"暗杀事件。纳粹政府当即成立了特别委员会，悬赏 50 万帝国马克捉拿凶手。所有德国报纸在 11 月 11 日都刊登了通缉令，通缉令对嫌犯的描述诸如"据称是手工业者……身高 1.65 ~ 1.7 米，年龄 30 ~ 35 岁，中等身材，深色头发后梳"等。在刚开始接受审讯时，乔治·艾尔塞拒不认罪，后在 11 月 14 日全盘招供。11 月 21 日，关于此次暗杀行动的细节被曝光，媒体使用了"暗杀者叫英国"和"元首奇迹逃生"的大字标题，群众受到了很大的"触动"，学校的师生们纷纷合唱起了《感谢颂》。

直到最后，希特勒和戈培尔都坚定不移地认为英国特工是这次暗杀行动的幕后操纵者。他们下令连续数日审问和严刑拷打乔治·艾尔塞，让他招出幕后指使者。最后，乔治·艾尔塞作为"特别囚犯"被送往萨克森豪森集中营（KZ Sachsenhausen）单独关押，并由固定士兵看守，1945 年春之后被转移到达豪集中营（KZ Dachau）；他承认自己有一把齐特琴和一个带有一个木工刨台的手工作坊。第二次世界大战结束前，纳粹计划对他进行公开审判。就在美军解放达豪集中营的 20 天前，乔治·艾尔塞被"最高层"——据猜测是希特勒本人——下令于 1945 年 4 月 9 日处死，尸首不知葬在了何处。

1939 年 11 月底，新闻媒体停止了关于这次暗杀事件的报道。乔治·艾尔塞因此开始被诽谤，称"纳粹时代还应延长几十年"［施泰因巴赫（Steinbach）与图赫尔（Tuchel）语，2010］。他的家人被"牵连"长达数月，他的侄子不被允许升入任何一所学校，一场寻找乔治·艾尔塞资助者和知情人的行动在"暗杀者之家"的邻居中间展开。

乔治·艾尔塞的暗杀行动是一次耸人听闻的个别事件。除了 1944 年 7 月 20 日，以上校克劳斯·冯·施陶芬贝格伯爵（Graf Claus von Stauffenberg）为首的同党发起的刺杀希特勒和推翻纳粹政府的行动之外，几乎没有任何一次针对希特勒的刺杀计划能像乔治·艾尔塞的暗杀行动一样如此接近成功。虽然在纳粹统治期间一直存在规模或大或小的政治、宗教或其他反抗团体，不过它们之间却几乎没有联系，更谈不上联合采取什么行动了。共产党人、社会民主党人和工会成员在地下开展工作；保守党

446

人、自由党人，包括一些科学家秘密会面；个别宗教人士可以利用特权公开反对纳粹分子滥用权力；年轻人通过分发传单的方式表达抗议，也存在或多或少以民主形式发出的反对声音。当然所有这些都只是特例，绝大多数德国人拥护希特勒，并且在很长时间内都非常敬佩他。因此针对希特勒的暗杀行动被曲解为"天意"。

乔治·艾尔塞是最坚定反对纳粹独裁的抗议者之一。"少数曾经反对纳粹独裁统治的人长期无法摆脱对'背叛'的仇恨。对于 1944 年 7 月 20 日发生的密谋行动也是一样。"（施泰因巴赫与图赫尔语，2010）尽管二战后，带有反对观点的学术争论开始出现，不过直到很长时间以后，大众——那些认为"要坚定地服从希特勒"的人（施泰因巴赫与图赫尔语，1994）——才普遍认清了事实。1950 年代末，德国司法界总算接受了"7·20 反抗行动"，不过广大德国公众仍远远不能接受。在这种情形下，要评论一个不属于任何组织的个人行为就更加困难了。尤其一名有声望的狱友和牧师，即马丁·尼莫拉（Martin Niemöller）声称，乔治·艾尔塞是纳粹和党卫军的走狗，暗杀行动是受他们指使。针对这些说法，乔治·艾尔塞的母亲在 1946 年后辩称，纳粹的鼓动性宣传和后来这些"恶意中伤的流言蜚语"才是导致她儿子行动失败的罪魁祸首。（引自施泰因巴赫与图赫尔，2010）

*

乔治·艾尔塞的行为"是一种挑战——不仅对于他的家乡如此，对于德国公众来说也是如此，因为他的所作所为让许多德国人感到羞愧"［奥特纳（Ortner）语］，因为他们认为，以他们自己的力量根本无法同国家的势力相抗衡。二战期间，当人们在啤酒馆里聊起乔治·艾尔塞暗杀希特勒事件时，他们可能会低声地说，除了因此死去和受伤的人之外，现场还有"6000 万具被烧焦的尸体"呢。二战结束之后，认为乔治·艾尔塞是纳粹"工具"的说法占了上风。直到当年的审讯档案于 1964 年被发现、鉴定 [霍赫（Hoch）语，1969] 和公开 [格鲁霍曼（Gruchmann）语，1970]，真相才浮出水面，不过得出科学的结论却花了更长的时间。虽然乔治·艾尔塞在 1978 年被认定为"希特勒真正的反对者" [约瑟夫·P. 施特恩（Joseph P. Stern）语]，1989 ~ 1990 年被评价为"孤独的暗杀者" [彼得·施泰因巴赫（Peter Steinbach）语]，但是格鲁霍曼认为，赫尔穆特·科尔（Helmut Kohl）在 1994 年发表的纪念讲话在德国公众中间造成了"真正的裂隙"。

1999 年，也就是重新审视乔治·艾尔塞暗杀希特勒事件的 50 周年，有人声称，乔治·艾尔塞既看不到纳粹政权的不公正性，也预见不了战争的不可避免性，造成无辜者死亡的暗杀行动是不道德的 [弗里策（Fritze）语]。这种说法被有力地还击了：尽管不是有意，但这种论调基本上把乔治·艾尔塞与恐怖分子画上了等号，它"减轻了"随波逐流者和所有不敢抗争之人的负罪感，"同时宣布那些敢于抗争的人不具有正当性"（施泰因巴赫与图赫尔语，2010）。

073

任性

的

国家权力

Staatliche Willkür und Anmaßung

这个作为"巴伐利亚斩首机"在 1854 年一次司法改革中引入的断头台，在 1945 年以前一直为慕尼黑施塔德尔海姆监狱所使用。

"废除死刑", 1949 年出台的德意志联邦共和国《基本法》第 102 条简单明了地这样描述道。1987 年 7 月, 民主德国宣布废除死刑。死刑的出现要追溯到"同态复仇"的远古思想和"以牙还牙, 以眼还眼"的摩西晓谕。随着历史的发展, 死刑的执行方式根据它所造成的侮辱和痛苦程度的不同而各不相同。1532 年颁布的《查里五世刑事法院条例》(Die Peinliche Gerichtsordnung Karls V) 是德国首部刑法典, 它主要规定了 8 种死刑的执行方式。直到二十年以后, 腓特烈大帝才对此条例的应用作了限制 (1743); 又过了二十年, 也就是 1764 年, 意大利法学家马库斯·切萨雷·德·贝卡利亚 (Marquis Cesare de Beccaria) 出版了《论犯罪与刑罚》(Von Verbrechen und Strafen), 不久之后就出版了各个版本的德语译本。《论犯罪与刑罚》一书提出了刑法人性化和几乎完全废除死刑的要求。它被认为是一种死刑反对者的"宣言", 不过当时的政府并没有采纳。然而当用其他惩罚措施替代死刑时, 还远远不能说囚犯可以免于一死。例如 1787 年, 奥地利颁布了主要针对在多瑙河沿岸拉船 (纤夫) 的处罚条例, 遭受此项处罚的囚犯通常不久后就会丧命。伊曼努尔·康德 (Immanuel Kant) 坚决反对贝卡利亚的观点, 明确支持死刑, 不过他同时也提出, 在执行死刑时必须避免"虐待"犯人。

18 世纪下半叶的德国, 对被处以死刑的犯人执行死刑还没有特定的流程。从 19 世纪开始, 德意志各邦颁布的刑法典都要求以"斩首"的方式执行死刑, 只是具体的执行规定各不相同。1849 年制定的《圣保罗教堂宪法》(《德意志帝国宪法》) 第 139 条计划废除死刑, 然而只是昙花一现。只有不来梅、奥尔登堡和萨克森保留了废除死刑的条款。1870 年 3 月, 帝国议会以悬殊的表决结果通过了废除死刑的提案, 不过决议在 5 月又被推翻, 原因在于邦参议院和它背后的大多数德意志诸侯支持死刑。从 1871 年 1

月 1 日开始,德意志帝国内犯谋杀和其他严重军事犯罪行为的人将被判处死刑;对于死刑的执行首先要遵循各邦的法律,枪决是第二选择。普鲁士国王威廉一世在 1868 ~ 1878 年间从未下达过任何处决命令,巴伐利亚则在 1868 ~ 1880 年间执行了 7 次死刑。根据从 1882 年开始的帝国刑事犯罪统计,直至第一次世界大战结束,德国每年判处 34 ~ 76 起死刑,其中执行 15 ~ 25 起。魏玛共和国每年判处的死刑为 39 ~ 149 起,其中执行的为 1 ~ 36 起,这两个数据从 1925 年开始明显下降。

随着纳粹分子的上台,这种情况发生了变化,"从来没有在如此短的时间内判处如此多的死刑"[韦泽尔(Wesel)语]。判处的死刑大多被执行了。此外有关处决的统计也愈发不可靠;1952 年对德国各联邦州最高检察长的一次问卷调查显示,1940 ~ 1945 年间,德国共执行了 3069 起死刑判决。而根据 1989 年德国联邦司法部的估算,在纳粹统治期间共判决了 16000 起死刑,其中被执行的超过四分之三;此外由军事法庭判决的死刑至少有 25000 起。

在西占区,盟军处死了 750 名曾在纳粹统治时期犯下罪行的人。1949 年以前,德国法庭宣判了 125 起死刑,根据可查明的数据,其中被执行的可能只有 23 起。[引自达克斯、迪辛(Dachs, Düsing)]1949 年 2 月 18 日在图宾根(Tübingen)、1949 年 5 月 11 日在位于柏林雷尔特大街(Lehrter Straße)的监狱,最后一批抢劫杀人犯被执行死刑。不过由于当时柏林被苏美英法四国分区占领,《基本法》的适用性受到了限制,死刑在 1989 年 3 月 14 日才在柏林被正式废除;理论上在那之前,西方盟国仍可以判处死刑。

在当时的苏占区,即民主德国,被处死的人数并没有确切的统计,不过据推测,苏占区实际被处死的人数可能高于西占区被处死的人数;直

451 至 1987 年，民主德国判处了约 200 起死刑，其中约 130 起被执行。1981
年 6 月 26 日在莱比锡监狱，民主德国最后一起死刑被执行。死刑犯韦尔
纳·特斯克（Werner Teske）是民主德国国家安全部的一名上尉，他以筹
划并"成功"开展间谍活动，以及企图叛逃的罪名被判处死刑。民主德国
在 1968 年不再使用断头台执行死刑，从那之后执行死刑的流程为：囚犯进
入执行区域，在听到"赦免申请被驳回，对您的处决将被立即执行"的话
之后，被人用带有消声器的手枪从后方击毙。对韦尔纳·特斯克的判决因
不符合法律规定，于 1993 年被撤销。由于对韦尔纳·特斯克的死负有连带
责任并有枉法（或帮凶）行为，民主德国军事法庭法官和检察官在 1998 年
被判处 4 年有期徒刑。

也许没有一个博物馆陈列物品能比一个断头台更能震慑观看者的
内心。前面提到的柏林断头台被德国历史博物馆收藏，但没有在那里展
出；图宾根断头台被路德维希堡判决执行博物馆（Strafvollzugsmuseum
Ludwigsburg）收藏。1937 年以后，这两个断头台被搭建在柏林泰格尔监
狱（Berlin-Tegel）。德国最后制造的断头台从未"被使用"：由于在当时
的法占区没有这样的"处决机器"，为了处决 1947 年因谋杀两名儿童被判
死刑的女犯人而特制了一台断头台；不过它再也没能派上用场，因为当它
制作完成时，《基本法》也刚刚通过；这起死刑判决因此被改判为"终身监
禁"，那名女囚犯在 1970 年，也就是在她 80 岁时被赦免。

每当新发现一个断头台，它总能引发极大的轰动和震慑人心的惊恐情
绪。当人们听到有关图中断头台的来历时，就更是如此了。据说，在 1945
年 4 月美军攻入慕尼黑前夕，这个断头台计划同 45 名死刑犯一起被从慕尼
黑施塔德尔海姆监狱（Justizvollzugsanstalt Stadelheim）转移到施特劳
宾（Straubing），不料在途中被狱卒扔进了多瑙河中；后来甚至动用潜水

员进行搜寻，却一无所获。这个断头台于 1974 年被巴伐利亚国家博物馆
（Bayerisches Nationalmuseum）收藏，它的来龙去脉未被研究，继而没
有引起人们的注意。

2014 年 1 月，媒体的一篇报道引发了轰动："那个在 1943 年处死朔尔
兄妹①、已被人遗忘的断头台重见天日了。它已经在巴伐利亚国家博物馆的
储藏室里待了整整四十年。"（法新社）在一番周密的调查后，传闻得到了
确认：它不仅极有可能是当年处决朔尔兄妹的那个断头台，还有可能是德
国现存最古老的、被德国司法系统使用最频繁的一个断头台。

452

继萨克森、符腾堡和黑森－达尔姆施塔特之后，巴伐利亚在 1854 年
也规定，死刑不再通过用剑砍头的方式执行，而要通过断头台斩首的方
式执行。因为此前不久，在处决一名 19 岁杀人犯的过程中，死刑执行者
持剑砍了数次后才"成功"完成。此外，为了减少围观者的数量，处决改
在清晨进行，从 1861 年开始，处决地点也从公共场合改在了监狱内。在
制造自己的"斩首机"之前，巴伐利亚先是从符腾堡借用断头台执行死
刑。制造任务交由约翰·曼哈特（Johann Mannhardt）完成，他在慕尼
黑开设了一家专业模具和机械工厂，以制造塔楼大钟为主；慕尼黑圣母教
堂（Frauenkirche）和柏林市政厅的大钟均出自约翰·曼哈特之手。根据
巴伐利亚的规定，所谓的"曼哈特断头台"不仅要在刀片和滑架部分，还
要在框架部分使用大量的铁，此外为了便于运输，它的下落高度被设计得
较低。

直到第一次世界大战爆发前，巴伐利亚刑事陪审法庭只执行了少数死

① 指汉斯·朔尔（Hans Scholl）和索菲·朔尔（Sophie Scholl），他们是反纳粹主义运动组织"白玫瑰"的成员。

刑判决，大多数死刑判决通过请求赦免的方式被改判为监禁。情况在纳粹上台后发生了变化：希特勒统治之前，在这个断头台上总共执行了约 100 起死刑判决，而在希特勒独裁的 12 年中，这个数字仅在施塔德尔海姆就翻了数倍之多，达到了约 1500 起。

法官和刑事陪审法庭通常负责判决，负责执行判决的是所谓的"刽子手"——死刑执行者。根据 13 世纪上半叶《萨克森明镜》（见第 13 章《萨克森明镜》）的记载，由一名法官负责死刑判决，往往由最年轻的法官或起诉人之一担任，1276 年在奥格斯堡《城市法》中第一次提到了"死刑执行官（Scharfrichter）"。随着时代的发展逐渐形成了真正的"刽子手世家"：这一职业被认为是"不光彩的"，人人避之不及，雇用刽子手的人往往在教会和酒馆拥有特殊地位，刽子手的儿子不能进入行会，也没有从事其他职业的可能性。

从 18 世纪开始，在"曼哈特断头台"上执行死刑的几乎只有一个巴伐利亚的"刽子手世家"：弗朗茨·克萨韦尔·赖希哈德（Franz Xaver Reichhart）在 1894 年从他的一个亲戚那里接受了执行死刑这项工作，并在此后当了他亲戚 12 年的助手。在他事无巨细的日记中总共记录了 58 次死刑执行情况。他在 1924 年推荐侄子约翰作为自己的继任者，约翰是一名受过培训的屠夫，也当过饭店老板，曾经营运输业而以失败告终。作为叔叔的弗朗茨·克萨韦尔·赖希哈德在这个断头台上执行一次死刑只需要 3 分半钟，而他的侄子约翰·赖希哈德很快就超过了他，成为"巴伐利亚最速刽子手"（达克斯语）。约翰·赖希哈德处决的人数可能要比其他所有刽子手处决的人数都要多，据估计超过 3000 人，因为除了为慕尼黑施塔德尔海姆监狱执行死刑之外，他还在纳粹统治时期的若干个"中央刑场"上"效过劳"。他发明了新型的金属手铐，也就是后来被普遍使用的"专利板铐（doppelte Kriminalpatentzange）"，他还用一个固定的长凳替代了当时常常需要将犯人绑在其上的翘板（Kippbrett），这样一来便可以省去捆绑这一步。在存放于巴伐利亚国家博物馆的这个 "曼哈特断头台" 身上，人们可以清楚地分辨出这些特征。

1943 年 2 月 22 日无疑是这台处决机器 "职业生涯" 最令人悲伤的时刻，勇敢站出来反对 "第三帝国" 独裁统治的朔尔兄妹和克里斯托夫·普罗布斯特（Christoph Probst）在那一天被这台机器处死。朔尔兄妹在 1937 年就陷入了与纳粹当局的冲突中，并被拘禁了数周。在反纳粹主义运动组织 "白玫瑰（Weiße Rose）" 中，他们最后一次与他们的朋友亚历山大·施莫勒尔（Alexander Schmorell）、克里斯托夫·普罗布斯特、维利·格拉夫（Willi Graf），以及其他反纳粹主义者一起在慕尼黑大学分发传单；2 月 18 日他们被大学宿舍管理员告发，后被盖世太保逮捕并审讯了三天。2 月 22 日，朔尔兄妹和克里斯托夫·普罗布斯特在从柏林匆匆赶来的罗兰德·弗莱斯勒（Roland Freisler）纳粹法庭法官的主持下，经过两个小时的 "审理" 后被判处死刑。死刑判决在慕尼黑施塔德尔海姆监狱立即执行。三个刽子手（"白玫瑰" 组织的其他成员也在随后同样被处以死刑）之一正是约翰·赖希哈德，他在后来回忆道，他从来没有见到人这样死去；汉斯·朔尔在死前大声呐喊："自由万岁！"

1945年
以后的当代史

1945 年
5月8日

——

德国的
战败与解放

Der 8. Mai 1945 –
Niederlage und Befreiung

国会大厦楼顶上的苏联国旗

按照斯大林的个人意愿，这张摆拍而成的照片成了 20 世纪被翻印次数最多的图片之一，也成了第二次世界大战结束的象征。

455 　　叶甫根尼·哈尔代伊（Jewgeni Chaldej，1917～1997）曾在自己真切的梦境中不止一次地预感到，这张照片将成为 20 世纪被复制次数最多的一张。1945 年 5 月 2 日清晨 7 点——苏军攻陷曾陷入激烈交火的柏林国会大厦的第二天——哈尔代伊就同几名战地摄影师进入了刚刚对摄影人员开放的国会大厦。而其实直到当天中午，议会大楼地下室内的交战仍未停止。两天以前，希特勒在离这里几百米开外的地方自杀了。哈尔代伊当时是苏联海军少尉，受委托拍摄苏联旗帜在国会大厦楼顶上飘扬的照片。他和一名年轻士兵一起，爬上了还在燃烧的国会大厦。他在后来的报道中写道："四下里都是叫人害怕的噪音：不管是俄国人还是德国人，都叫喊着乱作一团。"他花了很长时间寻找最好的拍摄主题，在 5 月 3 日夜里飞回了莫斯科。他在塔斯社（TASS）把胶片冲出来，用一根针刮掉了一名红军战士手上两块表中的一块，并不理会这是个"战利品的象征"。

　　哈尔代伊手中的相机，是开战之前在莫斯科拿到的一台二手徕卡 III 型相机，这是当时最好的小型相机，附带的 Elmar 镜头品质很高，配发的胶卷也很棒。不论是从拍摄技法还是从构图上看，哈尔代伊的作品质量都可圈可点，他的照片比其他人的景深更大，通过后期润饰增强了照片的动感。这种技法主要通过从其他负片中提取烟雾效果并拓入原片来实现，还可以在照片中加入猎猎飘扬的红旗。虽然这样的润色可以让观看者觉得照片是在战斗中拍摄而成，然而照片中红军战士戴的是军帽而非钢盔，马路上并没有什么战斗的踪迹可寻，而只有零星的坦克、货车和瓦砾堆，人迹也寥

456 寥。在柏林国会大厦东面楼顶的制高点上，向南可以看到勃兰登堡门，在一切之上，飘扬的是象征着全面胜利的苏联国旗。

　　对这张照片进行"彻头彻尾的摆拍"［沃布林（Wobring）语］，其实并非摄影师的初衷，而是斯大林的亲自安排。在他的授意下，照片拍摄的

对象并不是真正在国会大厦楼顶插上红旗的士兵，而是另外三名参加攻占国会大厦战斗的红军战士。他们和照片本无关系，但被授予了"苏联英雄"荣誉称号，在纪念日和阅兵式上接受公众致敬，他们的形象被印在海报上，终生领取津贴并最终在苏维埃国家纪念文化中占据突出地位。直到 1990 年代中后期，真正插上红旗的三名士兵的姓名才被公之于众。

此外，照片拍摄者姓甚名谁，在这之前也是秘而不宣的，哈尔代伊遵守了自己签署的保密责任文件，对此事缄口不提。他是乌克兰人，刚 1 岁时就在犹太人大屠杀中失去了母亲。12 岁时他自制了一台照相机并开始试验拍摄，不断学习并无师自通，19 岁时到莫斯科成为塔斯社的一名摄影师。第二次世界大战爆发后不久，哈尔代伊从 1941 年开始，先后去过北海舰队、黑海、布达佩斯、维也纳、柏林等多个战场，并见证了波茨坦会议和纽伦堡审判。他目睹过令人难以置信的惨烈场面，也一直秘密地写着战地日记。由于是犹太人，1948 年哈尔代伊被塔斯社解聘，1956 年"去斯大林化"的苏共二十大召开，自 1957 年起他开始为苏共机关刊物《真理报》（*Prawda*）工作，1972 年又遭去职，从此生活贫困、无人关心。而当时，他拍摄的这张著名照片正在人们对"伟大祖国的战争"胜利的狂热赞美中扮演着"促进身份认同的角色"（沃布林语）。民主德国为了纪念"从法西斯统治中得到解放"，分别于 1970 和 1975 年以此为图案发行了面值 10 芬尼和 50 芬尼的邮票。在世界各地，哈尔代伊于 1945 年 5 月 2 日拍摄的照片都成了苏联红军战胜纳粹德国的象征。直至铁幕倒塌，西方媒体才终于公开了这幅照片背后的故事，此时哈尔代伊已经是位 77 岁高龄的老人了。

当哈尔代伊拍摄这张照片时，海军元帅邓尼茨（Admiral Dönitz）正接替希特勒成为纳粹德国最后的统帅。邓尼茨尝试继续抵挡红军的攻势，好让更多的人能够逃往德国西部，同时实施对盟军战线部分投降的

457

战术，并于 5 月 4 日对英国投降。5 月 7 日凌晨 2 点 39 分，约德尔大将（Generaloberst Jodl）在位于法国兰斯（Reims）的盟军司令部签署了全面无条件投降协议，协议于第二天即 5 月 8 日 23 点 1 分正式生效。5 月 9 日 0 点 15 分，即德军向盟军投降的协议生效一个多小时后，凯特尔陆军元帅（Generalfeldmarschall Keitel）同苏联在柏林卡尔斯霍斯特（Karlshorst）签署了另一份投降协议。毫无疑问，第一份投降文件是有效的，而在卡尔斯霍斯特上演的一幕是出于苏联红军的宣传需要重新安排的。① 5 月 9 日，斯大林宣布战争结束，苏联和其后的俄罗斯便以这天作为庆祝二战结束的纪念日。

当然，对于德国各地的人们，渴望已久的停战之日也肯定各有不同：1944 年 9 月 11 日，美军从西线攻入了特里尔西北方的德国国境。而在东线，苏联红军也于 1944 年 10 月 10 日打过了东普鲁士边境。1944 年 10 月 21 日，亚琛成了第一个被攻占的德国城市，1945 年 3 月 4 日，盟军攻占了科隆。3 月 22 日美军从奥本海姆（Oppenheim）渡过了莱茵河。而经过了 4 月 19 日损失惨重的施劳弗高地会战，苏军开进柏林的道路已经打通。在易北河畔托尔高地区（Torgau）上游 30 公里外的地方，美苏两军于 1945 年 4 月 25 日首次会师，26 日在被炸毁的易北河大桥废墟上，两国军人拍下了"易北河会师"的著名照片。英国人 4 月 26 日占领了不来梅，5 月 3 日占领汉堡。法国军队也于 1945 年 4 月从南部跨过了莱茵河。

战争结束的当天，既意味着失败降临，也意味着得到解放。经历过这一天的人，绝大多数可以分成两个阵营，一边是意料之中的军事失败和道德崩塌，另一边重新开始的希望也在同时萌发。这一切都由种种最复杂的

---

① 实际上，约德尔的级别并不足以代表全部德国军队向盟国投降，凯特尔才拥有资格。

情感重叠交织而成，最重要的则是对"单纯地想要活下去"的忧虑。

对于国际社会认可的"VE-Day"（欧洲战场胜利日），即德国所称的"停战日"，不同国家庆祝的日期也各不相同。苏联以及俄罗斯将 5 月 9 日定为"胜利日"，荷兰将 5 月 5 日定为"解放日"，对于西方盟国特别是法国，1944 年 6 月 5 日夜间至 6 日诺曼底登陆的"D 日"纪念活动具有重要意义；从 2004 年开始，德国总理也开始参加这项活动。

458

*

多年以来，德国对于 5 月 8 日这天的看法和记忆政治的评价发生了很大变化。尽管标签化的作品并不占多数，关于"归零时刻（Stunde Null）"（指德国无条件投降之时）的小说仍旧不断面世。而从"第三帝国"分别向联邦德国和民主德国转变所用的时间，在不同社会和经济领域中也各有长短。在民主德国，1950 年人民议会将 5 月 8 日定为公共假日和"德国人民从希特勒法西斯主义获得解放的纪念日"，其中苏联红军所起的作用总是被大加赞赏。自 2002 年起，统一后德国东部的新联邦州梅克伦堡－前波美拉尼亚州（Mecklenburg-Vorpommern），以及自 2015 年起的勃兰登堡州均将 5 月 8 日定为官方纪念日。2005 年，在二战胜利 60 周年之际，柏林以"民主日"的名义庆祝了这一天。

与民主德国由政府"安排"的庆祝活动相比，对于 5 月 8 日这天，联邦德国开展的纪念活动则发展得比较缓慢。联邦议会有意在纳粹德国无条件投降 4 周年之际通过《基本法》，并在当天午夜之前正式颁布。而首任联邦总理阿登纳尤其希望能够为这一天赋予新的积极意义，他后来在发送《基本法》电传稿时添加了一段说明——"纪念《基本法》于 1949 年 5 月

8 日通过"——这也说明他非常看重这一天。在不久之后的 9 月当选联邦德国总统的特奥多尔·豪斯在这天所说的话也成了名言金句:"对于我们每个人来说,5 月 8 日代表着历史上最悲惨、问题最大的自相矛盾……因为我们在同一时刻既获得了解放,又被消灭了。"

战争结束二十年后,对于那些经济奇迹时代的"宠儿",一切都已走远。时任联邦德国总理路德维希·艾哈德在一次关于纪念德国投降 20 周年的电视广播讲话中回忆了德国是如何"被击溃、被羞辱地倒在地上"。他呼吁,将 5 月 8 日这一天作为"解放纪念日"来庆祝。1970 年联邦德国议会首次举行了纪念活动,时任总理维利·勃兰特(Willy Brandt)和理查德·冯·魏茨泽克在活动中致辞,勃兰特还于 1945 年 5 月 8 日在瑞典斯德哥尔摩亲身经历了纳粹德国的投降。在 1975 年纪念二战结束 30 周年的活动上,时任联邦总统瓦尔特·谢尔(Walter Scheel)借机针对纳粹主义发表了内容更为详尽的讲话。因为这次讲话,他给自己的继任者"树立了榜样",同时"提前讲述了魏茨泽克十年后将深化并更为人们所熟知的内容"[布莱修斯(Blasius)语]。二人使用的也是同一套写作班子。

1985 年 5 月 8 日,时任联邦总统理查德·冯·魏茨泽克借二战结束 40 周年之机发表了著名讲话,成为当时所有与此主题相关的演说的榜样和标杆,其中关于"解放日"的表述引起了轰动,这次讲话成为面向所有社会和政治群体的一次"建立共识的邀请"[维尔辛(Wirsching)语]。赫尔穆特·科尔一方面称这些都是"曲意逢迎之语"和"给德国教科书的图画册用语"(2001),另一方面,他在回忆录中明确表示,"共识"这种表述"可以说是他的原创"(布莱修斯语),因为他早在 1985 年 2 月和 4 月分别于联邦议会和伯根-贝尔森集中营(Bergen-Belsen)说过这样的话。于二战结束五十年后的 1995 年,时任联邦总统罗曼·赫尔佐克(Roman

Herzog）宣称，有关 5 月 8 日意味着失败还是解放这个问题的争议可以停止了，因为他的前任豪斯和魏茨泽克——这里他并没有提到谢尔——"已经指明了方向，并作出了决定性的论断"。他表示，随着这一天的到来，"通向未来的大门"已经开启。2005 年纪念二战结束 60 周年之际，时任联邦总统霍斯特·克勒（Horst Köhler）在讲话中称，纵观德国的过去，"曾经的耻辱和重生的自豪达到了平衡"。

更重要的是海因里希·奥古斯特·温克勒（Heinrich August Winkler）在 2015 年二战结束 70 周年之际，从历史学家的角度在纪念活动宾客留言簿中写道："对于像德国这样充满矛盾的历史，每一代人都会找到自己的理解。"这次纪念活动也在德国联邦议会举行，也就是那张著名照片的拍摄地——德国国会大厦。哈尔代伊的战友们当年在墙上写下的那些由西里尔字母组成的涂鸦仍旧被很好地保存着，这也成了这栋大楼与国际上其他国家议会建筑相比的一个特别之处。哈尔代伊的照片、他的故事以及对德国战败投降的记忆无不在提醒人们：每一代人都必须重新寻找真正属于自己的那扇历史之门。

逃亡和驱逐

Flucht und Vertreibung

075

寻人索引服务

琳琅满目的索引卡片承载着数百万人的命运，很多人绝望，少数人走运：红十字会的寻人索引服务。

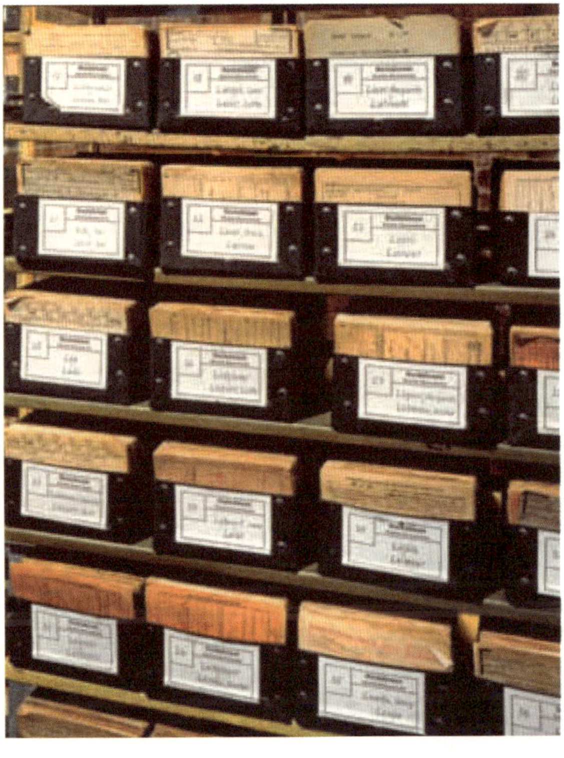

461 　　没有一件物品能比它更形象地表明自第二次世界大战结束后形成的历史性区域，即德国东部及其居民区中逃跑和被驱逐的人引发了可能是历史上最大的移民潮。这个仿制的置物架上堆放了 20 个盒子，每个盒子里都塞满了几百张"寻人"和"被寻人"的手写索引卡片，而这些只是红十字会查询索引总量的冰山一角。红十字会的查询索引库共有 587 个置物架，上面堆放了约 35000 个盒子，盒子里共装有约 6000 万张索引卡片——如果将这些卡片首尾相连，它们的总长度可以达到 9000 公里。每张卡片上都写明了失踪者的姓名（图中为"Lanhammer"至"Lenge"）、出生日期、地址，以及往往只有寥寥几句的描述，这些卡片虽然并不引人注目，它们的背后却与人的命运有着难以想象、千丝万缕的联系，它们同时也是一个庞大官僚机构的缩影。

　　1945 年二战结束时人们还不知道这场战争在世界范围内共造成了令人震惊的 6000 多万人死亡，其中有 2000 万人来自当时的苏联，有将近 500 万波兰人、50 多万法国人、约 50 万南斯拉夫人、近 40 万英国人和 30 多万美国人。就连德国人自己也不可能知道，总共有 735 万同胞在二战中丧生，他们对 1100 万～1200 万德国人沦为战俘的总数更是知之甚少。许多人还盼望着他们早已殒命的亲属能够重返家园。大多数战俘，尤其是被英国和美国关押的战俘在战后的第一年便已陆续返回家乡，最后一批被苏联关押的战俘在战争结束十年后才被释放。德国国防军约三分之一的士兵，即超过 100 万人沦为苏联战俘，这些人最终没能幸免于难。在德国的战俘营中，超过 60% 的苏联战俘，即 330 万红军士兵失去了生命。

462 　　从 1944～1945 年开始，一支包含 1200 万～1400 万难民和被驱逐者的长长队伍从当时的德国东部及其居民区涌入了一片已被摧毁的国土，那里就连适当地安置自己的国民，特别是从被炸弹夷为平地的大城市中疏散出来的居民都十分勉强，就更别说提供足够的食物了。当时每四个人当中就有一个人在寻找他 / 她的亲属或朋友，或者成为被寻找的对象；在这之前，从来没有这么多人在如此恶劣的交通条件、通信条件，尤其是基础设施条件下同时上路。许多人在城墙和瓦砾上写下线索，将照片和纸条插在被炸毁的房屋前，贴在路灯和柱子上。

这些个人行为在当地逐渐有组织地开展起来，牧师在布道台上发布寻人信息，各城镇社区办公室成为临时联络中心，红十字会在 1945 年 10 月开始集中收集寻人信息；许多人义务提供帮助、搜集信息、询问回乡者、打印传单等。从 1945 年 9 月开始，红十字会在英占区的寻人服务中心于汉堡成立，差不多同一时间在美占区的寻人服务中心也于慕尼黑成立，1946 年 1 月，两个占领区开始联合寻人。1946 年 8 月成立了一个苏联人联络中心，12 月在法占区的拉施塔特（Rastatt）也成立了联络中心。逐步推进的寻人措施遇到了重重困难，因为在各自占领区参与寻人的德国人的行动力受限，一些偷奸耍滑的倡议者还无耻地利用别人的困难为自己谋利。从 1945 年 12 月开始广播寻人，人们很快也将寻人目标锁定在了电影院，尤其在那里寻找往往没有姓名的幼童。一只手上拿着钟的企鹅"吉祥物"被视为可以给寻人带来好运；时任青少年杂志《企鹅》（Pinguin）出版人的埃里希·凯斯特纳将寻人启事登在了杂志附页上，并写道："乐善好施，助人为乐。"1946 年初，近 30 万名儿童"失踪案件"被登记在册，如同开办了"世界上最大的慈善侦探事务所"，其中一半的失踪孩童不满 6 岁。直到 1948 年底，红十字会共收集了 550 万名失踪亲属的信息，不过仍有 340 万份寻人申请未被确认，其中包括 180 万份寻找国防军亲属申请、160 万份寻找平民申请，以及 28000 份寻找孤儿申请 [《时代》（Die Zeit）1948 年 11 月，引自卡尔克茨克（Kalczyk）与韦斯特霍尔特（Westholt）]。

这是德国"历史上规模最大的一次寻人行动"[索尔弗利诺（Solferino）语]，截至 1950 年，仅德国红十字会（DRK）的寻人服务就询问了 1400 万人，得到了将近 900 万条答复，五十多年过后，"每年仍有上万人被询问第二次世界大战失踪人口的下落"（索尔弗利诺语，2015）。

在历史上，20 世纪被认为是驱逐和难民的世纪。在 1914 年以前的巴尔干半岛就出现了驱逐数百万穆斯林的情况，不过一战，尤其是二战驱逐的难民达到了史无前例的规模。

1914 年一战爆发后的头几周，140 万比利时人被德国军队驱逐出境，50 万东普鲁士人被俄国人驱逐出境，之后同盟国向东部的挺进在 1916 年以前共造成了约 500 万人逃亡和被驱逐。一战结束后，135 万人居住在德意志帝国，而他们在 1914 年以前并不住在那里。在多民族奥匈帝国曾经的国土上，民族国家纷纷建立，曾经奥匈帝国的少数民族在新兴的民族国家内成了多数民族，他们推行的同化政策导致了对难民的驱逐。"在这一时期将分解国民这种荒唐的想法付诸实施会导致形成一种模式，为了给自己的驱逐政策正名，后任的政客们都会仿效这种模式。"[弗朗茨（Franz）语，引自《逃亡、驱逐和融合》（*Flucht, Vertreibung, Integration*）] 在这一时期，红十字会首要关注的是战俘释放问题：当时的俄国至少拘留了 230 万外籍士兵，其中大多数来自奥匈帝国；有约 250 万敌军士兵在德国被羁押。10 万左右的德国士兵和平民至今下落不明，几十万难民从《凡尔赛条约》中被割让的德国东部地区、被法国收回的阿尔萨斯－洛林地区，以及当时的殖民地大量涌回德国。由于一战结束后，国境与国籍相对应的政策宣告失败，二战后又实行了"国籍与新国境相对应"的政策[贝尔（Beer）语，引自《逃亡、驱逐和融合》]。

除了二战的最后阶段，也就是 1944、1945 年之交从苏联红军的控制

463

下逃亡的人以外，1945 年的春天和夏天还有几十万受害者从波兰新政府领土、从 1938 ～ 1939 年的纳粹统治区域，以及从同样新成立的捷克斯洛伐克领土上被驱逐。1945 年底，根据战胜国召开的波茨坦会议（1945 年 7 ～ 8 月）所通过的决议，数百万人开始被有组织地从当时的德国东部地区、波兰、苏联、捷克斯洛伐克和匈牙利驱逐。他们当中的大多数是德国人，他们开启了相当于一次恐怖并充满生命威胁的民族大迁移，据推测共有 200 多万人在被驱逐的过程中失去了生命，大部分人死于严冬和逃跑的途中。[引自奈马克（Naimark），参见《逃亡、驱逐和融合》中福伦巴赫（Faulenbach）的著述]

　　在分配涌入德国不同占领区难民的过程中，由于地理原因，分配给苏占区的人数明显高于分配给西占区的人数，而且法占区首先表明了拒绝接收难民的立场。根据《盟国管制委员会法》（Kontrollratsgesetz）的规定，新涌入的人往往在违背当地居民或地产所有者意愿的情况下被强制分配。政府机关和各地区，尤其本地居民根本无力阻止，预计首先接收的难民数量为 1939 年居民人数的 10%，但这个上限很快便被突破了。苏占区／民主德国接收难民和被驱逐人员的数量在 1949 年甚至达到了当地居民的 24.1%，在一些人口集中的地区，例如梅克伦堡－前波美拉尼亚接收难民和被驱逐人员的数量更是达到了当地居民数量的一半。1945 年以后，在苏占区和之后的民主德国，难民和被驱逐的人员原则上被视为“移居者”，1950 年以后被称为“当时的移居者”，因为奉行社会主义的德国当时政策的目标是尽快实现民族融合和民族同化：不过独立的政治组织仍然拒绝接纳这些人，他们的命运在民主德国的记忆政治中也没有容身之地。

　　和东德的强制融合不同，西德推行民族融合的政策是渐进性的，经历过 1946 年的人们，例如负责当时符腾堡－霍亨索伦州（Württemberg-

464

Hohenzollern）难民工作的政治学家特奥多尔·埃申堡（Theodor Eschenburg）认为这一政策的发展过程是一场没有把握的"大型实验"。长久以来，许多新涌入德国的人一直盼望重回故乡，因为他们不仅不被当地人所接纳，还不容易在当地找到工作：在西占区占当地人口约 16%（800万人，1949 年 4 月）的这些人占失业人口的百分比达到了 40%。1948 年，仍有 90% 的移居者希望回家，1961 年还有一半以上的人有这样的想法。对于许多被驱逐的人来说，西德长期以来都是一个"没有人情味的第二故乡"〔科塞特（Kossert）语〕。联邦德国政府长期拒绝正式承认 1945 年被割让领土的立场也催生了他们回乡的梦想。

465

虽然"难民问题……像新成立的联邦德国栋梁上的一颗定时炸弹那样嘀嘀作响"〔施瓦茨（Schwarz）语〕，民族融合的过程仍然是成功的。长年负责安置被驱逐人员的奥伯伦德尔（Oberländer）部长认为，这些德国新公民是"建设国家的砖瓦"而不是炸药。他们对德国战后重建和经济奇迹的参与不应被低估，他们还建立了大批企业，将传统行业也"进口"到西边。"融合奇迹"自然也要被颂扬并进而被塑造成一个神话，因为民族融合的过程既没有遭到反对，也没有遇到阻碍。因此通过在国家层面重启难民、被驱逐者和其他战争受害者的援助工作来兑现 1952 年以法律形式确定的"战争损失赔偿"，已然成为年轻的联邦德国最有争议的话题之一。

直至今日，"逃亡、驱逐和融合"仍然是德国历史绕不开的主题，它们带来的影响一直"余波未平"〔芭芭拉·图赫曼（Barbara Tuchman）语〕，有关是否要在柏林建立一个"反驱逐中心"的争论就是证明。1999年，被驱逐者联盟提出了这个要求。经过协商，2005 年对这个问题进行了"重点标记"工作。2008 年，经由联邦法律通过的"逃亡、驱逐、和解基金会（Stiftung Flucht，Vertreibung，Versöhnung）"终于宣布成立。

基金会的任务是在柏林开办一个长期的展览和一家文献和信息中心。位于波恩的联邦德国历史博物馆（Haus der Geschichte）在 2005 ~ 2006 年举办了一次有关这个主题的临时展览，得到了社会的进一步认可。通过在华沙成功举办的一次展览，柏林项目就这样逐渐从分娩阵痛中呱呱坠地了。尽管几十年来，12 个博物馆和类似机构在各处致力于对此的推广，也获得了一定效果，在文学作品和电影中也不乏对此话题的广泛讨论，然而联盟成员仍然一如既往地认为，"人们对被驱逐者所遭受的痛苦绝不可能作出恰当的评价"〔《明镜周刊》（Spiegel）2015 年 8 月 29 日〕。一旦这个问题对国家的代表性提出了要求，它可能就会触及德国东边邻国尤为敏感的神经，进而可能影响它们在欧洲协作上的积极性。

纽伦堡审判

——

世界上

第一个

国际刑事法庭

Die Nürnberger Prozesse –
das erste internationale

676

这是纽伦堡审判期间被告所坐四把长椅中的两把——它们是对未来也具有连锁效应的这场历史性审判的"沉默的见证者"。

467

　　被告人椅不论怎么坐都不舒服。然而对于"第三帝国"犯下战争罪行的犯人来说，战后的人们更是希望这把长椅越硬越好。不过，负责设计纽伦堡法庭上这种长 2.15 米的被告人椅的美国工程师故意让被告人只能"非常不舒服地坐在上面"的说法，只是一种传言。

　　直到 1961 年美国当局正式将纽伦堡司法宫第 600 号陪审法庭归还给巴伐利亚州司法部门之前，这间大厅一直都保留着 1945 ～ 1946 年时的状态。在其后的改建工程中，美国方面改造和增建的部分都被恢复成原状，大厅的陈设也彻底翻新。

　　纽伦堡法庭上的两把被告人椅则留在了陪审法庭的地下室内。坐在前面这把椅子上的曾经有赫尔曼·戈林（Hermann Göring）、鲁道夫·赫斯（Rudolf Heß）、约阿希姆·冯·里宾特洛甫（Joachim von Ribbentrop）和威廉·凯特尔（Wilhelm Keitel）。椅背的后面装有挂钩，好让坐在第二排的被告人把听同声传译的耳机挂在上面。后面的被告人椅上坐过卡尔·邓尼茨（Karl Dönitz）、埃里希·雷德尔（Erich Raeder）、巴尔杜尔·冯·席拉赫（Baldur von Schirach）、弗里茨·绍克尔（Fritz Sauckel）。右边的被告人椅则没有保留下来：（前排）曾坐过阿尔弗雷德·罗森堡（Alfred Rosenberg）、泽斯·弗兰克（Hans Frank）、威廉·弗里克（Wilhelm Frick）、尤利乌斯·施特赖歇尔（Julius Streicher）、瓦尔特·冯克（Walter Funk）、亚尔马·沙赫特（Hjalmar Schacht）；（后排）曾坐过弗朗茨·冯·巴本（Franz von Papen）、阿图尔·赛斯－英夸特（Arthur Seyß-Inquart）、阿尔伯特·施佩尔（Albert Speer）、康斯坦丁·冯·诺伊拉特（Konstantin von Neurath）以及汉斯·弗里切（Hans Fritzsche）。事实上，这些木头长椅很窄，两把长椅之间的前部还插着一个座板，是恩斯特·卡尔滕布伦纳

（Ernst Kaltenbrunner）的座位。

四个盟国一致同意让实施纳粹统治并且发动世界大战的有关人员和组织为此负责。然而在如何实施这个问题上，各方却陷入了长期的争执。时任美国财政部部长的摩根索（Morgenthau）提出的直接肃清战争罪犯的建议被否决了，1945 年 8 月，盟国在伦敦就依照盎格鲁—撒克逊法院模式，以阴谋发动战争罪、破坏和平罪、战争罪和反人类罪等为指控对战争罪行实施审判达成一致。每个盟国派法官、副法官、起诉人和副起诉人各 1 名。美国和苏联都想要在自己的占领区域内实施这次审判，最终双方同意在柏林建立新的国际军事法庭。然而实际上，1945 年 10 月 18 日只在柏林举行了开庭仪式，审判工作则在纽伦堡进行。由四大盟国共同参与的军事法庭，也仅有这一个。

纽伦堡老城"的 99% 都死了"［威廉·L. 夏伊勒（William L. Shirer）语，引自拉德勒迈尔（Radlmaier）］，唯独一座机场得以保留，更重要的是司法宫几乎完好无损。这座建筑拥有 580 个办公室和 80 个审理大厅，可为审判提供足够的空间，而且根据一名审讯军官的回忆，不久就"像兔子笼一样挤得满满的"（拉德勒迈尔语）。监狱和司法宫仅一墙之隔，由一条地道相连接，地道尽头有电梯直接通向审理大厅。因而 1945 年 11 月 20 日至 1946 年 10 月 1 日期间，纽伦堡司法大楼内的第 600 号大厅便成了书写世界历史的地方。为了给大批军人和平民工作人员提供住所，当局在纽伦堡周边和菲尔特（Fürth）扣押了一批房屋和别墅。除了前面提到的被告，受到指控的还有于审讯开始前一个月自杀身亡的罗伯特·莱伊（Robert Ley）、自 5 月起便下落不明的马丁·鲍曼（Martin Bormann，死于 1945 年，直到 1972 年才由官方确认），以及已经 85 岁高龄的古斯塔夫·克虏伯（Gustav Krupp von Bohlen und Halbach，延期审判，之后由其子阿尔弗雷德代为接受审判）。除此之外，纳粹党元首团、盖世太保、保安处（SD）、党卫军、冲锋队、帝国政府，以及国防军最高统帅部（OKW）等组织都被控犯有战争罪行。希特勒、戈培尔和希姆莱已于战争结束时自杀。所有被告无一不"用千差万别的，从讥讽到愤怒乃至非难的声调……辩称自己无罪"（约翰·多斯·帕索斯语，引自拉德勒迈尔）。

469

这次审判也是"第一大国际媒体轰动事件"（拉德勒迈尔语）：来自世界各地的 250 名记者和广播员、11 名摄影师和电影摄影师参加了报道活动，其中有 100 名美国人、50 名英国人、40 ~ 50 名法国人、20 ~ 30 名苏联人和 7 名德国人作了预约登记。苏联代表团将获批名额中的 5 个转给了德国东部的媒体。当审判于 1945 年 11 月 20 日星期二开始时，总共 235 个媒体席根本不够用，到场的人当中包括维利·勃兰特（Willy Brandt）、阿尔弗雷德·德布林（Alfred Döblin）、伊利亚·爱伦堡（Ilja Ehrenburg）、欧内斯特·海明威（Ernest Hemingway）、罗伯特·容克（Robert Jungk）、埃里希·凯斯特纳（Erich Kästner）、阿尔弗雷德·克尔（Alfred Kerr）、埃丽卡·曼（Erika Mann）、约翰·多斯·帕索斯（John Dos Passos）、格雷戈尔·冯·雷佐里（Gregor von Rezzori）、约翰·施泰因贝克（John Steinbeck）和马库斯·沃尔夫（Markus Wolf）等。

为审判工作而收集、阅看和查验的文件重达数吨，工作人员从大量证据材料中选出 4000 件进行登记、拍照并翻译成四种语言，其中就包括集中营中各类罪行的照片和影片。全世界的公众也是以这种方式首次全面地，甚至是从受害者及加害者处了解到"第三帝国"所犯下的罄竹难书的战争罪行。审判期间共有 280 名证人接受问询，139 人参加听证，其中也包括在场的被告人。在被告席前面的三排桌子旁坐着被告的辩护人。整个审判过程被录制成 37000 多米长的录音带，同时第一次在法庭审讯中实现了同声传译；审判期间从事语言工作的就有约 350 人。电影影片首次获准成为呈堂证供，它记录的恐惧如此真实，以至于"书记员也不愿意写下关于影片的报告"〔威廉·聚斯金德（Wilhelm Süßkind）语，1945 年 12 月 4 日，引自德勒迈尔〕。1946 年 10 月 1 日上午，法官宣读了判决书，下午又宣布了具体量刑。12 人被判处绞刑〔戈林、冯·里宾特洛甫、凯特尔、卡尔滕布伦纳、罗森堡、弗兰克、弗里克、施特赖歇尔、绍克尔、约德尔、赛斯－英夸特和鲍曼（缺席）〕；3 人被判处终身监禁〔赫斯（1987 年自杀前被关押在柏林盟军施潘道监狱，由盟国按月轮班看守）、冯克和雷德尔（两人在 1960 年去世前几年因病释放）〕；4 人被判处有期徒刑〔邓尼茨 10 年、席拉赫 20 年、施佩尔 20 年（三人均刑满释放）、诺伊拉特 15 年（因病于 1954 年获释，1956 年病逝）〕；3 名被告被宣布释放〔沙赫特、巴本、弗里切（此后他们又被德国警察逮捕，接受去纳粹化审查并被判处数年监禁，在劳改营服刑并于 1949 ~ 1950 年提前获释）〕。

死刑于 1946 年 10 月 16 日清晨执行。所有赦免以及改用枪决方式执行死刑的申请均被驳回。然而戈林如何在严密的看守下得到氰化钾并在被执行死刑前夜自杀身亡，至今仍旧是个谜。死刑犯的尸首均被火化，骨灰被随意丢弃。此后自 1946 年 12 月至 1949 年 4 月，在美国的主持下纽伦堡又进行了 12 次大型审判，分别针对外交人员、工业部门人员、将军、医生、司法人员以及党卫军高级军官等，共涉及 185 人。

尽管自 1950 年代以来，联邦德国司法部门的起诉热情呈现显著下降的趋势，但德国法院直到今天仍在处理对纳粹罪行的惩治工作。例如在 2015 年，吕讷堡法院还对一名 93 岁的老人提起了刑事诉讼。

在 1945 ~ 1946 年，德国人的担忧其实是截然不同的，大多数人都在

470

为活下去而努力。但根据美国民意调查机构的统计数据，他们大部分对审判纳粹战犯仍旧有"强大而持续的兴趣"，65% 的人说他们已经从中"学到一些东西"（1945 年 12 月），85% 的人说他们的态度"有了转变"（拉德勒迈尔语，1946 年 1 月）。然而仍然有许多人对此不感兴趣，抑或不明白为什么"胜利者的法庭"要持续这么长时间。但这次审判并没有像丘吉尔回忆《凡尔赛条约》时担心的那样给战后的德国种下新的复仇主义种子。当然更没有兑现戈林的疯狂预言——他将"最迟于 1995 年作为人民英雄被人们庆祝"（拉德勒迈尔语）。

此外，实施纽伦堡审判的主旨还在于"绞死少数罪大恶极的人，放过多数人，也不再追究那一大群小兵小卒的责任"，尽管如此，"已经做了的事情，便自有它的意义"[雷姆茨玛（Reemtsma）语]。然而针对纳粹独裁的争论直到 1960 年代才开始，这不得不说是一个传奇——它随着学生运动而产生，不断发展壮大，对此民主德国也起了一定的作用。纽伦堡法官共判处 806 人死刑，其中 486 人被处决；在西占区，1945 ~ 1949 年盟军法院和德国法院共对 5000 多名纳粹罪犯作出判决，除了死刑外，还判处了包括终身监禁在内的大量有期徒刑。光在这几年里，"在德国根据法制国家原则予以审判的纳粹罪犯就比其他任何一个后独裁社会问责的要多"[默勒（Möller）语]。但是，针对一些专业职业群体如法官和国防军法官的调查则"基于禁止溯及既往的规定，并针对'罪刑法定原则（nulla poena sine lege）'而未达到理想的程度"（默勒语）。

随着 1961 ~ 1962 年在以色列耶路撒冷举行"艾希曼审判（Eichmann-Prozess）"，以及自 1963 年起在法兰克福进行的关于奥斯威辛集中营种族灭绝罪行的审判，对罪行责任的追究和诉讼时效等问题的现实意义又一次凸显。虽然德国有部分人建议应当对战争罪行采取"最后一击"，但德国联邦议会仍延长了诉讼时限。1969 年，有关种族灭绝罪的诉讼时效从 10 年延长到了 30 年。直至 1979 年，对谋杀和种族灭绝罪的追诉才宣告终止。

*

纽伦堡审判不仅是人类历史上的首次国际刑事审判，"对于未来也具有连锁效应"［韦泽尔（Wesel）语］，同时还成为国际刑法学发展的开端。1946 年 12 月，联合国大会明确同意将纽伦堡审判原则作为今后国际刑法学的基础，并于同一年任命了一个法典起草委员会。1954 年法典起草完毕，却由于冷战的缘故而被束之高阁。铁幕的倒塌连同东方集团的解体再次加速了这一领域的发展，1993 年联合国安理会在荷兰海牙设立了前南斯拉夫军事法庭，1994 年又在坦桑尼亚的阿鲁沙设立了卢旺达问题国际刑事法庭。

1995 年，即纽伦堡审判 50 周年之际，联合国通过决议，计划设立一所常设国际刑事法庭。1998 年经多数表决通过，159 个国家中有 120 个国家同意建立该法庭。其间有 123 个国家在制定规章条款方面作出了贡献，然而美国却向联合国秘书长表态称，其国会不会批准这一决议。美国最高法院大法官杰克逊在 1945 年曾说："明天，我们也可能成为被告接受裁量，而标准同我们今天裁量被告人的标准一样。"时至今日，"美国不再想做当年罗伯特·杰克逊（Robert Jackson）和杜鲁门总统想做的事了"（韦泽尔语）。没有了美国和其他一些国家（包括俄罗斯在内）的支持，至今这所国际法庭在国际刑法领域的作用仍相当受限。

雪中送炭

的

传说与现实

Hilfe in großer Not:
Mythos und Realität

077

"援助包裹"和来自西方的小包

这是不计其数的"援助包裹"中的一个，从 1946 年中期开始，它们极大地帮助了正饱受饥饿困苦的德国人。

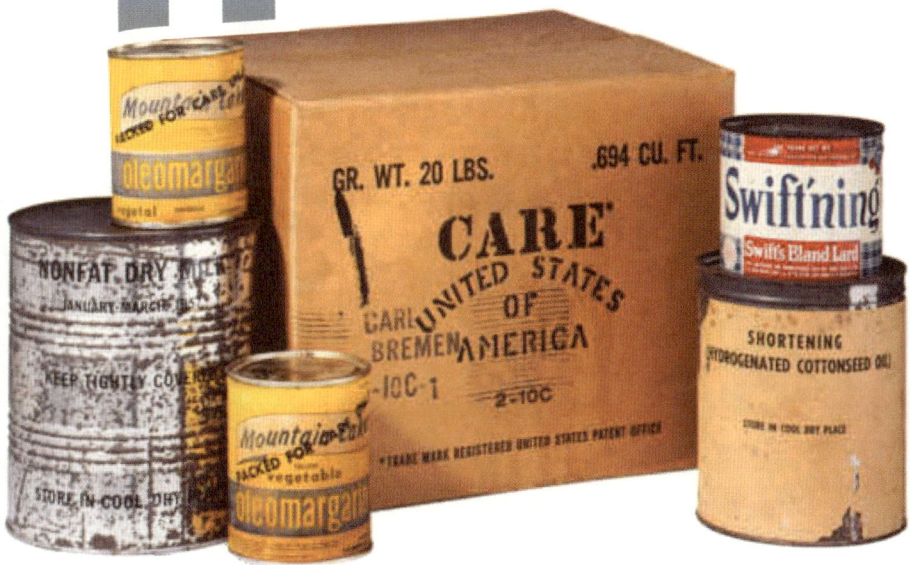

473　　"援助包裹（Carepaket）"这个概念多年以来一直和广为流传的误解、强烈的情感以及各种各样的故事联结在一起。

　　关于误解：如今人们听到"care"这个词，一般会想到照顾、帮助、仔细或者护理等概念。实际上，这个名字来源于 1945 年 11 月成立的非政府组织"美国援外汇款合作组织（Cooperative for American Remittances to Europe）"的首字母缩写。

　　关于情感：总共有约 1000 万个援助包裹从美国被投递到了战后的德国，它们引发了德国人无尽的巨大感激之情。感谢信件多达数百万封，有的还带着孩子的画像，有的还写有接下来的愿望，有的则描写了寄信人的困苦现状。关于"无法言说的快乐"、"最衷心的感谢"以及"只有亲爱的耶稣才能拯救这个世界"的溢美之词充斥字里行间。寄到德国的一些包裹给人带来了终生的幸福，例如 1945 年 2 月在柏林因遭受轰炸而同母亲一同疏散到德国南部阿尔高地区（Allgäu）霍恩施万高（Hohenschwangau）的 17 岁少女赫尔佳（Helga），她在当地结识了美国大兵利奥（Leo），而利奥后来成了她的笔友，又从美国寄给她援助包裹。赫尔佳直到去世都保留着这些包裹上的贴签，而她和利奥也于 1947 年喜结连理。

　　而像赫尔曼·布洛赫（Hermann Broch）和埃贡·维耶塔（Egon Vietta）这样的知识分子，也曾在他们往来于普林斯顿和卡尔斯鲁厄之间的通信中提到这些援助包裹。当然，请赫尔曼·布洛赫邮寄"11 号援助包裹"（婴儿护理包）的具体请求，埃贡·维耶塔还是让他的夫人提出的，虽然她后来成了马丁·海德格尔（Martin Heidegger）的心上人。埃贡·维耶塔曾由于职业原因加入了纳粹党，却对汉堡的"白玫瑰"抵抗组织抱以同情。1938 年 3 月纳粹德国吞并奥地利之后，当时仅 17 岁的赫尔曼·布
474　洛赫被盖世太保以"禁止出版的作家"为名监禁了起来。几个月之后他得

以在詹姆斯·乔伊斯（James Joyce）、阿尔伯特·爱因斯坦和托马斯·曼的协助下流亡美国。1947 年，布洛赫也向德国寄过援助包裹。

关于历史：1939 年起，美国国内掀起了一股建立私人对战时欧洲援助组织的热潮。1941 年 12 月美国参战后，美国政府就将多方的援助努力统一控制和协调在了自己手上。CARE 成立于 1945 年 11 月，它由 24 家不同援助组织聚合而成，创始资金超过了 300 万德国马克。这笔资金主要用来购置约 280 万个配给包裹。随着日本于 1945 年 9 月 2 日在太平洋战争失败后宣告投降，这批配给物资已毫无用处，后来却成了纾解欧洲饥困的甘霖。

这批 "10 合 1" 包裹中有 10 份定量配给的食物，每份热量为 4000 卡，可满足一个成年男性每日所需的热量。1946 年 5 月第一批物资通过船运抵达法国勒阿弗尔（Le Havre）港口之前，欧洲各国之间签订双边合作条约时还有大量具体流程性问题需要解决。毕竟这批包裹应当作为礼品登陆欧洲，不仅要在运送过程中免除运费、关税及境内税款，在分发环节也必须免除来自国家层面的影响，不得将其由各地慈善机构作为国家配给物资进行发放。就德国来说，各占领区之间必须签订相应协议，确定英占区和美占区的物资在 6 月发放，而法占区则迟至 11 月。CARE 组织也给苏占区管理机构提供了一份协议，但苏方并未签署。不过柏林市的苏军警备司令官倒一直允许苏占区居民从西柏林取回这些援助包裹。

1946 年 6 月 15 日，"美国游击兵（American Ranger）" 号轮船停靠不来梅港，将 35700 个包裹运抵德国，此后，每月都有 80000 ~ 90000 个包裹到港。直到 1947 年 3 月 1 日之前，供应的包裹只有 "10 合 1" 一种，其后样式也逐渐增多。第一种由 CARE 组织自行包装的食物包裹重 10 公斤，内容包括罐头（主要是牛肉、肥猪肉、蜂蜜、糖水水果、植物黄油等）、面粉、咖啡、奶粉、大米、糖、葡萄干、巧克力、蛋粉和肥皂；再

475

往后又出现了针对特定人群和婴幼儿的包裹、满足对针织品需要的包裹（87 型）、符合德国人饮食习惯的"德国食物包"（36 型），以及符合犹太教习俗的"犹太食品"（37 型）等。等到联邦德国逐步实现经济发展正常化，大概是朝鲜战争于 1950 年爆发之后，包裹的内容愈发五花八门，当时有给木工、家具匠和园丁用的所谓"初级工具套装（Tool Kits）"，有为缝纫女徒工准备的缝纫机，还有一种最巨型的馈赠——1951 年冬曾出现过一批每包 10 公担（500 公斤）重的煤球！1952 年出现了所谓的"开拓者（Neusiedler）"包裹，内容包括铁锹、锯、锄头、斧子、锤子以及钳子，用来帮助人们在临时居所实现自理，特别是给那些难民和受到驱逐的人们。此后，一方面欧洲经济发展不断向上，另一方面寄送援助包裹的行动也从欧洲拓展到世界其他争端地区，CARE 的最后一个字母 E 代表的含义从"Europe"（欧洲）变成了"Everywhere"（世界各地）。到了 1955年，个人之间"点对点"以礼品名义寄送援助包裹的业务最终落下帷幕。

时至今日，"care"这个词在德国人看来仍旧像是个神话，而援助包裹则几乎戴上了"拜物教偶像"般的光环［引自伊尔根（Ilgen）］，所有来自西方盟友的国外对德援助常常都用这几个字母概括，而 1945 ~ 1949 年也经常被打上"援助包裹时代"之类的标签。人们还给 CARE 组织的行为和马歇尔援助计划添加了诸如"帮助恢复重建"、"进行民主的再教育"以及建立"美国文化中心"等意涵。令人一眼认出的援助包裹——缠着黑色绑带的、结实的淡棕色纸板箱——以及箱子上用力刻写的黑色"C. A. R. E.U. S. A."（起初这些字母之间以点号分隔，后来被取消了），还有不太常见的重量单位、型号缩写都留在了人们的记忆中，尽管"不论从数量上还是从持续时间上说"（伊尔根语），CARE 组织的对德援助包裹都比不过由另一家名为德国国定救援物资事务委员会［CRALOG，依托于红十字会和桂格公司（Quäker）] 的物资援助组织在德国分发的物资——它生产的学生食品（像葡萄干小面包、可可、燕麦片）在二战之后，一如在一战结束之后那样——更令当时的人们难以忘怀。1963 年德国联邦邮政发行了以此为题、面值 20 芬尼的特种邮票，上面写着"德国感谢 CRALOG 和 CARE 两个组织"。

　　CARE 能够取得成功，另外一个重要原因是它从一开始就投入重金让广告先行。广告部找来了长期保持世界拳王地位的乔·路易斯（Joe Louis），以及广受观众喜爱的玛琳·黛德丽（Marlene Dietrich）和约瑟夫·科顿（Joseph Cotten）等电影明星，还让当时的教宗庇护十二世（Pius XII）为援助事业祈福，这些名人的加入不仅使 CARE 组织获得了赞助，还提高了它的知名度。很多独立行动都利用了公关手段：包裹寄出时一般都附带希望收件人回写感谢信的请求，这使得大量由孩子们绘画或撰写的信件如雪片一般飞回了美国。而一些大规模行动，诸如在柏林危机期间，CARE 自己包机通过"空中桥梁"运输了大约 25 万个包裹，也使该组织声名大噪。

476

　　虽然二战结束后寄送援助包裹的数量和规模可谓前无古人，但给遭遇困难和紧急状况的人们赠送礼物，这样的构思可不是从二战时期才出现的。早在 1813 ~ 1815 年的德意志解放战争期间，市民阶层的妇女组织就曾为士兵们组织捐赠钱财和物资。1870 ~ 1871 年普法战争期间，"爱心捐赠"极大地帮助了前线的战事，有力地弥补了兵员补给方面的不足。其后第一次世界大战爆发，速胜论的狂喜之情迅速蔓延，送到战场上的礼物也令人振奋，并随着战事不断延长而愈加残酷，礼物对于士兵来说也变得愈发重要。此时由于外来进口的短缺，德国的食品供应已骤然陷入困境，人们从自己口中省下一些，就成了前线"救命"的口粮。二战的情况就不同了：

遭受战争掠夺的国家被系统性地"掏空",以供应前线或运回本国。此时寄给士兵的礼品包裹再次变成了给儿子和男人们的"爱心捐赠",而他们从像法国这样的沦陷国家,则会寄回香水、漂亮衣服或者酒类作为回赠。

*

此外,今天已经无人记得,二战结束之后也有不计其数的 CARLOG 包裹和近 90000 个 CARE 援助包裹被送到了苏占区,即此后的民主德国。在前后三年的时间里,尽管当局表示怀疑,但从某种意义上说并未影响包裹的发放。1950 年,民主德国拒绝了来自教会途径的捐赠,1952 年又拒绝了所有渠道的捐赠。1951 年,CARE 还曾试图在美国境内为寄给民主德国的包裹募集捐款,而后不得不在 1952 年 12 月停止了该项活动。

此后,"西边的包裹真实故事"便拉开了大幕。(引自伊尔根)在联邦政府的支持下,从 1953 年起德国社会通过媒体和广播掀起了"把你的包裹寄到那边"的大规模运动。邮局贴出布告,说明了邮政入境的规定、内容物限制清单以及免缴税款对费用的影响。1961 年柏林墙修建完成后,援助机构的工作力度加倍,自 1978 年起,每年约有 2500 万 ~ 2600 万个包裹从西方寄往民主德国,其中 1966 年的物资市值就约合 12 亿德国马克。这些包裹中有咖啡、茶、可可、夹心巧克力、巧克力、饼干、布丁、烘焙粉、香料、口香糖、化妆品、连裤袜等。除了通信往来之外,朋友和亲戚也带着这些包裹通过重要的过境"桥梁"。根据 1978 年之后的调查数据,收到礼物的人也纷纷回赠礼品,数量达到 900 万 ~ 1100 万件,其中大多数是艺术品、自制的小玩意儿或者自己烘焙的点心〔圣诞蛋糕、厄尔士山(Erzgebirge)的圣诞装饰品和书籍等〕。实际上,民主德国当局"从一开

始"［林德纳（Lindner）语，引自黑特尔（Härtel）与卡布斯（Kabus）］
就对这些从西边寄来的包裹产生了依赖，以此来弥补供给上的不足。当时
一项秘密调研的统计数据表明，民主德国自 1978 年以来收到的境外包裹货
值相当于本国零售商品总值的约 4%，在某些领域甚至还更高：例如在奢侈
品领域相当于 5%，在纺织品方面竟然相当于零售总额的 24%。同时，对包
裹内容和重量的法律限制也不断变化，抽检措施也一直严格执行。这样一
来，包裹的损失率大约高出国际水平 10 倍，单是从 1984～1989 年，负责
国家安全的工作人员就检查出了约 3200 万德国马克现金和 1000 万德国马
克的禁寄物品。来自西边包裹的故事延续了四十年，在两德分裂期间的东
边既有期待的喜悦，也有失望的痛苦，其中夹杂着复杂的情绪，也由于征
税是统一按照 40 德国马克执行的缘故。

　　如果今天给一名驻扎在阿富汗的德军士兵寄包裹，把它们叫作"援助
包裹"的可能不光是小学生。作为美德盟友关系的正面象征之一，战后援
助包裹的故事本身也许已经走入了历史，它的"神话"却依旧在流传。

因偷懒

而发明的

计算机

Die Erfindung des
Computers –
aus Rechenfaulheit

078

楚泽 Z3 计算机

这是由楚泽原样复制的 Z3 计算
机，它可以成功进行十进制的
数据输入。

479   1938 年，柏林克罗伊茨贝格（Berlin-Kreuzberg）梅特菲瑟尔街（Methfesselstraße）10 号房间的起居室里竖立着世界上第一个可编程的数字计算机，不过它的运转方式是纯机械的。它是年轻的柏林工程师康拉德·楚泽（Konrad Zuse，1910～1995）研制两年的成果。这台计算机和今天的计算机一样使用二进制记数系统和配电技术，它的"建筑"构造也包括相应的存储器、运算单元、控制器，以及输入和输出设备，这些都是我们现在计算机的基本组成部分。这台计算机的处理频率为 1 赫兹，储存量为 64 个数字（Zahl），与今天的计算机相比实在是微不足道。不过楚泽的设想却"远远超过了单纯计算"的范畴。当时他就说过，"他设计的计算机将会击败国际象棋世界冠军"［蒙斯（Mons）语，引自他的一位大学同学的描述］。这个幻想在六十年后实现了：1997 年 5 月 11 日，IBM 公司的"深蓝"计算机在人机对战中击败了当时的国际象棋世界冠军加里·卡斯帕罗夫（Garri Kasparow）。

孩提时代的楚泽并不是一个智力超群的学生，他 9 岁时的"计算课"甚至"不及格"，他后来也意识到："只有数学好才能避免经常让人心烦的"测试。他热衷于手工制作，在 15 和 18 岁时获了奖，一次是因为制作了一个"挖土机"模型，另一次是因为制作了一个"装卸煤炭的起重机"。在职业选择上，他在艺术家和工程师之间犹豫不决。他大学一开始学的机械工程，后来改学建筑，为了尝试成为一名广告设计者，他又中断了建筑专业的学业。最后，他作为建筑工程师从柏林夏洛滕堡工学院毕业。他在大学期间设计了一个货币自动兑换机、一个拥有理想交通网络的城市平面图，以及一个三维立体式电影院。

480   他后来夸耀说，因为"太懒得计算"他才发明了计算机。尽管这肯定是断章取义的一句结论，然而这的确是楚泽的动机之一。因为他"非常厌恶"枯燥且不断重复的静力计算。他的第一份工作是在位于柏林舍内费尔德（Schönefeld）的亨舍尔飞机公司（Henschel Flugzeug-Werke AG）担任静力学家和"人脑计算机"，没过多久他便辞职了，以便全身心地设计一台计算机，它能够关联计算过程，这在当时是不可想象的。在这方面 26 岁的楚泽是一个思想家，他的决心没有因为专家们认为他不可能成功而有丝毫的动摇，他的父母很支持他，还将自己的起居室拿来给他当工作室。他用最简单的方法制造出了这个精密的机械学杰作：大学同窗们也积极帮忙，根据他提供的详细数据，他们用钢丝锯将 30000 张软钢板锯成小片，并用笔在上面标上"0"或"1"以示区分。楚泽用一台吸尘器马达来供电，将程序指令用检票夹打在一张电影胶片上。当时参与制作的一名大学校友评论说："有一次计算机准备好并开始运行时，它发出了可怕的嘎啦嘎啦声，在这种情况下输入的复杂运算它都给出了精确的运算结果。机器几乎占满了整个起居室。"［格罗曼（Grohmann）语，引自乔德纳（Czauderna）］Z1 计算机可以读取数字，做加、减、乘、除运算，并得出运算结果；它还可以自动将数字在十进制和二进制之间相互转换。

因为在向前和向后移动时，Z1 计算机的薄钢板容易被卡住，楚泽便在制造 Z2 计算机时加了一个带有继电器的机械开关，不过由于原料短缺他使用的是用过的电话继电器，结果证明并不可靠。尽管如此，位于柏林阿德勒霍斯特（Adlerhorst）的德国航空飞机实验协会（DVL）的技术总管非常欣赏楚泽的发明，答应向 Z3 的研发提供资助，因为他自己正在寻找基于计算解决飞机机翼稳定性问题的办法。第二次世界大战爆发时，楚泽由于应征入伍而暂停了计算机的研制工作。不过他很快又被亨舍尔飞机公司的一个研发鱼雷远程控制的部门要走。他在那里计算了滑翔炸弹的翼断面数据，并设计了一个用于翼计算的专用设备，它可以将千分表测出的类似结果转换成数字数值，并进行完全自动的运算。

481

  楚泽只能利用晚上和周末的时间来研制 Z3 计算机；这一次他全部使用电磁继电器技术，并于 1941 年 9 月 19 日在德国航空飞机实验协会的一个专家小组面前进行了演示，与 Z1 完全有效运行相比，Z3 是世界上第一个使用编程控制的数字计算机。楚泽为此一共使用了 2600 多个继电器和 64 个储存单元［每个单元的储量为 22 比特（Bit）］，只需要 3 秒即可完成乘法运算。在亨舍尔的工作之余，楚泽于 1941 年成立了自己的公司，名为"楚泽—工程师办公室和仪器制造（Zuse-Ingenieurbüro und Apparatebau）"。它是世界上第一个计算机公司，到 1944 年发展成了一个拥有 20 名员工的企业，它对战争的意义非凡，并且继续受到德国航空飞机实验协会的资助。楚泽并不是纳粹党党员，因此对他研发成果的评估要明确他的论证是否"一直围绕着纳粹意识形态"［菲塞尔（Füßl）语］，或者他是否作为发明人利用了当时所有能想到的办法等。

  1941 年 7 月 16 日，楚泽为他的"计算设备"申请了专利（这是他从 1936 年开始提出的第六次不同专利的申请，他后来又撤回了其中的部分申请），专利号为 Z26476。他在描述中形容它是"由绝大多数常见的独立设备组合而成的一个机组"，它可以"经常反复地进行任意长度和任意组合的基本数学运算，通过计算机自动进行，并得出结果"。

  楚泽的工作室（曾暂时在一个工厂车间）和放有 Z1 和 Z3 的起居室在 1943 年圣诞节前夕的轰炸中被毁一旦。第二次世界大战几近结束时，他将快要完成的 Z4 分装进 20 个箱子，通过火车和货车运到了阿尔高地区——为了借由在名称上与 V 型导弹的相似而更容易获得必需的许可证，楚泽狡猾地将 Z4 改名为 V4。他在阿尔高遇见了沃纳·冯·布劳恩（Wernher von Braun），后者和他的工作团队撤离到了那里，并于 1945

年 9 月与其他研制 V 型武器的科学家一同去了美国，以协助美国实施导弹
计划。

*

二战结束后，楚泽在阿尔高设计完成了世界上第一个通用编程语言
"Plankalkül"，它被视为高级编程语言的先驱。迫于生计，楚泽曾以画画
为生。他在 1947 年夏末还有可能遇见了当时领先世界的英国计算机科学研
究者艾伦·图灵（Alan Turing），不过据猜测这次会面更带有审讯的意味。
[引自布鲁德雷尔（Bruderer）]

苏黎世联邦理工学院（ETH Zürich）应用数学学院的创始人、苏黎世
数学家爱德华·施蒂费尔（Eduard Stiefel）在 1948 年与楚泽取得了联系，
以就当时存放于菲森市（Füssen）霍普费劳镇（Hopferau）一个面包店
面粉仓库内的 Z4 的使用问题进行商讨。Z4 看上去就像是一个"地震后大
城市的电话总机"（《明镜周刊》1949 年 7 月 7 日）。1949 年 7 月，楚泽带
着他的 6 名员工为筹集修复 Z4 所需的 20000 德国马克而四处奔走。1949
年 9 月，他与苏黎世联邦理工学院签订了一个租借合同。1950 年 7 月至
1955 年 4 月，Z4 在苏黎世联邦理工学院主楼内执行了各个领域的计算任务：
拦水坝的静力学、导弹弹道、高频技术、光学、铁路机车制造等。在排除
了持续数月的运行障碍后，Z4 的成功运行使苏黎世联邦理工学院在取得工
业订单方面获得了竞争优势，并领先于其他大学。

详细打听或熟悉 Z4 的人往往听过关于它可以直接进行加、减、乘、除
运算的消息。实际上，Z4 是世界上第一台商用计算机——比美国的通用
自动计算机（UNIVAC）早几个月，同时也是欧洲第一台有效运行的计算

482

机。在收到 Z4 计算机 30000 瑞士法郎的租金收入后，楚泽又继续与瑞士雷明顿兰德公司（Remington Rand）签订了研发穿孔卡片计算机 M9 的合同，它为楚泽于 1949 年在欣费尔德 / 黑森（Hünfeld / Hessen）的诺伊基兴（Neukirchen）成立的两合公司提供了资金保障。楚泽开始批量生产新型计算机，他在 1962 年已经拥有了 1000 名员工，直到 1960 年代末，他的公司共制造了 251 台设备；楚泽在 1957 年将公司所在地迁到了巴特黑斯费尔德（Bad Hersfeld），他还发明了世界上第一台绘图仪。1955 年，他将 Z4 卖给了位于巴塞尔圣路易（St. Louis）的一个法国装备研究所，1959 年又将它买回，后于 1960 年将它赠送给慕尼黑德意志博物馆。1962 年以后，德意志博物馆还复制了一台 Z3，位于柏林的德意志技术博物馆同时也复制了一台 Z1；两台复制品都出于楚泽本人之手。

计算机行业的快速发展、国际竞争特别是来自美国的竞争，以及银行紧缩贷款致使楚泽的资金逐渐缺乏，以致企业陷入不利境地：它在 1964 年被布朗－博韦里曼海姆公司（BBC Mannheim）收购，三年后它 70% 的股份被西门子公司购得，1971 年 4 月 1 日，剩余的股份被楚泽两合公司清除。

从 1951 年 11 月开始，楚泽尝试在他 1941 年提出的专利申请基础上新增专利申请（登记号为 Z391），不过因极大的举证困难而失败了。当 Z3 在二战中被摧毁时，在与哈佛大学和 IBM 公司的合作下，霍华德·艾肯（Howard Aiken）设计的马克一号（Mark I）于 1944 年演示成功——它曾长期被认为是世界上第一台有效运行的计算机。楚泽的竞争对手 Triumph 和 IBM 对他的专利申请提出了异议，在经过 26 年的诉讼拉锯战之后，德国联邦专利法院在 1967 年最终以"发明水平"不足为由，驳回了楚泽的专利申请要求。

1960 年代对于楚泽来说是一段艰难的岁月，他失去了自己的公司，坚持不懈地争取，却最终没有获得"计算机发明者"的头衔。实际上，"在脱离法律框架的情况下，专利权代表的论证几乎不能被采纳"［佩措尔德（Petzold）语，引自罗雅斯（Rojas）］。也许楚泽接受了不专业的法律咨询，不过也不排除专利局一方产生了误解。专利的授予满足了利用专利赚钱的要求，却没有保护"发明者"这一头衔。楚泽最终获誉无数，其中包括 8 个荣誉博士头衔和 2 个荣誉教授称号。他去世三年之后，在 1998 年于帕德博恩（Paderborn）召开的有关信息处理的历史的国际会议上，一个专家团判定楚泽"发明了计算机"。楚泽发明的计算机已经包含了现代计算机的主要组成部分。

不过，楚泽本人可能终生都没有用过个人电脑（PC）。直到去世前，他一直饱含设计热情，他在最后的岁月里还为风力涡轮机设计了"螺旋塔"，可以根据天气条件自动调节高度。此外他还喜爱画笔、铅笔和笔尖，他"晚年的爱好"是"亚麻布油画"［保利（Pauli）语］。对此他也颇有天赋。不过他离"经营者"还差两把刷子：例如他在 1995 年于汉诺威举办的 CeBIT 计算机博览会上与比尔·盖茨（Biil Gates）的一次会面中向对方坦承，他当时对软件的市场前景作出了误判——他向他的计算机用户免费提供软件程序。

有限主权国家

的

建立

Staatsgründung mit
eingeschränkter Souveränität

079

《占领法》

记录着1949年9月21日《占领法》的两页内容无影无踪地消失了半个世纪，并在其"诞生"50周年时再次浮出水面。

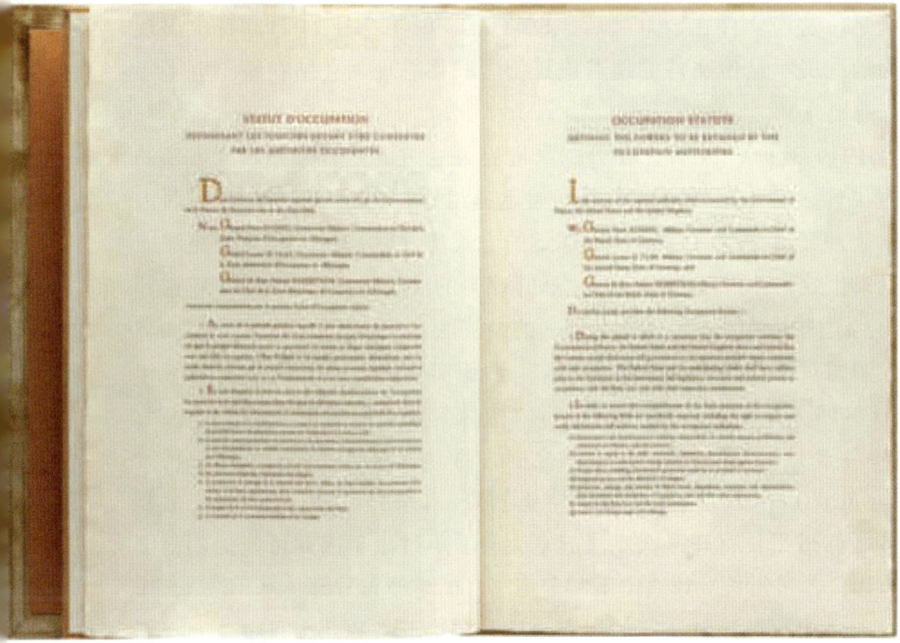
STATUT D'OCCUPATION
OCCUPATION STATUTE

485 　　"这份文件应由联邦总理府（BKA）继续保管，还是应该交给外交部（AA）？"从德国总理康拉德·阿登纳（Konrad Adenauer）到赫尔穆特·科尔（Helmut Kohl）的将近五十年中，每一个总理府的工作人员都私下里思忖过这个问题。直到他们其中一个业已退休的人将这份文件放在了时任博物馆馆长的桌上。唯一的条件是：永远隐去他的姓名。这一要求得到了满足，这份文件在数月之后，也就是 1999 年 9 月 21 日才首次出现在公众面前。展示这份文件的地点正是德国联邦总理阿登纳在整整五十年前接受它的地方。

　　直至 1949 年 9 月 21 日，在第二次世界大战结束之后被分四区占领的德国发生了许多政治事件：各党派开始迅速组建；1946 ~ 1947 年，西占区的军事管理委员会允许通过自由选举的方式建立联邦州，联邦州宪法通过公民投票生效；苏占区的宪法通过联邦议会的决议生效。从 1947 年初开始，英国和美国占领区联合成立了统一的经济区［双区（Bizone）］。1948年 3 月，盟国对德管制委员会停止工作。西德实行货币改革政策（1948 年 6 月 20 日）四天以后，苏联开始进行"柏林封锁（Berlin-Blockade）"，直至 1949 年 5 月 12 日封锁最终解除之前，西方盟国通过"柏林空中桥梁（Berliner Luftbrücke）"向西柏林空运物资。1948 年 7 月，西方阵营委托西德各联邦州州长召开一次宪法起草大会。不过出于因此可能加剧德国分裂的担忧，各州州长一致决定不制定宪法，而是颁布一部《基本法》，作为两德统一之前"过渡时期"的权宜之计。在接下来的几个月中，专家们

486 的工作为 1948 年 9 月 1 日在波恩召开的议会委员会会议奠定了基础，委员会由州议会选出的 65 名代表（以及 5 名没有表决权的柏林代表）组成；议会委员会会议在 1949 年 5 月 8 日通过了《基本法》，并得到了西方盟国的批准。不过与此同时，除巴伐利亚之外的所有西德州议会以超过三分之二

的多数优势也足以使《基本法》尘埃落定。5 月 23 日，议会委员会会议全体成员、各州州长及各州议会议长隆重签订并颁布了《基本法》。

8 月 14 日，联邦议会进行选举。9 月 7 日，联邦议会和联邦参议院成立。9 月 12 日，联邦大会选举特奥多尔·豪斯（Theodor Heuss）为联邦总统。9 月 15 日，联邦大会选举康拉德·阿登纳为联邦总理——"理所当然的"，正如他自己说的那样，他投了自己一票，就是这决定性的一票让他以最微弱的优势当选。9 月 20 日上午，由基民盟 / 基社盟（CUD / CSU）、自由民主党（FDP）和德意志党（DP）组成的联邦政府内阁举行宣誓礼，当天下午 2 点，阿登纳首次发表了政府声明。

第二天，联邦总理阿登纳被一个月前进驻彼得斯贝格（Petersberg）的盟国高级委员会（Alliierte Hohe Kommission）约见，并当场接受了《占领法》（Besatzungsstatut）。他十分厌恶通往"权力高点"的那条路；五位政府部长和赫伯特·布兰肯霍恩（Herbert Blankenhorn）陪他一同前往，后者更多地扮演了阿登纳个人顾问的角色。首先从表面上看，这并不是一次"接受命令"。根据最终达成一致的外交礼节框架规定，盟国高级委员会的委员们"站在一块地毯上，迎接站在地毯前的我，"1965 年阿登纳在他的回忆录中这么写道，"他们的主席……宣布《占领法》正式生效。然后，我应该走上地毯。"不过，当弗朗索瓦－庞赛（François-Poncet）"以自然的姿势向前迈了一步向我问好时……我趁机迎上前去，同时我也就站在地毯上了"［魏玛尔（Weymar）语］。这时，阿登纳以经济问题和数百万名难民为由，强烈要求对《占领法》进行修订。

不管"地毯事件"是不是传说，阿登纳的行为也是"不卑不亢"，他也不是非签订《占领法》不可。他成功地做到了，没有让这一代表国家的行为给联邦政府"蒙羞"，大多数历史学家也赞同这样的描述。实际上，阿

487

登纳当然早就清楚《占领法》的内容，作为议会委员会主席的他在 1949 年 4 月 10 日就收到了递交给他的《占领法》。1949 年 5 月 12 日，即 "柏林封锁" 解除的当天，盟国军政长官在批准《基本法》的同时宣布了《占领法》，后者在 9 月 21 日联邦机构成立的当天正式生效，同一天阿登纳在彼得斯贝格接受《占领法》。

阿登纳更愿意将他接受《占领法》的行为表述成一次 "就职访问"，对于盟国来说，它却是一次非常重要的正式活动。不过，这个特制的、充满艺术性的、用羊皮纸装订而成的手工镀金孤本并不是直接交到阿登纳手中的，它被包进了包装纸，并由高级委员会的一名法国官员先递给了布兰肯霍恩，并顺带说了一句 "我们不要再谈了！（N' en parlons plus !）"（魏马尔语）此时的阿登纳和布兰肯霍恩正拿着他们的外套；布兰肯霍恩将他的外套搭在手臂上，借此遮盖住了这个令他们厌恶的包装物。在回程的汽车上，布兰肯霍恩打开了包装，不过阿登纳并没有拿走它，而是转交给了他的随行人员。13 年后阿登纳曾在外交部打听这份文件的下落，不过得到的答复是它仍在布兰肯霍恩手中，后者在 1960 年以后任德国驻法国大使。然而它一直没有被 "归档"。它在二十多年后被送进了博物馆。在此期间，档案保管员和历史学家曾极力寻找这份总归算是被隆重和正式递交的文件，对它下落的学术解释也令人感到困惑。

由于《占领法》上没有签名，因此它是否具备事实上的国家法律价值，是否只是一份 "华而不实的法律文件"——正如它再次露面后被评价的那样（魏马尔语）——并不在讨论的范围之内。从档案技术角度看，它属于 "原始文件"，但是从不仅限于法律的真实性上看，它仍然只是一份 "原件"。

如今人们在很大程度上忘记了，德国（波恩）《基本法》和《占领法》

曾是德意志联邦共和国成立史上的一揽子计划。《占领法》极大地缩小了联邦德国的权限：虽然盟国的军事统治占了民间统治的上风，但是盟国仍然拥有联邦德国最高的政府权力，因为外交和安全政策、外汇问题、对外贸易、去军事化等决定权依然掌握在负责各自占领区民间管理的盟国高级委员会手中。《占领法》还保留了"完全或部分使用所有权力"的权利。盟国高级委员会是历史上的一个国际法"孤本"，它不仅担负政府的职责，同时还行使国际组织的职能，充当三边外交的代表。

当时的德国联邦总理阿登纳不断敦促盟国对《占领法》进行修订，特别是民众对去工业化措施的不满加剧，失业率上升到了 9%。经过艰难的谈判，《占领法》修订迈出了第一步：阿登纳在 1949 年 11 月 22 日签订了《彼得斯贝格协议》(Petersberger Abkommen)，协议扩大了德国联邦政府的权利。尽管联邦政府仍须接受在其看来充满歧视性的"鲁尔区管制"，然而无数企业的去工业化因此结束了。协议还允许联邦政府与外国建立领事关系，并宣布联邦政府加入各国际组织。

两天后，联邦议会掀起了德意志联邦共和国历史上最激烈的一场议会辩论：当阿登纳列数"此时此刻"撤销了去工业化命令，因此挽救了数万个工作岗位的企业名单，并沉浸在宣读德国工会联合会对此表示赞誉的媒体声明中时，社民党（SPD）指责他违宪和藐视议会，因为他未征得议会的同意便签订了《彼得斯贝格协议》。反对党（社民党）领袖库尔特·舒马赫（Kurt Schumacher）忍不住打断阿登纳的讲话，并呼喊他为"盟国联邦总理"。11 月 25 日凌晨 3 点 21 分，这场辩论在一片嘈杂和混乱中落下帷幕；舒马赫被排除在接下来为期 20 天的会议之外。在与联邦总理进行了三次个人会谈之后，双方冰释前嫌。务实的莱茵兰宁愿谨慎地推行与盟国的合作政策，而想要确认德国利益得到保障的狂热分子，即普鲁士则被视作顽固不化。因此，一个在"波恩政策"中较长时期存在的角色分配应运而生。

按照计划，《占领法》将在 18 个月后（1951 年 3 月）进行一次"小范围修订"，对此的一个重要前提是，德国要首先承认所有的战前债务。又 15 个月后，也就是 1952 年 5 月，自愿签订的协议应取代占领区法律规定的义务，不过法国在推迟了两年后才批准通过这些协议。联邦德国的主权在 1955 年通过加入北大西洋公约组织（NATO）得到了确立。随着 1955 年 5 月《巴黎协定》（Pariser Verträge）的生效，联邦德国成为主权国家，盟国在法律上的占领区管辖权被取消。

因此，重新组建外交部成为可能：虽然联邦议会已于 1949 年 9 月通过决议，设置了一个负责处理《占领法》和外交事务的委员会，但是从 1950 年 6 月开始，联邦总理府内只有一个外交事务办事处，1951 年 3 月以后成立了外交部，而在 1955 年 6 月以后才正式设立了部长一职。

四个二战主要战胜国保留了"涉及柏林和德国事务作为整体处理"的特权。尽管《占领法》从 1955 年开始就不再有效，而且东西德在 1973 年成为联合国成员，然而 1990 年的两德统一绝不只是德国一国的事务。联邦德国和民主德国必须同美国、苏联、英国和法国进行谈判，直到签订确定德国东部统一和边界的《最终解决德国问题条约》（Zwei-plus-Vier-Vertrag，又称《2 + 4 条约》），规定军事力量上限，以及德国统一后承诺放弃核武器、生物武器和化学武器后方才截止。尽管作为联合国第三大捐助国的德国不遗余力地想要成为安理会成员国之一，然而它今后（同奥地利、其他欧洲国家以及日本一样）至少在形式上仍要被"歧视"，因为虽然二战这段历史早已过去，但是 1945 年联合国宪章内描述的所谓"敌国条款"不可更改。根据"敌国条款"的规定，包含此类军事行动在内的强制措施可不经过联合国安理会的授权便可实施，针对二战敌国的军事行动除外。德国就是条款所指的敌国之一。条款不可更改的原因在于，作出相应的修改可能要付出巨大的代价，甚至可能导致联合国的根本性改革。

伯尔尼奇迹

Das Wunder von Bern

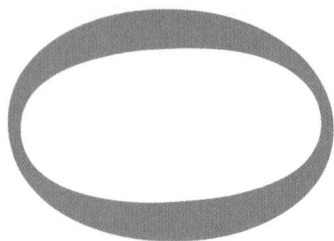

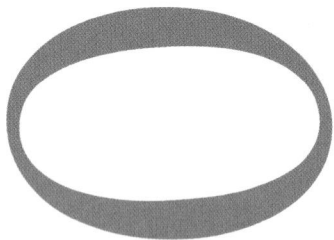

0
8
0

1954 年世界杯之球

在赫尔穆特·拉恩的一脚射门下，这个足球将联邦德国队送上了 1954 年世界杯冠军的宝座，它一直被保存在塞普·赫尔贝格的家中，直至他去世。

在 1954 年 7 月 4 日伯尔尼世界杯决赛现场，赫尔穆特·拉恩（Helmut Rahn）将这个足球射进了对方的球门，这个决胜之球的官方名称叫"瑞士世界杯比赛用球（Swiss World Cup Match Ball）"。作为世界杯主办国，瑞士必须要确保官方比赛用球的大小（周长 67 厘米）和重量（约 410 克）符合国际足球联合会（FIFA）的标准（5 号球），以避免出现类似 1930 年世界杯的争议；在当时阿根廷与乌拉圭的决赛中出现了"两球妥协"的情况：东道主"乌拉圭球队（Urus）"在下半场使用"自己的"足球后，成功"扭转"了局面，最终获得了当年的世界杯冠军。

从 1986 年世界杯开始出现了由合成材料制成的官方比赛用球，图中的这个足球则是由牛皮制作而成；它惹人注目的黄色来自一种新型的制作工艺——用鞣制替代涂油，将牛皮制成皮革。当终场哨声在伯尔尼范可多夫体育场吹响之后，联邦德国足球队教练塞普·赫尔贝格（Sepp Herberger，1897 ~ 1977）将这个写满 11 名比赛队员签名的足球作为一件私人纪念品带回了他位于韦因海姆市（Weinheim）霍恩萨克森（Hohensachsen）的家中。赫尔贝格去世之后，它一直在德国足球协会位于美因河畔法兰克福的档案室里存放了多年，鲜有公开露面，规模较大的一次展示是在 2000 年庆祝德国足球协会成立 100 周年之际，它出现在奥伯豪森煤气罐展览馆（Gasometer Oberhausen）的一个展览上供人参观。从 2015 年夏天开始，它作为展品一直陈列于多特蒙德的德国足球博物馆（Deutsches Fußballmuseum）中。

经过艰难的小组赛，联邦德国足球队击败了挪威和萨尔州（直至 1956 年底部分独立于德国）代表队，晋级 1954 年世界杯 16 强。此外赫尔穆特·舍恩（Helmut Schön）当时也是联邦德国足球队的管理人员之一，后来接替赫尔贝格成为联邦德国足球队教练。1954 年世界杯采用了新的举办形式，虽然引起了诸多争议，不过仍沿用至今。

在塞普·赫尔贝格的率领下，国家队的备战分外谨慎：在慕尼黑格林瓦尔德（Grünwald）为期 14 天的集中训练结束后，22 名国家队队员同教练组成员、按摩师埃里希·多伊泽（Erich Deuser），以及鞋类专家阿迪·达斯勒（Adi Dassler）一起来到了位于小镇图恩湖畔施皮茨（Spiez am Thuner See）的世界杯驻地。德国队当时的对手是土耳其队、韩国队，以及呼声很高的、自 1950 年以来从未被打败的、拥有"黄金 11 人"的匈牙利队；6 月 17 日，德国以 4 : 1 战胜土耳其可以说是"势在必得"，然而在三天之后与匈牙利的对决中，赫尔贝格却令现场球迷惊诧地派出了一支替补球队上场，以悬殊却"在计划内"的 3 : 8 输掉了比赛；在预选赛最后一场比赛中，德国再次遭遇土耳其，并以 7 : 2 轻松取胜。在接下来的四分之一决赛中，德国使用反击战术以 2 : 0 击败南斯拉夫，在半决赛中以同样轻松的大比分 6 : 1 战胜了奥地利，书写了"一个时代的奇迹"[海因里希（Heinrich）语]。最晚从半决赛开始，1954 年世界杯吸引了越来越多的观众，赛事进程成为德国热议的话题，成千上万人聚集到了瑞士赛场，上百万人守在收音机和电视机前，收音机和电视机的销售量也因此而大幅上升。

决赛在专门为世界杯扩建至可容纳 65000 名观众的伯尔尼范可多夫体育场进行，德国队同夺冠大热门匈牙利"黄金 11 人"再次相遇。当比赛开始的哨声在当地时间下午 5 点响起时，德国所有的城市瞬时陷入寂静，人们只是聚集在开着电视的电器商店橱窗外，饭店因为客满而关门。比赛开始几分钟（第 6 和第 8 分钟）后，匈牙利将比分拉到了 2 : 0，仿佛拉开了德国队在小组赛时被匈牙利队大比分羞辱的序幕。然而德国队的"11 人"很快在比赛的第 11 和第 18 分钟将比分追平。赫尔贝格在安排首发阵容方

492

面出色地融合了战术、体力和心理上的考虑，加上下雨的缘故，阿迪·达斯勒在中场休息时为德国球员的球鞋配上了新的防滑螺钉，而匈牙利球员球鞋配备的是皮质鞋钉，且鞋的重量是德国球员球鞋的 2 倍。最终，当比赛进行到第 84 分钟，也就是距离比赛结束还有 6 分钟时，只听见收音机里传来了足球解说员赫伯特·齐默尔曼（Herbert Zimmermann）难以置信的声音："拉恩可能要从后方射门，拉恩射门了……球进了！球进了！球进了！球进了！"德国最终以 3∶2 赢得了比赛。门外汉击败了匈牙利的百年球队，第一次登上了世界杯冠军的宝座。当英国裁判吹响终场哨声时，范可多夫体育场内的德国球迷爆发出了不停歇的欢呼声，联邦德国国内的上百万人也为之欢呼雀跃。"伯尔尼奇迹"由此诞生。

德国队乘坐着写有 "1954 年世界杯冠军" 字样的红色专列凯旋。即使没有上百万人也有成千上万的德国民众围绕在铁道旁，仅在站台上就密密麻麻地挤着 6000 多高声歌唱的人们，他们将礼物递进车厢，手里拿着得到的亲笔签名，嘴里高声呼喊着 "伯尔尼英雄"。在德国足球协会于慕尼黑举行的官方庆祝活动上，人们对胜利的欢呼达到了暂时的高潮。

不过现场也出现了低潮，因为德国足球协会时任主席佩科·鲍文斯博士（Dr. Peco Bauwens）在慕尼黑卢温堡狮牌啤酒馆（Löwenbräukeller）举行的官方庆祝活动上发表了过于有民族倾向的讲话，以至于巴伐利亚广播公司直接中断了现场直播。这件事和在伯尔尼颁奖仪式上发生的一个插曲致使出现了许多批评的声音：当国家队队长弗里茨·瓦尔特（Fritz Walter）接过雷米特杯（Coupe Jules Rimet）时，范可多夫体育场内响起了德国国歌，现场约 25000 名德国球迷中的许多人一同合唱，不过唱的是第一节而不是第三节，广播电台立即切断了转播。国外为之震惊，并将其与 1936 年柏林奥林匹克运动会联系了起来，英国、意大利和法国报纸在报道时甚至使用了德语标题《德意志高于一切》（*Deutschland über alles*）[《每日快报》（*Daily Express*），《体育战报》（*Guerin Sportivo*）] 和《注意》（*Achtung*）[《世界报》（*Le Monde*）]，一份哥本哈根的报纸在标题上写道："就差没喊'胜利万岁'了。"[《信息报》（*Information*）]

最迟在卢温堡狮牌啤酒馆事件之后，联邦德国的政治家们就受到了警告。在德国队去往瑞士比赛时，他们就已经与赛事保持了距离，也没有一位政治领导人在决赛上露面。当时有一种观点认为，体育和政治的相互掺杂是极权主义国家的一个工具。联邦总理几乎没有对德国队夺冠表示祝贺。当联邦总统特奥多尔·豪斯在柏林奥林匹克体育场对弗里茨·瓦尔特带领的国家队进行表彰时，他再次指出，体育与政治无关，并确保唱《德意志之歌》的第一节没有问题。

不过 1954 年的欢呼与 1936 年的欢呼以及纳粹主义设计的庆祝场景明显不同，它是一种新的、非"规定的"集体感和身份建设的一部分。这一时期的大多数德国人不想了解有关政治的任何事情，体育看起来确实让人无忧无虑。此外，体育上的成就刺激了联邦德国的经济发展，并给了人们一种感觉——战争和战后时期的阴影终将退去。在国家间的和平体育竞赛中，即使作为门外汉参加，也让他们有一种如释重负的感觉。

从这一点来说，"第三帝国"的延续性并没有发挥什么作用，即便塞普·赫尔贝格曾在 1933 年 5 月 1 日加入纳粹党，并于 1938 年升任纳粹德国国家队主教练，且一直妥协于纳粹统治体系。在 1946 年"去纳粹化"的过程中，塞普·赫尔贝格被划为"同流合污者"，同时被要求支付 500 帝国马克（以及 350 帝国马克的手续费）的"赎罪"款。在德国足球协会重新成立之后，他于 1950 年出任联邦德国国家队主教练。凭借他的足球教练才能、如同球队"父亲"一样的心理角色，以及由他倡导的"施皮茨精

494

神"，在德国获得世界冠军殊荣后，他在一定程度上代表了"好德国人"的理想形象。和数百万其他德国人一样，他的道德素养和性格特征"在纳粹德国被视作自证机会主义的样板"[米科斯（Mikos）语，引自普法伊费尔（Pfeiffer）与舒尔策－马梅林（Schulze-Marmeling）]。

塞普·赫尔贝格在"第三帝国"统治时期为他的国家队队员争取了不少特权，即使弗里茨·瓦尔特在 1940 年应征入伍。对于塞普·赫尔贝格来说，1954 年的世界杯决赛是他职业生涯的巅峰，弗里茨·瓦尔特将一次在苏联战俘营进行的足球比赛称为"他的人生比赛"。他曾在法国、撒丁岛、科西嘉和厄尔巴岛的不同士兵球队中踢过球，第二次世界大战结束后，他在乌克兰沦为苏联战俘，后被送往罗马尼亚战俘营。尽管因患疟疾而身体虚弱，他在那里仍参加了一场与看守士兵的足球比赛，并因此而出名。据说在当地战俘营长官的庇护下，弗里茨·瓦尔特和他的弟弟路德维希没有被送往西伯利亚的古拉格（Gulag），两人于 1945 年 10 月被释放回国。

*

"伯尔尼奇迹"是德国战后重建努力的一个暂时性"登峰造极"，在二战结束九年后，它让联邦德国看上去已经作好了重返世界舞台的准备。东西德都隆重庆祝了世界杯的这场胜利，即便民主德国的政治领袖宁愿看到社会主义的"兄弟国"匈牙利取得胜利。民主德国足球协会直到 1952 年才加入国际足球联合会，也因此失去了 1954 年世界杯的预选赛资格。

德国人的欢乐陶醉有多大，匈牙利人的失望情绪就有多浓。在布达佩斯，数十万人在决赛结束后涌上街头，砸破了贴有匈牙利国家队海报的橱窗，甚至掀翻了有轨电车，还捣毁了国家队教练的住所。由国家队输掉世界杯决赛失望情绪引发的骚乱成了二战结束后的第一次政治示威运动。事件发生两年后，也就是 1956 年，爆发了被苏维埃血腥镇压的匈牙利人民起义。在匈牙利国家足球队队员回国后，他们背上了"国家耻辱"的骂名，守门员以叛国罪被起诉并被下放至省级地区，其他国家队队员也被迫移民。在之后很多年，匈牙利足球再也没有回到昔日的巅峰。

运动员在体育赛场上取得的胜利及国民对此的欢呼同西德刚开始的经济繁荣一起，成为一种德国新民族主义的标志。赫伯特·齐默尔曼在二战期间当过坦克指挥官，在 1945 年 2 月曾被纳粹德国授予骑士铁十字勋章，他因此被批评为"军事解说员"。不过当他在 1954 年世界杯解说结束语中说出"此时此刻我们也不要忘记，它就是一场比赛"时，已经没有一个德国人把这场球只看作一场比赛了。它让德国人从战争和道德的双重失败所导致的耻辱感中"大大地舒了一口气"[波伽雷尔（Pogarell）语]，德国人再次找到了身为德意志人而感到幸运和自豪的理由。弗里德里希·克里斯蒂安·德利乌斯（Friedrich Christian Delius，生于 1943 年）将这次比赛写进了他的自传体小说《我成为世界冠军的那个星期天》（*Der Sonntag, an dem ich Weltmeister wurde*，1994）。记者和历史学家约阿希姆·费斯特（Joachim Fest）将联邦德国的三次"新生"归功于三位"创始人"：政治上的康拉德·阿登纳、经济上的路德维希·艾哈德和精神上的弗里茨·瓦尔特。

尽管直到 1970 年德国足球协会才废除有关女子足球的禁令，足球运动在德国仍然取得了长足的发展，德国男子足球队在欧洲足球锦标赛中获得了 3 次冠军（1972、1980、1996），继 1954 年世界杯后又捧回了 3 座世界杯冠军奖杯（1974、1990、2014）。德国女子足球队也获得了 8 次欧洲杯和 2 次世界杯冠军（2003、2007）。除了这些成就和"伯尔尼奇迹"之外，

2006年"夏天的童话"也永远留在了人们的记忆中，虽然当年的德国"仅"获得了第三名，但是这个重新统一的国家表现了一种崭新、积极和快乐的自信，并作为东道主展示了"让世界宾至如归"的友好姿态。

一个

统一的大洲

——

设想与现实

Ein geeinter Kontinent –
Idee und Realität

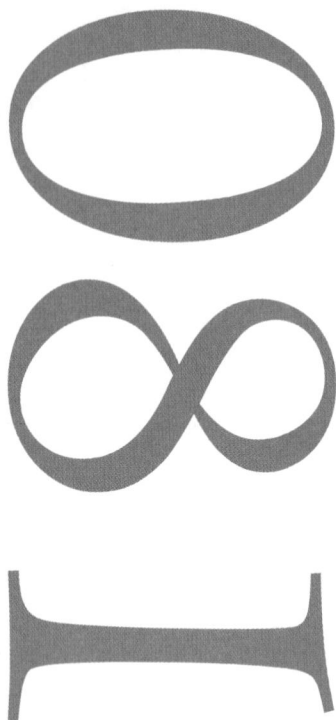

081

欧洲旗

一次和谐的让步和未完全澄清的著作权——1955 年为欧洲委员会制作完成，1986 年被欧洲共同体启用。

什么能够代表欧洲？这个国家共同体的公民在如何看待它？当他们想到欧洲时，他们的感觉是什么？音乐爱好者可能会想到贝多芬的《欢乐颂》，它从 1986 年开始成为官方确定的"欧洲之歌"。其他人也许会想到由 12 颗星组成的欧洲旗。

经过五年左右的讨论，这面旗帜在 1955 年为欧洲委员会（Europarat）制作完成，后者当时拥有 15 个成员国。有关旗帜颜色的问题很快就达成了一致——黑色代表非洲，黄色代表亚洲，红色代表美洲，绿色代表大洋洲（澳大利亚），欧洲则可以用蓝色表示。1953 年召开的协商大会通过决议，每个成员国应拥有一颗星。有关旗帜设计的著作权问题，欧洲委员会邮政业务的一名工作人员阿尔塞纳·海茨（Arsène Heitz）和时任欧洲委员会首席新闻官的保罗·M. G. 莱维（Paul M. G. Lévy）一直争论不休，所有有关这个问题的详细建议在后者的办公桌上堆积如山。旗帜的著作权最终仍未能澄清。

在当时有关旗帜设计的讨论中，德国拒绝在旗帜上使用 15 颗星，因为如果这样做就会有一颗星代表萨尔州（Saarland）；萨尔州当时的地位特殊，德国在 1955 年 10 月的全民公投后才将其在政治上（1957）和经济上（1959）合并，因此这也被称为"小规模重新统一"。而法国反对德国 14 颗星的提案，认为萨尔州不应被象征性地排除在外。数字"13"又犯了忌讳。于是众人一致同意了 12 颗星——这一最小公分母的方案是一次真正的欧洲式妥协。

今天在提到欧洲旗这个代表欧洲的标志时，官方不会解释旗帜的来历，而是会阐明，欧洲旗不仅象征欧盟（EU）是国际性的国家共同体，还代表欧盟以"欧洲统一及在更广泛的意义上使欧洲协调一致"为己任。由金色的星星环成的圈表示"为欧洲人民的团结与和谐而努力"，数字"12"的传统意义则象征着"完美、完整和统一"。

被称为"20 世纪原始性灾难"的第一次世界大战促使政治家和知识分子更加努力地寻找欧洲的出路，这与其他国家寻求贸易保护主义和自给自足的主流方向背道而驰。它最著名的倡议人是奥地利外交官理查德·尼古拉斯·冯·康登霍维 - 凯勒奇伯爵（Richard Nikolaus Graf von Coudenhove-Kalergi），他提出了"泛欧洲（Paneuropa）"的口号，并迅速在所有欧洲国家拥有了众多支持者。随着《罗加诺公约》（Verträge von Locarno，1925）的签订，德国因此加入了创建于 1920 年的国际联盟，法国政治家阿里斯蒂德·白里安（Aristide Briand）则提出了"欧洲计划"。不过在战间期的欧洲，大多数国家的政治和经济体系变得脆弱且不稳定，无法遏制专制统治势力的增长。直到第二次世界大战的爆发和冷战的威胁才逐渐让人们认识到欧洲统一是大势所趋，而且迫在眉睫。因此在二战结束后，所有欧洲国家都爆发了寻求欧洲统一的政治运动。在 1948 年召开的海牙会议上，包含大多数知名人士在内的、持不同政见的 1000 多名欧洲统一支持者齐聚一堂。在统一欧洲的动议下，欧洲委员会于 1949 年成立，当时只有 10 个成员国加入，而现如今已拥有 47 个成员国。德国在 1951 年加入了欧洲委员会。欧洲委员会是欧洲国家中成立时间最早的初始政治组织，拥有极高的声望，且产生了许多重要机构，例如为争取人权而设立于斯特拉斯堡的欧洲法院。

在冷战期间，西欧受美国影响深远，东欧则受制于苏联。1948 年美国出台马歇尔计划——官方名称为"欧洲复兴计划（European Recovery Program，ERP）"——向欧洲提供了约 130 亿美元（按当时的金额折合，约为现在的 1300 亿美元）用于战后国民经济的重建，因此启发了进一步加强欧洲各国经济合作的思想。继英国、法国和意大利之后，德国获得了第四多的资助，也就是约 14 亿美元，其中有一笔现值高达 120 亿欧元的特别款项时至今日仍由 1948 年成立的战后重建信贷机构管理。

499

　　马歇尔计划是通过 1948 年成立的欧洲经济合作组织 [OEEC，1961 年后称经济合作与发展组织（OECD）] 进行的，它最早有 17 个欧洲成员国以及美国、加拿大和土耳其。欧洲统一的基石是"舒曼计划（Schuman-Plan）"，它推动了 1952 年欧洲煤钢共同体（EGKS）的成立。舒曼计划体现了让·莫内（Jean Monnet）计划通过大规模扩大法国钢铁生产实现法国经济现代化，以及促进西欧采矿冶金工业联合的思想。事实上，在当时的大环境下，由最初的民族国家职权组成的欧洲煤钢共同体是始无前例的国际组织之一，它因此成为欧洲统一道路上的重要一步。1957 年签订的《罗马条约》（Römischen Verträgen）则是具有决定性意义的里程碑：6 个欧洲煤钢共同体成员国联合成立了欧洲经济共同体和欧洲原子能共同体。通过经济上的统一，关于欧洲政治统一的努力也迈出了第一步。

　　合作迸发出了强大的吸引力。这 6 个国家组成的共同体迅速进入了 5 个发展阶段：① 1973 年北部扩员（英国、丹麦和爱尔兰）；② 南部扩员（1981 年希腊，1986 年葡萄牙和西班牙）；③ 1995 年扩员（奥地利、瑞典、荷兰和挪威）；④ 东部扩员和迄今为止最大的 2004 年扩员（波兰、捷克、斯洛伐克、匈牙利、爱沙尼亚、立陶宛、斯洛文尼亚、马耳他和塞浦路斯共和国）；⑤ 2007 年（保加利亚和罗马尼亚）及 2012 年（克罗地亚）扩员。与塞尔维亚的扩员谈判已达成一致，其有望在 2020 年之前加入欧盟。2014 年中期，德国向巴尔干西部国家承诺，在实现民主和推行改革的前提下，将促成它们成为欧盟成员国；欧盟现有的 28 个成员国未来将继续增加。不过至今为止，持续几十年的有关扩大边境的争论仍没有得出多少根本性的结果，这方面的进展和欧洲统一进程的最终目标也并没有实现。

　　由于政治家们对欧洲政治和经济的设想各有不同，争取欧洲统一的过程经历了重重危机。不过欧洲统一的步伐一直在向前迈进。1979 年欧洲议会的首次直接选举使更多欧洲公民参与到欧洲事务中。1993 年生效的《马斯特里赫特条约》(Vertrag von Maastricht) 正式确立了建立一个广泛和深入政治领域联盟的目标，为欧洲经济和货币联盟的成立打下了基础。1995 年签订的《申根协议》在很大程度上取消了欧洲内部的边界。

500

1999 年，欧元正式启用（首先作为转账货币引入，从 2002 年开始作为法定货币使用），它被视作欧洲统一的一个重要标志。欧元纸币体现了欧洲文化史的共同发展阶段，欧元硬币的设计则融入了各个欧洲国家的象征性元素。继满足加入欧元区标准的 11 个成员国（比利时、德国、芬兰、法国、爱尔兰、意大利、卢森堡、荷兰、奥地利、葡萄牙和西班牙）之后，希腊（2001）和其他 7 个国家（2007 年斯洛文尼亚；2008 年马耳他和塞浦路斯；2009 年斯洛伐克；2011 年爱沙尼亚；2014 年拉脱维亚；2015 年立陶宛）也加入了欧元区，直至今天共有 19 个欧盟成员国加入了欧元区。剩下 9 个欧盟成员国中的 7 个在满足加入欧元区标准（通货膨胀率不超过 1.5%，负债水平不超过 60%，预算赤字不超过国内生产总值的 3%）后，也将引入欧元；不过丹麦和英国不能也无须使用欧元。

2004 年 10 月 24 日，欧洲国家和政府首脑在罗马签订《欧盟宪法条约》。它在欧洲国家中引发了争议。法国和荷兰民众在全民公投中反对《欧盟宪法》。不过直到《里斯本条约》（2009 年生效）在 2007 年通过，《欧盟宪法》最核心的内容才被接受。

1952 年加入欧洲委员会的土耳其从 1960 年代开始便努力想要加入欧盟。1963 年，它与当时的欧洲经济共同体签订了一份联合协议，从 1999 年开始正式成为欧盟候选成员国。2005 年 10 月，欧盟与土耳其的扩员谈判成功结束，因此引发了有关欧洲地理和文化身份的新一轮争论。

*

同时，在持续多年的欧元区危机的影响下，当人们站在今天的立场回顾历史时，也免不了怀有矛盾的情绪：一方面，从根本上说，欧洲的大多数民众对本国欧盟成员国的身份坚定不移，另一方面，他们又希望欧盟的职权能回归到国家层面。信任赤字既是慢性的，同时也是令人担忧的：公众对政策的"无能为力感"［克歇尔（Köcher）语］按照层级从低到高——地方（14%）、地区（32%）、联邦州（50%）和欧盟（75%）——依次递增且相差悬殊。直到20世纪八九十年代，人们几乎自发地主要将欧洲统一视为和平的保障，而现在人们越来越多地对欧洲统一带来的经济利弊程度产生了疑问。从财政危机（希腊）和难民问题（地中海）可以看出，一方面，欧洲统一的成果被认作理所应当，而另一方面，协议约束的义务则带来了太多厌恶情绪和后续问题。从各个方面来看，统合共同的欧洲文化仍然是一个长期的过程。

欧盟目前拥有超过5亿人口，全球化问题愈发要求建立跨国的决策机构。实际上，欧盟正朝着"权力磁铁"［魏登费尔德（Weidenfeld）语］的方向发展，其触角涉及几乎所有领域。不过欧盟决策的合法性仍是"未来的巨大问号"（魏登费尔德语）。

欧盟实行"两院制"：只有部长会议和议会的决议具有法律效力。因此在1958年欧洲经济共同体成立时，较小的成员国并没有感受到被更强大的成员国排挤，它们在部长会议上压倒性地拥有大量支持票数。直到《里斯本条约》的签订，这种加权投票制才被取消。从2017年开始，欧盟的决议需要成员国的多数投票达到55%，以及欧盟民众的投票达到65%方可通过。

　　虽然从 1979 年开始由欧洲议会直接选举获得的职权范围在逐步扩大，但是欧洲议会中也不是每一票都具有相同的分量。比如一位马耳他议会代表由 68000 名马耳他公民选出，一位德国议会代表则由 852000 名德国民众选出。所谓的"代表呈比例递减"也被视为"更大程度地违背了民主的基本原则"（魏登费尔德语）。与其相关的"制度合法性危机"，即欧洲议会席位分配的不成比例问题，至今依然没有得到解决。即便如此，"欧洲"仍然是一个良好和正确的想法，是一个保证和平与财富的工程，也是在这个日益复杂的世界中，有能力战胜和解决国家层面无法解决问题的一个工具。因此，成为这样的"欧洲"需要耐心并不奇怪，"欧洲"也值得人们付出这样的耐心。

从

冷战对垒

到

统一行动

Von zwei Armeen im Kalten Krieg zu einer im Einsatz

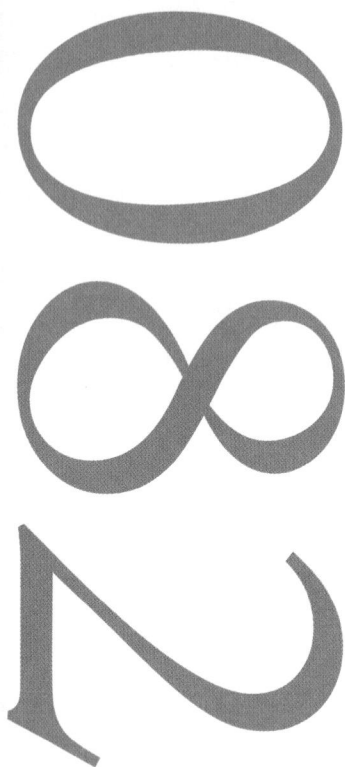

082

不会混淆：要分辨一个士兵是
来自联邦国防军（西德）还是
国家人民军（东德），看看头盔
就知道了。

503 　　联邦国防军（Bundeswehr，西德）和国家人民军（NVA，东德）的头盔样式迥然不同，它们区别的程度就像这两支军队的首次"亮相"、它们背后的政治体制，以及它们各自历史的差别一样大。

　　联邦德国成立后，它的部队所使用的头盔不可能再沿用过去纳粹军队的式样，因此决定使用美国陆军 M1 钢盔的样式，它同时也是北约军队的一种视觉辨认标志。根据《法兰克福评论报》（*Frankfurter Rundschau*）的报道，联邦德国国防军的"首秀"呈现一派"令人欣慰的非军事"状态：1955 年 11 月 12 日，当首批 101 名志愿兵在波恩厄梅开尔兵营（Ermekeilkaserne）从时任国防部部长特奥多尔·布兰克（Theodor Blank）手中接过委任状时，他们当中只有十余人穿了制服，其余的都穿着便服。直到 1956 年 1 月 20 日，1000 名志愿兵在位于安德纳赫（Andernach）联邦陆军的第一座基地接受总理阿登纳检阅时才第一次戴上了头盔。

　　联邦国防军的第一版制服也同样参照美军风格设计，没有领章，袖子上的军阶等级标志呈条状或角形。然而双排扣短制服夹克以及剪裁肥大的制服裤子仍旧显得"民品范儿"十足，乃至士兵们穿着时会被人讥讽地比作"电梯服务员"或者"空中乘务员"。（《明镜周刊》1955 年 7 月 27 日）两年之后，制服上衣恢复了领章，夹克的双排扣改成了更像是军装的单排扣，裤子也改瘦了。此外，士兵们又重新获准佩戴奖章和勋章。

　　而 1956 年在柏林仿照苏联模式举行的"五一"盛大游行上，民主德国国家人民军的第一次亮相可就大不一样了。士兵们迈着起源于 19 世纪初的普鲁士正步，十分引人注目，军装仍然沿用了德国国防军（Wehrmacht）的军服样式。士兵们佩戴的 M56 式头盔是 1943 年为德国国防军特别研制的，不过第二次世界大战时并未投入使用，因此也不能把它贬低为"国防

504

军头盔"。直到 1990 年解散，M56 式头盔的特别样子一直代表着国家人民军的形象。

联邦德国和民主德国分别建立自己的军队时，距离二战结束已有十年之久。在 1945 年 7 月召开的波茨坦会议上，盟军在彻底实现德国非军事化的问题上取得一致。由希特勒统治的纳粹德国发动二战，并造成全世界6000 万人死亡，让德国士兵继续存在是根本不能想象的事。然而曾经同纳粹德国殊死搏斗的盟国也出现了分化，苏联和西方阵营在德国内部的边界两旁筑起了相互敌对的营垒。

按照驻德苏联军事管理委员会（SMAD）的命令，苏占区（SBZ）于1946 年成立了一支武装边防警察，并于 1948 年开始"驻营备战"，1952年改称"驻防人民警察（KVP）"。从包括坦克在内的武器装备看，这和一支陆军部队无甚差别，它的任务是保卫边境安全，同时也在国内保卫德国统一社会党（SED）政权的稳定，例如镇压 1953 年 6 月 17 日在柏林等地发生的示威游行等。民主德国人民议会于 1956 年 1 月 18 日通过决议，从1956 年 3 月 1 日起，以 11 万驻防人民警察为基础组建国家人民军。为了与着苏联式制服、戴标有黑红金三色徽记苏军头盔的驻防人民警察相区分，苏联方面命令国家人民军在外观方面应该具有明确的民主德国特征。这样一来，国家人民军建立之初，就打上了普鲁士－德意志传统的烙印，同时又夹杂了对红军的依赖。两个最高军事表彰也被按照普鲁士时代的军事家命名：民主德国的最高军事表彰以"沙恩霍斯特（Scharnhorst）"命名，而对战斗中表现最英勇的表彰则取名"布吕歇尔（Blücher）"——不过直到两德统一之前，布吕歇尔奖都处在秘而不宣的状态，毕竟颁发"战时勋章"与一再塑造的国家人民军防卫力量的形象并不相符。

民主德国国家人民军在军事上受苏联控制，而苏联利用《华沙条约》

505

实现对整个东方集团的领导和组织。国家人民军的内部导向则完全符合马克思列宁主义的世界观。在统一社会党的领导下，国家人民军形成了一套树立共产主义榜样的传统做法。例如 1959 年将位于德累斯顿的国家人民军军事学院命名为"弗里德里希·恩格斯"学院，以及自 1960 年代起向野战和卫戍部队授予荣誉称号，通常以共产主义革命者的姓名命名。

在联邦德国建立初期，是否重新武装这个国家成了最有争议的问题之一。最晚在 1950 年朝鲜战争爆发后，美国和英国就要求联邦德国担负国防义务。而当建设欧洲防务共同体（Europäische Verteidigungsgemeinschaft）的设想失败之后，联邦德国于 1955 年 5 月 9 日加入了北大西洋公约组织。自 1950 年起，特奥多尔·布兰克开始和几名专家一起，在联邦德国总理府研究"重新武装"问题，首要考虑的就是同德意志的军事传统相决裂，"同纳粹时代的德国国防军划清界限，从头开始建立新的军队"[《希姆多尔备忘录》（Himmeroder Denkschrift），1950]。在"内部管理"的理念下，联邦国防军开始寻找全新的发展道路，其目标是成为充满责任感、共同思考的"身着军服的国民"。然而越想要在建立联邦国防军时同德意志军事传统决裂，越是会在现实中陷入困难境地。1965 和 1982 年举行的向传统致敬活动强调的也是军队和民主国家间的紧密联系、"聚焦于防御"的国防使命，以及"对德意志历史批判性的自白"。联邦国防军总监阿道夫·霍伊辛格将军（General Adolf Heusinger）1959 年颁布命令，将参与 1944 年 7 月 20 日刺杀希特勒事件的勇士树立为榜样，1961 年起，联邦国防军分别将一些军营以"施陶芬贝格伯爵（Graf Stauffenberg）"、"冯·特雷斯科夫（von Tresckow）"以及"雷贝尔（Leber）"等人的名字命名。

此外，在联邦国防军建立之初，联邦德国就通过议会对军队实施监管、在联邦议会中设立国防专员等方式加强对内部的管理，为稳固联邦国防军兵源，在社会上则实行义务兵役制。在 1949 年颁布的《基本法》中，包含了公民有权拒绝携带武器或服兵役的条款（第 4 条），以体现自由民主的基本价值。1961 年，针对拒绝服役者建立了民役制，此举最初并未获得大多数人的支持，后来该制度对社会的贡献使其愈发得到广泛的承认。

直至柏林墙建成之后，民主德国国家人民军才于 1962 年 1 月开始实行义务兵役制。没人能绕过服兵役的义务，"拒服兵役"将被判处徒刑。自 1964 年起，这类人将被编入"工兵部队"，戴着头盔进行训练，不同的是他们不必使用武器，而要从事各类建筑工程的建设工作。由于不服兵役，未来就无法接受更高级培训或进入大学就读，所以大多数人在军队勉为其难地待过 18 个月。根据 1958 年政治局的决议，民主德国国家人民军作为"人民军队"，要在"党的领导下"行动，并成为社会主义制度和面向各年龄层次开展全民军事教育的基石。开展军事教育时，受训者几乎全都驻扎在军营中，以保证实现统一社会党"保持戒备"的目标。民主德国 1961 年修建柏林墙时曾对国家人民军下达"加强戒备"的命令，进而派 7300 名士兵加强对西柏林各边界的守卫。此外在 1968 年夏捷克斯洛伐克爆发"布拉格之春"时，国家人民军曾派出两个师前往南部边境，以支持华约国家军队对布拉格动乱的镇压行动。

民主德国国家人民军最后一次大规模亮相，是在 1989 年 10 月 7 日举行的庆祝建国 40 周年的盛大阅兵式上。他们又一次被要求"加强戒备"，因为统一社会党担心民众会发动抗议活动。只是这些非暴力的反政府活动早已启动，也不可阻挡。才过一年，民主德国和国家人民军便在 1990 年 10 月 2 日午夜，随着被联邦德国合并而宣告终结。在过渡政府执政期间，民主德国于 1990 年 9 月 24 日退出了《华沙条约》。士兵们最后一次穿着国

506

家人民军制服举行的官方公开活动，是收起自己部队的军旗——大约 90000
名国家人民军士兵和 47000 名文职人员被并入联邦国防军，而解散国家人
民军、变卖军事装备和不动产等直到 1995 年才最终完成。

*

在东西阵营冷战对峙结束之后，统一的德国军队又面临全球安全政策
领域的新任务。自 1991 年 11 月起，这支军队首次在国际上介入武装冲
突，派出的 6 名联邦国防军士兵头戴联合国"蓝盔"，在联合国驻柬埔寨
维和部队司令部担任军医。自 1992 年 4 月起，德国派 130 名联邦国防军
士兵在当地建设一家医院。同一年，联邦国防军在联合国"空中桥梁框架"
下，向被波斯尼亚－塞尔维亚军队包围的南斯拉夫城市萨拉热窝运送救援
物资，也向内战中的索马里运送药品和救援物资。这两次军事行动在国内
引发了争议，毕竟和联邦德国的国防事务并无直接关系。联邦国防军自建
立以来，就一直为抢险救灾工作贡献力量。1962 年汉堡发生由风暴引起的
巨大海啸，联邦国防军投入救灾，给人们留下了深刻印象。在欧洲以外的
人道援助活动中，例如 1960 年摩洛哥发生地震，以及 1985 年撒哈拉以南
干旱地区爆发饥荒时，都有联邦国防军的身影。在巴尔干半岛，联邦国防
军则在北约成员国领土以外的战争区域开展行动（区域外行动）。1994 年
7 月 12 日，联邦宪法法院对此作出明确判决：德国士兵可以在国际组织框
架下，在北约组织成员国以外区域参与军事行动，前提是必须获得联邦议
会的批准。此类新任务、新形势的出现要求联邦国防军必须进行结构调整。
此后，2011 年德国取消了义务兵役制，并改为职业军人制。截至 2015 年 8
月，德国现役士兵总数约 185000 人，其中 19000 人是女兵。女兵自 2001

年起可以承担所有类型的军事任务，而按照 1975 年颁布的规定，除了从事
医疗卫生工作，女兵只能加入军乐队。

民主德国国家人民军的头盔从 1990 年起步入了历史。两德统一后建立
的新联邦国防军于 1992 年用芳香族聚酰胺纤维（简称"芳纶"，即通称的
"凯夫拉"）制成的 M92 式头盔替下了已经长期落后的钢制头盔。新头盔
的重量更轻，保护性能却是过去的 2 倍，还可以加装一体化通信和红外摄
像机等装备。如今，部分联邦国防军士兵甚至还装备了更加先进的高科技
头盔。

今天，当我们看到这两个头盔时，就会回想起 1950 年代两支德国军队
建立伊始的场景。不过，我们也不要忘记那些阵亡士兵葬礼上的照片——
自 1992 年以来共有 104 名德国士兵在军事行动中（其中 37 名在对敌行动
中）牺牲。他们的棺木上覆盖着德国联邦国防军军旗，上面通常还放有一
顶头盔。

两德

的

"避孕药对决"

Antibabypille versus
Wunschkindpille

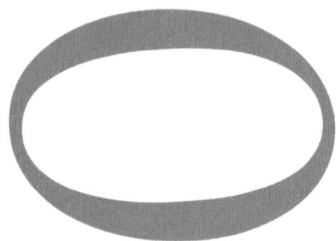

083

Anovlar 和 Ovosiston

这是几乎相同的两种药的最初
包装: 在西边被宣称有"副作
用", 在东边则是推广生育政策
的工具。

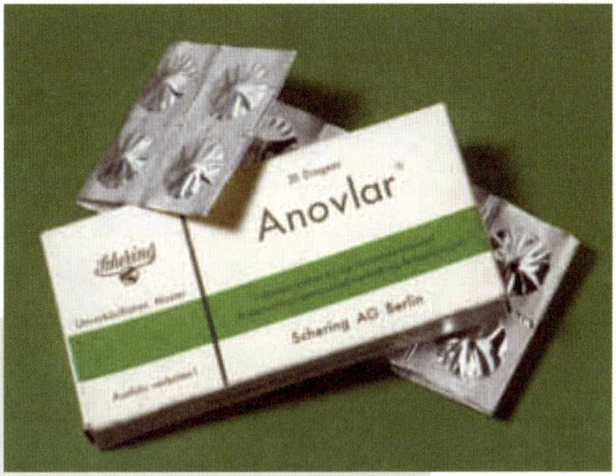
Anovlar
Schering AG Berlin

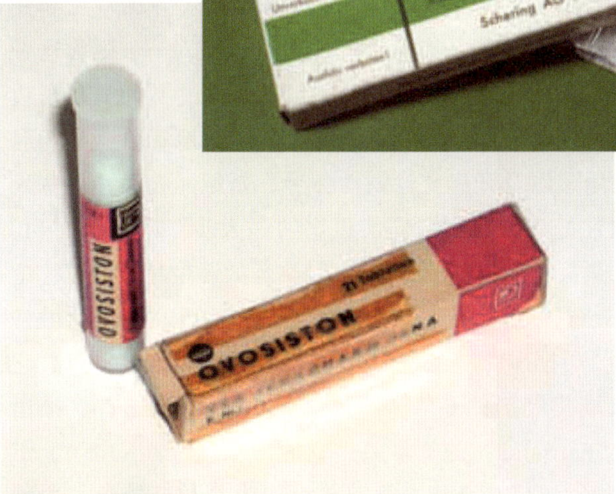
OVOSISTON
OVOSISTON

509 在西边的联邦德国，先灵制药公司（Schering）于 1961 年 6 月 1 日向市场推出了一种名为"Anovlar"（意为"不排卵"）的新药，售价 8.5 德国马克。这种药最早是绿色的，包装在铝塑泡罩中，每盒 20 粒，三年后改为 21 粒。在东边的民主德国，1965 年莱比锡春季博览会上首次展出了名为"Ovosiston"（意为"停止排卵"）的药品，当年 11 月获批上市，由国有耶拿制药厂（VEB Jenapharm）生产，售价 3.5 马克；因为缺乏必要的包装设备，1965 年底前生产的药品临时装在管状小瓶中，此后生产的药品为淡绿色糖衣片，包装方式也和西边相同。

这两种制剂的药理学成分相似，曾经都是处方药，但是外界对两种药的普遍看法却大相径庭：这恰好体现了东西两个德国在社会、道德和人口政策等方面的显著差异。尽管遭到了政治界和医学伦理界的批评和反对，联邦德国政府仍然把这种避孕药取名为"Antibabypille"（意为"反婴儿药丸"），而民主德国方面——可能是有意要同西边针锋相对——则称这种避孕药为"Wunschkindpille"（意为"计生药丸"）。不过不管是在东边还是西边，德国的男男女女都管它叫"那种药"。在理智地看待避孕药对性生活现代化的推动作用，以及开启"计划性怀孕"新纪元方面，一些人认为它的推出是"历史性的一天"和"向前迈出的一大步"[《明星周刊》（Stern）1961 年第 26 期]，另一些人则认为，避孕药的诞生是一个道德沦丧时代的开端。

位于西柏林的先灵公司推出的避孕药于 1960 年首次获得批准上市。它的有效成分剂量是今天同类制剂的 6 倍。不过比起 1957 年美国首次推出的姊妹药"Enovid"，"Anovlar"的剂量只是它的一半。"Enovid"上市

510 之初是用于治疗女性痛经，自 1960 年 6 月起获批作为避孕药销售。这种避孕药的研发立足于对激素的科学研究之上，其核心最初并不是想防止受

孕，而是要研究解决女性不孕和行经障碍等问题。在 19 世纪中叶，德国和法国科学家就已经发现，女性卵巢每隔一段时间就会自动排出一个卵子。1919 年，来自奥地利因斯布鲁克的生理学家路德维希·哈伯兰特（Ludwig Haberlandt）根据研究成果推断，受孕哺乳动物卵巢的提取物可以用于防止人类妊娠，不过这种构思最终被人遗忘了。

在麦考米克私人资产（McCormick-Vermögen）的促进下，药理学家格雷戈里·平卡斯（Gregory Pincus）同化学家卡尔·杰拉西（Carl Djerassi）和妇科专家约翰·罗克（John Rock）一起，终于在 1953 年成功模仿了女性的月经周期，并于 1957 年在美国推出了第一种避孕药"Enovid"（又称"平卡斯药丸"），并获准上市，用于治疗月经障碍和不孕症。若要说谁是"避孕药之父"，那非平卡斯莫属。杰拉西则自称是"避孕药之母"并认为哈伯兰特居功至伟，他才是真正的"避孕药之父"。

而先灵公司的历史功绩，则在于研发出了比"Enovid"更为可靠、副作用也更小的新产品。1938 年，先灵公司第一次成功地合成了雌性激素，自 1950 年代起又推出了治疗月经紊乱和更年期综合征的激素制剂，德国版的避孕药便是由名为"Primolut N"的孕激素药物直接发展而来的。因而先灵公司在欧洲市场投放"Anovlar"时，既吸收了美国的经验，也利用了自己的成果。它在 1961 年推出这个新产品的方式非常引人注目，以至于这种具有典型时代特征的表述成了德意志语言史中闪闪发光的"宝石"。因为药盒内的说明书在"主要功效和副作用"标题下写了一句"奇怪的话"，"顺带说一句，字里行间……有一句堪称人类社会史上最具革命性意义的话"［施耐德（Schneider）与克雷默（Krämer）语］。它只由 9 个德语单词组成："在用药造成的无排卵周期中，不会出现受孕的情况。"这一小段话造成了"有史以来最大的社会动荡之一"（施耐德与克雷默语），"停止排卵"这一具有避孕效果的药效,在说明书中被解释为副作用。

511

对于医学问题,这是不是一次启蒙运动,就好比亚当和夏娃用无花果树叶盖住私处一样?而事实上对此事的批评者人数众多,避孕药被认为是块"烫手的山芋"。那些公开倡导使用它的人会产生道德和医学方面的顾虑,毕竟有关这种药的副作用和长期影响还存在很大的不确定性。另一方面,它在积极方面的药效,例如可以有效治疗月经周期障碍和痛经等,则统统被人抛在了脑后。

起初,即便是赞成使用避孕药的人也怀有疑虑情绪。当时,尚未能充分证明该药不存在损害健康的长期副作用,它对血栓生成和导致癌症,以及对女性用药后的生育能力和总体上的生育潜力等方面的影响也尚不明确。1961 年避孕药投入市场时,骇人听闻的"反应停事件(Contergan-Skandal)"正好为公众所知,人们甚至有些过分清醒地认识到,在创新性的药物背后可能隐藏着不可预测的风险。结果就是关于此药可能导致的——预计之中或预料之外——副作用不计其数的检验和医学专业文献铺天盖地而来,而没过多久,这种避孕药也就成了被检验得最彻底的药物产品。

西德 1963 年的一项问卷调查显示,避孕药上市两年后,反对该药品的人比支持者还要略高(反对者占 45%,支持者占 44%)。在推出早期,在西方国家向未婚女性和(年满 16 周岁的)少女提供避孕药十分困难,因为许多医生只给已婚夫妇开药。直到 1967 年前后,形势发生了明显的变化:避孕药的供应更加开放,截至 1969 年,15 ~ 44 岁的德国妇女中服用避孕药的比例已经达到 16%,五年之后这个数字几乎又翻了一番(30%)。

从 1961 年开始,民主德国的国有耶拿制药厂声称其独立于"资本主义外国"的专利之外,对药品进行了研究。不过据猜测,产品最终还是抄袭了西德的配方，民主德国还把它卖到了整个东方阵营。社会卫生学家卡尔－海因茨·梅兰（Karl-Heinz Mehlan）和国有耶拿制药厂的负责人理查德·许滕劳赫（Richard Hüttenrauch）对此起到了巨大的推动作用。1968 年以前，开具这种"计生药丸"的处方比较严格，之后只要是妇科大夫都可以开具，也不需要"患者"特别提供"伴侣关系证明"之类的各种文件。1972 年以后，该药由国家作为一项"社会主义基本权利"向所有年满 16 周岁的已婚及未婚女性免费提供。1968 年底有将近 10% 的已婚妇女服用这种避孕药，到了 1972 年这个比例则激增至 33%。

关于这个问题以及类似议题的讨论，主要是从"实用主义—唯物主义"角度出发的：对于获得平等地位的妇女，重点是实现照顾家庭，以及家庭生活同职业生活的统一。从医学和人口政策角度来看，"计划生育、避孕和反对堕胎"被视为一个整体。（引自梅兰）以服用药物方式避孕，按照医生和政治家所强调的官方说法，其目的"不是要限制生育，而是要促进婚姻、家庭关系和母亲身份"在社会主义国家的发展。［引自施纳布尔（Schnabl）］实际上，避孕药也是服务于计划经济体制的生育政策所使用的诸多工具之一，能让妇女在劳动能力比较强的年龄段上，更久地投入生产活动［莱奥（Leo）与柯尼希（König）语］。

起初，欧洲国家对避孕药的接受程度不如美国。1964 年，部分医生和大学教授甚至发表了《乌尔姆宣言》（Ulmer Manifest），提醒人们警惕避孕药广告和"公共与个人无节制的性欲化"。而最具争议的事件，则是西德联邦卫生部推动拍摄的性教育纪录片《黑尔佳——人类生命的形成》（Helga-Vom Werden des menschlichen Lebens）：一方面，仅西德一年就有 500 万人观看了这部影片；另一方面，这部电影在被部分媒体称赞的同时，也被扣上了"低俗"的帽子。

512

1968 年，西德联邦文化部部长建议在学校教学中加入性知识课，此举应该说考虑到了进行严肃的性启蒙的必要性。然而当联邦卫生部 1969 年推出性知识图册后，它在社会上引起的争议比以往推出的任何一本教材都要大。不过这本图册破茧而出的过程——像电影《黑尔佳》那样，也好像"火箭发射"一般取得了巨大成功。（《明镜周刊》1969 年第 40 期）截至1974 年底，它已经在西德所有联邦州全面铺开。而在民主德国，虽然生物课早就在"生殖"章节中包含了性知识，但使用避孕药这个问题通常不会被提到。

*

"68 年一代"的性解放是经常被提及的一个话题，而关于避孕药对此提供了多大的实际贡献——或者说是不是因为有了避孕药，才有了当时的性解放——的争论一直都存在。不过有一点可以确定，不论是东德还是西德，随着人们愈发接受避孕药，对待生活的态度愈发自由，也愈发明确和公开地在大众媒体上谈论爱情和性。在民主德国的青年杂志，如《杂志》（ *Das Magazin* ）、《新生活》（ *Neues Leben* ）以及畅销启蒙杂志《亲密男女》（ *Mann und Frau intim* ）将性启蒙事业步步推进并走向具体实践的同时（引自施纳布尔），联邦德国的《好》（ *Bravo* ）等青年杂志也正在为破除性话题的禁忌作着贡献。奥斯瓦尔德·科勒（ Oswalt Kolle ）于 1968 年创作并出版了《爱的奇迹》（ *Das Wunder Liebe* ），紧接着又拍了电影，这给性启蒙这个推动时代精神进步的话题带来了新的开放环境，也成了一个重要的阶段性胜利；在全世界范围内，这本书连同电影可能共被观看了超过 1.4 亿次。再加上避孕药的共同作用，婚姻关系对性行为的"垄断"

地位终于受到了围攻。不过，人们在性别关系上的进步不总是显著的。

20 世纪七八十年代的女性运动将避孕药称为另一种压迫性的父权工具，是"机械论哲学思想指导下男性为将女性工具化而发明的产物"［阿莉塞·施瓦策尔（Alice Schwarzer）语］——直到小说《爱玛》（Emma）的女出版人认识到避孕药是"点燃女性要求平权之火的一个火花"，并反唇相讥地将其称为"上帝的礼物"。随后使用避孕药逐渐不可阻挡地成为主要的避孕方法，而避孕药对两性关系发生变化的影响、在女性解放运动中扮演的角色，以及在计划生育等领域的作用都是无可置疑的。

在避孕药问世前，两德的人口出生率就已经明显下降。但是在"婴儿潮一代"结束时（直到 1965 年），由于人口出生率随着避孕药的问世而"骤然下降（Pillenknick）"①，避孕药也被当成了推手，不过这种单一归因的解释方法一直存在争议。在当时的联邦德国，天主教会主要在道德和宗教上对使用避孕药采取保留意见；1968 年发表的《人间通谕》（Humanae vitae）尽管姗姗来迟，却鲜明地表达了对采取药物避孕的反对态度。相较之下，新教教会从 1971 年开始至少接受了以医疗为目的的服用避孕药的建议。如今，德国 20 ~ 44 岁的女性有超过一半使用药物避孕（根据联邦健康启蒙教育中心的统计数据），避孕药的种类和生产商也已经比原先丰富许多。从 2015 年起，购买事后避孕药无需再出示处方，然而人们在医药伦理学、政治人口学、社会学和宗教领域对避孕药的争论仍旧没有停止。

---

① 此处专指欧洲在 1960 年代出现的生育低谷。

从

"KdF 汽车"

到

经济奇迹中的

"甲壳虫"

Vom KdF-Automobil
zum Wirtschaftswunder-Käfer

084

大众汽车

这是一辆 1938 年试生产的、具有传奇色彩的 "KdF 汽车"，也是现存三辆中最老的一辆。

当第一辆"KdF 汽车"① 出现在公众面前时，它立刻就成为大肆宣传的对象：1939 年 2～3 月举行的国际汽车展览会竟然吸引了创纪录的 825000 名参观者。"大众汽车（VW）"（德语意为"国民汽车"）成了德国各阶层谈论的主要话题。才过了半年，第二次世界大战便随着德国突袭波兰爆发了。

经过位于辛德尔芬根（Sindelfingen）的戴姆勒 – 奔驰汽车厂和位于斯图加特罗伊特车身厂（Karosseriewerk Reutter）推出的不同试验型号，并经过上百万公里的路试考核，1938 年作为"本阶段最终设计"［许茨（Schütz）语］的 60 型小汽车降生了：后置空冷水平对置 4 缸发动机、排量 985 毫升、24 马力、4 档变速箱、独立悬挂、融合于前翼子板内的大灯、双侧顺开式车门，还有极具特色、形似德国扭结面包的后窗——这个设计直至 1953 年改款时解决工艺问题后才被弧形玻璃所取代。最大的利好是这台车的售价只有 1000 帝国马克，灰蓝色车款只有 990 帝国马克，相当于当时一台中档摩托车的价格。车主除了自付运费和保险费外，只要每周至少存上 5 个马克就能买到它，软顶敞篷车型比普通型号贵约 60 帝国马克。按照计划，这款车本应于 1940 年投产，此后不久就能交车。

试验车型是根据费迪南·波尔舍（Ferdinand Porsche）的设计制造的。波尔舍当时在斯图加特经营着自己的设计师事务所，1934 年以"关于生产德国大众汽车的设计报告"为名接受了这项委托。在波尔舍事务所中，该项目的编号是 60。从政策上看，设计目标是一台四轮四座小汽车，波尔舍自己其实也想设计这样一种车型，但是他在结构、技术验证和各种精细工

---

① Kraft durch Freude-Wagen，简称"KdF-Wagen"，其中"KdF"意为"力量来自快乐"，它是纳粹德国为了消除阶级差异、改善工人阶级生活质量而设立的休假组织。

艺方面需要的工时是委托方希望的 2 倍左右。他耗费了大量时间和精力投入细致缜密的工作。此外，车辆的价格也脱离了原本期望的轨道，他和所有专业人员给出的建议售价都超过了 1500 帝国马克，比 1934 年政策目标中给定的价格多出了 50%。波尔舍没准备向时间和成本控制屈服。此外，他还在项目中参考了捷克人贝拉·巴恩依（Béla Barényi）设计的泰拖拉（Tatra）V570 型小汽车，V570 型的原创性设计地位最终在 1950 年代中期得到了法律承认，1961 年捷克斯洛伐克泰拖拉汽车厂也因此得到了大众汽车的赔偿。

希特勒曾承认自己是个"汽车白痴"，不过他这个汽车项目却运行得相当顺利。1933 年 2 月，刚刚攫取德国政权的希特勒把汽车展览会当作自己以帝国总理身份首次对外亮相的舞台，并宣布要实施一个宏大的纳粹主义"摩托化国家"项目。1933 年希特勒发表演讲时并没用过"国民汽车（Volkswagen）"这个字眼，不过早在第一次世界大战爆发之前，为民众提供便宜的"国民轿车（Volksmobil）"等类似概念就已经呼声甚高。美国汽车企业对德国市场日趋重视，特别是通用汽车 1929 年收购欧宝，1929 ~ 1930 年福特在科隆建厂，此后不久，又有很多公司不再专注于生产三轮小型机动车，这些都给发展"国民汽车"提供了新的理由。

纳粹政权 1933 年夏天推出"国民收音机"取得的巨大成功进一步增加了讨论"国民机动车（Volkskraftfahrzeug）"话题的热度，甚至戴姆勒－奔驰都以"国民汽车"为名开展了一种装有 1.3 升发动机的小汽车的研发工作。在 1934 年的汽车展览会上，希特勒又一次发表开幕演讲。即使他还是没说出"国民汽车"这个词，报纸的评论文章却写着："为千百万人生产，价格便宜的'国民汽车'来了。"（柯尼希语）不过和"国民收音机"面世时的状况不同，"国民汽车"还有些关键性问题没得到完全解决。公众对于开上车的期待太过强烈，以至于戈培尔领导的纳粹宣传部门从 1935 年初就

517

尝试采取措施把"国民汽车"这个概念屏蔽掉，结果无功而返。另外，他们则规定"今后只有阿道夫·希特勒才能被称作德国国民汽车的缔造者"。

到了1936年夏天，整个项目竟然落到失败的边缘，帝国汽车工业协会（RAD）与项目脱钩，以减轻自身的负担。1937年初，相关工作交到了德意志劳工阵线（DAF）手中。德意志劳工阵线的领导人罗伯特·莱伊（Robert Ley）认为，"国民汽车"项目是给其下级组织，即"第三帝国"最大的旅游组织"快乐就是力量"开展社会政治活动时"穿靴戴帽"的一个好机会。1937年5月，罗伯特·莱伊成立了"德国大众汽车生产准备公司（Gezuvor）"，1938年更名为大众汽车厂股份有限责任公司（Volkswagenwerk G.m.b.H.）。于是项目进展速度加快了，这座"世界最大、最现代化的汽车厂"计划以位于迪尔伯恩（Dearborn）的当时技术先进的福特工厂为蓝本，在交通便利的法勒斯雷本（Fallersleben）附近开工建设。还没等到厘清所有资金筹集问题，工厂建设就快马加鞭地展开了。后来为了宣传需要，又补办了工厂的奠基仪式。希特勒在仪式上宣布，新的汽车将被命名为"KdF汽车"。这个决定并未同波尔舍讨论过，这让他感到非常吃惊，并认为车的名字将给出口带来障碍。工厂沿用了"大众汽车厂"的名字，"大众汽车"成为受帝国劳动服务局（RAD）法律保护的文字商标，并可用于该企业所有的商品开发行为。直至二战结束，这座迅速设立的工厂所在地一直被称为"法勒斯雷本旁的KdF汽车城"。虽然莱伊向希特勒申请过，要将这里以元首的名字命名，不过它还是逃脱了背负恶名的命运。1945年7月15日，工厂所在地改由当地的沃尔夫斯堡宫（Schloss Wolfsburg）命名，当时那里拥有17000名居民。

"甲壳虫（Käfer）"一词是由《纽约时报》于1938年首次提出的，从某种意义上说，它的成功历史同战争刚刚结束时盟国对德管制委员会所倡导的扩建售后服务体系的做法分不开。出口的巨大成功则主要归功于 1959 年起由纽约恒美广告公司（Doyle，Dane & Bernbach，DDB）发起的一系列天才广告攻势。而在德国，购买"甲壳虫汽车"的买家可以说是"不请自来"，根本不用做广告，恒美广告公司提出的广告词迅速变得口口相传。最著名的当然是那句："它跑啊跑啊跑啊跑……"而另一家"行为举止都很犹太"（许茨语）的广告公司与恒美广告公司共同推动这个受到纳粹主义累及，又和希特勒关系紧密的"甲壳虫"品牌实现广告宣传的成功，不仅值得注意，甚至还有矛盾成分在内。时至今日，大众汽车股份公司（Volkswagen AG）位列欧洲汽车制造商之首，并成为紧随丰田公司之后的世界第二大汽车企业。

在随后的二十年中，"甲壳虫"的物质主义价值逐渐消退而转向后物质主义层面，而"高尔夫（Golf）"又成了完成下一次价值观转变一代人的代称，就像一句格言所写的那样："人人为己，亦为人人。"［伊利斯（Illies）语］

虽然"好好旅行"的广告大行其道，而且已经有 25 万德国人在战争爆发前签署了购买"KdF 汽车"的存款协议，汽车的生产工作却为战争爆发后劳动力和原材料的缺乏所累。汽车的生产确实在继续，车型却改成了军用款：到二战结束时工厂以"甲壳虫"车型为基础生产了 52000 多辆"桶车"[①] 和 14000 多辆"两栖桶车"——其间有约 20000 名纳粹强制劳工在为此工作——原本的"KdF 车型"则产量寥寥。第一种供应军需的 60 型"桶形座车"使用的发动机和变速箱同民用车型相差无几，不过传动、轮胎、轴距和悬挂等均按照军方指标作了修改。纳粹德国军方后来又要求作进一

---

① 因车身形似铁桶而得名。

步的修改设计，82 型和 87 型"桶车"最终成了大众汽车厂在二战期间产量最大的产品。

518

　　战争结束时，大众汽车厂遭到严重破坏，美军和英军接管了工厂，更名为"沃尔夫斯堡汽车厂（Wolfsburg Motor Works）"，并用于修理两国的军用车辆。考虑到当时对交通运输的巨大需求，除了开展修理工作之外，美英占领军还将工厂里剩下的"桶车"零部件装配成车，据传到 1945年 8 月底，工厂就接到了上万辆车的订单。由于用了军用"桶车"的高底盘，甲壳虫的"战后首款"仿佛长了"大长腿"一般。到 1945 年底，按照波尔舍最初方案生产的大众轿车也有 55 辆出厂。从 1946 年 1 月起，英国人管制下的大众工厂实现了每月 1000 辆的生产规模，绝大多数供应于盟军，只有 7% 左右交给了德国政府和各行政部门——主要是帝国邮政（Reichspost）。由于战后资源，特别是生产原材料仍长期缺乏，产能达到了极限。大众汽车工厂的存续问题一直没有着落，英国专家估计工厂生产没有发展前途，而且本身规模太大。盟国对德管制委员会作为当时盟国在德的最高管理机构，也打算等工厂移交给德国之后，要么继续好好当它的修理厂，要么就关掉它。

　　到了 1947 年夏，工厂年汽车产量已经达到 2500 台，可直到 1947年 11 月任命海因里希·诺德霍夫（Heinrich Nordhoff）担任大众汽车总经理时，英国才最终从工厂撤走了派驻的监管官员。诺德霍夫早前在哈弗尔河（Havel）河畔的勃兰登堡欧宝卡车厂（Opel-Lkw-Werks in Brandenburg）担任厂长，经验非常丰富。大众汽车公司业务的真正成长始于 1948 年 6 月 20 日的货币改革。七年后，也就是 1955 年 8 月 5 日，第100 万辆"甲壳虫汽车"制成下线。在这段时间里，没有任何其他产品能够取代它在战后经济奇迹中的象征地位。销售的火爆要归功于来自美英法占领军的保护和长期保持不变的车型战略，以及向特定政府部门供货的近似垄断的市场地位。当然，它还躲过了美国竞争者福特和通用汽车两家公司的利益争夺。福特公司于 1948 年陆续和诺德霍夫进行了一系列谈判，却对接手这家工厂没有表现丝毫的兴趣，这在今天是很难想象的。福特一方面认为工厂的位置离所谓"铁幕前沿"太近，另一方面认为产品在欧洲可能销路不畅。另外，美国人也没准备投资太多。

＊

1949 年，英国人向联邦德国和下萨克森州政府移交了大众汽车厂的资产权。1960 年，联邦议会决定对工厂实行私有化改造并建立股份公司。改制工作以向公众出售公司 6 成股本的方式完成，这也是全德国的第一例。以出售股本回笼的数十亿德国马克（其中也包含出售部分联邦持有股份的所得），以及等值于公共持股人利润分成的年度利润为基础，1961 年成立了公益性的"大众汽车基金会（VolkswagenStiftung）"，其主要目的是促进研究和教育领域的科学技术发展。

如果不了解德国历史，那么就无法理解大众汽车——不论是"甲壳虫"车型还是大众汽车工厂——的建立、成功和命运变迁中为何会出现中断和延续。"甲壳虫"车系的总产量达 2150 万辆，是当时世界销量最大的车型；它赋予了车主们改装和创造的灵感，也受到许多不同流派艺术家的青睐，在这一点上无车能出其右。能超过"甲壳虫"车系成功销售史的只有甲壳虫的后继车型——从 1974 年至今总销量超过 3000 万辆的"高尔夫"。"甲壳虫"成了德国经济奇迹的最佳象征，也是对德国 20 世纪五六十年代旅行出游乃至战后一代人的生动写照。

经济奇迹中

的

外来者

Einwanderung
ins Wirtschaftswunder

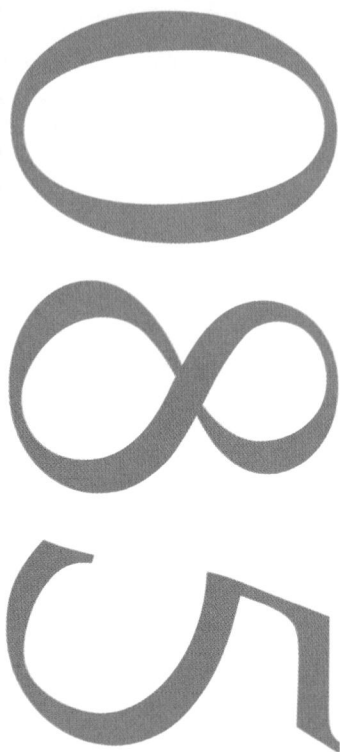

085

"外籍劳工" 小摩托

这是 1964 年赠送给到达德国的第 100 万名外籍劳工阿尔曼多·罗德里格斯·德·萨的"尊达普运动型小摩托",它成为这方面受人崇拜的"圣像"。

521　　　要是博物馆里的某件展品成了众人狂热崇拜的对象，得到大家的热烈讨论，哪怕是成为争议漩涡的中心，它也就实现了自己的"终生目标"。一张关于"一个戴着帽子骑小摩托的男人"的图片就是这样。实际上，图片的主人公是那辆轻便摩托车，它是送给到达德国的第 100 万名"外籍劳工"，一名在科隆道依茨（Köln-Deutz）火车站下车的葡萄牙工人的礼物。

　　　阿尔曼多·罗德里格斯·德·萨（Armando Rodrigues de Sá）来自位于葡萄牙波尔图市（Porto）东南 250 公里的一个小村庄，在科隆道依茨车站被人点到名字之前，他并不知道将要发生什么。某个人在长长的劳工名单上用手指一点，他便意外地成了德国历史上最著名的"外籍劳工"。罗德里格斯很害怕，怕警察抓住他后发现证件有什么问题，再把他送返葡萄牙。一同到德的两列劳工专列中共有 1000 多名工人，20 多人因为这样或那样的问题被遣返。他支支吾吾地承认自己就是他们要找的人，德国方面的组织者知道他过来的手续没什么问题后，也舒了一口气，否则就只好让备选的另一个葡萄牙劳工替他出名了。无论如何，罗德里格斯的惶恐情绪还是过了一段时间才消退。在媒体如潮的瞩目和工厂小教堂的鸣钟声中，他收下了一束丁香花和一辆轻便摩托车，却难掩自己的惊讶和窘态——在长途列车上草草过夜后，没刮胡子、不懂德语又对陌生环境充满不安。

522　　　当时，并没有什么人对"外籍劳工"这个概念中存在的前后矛盾表示过反感。相反的是，德国《商报》（Handelsblatt）第二天就发表了一篇针对罗德里格斯本人的评论文章，当然所指并不仅限于他："人们欢迎他到来时演奏的《去战斗吧，斗牛士！》（Auf in den Kampf, Torero），具有极强的标志意义，现在，工作就是战斗。"另外，当时还存在一种声音，只是不太引人注意——大众甲壳虫汽车与送给罗德里格斯的轻便摩托车，那才是当年汽车社会全速发展的象征，也是经济奇迹时代每个工人心中的梦。

这张欢迎照片直到二十年后出现在报纸文章中时，才真正开始引人注目。而这些文章所写的，却是德国人对"外籍劳工"已然转变的另一种态度：混合着 1980 年代排外情绪的、对经济奇迹时代田园诗般生活的追忆之心。当时关于劳动力移民问题的讨论重点，也不再是期待劳工按照所谓轮换原则在完成工作后返回来源国，而是如何对移民德国的人数实施限制。从这个时期开始，这幅照片经常见诸报端，1964 年镁光灯下的媒体明星成了新闻话题。也就是说，照片上的人直到死后才又引起了外界的兴趣。

罗德里格斯到达德国时 38 岁，曾经先后在布劳博伊伦（Blaubeuren）、辛德尔芬根（Sindelfingen）、美因茨（Mainz）以及威斯巴登（Wiesbaden）工作过，主要是在建筑工地上干活。他生活十分清苦，还要定期给远在葡萄牙老家的老婆和两个孩子尽可能地寄回更多的钱——他起先想把她们接过来，可是没有成功。他从未和家乡中断联系，经常写信回家，在冬天几个月都无活可干时，他便回葡萄牙省亲。

在离家到德国六年后的那个冬日假期中，罗德里格斯开始受到胃痛的困扰，根据医生的建议，他没有再返回德国，辞工后留在了葡萄牙。九年后的 1979 年，他死于胃癌，年仅 53 岁。他几乎所有的存款，甚至包括付给他的抚恤金都花在了治病上，留给家人的，只有一所仅能容身的小房子。假如他当时是在德国，医生也许能救他的命，当然医疗费也能由保险担负。罗德里格斯个人的悲剧其实显示了受雇来德的外籍劳工在思维方式上并没有得到足够的启迪，在面临人生重大变故时得到的咨询帮助也少得可怜。"我们要的是劳动力，可来的都是人呀。"马克斯·弗里施（Max Frisch）1965 年就说过这样的话。可是谁又把它听进去了呢？

首先对欢迎照片上的人，以及他的身世命运和家庭背景发生兴趣的，是德国外籍劳工联合会的工作人员。1985 年，他们和罗德里格斯的家人取得了联系，并调查了葡萄牙劳工们返乡后的家庭状况——这已是他去世六年之后的事了，而此举也并未受到外界的关注。

这辆轻便摩托车怎么就成了受人崇拜的"圣像"呢？生产"尊达普运动型小摩托（Zündapp Sport Combinette）"的企业尊达普摩托车公司久负盛名，这辆车不光是罗德里格斯收到的"国家级礼物"，也是数年来市场上销量最高的轻便摩托车。它结构坚固、经济性好，骑这辆用脚踏换挡、脚启动的运动型小摩托还不用缴税。它让罗德里格斯感到十分自豪，可能正是因此他才在 1964 年第一次回葡萄牙过圣诞节时，就把它带回了家。

对于尊达普这个品牌来说，罗德里格斯和这辆轻便摩托车的合影可能是除了广告之外最常出现在媒体上的产品照片了。1993 年，为了庆祝尊达普品牌诞生 75 周年，这辆摩托车被从葡萄牙借到柏林展出了几个星期，这当然并不是什么出人意料的事。在位于柏林的德国科技博物馆（Deutsches Technikmuseum）展出时，它自然不仅是个代表科学技术的陈列品，更是某种意义上的历史"遗存"。几年之后，它成了联邦德国建国 50 周年"统一、正义和自由（Einigkeit und Recht und Freiheit）"展览中"在德国的异乡人（Fremd in Deutschland）"单元的主要展品，并受到了广泛关注。

这辆小摩托后来被德国买回。回顾当年在葡萄牙和罗德里格斯家人的商谈内容，买这辆车的谈判就像是在"买英国女王王冠上的珠宝"。不过相比之下，购买的价格显得十分便宜：只有 10000 德国马克。罗德里格斯的遗孀还用其中最后一笔款项给自己买了个电动轮椅。

从 2000 年开始，这辆轻便摩托车就以固定展品的身份在位于波恩的联邦德国历史博物馆中展出，只有一次例外：德国金属行业工会（IG Metall）申请并借走了它，这辆摩托车在汉诺威世界博览会的展厅中摆了几个星期，以此唤起人们对德国经济繁荣时代中有关劳动力移民诸事的回忆，上百万参观者看到了它。而在联邦德国历史博物馆，看到它的人也是数以百万计。

*

万众瞩目的偶像很少没有非议：这张欢迎照片以及送给外籍劳工的礼物成了联邦政府失败移民政策的具象。即使当他似乎已经成了偶像，1982年罗德里格斯的葡萄牙同胞曼努埃尔·坎波斯（Manuel Campos）依旧愤然写下了如下诗句："在我面前，是一张——骗人的——第 100 万名外籍劳工的照片。/ 在科隆，一个胆小的人身旁是许多微笑的德国人。/ 那时，他得到的是一束鲜花和一辆摩托车 / 我现在才认识到，在那时 / 今天的外交政策便已确定 / 鲜花是支付给我们的劳动报酬，/ 摩托车是送给疲惫外籍劳工的返乡奖赏。/ 我们应该有车开，并一直打扮得漂漂亮亮的 / 告诉我，鲜花在哪里！"

1990 年代末，发生了一场艺术性的"圣像破坏运动"。一家来自哥廷根的历史工作室在其题为"招募—迁入—遣送（Angeworben-Eingewandert-Abgeschoben）"的系列艺术活动中，把一个玻璃盘子放在这张著名的欢迎照片上，然后将它砸得粉碎，以此毁掉工业移民的"错误"形象。那么"正确"的形象是什么？直到今天，有关建立一座移民博物馆的要求仍未得到满足。不过只有当博物馆中像现在这样的"关于罗德里格斯·德·萨的博物馆风格的记忆形象"被赋予更多情境，才能将这个主题更加完全地展现出来。在这个问题上，人们的看法可能仍旧没有发生变化。有很多例子可以证明，公众对此的看法——当然不止在这个问题上——的变化是如此缓慢而旷日持久。吉多·梅塞尔（Guido Messer）创

524

作的"外国人"铜像便是一个非常生动的例子。1982 年，即使他在比赛中获了大奖，官方仍不允许他将这个铜像在德国南部某城市的步行街上展出。他的这个将外籍劳工具象化的艺术成果，是一个带着圆边帽子的南欧男人塑像，他立着衣服领子，目光低垂，嘴里叼着一支香烟。他倚在栏杆上，地上放着一个皮箱，里面装着他的全部家当。这简直就是第一代"外籍劳工"最生动的写照。直到七年之后，这个铜像才在斯图加特的上图尔凯姆（Obertürkheim）火车站前找到了永久的落脚点，只是为了"去政治化"，铜像的名字改成了"旅行者"。1994 年以后，在联邦德国历史博物馆的馆藏资料中，它象征着孤独、无着无落又满怀思乡之情的外籍劳工。如今，树立在上图尔凯姆火车站前的这座铜像也恢复了它原本的名字。

对于德国来说，承认自己是个移民国家就这么难吗？在两德统一之前，民主德国也从外国吸纳了不到 10 万劳动力，越南是其主要来源地。时至今日，约五分之一的德国人口具有国外背景。他们来自世界上近 200 个国家，超过 600 万人（大于 8%）没有德国国籍，其中 160 万人是土耳其人。德国于 1955 年与意大利签订了第一个引进外籍劳工的条约，之后 1960 年与希腊和西班牙，1961 年与土耳其，1963 年与摩洛哥和韩国，1964 年与葡萄牙，1965 年与突尼斯，1968 年与南斯拉夫也相继签订了同样的条约。意大利劳工总数在 1960 年时就超过了 10 万，到 1960 年代末时已成为德国规模最大的外籍劳工群体。1970 年代以后，土耳其劳工取代意大利劳工，成为德国人数最多的外籍劳工群体。1970 年代初，德国外籍劳工在总人口中的占比超过了 10%，加上移居德国的劳工家属，总人数迈过了 400 万大关。

而早在 16 ~ 17 世纪，遭受宗教迫害的胡格诺派教徒就受邀来到德国。19 世纪又有大量波兰劳动力移民德国，在第一次世界大战爆发前的十年，又有大量意大利人迁入德国。对此，卡尔·楚克迈尔（Carl Zuckmayer）

525

曾作了一个美丽的比喻:"从多民族的大磨坊中来,从欧洲的葡萄榨汁机中来!"这尽管将莱茵河谷视作中转地和商路,但着眼于今天各国共同成长的欧洲,特别是德国在其中所处的中心位置,这个比喻应当可以拓展到整个德国。楚克迈尔笔下的人物哈拉斯将军(General Harras)甚至想到了整个西方世界,并回忆道:"是那无处不在的来自许多源泉、小溪和河流的水汇合成了一股伟大且生机勃勃的湍流。"

红军旅

和

德国之秋

Die RAF und der
Deutsche Herbst

080

马格南左轮手枪

在德国联邦警察第九边防大队于摩加迪沙对红军旅恐怖分子展开决定性攻势，并取得胜利的行动中，这支左轮手枪扮演了重要角色。

527　　　　1977 年 10 月 18 日索马里当地时间凌晨 2 点 3 分，中欧标准时间 0 点 3 分，德国联邦警察第九边防大队（GSG 9）发动了名为"魔火（Feuerzauber）"的行动，指挥官乌尔里希·魏根纳（Ulrich Wegener）使用这把由史密斯威森公司（Smith & Wesson）生产的 6 发马格南左轮手枪（Magnum-Revolver），以"魔火的春天"为令，带领手下突袭了索马里首都摩加迪沙（Mogadischu）机场上的汉莎航空"兰茨胡特号（Landshut）"波音飞机。他本人从飞机的右后门突入，完成了自己和他的部队一生中最重要的一次任务。由于德国当时已经处于某种"未经宣布的紧急状态中"［克劳斯哈尔（Kraushaar）语］，可以说这次行动甚至决定着联邦政府的执政存续问题。

　　"突击行动定在后半夜进行，0 点整，我从国务秘书威什涅夫斯基（Wischnewski，此人当时也在行动现场，并同联邦总理施密特保持电话联系）处得到了行动命令。我们冲入了飞机……实际上整个行动，包括疏散乘客在内，只用了 7 分钟就结束了。然后我离开飞机，到旅客身边并和他们交谈。之后我才慢慢了解到，并没有人在行动中牺牲。"（维根纳语）只有一名边防警察和一名女乘务员受伤。

　　然后他回忆起两天前牺牲的"兰茨胡特号"班机 37 岁的机长于尔根·舒曼（Jürgen Schumann），他是个"真正的英雄"（引自《法兰克福汇报》）。舒曼从被劫持的客机向外传递情报，让外界知道劫机犯是 2 名男子和 2 名女子。舒曼找人要 4 根香烟，"一种要 2 根，另一种要 2 根"。10 月 16 日，舒曼机长驾驶飞机在亚丁（Aden）紧急降落后，得到恐怖分子的允许走下飞机，去检查起落架。他尝试和当地机场的负责人通话，让他们同意劫机者的要求，可惜没有成功。舒曼没能回到机上，恐怖分子头目朝他大声叫骂，然后便拿枪打死了他。

从"兰茨胡特号"班机在法国领空被劫持，到最终降落在摩加迪沙，这架班机带着 82 名乘客和 5 名机组成员整整"迷航"了 5 天 5 夜：首先飞去了罗马，但意大利当局没有同意德国政府的建议，拒绝把飞机的轮胎打爆阻止其再次起飞。然后飞机飞向塞浦路斯的拉纳卡（Larnaka），接下来是迪拜。飞机的空调在迪拜出了故障，结果机上人员在烈日下生生被晒了三天。飞到亚丁时，飞机燃料已几近于耗尽，所以只好在夜色中傍着已经关闭的跑道在沙滩上紧急迫降，而舒曼机长就是在那里被打死的。最后，飞机飞到了摩加迪沙，乘客们都被绑了起来，灌了大量的酒。恐怖分子威胁用炸药炸毁飞机，可下达的最后通牒却一再推迟——直到最后期限前 1 小时 27 分，突击营救行动终于开始。

这是第二次世界大战后德国历史大戏中的重要一幕。另一幕则在同一天的德国斯图加特市施塔姆海姆监狱中上演：10 月 18 日早晨，被关押的红军旅（RAF）成员扬-卡尔·拉斯佩（Jan-Carl Raspe）、古德龙·恩斯林（Gudrun Ensslin）和安德烈亚斯·巴德尔（Andreas Baader）被发现死在了囚室中。被囚禁的第四个人伊姆加德·默勒（Irmgard Möller）尽管也尝试自杀，但最终被救活了。0 点 38 分，德意志广播电台中断了正常播音，并播报了摩加迪沙机场人质被成功解救的消息。转天早晨死去的囚犯就被发现了。被监禁的几人在劫持施莱尔（Schleyer）案发时已经受到监听——迄今为止没有任何证据能反驳这一点。同样没能搞清楚的一个问题是，律师们（有可能是他们所为）是如何给 2 名囚犯偷带自杀武器的。一如 2007 年德国联邦刑事调查局（BKA）局长所言，这起自杀案件"能够在国家的眼皮子底下发生，真是个耻辱"。不过除此之外，这起案件也让红军旅披上了英雄般的传奇色彩。

这出大戏的第三幕，随着 10 月 19 日汉斯·马丁·施莱尔（Hanns

Martin Schleyer）被谋杀，他的尸体在阿尔萨斯地区米卢斯市（Mulhouse / Elsass）的一台废弃小汽车中被发现。汉斯·马丁·施莱尔是联邦德国工业联合会（Bundesverband der Deutschen Industrie）的主席，也常年担任德国雇主协会主席（Arbeitgeberpräsident）。他在 9 月 5 日被红军旅以极其残忍的方式绑架，他的司机和 3 名私人保镖被当场杀死。红军旅要求释放被关押的 11 名成员，但遭到联邦政府的坚决拒绝。即使在 10 月 13 日，4 名阿拉伯恐怖分子劫持了从西班牙马略卡岛（Mallorca）飞往法兰克福的"兰茨胡特号"班机后，德方的决定也没有改变。当时劫机者宣称，除要求释放 11 名在押的红军旅成员外，还要求释放另外 2 名关押在土耳其监狱内的"同志"，并且需支付 1500 万美元的赎金。

"德国之秋"之前的历史伏笔，早在十年前的欧洲学生运动中就已埋下。首先，当时的背景是联邦议会形成了大联盟执政格局（自 1966 年起），加上人们的代际矛盾以及在外交层面针对越南战争抗议态度的推波助澜，议会之外逐渐形成了政治反对力量，在一次次的抗议活动中，进而演化成了最初的暴力冲突。1967 年 6 月，大学生本诺·奥内佐格（Benno Ohnesorg）在柏林被一名西柏林警察射杀，而这名警察——直至 2009 年才为人所知——其实是个民主德国国家安全部的卧底。1968 年 4 月复活节期间，联邦德国爆发了有史以来警察和抗议示威者之间最大规模的冲突。另外，这个"多事之月"才过了第二天，古德龙·恩斯林和安德烈亚斯·巴德尔借着夜色纵火点燃了法兰克福的两家百货商场，以表达对德国在越南战争问题上事不关己态度的抗议。4 月 11 日，学生领袖鲁迪·杜契克（Rudi Dutschke）被人用枪射中并严重受伤。

纵火犯被判了刑，然而巴德尔和恩斯林却逃脱了刑罚。巴德尔后来再次被捕，却又被人持械解救了出来，其间还造成了一人重伤。这起发生在

1970 年 5 月 14 日的案件被看作红军旅的历史发端，该组织从此确定了尝试通过使用暴力取得自身合法性。关于这个问题的意见，在学生运动内部明确分为了两派，其中多数赞同由杜契克倡导的"制度化建设道路"，而一小部分则提议开展地下恐怖活动，至于他们这种政策的同情者有多少则不得而知。红军旅"就像是 1968 年学生运动的一个私生子"［克劳斯哈尔（Kraushaar）语］。1971 ~ 1972 年，3 起杀害警察案件，以及对驻德美军实施的造成 4 人死亡、超过 60 人受伤的纵火和爆炸案又让人们陷入不安之中。经过紧张破案，为首的红军旅成员被缉拿归案：巴德尔、恩斯林、乌尔里克·美因霍夫（Ulrike Meinhof）、霍尔格·麦因斯（Holger Meins）和扬－卡尔·拉斯佩。

1972 年夏，预计将"晴空万里"的奥林匹克运动会在德国慕尼黑举行，这次盛会聚集了全世界的目光，却因为 1972 年 9 月 5 日，由巴勒斯坦恐怖分子对奥运村以色列运动员营地发动的袭击事件而陷入噩梦：恐怖分子杀害了 2 名运动员，挟持了 9 名人质并要求释放关押在以色列监狱内的 232 名巴勒斯坦人，还要求德方释放巴德尔和恩斯林。受到外界过大压力的德国警察尝试在慕尼黑郊外的菲尔斯滕费尔德布鲁克军用机场（Militärflugplatz von Fürstenfeldbruck）实施人质解救行动，不管从哪一点看这都是一起彻头彻尾的失败行动，不光有 5 名恐怖分子毙命，所有 9 名人质以及 1 名警察也在行动中丧生。

这次失败行动带来的直接结果之一，便是联邦德国内政部部长汉斯－迪特里希·根舍（Hans-Dietrich Genscher）委托当时 33 岁、时任联邦边防军下属参谋部联络官的乌尔里希·魏根纳组建一支专门打击恐怖主义的特种部队。魏根纳为了建立这支部队，吸收借鉴了以色列、英国和美国等此类部队的经验。而到德国联邦警察第九边防大队在摩加迪沙成功实施行动之前，红军旅又在瑞典斯德哥尔摩杀害 2 人，在德国境内杀害 5 人，其中包括时任联邦总检察长西格弗里德·布巴克（Siegfried Buback），以及德累斯顿银行董事会发言人于尔根·彭托（Jürgen Ponto），还有前面提到的在科隆布劳恩斯费尔德（Braunsfeld）遭绑架并被杀害的施莱尔。而此时离这些罪犯被缉拿归案、投入监狱还要等上好几年。

第二代红军旅成员想要迫使政府释放自己"同志"的打算失败了。而在第三代红军旅成员手下丧命的则包括德累斯顿银行董事会发言人阿尔弗雷德·赫尔豪森（Alfred Herrhausen，1989）与信托公司主席迪特雷夫·罗威德尔（Detlev Rohwedder，1991）。令人吃惊的是，1998 年 4 月出现了一份声明，称"按照红军旅模式建立城市游击队的项目"就此停止，声明中还提到了他们对自身合法性的自我辩护，甚至还有纪念其"牺牲者"的一个名单，不过没有提到任何其他 34 名死者。

随着时间一点点地推移，"红军旅的传奇故事"也一步步暴露出来。首先是 1977 年的逮捕行动，然后是在摩加迪沙成功打掉劫机案件——这一天最终成了红军旅的"失败之日"。1990 年，在民主德国国家安全部的协助下，潜伏在民主德国领土上的红军旅成员最终被抓获。而恰恰是这点，也成了德国历史上"颜面扫地"的一页（引自克劳斯哈尔），此后红军旅再没有什么"传奇"可言，反而"仅仅"被当作犯罪团伙来看待。

*

自从由代表"德国新电影"的 11 名导演从不同的批判角度阐释国家对恐怖主义行为反应的纪录片《德国之秋》（*Deutschland im Herbat*，1978）公映以来，1977 年 9 ～ 10 月的德国和当时的政治气氛就被称作"德国之秋"。文学、影视作品,特别是电影界对红军旅的背景、恐怖分子的生活、他们被释放以及其他诸多问题进行了深入探寻,程度远远超过对德国历史其他方面的挖掘力度。

有不计其数的人尝试对这个选题进行艺术加工,然而在各个领域,能让人信服的作品只是寥若晨星。格哈德·李希特(Gerhard Richter)在 1988 年创作了包括 15 幅画在内的灰色模糊组画——《1977 年 10 月 18 日》——人们对此迷惑不解:难道他要将凶手树立成"圣像"[奥斯特(Aust)语]?他对那些受害者没有丝毫的同情吗?德国作家弗里德里希·克里斯蒂安·德利乌斯(Friedrich Christian Delius)在这方面创作的至少 12 部文学作品让人们一直记忆深刻。在所有围绕这个话题的文学作品中,海因里希·伯尔(Heinrich Böll)最能引发激烈的争论:自 1972年他在《明镜周刊》发表了一篇题为《上帝会保佑乌尔里克平安无事吗?》的文章后,他不仅在联邦议会被批评为"杀人犯同情者和知识分子帮凶",还被人骂作"在思想上投放炸弹的人"。不过他也敢于指出施普林格出版社的煽风点火;他的住所遭到了多次搜查。他最有名的作品是《丧失了名誉的卡塔琳娜·布鲁姆》(*Die verlorene Ehre der Katharina Blum oder Wie Gewalt entstehen und wohin sie führen kann*,1974,又称《暴力是如何产生并将走向何处》),不过它常常被人误解成对恐怖主义暴力的辩护。而由沃尔克·施隆多夫(Volker Schlöndorff)和玛加蕾特·冯·特洛塔(Margarethe von Trotta)导演的同名电影(1975,中译名为《肉体的代价》)则获得了成功。赖纳·维尔纳·法斯宾德(Rainer Werner Fassbinder)拍摄的《第三代》(*Die dritte Generation*,1979)虽在国内受到了猛烈的抨击,却在国外获得了极高的赞誉。玛加蕾特·冯·特洛塔的电影《德国姐妹》(*Die bleierne Zeit*,1981)曾多次获奖。在产生的影响和意义方面，这些艺术家引发的争议达到了之后所有相关争论都无法企及的高度；安德里斯·维利尔（Andres Veiel）导演的纪录片《西德暗箱》（*Veiels Black Box BRD*，2001）也获奖无数。

有关红军旅和"德国之秋"的传说有时往往要比现实更有冲击力。红军旅的徽章，是一把横放在一枚五角星上的，由德国赫克勒—科赫 H ＆ K 公司生产的 MP5 冲锋枪，这种枪是德国警察的装备，也是红军旅作为一种"运动"过分抬高自己的表现。不过，作为联邦德国挫败左翼恐怖主义，并因此克服联邦共和国有史以来最大挑战的标志性物品，乌尔里希·魏根纳手中的这把史密斯威森公司的马格南左轮手枪则具有更为深远的意义。

电视剧

《大屠杀》：

给德国人补

"过去"的课

Holocaust – eine TV-Serie:
Die Vergangenheit holt die
Deutschen ein

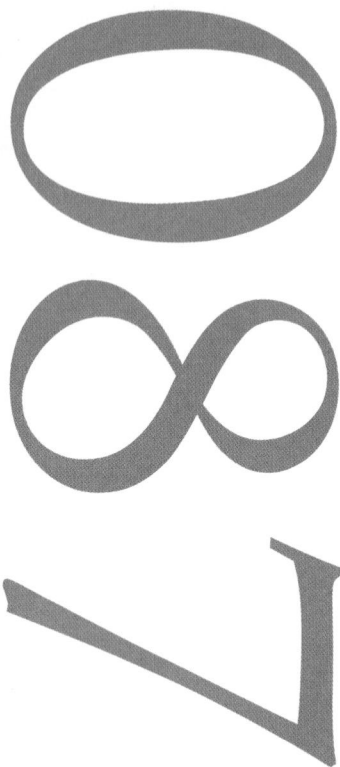

787

一部家族史的影像

这张海报在电视剧播出很长一
段时间后才被设计出来，电视
剧的男女主人公几乎不为人
所知。

《 Ausgezeichnet mit 8 Emmy® Awards und 2 Golden Globes® 》

JAMES
WOODS

MERYL
STREEP

MICHAEL
MORIARTY

HOLOCAUST

DIE
GESCHICHTE DER
FAMILIE WEISS

533

　　"没有一部影片能像这部美国电视剧《大屠杀》（*Holocaust*）[1] 一样，能在全世界范围内被如此多地谈论和著述。"［阿伦（Ahren）语］电视剧一经播出，人们便清楚地认识到："一部制作普通的美国电视剧完成了数百部著作、戏剧、电影和电视剧，数千份文件，以及所有集中营的审判案卷在战后三十年之中没有完成的事——将德国人以自己的名义向犹太人犯下的罪行通过影像呈现出来，它震动了数百万人的心。"（《明镜周刊》1979 年 1 月 29 日）

　　讲述一段奴隶家族史的美国电影《根》（*Roots*）取得巨大成功后，在上亿美国观众的关注下，制片人赫伯特·布罗德金（Herbert Brodkin）决定寻找下一个"可以产生类似轰动效果"的题材。赫伯特·布罗德金出身犹太民族，对和犹太人相关的主题非常感兴趣，《根》的导演马文·J. 乔姆斯基（Marvin J. Chomsky）也受邀成为新片的导演。于是有了后来在电视台播出的《大屠杀》。这个"讲述人类相互残杀的故事"在 1978 年 4 月大获全胜；尽管《大屠杀》的收视率（49%）居于《根》（66%）之下，它仍然获得了艾美奖 15 项提名，并荣获了 8 个奖项。

　　《大屠杀》在美国播出之后，德国广播电视联合会（ARD）花了一周的时间讨论是否要在德国播出这部电视剧。在同年 6 月底召开的德国广播电视联合会节目研讨会上，播出决定才"半推半就地"［索尔斯（Sollors）语］通过了：赞成播出的票数只比反对播出的票数略高，《大屠杀》最终被纳入播放计划，不过只占播出率的三成。从播出的那一刻起，德国观众的收看兴趣就与日俱增，虽然大多数人对它的预期和信任程度并不高。反

---

[1]　由詹姆斯·伍兹（James Woods）、梅丽尔·斯特里普（Meryl Streep）与迈克尔·莫里亚蒂（Michael Moriarty）领衔主演。

对的声音从德国部分民众中蔓延到了德国国家民主党（NPD）内部，其极右派党员还试图粗暴地炸毁设于洪斯吕克山（Hunsrück）和明斯特兰（Münsterland）的电视信号桅杆天线，以阻碍《大屠杀》的播出。

最终，这部电视剧还是符合了所有人的期待：《大屠杀——一段魏斯家族史》（*Holocaust-Die Geschichte der Familie Weiss*）在 1979 年 1 月 22 日、23 日、25 日和 26 日的收视率节节攀升，从 32% 上升到了 41%，收看人数从 1150 万增加到了 1500 万。在电视剧播出后，西德广播公司（WDR）就此制作了几期讨论节目（每期节目时长为 1 小时），共有超过 25000 名观众参与了节目录制。除此之外，在《大屠杀》既定播出日的具体时刻前后，人们聚集在德国广播电视联合会下属的所有电视台前呼喊，每天呼喊的人数约有 7000 人。玛丽昂·格莱芬·冯·登霍夫（Marion Gräfin von Dönhoff）评论说："这是联邦德国史上最轰动的一个电视周。"（《时代》1979 年 2 月 2 日）"直到当时，在联邦共和国历史上还没出现过持续时间如此长的有关纳粹历史的争论"［舍普斯（Schoeps）语］，看上去就像是"大水冲垮了堤坝"（阿伦语）。

电视播出后人们只关心一个问题：正如"三十年战争的余震"一样，玛丽昂·格莱芬·冯·登霍夫描述道，"德国人民的心底激起了千层浪，浪花翻腾的同时还倏地卷起了强烈的好奇心"（《时代》1979 年 2 月 2 日）。在有关"第三帝国"的争论中，当时没有一个能产生像电视剧《大屠杀》一样的反响。海因里希·伯尔曾写道，看上去，"仿佛未来还要拍一部《大屠杀前传》和一部《大屠杀后传》，如果有人（同时在某种程度上）在'最终解决方案'和反犹主义上做文章的话"（《法兰克福汇报》1979 年 2 月 17 日）。

在那之前德国人就真的没有关心过纳粹犯下的罪行吗？希特勒的上台

534

具有合法性，大多数德国人长期狂热地追随着他。他们有的主动充当对罪行保持缄默的共犯，有的做出过一些反抗举动，只有极少数人发起了抗议活动。第二次世界大战结束后，"启蒙运动"开始了，启蒙的对象也包括所有对纳粹罪行不知情、被蒙蔽或不想了解的人。1945 年，美国军事管理委员会张贴出了带有堆积如山的尸体和大片墓地照片的海报，并加上了批判性的标语："这些惨绝人寰的暴行：是你们犯下的！"在集中营被解放后，一些地方的德国人被直接质问是否犯下了大屠杀的罪行：即使他们不愿意，例如出生于达豪和魏玛的德国人也要被迫去"参观"集中营堆积如山的尸体。可以说，让德国人首次直面纳粹罪行的是盟国，或者说是被盟国挑起的。

很快，德国人第一次尝试将这段难以描述的历史以语言的形式记录下来：欧根·科贡（Eugen Kogon）曾在 1939 ～ 1945 年被关押在布痕瓦尔德集中营（KZ Buchenwald），他在 1946 年春出版了一本名为《党卫军国家》（Der SS-Staat）的著作。其中首次出现了有关"集中营体系"的描述，它被印制了 35000 本，摆上了所有西占区的图书货架。欧根·科贡将这本书的出版事宜委托给了美国人，首版一翻开就让人过目不忘，它的前言这么写道："了解到的真相令人震惊，德国人现在可以有机会了解集中营内发生的事了，他们不想承认，只是因为他们害怕自己之前的无知会在真相被揭露后让他们背上罪名。"第二年，这本书又加印了 10 万本。欧根·科贡补充道，这本书的出版"比以往任何时候都有必要"，它"太恐怖了"。直至 1940 年代末，陆陆续续又出版了印量不下 20 万本的新版本，有数十个版本是根据这本书改编的——尽管新书层出不穷，这本书仍然是"经典之作"。

在第二次世界大战后的头几年也出现了一股当时集中营囚犯集中出书

的"热潮",不过从 1949 年就开始消退了。这些著作中最知名的要属 1950 年第一次以德语出版的《安妮日记》(*Tagebuchs der Anne Frank*),首版印刷量为 40000 本,截至 1958 年共销售了 70 万本,并在 1956 年以后被搬上了戏剧舞台。美军当时拍摄到的画面(1959)已经引发了关于灭绝犹太人话题"美国化"的第一轮热议。这个少女的家族史看上去像是"接近犹太人大屠杀历史第一阶段的暂时性结尾"[勒维(Loewy)语,引自文德(Wende)]。

影像也许对纳粹罪行的"再加工"更加真实,也更能引起观众感情上的共鸣,而且这些艺术加工也是由盟国主导的:《死亡磨坊》(*Die Todesmühlen*,1945)是其发端,它是一部时长 22 分钟的英美纪录片,此外阿尔弗雷德·希区柯克(Alfred Hitchcock)和比利·怀尔德(Billy Wilder)也参与了制作。从 1946 年 1 月开始,德国人可以在电影院看到这部影片,大多数人是自愿前往,不过有些地方的德国人要在看完电影后才能拿到他们的"粮票"。根据美国的调查统计(1946 年 2 ~ 3 月),只有 16% 的柏林市民看过这部影片,其中又有超过三分之二的人并不认为自己应对影片中描绘的恐怖场景负有连带责任:希特勒、纳粹党、党卫军和"国家"才是罪魁祸首。只要故事片涉及了责任问题,人们的这种评价就很难发生改变。从这方面看,东德的德国电影股份公司(DEFA)拍摄的电影,比如《凶手就在我们中间》(*Die Mörder sind unter uns*,1946),就比《道路漫漫》(*Lang ist der Weg*,1947 ~ 1948)等西德电影起到的效果要好。

不过这些影片都不像《大屠杀》那样能够成为如此热门的话题。对魏斯家族史的人格化塑造使各种角色性格深入人心,深深地打动了观众。直至当时,还没有其他任何一个此种形式的媒介能产生这样的效果。对于

536

在十年前已经提出犹太人屠杀罪责问题，并给影片"再加工"提供灵感的"68年一代"，这部影片也是一个新的提升。一些年长的人开始回答年轻人提出的问题，同时这些年轻人也认识到了他们对历史知识的欠缺。《大屠杀》这部电视剧最重要和最持久的影响是，它打破了德国人在家庭中、在两代人之间和在教科书上拒绝承认对犹太人大屠杀负有共同责任的"沉默"。

此外，引入直至当时未被使用过的、表示对犹太人大规模杀戮的概念"大屠杀（Holocaust）"，也具有同等重要的意义。此前大多用"犹太灭绝（Judenvernichtung）"来表达，纳粹术语有时甚至也轻率地称其为"最终解决方案（Endlösung）"，而电视剧《大屠杀》催生了一个能够突出这项罪行独特性的概念。

四个月以后，德国议会决定取消谋杀罪的诉讼时效，其中也包括纳粹统治时期发生的谋杀罪，在议会表决时还不忘提到电视剧《大屠杀》，即使它并没有对表决结果产生直接影响。

民主德国电视台没有播出这部电视剧，联邦德国总理施密特将此事上升为一个政治问题，在西德第二次播出这部电视剧后，他在联邦议会的一次演讲中要求，"那里（东德）的人们也有权得到机会和资料，重新反思我们德国人共同的历史"。不过民主德国的意识形态建立在"反法西斯"基本共识的基础上，它通过语言上的修辞将民主德国的"好"德国人同联邦德国的"坏"德国人区分开来。民主德国的纪念文化是尊敬所有"法西斯主义的牺牲者"，强调无产阶级和共产主义者站起来反抗纳粹主义，而犹太人并没有被视为特有的牺牲者群体。例如，德国电影股份公司（DEFA）根据1958年出版的小说改编的电影《裸露在狼群》（*Nackt unter Wölfen*，1963）就表现了勇敢的共产主义囚犯在纳粹集中营拯救了一名3岁犹太儿

童的故事，不过影片完全没有提及纳粹对犹太人进行的大屠杀。直到 1980
年代末，民主德国才开始着重回忆 1938 年的"水晶之夜"，以及纳粹统治
时期对犹太民族犯下的罪行，以至于让人们不禁发问：民主德国是否现在
才"发现"犹太人的存在？（《柏林日报》1989 年 2 月 18 ～ 19 日）

＊

　　不久后，围绕德国人是否要为纳粹主义的出现承担责任，以及为什么
希特勒受人崇拜，为什么对于德国人已经了解的，或者能够去了解的，也
许甚至不想了解的发生在集中营里的罪行，他们几乎没有发出抗议的声音
等类似的问题而展开的辩论达到了一个全新的高度。曾身为纳粹主义追
随者的拉尔夫·乔达诺（Ralph Giordano）在 1987 年提出了德国人在
纳粹主义之外的"第二罪行"：他的著作《第二种罪愆或论作为德国人的
负担》（*Die zweite Schuld oder Von der Last Deutscher zu sein*）是
1945 年以后对压制屠杀犹太人罪行讨论的猛烈抨击。对于他的思忖，曼弗
雷德·基特尔（Manfred Kittel）用"'第二罪行'之奇谈"的论点予以回
击。如今，德国人围绕这一话题的讨论仍在继续。不过讨论的重点已经发
生了变化，"几十年来，围绕随大流者和罪犯应不应该付出'被指责有罪'
代价的问题……几乎已经无关紧要了"［弗赖（Frei）语］。不过，"我不清
楚我本应该怎样做"这样的话已经得不到更多的理解，进而也不再会被轻
易地原谅。

　　对于许多德国人来说，有关影视作品"再加工"的问题也是一个"良
知问题"，它客观上最终无法得到回答。虽然影片也存在种种不足，但是也
许"没有一个国家能像德国这样，因为这样一部影片而掀起与（自己）过

去如此热烈的讨论"（基特尔语）。《大屠杀》的主人公之一库尔特·多尔夫（Kurt Dorf），他找到了自己的答案。他在影片中与侄子的家族，以及党卫军统治下的村庄相对抗，他的肺腑之言仿佛也是对着许多德国人说的："我曾经熟视无睹，袖手旁观。我们必须承认，我们所有人都有罪。"他又补充了一句，也像是在给所有观众传递一个信息："我不会沉默。"

东德

"六一七事件"

Der Volksaufstand
am 17. Juni 1953

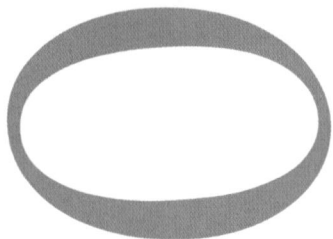

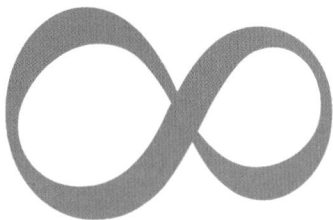

080

暗藏的照相机

理查德·珀利亚用这台藏在书
中的照相机记录下了 1953 年
6 月 17 日发生在柏林的轰动性
事件。

539

长久以来，他并不愿意让自己的名字和那些动人心魄的照片关联起来，即便他冒了生命危险才拍到了它们——当然，1953 年 6 月 17 日的拍摄行为并不是他的第一次冒险。"XYZ"是当时西柏林的一名自由摄影记者，他最重要的一个供稿对象是在威丁（Wedding）发行的《信使报》（Kurier），这家报纸的主编便是后来出任联邦全德事务部（Bundesministerium für gesamtdeutsche Fragen）部长的恩斯特·列美尔（Ernst Lemmer）。6 月 16 日，"XYZ"接到了他的电话，称第二天柏林将要爆发罢工，编辑部希望刊登独立拍摄的图片报道，因为民主德国的通讯社很可能不会让这些照片见诸报端。①

对此，"XYZ"先生作了充分的准备：他使用的是一台由杜塞尔多夫的奥托伯尔宁公司（Otto Berning & Co.）生产的"Robot Junior"照相机。这台相机比普通的烟盒大不了多少，只有 7.5 厘米高，11 厘米宽，4 厘米厚。相机装有在当时看来质量很高的施耐德考茨纳赫公司（Schneider Kreuznach）生产的 38 毫米焦距"拉蒂昂纳（Radionar）"镜头，最大光圈是 1 / 3.5。镜头景深很大，因而不必每拍一张照片都单独调焦。相机的过片机构采用发条式，快门释放后可以自动转到下一张，并连续拍摄 24 张，快门速度为 1 / 2 ~ 1 / 200 秒。此外，还有可供更换的其他镜头。这台相机不需要很多操作，尤其适合在隐藏状态下拍摄：他把相机妥善地藏在了一本"德国家庭必备书"中。这本名叫《用之不竭的好主意》[Der unerschöpfliche Ratgeber，乌尔施泰因出版社（Ullstein verlag），柏林：1934] 的书很难引人怀疑，尺寸是 22 厘米 × 14 厘米 × 6 厘米，刚好能放下相机。这本书共有 490 页，里面按照相机的轮廓被仔仔细细地挖空了。

---

① 本章有删改，主要涉及从清晨 5 点到夜晚 9 点的事件经过。

镜头外露的孔正好和书的题目等高，拍摄的时候不易被人发现。相机快门连着一根长约 10 厘米的快门线，并从书脊处引出。拍摄时，用手把书本举高，把手掌蒙在封面上，然后手指随时准备好，露出镜头后马上按下快门。

540

事态自几个月以前就开始发酵，而事件发生几周至几天前，不安的征兆愈发明显。1952 年 5 月，民主德国宣布占领区边界成为国界，限制本地民众前往联邦德国，还切断了东西柏林之间的电话和道路。7 月，民主德国统一社会党宣布"有计划地建设社会主义"，开始通过行政改革和削减"中产阶级"利益来实现社会的"苏维埃化"。国家收紧了财政预算，主要用于建立民主德国国家人民军的前身——驻防人民警察。在经济政策方面，投资则更多地流向重工业部门。此后不久，当地人的生活供应就因为财政吃紧而出现问题，物资短缺问题严重，计划经济的错误逐渐暴露无遗。人们的生活水平出现明显下滑，"用脚投票"的结果就是到 1953 年 3 月，有将近 60000 人逃往西德，达到一个时期以来的顶峰。民主德国新教教会鼓足勇气，用一封信件引起了各界对此问题的重视。国家方面对此依然以压制为应对手段，到 1952 年中期，民主德国共有 60000 人被关押在监狱中。

将工作定额提高 10% 以上的举措成了"自食其果"的例子，莫斯科方面开始插手，强迫民主德国领导层改变路线。1953 年 6 月 11 日，惊讶的人们在报纸《新德国》(*Neues Deutschland*) 上了解到，一条"新路线"将极大地改善现状。不过已经提高的工作定额仍然保持不变。

工业和建筑行业的工人认为，保留提高工作定额的有关规定是对他们的一种惩罚，因此开始抗议。6 月 15 日，弗里德里希海因 (Friedrichshain) 建筑工地的工人将自己的诉求整合成了书面材料，第二天就组织了 10000 人规模的抗议队伍。他们要求实行自由选举，并倡议在第二天举行总罢工。

因此"XYZ"先生动身前往亨尼希斯多夫（Hennigsdorf）。他亲身经历了整个事件，用相机记录下了群情激越的抗议活动和各处发生的暴乱，并作了简短却细致的报道……

统一社会党将此次事件定性为由西方策动并操纵的"法西斯主义未遂政变"，西方则认为它是民主德国境内的一场燎原之火，是成千上万罢工工人和其他抗议者组成的一次"人民起义"。如果没有苏联军队的坦克，当时两边可能已经统一了。上千人被关押，不少人被判重刑，其中至少 55 人被执行死刑；统一社会党和警察部门最后也被"清洗"，国家安全部实行改组。有一点很让参加暴动的人们感到失望，那就是西方鼓励他们去反抗共产主义，却又在关键时刻抛弃了他们。

这次事件产生的历史影响是深远而不可抹煞的，西方阵营认为，它否定了民主德国政权在政治道德方面的合法性，从暴乱中能够看出，民主德国与它的人民的意志相对立。1956 年的匈牙利革命和 1968 年的"布拉格之春"，它们的发生和失败也一再反映并证明了这一点。然而东德"六一七事件"毕竟是第一次由各个民众群体发起的对东德当局执政的对抗行为，而且不管再采取什么措施巩固统治，这个事件已成为民主德国执政者难以抹去的一次痛苦经历，有如往棺材板上钉钉子。特别值得一提的是，民主德国国家安全部部长埃里希·梅尔克（Erich Mielke）在 1989 年秋发问："这么看，明天会不会再爆发一次'六一七事件'？"

此次事件不仅在联邦德国引发了地震。6 月 23 日，"六一七事件"死者的安葬仪式在西柏林举行。参加仪式的有时任联邦总理阿登纳、西柏林市市长恩斯特·罗伊特（Ernst Reuter），以及众多西柏林市民。两周之后，联邦德国宣布 6 月 17 日为"德国统一日"，放假一天。十年后又宣布这一天为"德意志人民的民族纪念日"——以此来强调对统一的愿望。直到 1990 年 10 月 3 日德国实现统一，真正的"德国统一日"才将其取代。因为一直找不到"六一七事件"在感情方面有象征意义的特征，有关这两个日子哪一个更适合作为德国的国庆日的讨论也就一直没有停止。

同 1848 年三月革命、1918～1919 年的十一月革命，以及 1989 年德国统一社会党下台一样，1953 年 6 月 17 日发生的工人罢工也算得上德国历史上的重大革命性事件。可是令人讶异的是，并没有一个引人注目的纪念地能让人前去表达对"六一七事件"的缅怀，也没有哪部家喻户晓的电影讲述了这天的故事。对它追忆最多的主要是文学界，其中当然要提到贝托尔特·布莱希特的诗歌《解决办法》(*Die Lösung*) 中充满强烈内心矛盾的词句："是不是 / 会更难，让政府 / 解散人民，然后再 / 选个新的？"

＊

其实在维基百科建立有关"XYZ"专门条目前的很长时间，他就同意在展览自己的相机时把真实姓名写上：理查德·珀利亚 (Richard Perlia, 1905～2012)，一个给人留下深刻印象、用冒险书写人生的男人。他将前半生充满激情地奉献给了航空事业，曾为慕尼黑皇冠马戏团 (Circus Krone) 等团体表演空中特技，参与过一些"大胆行动"，1935 年以前还当过试飞员；81 岁高龄时，珀利亚甚至还申请参加德国"太空实验室第 12 号任务"，任务计划在 1990～1991 年进行绕地太空飞行。第二次世界大战结束后，珀利亚成为一名摄影师，自 1955 年起在航空专业杂志担任编辑，最后因对美制 F-104 星式战斗机 (Starfighter) 的批评性报道而丢了工作。

这台隐藏在书里的照相机也是他勇气的一种见证——他冒着生命危险，用它记录下了"六一七事件"中暴动者们的样子。

东德的监控

和

"数据留存"

Überwachung und
»Vorratsdatenspeicherung«
in der Diktatur

089

"八爪鱼一般的史塔西"对跟踪行动的热衷声名狼藉——这是一个1990年发现的用来给"气味分辨犬"使用的史塔西秘密"罐头"。

545   1990 年 1 月 15 日，当柏林市民委员会的工作人员闯进位于利希滕贝格区（Lichtenberg）诺曼 / 哥特林登街（Normannen-/ Gotlindenstraße）的民主德国国家安全部旧址时，他们发现了一个令人难以置信的惊天秘密——这之前可能是只有少数人知情的高度保密事项，即所谓的"被监控人员气味采样"：它们都是普通的深黄色抹布，被放在普通的玻璃罐头里，几百个一排分类放置在架子上。它们是民主德国间谍机器不可分割的组成部分。就像普通的罐头一样，盖子和瓶子间用橡胶圈密封，上面用金属夹子卡住，能够无限期地"保存下去"。这些瓶子被精心地保存着，仔细得有些官僚主义——每个瓶子上有一个标签，手写着名字、人物识别号码、制成时间、痕迹的载体、"启用日期"、"犯罪地点"、"所犯罪行"，以及用于表示取得该样本的责任机关和办理人员的"日志号码"。①

要使用不同方法留存此类痕迹信息，必须遵守规定的操作流程：有时所谓的"抹布"会固定在专门设计的凳子上，要完成采集，嫌疑人得坐在上面至少 10 分钟。然后，再用至少 50 摄氏度的热水把椅子清洗干净。也可以将"抹布"放在"衬衣和内衣之间，以及腹股沟部位"，或者在腋窝下至少放置 20 分钟。如果承载气味的物体是在进行住宅、车辆搜查期间找到的，或者是在工作单位的座位上，甚至是在邮件检查中找到的衣服碎片，那么这种气味载体必须和取样的"布料"紧贴在一起至少 30 分钟。

546   这些气味采样有时由史塔西（Stasi）的工作人员采取，有时由本地警察局的警察提取。这两个国家机关之间的界限本就十分模糊，它们"分工精细、不分彼此"[恩格尔曼（Engelmann）语]的工作状态，使各类

---

① 本章有删改，主要涉及民主德国及史塔西行为的相关政治表述。

犯罪的嫌疑人受到了系统性的毁灭打击。其中最秘密的行动，是由线人（IM）穿着红十字会志愿者制服参加民主德国反政府组织（如教会等）的会议并进行气味采样，再交由史塔西通过追踪犬采取进一步的侦查行动。重要的是，这些"取样者"工作时会佩戴橡胶手套，用钳子或镊子夹取样本并马上放到玻璃瓶中密封。当有需要时，只要将这些试样在"气味追踪犬"［祖库特（Suckut）语］的鼻子前面晃晃，就可以让它照着散发的气味去寻找目标的气味和踪迹了。即使获得这些"气味 DNA"的前后过程有些繁琐，但使用起来却方式简单且很少出问题。

　　虽然在史塔西留下的各种材料中并没有全部气味采样情况的总目录，但有一点是肯定的：从 1980 年代初到 1989 年秋东德政权崩溃，史塔西制作、保存了几千个犯罪嫌疑人的单独气味样本，建立了一个国家"气味档案库"。据说，当时谁被安全机关纳入了视线，谁就可能很快成为气味取样的"目标候选人"。然后，民主德国的国家安全机器便开始"有计划的工作"，它被称为"流程性处理（OV）"（祖库特语）。一开始是由国家下达指令，"用马克思主义的力量打击敌人"（埃里希·米尔克语，引自祖库特），为统一社会党铸就"可靠的盾和锋利的剑"［米尔克语，引自戈尔（Goll）］。

547

　　根据民主德国犯罪侦查学中的概念，"气味分辨法"是当时东德安全部门采取的标准识别措施之一。在接下来总共四十年的发展史中，民主德国国家安全部这个"史塔西八爪鱼"［比尔曼（Biermann）语］的工作策略变得愈发细致，甚至开始有了向阴谋论发展的趋势。当然，这种按照气味来追寻罪犯踪迹的方法肯定不是由民主德国发明的，利用生物的自然感知能力寻人早有先例。在第一次世界大战爆发前就有用警犬来寻找罪犯的文章见诸报端，而当时就已经有人建议，在玻璃瓶中保存相关的气味证据。"几十年来，狗一直是德国用作追捕犯罪嫌疑人的工具，不过用来识别这个人是谁，还是直到冷战后才逐渐开始实行的。"［马克拉基斯（Macrakis）语］

气味学是一门研究嗅觉的学科，它是刑事科学的一个分支，于 1960 年代中期在苏联发展成形。在当时的民主德国，有关于此的科学性研究由"国家安全部附属高等学校"来进行。这所学校建立于 1951 年，校址设在艾歇尔-戈尔姆（Eiche-Golm），自 1965 年起正式更名为"波茨坦司法高等学校（Juristische Hochschule Potsdam）"。而未来的"嗅探工作者"便在这个由国安部主持的犯罪学专业中受到专业的培养，"实践性地运用自然科学技术资源和手段来打击敌人"［亨克（Henke）语］——气味辨识方法也是相关主题之一。对辨识犬的训练在易北河畔普雷茨施（Pretzsch）的警犬学校进行，训练工作与政府的研究任务相关联，这促使了气味采样保护技术得到了进一步发展。从 1970 年代初开始，警方最初主要针对刑事犯罪分子使用这项技术，在释放罪犯后气味样本最多再保存五年。在这十年中，史塔西手下的辨识犬也要去搜寻各路间谍等"国家敌人"，自 1975 年起这项技术开始用于监控个人行踪（引自马克拉基斯），而有证据显示，从 1981 年开始，史塔西对因政治犯罪而受关押或被通缉的人采用了这项技术。民主德国国安部的特别看守所，例如"史塔西霍恩舍恩豪森中央看守所（Zentrale MfS-Untersuchungshaftanstalt Hohenschönhausen）"，或者所谓的"包岑黑洞（Loch von Bautzen）"（比尔曼语）都做过这项工作。持不同政见者，被抓获的西德罪犯、间谍或者其他罪大恶极的囚犯都被囚禁在此。除了预审看守所外，人民警察的侦查部门也会用到这种方法。缘于成千上万次的实践，气味分辨这种技术成了除指纹、体型测量、摄影外主要的识别技术，不过与这几种方式不同的是，气味采样通常都是秘密

进行的。因此这成了在缉拿罪犯过程中的一种违法办案方法——东德自己
的法律也不允许这样做。

这里举一个从持不同政见者身上采集气味样本的鲜明例子：20 岁的苏
姗娜·伯登（Susanne Boeden）和她 12 岁的妹妹在 1989 年 10 月 7 日
被捕，因为她想要号召人们起来反对政府，她书写并分发了一些"行动起
来！（Werdet aktiv！）"的字条。她受到密集地审问，并被迫"把这块抹
布按在腹股沟处裸露的皮肤上"；由于"公开诋毁民主德国"，她被判处 3
个月监禁。10 月底，她在柏林救世主教堂（Erlöserkirche）举办的一次活
动上公开谈到了这件事，后来由西德的明镜电视台（Spiegel TV）拍摄了
一部完整的纪录片《鼻尖上的史塔西——寻找国家公敌》（Geruchs-Stasi
»Suchl« den Staatsfeind，1990）。弗洛里安·冯·多纳斯马克（Florian
von Donnersmark）的奥斯卡获奖影片，即描述史塔西的《窃听风暴》
（Das Leben der Anderen，2006）就对气味采样进行了令人难忘的描绘。
此外，影片中还有一个值得注意的细节：一名史塔西官员顺手拿走了被监
视者坐过的椅套。

民主德国是否一个"非法制国家"？对于这个问题一直存在着激烈且
经常导致争吵的讨论。每隔几年选举大战来临时，这个概念就经常被拿出
来说事，例如 2014 年 11 月时抛出的所谓"民主德国当然不是法制国家"
论调。[《每日镜报》（Tagesspiegel）2014 年 11 月 4 日] 不过，这个问
题在司法界一直是有争议的。一方面，联邦行政法院前院长霍斯特·森德
勒（Horst Sendler）曾不厌其烦地反复强调，曾经的民主德国决然不是
一个法制国家，"它从根本上就是非法制的"。另一方面，最著名的德国司
法学者之一，前联邦宪法法院法官恩斯特－沃尔夫冈·伯肯弗尔德（Ernst-
Wolfgang Böckenförde）却指出："当前全世界给民主德国打上的非法制

国家标签……不仅是错误的，这种说法还给民主德国曾经的国民造成了伤害。"(《法兰克福汇报》2015 年 5 月 13 日）

*

随着民主德国政权崩溃，要想继续在刑事学中应用气味采样方法已绝无可能。然而在 2007 年，德国最高执法机构，位于巴登－符腾堡州卡尔斯鲁厄的联邦总检察院提出，针对"G8 海利根达姆峰会"上的抗议情况，要在汉堡收集那些反全球化抗议者的气味样本，这个话题再次在德国引发了激烈争论。受到怀疑的抗议示威者必须把一个小金属管拿在手里几分钟，这样就保留了示威者的气味，然后再把它们保存在玻璃容器中。通过这样的手段便能确定抗议者的身份，就像当时的联邦内政部部长沃尔夫冈·朔伊布勒（Wolfgang Schäuble）曾经提到的那样："这是一种可以识别潜在犯罪嫌疑人的有效手段。"不过最引人注意的是德国要恢复使用民主德国曾经的"政治不正确"的侦查技术，不管是在各个政党和政治家中间，还是在公众层面，都引起了巨大的震怒。作家克里斯托夫·海因（Christoph Hein）认为，继续发展这种技术将会成为一种"威胁"，而坚持社会主义的东德作家延斯·施帕舒（Jens Sparschuh）也讽刺地还击道："看来，民主德国也并不是什么都坏。"

考虑到现在已经进入电子时代，使用秘密工作方法的"军火库"在不断壮大，对于这个问题的阐释自然还有其他角度。"比起今天的国家和跨国企业疯狂收集数据的行为，史塔西装着气味采样的密封玻璃罐就像是集邮册一样可笑。"［威策尔（Witzel）语］一方面，如今人们在社交网络上泄露的个人数据已经达到了不可思议的程度；另一方面，当国家对安全利益

的保护——防范刑事犯罪和恐怖主义等——高于一切时，谁也不知道自己
还能不能按照意愿守住自己的私人和亲密空间。

东西德
的
边境

Grenze im geteilten
Deutschland

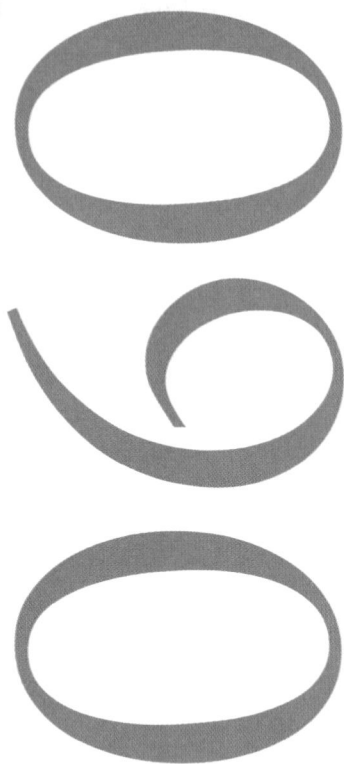

060

泪宫的通关小房间

从头到脚检查过后,这扇门才
吱吱呀呀地打开;自 2011 年
起,保留至今的一些原件被再
次陈列在(几乎)原处以供人
参观。

551

　　曾经走过这里的人不会忘记，1961 ~ 1989 年，在柏林墙砌起和推倒期间，弗里德里希大街车站（Bahnhof Friedrichstraße）通关大楼内充斥着压抑的气氛：进门发出的刺耳嘎吱声、进入狭窄过道的不安全感、走进检查区域的步伐……黑暗中的玻璃板后坐着一位边防官员，他粗暴地要求过境者们出示证件。通关过程本身同样让人难忘：先要通过曲折的长过道，上楼梯，下楼梯，然后经过几个没有窗户的区域，接着看见几个指示牌和冷冰冰的穿制服的人，最后还会闻到一种"混合着煤、机车柴油和洗涤剂"的气味。总的看来，这是一个"有意刁难旅客的制度"［施普林格（Springer）语］。

　　这个通关小房间是在 1970 年代，由弗里德里希大街车站护照检查员中 12 名曾经的工匠"集体"设计并建造的。必需的施帕勒加德牌（Sprelacart）板材——对于东德来说相当于西德的丽盛牌（Resopal）——从坦格尔明德（Tangermünde）运来，那里是向西出口层压材料的生产基地，为了满足这一单的需要，当时显然只能提供边角余料。建造通关小房间所需要的钢材来自艾森许滕施塔特（Eisenhüttenstadt），螺丝和梯形板则是通过"关系"弄到的。成百上千万人至今仍对当时通关时的感受和想法记忆犹新。

　　弗里德里希大街车站曾是当时柏林，乃直全德国最特殊的边境检查站。它距离占领区分界线正好 1.5 公里，位于柏林的中心，从东面和西面来说同样方便到达。1961 年 8 月 13 日 0 点 20 分，最后一班开往万湖站（Wannsee）

552

的城市快铁（S-Bahn）在这里停车。当天夜里就开始了轨道和供电轨的拆除工作。距离柏林东西城市快铁线路再次连通，应该时隔了 38 年。直到重新贯通之前，从西边开往东边的城市快铁以弗里德里希大街车站 B 站台为终点，从东边开往西边的城市快铁则以 C 站台为终点。南北向行驶的城市快铁和地铁都必须在弗里德里希大街车站停车，同时柏林东部的其他车站停止运行，成了"幽灵车站"。

从 1949 年 9 月到 1961 年 8 月，每年都有几十万人，加在一起共 270 万人从东德逃跑——也包括通过弗里德里希大街车站逃跑的情况，毕竟从那里逃跑可能相对没有危险——平均到每天就是 1500 ~ 2000 人，仅 1961 年 8 月 1 ~ 13 日，就有约 47000 人逃跑。这一"逃跑浪潮"对民主德国的经济和物资供应产生了巨大影响，逃跑者中尤以年轻人和具有专业知识的人居多。当时，长达 1378 公里的东西德分界线已经用铁丝网和雷障重重封锁，只有柏林还存在可以突破的缺口。1961 年 6 月 15 日，瓦尔特·乌布利希（Walter Ulbricht）在一次新闻发布会上还向公众证实，没有人故意要竖起一堵墙，不过在他发表这一言论时，彻底隔绝这座城市的柏林墙早就在准备之中了，计划先通过铁丝网设障，再竖起一堵 2 米高的墙，并且边境哨所有权命令开枪。当时的形势有可能进一步恶化，观察员已经开始担心第三次世界大战会一触即发。1961 年 8 月 13 日下午 5 点 45 分，不仅在勃兰登堡门聚集了抗议的人群，因阻塞而错愕的旅客也在弗里德里希大街车站聚集起来表示抗议，不过这些抗议活动没有起到任何效果。

弗里德里希大街车站这个柏林的市内火车站变成了边境车站，它不再只关乎每天数万名乘客的换乘问题，而是开始履行"法律规定的其他边境检查工作"。柏林墙竖立近一个月后，也就是 1961 年 9 月 9 日，设立一个新的"通关大楼"的申请被批准了，它的设计师是民主德国国家铁路建筑师霍斯特·吕德里茨（Horst Lüderitz），在他匆匆设计完成后就立即开始了建造工作。它应该"物美（具有现代感）价廉"，要向旅客彰显民主德国的"力量和权威"，传达出"胜利的思想和社会主义与其他社会制度相比的优越性"。霍斯特·吕德里茨原本提议在建筑物的三面都装上能够对城市景观产生吸引力的巨型玻璃，后来改成将玻璃装在离地 3 米的高度。1962

553

年 7 月，"通关大楼"正式投入使用。西德评论家抱怨说，这个"亭子"会继续"硬化"两德的分裂现状，他们嘲笑它是"柏林墙的新亮点"："雅致的木壁板，漂亮的桌子……整洁的路障，考究的盖章柜台。在这样的社会主义门厅里接受检查，难道不是一件特别有趣的事吗？"（《法兰克福汇报》1962 年 7 月 14 日）

害怕和厌恶的情绪开始蔓延，因为通关中出现的歧视和拒绝问题被提上了议事日程：时任基民盟（CDU）主席和基民盟 / 基社盟（CDU / CSU）党团领袖的赫尔穆特·科尔在 1978 年被拒绝进入民主德国，绿党联邦议会代表佩特拉·克利（Petra Kelly）和格特·巴斯蒂安（Gert Bastian）在 1984 年也被拒绝进入民主德国，朋克以及所有嫌疑分子也被列为不受欢迎的访客，有的给出拒绝理由，有的干脆直接拒绝。像格特·巴斯蒂安这样尝试争取的回答——"很遗憾我们不能入境。我们不是敌人。"——只会被仔细地记录在案。像佩特拉·克利这样事后给东德国务委员会主席埃里希·昂纳克（Erich Honecker）写了一封申诉信，信中要求对方解释为什么"恰恰是这些人（被拒绝入境），他们可是为了让欧洲实现没有核武器和军事封锁而殚精竭虑"，也有如石沉大海，没有下文。

柏林墙建成 28 个月后才再次向西柏林开放，之前一直定期关闭。柏林参议院（Senat von Berlin）代表和民主德国的代表经过旷日持久的谈判，最终达成了 4 项《通行证协议》：根据 1963 年签订的《十二月协议》（Dezemberabkommen），70 万名西柏林人得以在当年圣诞节期间（1963 年 12 月 19 日至 1964 年 1 月 5 日）与他们在柏林的 120 万名亲人团聚。之后签订的协议分别实现了东西德人民的三次相互探访：1964 年 10 ~ 11 月的两周，以及 1964 ~ 1965 年的圣诞节和新年（分别发放了 60 万和 82.1 万张通行证）；1965 年底至 1966 年初（共发放了 82 万张通行证）；1966 年的复活节和圣灵降临节。接下来的谈判以失败告终，以至于在 1972 年以前不再允许东西德人民互访；家庭困难被视为例外情况处理，同时公差、参加莱比锡博览会，以及受官方邀请的民主德国官员也不需要办理通行证。

在此期间，联邦德国社民党 / 自由民主党执政联盟（SPD-FDP-Koalition）提出的"新东方政策"发挥了作用。1970 年西德与莫斯科进行谈判；同年 3 月，时任联邦总理维利·勃兰特（Willy Brandt）与时任民主德国部长会议主席维利·斯多夫（Willi Stoph）在埃尔福特会面；同年 5 月，双方于卡塞尔进行会谈；同年 8 月双方签订了《莫斯科条约》，同年 12 月又签订了《华沙条约》；维利·勃兰特在华沙犹太聚居区英雄纪念碑前下跪的一幕成了重要的里程碑。1971 年 9 月，《柏林四强协定》（Viermächteabkommen über Berlin）签订。10 月，维利·勃兰特被授予诺贝尔和平奖。1972 年 6 月，联邦议会通过了一系列《东方条约》。12 月，联邦德国和民主德国正式建立官方联系，这是两德关系正常化迈出的重要一步，即使民主德国官方对此并不承认。民主德国和联邦德国签订的《过境交通协定》（Transitabkommen）主要使联邦德国和西柏林之间的交通往来变得更为便捷，此外西柏林人还可以持针对各边境检查站签发的"资格证明书"再次前往东柏林和民主德国。

由此，旅客人数"呈井喷式"（施普林格语）增长，图示通关小房间的使用频率也相应大幅度提高，仅出境大厅接受检查的人数就增加了 5%。1972 年，共有 430 万人通过弗里德里希大街车站过境，到 1979 年时已增长到了 810 万人。直至当时，旅客通常必须在等候区等待叫号，然后才能进入检查程序。后来作了改进，实现了"等候区向通关区流程上的无缝衔接"（施普林格语），检查因此变得"更有效率"，节省了人力，通关变得"更为顺畅"，旅客等待的时间也缩短了。1987 和 1988 年，在此通关的人

554

数分别达到了 940 万和 1030 万；1989 年上半年，通关人数甚至比上一年同期增加了将近 20%。

弗里德里希大街车站熙熙攘攘的场面给退休人员留下了深刻的印象。因为从 1964 年 11 月开始，民主德国的退休人员可以每年一次，即为期 4 周探望其居住在西德的亲属。据估计，每 10 名入境者中就有 6 名来自民主德国，返回的大多数也是退休者，剩余的人中有 1 ~ 2 名西柏林人和 1 名西德人，其余的则是外国人或国际过境旅客。弗里德里希大街车站一直是当时最重要的中央过境车站，往来于东西柏林之间所有旅客的 60% ~ 65% 要从那里过境。

＊

作为许多旅客交会点的弗里德里希大街车站，一方面带来了物资的供应需求，另一方面使得民主德国的外汇短缺问题日渐严重。在这样的背景下，站内商店应运而生。从 1962 年 4 月开始，弗里德里希大街车站内首先开了两家商店，主要销售香烟，随后也卖酒。因为车站的销售价格要比西德市场价便宜很多，销售额便大幅攀升——仅 1962 年一年的销售额就超过了 100 万德国马克。车站的商店一开始由柏林的米托帕公司（Mitropa AG）负责运营，它是当时民主德国为数不多的股份公司之一，之后由 1962 年 12 月新成立的民主德国国营零售连锁商店"国际商店（Intershop）"接管。1963 年，国际商店的销售额达到了 470 万德国马克，商品采购总值为 120 万德国马克。1964 年，弗里德里希大街车站内已有 7 个销售点。1977 年，弗里德里希大街车站西侧所有销售点的销售总额达到了 8000 万德国马克。销售所得利润的一半上缴国家所有。

555

很快，弗里德里希大街车站获得了"视觉上不怎么吸引人的三层百货商店"称号。（引自施普林格，《每日镜报》，1987）不仅旅客能在这里购买到所需的商品，而且所有民主德国的国民对这里售卖的西德产品也都趋之若鹜，特别是 1974 年以后，他们也被允许持有外汇（Westgeld），可以正大光明地在这里购物。不过西柏林人的主要采购对象是便宜的香烟，一些酒馆老板会在这里寻找价廉物美的烈酒，"强制兑换（Zwangsumtausch）"后有多余东德马克的人也会选择在这里买书；通过这种方式，马克思和恩格斯的经典著作得以出现在了许多西德大学生的书架上。另一个"财源"是餐馆，这里"游荡着史塔西特务、外汇经纪人和皮条客，他们罕见地能和平地共处一室"，餐馆里充满了"假惺惺的"气氛，餐馆服务员也比民主德国餐馆里的服务员更傲慢，因为他们"被西方的小费给惯坏了"［沃勒（Wolle）语］。

随着柏林墙的倒塌和两德统一，弗里德里希大街车站的通关大厅成了一个纪念地。1980 年代以后，它曾被称为"泪室（Tränenbunker）"、"泪亭（Tränenpavillon）"和"泪宫（Tränenpalast）"，不过自 1990 年 12 月它被用作文化活动举办地开始，它的名字"tRÄNENpALAST"才真正地深入人心。项目推行者也要感谢 1991 年的倡议，1995 年"泪宫"正式被列为纪念保护对象。

在柏林成长起来的作家延斯·施帕舒将弗里德里希大街车站称为"最荒谬的柏林车站"，并非没有什么道理。人们必定难以忘怀的是，时任民主国国家安全部对外情报局局长的马库斯·沃尔夫（Markus Wolf）在 1971 年称弗里德里希大街车站为"我们的胡志明小道"，因为它是最重要的"间谍隔离室"；在西德被通缉的红军旅成员有可能就是在 1976 和 1978 年通过弗里德里希大街车站秘密潜入了民主德国。

首位进入

太空的德国人

——

一名

东德人

Der erste Deutsche im All –
ein Bürger der DDR

160

西格蒙德·雅思的太空服

1978 年，西格蒙德·雅恩穿着这套太空服为民主德国赢得了东西德之间的"太空竞赛"，五年后西德宇航员沃尔夫·梅博尔德才进入了太空。

557

这套太空服和头盔面罩是为第一位德国宇航员西格蒙德·雅恩（Sigmund Jähn，出生于 1937 年）量身打造的。太空服由多层材料，准确地说是由嵌有钢丝圈的人造材料组成，可以调节体温和保持压力。头盔面罩带有一个遮阳的视窗。太空服左胸位置上的宇航员姓名，以及这件"潜水服（Skaphander）"袖子上的国旗分外引人注目。俄国人将他们的太空服称为"潜水服"，这是一个由希腊语"skaphe"（船）和"andros"（男人）组合而成的新词。"潜水服"起源于 18 世纪中叶一位法国人发明的游泳衣。西格蒙德·雅恩对他这套用于发射、着陆和连接操作穿着的重达 10 公斤的太空服的评价是："不舒适，却可以保命。"因为它可以在气压缺失的破损情况下挽救生命。

1978 年 8 月 26 日星期六，在位于哈萨克草原中心的苏联拜科努尔（Baikonur）发射台上，三节式太空火箭"联合 - 31 号"的推进器被点燃。西格蒙德·雅恩和他的指挥官俄国人瓦列里·比克夫斯基（Waleri Bykowski）一同被送入太空，抵达苏联的"礼炮 6 号"空间站。他们将所乘坐的飞船与空间站相连接，在 7 天 20 小时 49 分钟内，他们共绕地球飞行了 124 次，并做了大量跨学科的科学实验。除此之外，他们还使用多光谱相机 MKF 6M 拍摄了照片。这台相机是民主德国为当时还处在新兴阶段的远距离地面侦察而研发的高科技产品和基础仪器，这一拳头产品代表了国有卡尔蔡司耶拿光学仪器厂（Vorzeige-VEB Carl Zeiss Jena）的最高水平。

为了这次德俄首次共同太空飞行，西格蒙德·雅恩提前作了充分的准备。他曾是萨克森州的一名印刷工，在民主德国空军服完兵役后任军官和战斗机飞行员，1976 年从 4 名宇航员选拔候选人中脱颖而出，成了民主德国的宇航员。紧接着，他在莫斯科"小星城（Swjosdny Gorodok）"著名的宇航员学校接受了理论和实操的专业培训：西格蒙德·雅恩为可能发生

558

的极端状况、太空疾病和失重情况作好了准备。

这是一次轰动的壮举："首位进入太空的德国人——一名东德人"，民主德国各大媒体使用了这一大字标题；同年的 3 月和 6 月，苏联先后带着一名捷克人和一名波兰人进入太空，其影响力则不及这一次。西德的嫉妒和尖酸刻薄通过文字资料表明了东西德政治分裂的程度，西格蒙德·雅恩在西德的各大媒体中被形容成"来自萨克森的哥伦布同志"和"俄国火箭的共享者"。

根据 1967 年制订的社会主义国家国际宇宙飞行计划（Interkosmos-Raumfahrtprogramm），若干个社会主义"兄弟国家"的苏维埃宇航员以协作的方式作为使者被送入太空，古巴甚至在 1980 年也加入了此计划。1970 年代中期，民主德国敞开怀抱，与苏联肩并肩地向西方国家联盟展示"工人和农民的国家（Arbeiter-und-Bauernstaat）"的威力。民主德国公众透过所有媒介也加入到了这次大事件中。不仅如此，在人类首次登月（1969）十年后，在西格蒙德·雅恩进行太空飞行的时刻，载人航天正处在繁荣时期，每一次火箭发射都牵动人们的心，它也成为一个政治事件。人们聚精会神地关注这件大事的进展，它始终具有"历史性"的意义。

因此，西格蒙德·雅恩 1978 年的太空飞行被载入了持续升温的航天时代早期的史册。在 19 世纪末 20 世纪初，在齐柏林飞艇（Zeppelin，1900）和莱特兄弟（Brüder Wright）发明的引擎飞机（1903）的开创下，以及很久以来虚拟世界，比如儒勒·凡尔纳（Jules Verne）的小说《从地球到月球》（Von der Erde zum Mond，1865），又或者弗里茨·朗（Fritz Lang）大获成功的无声电影《月亮中的女人》（Frau im Mond，1929）的铺垫下，加上军事和工业利益的驱使，第二次世界大战后的超级大国纷纷开始制订大型的航天计划。德国的航天和火箭研究人员在这方面扮演了开路先锋的角色，并在二战后发挥了重要作用：赫尔曼·奥伯特（Hermann Oberth）凭借他撰写的文章《飞往星际空间的火箭》（*Die Rakete zu den Planetenräumen*，1923）被誉为"德国航天之父"，沿着他的足迹，沃纳·冯·布劳恩（Wernher von Braun）和赫尔穆特·格勒特鲁普（Helmut Gröttrup）为纳粹政府研发 V2 型火箭做了决定性的基础工作。1942 年，当臭名昭著的"佩内明德火箭和军械试验基地（Heeresversuchsanstalt Peenemünde）"成功发射了一枚大型火箭时，纳粹德国举国欢庆，并称其为"太空航运的开端"。

大国之间不仅相互争夺运行轨道，它们还围绕特权、安全和军事政策，以及通过卫星监视展开竞赛。从回溯历史的眼光来看，现代航天也是"冷战的一个孩子"［特里奇勒（Trischler）语］。谁能够在这场以宇航员（苏维埃）和航天员（美国）互为对手的"远地大战"中首先征服太空，征服月球，甚至征服火星？

第一轮"太空竞赛"的赢家是苏联，它在 1957 年 10 月 4 日将第一颗人造地球卫星"斯普特尼克 1 号（Sputnik 1）"成功送入运行轨道，引发了巨大轰动。这出乎意料的惊人一击使西方拥有技术优越性的资格受到了极大的质疑，超级大国之间因此开始了一场充满恶意的竞争。双方在载人航天领域摩拳擦掌，就生命体在太空的适应性进行了各项测验，苏联使用了狗，美国则使用了一只类人猿。苏联"斯普特尼克 1 号"带来的震惊使以美国为首的整个西方世界陷入了自我认知的危机，在不到四年后的 1961 年 4 月 12 日，当尤里·加加林（Yuri Gagarin）作为首位进入太空的人类，借由"东方 1 号（Wostok 1）"一次绕地球飞行了 106 分钟时，再次引发了世界的轰动。

"斯普特尼克 1 号"成功发射后，美国总统德怀特·艾森豪威尔

（Dwight Eisenhower）下令投资 10 亿美元设立一个教育项目，他的后任约翰·F. 肯尼迪（John F. Kennedy）在苏联第二次惊人壮举的 6 周后（1961 年 5 月）也声明，载人登月计划已被列为美国的国家目标，为此投入的资金约 250 亿美元。在接下来的短短几年中，一直被高度宣传的航天飞船继续载着更多的"乘客"飞向太空：第一次"太空行走"——更准确地说是宇航员带着系绳，走到飞船舱外进行 1 分钟左右的活动——是由俄国人阿列克谢·列昂诺夫（Alexei Leonow）于 1965 年 3 月完成的；他差一点就失败了。同年 6 月，美国人也紧随其后——他们顺利地完成了舱外活动。1969 年 7 月 21 日，当尼尔·阿姆斯特朗（Neil Armstrong）乘坐"阿波罗 11 号（Apollo 11）"作为首位登上月球的人类踏出舱门时，载人航天的先锋阶段看上去已经达到了第一个高潮；世界上有 6 亿人通过电视转播见证了这次壮举。除此之外，"阿波罗 11 号"登月任务还使用了一种"土星（Saturn）"运载火箭，它是由沃纳·冯·布劳恩领导下的德籍科学家小组研制的。

560

　　直到 1970 年代，质疑首位进入太空的德国人来自民主德国还是联邦德国的声音才开始慢慢出现。西格蒙德·雅恩的太空飞行任务一直严格保密到执行前的最后一天，不过之后，由德国统一社会党执政的民主德国突然就进入了特别"充满激情的宣传状态中"［霍夫曼（Hoffmann）语］。西格蒙德·雅恩乘坐飞船的前舱抵达空间站的时间是 1978 年 9 月 3 日下午 2 点 40 分前后——他在"联盟 29 号（Sojus 29）"的着陆舱上写下了自己的姓名，以及"十分感谢"的字样，因此这位朴素和土生土长的沃格兰（Vogtland）宇航员开始被抬到了民族英雄的高度。对于他在这次着陆时损伤脊柱这件事，德国统一社会党在宣传中却只字不提。西格蒙德·雅恩的姓名和功绩传遍了民主德国的家家户户，其知名度堪比尤里·加加林和泰弗·舒尔（Täve Schur），后者是有名的自行车运动员和国家体育明星，此外从 1958 年开始还担任了德国统一社会党人民议会代表。西格蒙德·雅恩简直是横跨几代人（社会主义）乐观精神的模范代表；他还代表了团结有爱的集体精神，因为正如一张民主德国当时的海报所写的，他是"我们中的一个！"党和国家领导人给予了西格蒙德·雅恩很高的荣誉，昂纳克和勃列日涅夫亲自向他致以敬意，并罕见地称呼他为"德意志民主共和国的太空飞行员"，以及"民主德国的英雄"，或者更准确地说，以苏维埃最高等级的称号称他为"苏联的英雄"；西格蒙德·雅恩成为柏林、新哈登贝格（Neuhardenberg）和施特劳斯贝格（Strausberg）的荣誉市民，他的头像自然也被印在了纪念邮票和纪念硬币上，街道和学校以他的名字命名，各类相关展览层出不穷。

*

对于民主德国的内政和外交政策来说，西格蒙德·雅恩的航天飞行具有非常重大的意义。他在失重的世界里为社会主义赢得了声誉，它的分量是其他任何事物所无法比拟的。它用有力的证明传达给西方世界一个信号：谁参加了围绕宇宙的争夺，谁就不会沦为体制的输家。对此，昂纳克政府友善地强调，太空飞行被明确列为"对建立一个和平太空的责任意识"的标志，"因此宇宙不应成为进行军事活动的领域"[施塔赫（Stache）语]。东德对太空的热情融合了家国情怀、民族荣耀、和平使命理念和社会主义的意识形态信心。在民主德国国内广为传唱的《问题青年之歌》（Lied von der unruhe vollen Jugend）的副歌部分这样写道："在远方遨游！没有困难可以阻挡我们。在飞向星际的过程中，建设我们美好的家园。"太空侦察是社会主义的建设性工作，西格蒙德·雅恩则是这项工作的"活招牌"。

561

被德国统一社会党过度使用的"与苏联友谊"的套话没能比在这两个兄弟国家共同进行的航天项目更抓人眼球，从而更加赢得国民的信赖。

在民主德国统治结束前不久，西格蒙德·雅恩升任少将，在 53 岁时被解聘；1990 年以后，他仍在俄罗斯宇航员培训中心、德国航空太空中心（DLR）和欧洲空间局（ESA）担任顾问。在西德，西格蒙德·雅恩几乎不为人所知。沃尔夫·梅博尔德（Ulf Merbold）是西德家喻户晓的宇航员，他在西格蒙德·雅恩成功进入太空整五年后，也就是 1983 年才乘坐"哥伦比亚号（Columbia）"航天飞机进入太空，他也是首位执行美国航天任务的非美籍人士和唯一一位进行过三次太空飞行（其他两次分别是 1985 和 1992 年）的德国人。在西德，还有两位知名的宇航员，他们分别是在 1985 年乘坐"挑战者号（Challenger）"航天飞机进入太空的德国人雷恩哈德·弗瑞尔（Reinhard Furrer）和恩斯特·梅瑟施米德（Ernst Messerschmid）。

有着远远超过 600 万观众、多次在电影院热映并广受好评的悲喜剧电影《再见列宁》（Good Bye, Lenin!），也许是最成功的此类题材影片。它使西格蒙德·雅恩再次回到了大众的视线：影片一开始就切入了西格蒙德·雅恩航天飞行的原始画面，在结尾的关键场景中，这位民主德国的宇航员，也就是电影中出租车司机儿时的偶像宣布柏林墙开放，西德终于也可以同享社会主义之福了。电影导演曾邀请西格蒙德·雅恩本人出演这个"奇怪的"电影角色，不过西格蒙德·雅恩拒绝了，他在电影院观看了这部电影，在影片的结尾，他看到那个与自己面貌极其相似的人接替了昂纳克民主德国国务委员会主席的职务。影片还原了他对航天的兴趣，不过这种保留却具有局限性：相比殷切地盼望人类未来可以移居其他星球，"我们应该更多地希望我们的后代未来居住在适宜居住的地球上"，西格蒙德·雅恩在他 75 岁寿辰时提出了这个要求。

092

民主德国

的

和平运动

*Die Friedensbewegung
in der DDR*

铸剑为犁

作为雕塑它是 1959 年苏联送给联合国的礼物。作为引文和缝在袖子上的图案它是 1970 年代后被禁的抗议标志。

"他们要将刀打成犁头,把枪打成镰刀。这国不举刀攻击那国,他们也不再学习战事。"这是《圣经·弥迦书》的一段引言,《圣经·以赛亚书》中也有类似的一段话,它成为由俄国雕塑家叶夫根尼·武切季奇(Jewgeni Wutschetitsch)创作的一座现实社会主义青铜雕塑的主题,这座雕塑从1959 年开始树立于纽约的联合国总部大楼前。它是苏联党和国家领导人尼基塔·赫鲁晓夫(Nikita Chruschtschow)赠送给联合国的礼物,象征了苏联作好了与世界强国和平共处的准备。

这段文字的"引用之路"由此开始了。1967 年,马丁·路德·金(Martin Luther King)在反对越南战争的一次演讲中引用了这段话。1971年,德国乌克马克(Uckermark)的普伦茨劳(Prenzlau)附近格拉姆措(Gramzow)的牧师库尔特 - 于尔根·海涅曼 - 格吕德尔(Curt-Jürgen Heinemann-Grüder,1920 ~ 2010)为战争牺牲者公墓树立了一块纪念碑,上面刻着碑文"铸剑为犁(Schwerter zu Pflugscharen)",以及 1933 和1938 的年份数字,它们是对当时共产党人和社会民主党人遭到监禁,以及犹太人遭到的系统性灭绝开端的纪念。这是民主德国第一次公开使用这段《圣经》引文。

1978 年,民主德国教育部部长玛格特·昂纳克(Margot Honecker)为九年级和十年级的男生和女生引入了配合有武器培训的"社会主义防卫教育"必修课,家长和学生对此提出了抗议,新教教会要求用和平教育予以替代。教会决定,在本教会年度的最后十天中每天举行一次"和平十天祈祷运动(Friedensdekade)"。1980 年,在忏悔祈祷日最后一次礼拜仪式的邀请函上,萨克森州青年牧师哈拉尔德·布雷特施耐德(Harald Bretschneider)选择了树立于联合国总部大楼前的这座苏联人物雕塑作为主题图案,并加上了"铸剑为犁"和"弥迦书 4"的字样。邀请函巧妙地以

564

"书签"的形式印在了无纺布上，因为对"纺织物表面的再加工"不需要获得国家颁发的印刷许可，此次邀请函的印量高达 10 多万份。

冷战期间迎来了和平的蓬勃发展阶段：尽管在 1975 年于赫尔辛基召开的欧洲安全与合作会议（KSZE）上签订的《赫尔辛基最终法案》燃起了接近敌对方堡垒的希望，然而 1970 年代又开启了新一轮的军备竞赛。从 1977 年开始，苏联部署了新型的 SS-20 中程弹道导弹，配有可移动的导弹发射台和核弹头。作为回应，西方国家在 1979 年 12 月通过了《北约双重决议》（Nato-Doppelbeschluss）。双方谈判破裂后，北约军队部署了巡航导弹（Cruise missile）和"潘兴 II 型（Pershing II）"弹道导弹。几天后，苏联军队开进阿富汗。取代局势缓和希望的是又一轮军备竞赛和人们对核灾难的恐惧情绪。

1981 年秋，在很大程度相互独立的情况下，民主德国和联邦德国的和平运动达到了高潮：10 月在联邦德国，30 万民众在波恩王宫花园草坪（Bonner Hofgartenwiese）举行了声势浩大的抗议《北约双重决议》的示威活动，它是直至 1983 年几场更大规模抗议示威活动的发端。1981 年 11 月，东德开展了第二次"和平十天祈祷运动"，与此同时，隶属西德的德国福音教会（EKD）也参加了此次运动。无纺织布徽章再次印了 10 万枚，这一次它被缝成了圆形。11 月，此徽章被禁，教会机构虽然指出，民主德国 6 年级的历史课本上画了"铸剑为犁"图案而绝不应该被禁，但根本无济于事。当时，这枚织布徽章已成为一个普遍、常常也无差别地用来表达青年人抗议立场的标志。它太受欢迎了，以至于许多年轻人在其他场合也会佩戴，或者在袖子上缝一块白色补丁，以表示对禁令的回应，又或者在同样的地方缝上"这里曾有一个铁匠"的字样。各种刁难随之而来：不让毕业，不分配实习岗位或不允许继续学业，甚至教会的代表在颁布禁令期间也被劝阻佩戴这枚徽章，不过这些代表同时仍继续捍卫这一基督教的和平见证。在 1982 年举行的第三次"和平十天祈祷运动"中，这句《圣经》引文甚至得到了国家层面的承认，不过虽然它又可以作为文字标记使用，但经过长期谈判后，教会领袖放弃了制作新的"铸剑为犁"织物图案。

565

直到 1983 年 3 月以前，东德的和平倡议活动还没有在全国范围内形成体系，不过每一次运动都是扎进当局政权身上的一根"刺"。1982 年 1 月，柏林的一位牧师赖纳·埃佩尔曼（Rainer Eppelmann）发出了"柏林呼吁（Berliner Appell）"，倡议欧洲中部放弃所有核武器。他的呼吁得到了斯蒂芬·海姆（Stefan Heym）和罗伯特·哈菲曼（Robert Havemann）等著名民主德国反对者的响应，放弃核武器这一和平保障也同德国的问题联系了起来：他提出了德国人应拥有自决权的要求。1982 年 2 月，在纪念德累斯顿遭轰炸 37 周年的同时，对国家持批判态度的年轻人也在当地组织了一场名为"自由论坛"的纪念活动。有 5000 人参加了这次活动，其中有不少人佩戴了"铸剑为犁"徽章。1982 年 11 月，在耶拿艾希广场（Eichplatz，当时称为"宇航员广场"）举行的静默抗议活动中，有大约 80 人举着写有"铸剑为犁"的横幅标语；几周后，由于耶拿警方的阻挠，这个团体的第二次抗议活动被迫中止。

1983 年 3 月，借纪念耶拿遭轰炸 38 周年之机，抗议人群再次成功组织了一次游行示威活动，之后被警方暴力驱散；当月，在民主德国国家安全部"史塔西"的监视下，32 个和平团体的代表举行了一次集会，商议确定每年组织一次联合集会。1983 年 5 月，耶拿和平组织成员又进行了一次具有公众影响力的抗议活动。现场照片上再次出现了这些游行示威活动的核心座右铭："铸剑为犁"。这是"1953 年至民主德国统治结束期间规模最大的一次群众抗议运动"［诺伊贝特（Neubert）语］。

1983 年 5 月，刚刚第一次被选为绿党——当时的党内领导人是佩特拉·克利和格特·巴斯蒂安——联邦议会代表三个月不到的五人则代表了完全不同的一根"刺"，既反对民主德国政府，也反对联邦德国。当天，他们和民主德国的反对者们一道，在亚历山大广场举起了一条写有"绿党——铸剑为犁"标语的横幅。几分钟后，他们被捕，很快又被释放，之后东德人民警察确定，有几个知名的西德人在那里抗议西德的军备行动。1983 年 10 月底，埃里希·昂纳克接待了来自西德绿党的一个代表团并举行了会谈，佩特拉·克利当时穿着印有"铸剑为犁"禁语标志的套头衫，以示抗议。德国统一社会党的核心刊物《新德国》甚至将一张现场照片刊登了在了头版。佩特拉·克利要求东德政府释放所有被捕的东德和平运动者，此外她还质问昂纳克，为什么他在民主德国发布禁令，转而又在联邦德国表示支持。紧接着，绿党同著名的民主德国反对人士贝贝尔·伯莱（Bärbel Bohley）会面。此举让民主德国的领导层无法接受，结果导致绿党在一年内被禁止入境东德。

直至 1980 年代初，西德的媒体几乎没有注意到民主德国反对派的存在。在那之后，他们萌发了尤其针对西德绿党在本地开展的个别行动的兴趣。在此期间，他们对民主德国反对者的支持不仅限于物质和精神层面，还包括材料，此外他们还向民主德国偷偷输送印制技术。

1983 年是宗教改革家马丁·路德诞辰 500 周年，值此之机，新教教会于 9 月在维滕堡（Wittenberg）召开了一次特别会议，马丁·路德于 1517 年张贴著名的《九十五条论纲》之地备受期待，许多媒体的目光和镜头都对准了那里。此外，德国福音教会成员和时任西柏林市市长的理查德·冯·魏茨泽克（Richard von Weizsäcker）的出席则体现了基督教徒与众多东西德国民之间的团结。他为在维滕堡市集广场数千名观众前发表

566

的演讲作了精心的准备。尽管针对民主德国的有关更多平衡或更多反对派的意见分歧与教会的立场背道而驰，德国统一社会党仍旧持怀疑态度密切注视着这个由教会反对团体提供的"自由空间"。

维滕堡城堡教堂的牧师弗里德里希·朔尔勒默（Friedrich Schorlemmer）在 1980 年就成立了一个和平组织，此组织在 1983 年 9 月 24 日举办了一次特别的"相遇之夜"，这次活动吸引了数百人参加，给人留下了难以磨灭的印象和许多著名的画面。有一支西德乐队在现场表演，有歌手演唱了歌曲，弗里德里希·朔尔勒默还朗诵了《圣经》经文。与此同时，一名制作锤子和铁砧的铁艺工匠登场了：斯蒂芬·瑙（Stefan Nau）在众目睽睽之下，将一把剑重铸成了一个犁；紧接着，这个犁在众人手中被一一传递。"这是一种鼓励，莫大的鼓励"，弗里德里希·朔尔勒默事后这样表示。理查德·冯·魏茨泽克从活动场地的一扇窗户外观看了这个场面；据推测，因为这个原因，也因为有更多的西德来宾和媒体参加了此次活动，"史塔西"才没有出面干预。

*

在此期间，"铸剑为犁"的象征意义也在西德得到了体现，最晚从 1982 年开始，联邦德国也印制了一大批"铸剑为犁"织布徽章。1984 年，原定在柏林举行的德国摇滚乐队 BAP 的演唱会被迫取消，舆论哗然：乐队主唱沃尔夫冈·尼德肯（Wolfgang Niedecken）为这场演唱会创作了一首名为《我们为何在此演出》（Deshalv spill mer he）的歌曲，他在这首歌中解释了为什么要将乐队带到民主德国来演出，"铸剑为犁"也出现在了歌词中。"……还有，反正我们也已经无人知晓。我们面对的，是自称'人民代表'的小团体。对于它来说，我们没有利用的价值……因为我们在这里有朋友，他们蓝色的土地上没有白鸽，他们有一位铁匠，他正好能铸剑为犁……"在演唱会开始的前一天晚上，轰动的事件发生了，BAP 乐队拒绝将这首歌曲从节目单上剔除，原定在民主德国宫殿举行的演唱会被迫取消，几个月前林悟道（Udo Lindenberg，西德摇滚歌手、作家、画家）曾在那里登台表演。

同样，在从 1982 年 11 月星期一开始的莱比锡和平祈祷运动中，一张手工制成的主题为"铸剑为犁"的海报从一开始就如影随形；如今，少数人还能回忆起，当初这些运动是如何在莱比锡圣尼古拉教堂开始的，仅有 7 ~ 13 人参加了第一次和平祈祷运动。第二年，在和平祈祷运动结束后，就已经有 50 名青年人走上街头示威游行，其中 7 人被判处监禁。1988 年 2 月有 700 人参加了和平祈祷运动；1989 年 9 月，参加和平祈祷运动的人数上升到了 8000 人；同年 10 月 2 日和 9 日，参加人数分别达到了 20000 人和 70000 人，周一的和平祈祷运动在 5 个教堂同时进行。随着和平祈祷运动的进行，运动标识慢慢地被加了进去，它部分地被其他横幅和标语所取代。

不过，"铸剑为犁"这一主题也许绝不可能真正成为两德统一后国家旗帜上的图案了：1989 年 12 月，民主德国成立"中央圆桌会议"，其下属的"民主德国新宪法"工作小组接受了将"铸剑为犁"写入《宪法草案》的提议。尽管如此，根据《宪法草案》第 43 条的规定，民主德国的国徽由被麦穗环绕的一把锤子和一把圆规代替。1990 年 4 月，《宪法草案》被公开提交，不过在 1990 年 3 月首次自由选举产生的人民议会上，它却连提都没被提一句。随着民主德国被纳入《基本法》的适用范围，国旗国徽的问题自然也就规范化了。

柏林墙

的

开放

Die Öffnung der Mauer

093

这是沙博夫斯基的"计划表"，它出现在 1989 年 11 月 9 日具有传奇色彩的新闻发布会上。长期下落不明的它直到 2015 年才再次出现。

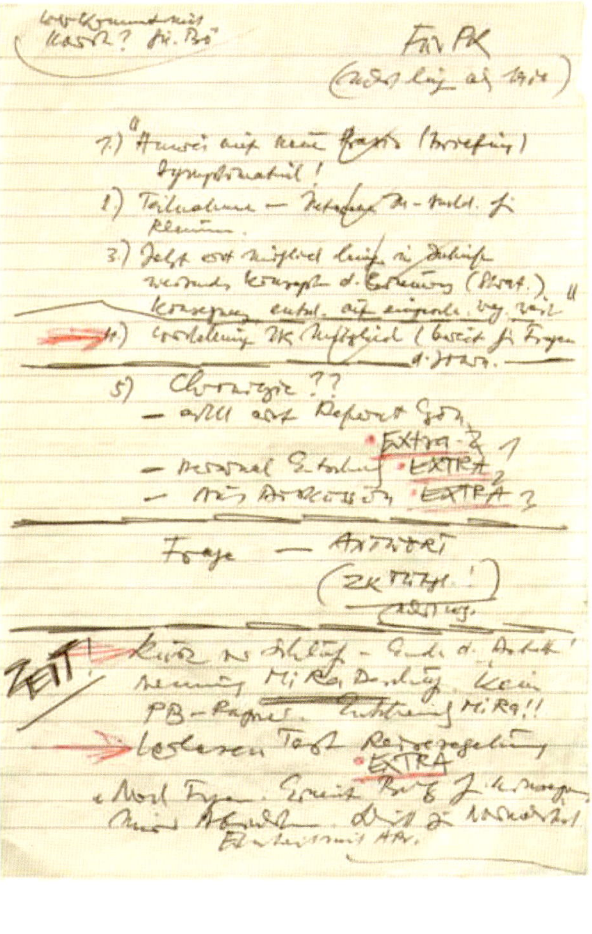

569 　　新闻发布会往往能成就传奇，并给后世留下不朽的"佳句"，比如尼克松"你们以后不会再见到尼克松了"（后来担任美国总统的理查德·尼克松 1962 年在竞选加利福尼亚州州长失利后这样咒骂记者），以及吉奥瓦尼·特拉帕托尼（Giovanni Trapattonis）的一句"我完了"（1998 年任拜仁慕尼黑足球俱乐部主教练）。然而没有像君特·沙博夫斯基（Günter Schabowskis）的字条"从我的角度看……应当立即、毫不犹豫地执行"那样"书写"了世界历史（1989 年 11 月 9 日）。

　　新闻发布会应该事先作充分的准备——每本新闻工作手册都不会省略这一点。君特·沙博夫斯基给这次新闻发布会的手写字条并不十分完整，除了 5 点标明的要点之外，还包含另外某些显然后来加入的内容，到结尾处则变得愈发不完整，也愈发难以辨认。沙博夫斯基时年 60 岁，生活阅历与政治经验都十分丰富，主持一场新闻发布会本不是什么问题，况且他本人也是新闻专业毕业。然而这一天对于他来说完全走了样——对于德国历史来说却是轰动性的。三天以前，君特·沙博夫斯基刚刚担任民主德国统一社会党中央委员会新设的、负责信息工作的秘书一职，从某种意义上说他就是民主德国的政府发言人。这是他主持的第二场新闻发布会，而此类面向公众的工作在民主德国的历史上也完全可以说是个新鲜事。当天 18 点，民主德国国家电视台开始对这场在柏林莫伦大街（Berliner Mohrenstraße）国际新闻中心举行的新闻发布会进行转播。

　　直到快 19 点，发布会都完全没什么引人注目的内容，甚至有些无聊，而会议原定也最晚将于 19 点结束，沙博夫斯基的记录是这么写的，也是打算这么做的。但是到了 18 点 53 分，意大利安莎通讯社（ANSA）的记者里卡多·艾尔曼（Riccardo Ehrmann）就新颁布的《旅行法》提问，而这恰是当时最牵动民主德国国民风向的话题。

11 月 6 日，统一社会党中央提出了《旅行法》草案，并计划用 4 个星期时间将其交由国民进行讨论——当然这也是件新鲜事——之后再由人民议会于圣诞节前通过决议。但是对于政府这种实施透明化和开放性改革的做法，国民认为仍然不够，还是太官僚主义，也不够正确。埃贡·克伦茨（Egon Krenz）身为埃里希·昂纳克的继任者便想通过颁布规定这种相对迅速的方式推进立法，并委托一个工作组完成此事。11 月 9 日中午，工作组就此提出建议，主管的政府部长按照公文流转程序阅签后，由克伦茨在同时举行的一场中央委员会会议结束前同与会者进行了讨论。讨论决定应做两点小而关键的修改：这项规定必须明确作为"过渡性规定"实施，直至人民议会审议的《旅行法》颁布实施，而且它的有效性也是"暂时的"。作出这项决定时，沙博夫斯基并不在中央委员会。他在新闻发布会开始前45 分钟收到了克伦茨发来的一份 4 页纸的文件，上面有几处手写的改动，但其实相当清楚。克伦茨告诉他，除了计划在发布会上宣读的信息之外，把这次中央委员会开会的情况也加进去。这时，大错铸成了。尽管这项法律得到 11 月 10 日才宣布生效，文件上却没有任何禁止标志或字样。而哪怕沙博夫斯基在发布会前仔细把这份文件读上一遍，他也会发现最后一点中包含"临时性过渡条款"的内容"应在 1989 年 11 月 10 日的新闻发布会上对外公布"。发布会可没给沙博夫斯基时间再思前想后，更可怕的是，他竟然认为这份文件已经到了媒体手中。

尽管发生了如此种种，新闻发布会表面上仍旧进行得风平浪静，此时的沙博夫斯基仿佛已经忘了《旅行法》这个议题，即使他在发布会计划表上专门注上"单独宣读《旅行法》有关内容"也无济于事。可就在发布会结束前 7 分钟，意大利记者的问题打破了这一切。看过当天直播的人，都听到了沙博夫斯基通报的内容："个人因私出国旅行有关手续无须申明原

571

因（如旅行原因或亲属关系）即可申请。"他在话语间稍作停顿，便立刻同接下来的问题针锋相对了起来，"这条法令对西柏林是否有效？"沙博夫斯基回答："嗯，是，是……""从什么时候开始？"接下来就是开头引用的那句具有历史意义的话了。各大新闻通讯社的报道争先恐后地发出，先是路透社（Reuters）和德通社（ADN）19 点 4 分抢得头筹，然后是德新社（DPA）、美联社（AP）19 点 5 分发出报道，德国电视二台（ZDF）则在19 点 17 分通过《今日新闻》（*heute*）对外播出了这条消息。意大利安莎通讯社 19 点 31 分发出相关报道。民主德国电视台于 19 点 34 分在《最新镜头》（*Aktuellen Kamera*）节目中报道称："部长会议决定，即日起个人因私出国旅行无须申明原因即可申请办理手续。"德国电视一台（ARD）20点播出的《每日新闻》（*Tagesschau*）则报道："两德边境已经打开。"接下来在 22 点 42 分播出的《每日话题》（*Tagesthemen*）中，汉斯·约阿希姆·弗里德里希斯（Hanns Joachim Friedrichs）报道说："民主德国已经发出通告，其边境对每个人开放，柏林墙的大门已经打开。"这个阴郁的秋日星期四对于每个真切经历过的人来说，都变成了难忘的日子。作为"德国电视播出史上影响最深远的一次疏忽"[明镜在线（SpiegelOnline）]，其后果逐渐肆虐开来。

柏林墙两边早已人满为患，20 点 30 分就有人开始在伯恩霍尔姆大街（Bornholmer Straße）的过境检查点等待了。21 点，不耐烦的人们开始高喊"开门！开门！" 23 点 30 分，当值的哈拉尔德·耶格尔（Harald Jäger）中尉打开了边境通道——他此时并未得到上级指示——而后人多称其为出于勇气。其他过境检查点也陆续开放。0 点 2 分，柏林的大门已完全敞开。墙倒了，边境开放了，数十万人跨过去了。两边的朋友聚在一起跳舞的照片传遍了全世界。沙博夫斯基在新闻发布会上的最后一番话说出三个半小时后，柏林市民用他给出的答案自己解决了问题。沙博夫斯基磕磕绊绊的言辞也标志着柏林墙体系整体衰落过程中潜藏的不安定："呃……柏林墙怎么办？随着对公民旅游相关规定的发布，对此已经有了答案。呃……旅行的问题……呃……关于从我们这边穿过柏林墙到另一边的问题，还没有答案，这是一个关于民主德国国境线的问题，我认为，是被武装守卫的国境线问题。呃……我们一直认为，在这个问题上还有其他一些因素……呃……需要考虑……"离开新闻发布厅后，沙博夫斯基还在一家美占区电视台的镜头前透露，自己"不希望此事造成人们逃亡的风潮"——接受美国全国广播公司（NBC）的采访后，他"精疲力尽"地开车回家，还想着要"充分理解新的政策"[汤姆·布罗考（Tom Brokaw）语]。然而他怎么也没想到，自己在某种意义上并不完整的错误信息直接导致了柏林墙的开放，也误解了那个包括仍在运作的边防检查站在内的民主德国官僚体制的一切。

在街上紧紧相互拥抱的人们，认为那天夜里发生的事情"不可思议"。可转天上午，民主德国统一社会党政治局却陷入了一片糟糕的情绪中。"到底是谁愚弄了我们？"克伦茨无可奈何地问道——沙博夫斯基也一样——不过晚些时候克伦茨又对开放柏林墙的决定表示赞赏。在混乱的背景下，这出极其偶然又亦幻亦真的世界历史大戏引发了种种猜测，有的十分严肃，有的则不然：有人说这是民主德国国家安全部在幕后操纵的执行戈尔巴乔夫秘密指令的一次"杰作"，有人说这是统一社会党的最终"报复"，意图以此欺骗由当地市民运动发动的"革命"。

此外，这个事件中还发生了另外一个错误：克伦茨交给沙博夫斯基的文件原稿——从标题看确信无疑——只涉及"改变民主德国国民持续经由捷克斯洛伐克出境前往联邦德国的状况"，然而在内容中却满篇谈的是"外

572

国"。由此可以看出，此时民主德国的领导层和它的官僚体系的行动能力简直"没有脑子"。如果更好地进行准备，沙博夫斯基也应该能注意到这个问题。当然，沙博夫斯基没有将此告诉负责讨论旅行规定的中央委员会，而是把这个问题拿到政府大楼门前去讨论——因为大楼内部正在维修（引自克伦茨）——按照后来沙博夫斯基的回忆，当时有记者在场。

事实上，民主德国的领导者们必须对捷克斯洛伐克成为"出走黑洞"的事实予以特别关注。虽然联邦德国外长根舍（Genscher）9 月 30 日到访联邦德国驻捷克斯洛伐克大使馆，大量民主德国国民通过此使馆前往联邦德国的景况仍历历在目，民主德国 10 月恢复了本国国民前往捷克斯洛伐克的签证制度，11 月 1 日却再次取消，11 月 3 日便立刻有 5000 人聚集在位于布拉格的联邦德国大使馆前，称当晚就要前往联邦德国，而那段时间，每天都有数千人登上前往布拉格的列车。规定起草工作组的文件题目以"捷克斯洛伐克"开始，结果却打开了整个世界。

沙博夫斯基的职业生涯，几个星期之后便告结束。作为德国统一社会党柏林市委第一书记，他得在政治上对 1989 年 10 月 6 ~ 7 日军队镇压骚乱人员的行为负责。此外，他还面临滥用职权、腐败和中饱私囊等罪名的指控。1992 年，旷日持久的所谓"政治局审判"开始，沙博夫斯基和埃贡·克伦茨等人被指控向试图翻过柏林墙的人们开枪，并于 1997 年以故意杀人罪被判处 3 年有期徒刑。同克伦茨不同的是，沙博夫斯基承认自己在柏林墙下达开枪命令是"道德共犯"并入狱服刑，直到 2000 年柏林墙倒塌 10 周年，才由时任柏林市市长借机赦免。但无论如何，沙博夫斯基是为数不多的、承认对民主德国所谓"独裁"统治负有责任的统一社会党高层人员。根据迄今为止的调查结果，1961 ~ 1989 年间至少有 136 人在两德边境被杀或丧命，其中 98 人是在尝试非法越境的过程中，30 人虽无意偷渡却闯入了禁区，还有 8 人是在执勤中被杀害的边防军士兵。除此之外，死在当时两德边境上的人最主要的死因是心脏病发作——其中最多的又是过境时接受边防检查的老人。

走在21世纪的道路上
道路上

永远存续

且

无处不在的

文化

Die Immer-und-überall-Kultur

460

094

MP3 播放器

这是德国生产的首个带存储卡的便携式播放器样机，它是在音乐量产层面迈出的重要一步。

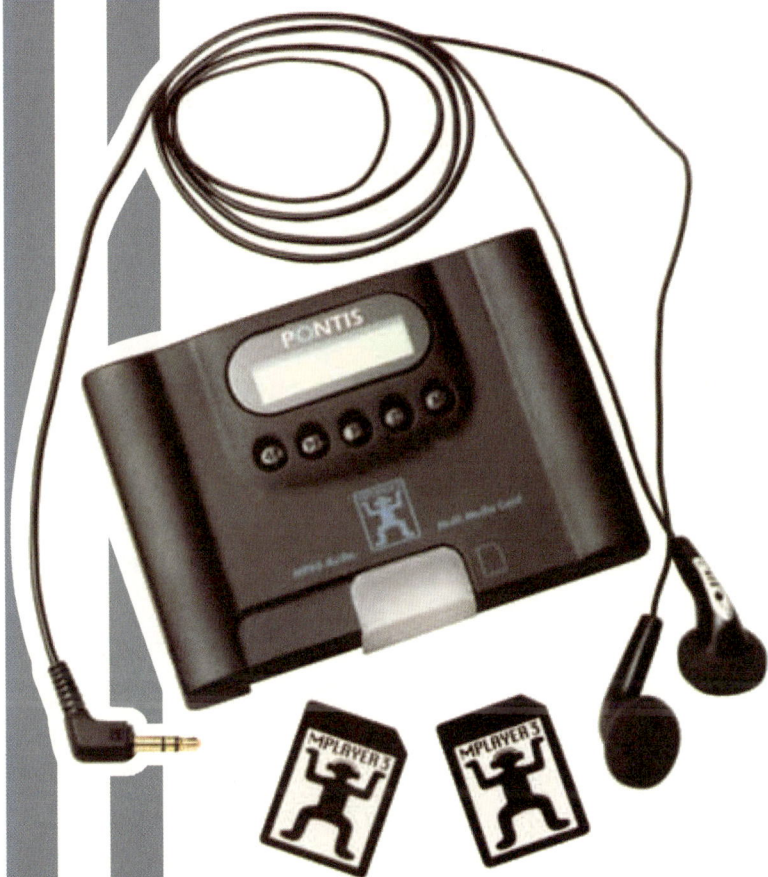

575

"MP3 音频格式改变了我们购买和收听音乐的方式",当海因茨·格霍伊泽(Heinz Gerhäuser)这位德国埃尔兰根弗劳恩霍夫研究所(Fraunhofer-Institut)负责开发 MP3 音乐格式的人员之一——也可以说是 MP3 之父——回顾这个成为世界先进音频格式的世界性标准的意义时,作出了这样的总结。MP3 播放器则为这种音频格式的广泛传播作出了巨大的贡献。"它体积小、重量轻而且音量很大",在首批 MP3 随身播放器面世的 1999 年冬天,计算机杂志在评测文章中称它为"魔盒"或"MP3——网络上的摇滚乐"。它能同计算机相连,并为人们在各种生活情境下提供大量的音乐资源,基于这些优势,MP3 播放器推出才一年就取得了巨大的市场成功。

在 1997 年 3 月汉诺威计算机博览会(CeBIT)上,来自德国上普法尔茨地区的蓬蒂斯公司(Pontis)展出了自己名为"MPlayer 3"的播放器样机。这个重量仅 90 克的便携式设备上集成了两大科学创新:其一是包含了西门子开发的可读写多媒体音乐存储卡(MMC),通过 Pontis 播放器上的两个卡槽可以存储及播放总计 8MB 的音乐数据。另外一个就是由弗劳恩霍夫研究所开发的数码音频格式"MP3"。在开发这种世界闻名的标准音频压缩技术格式过程中,还应用了其他一些独立的专利技术。

在优化音频同数据关系的问题上,国际上不同技术团队的竞争一直存在,而这种竞争早在 1993 年互联网开始勃兴之前就已经开始了。弗劳恩霍夫研究所的工作始于 1987 年。按照最初的构想,音频信号是通过宽带电话线路完成传输的,再通过在接收端过滤人耳无法听到的信号完成优化。因此,弗劳恩霍夫研究所下属的集成开关研究所位于埃尔兰根的团队在整个MP3 格式技术发展过程中作出了最大的贡献。相对于其他方案,1989 年国际标准化组织"动态图像专家组(MPEG)"也承认了这一点。此外,MP3

576

格式开发的成功，汉诺威大学的专家以及美国电话电报公司 AT&T 和汤姆森公司（Thomson）也作出了自己的贡献。1991 年格式开发成功，同年亦被接纳成为 ISO 国际标准。通过这项技术的压缩和解压缩算法，数字音频的数据大小缩减为先前的十分之一，并且能够存储、解码供人们收听。由于当时数字媒介的存储能力有限，这种基本保持同等音质却能使存储量倍增的新格式被认为是一种不可估量的，甚至在当时堪称"革命性"的成功。埃尔兰根团队经过内部表决，将 MP3 定为这种音频格式的文件扩展名，它不仅取得世界性的成功，还让人们收听音频的行为乃至音乐产业都有了"革命性的变化"。卡尔海因茨·勃兰登堡（Karlheinz Brandenburg）、贝恩哈特·格里尔（Bernhard Grill）和哈拉尔德·波普（Harald Popp）作为弗劳恩霍夫研究所团队的代表，于 2000 年被授予"德国未来奖"，以德国总统的名义来表彰他们对科学技术创新所作的贡献。

埃里希·伯姆（Erich Böhm）在蓬蒂斯公司工作，他是毕业于慕尼黑工业大学的电气工程师，同时也是一名音乐爱好者。他以 MP3 格式技术为基础，开发出了第一台播放器。他用当时风行的"戴耳机的网络舞者"为商标，并对此寄予厚望。然而好景不长，这家位于施瓦尔岑费尔德（Schwarzenfeld）的、只有 20 名员工的小公司无法在竞争激烈的国际市场上打开销路。研发产品所需的成本太高，打通国际销售网络的代价又实在太大。1998 年 12 月，在蓬蒂斯公司推出售价为 430 德国马克的成熟市场化产品之前，韩国世韩公司（Saehan）抢先推出了自己的播放器 MPMan F10，并将成熟的市场产品在 1998 年汉诺威计算机博览会上展出，这比蓬蒂斯公司的步伐快了九个月。这个机型的优势在于装配的 64MB 存储器可以播放 1 个小时的音乐，蓬蒂斯公司的产品每个卡槽却只能播放 15 分钟。国际上普遍认为 MPMan F10 才是世界上首台 MP3 播放器，它在美国、英国，当然在德国也获得了市场成功。

577

然而，韩国人制造的播放器市场优势也没能保持几年。2001 年美国苹果公司（Apple）推出了名为 iPod 的 MP3 播放器。5GB 的存储空间能够保存多达 1000 条音乐条目，这在当时是无以比肩的竞争力。同时，苹果推出的 iTunes 也是当时在音乐管理和编辑方面操作最简单的程序，当然购买音乐也是如此。iPod 最初只有苹果版本，2003 年起也开始发售 Windows 版本。上市七年之间，销量超过 1 亿的 iPod 帮助苹果成为世界上最大的 MP3 播放器生产商。

自互联网建立以来，MP3 音频格式的使用者迅速增加。他们通过互联网迅速便捷地传递音频数据或者从公共存储的服务器上下载音乐。在技术层面上，MP3 音频格式为侵犯著作权的互联网非法文件交换行为提供了可乘之机，1998 年建立的免费音乐交换平台 Napster 则是主要推手。由美国大学生发明的 Napster 软件允许参与者按照点对点传输协议，依据本地存储的音乐数据相互结成网络并传输音乐数据。此举让 Napster 招致了暴风骤雨般的来自大唱片商的著作权诉讼。这些诉讼主要来自美国唱片业协会（RIAA），案由则主要是"MP3 盗版"行为。自 1995 年 MP3 音频格式问世以来，唱片业就产生了对传统声音载体如唱片和 CD 唱盘面临变局的恐惧。这是理所应当的，而它们也确实并没有很好地适应这个新的经营领域。唱片工业对 Napster 的诉讼以 2001 年 Napster 平台的关闭而告终。在全世界范围内，相似的软件却如雨后春笋般出现，各地数以百万计的人们一如既往地凭此媒介交换着音乐数据，有的合法，有的非法。

长久以来，音乐都是一种大规模生产的产品。1851 年在德国汉诺威出生，19 岁时迁居美国的埃米勒·贝利纳（Emile Berliner）于 1887 年发明了唱片留声机和唱片，成为保存声音片段的基石。刚开始，唱片的播放时间只有几分钟，然而录音和播放技术的发明却让音乐演奏能够保留下来，并让音乐真正成为更大范围公众的享受。前往参加音乐会不再是收听音乐的前提，而在 19 世纪时，在音乐会上欣赏古典音乐仍旧是上流社会才能做的事。有段时间，托马斯·阿尔瓦·爱迪生（Thomas Alva Edison）发明的筒式留声机同唱片留声机展开了市场竞争，这种唱机使用一种圆筒来保存声音。

578

由于相比之下磨耗更少，并且生产更加容易，圆形唱片在竞争中存活下来。1902 年，有关文学和音乐作品的著作权法律出台生效，1903 年第一家著作权经营企业成立，也就是今天德国音乐版权管理组织（GEMA）的前身。音乐产业在以始料未及的规模不断发展，1925 年时已经成为一个重要的行业。1919 年，德国唱片年产量突破 100 万张。1925 年时，留声机销量接近 20 万台，1927 年再次翻番，而此时唱片产量已经达到 2500 万张。第一次世界大战以前，灌制唱片的内容主要是"严肃"音乐，1930 年时流行色彩已经有所展现。而世界经济危机爆发一度导致唱片销量下降。

二战结束以后，德国迎来了经济奇迹，音乐产业也趁势而上，蓬勃发展。1954 年，唱片产量恢复到 2500 万张，1970 年攀升至 1.05 亿张。德国唱片业的持续增长态势到 1979 年时戛然而止，销量回落超过 10%。音乐磁带在 1970 年代愈发受人欢迎，并于 1980 年代初超过了唱片——磁带比 1950 年代末开始大量生产的黑胶唱片更加便宜。在德国，磁带销量于 1991 年以 1.09 亿盒的数字达到顶峰，其后至今却在市场上（几乎）销声匿迹了。磁带的地位被 1981 年首次在柏林国际广播展（IFA）上推出的 CD 唱盘所取代。CD 是第一种数字声音载体，1999 年，CD 唱盘在德国的销量冲顶，共卖出了 1.5 亿张专辑。

*

从这一过程可以看出，声音载体是如何依次更替的。21 世纪以来，在互联网上消费音乐产品的情况越来越多。不过德国的发展状况和世界的整体情况有些区别，CD 唱盘的销售尽管也在逐渐减少，却仍占音乐市场总量超过了三分之二。实体销售场所衰退的速度也比其他国家要慢（日本是个例外）。很多说法都在预测 CD 唱盘历史的终结，然而在德国，它的大限还远远未到。德国市场同其他国家的市场不同，离所谓实体销售市场不久将减少到现有规模的十分之一的预测仍相去甚远。根据 2014 年的调查，2019 年实体销售占市场的比例仍会达到 61%。

尽管如此，音乐消费和音乐产业仍旧处在一场"宏大的转型过程中"（《2014 年音乐产业报告》）。著作权问题同数码时代对接已经显得愈发重要。MP3 作为一种技术，在这个问题上扮演的角色一直存在争议，其声学质量也并非无懈可击。从总体上看，音乐消费规模已十分庞大，一方面消费者越来越多地通过互联网接受信息，另一方面音乐人也获得了更多空间和可能性，用更少的花费去录音，也无需依靠大型唱片公司老板在销售上助力。当然也就得不到唱片公司给予的广告费预算了。

"用 MP3 格式播放的音乐将永远存在于各个地方"，格霍伊泽对人们消费习惯的改变作出这样的总结。然而差点被遗忘的是这一改变的大背景，为个性化且无处不在地消费音乐所打下的基础：1979 年索尼推出了一款磁带随身听（Walkman）。它开启了以耳机为播放媒介的移动式音乐消费体验。在这个层面上，MP3 播放器只是做了技术上的优化。近年来，MP3 作为独立播放设备的地位不保，又被智能手机取代，打电话、听音乐、发短信、接入社交网络等功能在手机上皆能实现。2015 年，德国智能手机使用者数量已经超过 4500 万。智能手机作为"永远而且无处不在"（韦伯语）的象征，在移动和自由的意义方面更甚于它的上一代便携式播放设备。

联邦德国

的

抗议运动

Protestbewegungen in der Bundesrepublik

095

会说话的 Logo

对于数百万人来说，为了在示威游行中增加辨识度，五花八门、题材各异的标志是必然的产物——它们是联邦德国抗议运动最著名的 Logo。

一个黑色的圆圈，里面独特排布了四条黑线——这是"核裁军运动（CND）"的标志；一个简单的黄色标签，中间画有一个橙色的微笑太阳，四周环绕着一行黑字——"核能？不，谢谢（ATOMKRAFT？——NEIN DANKE）"；一个被划掉的城市路牌，上面写有一些数字和字母——"斯图加特 21（Stuttgart 21）"；一个面色冷漠的人脸面具——"匿名者（Anonymous）"。它们是联邦德国抗议运动最著名的标志。它们用各自的方式成为与众不同的反抗标志，且从最佳意义上说，它们早就可以被送进博物馆了。

CND 标志代表"核裁军运动（Campaign for Nuclear）"。这个标志是英国艺术家杰劳德·霍尔通（Gerald Holtom）为 1958 年在英国举行的世界上首次复活节示威游行而设计，游行队伍从伦敦出发，前往位于伯克郡奥尔德马斯顿村（Aldermaston）的核武器研究中心。杰劳德·霍尔通的设计灵感来自于海军旗语，他将信号员两手分别执一面旗子斜向下表示的"N"［代表"核（nuclear）"］，与信号员右手执一面旗子垂直向上、左手执一面旗子垂直向下表示的"D"［代表"裁军（disarmament）"］结合在了一起。还有一个和平标志是在深色（大多为蓝色）的背景上画了一只白鸽，它直到 1980 年代才开始流行。它是巴勃罗·毕加索（Pablo Picasso）为 1949 年在巴黎举行的世界和平大会所设计的图案。

1950 年代中期，联邦德国国内掀起了抗议"重新武装"的浪潮，1957 年的联邦议会选举也受到了这一争议的影响。为此，诺贝尔化学奖获得者奥托·哈恩（Otto Hahn）、诺贝尔物理学奖获得者马克斯·玻恩（Max Born）和维尔纳·海森堡（Werner Heisenberg）等哥廷根著名核物理学家发表了《哥廷根宣言》（Göttinger Manifest，1957 年 4 月），要求联邦德国放弃拥有任何形式的核武器。在 1960 年代初以后的西德，"反核死亡运动（Kampf dem Atomtod）"和更多的复活节示威游行者开始使用 CND 标志，这一标志因此在当地变得知名。在穆特兰根（Mutlangen）发生的"名人封锁（Prominenten-Blockade）"中，针对联邦德国政府部署核武器的声势浩大的公开抗议活动达到了顶峰。从 1983 年 9 月 1～3 日，数百人封锁了通往"潘兴 II 型"核导弹仓库的入口，实施封锁行动的人员包括作家海因里希·伯尔（Heinrich Böll）和君特·格拉斯（Günter Grass）、神学家赫尔穆特·戈尔维策（Helmut Gollwitzer）、轻歌舞演员迪特尔·希尔德布兰特（Dieter Hildebrandt）和大学教授瓦尔特·延斯（Walter Jens）。穆特兰根因此成为大批非暴力"不听话"的象征。同年 10 月，在联邦议会就西德导弹部署问题进行辩论期间，约 300 万民众参加了一个行动周抗议活动。直到 1987 年春天，也就是铁幕开放的两年半前，在美国和苏联关于将中程弹道导弹撤离欧洲的谈判结束后，这些抗议运动才偃旗息鼓。除了"核裁军运动"之外，"铸剑为犁"是民主德国和平运动的主要标志（见第 92 章"铸剑为犁"）。

微笑太阳的想法来自当时 21 岁的丹麦经济学女大学生安妮·伦德（Anne Lund）。这幅画是她为 1975 年 5 月 1 日在奥胡斯（Aarhus）举行的示威集会创作的，并在上面用丹麦语写了"核能？不，谢谢（Atomkraft？-Nej tak）"的字样。黄底黑色的颜色搭配是受核辐射警告牌的启发，橙色则象征着那个时代的审美。在集会现场，人们提出了一个独一无二的理念和"建议"，"不，谢谢！"是对它的回答。首批 200 张"微笑太阳"画是由集会者自行打印的，之后这幅画被成百万份地翻印成了贴画、彩印画、标签等，以迅雷不及掩耳的速度传播开来，成为全世界范围内反对使用核能、支持使用太阳能的标志。仅两年后，在 16 个国家，几乎

582

印有相应 16 个国家语言的"微笑太阳"纪念章便累计卖出了约 100 万枚；如今，纪念章上的语言增加到了至少 45 种，销售量远远超过 2000 万。"微笑太阳"被视为所有抗议运动最著名的代表。

长期以来，核能都被认为是安全、环保和有经济效益的。1973 ~ 1974 年石油危机后，为了保障能源供应，联邦德国政府加大了建设核电站的力度。当巴登州南部的维尔（Wyhl）准备兴建一座核电站时，当地的农民和葡萄种植者自发组织起来，占领施工工地长达数月之久，以表达对业已颁发建设许可的抗议；虽然抗议没能阻止核电站建成，他们却得到了将近 30000 名示威游行者的支持。在 1974 ~ 1975 年，"Wyhl"也成为通过暴力抗议首次成功阻止核电站建立的统称。一年后，位于易北河下游的布罗克多夫（Brokdorf）成为游行示威者和当地警方之间近乎内战的对峙地点。除了接下来虽然失败但声势浩大的反对建设布罗克多夫核电站和格伦德（Grohnde）核电站的大型示威游行之外，1976 ~ 1981 年间还发生了多次暴力抗议运动。之后的示威游行活动主要针对联邦德国政府在瓦克斯多夫（Wackersdorf）进行的核燃料再处理，在戈尔莱本（Gorleben）设立的核燃料临时仓库和最终仓库，以及在康拉德盐矿（Schacht Konrad）和阿塞（Asse）建立的核废料仓库。针对联邦德国政府允许卡斯图尔货运公司（Castor）进驻文德兰（Wendland）的示威游行往往充满了战斗意味，规模也越来越大。随着一次又一次大型核灾难的发生，从"三哩岛核泄漏事故"（1979）到"切尔诺贝利核事故"（1986），再到"福岛第一核电站事故"（2011），人类反对和平利用核能的呼声也越来越高。2010 年 10 月，在德国联邦议会通过将德国核电站运行时间平均延长 12 年的决议之后，受次年发生的福岛第一核电站事故影响，从 3 月开始，德国政府的核能/能源政策风向有所转变：2011 年 6 月 6 日，德国总理默克尔宣布关闭

8 座核电站，在 2022 年以前，德国还将逐级"递增"地关闭其余的核电站。

当第一次看到"斯图加特 21"这个标识时，人们可能不假思索地就能理解它的含义。这个抗议标志在当时世界闻名，它的创作者却不为人所知——对于那次自发组织的抗议运动来说，这种情况或许就是典型的表现。示威游行抗议主要针对的是位于地上的尽头式车站向通过式车站的改建计划，以及因此新建的斯图加特—乌尔姆线。

"斯图加特 21"项目的故事由来已久。它的第一批前期规划在 1970 年就开始制定了，随后发表了调查报告（1988），进行了可行性研究（1994～1995），开展了土地规划（1996～1997），进行了环境承载性测试，确定了方案程序，并开展了建设竞标。1999 年，项目因为"规模太大，造价太昂贵"而中断，不过在巴登－符腾堡州和巴伐利亚州的共同施压下，"斯图加特 21"项目在 1999 年重启。项目在 2006 年联邦议会的表决上以 115 票赞成、15 票（绿党）反对顺利通过，2009 年获铁路系统批准，2010 年 2 月象征性地举行了开工典礼。

2008 年以后，数千名抗议者对此进行了几次大规模的示威游行，它们对斯图加特的地方选举产生了深远的影响：基民盟（CDU）和社民党（SPD）因此失去了大量选票，绿党一跃成为最强的议会党团。从 2010 年秋开始，抗议者们定期举行"星期一游行"。在施工开始后，以及在拆除工作期间，即使在警察维持秩序的情况下，抗议运动也愈发激烈。2010 年 9 月 30 日，抗议运动遭遇了最严重的对抗：警察对示威游行者使用了高压水枪、胡椒喷雾和警棍，双方有大量人员受伤。第二天，约 10 万名"斯图加特 21"项目反对者走上街头示威游行，抗议当局暴力执法。总体看来，即使开展了调解工作，组建了红绿联盟政府，此次抗议也并没有达到预期的效果：全民公投的结果显示，显然有更多人赞成"斯图加特 21"工程继

584

续推进。

第四个抗议标志是一个特别的笑脸面具，它的原型是从前的一位英国官员盖伊·福克斯（Guy Fawkes），他在 1605 年策划了一次针对英格兰国王和威斯敏斯特宫（英格兰议会所在地）的轰动性炸药暗杀行动。他打算借此表达作为天主教教徒对英格兰政府迫害其教友的抗议。因为一名同谋泄露了行动，策划者们被逮捕并遭处死。英国每年都会举行一次庆祝盖伊·福克斯阴谋未遂的活动，并以"篝火之夜"为名，包括各种火炬游行、放烟花和焚烧盖伊·福克斯人偶。在一首当时流行的童谣的第一节中，体现了人们对历史人物鲜活的记忆："记住，记住 11 月 5 日这一天……"1982 年以后，一部名为《V 字仇杀队》[*V wie Vendetta*，原作阿兰·摩尔（Alan Moore），绘画大卫·劳埃德（David Lloyd）] 的漫画使得戴着面具的人物形象变得家喻户晓；漫画在 2005 年被改编成了同名电影："V 怪客"以无政府主义者和恐怖分子的身份单枪匹马地与当权者斗争。这个笑脸面具紧闭双唇、留着山羊胡子、唇下的胡须很长、眼缝狭长、黑色的眉毛高高挑起、皮肤苍白、脸颊微微发红。它成为众多抗议运动的国际通用标志。"V 怪客"的人物形象在其中转换了角色，从恐怖分子演变成了一个适用于任何政治目的的隐姓埋名的自由斗士。此外，"匿名者（Anonymous）"黑客活动分子在 2008 年针对基督教科学派，多次和"占领运动"一道针对大型集团、银行、政府、组织团体等限制信息、网络和言论自由的机构发起了抗议运动。"占领运动"和"匿名者"关心的都是不可预见的最新发生的世界政治事件：从银行、金融和欧元债务危机，到"阿拉伯之春"，到地中海、中东国家和乌克兰的政治局势，再到欧洲的紧缩政策，以及因此导致的例如希腊和西班牙年轻人的失业问题。这些"运动"的共同表现是不露脸，比如戴上面具：它们无组织、无政府主义、无

585

等级，反对资本主义和革命，并且通过互联网在世界范围内建立联系。不过这个面具也可能会让人感到非常恐惧和危险，它背后隐含的意义在很大程度上可以任意互换，甚至在狂欢节和——比如根据 2015 年 7 月的报道——中国北方城市邯郸的一家服务性质公司举行的"无脸日"上也能见到。在"无脸日"的当天，公司员工被允许戴着面具上班，以在顾客对他们"永久性微笑"的期待中获得喘息之机。

*

俄国革命家弗拉基米尔·伊里奇·列宁（Wladimir Iljitsch Lenin）的名言也被用在了示威游行上："如果这些德国人想要攻占一座车站，他们首先要买一张站台票。"不过事实上，当时的德国处在"最残暴的年代"，"在那些年月，政府绝不会对动乱存有半点容忍之心"［普兰特尔（Prantl）语］。无论对于 1968 年的反权威运动，对于针对"重新武装"和《紧急状态宪法》（Notstandsverfassung）的早期抗议运动，还是对于抗议联邦国防军装备核武器来说，这句话都适用。反核能的抗议运动也并不是完全不使用暴力，而反对法兰克福机场 18 号跑道、反对慕尼黑机场扩建、反对"斯图加特 21"项目，以及反对"没有选择地"公开接受经济援助等抗议运动则远远没有使用暴力。

从社会学角度来看，这些抗议运动的产生可以解释为"受过启蒙的、有公共关怀的市民的怀疑的注视"，没有这种注视，"政治和经济权力就会失去约束并腐化"（瓦尔特语）。他们认为，在德国这个"令人怀疑的社会"里，针对民主的异化，这样的抗议活动发挥了重要的"地震仪"作用。（引自瓦尔特）不管是对于本地和区域性抗议运动，还是对于国家乃至国际和全球性抗议运动来说，都是这样。社会网络中的抗议场面充满生气却容易消逝，变化才能使这些运动真正持续下去。它们愈发不容易被下定义，既没有固定的组织，也没有固定的领袖和发言人，更没有固定的主题。

钱 — 货币 — 通货膨胀

Geld – Währung – Inflation

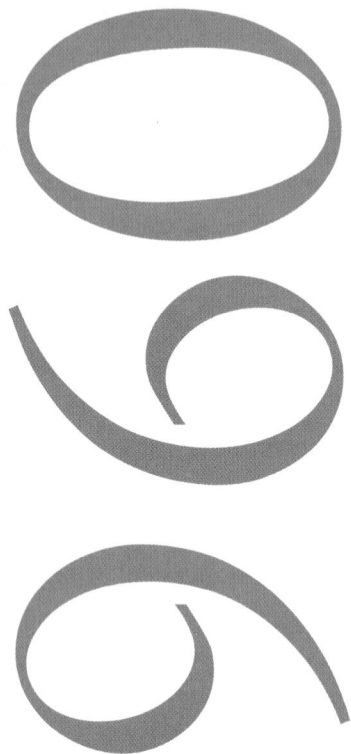

960

德国马克的原始阳模

印钱的载体？这是至今仍有许多人怀念的德国马克的最后一个原始阳模。

587

这样一个硬币原始阳模简直可以说是"无价之宝",因为通过它可以源源不断地生产出钱。冲压模的生产过程包括多个工序:借由一个现代缩放仪(较早时称"Storchenschnabel"),雕刻工人将一枚硬币的石膏图样复刻在一个钢制模具上。这个原始阳模展示了硬币凸面的图案,经过再加工、淬火和施加 250 吨的压力后,它的图案被印在了另一个钢制模具上(阴模)。压印成的阴模经过淬火、抛光和电镀硬铬处理后,又被制成了一个冲压模。德国马克的第一个原始阳模从 1948 年一直沿用到 1970 年,之后被这个新款阳模所取代;它所含铜和镍的比例保持 75 : 25 不变。

德国马克最后一批冲压模很快就"可以被送进博物馆了":1999 年,德国决定引进欧元;2002 年 1 月 1 日,德国正式启用欧元,直到 2 月 28 日以前仍可以使用德国马克进行支付。德国马克正式失效的前一天(2002 年 2 月 27 日),德国经济部部长向柏林博物馆馆长移交了德国马克的最后一批冲压工具:这个原始阳模和最后 5 个冲压模。一个这样的冲压模就能压印出 100 多万枚硬币。

在最初被多数否决后,大多数德国人对 2001 年德国引入欧元表示乐观,不过 37% 的德国人仍对此持怀疑态度。上一次的货币改革虽然几乎没有给个人记忆留下印记,却极大地影响了德国人的集体记忆,当时的媒体反复回溯了 1948 年 6 月 20 日,即便这个当时的"某天"与引入欧元的日期很难相提并论,而且它们的走向也很不一样。德国引入欧元的计划是经过长时间的准备,并在公开透明的情况下进行的。而 1948 年实行货币改革的"某天"究竟是哪一天,改革后的纸币长什么样,以及汇率是多少,这些信息在最终宣布前则被严格保密。

从 1948 年 1 月开始,人们越来越常提出的问题是:"货币交割(Währungsschnitt)"什么时候开始?它会产生什么影响?在没多大把握

588

的情况下人们就推测，收获的时机还没到。谣言四起，不过没有人意识到从 1947 年 10 月起在美国纽约和华盛顿印制的、从 11 月起输入德国的新纸币会带来什么结果。第二年 6 月，在严格保密的情况下，这些新纸币被装在卡车中从法兰克福运送到了西占区的 11 个州立中央银行。在此前的几周乃至数月中，猜测之声不绝于耳：拥有帝国马克的人迅速支付账单，他们试图在货币转换前尽可能地获得有价值的商品，尽可能地享受服务。手握实物的人出手则愈发谨慎，因为他们期待获得"购买力更强的"货币作为交换。此外，黑市的繁荣不再，就连从第二次世界大战结束时开始流通的主要货币"Ami 香烟"也销声匿迹了。各种"有创意的"推测层出不穷，例如猜测国家铁路车票的到期日即是"货币交割日"等。连理发师都形容称，他们的顾客"就像逃难一样"争先恐后地享受最后的"福利"。

"某天"的日期应该是星期二至星期三夜间（6 月 15 ~ 16 日）确定的，而谣言传的却是另一天，并称各州州长敦促及早确定日期，因为他们担心因此会出现一系列法律问题。个别纸媒在 6 月 15 日当天预测说，货币改革的日期可能会在 6 月 25、26 或 27 日确定。6 月 18 日晚 8 点，官方宣布《货币法》将于 6 月 20 日正式生效，从星期一，即 6 月 21 日起，新的"德国马克"将作为西德的唯一货币被启用，小于 1 马克的零钱则继续沿用以前的货币单位，不过它们的币值只有改革前的十分之一。

"某天"当天，联邦德国的许多地方下起了雨，人们排起长长的队伍，只为领取他们的"赏金"：6 月 20 日，有子女的人还可以替他们的子女领取 40 德国马克，一个月后再领取 20 德国马克，分别需支付 40 和 20 帝国马克，也就是说汇率为 1∶1。个人银行存款最后以约 10∶1 的汇率换算成德国马克。宣布货币改革的那个星期日让所有亲身经历的人们都无法忘怀，他们也清晰地记得那天各自用第一张德国马克买了什么东西。

西柏林在三天后开始进行货币转换，供当地流通的新纸币上印有大写字母 "B"。作为对西德货币改革的回应，苏联军事管理委员会在宣布货币改革的那个星期六深夜至星期日凌晨立即关闭了边境。从 8 月 4 日开始，封锁圈彻底关闭，盟国开始搭建 "空中桥梁"，这种状态一直持续到了 1949 年 5 月。苏联政府也于 1948 年 6 月 23 日在苏占区宣布实行货币改革，当第一笔 70 马克立即被支付出去时，新货币还没有印制出来，解决办法是在旧帝国马克纸币上盖章或贴上标记。东德依然实行定量配给制度，货币改革后，东德人民的生活水平并没有明显的改善。

奥托·诺马尔费尔布劳赫（Otto Normalverbraucher，意为 "普通消费者"）盯着崭新的 20 德国马克纸币，充满了自豪之情，还有人经常在耳边说："这就相当于美元。" 战争看起来终于结束了，尤其在商店橱窗 "突然" 被奇货可居的商品再次填满的情况下。作为时代象征的 1948 年上映电影的男主角 "奥托·诺马尔费尔布劳赫" 则有了另一番遭遇：为了前往茨维考（Zwickau）探望母亲，35 岁的格特·弗勒贝（Gert Fröbe）在 5 月底预支了 3000 帝国马克的电影拍摄酬劳。当他返回柏林后，他的合同金额突然以 1∶1 的汇率转换了货币单位，如果不预支的话，他本应拿到支付能力更强的 3000 德国马克，因此他 "十分恼火"。

在宣布实行货币改革的当天还发生了一件重要的事：路德维希·艾哈德（Ludwig Erhard）在未与同盟国商议的情况下，透过广播电台宣布西德取消定量配给制和物价控制。第一批取消计划在第二天就开始实施，同时在 "马歇尔计划" 的支持下，它们发出了当时还无法预见的经济奇迹的起跑信号。长期以来，货币改革都被认作促使西德经济繁荣的原因，尽管这种说法并不完全正确。"'橱窗效应'的心理作用非常显著"[阿布勒茨豪泽（Abelshauser）语]，因此与其他任何日期相比，"某天" 对于国家和经济的象征意义要大得多；不管是 1949 年 5 月 23 日宣布颁布《基本法》，还是 1949 年 9 月 7 日组建联邦议会，它们都没有获得这样的重视。从这一点来看，"货币交割的极端性"［布赫海姆（Buchheim）语］常常被人遗忘，因为货币改革后的一周，当人们得知他们存款的汇率时，"全体储户都震惊了"，"除了对小额存款有杀伤力以外，更多的打击还在后面"（布赫海姆语）；不过拥有有形资产的人要好一些。从 1949 年开始，广泛出现的对市场经济的批评之声迅速高涨起来，基民盟（CDU）将"市场经济还是计划经济"这一问题选作联邦议会选战的主题，并因此赢得了选举。

590

*

德国二战后的通货膨胀与 1920 年代的那次通货膨胀有着根本的不同，因为前者是"隐性的"，货币的贬值表面上看不出来。不过引起货币贬值的原因有很多：比如从 1933 年开始到纳粹专制统治的 12 年间，帝国银行实行的保币值政策由于庞大的货币发行量而逐渐疲软；又比如战前融资，战后资金流向了占领军等。在紧接着的战后（重建）时期，商品集聚得越来越多，越来越多的商品也就流向了物物交换市场和黑市。

相反，1920 年代的"大"通货膨胀则是"显性的"，因为货币的贬值不管在物价上涨还是在工资上涨上，都是显而易见的。而且从 1914 年一战爆发时起，商品价值和货币价值的不对等"潜滋暗长"，从 1919 ~ 1920 年开始"一路小跑"，最终在 1923 年"狂奔开来"——货币贬值的速度可以被这样形容。1914 年 8 月中止货币保值制度（1918 年底正式废除）是货币贬值的开端，它导致的结果是，帝国银行黄金储备的三分之一与货币流通量脱钩。随之而来的是，战争的成本通过贷款和战争借款来填补——

它的回报长期被抱有太高的期望，即这些成本和更多的资金也许可以借由"胜利的和平（Siegfrieden）"转嫁到战争对手的头上；1870～1871 年普法战争胜利后，法国向德国支付高额战争赔款的场景还留存在德国人的记忆中。

然而随着一战的失败，作为肇事者的德国没能将债务转移出去。此外，根据战后签订的《凡尔赛条约》，德国还要承担巨额的战争赔款。尽管除了实物支付之外还可以用外币或金马克支付，然而为了尽快筹集到必需的钱款，德国政府同时通过多印钞票来加大纸币发行量；这简直可以说是对本国货币的致命一击，这样做同时也是为了证明，德国难以承担《凡尔赛条约》规定的债务。1914 年 7 月，1 美元还值 4.2 帝国马克，5 年半后已是之前的 10 倍（1920 年，1 美元可以兑换 42 帝国马克），1922 年中期已经高达 100 倍（1922 年 7 月，1 美元可以兑换 420 帝国马克），三个月后达到了 1000 倍，又三个月后竟高达 10000 倍。货币贬值的速度非常快：如果在 1923 年夏末想要喝一杯咖啡，标价为 5000 帝国马克，实际支付的金额更是高达 8000 帝国马克。大袋大袋和整车整车装满钞票的照片反映了令人震惊的真相，截至 1923 年 11 月 20 日，1 美元给人们造成了相当于 10000 亿帝国马克的假象。

在此期间，德国的经济和银行业全面崩溃，政府在 1923 年 9 月停止印制纸币。从 11 月 15 日开始，德国纸马克与作为临时货币的地产抵押马克（Rentenmark）分离；按照 1:1000000 的比价兑换后，1 美元的价值再次回到了战前 4.2 帝国马克的水平；直到 1925 年初之前，旧纸币仍作为应急货币在市面流通。1924 年 8 月 30 日颁布的《硬币法》确定了新的"帝国马克"，其流通量再次与黄金储备量挂钩。从这一层面来说，新的"帝国马克"和 1876 年发行的德意志帝国马克衔接上了。人们将通货膨胀的突然遏制称为"地产抵押马克奇迹",它只是一个"心理学诡计"(瓦尔特语):地产抵押马克因此可以保持稳定,因为它的发行数量一直受到限制。

不过在那个年代,恶性通货膨胀给德国造成的"伤痕比任何一个国家都要深"(《明镜周刊》2014 年 2 月 3 日)。魏玛共和国成立后的头几年,德国的经济仍然笼罩在通货膨胀带来的阴影中,从 1929 年开始又受到了世界范围内爆发的严重经济危机的影响。这个年轻的共和国几乎没有机会稳固住德国的经济,也因此而"垮台"。

直到今天,德国人仍然十分惧怕通货膨胀:在害怕老龄化问题和癌症等致死疾病之后,害怕"他们的钱越变越少"已成为人们最大的担忧(2014 年和 2015 年《安全报告》)。货币贬值给人们带来的创伤是德国历史上一个"永恒的"话题。2015 年的一份问卷调查显示,多数德国人对欧元持怀疑态度,47% 的人认为德国引入欧元的举措弊大于利。20% 的人不信赖统一货币,同样多的人希望重回"德国马克"的时代。尤其令人惊诧的是:2015 年仍有 47% 的德国人在买东西时将售价换算成德国马克,其中60 ~ 69 岁的人占 60%,18 ~ 29 岁的人也至少占了 20%。[《德国经济新闻》(*Deutsche Wirtschafts Nachrichten*)2015 年 5 月 4 日]不过,没有人再想重新启用这个原始阳模了。

我们

是

教宗

»Wir sind Papst«

1967

本笃十六世的专座

这是好几个世纪以来的首位德国籍教宗本笃十六世的专座，它出现在教宗访问德国期间的青年祈祷活动上。

593

　　在这把椅子上——更准确地说是在这个沙发上——曾坐着教宗本笃十六世（Benedict XVI）。2011 年 9 月 24 日在德国弗赖堡弥撒举办地，本笃十六世出席了一次由 20000 多人参加的晚间青年祈祷活动。这把椅子是弗赖堡总主教建筑管理局特意为这次活动设计的。它所使用的木头棱角分明，垫子不太软，唯一的装饰是教宗牧徽——它位于椅子高靠背的上方，让人一目了然。纹章左面的盾形图案是慕尼黑 - 弗赖辛总主教纹章上的"弗赖辛摩尔（Freisinger Mohr）"，右面的盾形图案是圣科比尼亚诺（Saint Corbinian）的熊，圣科比尼亚诺是"神的脚夫"和弗赖辛主教区的主保圣人。

　　本笃十六世本名是若瑟·拉辛格（Joseph Ratzinger，生于 1927 年），从 1977 年 5 月开始任慕尼黑 - 弗赖辛总主教，一个月后被选为枢机。纹章下方的扇贝图案是朝圣者的象征，它既代表了有关拉辛格最喜爱的古罗马神学家奥古斯丁（Augustinus）的传说，也意指当时位于雷根斯堡的圣雅各布苏格兰修道院（Schottenkloster St. Jakob），拉辛格也曾在那里任教。盾形纹章的后面是两把相互交叉的钥匙，它代表圣彼得授权教宗成为神在人间的代理人。盾形图案的下面第一次出现了罩袍图案，它是圣衣的一种，套在无袖礼袍上，代表教宗的身份是罗马教廷任命的总主教。纹章上加冕的不是一项三重冕，而是一项主教冠。作为新时代的首位教宗，本笃十六世选用这个教宗牧徽是为了更加突出置于教宗角色之下的主教间的友情；他的下一任也沿用了这个新标志。主教冠上的三条平行金带分别代表教会领袖的三大权力——圣统、司法和训导——它们被从中间垂直的一条金带相连，意味着教宗同时拥有这三项权力。教宗牧徽的配色具有象征意义：红色代表血液、生命和爱；黄色代表阳光，象征着天堂和永恒；白色代表天堂的圣人，只有教宗可以使用。

594

　　座椅朴素的浅桦木和白色的垫罩与弥撒格言以及教宗当天的发言互相

呼应："我是世界之光——你们也是世界之光！"在 20000 名手持灯光的青年的映照下，教宗继续说道，"是的，你们是世界之光，因为耶稣是你们的光。"不过当天活动的背景并不如配色和灯光营造出的那么纯粹与和谐。在活动当晚，除了按照官方预先给出的流程进行之外，这些青年还要就一些问题进行投票，比如同性恋是否有罪，是否应给女性授予神职，以及是否期待教宗在教会管理上作出一些改变……"年轻人大多站在了代表本笃的红色一方，几乎没有人选绿方"（《明镜周刊》2011 年 9 月 25 日），天主教保守派随后提问说，弗赖堡总主教作为他统治教会下举办活动的负责人，是否"失去了掌控力"，尤其是仅通过投票产生的多数意见来评判教宗；他们认为投票行为是"一个在心理上对大众进行操控的典型例子"［奥肯费尔斯（Ockenfels）语］。这个问题在官方教会和众多世俗信徒及青年之间引发了争论，这些世俗信徒和青年喊出了"demokratie. amen. de"的口号，并强烈要求"在我们的教会实现更多的民主"。

本笃十六世在六年前成为教宗。在他被选为教宗之时，对于谁会作为教宗进入枢机团选举教宗的秘密会议室，谁又会作为枢机走出秘密会议室的预测一直没有停歇。三天前他刚过了 78 岁寿辰，因此比 275 年以来的任何一位教宗都要年长。除此之外，他作为枢机团团长领导着秘密会议室，约翰当了 28 年枢机，也是教宗若望·保禄二世（Johannes Paul II）最亲密的知己，若望·保禄二世于 2005 年 4 月 2 日在教宗任期内逝世，享年 84 岁，在位共 26 年；有些媒体称本笃十六世为"教宗制造者"。不过在 2005 年 4 月 19 日（星期二）下午 6 点 47 分，圣彼得广场的阳台上响起了"我将宣告一件令人喜悦的事；新教宗诞生了……（Annuntio vobis gaudium magnum; habemus papam...）"几句话，随后人们听到了"……神圣罗马教会的拉辛格枢机……（...Sanctae Romanae Ecclesiae Cardinalem

Ratzinger...)"的名字，世界为之沸腾。

没有在德国收看"现场直播"的人，在第二天的报纸上也能一眼看到"我们是教宗（Wir sind Papst）"的大字标题。《图片报》时任政治版负责人格奥尔格·施特赖特尔（Georg Streiter）后来坦承，对于他来说，这三个词当时简直是"脱口而出"。这句话成了一种"狂热崇拜"，被多次印制、复印、改编、抄袭，还被用于艺术和广告领域；甚至有人充满恶意和嘲讽地推测说，《图片报》是不是要借机打出"我们死了（Wir sind tot）"的标题。其他德国报纸说《图片报》是"德国的观察家（Osservatore Tedesco）"——"这个赞叹还可以再优美一点"。不过《图片报》的这个大字标题也不是非要将德国人的身份认同感与"他们的"教宗联系起来，因为本笃十六世确实是从 11 世纪以来第一位出生于今德国境内的教宗。

不是每个人都认同这一大字标题囊括无数媒体大奖的事实。德国主教会议主席卡尔·莱曼枢机（Kardinal Karl Lehmann）坦承，当他在罗马听说（本笃十六世被选为教宗）这件事，并被问道："现在选出来一个德国籍教宗，他的出场方式可以不一样了吧？"他感到"非常生气"。作为对这种质疑的回应，新教宗在第一次公开亮相时没有说德语。国际媒体也称他为"大审讯官"和"坦克将军"，或者"从青年希特勒到教宗拉辛格"。[《太阳报》（The Sun）]

一个站在天主教世界教会顶端的德国人所肩负的任务也是全球性的，实实在在地说，他必须将"所有相关者"（天主教徒）放在心上。在圣椅上效劳的人，出于履行职责的需要拥有梵蒂冈的国民身份，同时德国也承认双重国籍；不过他从来不用定期寄给他的选票表格，因为报道写明了"教宗不参与选举"（《明镜周刊》2005 年 11 月 4 日）。即使不信仰天主教的德国人乐于看到一个德国人被选为教宗，也不会使加入教会的人更多：2005

年有 16000 人加入或重新加入教会，不过同时有 90000 人退出教会；然而这个数字是 1988 年以来的最低值，后来退出教会的人更多，2014 年达到了 150000 ~ 218000 人。

　　和教宗牧徽一样，确认教宗的名字也是流程的一部分。拉辛格枢机根据之前两位圣人的名字选择了"本笃"作为他的教宗名号：一位是"和平教宗"本笃十五世（Benedict XV，1914 ~ 1922 年在位），他曾试图插手阻止第一次世界大战的爆发，并在世界范围内谋求正义与和解；另一位是 5 ~ 6 世纪西方隐修制度的始祖，努西亚的圣本笃（Benedikt von Nursia），他确立了"敬拜是第一要事"的原则（见第 43 章"贝多芬《第九交响曲》"）。

　　科隆的迈斯纳枢机（Kardinal Meisner）认为，拉辛格被选为教宗是一个"奇迹"，是前任教宗若望·保禄二世助了他一臂之力。在梵蒂冈 23 年的经历让他拥有了"理想的先决条件"［莱曼（Lehmann）语］。与实际才能相比，这位神学家被吹捧得更高，人们对他担任教宗一职抱有很高的期待，同时也有很多人断言，他"一定会"打破常规（引自莱曼）；一旦拉辛格坐上教宗的位置，人们当然不希望他在领导方面比他的前任更有自由主义倾向。不过拉辛格毕竟作为科隆弗林斯枢机（Kardinal Frings）的顾问和演讲稿撰写人亲身经历了第二次梵蒂冈公会议（1962 ~ 1965），会议上出现了深受改革派欢迎的观点，从这方面来说，拉辛格受了一些影响。

　　在 2005 年 8 月于科隆举行的第 20 届世界青年日大型庆祝活动上，本笃十六世出现了有希望出任教宗的苗头，他迅速认清了教会政治的现实。后来他在雷根斯堡教授的有关信仰和理性的课程（2006）引发了阿拉伯世界的强烈反响，因为他在授课中引用了中世纪晚期的事例称，伊斯兰教被强加了未被解释清楚的权力；他批判这种权力是恶意的"仇恨布道"。他使用了很多外交手段，以及通过在当年年底出访土耳其，才将这场剧烈

596

的风波平息下来。2007 年，当他恢复 1962 年之前所谓的"脱利腾弥撒（Tridentinische Messe）"①的传统时，所有支持改革的人都感到不安。对此他只是想要纠正当初由保禄六世（Paul VI）推行的新弥撒形式，新弥撒同时推翻了旧传统，这让他深感震惊。本笃十六世并不愿意看到偏爱旧式礼拜仪式的人被视作"毒瘤"。2009 年，本笃十六世撤销了对圣庇护十世司铎兄弟会（Piusbruderschaft）四位传统保守主义主教绝罚的决定，此举被认为是"通神的灾难"［蒂克（Tück）语］：罗马教廷无疑忽略了他们中的一人是声名狼藉的大屠杀否定论者，他完全没有准备和解的善意。从此以后，本笃十六世的"教宗生涯蒙上了一层阴影"（蒂克语），对此他在柏林和弗赖堡发表的演讲也起不了多少弥补作用。

邀请教宗在德国联邦议会上发表讲话（2011 年 9 月 22 日），这是一件史无前例的创举。邀请人是联邦议会议长，不过这一举动也遭到了反对，约六分之一的议员发起了抵制运动。教宗在讲话中谈到了法制国家的基础，并提出了在趋势愈发明显的"生命政治"背景下可能出现"人文生态学"的警告。在本笃十六世结束访问德国时，也就是青年晚间祈祷活动的第二天（9 月 25 日），他发表了讲话，他提出了教会未来举办活动的方向性问题，不过一方面信徒们不知应怎样回答，另一方面，留给他们思考的问题至今仍没有答案。本笃十六世在许多演讲中都会提出一个问题：教会必须作出哪些改变以达到人们当今的要求？同时他强调，就这方面来说，如果历史上的世俗化"更加突显去世俗化教会在传教方面的成绩"，那么它本应该也是有好处的。他最后提出了"要宽容地面对教会世俗化"的要求。

597

---

① 即"特伦托弥撒"，来源于 1563 年 12 月 4 日举办的特伦托公会议，是一种罗马天主教拉丁礼弥撒的祭祀仪式。

在他起程返回梵蒂冈之前，"谣传"他要退位，因为梵蒂冈教廷认为他做了"鲁莽的蠢事"（《明镜周刊》2011 年 9 月 25 日）。

*

他的听众可能没有料到，在不到一年半后，本笃十六世的教宗任期可能要以（几乎）史无前例的方式结束了：他在 2013 年 2 月 11 日宣布，自己将于 2 月 28 日晚上 8 点正式退位。禁忌被打破了，这也是一件罕见的大事：在此之前，这种情况只发生过一次——1294 年，教宗克雷芒五世（Coelestin V）在就任教宗五个多月后宣布退位。此外，本笃十六世曾两次前往意大利阿布鲁佐（Abruzzen）瞻仰克雷芒五世的遗骨，一次是 2009 年当地发生严重地震之后，一次是 2010 年。本笃十六世第一次瞻仰克雷芒五世遗骨时，他将自己的罩袍盖在坟墓上的行为令许多天主教徒深表惊讶。第二次，他赞扬克雷芒五世是教会的榜样。此前还有一件事值得回忆：若瑟·拉辛格早在 1969 年就提议将总主教的任期限制到 8 年，这一想法只能成为对教宗任期的"一次试探"，否则"在当时可能会被视为渎圣"［泽克勒（Seckler）语，引自蒂克］。本笃十六世的教宗任期持续了 7 年 10 个月零 9 天。

不管是教宗任期内的丑闻（"教廷解密"事件、梵蒂冈银行财务操作疑云、与圣庇护十世司铎兄弟会的矛盾、滥用权力事件等），还是近在咫尺的影响——他前任的"辞世"也许对他作出退位决定产生了长期影响——都不是本笃十六世决定退位的原因：这个自愿作出的决定是"划时代的一步，它将在公元纪元第三个千年改变人们对教宗这一身份的认识"（蒂克语）。此外，通过这种方式，这位德国教宗再次书写了历史："我们退位了。"

朋友间

的

刺探

Ausspähen unter Freunden

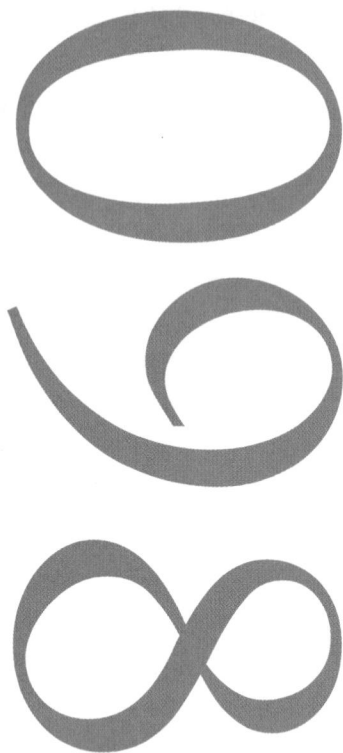

860

美国连"朋友"德国的高科技
也破了：它就是联邦总理默克
尔的西门子 S 55 手机。

599

  2006 年 6 月 9 日，当联邦总理默克尔将自己的手机赠送给位于波恩的联邦德国历史博物馆时，移动通信世界仍旧波澜不惊。早在默克尔于 2005 年 11 月 22 日上任德国总理之前，她的 S 55 手机以及之前用过的各个机型，连同她标志性的"菱形"手势和她夹克衫上相似的纽扣一样，已经成了她独特的个人风格之一。默克尔拿着 S 55 手机打电话的样子成了政治界新通信方式的一个象征。赫尔穆特·科尔（Helmut Kohl）和格哈德·施罗德（Gerhard Schröder）都是请别人打或者接电话——特别是后者在公共场合几乎不碰电话。默克尔则自己打电话，而且也经常在公开场合这样做。

  S 55 是移动电话中的高档货，卖得最多的北极蓝版本当时售价为 368 欧元。这对于默克尔来说倒不算什么，毕竟这是她的公务手机。而且据局内人所言，这个手机实际上"并非出于娱乐考虑设计，而是立足于日常事务"，"是不同生活情境下一个很好的向导"。这部手机重 85 克，尺寸小巧易用，又有很多总理女士其实用不上的功能：短信可以发 760 个字母，这对于默克尔来说应该够了。其他的功能她实际上很少用，当然，电话簿中的条目一天天多了起来。

  而七年之后，移动通信世界却巨浪滔天。2013 年 10 月爆出消息称，那个有人钦佩有人讥讽的"默克尔的手机"，十年以来一直被人监听。美国国家安全局侦察目标的秘密清单中，就包含默克尔的手机号码。面对这条在世界广泛传播的电视新闻时，默克尔的表态发自内心而又语意真诚："我也不清楚自己在什么地方被窃听了。"

600

  第一重丑闻：是因为她自己不知道也无法设想这样的事情出现，于是就不想承认吗？第二重丑闻：对于一个 35 岁以前就生活在那种政府系统性地对居民实施监控状态下的人，得知此事的震惊程度会比那些在民主体制下成长的人高多少？第三重丑闻：即便美国国家安全局在德国境内窃听电话通信的行为早就为人所知，联邦总理却直至今日才表现对此事的重视，没错，是在受到侮辱后才指出："在朋友之间搞侦察行动是绝对不被允许的。"

刺探行为总是令人愤怒，不过只有涉及个案时情绪才真正会被点燃。爱德华·斯诺登（Edward Snowden）便透露过，自己之前的雇主至少刺探了来自世界各国 35 个最高领导人的信息。那么先后五次当选"世界上最有实力的女性"（《福布斯》排行榜）的默克尔又怎会不在其中？根据德国《明镜周刊》提供的信息，从 2002 年开始，默克尔就已经位列美国"国家安全局侦察目标清单"之中。随着对默克尔总理手机窃听行动的曝光，美国的监听丑闻终于在德国落地。德国人"不希望在德国出现美国的数字占领军"［汉斯－彼得·乌尔（Hans-Peter Uhl）语］，他们还担心，自己已然被各种适于用来刺探行踪的技术监控了起来。人们现在明白，既不能被所谓的情报机构所控制，也不能被世界上的"谷歌"企业们所控制。显然，谁刺探情报，谁就能为自己谋得优势。

经过数月的预先准备，2014 年 6 月德国联邦总检察院启动了一项针对此案的调查程序，一年之后却陷于停滞。当时的新闻发布会称："相关指控无法从刑法角度获得有力的支持。"字里行间不只有《明镜周刊》一家媒体嗅到了"从轻发落"的气息（明镜在线，2015 年 6 月 15 日）。然而其间披露的其他文件清楚表明，美国国家安全局不仅窃听联邦总理的内部谈话，同样波及的还有一些部长及官员。台前作出政治决策，后面的内部考虑就这样为他人所知。2015 年 6 月底，在德国电视二台的晨间新闻节目中，一位部长提出"（在窃听这个话题上）人们的关系变得充满讽刺，我们各政府部门不会通过电话做任何有必要的窃听工作"——他可能事先得到了西格玛·加布里尔（Sigmar Gabriel）的首肯。他接着就将话题转向了政府间

601

的信任危机，并以此阐述自己作为经济与能源部部长更加忧虑美国国家安全局是否也刺探了与德国经济有关的情报。然后，这种怀疑的声音也日渐增强，直到演化出新的疑问——德国联邦情报局作为美国情报机构紧密合作的盟友，对美国人的所作所为提供了多少帮助？

正当德国上下处于对美国间谍行为巨大的震怒情绪之中时，美国人对此的看法却完全不同。美国知名记者詹姆斯·基奇克（James Kirchick）的报道简直就是在挑衅："我们因此必须刺探德国的情报。"（《法兰克福汇报》2015 年 7 月 11 日）他认为在经济上德国同俄罗斯交往密切，德国三分之二的石油天然气要从俄罗斯进口，而且他认为多数德国人对普京及其吞并克里米亚地区的行为抱有同情。他同时断言，"柏林并不是一个多么值得信任的伙伴"，德国对于美国实施间谍行为的怒火是"伪君子式"的表现。不难想象美国会有多少人赞同他的观点，美国人通常会相信自己的总统对于手下情报部门试图窃听他国领导人的行为并不知情，而他也不会想知道有关的详细情况。同时，时任美国国务卿希拉里·克林顿（Hillary Clinton）也明确对外表态称，美国同世界上其他任何一个国家都未曾签订过"不派间谍的条约"。（明镜在线，2014 年 7 月 7 日）

显然，人的隐私权存在边界，不仅是在国家之间，也在国家和公民之间。19 世纪的最后十年，美国司法学家提出并发展了有关"隐私"的司法概念。［引自布尔（Bull）］在德国，对公民个人空间的保护又同广泛意义上的隐私权保护区分开来，如德国《基本法》第 1 章第 2 条中写明："每个人都有自由发展自己人格的权利"，其边界以"保障他人权利"为限。此外，《基本法》还保障公民具有邮电通信中的隐私权（第 10 条），以及住宅不受侵犯的权利（第 13 条）。公民权利地位的整个体系具体来说分为"对自身面貌、意见、言语和个人信息"等诸项权利。（引自布尔）只有极少数人意识到我们已经离所谓"隐私的终结"越来越近。前联邦宪法律师于尔根·屈林（Jürgen Kühling）曾在被称为"另一本宪法保卫报告"的《基本法报告 2003》（Grundrechte-Report 2003）中断定，电信秘密已经"全军覆没"。这个情景比官方承认的情况更让人垂头丧气。

事实上，一股"反美主义的暗流"正在悄然形成。阿伦斯巴赫研究所的问卷调查显示，德美关系遭受了严重破坏，德国人之于美国人也"名誉扫地"［彼得森（Petersen）语］。德国和欧洲政界对此的反应显得十分无助，甚至被尖锐地批评为"荒谬的政府内阁"［申瓦尔特（Schinwald）语］。美国国家安全局的监控系统"棱镜（Prism）"自 2005 年投入使用以来，已经使美国具有了全球监控的能力。项目启动八年之后，斯诺登于 2013 年 6 月将手中的材料秘密转交给了媒体。英国《卫报》公布了其中的部分内容，含有相关信息的硬盘则按照英国政府的指示，由英国情报部门销毁。美国国家检察院以间谍罪通缉并追捕斯诺登。不过，如何处理斯诺登泄露出的信息却一直充满争议。尽管斯诺登彻底揭露了这桩"有史以来最大的信息安全和情报丑闻"，做了一件值得感谢的好事，但不管是从媒体角度还是从政府官方考虑，谁都无法真正开口对他道谢。不过即便如此，德国联邦宪法保卫局局长还是称赞了斯诺登的做法：反间谍行为一直被人耻笑成多余的行为，直到斯诺登的出现。（法兰克福汇报网，2015 年 7 月 21 日）

*

与历史上其他科技革新相比，互联网对人们的通信和社会关系的改造都更加持续而深远。它的网络关系、知识传递、信息存储等诸多功能，以及个人和社群通过网络进行的互动和关怀，都给人们带来了充分的舒适感，同时也减轻了负担。这一切既为所谓"社群"而生，也为每个参与的个体而生。多年以前，一位名为欧帕舍夫斯基（Opaschowski）的未来学者就断言，网络将成为很多人同外界相连的"脐带"——这其实已经差不多变成了现实。是不是很可怕？虽然"社交媒体"既不是个人信息泄露途径的开始也绝不会是终结，但它的确揭示并造成了人际关系边界消融问题上的"量子级"跃升。

才一代多人的时间，就已经有了这么大的变化！联邦德国上一次人口普查是在 1987 年，本来普查计划在 1981 年实施，中间被耽误不说，规则也要按照联邦宪法法院 1983 年 12 月的判决重新设计。信息的自主权是由宪法赋予的保障公民尊严并自由展现人格等权利衍生出的基本权利，这要求在人口普查中关于身份信息的内容要同调查问卷分开，以保证接受问卷调查者能够以匿名状态提供信息。结果这次人口普查在 1987 年最终实施时，还是保持了原本的形式。强制取得个人信息的行为当时在公众中引发了巨大争议，并激起了大规模的抗议活动。但这期间，人们"自愿"泄露的各类信息却比他们想象的更多，泄露信息的工具包括计算机、移动电话等，而最重要的就是已经被 4000 万德国人拿在手中的智能手机。（引自 2014 年 2 月的统计数据）

所以，默克尔这位"短信总理"的手机也成了各种信息挤进我们生活空间的一个标志——不管我们是否需要或者愿意。而 2014 年时有 79% 的德国人在生活中保持在线状态［引自艾梅伦（Eimeren）与弗雷斯（Frees），2014 年 3 ～ 4 月］，2018 年已达到 85%，人们平均每天"网上冲浪"的时间达到 2 小时 45 分钟——不过，只有 30% 的德国人愿意使用社交网络。

当然，政治活动和政治风格将继续被移动通信手段改变，但要问具体会怎样，显然还难以预测。开展政治攻势时散播消息的准确性有望提高，但本身的分量也可能会降低。如果互联网通过长期打造政治氛围对选举进行事先影响，那么看起来后民主时代的政治关系已然出现了。

　　2014 年 6 月有消息称，默克尔有了一部具有特殊加密功能的防窃听加密手机。没过几天就又传出消息，说这部手机的防线已经被"敲开"。谁会感到惊奇呢？现实社会已比小说《1984》中设想的走得更远。现代信息企业的"监控系统真的像宇宙一样浩瀚无边，其中各种各样的数字路径秘密、平静又悄无声息地运行着"［格斯纳（Gössner）语］。人们如今觉察不到的窥探，不久以后就会被人们称为"在接受审查方面的小小里程碑"［戴夫·埃格斯（Dave Eggers）语］。那么未来呢？

能源转型

Die Energiewende

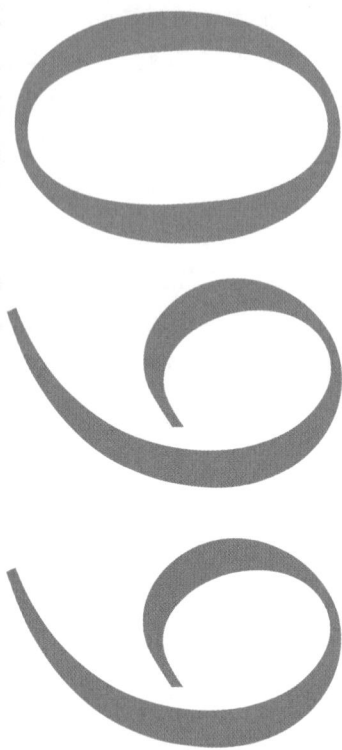

660

大型蓄电池储能站

这是一栋占地 400 平方米、高 5.6 米的二层建筑，在它 1600 个架式"托盘"上，25600 个蓄电池组电池全自动化地运行着。

605

建在高海拔湖上的风轮、带有收集太阳能的屋顶、巨型新式输电系统——由此联想到的"能源转型"概念涉及了方方面面。从这一点来说，电池的功能是最单一的，不过在能源储存上没有什么能比它更合适了。

2014 年以来，能源提供商 WEMAG 公司在德国什未林（Schwerin）运营着欧洲最大的商用蓄电池储能站。如同体育馆大小的 500 万瓦特锂 - 紫罗烯储能站是由柏林的电网和储能专业公司 Younicos 设计的：借此，一个全自动的电池储能系统在欧洲首次建立了电网频率的短期波动，它可以使得通过风能和太阳能发的电稳定地输送到现有电网中。由韩国三星 SDI 公司生产的 25600 块蓄电池组电池以 0.001 秒的速度将电能储存起来，电池使用寿命长达二十年。对此德国环境部提供了 130 万欧元的启动资金；根据 WEMAG 公司提供的数据，此蓄电池储能站一旦投产即可实现盈利，它所产生的收益超过对其经济性测算的预期。

此外，2014 年在马格德堡（Magdeburg）还建立了类似的设施，当地的蓄电池储能站为可移动式，其大小相当于一节火车车厢；它的功率为 100 万瓦特，可以单独向此大型蓄电池储能站的测试机构弗劳恩霍夫研究所及全所 150 名员工连续供电 5 小时。出于稳定电网电流的需要，通过再生能源生产的过剩电能也可以被这样的储能站储存和释放。世界上最大的蓄电池储能站在中国，它于 2014 年由中国比亚迪公司（BYD）在深圳投产运营，容量为 40 兆瓦时（MWh），当地已计划再建造一座容量为 200 兆瓦时的蓄电池储能站。

606

有关蓄电池技术研究的竞争非常激烈：其中一个世界巨头是 2003 年在美国加利福尼亚州成立的特斯拉公司（Tesla），它的主业是生产车用蓄电池。公司首席执行官伊隆·马斯克（Elon Musk）梦想将特斯拉生产的蓄电池遍布全美国，他的目标是"从根本上改变全世界使用能源的种类和方式"。

在蓄电池技术方面,德国的早期领先地位已经被超越。美因茨医生卡尔·加斯纳(Carl Gassner)在 1886 ~ 1887 年就为其研制的首个干电池(组)申请了专利,它可以装在电门铃上。人们通常认为保罗·施密特(Paul Schmidt)是干电池和手电筒真正的发明人,他先后在 1896 和 1906 年为其申请了专利。他于 1903 年在柏林开始进行批量生产,1913 年以后创建品牌 Daimon,将电池和手电筒推向世界市场。保罗·施密特创办的公司在 1983 年被美国金霸王公司(Duracell)收购。德国也有研发蓄电池的传统,1887 年在德国哈根(Hagen)成立的瓦尔塔公司(Varta)就是首批蓄电池生产商之一;蓄电池越来越多地被运用在迅速壮大的汽车工业、电报和信号装置,以及第一次世界大战前研发的潜水艇上。

直到 1980 年代蓄电池储能站出现以前,提水蓄能电站被证明是平衡电压波动和尖峰负荷唯一且最优的技术手段。它的工作原理很简单——利用电力系统低容负荷时的多余电能将水从一个低水位蓄水池抽到高水位蓄水池。在必要的情况的下,被抽上高水位蓄水池的水重新流回原蓄水池,驱动涡轮机发电。提水蓄能电站的有效系数高达 75% ~ 80%。第一座提水蓄能电站于一战期间在巴登投入运行。如今当地已建造了 31 座提水蓄能电站,总容量为 40 千兆瓦时(GWh),即使如此也只能满足约 30 分钟的州电量需求。适合建造提水蓄能电站的地点很难找,此外投资成本也很高。

还有一种选择是压缩空气蓄能电站,将压缩后的空气储存在人工建造的地下盐岩洞中,在必要的情况下带动涡轮机发电,并在这个过程中被排出。不过现在世界上只有 2 座这样的蓄能电站。因为迄今为止,压缩空气蓄能电站的有效系数最多只达到了 55%,原定在德国施塔斯富尔特 / 萨克森 - 安哈尔特州(Staßfurt / Sachsen-Anhalt)建造压缩空气蓄能电站的

607

计划由于缺乏市场前景而搁置，也就不足为奇了；建造压缩空气蓄能电站的成本高昂且受制于建造地的地理条件。

实际上，寻找解决储能问题的办法是能源转型的核心难题，因为人们始终缺少足够有效的短期和长期储能手段。为了弥补这一薄弱环节，德国政府的政策转向了"绿色革命"，在使用烟煤和褐煤等传统能源的州，未来的能源获取应从"不洁净的"煤和"危险的"核能过渡到诸如太阳能、风能等清洁能源。此外，政府和企业在取代煤炭能源的同时逐渐淘汰核能的双重目标上几乎很难取得一致意见。这在一定程度上涉及了德国整体能源结构的彻底转型问题。对此德国制定的目标可谓雄心勃勃：到 2035 和 2050 年，德国分别应有 55% ~ 60% 和至少 80% 的电能来自可再生能源，这意味着在 20 ~ 35 年内对能源转换关系的彻底逆转。然而，德国截至 2012 年只有 22% 的电能来自可再生能源（其中风能 7.3%，生物和垃圾能源 6.6%，太阳能光伏 4.6%，水力 3.3%），72% 的电能来自燃煤（其中褐煤 25.6%，烟煤 19.1%），11.3% 的电能来自天然气，16% 的电能来自核能。

几十年前，德国掀起了第一次要求"能源转型"的呼声。德国生态研究所（Öko-Institut）在 1980 年就提醒德国应全面放弃使用核能和化石能源。与此同时，环境保护组织开始涌现并产生了政治影响；从 1983 年开始，绿党进入联邦议会。切尔诺贝利核事故（1986 年 4 月 26 日）发生四个月后，社民党（SPD）决定裁减核能直至 1990 年代中期，黑黄联合政府甚至开始转变思想，即使当时裁减核能问题并没有上升到引发争议的程度。1991 年，在赫尔穆特·科尔的领导下，黑黄联合政府提出《电力入网法》（Stromeinspeisungsgesetz，StrEG）的草案，计划优先使用可再生能源供能，之后的红绿联盟政府在联邦总理格哈德·施罗德的牵头下于 2000 年颁布了《可再生能源法》（Erneuerbare-Energien-Gesetz，EEG）。《可再生能源法》补充规定，德国将在 2022 年之前逐渐淘汰核能，同时 2000 年 6 月联邦政府与能源企业达成《核能共识》（Atomkonsens）。由此德国的核能时代在政治层面上结束了。

时至今日，德国一直坚持能源转型的政治原则和与之相关的核能裁减措施。即便政府后来改由安格拉·默克尔领导的黑黄联盟执政，也只对推进速度产生了一些影响。2010 年 10 月，德国核反应堆的关闭时限平均延长了 12 年，能源企业有义务用因此获得的利润建立一个基金，用于共同投资可再生能源的发展。尽管媒体常常将这一举措称为"从淘汰中淘汰（Ausstieg aus dem Ausstieg）"，但是 2011 年发生的福岛第一核电站事故改变了一切，它在"选举政治还来不及反应"[米夏埃尔·施蒂默尔（Michael Stürmer）语]的同时导致了"从淘汰中淘汰中淘汰（Ausstieg aus dem Ausstieg aus dem Ausstieg）"（《时代》）。能源转型在德国政党之间达成了一致。

*

德国以这种方式走在了能源转型的前列，在世界范围内实属独树一帜。除了德国之外，没有任何一个工业国家在能源和环境政策上有这样雄心勃勃的目标。虽然许多国家将德国视为榜样，但是德国也面临尚未解决的难题和挑战。

第一，《可再生能源法》规定的用于保障风力和太阳能设备价格稳定的分摊款项主要导致了电价不断上涨；但与此同时，加重的财政负担却转嫁到了德国经济和消费者身上。一年用电超过 100 万千兆瓦时的大型企业虽然不用担负《可再生能源法》规定的分摊款项，但也没有因此而受益。然而私人消费者必须全额缴纳《可再生能源法》规定的公摊款项（2015 年为每千瓦时即每度电 6.17 欧分），每年还要面临电价上涨的风险。德国公民是否能长期将此框架下的能源转型视为必要且予以支持，仍尚待时日。

第二，"能源转型"是一个抽象的概念，从根本上说，绝大多数德国公民对其的理解是正面的。不过如果能源转型与他们必需的基础设施改造产生了具体联系，支持的人就会变少。扩建的输电系统、风田、蓄能电站等设施离人们的家门越近，赞成的声音就越小——邻避效应（Not In My Back Yard，NIMBY）①。为了将风力充足的德国北部的风力发电输往工业发达的德国南部，最晚至 2030 年还须扩建或改建约 60000 ~ 70000 公里长的电网，投入资金则高达 280 亿 ~ 430 亿欧元。

第三，缺乏储能手段"戳中了"痛点。即便德国有可能在 2023 年实现完全淘汰核能发电，并生产足够"清洁的"电，风力发电和太阳能发电仍然面临无法估量的问题。今天，在风力和阳光照射非常充足的情况下，德国的风力和太阳能发电已经实现了供大于求。多余的电量被输送至波兰、捷克等邻国，以减轻德国电网的负荷——这也引发了邻国的不满，因为此举对输入地电网的稳定性来说是一种威胁。建立足够多的蓄电站不仅能有效解决这一问题，还可以提高电网的稳定性。不过，平衡依时刻和天数不同而波动的用电需求和相对稳定的发电量（虽然通过风力和太阳能发电可以实现）之间的基本问题仍没有得到解决。视电池型号（锂－紫罗烯蓄电池）而定的这个大型蓄电池储能站的有效作用系数相当高，达到了 95%，

---

① 意为"不要建在我家后院"，指居民或当地单位因担心建设项目（如垃圾场、核电站、殡仪馆等邻避设施）对身体健康、环境质量和资产价值等带来诸多负面影响，而激发出嫌恶情结，滋生"不要建在我家后院"的心理，并采取强烈和坚决的、有时是高度情绪化的集体反对甚至抗争行为。

可以根据需求灵活配置，也能以较小的功率级来运行；它还可以按照消费者的需求，分为小时、天和季度型的蓄电池储能站。不过当人们回想起至今才达到的产能时，不免又会担心在这个范围内还留有多少未尽事宜要去完成。

事实上，能源转型需要将现有电力系统进行革命性的改建，使其更加去中心化、更加灵活和更加具有生命力。德国的邻国以一种混杂着怀疑和希望的心态关注着"能源转型"的德国之路。"欧洲的软肋"还有待消除：批评家提出质疑，为什么欧洲四大运营的太阳能发电站有三个建在德国勃兰登堡，总功率达 248 兆瓦，而意大利西西里岛没有建设一座太阳能发电站，只有一座建在西班牙（功率为 150 兆瓦）。他们也将这些太阳能发电站的功率与一座现代核电站（1000 ~ 1400 兆瓦）或一座烟煤发电站（700 ~ 1000 兆瓦）的功率相比较。能源转型的提倡者也要求在全欧洲推行"更加协调一致的能源政策"，建立一个"欧洲再生能源共同体"［菲克斯（Fücks）语］，同时将斯堪的纳维亚地区的水力潜能与欧洲南部阳光充足的太阳能潜力协调利用起来。

当今政治领域看上去可以接受的事物，对于后代来说仍是一个问题，作为未完成的任务，这个问题仍远远没有解决。对此，一个蓄能电站的新建也体现了一个历史政治问题，未来它仍将继续寻找自己的答案。

每个人

都是外国人

———

五湖四海

皆如此

Jeder ist ein Fremder –
fast überall

100

海报《你的基督是犹太人》

这是一张 1993 年的海报，虽然上面的手写体给人以儿童般的纯真感，它的影响却是巨大的——对今天的作用更是比以往任何时候都重要。

Dein Christus ein Jude
Dein Auto ein Japaner
Deine Pizza italienisch
Deine Demokratie griechisch
Dein Kaffee brasilianisch
Dein Urlaub türkisch
Deine Zahlen arabisch
Deine Schrift Lateinisch

Und Dein Nachbar nur ein Ausländer?

611 　　无论这几行字的作者是谁，几乎像孩子手写而成的这短短几句话能让每个看到它们的人产生兴趣。1993 年，这些"真言"曾被巨幅张贴在德国的每一座城市，十年后则成了持续三年的欧洲巡回展的主题，如今仍持续影响着我们的现实生活。

　　61% 的德国民众加入了基督教会，其中新教教会和天主教教会大约各占 50%，三分之一的人属于无教派，约 5% 的人是穆斯林。

　　2015 年德国允许上路的轿车超过 4400 万辆，其中大部分为德国制造。外国车企前三名分别是日本（470 万辆）、法国（400 万辆）和捷克（160 万辆）。

　　无论在数量上，还是在质量上，"外国"菜肴对德国人厨房的影响都不可估量：异国香料在德国风靡了几百年，长期以来十分昂贵，现如今的价格则完全可以为德国人所接受。据推测，德国第一家比萨店于 1952 年在维尔茨堡开业，此后德国"外国"餐馆的数量明显增多。

　　大多数咖啡豆实际上产自巴西。德国是欧洲第四大咖啡消费区，排在前三名的依次是斯堪的纳维亚、奥地利和瑞士。德国人每天人均要喝将近半升咖啡（2013 年为 0.4 升），甚至超过了人均日饮水量（0.38 升）。

　　长期以来，西班牙一直是大多数德国人最喜爱的度假胜地（2014 年时为 13.5%），其次是意大利（7.8%）和土耳其（7%）。

　　在德国，几乎无人不晓阿拉伯计算法和其他计算法的区别。拉丁计算法使用的是字母，而阿拉伯计算法使用的是数字。

612 　　德国人都会用拉丁字母书写，它是全世界最常用的文字。

　　最后，德国的政治体制也是"进口货"：即使很难将德国现在的民主与古希腊时期的民主相提并论，然而"民主"这个概念确是来自古希腊。

也许没有一个国家像德国这样，在"自己的事务"上耗费如此多的精力去研究一个问题——"什么是典型的德国人？"这完全就是在给德国人贴标签，正如弗里德里希·尼采（Friedrich Nietzsche）所说，这个话题在他们之中"永远都不会消逝"。德国人认为自己诚实、勤劳，但没有幽默感（根据德国纽伦堡 GfK 公司 2007 年的调查数据），欧洲邻国对德国人的评价则是组织能力强、严谨，但有些死板。德国人经常反思自己，相较于自己的长处，他们更注意自己的短板。7% 的德国人认为，"典型的德国人"应该首先是悲观的和爱发牢骚的；"德式愤怒"国际闻名。

针对这种自我怜悯，还有歌德总结的德国人的性格——"所有事物之于他们很难，他们之于所有事物也一样"——以及半数德国民众对未来的恐惧，德国人发起了反对自我怀疑、吹毛求疵和失败主义者的运动——也许这也是典型德国人的表现，而且是好的方面。这也是"你是德国（Du bist Deutschland）"活动的目标，这项活动是 2004 年筹划，2005 年 9 月实施的，活动发起方是 25 个德国大型媒体公司。对此，这一口号的"发明人"奥利弗·福斯（Oliver Voss）这样形容，这一倡议是为了"将小'你'和大'德国'结合在一起"（《法兰克福汇报》2005 年 11 月 21 日）。

据估算，发起这项活动的企业可能要为此投入 3000 万欧元，以"改善本国的舆论环境"，并"克服德国人的复杂心态、爱发牢骚和漠不关心"（福斯语）。迄今为止，这是德意志联邦共和国历史上发起的最大规模的社会营销活动，它在德国的影响力应该超过了 50%。不过遗憾的是，除了过于成功地产生了数十亿起"广告业务"，这项活动并没有获得什么实际成效，也必然引发了人们的抱怨：比如认为"你（Du）"的称呼过于亲切，"这种膨胀的语气既体现了低级趣味，又充满了劳苦者的激情"（《法兰克福汇报》2006 年 1 月 3 日），"为使人心情变好的肤浅乐观主义"，以及正好呼应了 1935 年希特勒提出的口号——"因为你是德国"——这句话让德国人特别反感，极右派甚至把它作为自己的宣传标志。

德国现有 8200 万居民，其中有 740 万外国人。1630 万人有移民背景，也就是说每 5 个人之中就有 1 个（2012）来自移民家庭，其中 18% 来自土耳其，9% 来自波兰。大多数"MMM"——有时是对带有贬义的"有移民背景的人"的缩写——居住在老联邦州，有 80% 以上的人居住超过 9 年，其中有 50% 的人居住超过 20 年，有 14% 的人甚至居住超过 40 年。这个人群的平均年龄为 36 岁，比其他人群的平均年龄年轻约 10 岁。他们的社会处境——不考虑学校教育（！）——在所有同年龄层人群中都明显更差，他们的失业率也是德国人失业率的 2 倍多，他们的教育水平和职业技能更低。据推测，20% 的移民缺乏理解必要信息的基础德语能力，比如在医疗卫生领域。

对于德国这样一个老龄化国家，年轻的移民有利于其经济的发展。在过去的几年中，出于不同原因移民德国的人以每年 40 万～ 50 万人的速度在不断增加。此外，每年（2014）还有 20 多万难民来到德国，他们的数量在 2015 年由于难民（主要来自叙利亚、巴尔干、伊拉克和阿富汗）大规模涌入德国而激增了 3 倍多。根据最新的核查结果，约一半的难民被正式接收，如此多的数量在德国数年罕有（《明镜周刊》2015 年 5 月 22 日）。终审被拒绝而离开德国的难民申请者非常少，2014 年可能"勉强达到了15%"——即使被要求离开，这些人既没有主动离开，也没有被驱逐 [《法兰克福汇报》（周日版）2015 年 8 月 23 日]；四分之三的难民申请者没有护照或证明文件，谁，什么时候，从哪里来，这些信息都无法查到确信的来源。负责处理难民申请的协会即使超负荷运转也处理不完堆积如山的申请资料，安置点也挤满了难民；难民驱逐令由各联邦州政府下达；接收难民的任务被分配给了各联邦州和地区。难民的组织工作在一定程度上由政治层面和"官方"负责。不过还要做人的工作：对于欧洲各国政府来说，要想找到长期有效的解决办法，就必须尽快发出欢迎的信号。不过，德国政坛已就颁布《移民法》的必要性争论不休，看起来，找到符合欧洲利益的解决办法变得更加复杂和困难了。

显而易见的是，德国需要接收并融合越来越多的非德裔人。从另一方面来说，事实证明德国社会"愈发需要自我遗忘"（成为德国人）；超过 50% 的德国人怀念自己的"正面形象"，在学校、政界和媒体中尤其如此。50%，甚至可以说三分之二的德国人表明，他们对移民运动感到"不舒服"。从 2011 年开始，敌视外国人的犯罪行为以每年超过 10% 的速度增长，这也加重了他们的不安情绪。不过三分之一的德国人对移民没有意见，还有 20% 的人认为，鉴于全球化和欧洲化，"民族感情"已不再合时宜。文化程度越高的人对移民问题的担忧就越少，对于 50% 的德国人来说，"本地总归要比祖国更重要"。

*

1993 年，当写有"……和你的邻居——只是一个外国人"语句的海报被大面积张贴时，德国霍耶斯韦达（Hoyerswerda，1991）、罗斯托克 - 雷希滕哈根和默尔恩（Rostock-Lichtenhagen und Mölln，1992），以及索林根（Solingen，1993）发生的仇外袭击事件给人们带来的震惊仍没有消散。将近 25 年后，德国再次频繁发生了针对外国人的暴力袭击和挑衅事件。原因是新一波战争难民涌向德国。2015 年移民德国的人数创了 1992 年以来的新高，直至当时德国在难民接收方面积累的经验已经远远不够用了。现如今，当时的许多移民已经融入了德国社会，他们甚至"在成为德国人这条道路上迈出了更大的步伐"[鲍辛格尔（Bausinger）语]。长期来看，德国人自己"并不愿意看到，部分德国人也无法看到"（鲍辛格尔语）这种变化，因为他们不断被劝说德国还不是一个移民国家，与此相对应的，他们也更加不会在德国发展和推行欢迎文化。在自己造成的"难民政策碎片堆"[雅斯佩·冯·阿尔滕博孔（Jasper von Altenbockum）语，引自《法兰克福汇报》2015 年 8 月 26 日]和无法用语言形容的拒绝反应之间作出总结和分析，并非易事。

值得注意的是，德国人与外国人通婚的情况越来越多：1980 年代初，6% 的已婚外国公民[居住在联邦德国（含西柏林）]与德国配偶共同生活，一代人以后（2008），这种情况在全德国翻了约三番。2008 年底，有近半数（约 47%）的外籍男女结婚，其中配偶一方为德国人的占四分之一。在异国婚姻中，外国女性嫁给德国男性的比例（28%）要比外国男性迎娶德国女性的比例（22%）高；最常见的情况是，德国女性选择土耳其男性作为配偶，第二选择是意大利男性。更值得注意的是未来可能会出现的情况：在德国现在不满 15 岁的人中，超过 30% 的人有移民背景。他们中的大多数可能会在未来十年内结婚——这种（德国人与移民组成家庭的）趋势会继续下去。

大多数移民实际上"部分地成为德国人——尽管大多数人也还坚持自己的文化——将'成为德国人'视为必须的德国人并未注意到这一点"（鲍辛格尔语）。当然，什么是"典型的德国人"也无法被准确定义：德国人自认为"典型的德国人"应守时、有责任感、勤劳和有秩序。[引自德勒斯尔（Drösser）]事实证明，他们也的确将这四个品质放在自己行为准则的首位。不过这种观点在后来发生了变化：许多人（19%、15% 和 9%）认为市侩、趋炎附势和没有幽默感是典型德国人的表现，不过也有受访者（3%、2% 和 1%）说，"我绝不是这样"。

英国广播公司（BBC）在德国的报道让人更加怀疑德国是"世界上最受欢迎的国家"的说法的真实性，尽管它已经是老生常谈了。当典型的德国人被问道："如果这里的人突然变得受欢迎会怎么样？"他们会异口同声地回答："能得到外界的喜爱总归没什么损失。"[《南德意志报》（*Süddeutsche Zeitung*）2015 年 1 月 2 日]

这张持续产生影响的海报用它的表达方式打开了人们的视野，纠正了贬低和敌视外国人的思想。对于"……和你的邻居——只是一个外国人？"的回答只有一个：每个人都是外国人——五湖四海皆如此。

这样一本书不费点功夫可写不出来——光靠闭门造车也不行。当然，作为一名历史学家和博物馆顾问，我在许多展览和出版工作中总是有意留心那些具体的物件，并铺陈与它们相关的历史。可是和这个相比，要仅用100个物品就把德国的历史讲清楚，挑战性可就大得多了。因此，我要由衷地向许多人道谢。

彼得·维勒博士（Dr. Peter Wille）的激励让我把想法变成了现实，许多朋友和同事的点评、阐述和点拨则让本书列出的物品清单逐渐成熟。他们分别是：格哈德·鲍尔博士（Dr. Gerhard Bauer）、亨利·布伦德·达穆尔（Henry Bren d' Amour）、教授伯恩哈德·格拉夫博士（Prof. Dr. Bernhard Graf）、教授温弗雷德·哈尔德博士（Prof. Dr. Winfrid Halder）、迪特尔·哈尼奇（Dieter Hanitzsch）、罗斯维塔·亨切尔（Roswitha Hentschel）、德特勒夫·赫尔普纳博士（Dr. Detlef Herbner）、托马斯·赫尔齐希博士（Dr. Thomas Herzig）、教授霍尔格·许格尔博士（Prof. Dr. Holger Höge）、教授伏尔克哈特·胡特博士（Prof. Dr. Volkhard

致谢

Huth）、克里斯蒂亚娜·雅内克博士（Dr. Kristiane Janeke）、教授吉斯贝特·克诺普博士（Prof. Dr. Gisbert Knopp）、米夏埃勒·林科（Michaele Link）、罗兰·吕弗勒博士（Dr. Roland Löffler）、汉斯–格奥尔格·梅茨博士（Dr. Hans-Georg Merz）、卡尔·波罗梅乌斯·默尔博士（Dr. Karl Borromäus Murr）、汉斯–于尔根·史特芬（Hans-Jürgen Steffen）；此外，我还要感谢那些用引人入胜的解说带领我徜徉在博物馆和展览中的导览员们。

工作的时间越长，我想要感谢的人就越多，尤其在为这个项目工作的过程中更是如此：在和朋友见面时，除了一些人"不得已"听我讲述有关项目的事之外，其他人都愿意做我的倾听者。他们所有人都特别友善地参与其中，他们表现的兴趣以及向我提出的问题，都极大地激发了我的积极性。我衷心感谢他们能同我一起思索，又给予我鼓励。我还要感谢斯蒂芬·福格尔（Stephan Vogel）及夫人尤塔（Jutta）多年来给予我的亲切指导与支持，只可惜他英年早逝。有一些物品正是通过他，或在他的协助下才被送进了博物馆，我也才有机会接触并了解它们。我从中选出两件，将它们收入了这本书中。

在我研究各个物品和主题的过程中，还有许多人给予了我莫大的支持，没有他们的帮助本书也不可能写成：尽管合作的时间有长有短，我都要特别由衷地感谢托比亚斯·贝格曼（Thobias Bergmann）、约恩·博尔歇特（Jörn Borchert）、赫尔穆特·K. 多夫勒（Helmut K. Dörfler）、玛丽·加布里埃莱·冯·格拉泽纳普（Marie Gabriele von Glasenapp）、斯蒂芬·奇克尔博士（Dr. Stefan Kiekel）、凯文·梅道（Kevin Medau）、塔尼亚·鲁斯卡博士（Dr. Tania Rusca）、恩斯特·史约克曼博士（Dr. Ernst Stöckmann）和沃尔夫冈·特罗伊厄博士（Dr. Wolfgang Treue）所给予的帮助。我还要感谢卡特娅·施伦克尔博士（Dr. Katja Schlenker），她介绍我认识了参加她"策展实践"课程的学生，其中克里斯蒂娜·克莱恩（Christina Klein）、科琳娜·卢茨（Korinna Lutz）、马丁·施瓦布斯基（Martin Schabsky）和弗洛里安·韦根（Florian Weegen）给了我大力支持。感谢尼娜·施努茨（Nina Schnutz）毫无怨言地做了大量工作，为我减轻了负担。

感谢格哈德·鲍尔博士、韦尔纳·德勒（Werner Deller）、拉尔夫·多恩豪斯博士（Dr. Ralf Dornhaus）、教授温弗雷德·哈尔德博士、迪特尔·哈尼奇、德特勒夫·赫尔普纳博士、托马斯·赫尔齐希博士、沃尔克·希尔贝格博士（Dr. Volker Hilberg）、教授伏尔克哈特·胡特博士、教授马克斯·克尔讷博士（Prof. Dr. Max Kerner）、沃尔夫冈·克纳贝双博士（Dr. Dr. Wolfgang Knabe）、教授吉斯贝特·克诺普博士、克里斯托夫·科佑（Christoph Kokew）和尤利娅·科佑（Julia Kokew）兄妹、汉斯－格奥尔格·梅茨博士、海纳·穆勒尔斯博士（Dr. Heiner Möllers）、布克哈德·莫尔（Burkhard Mohr）、塞巴斯蒂安·莫尔博士（Dr. Sebastian Moll）、格雷戈尔·舍费尔博士（Dr. Gregor Schäfer）、帕特里克·舍费尔博士（Dr. Patrick Schäfer）、亚历山大·施密特博士（Dr. Alexander Schmidt）、于尔根·施米特（Jürgen Schmitt）、乌尔里希·希尔斯（Ulrich Schiers）、教授沃尔特·舒格博士（Prof. Dr. Walter Schug）、苏比·瓦尔特纳博士（Dr. Sybe Wartena）、乌尔里希·K.魏根纳（Ulrich K. Wegener）、教授斯蒂芬·魏因富尔特博士（Prof. Dr. Stefan Weinfurter）、安德烈亚斯·维嫩（Andreas Winnen）、马丁·约纳博士（Dr. Martin Wörner）阅读了本书的部分草稿，并提出了宝贵意见。特别感谢海克·沃尔特博士（Dr. Heike Wolter），她不仅读过本书中的十几章内容，还向我提出那些论据扎实且颇有裨益的建议。

感谢韦特·迪祖耐特博士（Dr. Veit Didzuneit）、约克·范格博士

（Dr. York Fanger）、雷蒙德·费迪南博士（Dr. Raimund Ferdinand）、乌尔里希·海斯（Ulrich Heiß）、米夏埃尔·卡勒博士（Dr. Michael Kahle）、米夏埃勒·林科、马库斯·默林（Markus Möhring）、马克西米利安·莫尔博士（Dr. Maximilian Moll）、安德烈亚·尼豪斯博士（Dr. Andrea Niehaus）、教授胡戈·欧特博士（Prof. Dr. Hugo Ott）、卡尔·威利·舍费尔博士（Dr. Karl Willi Schäfer）、米夏埃尔·施莱纳尔（Michael Schleiner）和弗里茨·克利贝尔（Fritz Klieber）、菲利普·施普林格博士（Dr. Philipp Springer）、克赖纳·泰伦博士（Dr. Rainer Thelen）、伊尔卡·托姆（Ilka Thom）和教授韦尔纳·特雷斯博士（Prof. Dr. Werner Treß）在不同问题上给我的个别却很重要的意见。我还要感谢博物馆、档案馆和图书馆的许多工作人员向我提供了本书所列物品的相关信息，他们是：托马斯·布雷姆博士（Dr. Thomas Brehm）和戈萨·比歇尔特博士（Dr. Gesa Büchert）、彼得·埃克斯纳博士（Dr. Peter Exner）、教授艾娃·哈内布特－本茨博士（Prof. Dr. Eva Hanebutt-Benz）和科妮莉亚·施耐德博士（Dr. Cornelia Schneider）、教授亚历山大·科赫博士（Prof. Dr. Alexander Koch）和卡罗拉·于利格（Carola Jüllig）、托马斯·科舍博士（Dr. Thomas Kosche）、克拉斯－彼得·克拉本赫约福特（Klaas-Peter Krabbenhöft）、迪亚纳·库尔奥博士（Dr. Diana Kuhrau）、教授鲍拉·卢图姆－伦格博士（Prof. Dr. Paula Lutum-Lenger）和克里斯托夫·多韦博士（Dr. Christopher Dowe）、迪特马尔·普赖斯勒尔博士（Dr. Dietmar Preißler）和沃尔克·锡尔（Volker Thiel）、塔尼娅·罗佩尔特博士（Dr. Tanja Roppelt）和汉斯·绍普博士（Dr. Hans Schaub）、贝贝尔·舒尔特博士（Dr. Bärbel Schulte）、吉塞拉·维特尔－利伯瑙博士（Dr. Gisela

Vetter-Liebenow）和鲁特·布鲁恩格雷贝尔 – 马洛特克硕士（Ruth Brunngraber-Malottke M. A.）、马丁娜·魏因兰特博士（Dr. Martina Weinland）、于尔根·魏瑟尔博士（Dr. Jürgen Weisser）。

我要特别感谢皮珀出版社（Piper Verlag）的工作人员，感谢出版人马塞尔·哈特格斯（Marcel Hartges），以及曾任专业书籍编辑部方案主管的乌尔里希·万克（Ulrich Wank），他一开始就对我的出版项目表示赞赏并抱有坚定的信心。我要向克里斯廷·罗特尔（Kristin Rotter）诚挚地再三致谢，她亲切地鼓励我的工作，并进行了专业的指导，还总是乐于对各个物品及本书重点内容提出关键建议。在协调本书出版的过程中，她考虑得非常周全，并尽力减轻创作者在出版社、巴伐利亚广播公司和有声书籍出版社三方之间作为"码字机器"的压力。我还要感谢沃尔夫冈·加尔特曼（Wolfgang Gartmann）、克里斯蒂娜·姆罗维茨（Christine Mrowietz）和杜尼娅·罗伊莱恩（Dunja Reulein），他们对文字高度敏感，十分细致地审校了我的著作。感谢极富责任心和沟通才能的玛丽·特拉克伊斯（Marie Trakies），她尤其在收尾阶段向克里斯廷·罗特尔提供了大力支持；她还成功谈下了最棘手的图片版权，并及时备齐了最后一批图片资料。如果没有出版专员雅尼纳·埃德曼（Janine Erdmann）对此项目的关照，凭借她丰富的经验对文字排版、图片编辑，直至付梓为止各个时间环节的专业把控，本书便不可能将这 100 个物品图文并茂又独一无二地呈现给读者。

感谢巴伐利亚广播公司的托马斯·莫拉韦茨（Thomas Morawetz）和克劳斯·乌里希（Klaus Uhrig）让这部作品除以纸书方式出版以外，还被制成了有声读物。他们俩让我注意到了很多重要的视角，在主题上出谋划策，并给予我鼓励和支持。我还要对编辑部负责人苏珊娜·珀尔乔（Susanne Poelchau），以及巴伐利亚广播公司再创作和出版物部门主管蒂娜·于尔根斯（Tina Jürgens）表示谢意，她抱着极大的兴趣陪我选择物品，并提出中肯意见。巴伐利亚广播公司 2 台《文化与社会》节目组负责人沃尔夫冈·艾格纳（Wolfgang Aigner）从本书立项第一天起就表现了极大的热情，在此衷心感谢他和他的副手迪特尔·赫斯博士（Dr. Dieter Heß）对我的信任。感谢卡特娅·比尔克勒（Katja Bürkle）、斯蒂芬·维尔克宁（Stefan Wilkening）和卡斯滕·法比安（Carsten Fabian），他们富有感情的声线架起了通向听众耳朵的"桥梁"，感谢马丁·特劳纳（Martin Trauner）组织了多场生动且创意十足的读书会活动。我还要谢谢在这样一个巨大"工程"幕后，负责各种各样，有时还颇为复杂的技术和管理流程的众多工作人员。

迪尔克·伦贝格尔（Dirk Rumbergher）帮助我联系了皮珀出版社和巴伐利亚广播公司，要感谢他和夫人以及他们一同开办的对我颇多照顾的文学社的言辞，真是怎么说都不为过。迪尔克·伦贝格尔从一开始就陪伴我完成这项工作，他也是本书每一章的第一位读者，给予了我最多且都十分受用的建议；他不仅提出了一针见血的问题，对我有求必应，而且还总是亲切友善地鼓励我。

在选出这 100 个物品的过程中，笔者对其中的每一件也都要扪心自问不下百遍："还有'更好'、更有说服力、更重要的可选吗？"当然，读者肯定也会提出类似的问题。如果这类问题最终也能鼓励读者们去思索这些物品的特点、背景、来源和它们的表现力，那么我将深感欣慰。在此，我想提前向那些有志于付出思索的读者朋友致以谢意。

最后，也是我最应该感谢的，我的妻子霍滕斯（Hortense），感谢她无尽的耐心、理解和对我工作的分担。

赫尔曼·舍费尔

参考文献

Nr.1 舍宁根的古标枪

Hartmut Thieme/Reinhard Maier, Archäologische Ausgrabungen im Braunkohletagebau Schöningen, Landkreis Helmstedt, Hannover 1995.

Friedemann Schrenk/Stephanie Müller, Die Neandertaler, München 2005.

Hansjürgen Müller-Beck, Die Steinzeit. Der Weg der Menschen in die Geschichte, München 1998.

Horst Güntheroth/Peter Pursche, Deutschland in der Urzeit. Saurier, Neandertaler und Germanen, Augsburg 2006.

Thomas Junker, Die Evolution des Menschen, München 2006.

Hartmut Thieme (Hrsg.), Die Schöninger Speere – Mensch und Jagd vor 400 000 Jahren, Stuttgart 2007.

Monika Bernatzky, Fenster in die Archäologie. 300 000 Jahre Geschichte im Braunschweiger Land rund um den Elm, Braunschweig 2013.

Paläon. Grabung und Architektur. Exacavation and Architecture, hgg. vom Niedersächsischen Landesamt für Denkmalpflege durch Henning Haßmann, Hannover 2013.

Nr.2 内布拉星象盘

Die Macht der Sterne. Himmelsscheibe von Nebra, hgg. vom Förderverein Schulbiologiezentrum Hamburg e. V. (FSH), Hamburg 1/2011.

Rahlf Hansen, »Sonne oder Mond? Wie der Mensch der Bronzezeit mit Hilfe der Himmelsscheibe Sonnen- und Mondkalender ausgleichen konnte«, in: Archäologie in Sachsen-Anhalt 4/2006 (2007), S. 289–304.

Regine Maraszek, Die Himmelsscheibe von Nebra, hgg. von Harald Meller, Halle 2010.

Harald Meller (Hrsg.), Der geschmiedete Himmel. Die weite Welt im Herzen Europas vor 3600 Jahren. Landesamt für Denkmalpflege und Archäologie Sachsen-Anhalt, Stuttgart 2008.

Peter R. Sahm/Hinrich Rahmann u. a. (Hrsg.), Homo spaciens. Der Mensch im Kosmos. Ein interdisziplinärer Ausblick auf Ursprung und Zukunft des Menschen im All, Hamburg 2005.

Wolfhard Schlosser, »Die Himmelsscheibe von Nebra – Astronomische Untersuchungen«, in: Harald Meller, Der geschmiedete Himmel. Die weite Welt im Herzen Europas vor 3600 Jahren. Landesamt für Denkmalpflege und Archäologie Sachsen-Anhalt, Stuttgart 2008, S. 44–47.

Nr.3 罗马人的面甲

Boris Dreyer, Arminius und der Untergang des Varus. Warum die Germanen keine Römer wurden, Stuttgart 2009.

Ralf-Peter Märtin, Die Varusschlacht. Rom und die Germanen, Frankfurt 2008.

Dieter Timpe, »Die ›Varusschlacht‹ in ihren Kontexten. Eine kritische Nachlese zum Bimillennium 2009«, in: Historische Zeitschrift, Bd. 294 (2012), S. 593–652.

Rainer Wiegels (Hrsg.), Die Varusschlacht. Wendepunkt der Geschichte?, 2. Aufl., Stuttgart

2009.

Nr.4 诺依玛根运酒船

Ronald Bockius, »Römische Kriegsschiffe auf der Mosel? Schiffsarchäologisch-historische Betrachtungen zum ›Neumagener Weinschiff‹«, in: Funde und Ausgrabungen im Bezirk Trier, 40/2008, S. 37–49.

Hans Georg Eiben (Hrsg.), Das Neumagener Weinschiff. Eine Erfolgsgeschichte, Trier 2009.

Wilhelm von Massow, »Die Grabmäler von Neumagen«, in: Römische Grabmäler des Mosellandes und der angrenzenden Gebiete, Bd. 2, Berlin 1932.

Georg Schreiber, Deutsche Weingeschichte. Der Wein in Volksleben, Kult und Wirtschaft, Köln 1980.

Fritz Schumann, »Die Geschichte des Weines«, in: Der deutsche Wein, hgg. v. Hans Abrosi/ Helmut Becker, München 1978, S. 15–22.

Monika K. N. Weidner, »Matrizen und Patrizen aus dem römischen Trier. Untersuchungen zu einteiligen keramischen Werkstattformen«, in: Trierer Zeitschrift, Beiheft 32, hgg. v. Rheinischen Landesmuseum Trier, Trier 2009, S. 109 f.

Nr.5 海泽比 1 号

Gareth Williams u. a. (Hrsg.), Die Wikinger, Berlin 2014.

Johannes Fried, Die Formierung Europas 840–1046, München 2008.

Torsten Capelle, Kultur und Kunstgeschichte der Wikinger, Darmstadt 1986.

Sven Kalmring, »Der Hafen von Haithabu«, in: Die Ausgrabungen in Haithabu, Bd. 14, Neumünster 2010.

Martin Kaufhold, Europas Norden im Mittelalter – die Integration Skandinaviens in das christliche Europa (9.–13. Jahrhundert), Darmstadt 2001.

Alheydis Plassmann, Die Normannen – Erobern, Herrschen, Integrieren, Stuttgart 2008.

Else Roesdahl (Hrsg.), Wikinger, Waräger, Normannen – Die Skandinavier und Europa 800–1200, Mainz 1992.

Birgit Sawyer, Die Welt der Wikinger, Berlin 2002.

Kurt Schietzel, Spurensuche Haithabu, Neumünster/Hamburg 2014.

Nr.6 绍方钟

Kurt Kramer, Die Glocke: eine Kulturgeschichte, Kevelaer 2012.

Jörg Poettgen, 700 Jahre Glockenguß in Köln. Meister und Werkstätten zwischen 1100 und 1800 (Arbeitsheft der rheinischen Denkmalpflege 61), Worms 2005.

Werner Schäfke/Marcus Trier (Hrsg.), Mittelalter in Köln. Eine Auswahl aus den Beständen des Kölnischen Stadtmuseums, Köln 2010.

Nr.7　查理大帝的宝座

Johannes Fried, Karl der Große. Gewalt und Glaube. Eine Biographie, München 2013.

Werner Georgi, »Sedes Karoli – Herrschersitz oder Reliquienthron? Ein historischer Versuch zum ›Karlsthron‹ der Aachener Marienkirche«, in: Max Kerner (Hrsg.), Der Aachener Dom als Ort geschichtlicher Erinnerung. Werkbuch der Studierenden des Historisches Instituts der RWTH Aachen, Köln 2004, S. 107 ff.

Max Kerner, Karl der Große. Entschleierung eines Mythos, Köln/Weimar/Wien 2000.

Mario Kramp (Hrsg.), Krönungen. Könige in Aachen – Geschichte und Mythos. Katalog der Ausstellung, 2 Bde., Mainz 2000.

Felix Kreusch, »Über Pfalzkapelle und Atrium zur Zeit Karls des Großen«, in: Dom zu Aachen. Beiträge zur Baugeschichte IV, Aachen 1958.

Harald Müller/Clemens M. M. Bayer/Max Kerner (Hrsg.), »Die Aachener Marienkirche. Aspekte ihrer Archäologie und frühen Geschichte«, in: Der Aachener Dom in seiner Geschichte. Quellen und Forschungen, Bd. 1, Regensburg 2014.

Matthias Pape, »Der Karlskult an Wendepunkten der neueren deutschen Geschichte«, in: Historisches Jahrbuch 120 (2000), S. 138 ff.

Nr.8　特里尔的市集十字架

Hans Hubert Anton/Alfred Haverkamp (Hrsg.), »Trier im Mittelalter«, in: 2000 Jahre Trier, Bd. 2, Trier 1996.

Hans Eichler/Richard Laufner, »Hauptmarkt und Marktkreuz zu Trier. Eine kunst-, rechts- und wirtschaftsgeschichtliche Untersuchung«, in: Veröffentlichungen der Gesellschaft für nützliche Forschungen zu Trier, Trier 1958.

Rüdiger Fuchs, »Die Inschriften der Stadt Trier I (bis 1500)«, in: Die Deutschen Inschriften, Bd. 70, Wiesbaden 2006.

Eberhard Isenmann, Die deutsche Stadt im Mittelalter 1150–1550. Stadtgestalt, Recht, Verfassung, Stadtregiment, Kirche, Gesellschaft, Wirtschaft, Wien/Köln/Weimar 2012.

Richard Laufner, »2000 Jahre Gewerbe und Handel in Trier«, in: Trier – Wirtschaftszentrum mit Tradition und Zukunft. 2000 Jahre Trierer Wirtschaft, hgg. v. d. Industrie- und Handelskammer Trier o. J. [1984].

Nr.9　神圣罗马帝国皇冠

Christian Kohler, Ein ruhiges Fortbestehen? Das Germanische Nationalmuseum im »Dritten Reich«, Berlin 2011.

Mario Kramp (Hrsg.), Krönungen. Könige in Aachen – Geschichte und Mythos. Katalog der Ausstellung in zwei Bänden, Mainz 2000.

Mechthild Schulze-Dörrlam, Die Kaiserkrone Konrads II. (1024–1039). Eine archäologische Untersuchung zu Alter und Herkunft der Reichskrone, Sigmaringen 1991.

Bernd Schneidmüller/Stefan Weinfurter, Heilig – Römisch – Deutsch. Das Reich im mittelalterlichen Europa, Dresden 2006.

Reinhart Staats, Die Reichskrone. Geschichte und Bedeutung eines europäischen Symbols, Göttingen 1991.

Joachim Whaley, Das Heilige Römische Reich deutscher Nation, 2 Bde., Darmstadt 2014.

Nr.10　基督柱和伯恩瓦尔德之门

Heinz Josef Adamski, Die Christussäule im Dom zu Hildesheim, Hildesheim 1979.

Gerd Althoff, »Otto III.«, in: Gestalten des Mittelalters und der Renaissance, Darmstadt 1997.

Arnold Angenendt, Grundformen der Frömmigkeit im Mittelalter, München 2003.

Michael Brandt/Arne Eggebrecht (Hrsg.), Bernward von Hildesheim und das Zeitalter der Ottonen. Katalog der Ausstellung Hildesheim 1993, 2 Bde., Hildesheim 1993.

Bernhard Gallistl u. a. (Hrsg.), Die Bernwardsäule und die Michaeliskirche zu Hildesheim, Hildesheim 1993.

Knut Görich, »Otto III. Romanus Saxonius et Italicus. Kaiserliche Rompolitik und sächsische Historiographie«, in: Historische Forschungen Bd. 18, 2. Auflage, Sigmaringen 1995.

Dieter von Nahmer, Der Heilige und sein Tod. Sterben im Mittelalter, Darmstadt 2013.

Klaus Schreiner (Hrsg.), »Laienfrömmigkeit im späten Mittelalter. Formen, Funktionen, politisch-soziale Zusammenhänge«, in: Schriften des Historischen Kollegs, Kolloquien 20, München 1992.

Klaus Schreiner (Hrsg.), Frömmigkeit im Mittelalter. Politisch-soziale Kontexte, visuelle Praxis, körperliche Ausdrucksformen, München 2002.

Johannes Sommer, St. Michael zu Hildesheim, Königstein 1978.

Nr.11　《尼伯龙根之歌》

Badisches Landesmuseum/Badische Landesbibliothek (Hrsg.), ›Uns ist in alten Mären … das Nibelungenlied und seine Welt, Darmstadt, 2003.

Rolf Bräuer (Hrsg.), Geschichte der deutschen Literatur. Mitte des 12. bis Mitte des 13. Jahrhunderts, 2. Bd., Berlin 1990.

Helmut Brackert, Das Nibelungenlied. Mittelhochdeutscher Text und Übertragung, 27. Aufl., Frankfurt a.M. 2005.

Otfrid-Reinald Ehrismann, Nibelungenlied. Epoche, Werk, Wirkung, München 2002.

Joachim Heinzle, Die Nibelungen. Lied und Sage, Darmstadt 2005.

Joachim Heinzle (Hrsg.), Mythos Nibelungen, Stuttgart 2013.

Joachim Heinzle/Anneliese Waldschmidt (Hrsg.), Die Nibelungen. Ein deutscher Wahn, ein deutscher Alptraum. Studien und Dokumente zur Rezeption des Nibelungenstoffs im 19. und 20. Jahrhundert, Frankfurt a. M. 1991.

Joachim Heinzle/Klaus Klein/Ute Obhof (Hrsg.), Die Nibelungen. Sage, Epos, Mythos, Wiesbaden 2003.

Ute Obhof, »Die ›Nibelungenlied‹-Handschrift C, Codex Donaueschingen 63/Badische Landesbibliothek Karlsruhe«, hgg. v. d. Kulturstiftung der Länder, in: Patrimonia 289.

Matthias Schulz: Die Spur des Drachen. Spiegel-online vom 14.5.2005, http://www.spiegel.de/spiegel/print/d-40382973.html.

Nr.12　班贝格骑士

Arno Borst (Hrsg.), Das Rittertum im Mittelalter, Darmstadt 1976.

Oscar Doering, Der Bamberger Dom, München 1923.

Joachim Ehlers, Die Ritter. Geschichte und Kultur, München 2006.

Hans-Christian Feldmann, Bamberg und Reims. Die Skulpturen 1220–1250, Hamburg 1992.

Joseph Fleckenstein, Rittertum und ritterliche Welt, unter Mitwirkung von Thomas Zotz, Berlin 2002.

Heinz Gockel, Der Bamberger Reiter. Seine Deutungen und seine Deutung, 2. Aufl., Berlin 2007.

Walter Hege (Fotografien)/Wilhelm Pinder (Text), Der Bamberger Dom und seine Bildwerke, 4. Aufl., Berlin 1938.

Berthold Hinz, »Der ›Bamberger Reiter‹«, in: Martin Warnke (Hrsg.), Das Kunstwerk zwischen Wissenschaft und Weltanschauung, Gütersloh 1970, S. 26–44.

Hans Jantzen, Deutsche Bildhauer des dreizehnten Jahrhunderts, Leipzig 1925.

Hans Jantzen, Der Bamberger Reiter, Stuttgart 1964.

Norbert Jung/Wolfgang F. Redding (Hrsg.), Dem Himmel entgegen. 1000 Jahre Kaiserdom Bamberg 1012–2012, Petersberg 2012.

Gerhard C. Krischker, Irdisches und Himmlisches, Bamberg 1990.

Hannes Möhring, König der Könige. Der Bamberger Reiter in neuer Interpretation, Königstein im Taunus 2004.

Lothar Schreyer, Der Bamberger Reiter, Oldenburg 1932.

Wolfgang Ullrich, »Der Bamberger Reiter und Uta von Naumburg«, in: Étienne François/Hagen Schulze: Deutsche Erinnerungsorte, Bd. 1, München 2001, S. 322–334.

Die Bildwerke des Bamberger Doms. Geleitwort von Karl Gröber, Insel-Bücherei Nr. 140, Leipzig 1938.

Nr.13　《萨克森明镜》

Rolf Bräuer (Hrsg.), Geschichte der deutschen Literatur. Mitte des 12. bis Mitte des 13. Jahrhunderts, 2. Bde., Berlin 1990, S. 738 ff.

Joachim Bumke, Geschichte der deutschen Literatur im hohen Mittelalter, München 2000.

Rolf Lieberwirth, Eike von Repchow und sein Sachsenspiegel. Entstehung, Inhalt, Bedeutung, Köthen 1980.

Heiner Lück, Über den Sachsenspiegel. Entstehung, Inhalt und Wirkung des Rechtsbuches. 3. Aufl., Wettin-Löbejün 2013.

Heiner Lück, »Inszenierung unter dem Hakenkreuz. Die Eike-von-Repgow-Feier auf Burg Falkenstein am 29. Oktober 1933«, in: Jahrbuch der Juristischen Zeitgeschichte 8 (2006/07), S. 377–394.

Heinz Mohnhaupt (Hrsg.), Rechtsgeschichte in den beiden deutschen Staaten. 1988–1990. Beispiele, Parallelen, Positionen, Frankfurt a. M. 1991.

Markus Schröder, »Gott hat die Sachsen wohl bedacht. Der Sachsenspiegel (Spiegel der Sassen).

Eike von Repgow, 1221–1227/28«, in: Max Behland/Walter Krämer/Reiner Pogarell (Hrsg.), Edelsteine. 107 Sternstunden deutscher Sprache vom Nibelungenlied bis Einstein, von Mozart bis Loriot, Paderborn 2014, S. 78 ff.

Hans-Peter Schneider, Daz ein Recht mac vromen. Der Sachsenspiegel – ein Rechtsbuch von europäischem Rang, Wolfenbüttel 1994.

Klaus-Peter Schroeder, Vom Sachsenspiegel zum Grundgesetz, München 2001.

Digitalisate aller vier Bilderhandschriften durch ein Editionsprojekt der Herzog August Bibliothek Wolfenbüttel und der Fachhochschule Braunschweig/Wolfenbüttel online verfügbar: http:// www.sachsenspiegel-online.de.

Nr.14　吕贝克圣灵医院的小房间

Hartmut Boockmann, Die Stadt im späten Mittelalter, München 1986.

Neithard Bulst (Hrsg.), Sozialgeschichte mittelalterlicher Hospitäler, Ostfildern 2007.

Georg Wilhelm Dittmer, Das Heil. Geist Hospital und der St. Clemens Kaland zu Lübeck, Lübeck 1838.

Dieter Jetter, Das europäische Hospital. Von der Spätantike bis 1800, Köln 1986.

Michael Matheus (Hrsg.), Funktions- und Strukturwandel spätmittelalterlicher Hospitäler im europäischen Vergleich, Stuttgart 2005.

Werner Moritz, Das Hospital im späten Mittelalter. Ausstellung des Hessischen Staatsarchivs Marburg, Marburg 1983.

Marie-Luise Windemuth, Das Hospital als Träger der Armenfürsorge im Mittelalter, Stuttgart 1995.

Nr.15　《特嫩巴赫财产登记簿》

Konrad Krimm, »Bild und Kontext. Zu den Eingangsminiaturen des Tennenbacher Güterbuchs«, in: Zeitschrift für die Geschichte des Oberrheins (ZGO), Bd. 155 (2007), S. 215 ff.

Werner Rösener/Heinz Krieg/Hans-Jürgen Günther (Hrsg.), 850 Jahre Zisterzienserkloster Tennenbach: Aspekte seiner Geschichte von der Gründung (1161) bis zur Säkularisation (1806), Reihe Forschungen zur oberrheinischen Landesgeschichte, Bd. 59, Freiburg i. Br./München 2014.

Christian Stadelmaier, Zwischen Gebet und Pflug. Das Grangienwesen des Zisterzienserklosters Tennenbach, Reihe Forschungen zur oberrheinischen Landesgeschichte, Bd. 58, Freiburg i. Br./ München 2014.

Max Weber/Günther Haselier/Alfons Schäfer/Hans Georg Zier/Paul Zinsmaier (Bearb.), Das Tennenbacher Güterbuch (1317–1341), Stuttgart 1969.

Nr.16　弗赖堡大教堂的玻璃窗

Evamaria Engel, Die deutsche Stadt des Mittelalters, München 1993.

Heiko Haumann/Hans Schadek (Hrsg.), Geschichte der Stadt Freiburg im Breisgau, 3 Bde., Stuttgart 1992–1996.

Wolfgang Hug, Das Freiburger Münster. Kunst – Geschichte – Glaubenswelt, March-Buchheim 1995.

Konrad Kunze, Himmel in Stein. Das Freiburger Münster. Vom Sinn mittelalterlicher Kirchenbauten, 14. Aufl., Freiburg 2014.

Heike Mittmann, Die Glasfenster des Freiburger Münsters, Regensburg 2005.

Schulz, Knut, Handwerk, Zünfte und Gewerbe. Mittelalter und Renaissance, Darmstadt 2010.

Wissell, Rudolf, Des alten Handwerks Recht und Gewohnheit (1929), 6 Bde., Berlin 1971 bis 1988.

Nr.17 《黄金诏书》

Michael Borgolte, »Die Goldene Bulle als europäisches Gundgesetz«, in: Tillmann Lohse/Benjamin Scheller (Hrsg.), Mittelalter in der größeren Welt. Essays zur Geschichtsschreibung und Beiträge zur Forschung, Berlin 2014, S. 193 ff.

Evelyn Brockhoff/Jan Gerchow/Raphael Gross/August Heuser (Hrsg.), Die Kaisermacher. Frankfurt a. M. und die Goldene Bulle. 1356–1806 (Katalog), Frankfurt 2006.

Evelyn Brockhoff/Michael Matthäus (Hrsg.), Die Kaisermacher. Frankfurt a. M. und die Goldene Bulle. 1356–1806 (Aufsätze), Frankfurt 2006.

Georg Schmidt, Geschichte des alten Reiches. Staat und Nation in der Frühen Neuzeit 1495–1806, München 1999.

Nr.18 不来梅"柯克"帆船

Jörgen Bracker/Volker Henn/Rainer Postel (Hrsg.), Die Hanse – Lebenswirklichkeit und Mythos. Katalog der Ausstellung des Museums für Hamburgische Geschichte in Hamburg 1989, 2 Bde., Hamburg 1989.

Thomas Förster, Schiffe der Hanse, Rostock 2009.

Gisela Graichen/Rolf Hammel-Kiesow, Die deutsche Hanse. Eine heimliche Supermacht, Reinbek 2011.

Rolf Hammel-Kiesow, Hanse, 3. Aufl., München 2004.

Gabriele Hoffmann/Uwe Schnall (Hrsg.), Die Kogge. Sternstunde der deutschen Schiffsarchäologie, Hamburg 2003.

Klaus-Peter Kiedel/Uwe Schnall (Hrsg.), Die Hanse-Kogge von 1380, Bremerhaven 1989.

Dieter Zimmerling, Die Hanse. Handelsmacht im Zeichen der Kogge, Düsseldorf/Wien 1976.

Carsten Jahnke, Die Hanse, Stuttgart 2014.

Nr.19 板甲衣

Reinhard Baumann, Landsknechte. Ihre Geschichte und Kultur vom späten Mittelalter bis zum Dreißigjährigen Krieg, München 1994.

Lothar Höbelt, »Vom militärischen saisonnier zum miles perpetuus«, in: Thomas Kolnberger u. a. (Hrsg.), Krieg in der europäischen Neuzeit, Wien 2010, S. 64.

Jan Willem Huntebrinker, »Fromme Knechte« und »Garteteufel«. Söldner als soziale Gruppe im 16. und 17. Jahrhundert, Reihe Konflikte und Kultur – Historische Perspektiven, Bd. 22, Konstanz 2010.

Bernhard R. Kroener, Kriegswesen, Herrschaft und Gesellschaft 1300–1800, München 2013.

Hans-Michael Möller, Das Regiment der Landsknechte. Untersuchungen zu Verfassung, Recht und Selbstverständnis in deutschen Söldnerheeren des 16. Jahrhunderts, Reihe Frankfurter historische Abhandlungen, Bd. 12, Wiesbaden 1976.

Tobias Schönauer, »Plattenrock um 1350«, in: Peter Wolf/Evamaria Brockhoff/Elisabeth Handle-Schubert/Andreas Th. Jell/Barbara Six (Hrsg.), Ludwig der Bayer. Wir sind Kaiser! Katalog zur Bayerischen Landesausstellung 2014, Regensburg 2014, S. 115 ff.

Nr.20 海德堡大学的大印章

Peter Classen/Eike Wolgast, Kleine Geschichte der Universität Heidelberg, Berlin/Heidelberg/New York 1983.

Wilhelm Doerr (Hrsg.), SEMPER APERTUS. 600 Jahre Ruprecht-Karls Universität Heidelberg 1386–1986, Festschrift in sechs Bänden, Berlin/Heidelberg/New York 1985 (darin vor allem die Beiträge von Eike Wolgast in den Bänden 1–3).

Notker Hammerstein, »Universitäten und Kriege im 20. Jahrhundert«, in: Walter Rüegg (Hrsg.), Geschichte der Universität in Europa, Bd. 3: Vom 19. Jahrhundert zum Zweiten Weltkrieg (1800–1945), München 2004, S. 535 ff.

Gabriel Meyer/Matthias Nuding/Markus Raquet/Roland Schewe, »Als Replikat erkannt. Der Siegelstempel der Universität Heidelberg von 1386 im Germanischen Nationalmuseum«, in: Anzeiger des Germanischen Nationalmuseums, Nürnberg 2013, S. 127 ff.

Universität Heidelberg. Geschichte und Gegenwart 1386–1961, Katalog zur gleichnamigen Ausstellung im Ottheinrichsbau des Heidelberger Schlosses, hgg. v. Georg Poensgen/Klaus Mugdan, Karlsruhe 1961.

600 Jahre Ruprecht-Karls-Universität Heidelberg 1386–1986. Geschichte, Forschung und Lehre, hgg. v. Rektor der Universität Heidelberg, München 1986.

Nr.21 女巴勒半身塑像上的巴勒标志

Günther Binding, Als die Kathedralen in den Himmel wuchsen. Bauen im Mittelalter, Darmstadt 2006.

Georges Duby, Die Zeit der Kathedralen. Kunst und Gesellschaft 980–1420, Frankfurt a. M. 1984.

Anton Legner (Hrsg.), Die Parler und der schöne Stil 1350–1400. Europäische Kunst unter den Luxemburgern. Ein Handbuch zur Ausstellung des Schnütgen Museums in der Kunsthalle Köln, 3 Bde., Köln 1978.

Hans Sedlmayr, Die Entstehung der Kathedrale, Wiesbaden 2001.

Nr.22 古腾堡的活字印刷术

Elisabeth I. Eisenstein, Die Druckerpresse. Kulturrevolutionen im frühen modernen Europa,

Wien/New York 1997.

Monika Estermann/Eva Hanebutt-Benz, »O werthe Druckerkunst / Du Mutter aller Kunst.« Gutenberg im Laufe der Jahrhunderte, Mainz 1999.

Lucien Febvre/Henri-Jean Martin, L'apparition du livre, Paris 1971.

Chiara Frugoni, Das Mittelalter auf der Nase. Brillen, Bücher, Bankgeschäfte und andere Erfindungen des Mittelalters, 2. Aufl., München 2004.

Stephan Füssel, Gutenberg und seine Wirkung, Frankfurt/Leipzig 1999.

Stephan Füssel, Johannes Gutenberg, Hamburg (1999), 5. überarbeitete und aktualisierte Auflage 2013.

Gutenberg. aventur und kunst: vom Geheimunternehmen zur ersten Medienrevolution, Katalog zur Ausstellung anlässlich des 600. Geburtstags von Johannes Gutenberg, Mainz 2000.

Eva Maria Hanebutt-Benz, »Gutenberg und Mainz«, in: http://www.gutenberg.de/zeitgum.htm.

Albert Kapr, Johannes Gutenberg. Persönlichkeit und Leistung, Frankfurt a. M. u. a. 1986.

Michael Matheus (Hrsg.), Lebenswelten Johannes Gutenbergs, Stuttgart 2005.

Paul Raabe (Hrsg.), Gutenberg. 550 Jahre Buchdruck in Europa, Katalog zur Ausstellung der Herzog-August-Bibliothek Wolfenbüttel 1990, Weinheim 1990.

Christoph Reske, »Hat Johannes Gutenberg das Gießinstrument erfunden? Mikroskopischer Typenvergleich an frühen Drucken«, in: Gutenberg Jahrbuch 90 (2015), S. 44 ff.

Horst Wenzel, Mediengeschichte vor und nach Gutenberg, Darmstadt 2008.

Nr. 23 马丁·倍海姆的地球仪

Gerhard Bott (Hrsg.), »Focus Behaim Globus, Teil 1: Aufsätze, Teil 2: Katalog«, in: Ausstellungskataloge des Germanischen Nationalmuseums, Ausstellung vom 2. Dezember 1992 bis 28. Februar 1993, Verlag des Germanisches Nationalmuseums, Nürnberg 1992 (vor allem die Beiträge von Peter J. Bräunlein und Johannes Willers).

Hermann Kellenbenz, »Gewerbe und Handel am Ausgang des Mittelalters«, in: Georg Pfeiffer (Hrsg.), Nürnberg – Geschichte einer europäischen Stadt, München 1982, S. 183 ff.

Ulrich Knefelkamp, »Der Behaim-Globus – Geschichtsbild und Geschichtsdeutung«, in: Dagmar Unverhau (Hrsg.), Geschichtsdeutung auf alten Karten. Archäologie und Geschichte, in: Wolfenbütteler Forschungen, Bd. 101, Wiesbaden 2003, S. 111–128.

Norica. Berichte und Themen aus dem Stadtarchiv Nürnberg, Schwerpunktthema. Martin Behaim (1459–1507). Nürnberg im Zeitalter der Entdeckungen, Nürnberg 2007 (vor allem die Beiträge von Günther Görz, Reinhard Jakob, Ursula Timann).

Nr. 24 阿尔布雷希特·丢勒的《女子浴室》

Anne-Marie Bonnet, Albrecht Dürer – Die Erfindung des Aktes, München 2014.

Dies., »Akt« bei Dürer, Köln 2001.

Edith Ennen, Frauen im Mittelalter, 5., überarbeitete und erweiterte Aufl., München 1994.

Anne Röver-Kann, »Kunsthalle Bremen: Rückkehr verschollener Kunstwerke – Das Ende einer Odyssee: Dürers ›Frauenbad‹ zurück«, in: AsKI-Kulturberichte 1/2004.

Anne Röver-Kann (Bearb.)/Der Kunstverein Bremen (Hrsg.), Albrecht Dürer. Das Frauenbad von 1496, Bremen 2001.

Anne Röver-Kann (Bearb.)/Der Kunstverein Bremen (Hrsg.), Dürer-Zeit. Die Geschichte der Dürer-Sammlung in der Kunsthalle Bremen, München 2012.

Rainer Berthold Schossig/Der Kunstverein Bremen (Hrsg.), Viktor Baldin. Der Mann mit dem Koffer. Die Odyssee der 1945 nach Moskau verbrachten Blätter der Kunsthalle Bremen, Bremen 2007.

Friedrich Winkler, Albrecht Dürer. Leben und Werk, Berlin 1957.

Nr.25　汉斯·巴尔东·格里恩的《边境伯爵油画版画》

Baden! 900 Jahre. Geschichte eines Landes, Katalog zur Großen Landesausstellung im Badischen Landesmuseum Karlsruhe 2012, Stuttgart 2012.

Klaus Graf, »Lehren aus dem Karlsruher Kulturdebakel 2006«, in: Kunstchronik 60 (2007), S. 57–61.

Konrad Krimm, »Markgraf Christoph I. und die badische Teilung. Zur Deutung der Karlsruher Votivtafel von Hans Baldung Grien«, in: Zeitschrift für die Geschichte des Oberrheins 138, N. F. 99 (1990), S. 199–215.

Dieter Mertens, »Der Baldung-Grien-Code. Wer will denn ein Bild kaufen, das ihm schon gehört? Günther Oettinger haut acht Millionen auf den Kopf«, in: FAZ vom 2. 11. 2006, Nr. 255, S. 39–41.

Gert von der Osten, Hans Baldung Grien. Gemälde und Dokumente, Berlin 1983.

Wilfried Rogasch (Hrsg.), Schatzhäuser Deutschlands. Kunst in adligem Privatbesitz, Katalog zur Ausstellung im Haus der Kunst, München 2004–2005, München 2004.

Nr.26　《啤酒纯净法》

Monika Ruth Franz, »Die Landesordnung von 1516/1520. Landesherrliche Gesetzgebung im Herzogtum Bayern in der ersten Hälfte des 16. Jahrhunderts«, in: Bayerische Rechtsquellen, Bd. 5, München 2003.

Karin Hackel-Stehr, Das Brauwesen in Bayern vom 14. bis 16. Jahrhundert, insbesondere die Entstehung und Entwicklung des Reinheitsgebotes (1516), Berlin 1987.

Christian Rätsch, Bier. Jenseits von Hopfen und Malz. Von den Zaubergetränken der Götter zu den psychedelischen Bieren der Zukunft, Luzern 1996.

Ernst Schubert, Essen und Trinken im Mittelalter, Darmstadt 2006.

Birgit Speckle, »Streit ums Bier in Bayern. Wertvorstellungen um Reinheit, Gemeinschaft und Tradition«, in: Münchener Universitätschriften/Münchner Beiträge zur Volkskunde, Bd. 27, Münster/New York/München/Berlin 2001.

Nr.27　在"金色账房"中

Philippe Braunstein (Hrsg.), Un banquier mis à nu. Autobiographie de Matthäus Schwarz, bourgeois d'Augsbourg, Paris 1992.

August Fink (Hrsg.), Die Schwarz'schen Trachtenbücher, Berlin 1963.

Valentin Groebner, »Die Kleider des Körpers des Kaufmanns. Zum ›Trachtenbuch‹ eines Augsburger Bürgers im 16. Jahrhundert«, in: Zeitschrift für Historische Forschung 25 (1998), S. 323–358.

Mark Häberlein, Die Fugger. Geschichte einer Augsburger Familie (1367–1650), Stuttgart 2006.

Franz Herre, Die Fugger in ihrer Zeit, 12. Aufl., Augsburg 2005.

Wolfgang Treue, Abenteuer und Anerkennung. Reisende und Gereiste in Spätmittelalter und Frühneuzeit (1400–1700), Paderborn 2014.

Nr.28　巴特弗兰肯豪森的维纳尔·图布克全景画

Harald Behrendt, Werner Tübkes Panoramabild in Bad Frankenhausen. Zwischen staatlichem Prestigeprojekt und künstlerischem Selbstauftrag, Kiel 2006.

Günter Meißner, Bauernkrieg und Weltgericht. Das Frankenhausener Monumentalbild einer Wendezeit, Leipzig 1995.

Günter Meißner, Werner Tübke. Leben und Werk, Leipzig 1989.

Werner Tübke, Monumentalbild Frankenhausen. Mit einem Text von Karl Max Kober, Dresden 1989.

Hans-Werner Schmidt/Eduard Beaucamp (Hrsg.), Tübke. Die Retrospektive zum 80. Geburtstag, Leipzig 2009.

Werner Tübke, »›Es kommt darauf an, Utopie zu leisten.‹ Interview mit Peter Sager«, in: Die Zeit, Nr. 11/1978, S. 27.

Werner Tübke, Reformation – Revolution. Mit Texten von Karl Max Kober, Dresden 1988.

Peter Blickle, Der Bauernkrieg. Die Revolution des Gemeinen Mannes, München 2012.

Nr.29　马丁·路德的德语《圣经》

Hardy Eidam (Hrsg.), »Er fühlt der Zeiten ungeheuren Bruch und fest umklammert er sein Bibelbuch ...«: zum Lutherkult im 19. Jahrhundert, Berlin 1996.

Stephan Füssel (Hrsg.), Die Luther-Bibel von 1534, Vollständiger Nachdruck, Biblia, das ist die ganze Heilige Schrift, Faksimile-Ausgabe, mit einer kulturhistorischen Einführung von Stephan Füssel, Köln 2012.

Michael Knoche (Hrsg.), Reise in die Bücherwelt. Drucke der Herzogin Anna Amalia Bibliothek aus sieben Jahrhunderten, Köln/Weimar/Wien 2011.

Stefan Laube (Hrsg.), Lutherinszenierung und Reformationserinnerung, Leipzig 2002.

Heinz-Gerhard Haupt (Hrsg.), Nation und Religion in der deutschen Geschichte, Frankfurt a. M. 2001.

Michael Fischer, Religion, Nation, Krieg. Der Lutherchoral »Ein feste Burg ist unser Gott« zwischen Befreiungskriegen und Erstem Weltkrieg, Münster 2014.

Hartmut Lehmann, Luthergedächtnis 1817 bis 2017, Göttingen 2012.

Nr.30　奥格斯堡月历画

Hartmut Boockmann/Pia Maria Grüber (Hrsg.), »Kurzweil viel ohn' Maß und Ziel«. Alltag und Festtag auf den Augsburger Monatsbildern der Renaissance, München 1994.

Christina Langner/Detlef Wienecke-Janz (Hrsg.), Feste und Bräuche aus Mittelalter und Renaissance. Die Augsburger Monatsbilder, Gütersloh/München 2007.

Bernd Roeck, Architektur einer europäischen Stadt, Regensburg 1984.

Bernd Roeck, Lebenswelt und Kultur des Bürgertums in der Frühen Neuzeit, München 1991.

Heinz Schilling, Die Stadt in der frühen Neuzeit, München 1993.

Nr.31　维特施托克会战中的酒塞

Sabine Eickhoff/Franz Schopper (Hrsg.), 1636 – Ihre letzte Schlacht. Leben im Dreißigjährigen Krieg, Ausstellungskatalog, Berlin 2012.

Heinz Ludwig Arnold, Hans Jacob Christoffel von Grimmelshausen, München 2008.

Johannes Burkhardt, Der Dreißigjährige Krieg, Frankfurt a. M. 1992.

Benigna v. Krusenstjern, »Selbstzeugnisse aus der Zeit des Dreißigjährigen Krieges. Beschreibendes Verzeichnis«, in: Selbstzeugnisse der Neuzeit 6, Berlin 1997.

Jan Peters (Hrsg.), Ein Söldnerleben im Dreißigjährigen Krieg. Eine Quelle zur Sozialgeschichte, Berlin 1993.

Konrad Repgen, Dreißigjähriger Krieg und Westfälischer Friede. Studien und Quellen, hgg. von Franz Bosbach und Christoph Kampmann, 2. Aufl., Paderborn 1999.

Bernd Roeck, Als wollt die Welt schier brechen: eine Stadt im Zeitalter des Dreißigjährigen Krieges, München 1991.

Wolfgang Treue, »Aus dem Kloster hinaus in die Welt – zwei Mönche in der Zeit des Dreißigjährigen Krieges«, in: Archiv für Kulturgeschichte 2011, S. 439–471.

Nr.32　光明节灯台

Karl Erich Grözinger (Hrsg.), Jüdische Kultur in Frankfurt von den Anfängen bis in die Gegenwart, Wiesbaden 1997.

Georg Heuberger (Hrsg.), Die Pracht der Gebote. Die Judaica-Sammlung des Jüdischen Museums Frankfurt am Main, Köln 2006.

Sabine Hödl u. a. (Hrsg.), Hofjuden und Landjuden. Jüdisches Leben in der Frühen Neuzeit, Berlin/Wien 2004.

Isidor Kracauer, Geschichte der Juden in Frankfurt a. M. (1150–1824), 2 Bde., Frankfurt a. M. 1923/27.

Was übrig blieb. Das Museum Jüdischer Altertümer in Frankfurt 1922–1938, Ausstellungs-Katalog, hgg. vom Jüdischen Museum Frankfurt, Frankfurt a. M. 1988.

Annette Weber, »Splendid Bridal Gifts from a Sumptuous Wedding Ceremony of 1681 in the Frankfurt Judengasse«, in: Journal of Jewish Art 20 (1994), S. 168–179.

Annette Weber, »›Was übrig blieb‹. Riten und Kultgerät aus der Frankfurter Judengasse«, in: Synagogen, Mikwen, Siedlungen. Jüdisches Alltagsleben im Lichte neuer archäologischer Funde, hgg. v. Egon Wamers und Fritz Backhaus, Frankfurt a. M. 2004, S. 41–59.

Nr.33 瘟疫医生面具

Klaus Bergdolt, Der Schwarze Tod. Die große Pest und das Ende des Mittelalters, München (1994), 3. Aufl. 2011.

Mischa Meier (Hrsg.), Pest. Die Geschichte eines Menschheitstraumas, Stuttgart 2005.

Norbert Ohler, Sterben und Tod im Mittelalter, Düsseldorf 2004.

Manfred Vasold, Pest, Not und schwere Plagen. Seuchen und Epidemien vom Mittelalter bis heute, München 1991.

Manfred Vasold, Grippe, Pest und Cholera. Eine Geschichte der Seuchen in Europa, Stuttgart 2008.

Nr.34 《跳舞的死神》

Philippe Ariès, Geschichte des Todes, München 1980.

Klaus Bergdolt, Der Schwarze Tod in Europa. Die Große Pest und das Ende des Mittelalters, 6. Aufl., München 2011.

Peter Borscheid (Hrsg.), Ehe, Liebe, Tod. Zum Wandel der Familie, der Geschlechts- und Generationsbeziehungen in der Neuzeit, Münster 1983.

Norbert Fischer, Geschichte des Todes in der Neuzeit, Erfurt 2001.

Andrea von Hülsen-Esch (Hrsg.), Zum Sterben schön! Alter, Totentanz und Sterbekunst von 1500 bis heute, Katalog zur Ausstellung des Museums Schnütgen, 2 Bde., Regensburg 2006.

Arthur E. Imhof/Rita Weinknecht (Hrsg.), »Erfüllt leben – in Gelassenheit sterben. Geschichte und Gegenwart. Beiträge eines interdisziplinären Symposiums vom 23.–25. November 1993 an der Freien Universität Berlin«, in: Berliner Historische Studien, Bd. 19, Berlin 1994.

Paul Münch, Lebensformen in der Frühen Neuzeit. 1500 bis 1800, Frankfurt a. M. 1992.

Eva Schuster (Hrsg.), Das Bild vom Tod. Graphiksammlung der Heinrich-Heine-Universität Düsseldorf, Recklinghausen 1992.

Klaus Wolbert, Memento mori. Der Tod als Thema der Kunst vom Mittelalter bis zur Gegenwart, Ausstellungskatalog, Darmstadt 1984.

Nr.35 《波茨坦敕令》

Frederic Hartweg/Susanne Beneke/Hans Ottomeyer (Hrsg.), Zuwanderungsland Deutschland. Die Hugenotten, Katalog zur Ausstellung des DHM 2005/2006, Berlin 2005.

Guido Braun/Susanne Lachenicht (Hrsg.), »Hugenotten und deutsche Territorialstaaten. Immigrationspolitik und Integrationsprozesse«, in: Pariser Historische Studien, hgg. v. Deutschen Historischen Institut Paris, Bd. 82, München 2007.

Susanne Lachenicht, Hugenotten in Europa und Nordamerika. Migration und Integration in der Frühen Neuzeit, Frankfurt a. M. 2010.

Gottfried Bregulla, Hugenotten in Berlin, Berlin/Ost 1988.

Conrad Grau, Berlin Französische Straße. Auf den Spuren der Hugenotten, Berlin/Ost 1987.

Susanne Lachenicht, Hugenotten in Europa und Nordamerika. Migration und Integration in der Frühen Neuzeit, Frankfurt/New York 2010.

Ingrid Mittenzwei (Hrsg.), Hugenotten in Brandenburg-Preußen, Berlin/Ost 1987.

Ed. Muret (Bearb.), Geschichte der französischen Kolonie in Brandenburg-Preußen unter besonderer Berücksichtigung der Berliner Gemeinde. Aus Veranlassung der Zweihundertjährigen Jubelfeier am 29. Oktober 1885, Berlin 1885.

Ulrich Niggemann, Immigrationspolitik zwischen Konflikt und Konsens. Die Hugenottenansiedlung in Deutschland und England (1681–1697), Köln/Weimar/Wien 2008.

Ulrich Niggemann, Hugenotten, Köln/Weimar/Wien 2011.

Valeska von Roques, »Unsere lieben Hugenotten«, in: Der Spiegel 49/1985.

Rudolf von Thadden/Michelle Magdelaine (Hrsg.), Die Hugenotten 1685–1985, München 1985.

Wolfgang Neugebauer (Hrsg.), Das 17. und 18. Jahrhundert und Große Themen der Geschichte Preußens, Berlin 2009.

Nr.36　巴尔塔扎·诺伊曼的建筑计算工具

Erich Franz, Räume, die im Sehen entstehen. Ein Führer zu sämtlichen Bauten Balthasar Neumanns, Ostfildern 1998.

Cornelius Gurlitt, Geschichte des Barockstiles und des Rococo in Deutschland, Stuttgart 1889.

Joseph Keller, Balthasar Neumann, Würzburg 1896.

Fritz Knapp, Balthasar Neumann. Der große Architekt seiner Zeit, Bielefeld 1937.

Gerd Schneider, Unbekannte Werke barocker Baukunst, Ansichten nach Entwürfen von Balthasar Neumann und Zeitgenossen, Wiesbaden 1995.

Wilfried Hansmann, Balthasar Neumann. Leben und Werk, Köln 1988.

Bernhard Schütz, Balthasar Neumann, Freiburg 1988.

Max H. von Freeden, Balthasar Neumann. Leben und Werk, 2. erw. Aufl., München 1963.

Ulrich Schütte (Hrsg.), Architekt und Ingenieur. Baumeister in Krieg und Frieden, Wolfenbüttel 1984.

R. Studtrucker, Aus Balthasar Neumanns Baubüro. Pläne der Sammlung Eckert zu Bauten des großen Barockarchitekten, Würzburg 1987.

Alexander Wiesneth, Gewölbekonstruktionen Balthasar Neumanns, Berlin 2011.

Ulrich Troitzsch (Hrsg.), Nützliche Künste. Kultur- und Sozialgeschichte der Technik im 18. Jahrhundert, Münster 1999.

Nr.37　腓特烈大帝的鼻烟盒

Johann Georg Prinz von Preußen (Hrsg.), Friedrich der Große. Sammler und Mäzen, München 1992.

Werner Benecke/Grzegorz Podruczny (Hrsg.), Kunersdorf 1759. Kunowice 2009. Studien zu einer

866 | 100 个物品中的德国历史

europäischen Legende, Berlin 2010.

Verein der Freunde und Förderer des Museums Viadrina e. V., Stadtarchiv und Kleist-Museum, Frankfurt/Oder (Hrsg.), Das Mirakel des Hauses Brandenburg. Die Schlacht bei Kunersdorf. Der Dichter Ewald Christian von Kleist, Jacobsdorf 2010.

Friedrich der Große: Ausstellung des Geheimen Staatsarchivs Preußischer Kulturbesitz anläßlich des 200. Todestages Friedrichs II. von Preußen, Berlin 1986.

Tom Goeller, Der Alte Fritz. Mensch, Monarch, Mythos, Hamburg 2011.

Rüdiger Michael, »Kunersdorf 1759. Prestige- oder Vernichtungsschlacht?«, in: Militärgeschichte 9/1999, S. 79–88.

Johannes Kunisch, Friedrich der Große. Der König und seine Zeit, München 2004.

Deutsches Historisches Museum (Hrsg.): Friedrich der Große. Verehrt. Verklärt. Verdammt, Stuttgart 2012.

Nr. 38　避雷针

Peter Heering/Oliver Hochadel/David J. Rhees (Hrsg.), »Playing with Fire: Histoires of the Lightning Rod«, Transactions of the American Philosophical Society 99, 5, Philadelphia 2009.

Oliver Hochadel, Öffentliche Wissenschaft. Elektrizität in der deutschen Aufklärung, Göttingen 2003.

Jonathan I. Israel, Radical Enlightenment. Philosophy and the Making of Modernity 1650 bis 1750, Oxford 2002.

Heinz-Dieter Kittsteiner, Die Entstehung des modernen Gewissens, Frankfurt a. M. 1991.

Christa Möhring, Eine Geschichte des Blitzableiters. Die Ableitung des Blitzes und die Neuordnung des Wissens um 1800, Diss. Weimar 2005 [PDF online].

Potzblitz! Der historische Blitzableiter des Augsburger Schaetzlerpalais. Katalog zur Kabinettausstellung der Museen und Kunstsammlungen Augsburg in Zusammenarbeit mit der Staats- und Stadtbibliothek Augsburg, Augsburg 2008.

Hannelore Schlaffer, »Prometheus und Lotte«, in: Wolfgang Lange/Jürgen Paul Schwindt/Karin Westerwelle (Hrsg.), Temporalität und Form. Konfigurationen ästhetischen und historischen Bewußtseins. Autoren-Kolloquium mit Karl Heinz Bohrer, Heidelberg 2004, S. 237 ff.

Rudolf Stichweh, Zur Entstehung des modernen Systems wissenschaftlicher Disziplinen. Physik in Deutschland 1740–1890, Frankfurt a. M. 1984.

Engelhard Weigl, »Entzauberung der Natur durch Wissenschaft – dargestellt am Beispiel der Erfindung des Blitzableiters«, in: Jahrbuch der Jean-Paul-Gesellschaft, hgg. v. Kurt Wölfel, 22. Jg. 1987, S. 7 ff.

Nr. 39　歌德的《自由之树》

Holger Böning (Hrsg.), Französische Revolution und deutsche Öffentlichkeit. Wandlungen in Presse und Alltagskultur am Ende des 18. Jahrhunderts, München u. a. 1992.

Franz Dumont, »Die Mainzer Republik von 1792/93. Französischer Revolutionsexport und deutscher Demokratieversuch«, bearbeitet von Stefan Dumont und Ferdinand Scherf, in: Schriften des Landtags Rheinland-Pfalz, Heft 55, Mainz 2013.

Volkmar Hansen (Hrsg.), Europa, wie Goethe es sah, Ausstellungskatalog, Düsseldorf/Saverne/ Bologna 1999.

Günther Jäckel (Hrsg.), Der Freiheitsbaum. Die Französische Revolution in Schilderungen Goethes und Forsters 1792/93, Berlin 1983.

Axel Kuhn, Freiheit, Gleichheit, Brüderlichkeit: Debatten um die Französische Revolution in Deutschland, Hannover 1989.

Rüdiger Safranski, Goethe. Kunstwerk des Lebens, München 2013.

Peter Schneider, Mainzer Republik und Französische Revolution, Mainz 1990.

Theo Stammen/Friedrich Eberle (Hrsg.), Deutschland und die Französische Revolution 1789– 1806, Darmstadt 1988.

Claus Träger (Hrsg.), Die Französische Revolution im Spiegel der deutschen Literatur, Köln 1989.

Nr.40 《十月法令》

Christopher Clark, Preußen – Aufstieg und Niedergang. 1800–1947, München 2007.

Heinz Duchhardt, Mythos Stein. Vom Nachleben, von der Stilisierung und von der Instrumentalisierung des preußischen Reformers, Göttingen 2008.

Heinz Duchhardt, Freiherr vom Stein. Preußens Reformer und seine Zeit, München 2009.

Max Lehmann, Freiherr vom Stein, 2. Teil. Die Reform 1807–1808, Leipzig 1903.

Ilja Mieck, »Die preußischen Reformen: Eine Revolution von oben?«, in: Manfred Schlenke (Hrsg.), Preußen-Ploetz. Eine historische Bilanz in Daten und Deutungen, Freiburg/Würzburg 1983.

Willy Andreas, »Die alte und die neue Welt im Zeichen von Revolution und Restauration«, in: Die neue Propyläen-Weltgeschichte, Bd. 5., Berlin 1943.

Veronika Roeder, »Preußische Geschichte in der sozialistischen Schule«, in: Geschichte in Wissenschaft und Unterricht, Jg. 32 (1981), S. 400–423.

Heinrich Scheel (Hrsg.), Preußische Reformen – Wirkungen und Grenzen, Ostberlin 1983.

Bernd Sösemann (Hrsg.), Gemeingeist und Bürgersinn. Die preußischen Reformen, Berlin 1993.

Barbara Vogel, 1807 – eine Zeitenwende der preußischen Geschichte?, Friedrichsruh 2008.

Hans Fenske, Freiherr von Stein. Reformer und Moralist, Darmstadt 2012.

Nr.41 《格林童话》

Bruno Bettelheim, Kinder brauchen Märchen, Stuttgart 1977.

Iring Fetscher, Wer hat Dornröschen wachgeküsst? Das Märchen-Verwirrbuch, Frankfurt a. M. 1972.

Expedition Grimm. Ausstellungskatalog Hessische Landesausstellung. Kassel 2013, hgg. v. Hessischen Ministerium für Wissenschaft und Kunst, Thorsten Smidt.

Steffen Martus, Die Brüder Grimm. Eine Biographie, Berlin 2009.

Heinz Rölleke, Die Märchen der Brüder Grimm. Eine Einführung, 4. Aufl., Stuttgart 2004.

Hans-Jörg Uther, Handbuch zu den »Kinder- und Hausmärchen« der Brüder Grimm. Entstehung – Wirkung – Interpretation, Berlin 2008.

Maria Tatar, »Grimms Märchen«, in: Etienne François/Hagen Schulze (Hrsg.), Deutsche Erinnerungsorte, Bd. 1, München 2001, S. 275 ff.

Nr. 42　带有炮弹的骸骨

Hans-Dietrich Dahnke/Thomas Höhle/Hans-Georg Werner (Hrsg.), Geschichte der deutschen Literatur. 1789 bis 1830, Berlin 1978.

Katrin Keller (Hrsg.), Vom Kult zur Kulisse. Das Völkerschlachtdenkmal als Gegenstand der Geschichtskultur, Leipzig 1995.

Andreas Platthaus, Die Völkerschlacht und das Ende der Alten Welt, Berlin 2013.

Kirstin Anne Schäfer, »Die Völkerschlacht«, in: Etienne Francois/Hagen Schulze, Deutsche Erinnerungsorte, Bd. 2, München 2001, S. 187 ff.

Stiftung Deutsches Historisches Museum (Hrsg.), 1813 – Auf dem Schlachtfeld bei Leipzig. Ein Rundgang durch das Gemälde »Siegesmeldung« von Johann Peter Krafft, Ausstellungskatalog, Berlin 2013.

Hans-Ulrich Thamer, Die Völkerschlacht bei Leipzig. Europas Kampf gegen Napoleon, München 2013.

Heinrich August Winkler, Der lange Weg nach Westen. Deutsche Geschichte 1806–1933, München 2000.

Nr. 43　贝多芬《第九交响曲》

Esteban Buch, »Beethovens Neunte«, in: Étienne François/Hagen Schulze (Hrsg.), Deutsche Erinnerungsorte, Bd. 3, München 2001, S. 665 ff.

Jan Caeyers, Beethoven. Der einsame Revolutionär. Eine Biographie, München 2012.

Andreas Eichhorn, Beethovens Neunte Symphonie. Die Geschichte ihrer Aufführung und Rezeption, Kassel 1993.

Dieter Hildebrandt, Die Neunte. Schiller, Beethoven und die Geschichte eines musikalischen Welterfolges, München/Wien 2005.

Christina M. Stahl, Was die Mode streng geteilt?! Beethovens Neunte während der deutschen Teilung, Mainz 2009.

Nr. 44　约翰·戈特弗里德·图拉墓碑

Christoph Bernhardt, »Zeitgenössische Kontroversen über die Umweltfolgen der Oberrheinkorrektion im 19. Jahrhundert«, in: Zeitschrift für die Geschichte des Oberrheins, 146. Jg. (1998), S. 293–319.

David Blackbourn, Die Eroberung der Natur. Eine Geschichte der deutschen Landschaft, 3. Aufl., München 2008.

Mark Cioc, The Rhine. An Eco-Biography, 1815–2000, Seattle/London 2002.

Meinhard von Gerkan, Black Box BER. Vom Flughafen Berlin Brandenburg und anderen Großbaustellen. Wie Deutschland seine Zukunft verbaut, Köln 2013.

Joachim Radkau, Technik in Deutschland. Vom 18. Jahrhundert bis zur Gegenwart, Frankfurt a. M. 1989.

Horst Johannes Tümmers, Der Rhein. Ein europäischer Fluß und seine Geschichte, München 1994.

Hans Georg Zier, »Johann Gottfried Tulla. Ein Lebensbild«, in: Badische Heimat, 50. Jg. (1970), S. 379–449.

Nr. 45　哈姆巴赫宫的旗帜

Hans Fenske, »Das Hambacher Fest – ein Mythos?«, in: Pfälzer Heimat 58 (2007), S. 45 ff.

Landesbank Rheinland-Pfalz (Hrsg.): Hambach 1832–1982. Ereignis – Grundwerte – Perspektiven, Mainz 1982.

Meinrad M. Grewing (Hrsg.): Das Hambacher Schloß. Ein Fest für die Freiheit, Ostfildern 1998.

Berndt Guben, Schwarz-rot-gold: Biographie einer Fahne, Berlin/Frankfurt/München 1991.

Hambach-Gesellschaft für historische Forschung und politische Bildung (Hrsg.), 175 Jahre Hambacher Fest 1832–2007, Speyer 2007.

Karl-Heinz Quenzel, Schwarz-rot-gold. Die deutschen Farben vor dem Hintergrund ihrer Geschichte, 2. Aufl., Berlin 2010.

Symbol für Freiheit, Einheit und Demokratie. Die Hambacher Fahne im Landtag Rheinland-Pfalz, hgg. v. Präsidenten des Landtags Rheinland-Pfalz, 2. Aufl., Mainz 2011.

Hedwig Brüchert, Hinauf, hinauf zum Schloss!. Das Hambacher Fest 1832 (Begleitbuch zur Ausstellung im Hambacher Schloss), Neustadt an der Weinstraße 2008.

Nr. 46　《边境困窘》

Ragnvald Christiansen, Vom Deutschen Zollverein zur Europäischen Zollunion, Schriftenreihe des Bundesministeriums der Finanzen, Heft 26, Bonn 1978.

Hans-Werner Hahn, Geschichte des Deutschen Zollvereins, Göttingen 1984.

Hans-Werner Hahn/Marko Kreutzmann (Hrsg.), Der Deutsche Zollverein. Ökonomie und Nation im 19. Jahrhundert, Köln/Weimar/Wien 2012.

William O. Henderson, The Zollverein, London/Chicago 1939.

Werner Knopp (Hrsg.), Als die Schranken fielen. Der deutsche Zollverein. Ausstellung des Geheimen Staatsarchivs Preußischer Kulturbesitz zur 150. Wiederkehr der Gründung des deutschen Zollvereins, Berlin 1984.

Richard H. Tilly, Vom Zollverein zum Industriestaat. Die wirtschaftlich-soziale Entwicklung Deutschlands 1834 bis 1914, München 1990.

Nr.47 鹰号机车

Karl-Wilhelm Belz, Eisenbahnen in der industriellen Revolution: Ein frühes Wuppertaler Projekt, Reihe Beiträge zur Geschichte und Heimatkunde des Wuppertals, Bd. 27, Wuppertal 1979.

DB Museum Nürnberg/Jürgen Franzke (Hrsg.), Der Adler – Deutschlands berühmteste Lokomotive, Reihe Objektgeschichten aus dem DB Museum, Bd. 2, Nürnberg 2011.

DB Museum Nürnberg/Jürgen Franzke (Hrsg.), Geschichte der Eisenbahn in Deutschland, 4 Bde., Nürnberg 2001–14.

Stephan Deutinger, Bayerns Weg zur Eisenbahn. Joseph von Baader und die Frühzeit der Eisenbahn in Bayern 1800 bis 1835, St. Ottilien 1997.

Dietrich Eichholtz, »Bewegungen unter den preußischen Eisenbauarbeitern im Vormärz«, in: Deutsche Akademie der Wissenschaften zu Berlin, Beiträge zur deutschen Wirtschafts- und Sozialgeschichte des 18. und 19. Jahrhunderts, Schriften des Instituts für Geschichte, Reihe I: Allgemeine und deutsche Geschichte, Bd. 10, Berlin 1962, S. 251 bis 287.

Eisenbahnjahr Ausstellungs-GmbH Nürnberg (Hrsg.), Zug der Zeit – Zeit der Züge: Deutsche Eisenbahn 1835–1985. Das offizielle Werk zur gleichnamigen Ausstellung, 2 Bde., Berlin 1985.

Friedrich-Wilhelm Henning, Die Industrialisierung in Deutschland 1800 bis 1914, 6. Aufl., Paderborn 1993.

Brian Hollingsworth/Arthur Cook, Das Handbuch der Lokomotiven, Augsburg 1996.

Ulrich Schefold, 150 Jahre Eisenbahn in Deutschland, München 1985.

Horst Wagenblass, Der Eisenbahnbau und das Wachstum der deutschen Eisen- und Maschinenbauindustrie 1835–1860. Ein Beitrag zur Geschichte der Industrialisierung Deutschlands, Reihe Forschungen zur Sozial- und Wirtschaftsgeschichte, Bd. 18, Stuttgart 1973.

Siegfried Weichlein, Nation und Region. Integrationsprozesse im Bismarckreich, Reihe Beiträge zur Geschichte des Parlamentarismus und der politischen Parteien, Bd. 137, 2. Aufl., Düsseldorf 2006.

Dieter Ziegler, Eisenbahnen und Staat im Zeitalter der Industrialisierung. Die Eisenbahnpolitik der deutschen Staaten im Vergleich, Vierteljahresschrift für Sozial- und Wirtschaftsgeschichte, Nr. 127, Stuttgart 1996.

Nr.48 第一版《德意志之歌》

Rainer Blasius, »Die Unwilligkeit zu singen. Deutschlandlied und Becherhymne zwischen Tradition und Neuanfang, Verfremdung und Verschweigen«, in: Flagge zeigen? Die Deutschen und ihre Nationalsymbole, Stiftung Haus der Geschichte der Bundesrepublik Deutschland (Hrsg.), Bielefeld/Leipzig 2009, S. 72 ff.

Hermann Schäfer, »Das Deutschlandlied hat viele Geburtstage«, in: Leipziger Universitätsreden, Neue Folge Heft 93: Vorträge aus dem Studium universale 2001–2003, Leipzig 2003, S. 21 ff.

Eberhard Schellhaus, Die Nationalhymne. Text von Heinrich von Fallersleben, Melodie Joseph

Haydn. Eine Dokumentation zur Geschichte des Deutschlandliedes, Stuttgart 1987.

Jürgen Zeichner, Einigkeit und Recht und Freiheit. Zur Rezeptionsgeschichte von Text und Melodie des Deutschlandliedes seit 1933, Köln 2008.

Nr.49 金犁

Walter Achilles, Deutsche Agrargeschichte im Zeitalter der Reformen und der Industrialisierung, Stuttgart 1993.

Siegfried Epperlein, Siegfried, Bäuerliches Leben im Mittelalter. Schriftquellen und Bildzeugnisse, Köln 2003.

Wilfried Lagler, »Der ›Festzug der Württemberger‹ von 1841«, in: Universitätsbibliothek Tübingen 2000 [Publikationssystem: http://hdl.handle.net/10900/43793].

Bernhard Mann, Kleine Geschichte des Königreichs Württemberg 1806–1918, Leinfelden-Echterdingen 2006.

Massimo Montanari, Der Hunger und der Überfluß. Kulturgeschichte der Ernährung in Europa, München 1999.

Friedrich Wilhelm Henning, Deutsche Agrargeschichte des Mittelalters, 9.–15. Jahrhundert, Stuttgart 1994.

Paul Sauer, Reformer auf dem Königsthron. Wilhelm I. von Württemberg, Stuttgart 1997.

Gerhard Seybold, »Württembergs Industrie und Außenhandel vom Ende der Napoleonischen Kriege bis zum Deutschen Zollverein«, in: Veröffentlichungen der Kommission für geschichtliche Landeskunde Baden-Württemberg, Reihe B Forschungen, Bd. 74, Stuttgart 1974.

Jürgen Weisser, »Vom Beginn der Hohenheimer Ackergerätefabrik und der Hohenheimer Modellsammlung (1818–1845)«, in: Der Goldene Pflug 36 (2013), S. 45 ff.

Nr.50 尖顶头盔

Burkhard Beyer, »Ein staatstragender Unternehmer des 19. Jahrhunderts: Der Elberfelder Metallwarenfabrikant Wilhelm Jaeger und seine Beziehungen zu Krupp Essen«, in: Geschichte in Wuppertal, 9. Jg. (2000), S. 8 ff.

Paul Pietsch, »Die Formations- und Uniformierungsgeschichte des preußischen Heeres 1808–1914«, in: Fußtruppen (Infanterie, Jäger und Schützen, Pioniere und deren Landwehr), Bd. 1, 2. Aufl. , Hamburg 1963, S. 54–65.

Ralf Pröve, »Militär, Staat und Gesellschaft im 19. Jahrhundert«, in: Enzyklopädie Deutscher Geschichte, Band 77, München 2006.

Ulrich Schiers, »Kopfbedeckungen, Teil I: Die Verbreitung der Pickelhaube in den deutschen Staaten«, in: Die Sammlungen des Wehrgeschichtlichen Museums im Schloß Rastatt, Band 5, Rastatt 1888.

Ulrich Schiers, »Das Königsmanöver im Jahre 1842. Ein Helm erzählt seine Geschichte«, in: Zeitschrift für Heereskunde Nr. 456, April/Juni 2015.

Heinz Stübig, »Bildung, Militär und Gesellschaft in Deutschland. Studien zur Entwicklung im 19. Jahrhundert«, in: Studien und Dokumentationen zur deutschen Bildungsgeschichte, Band

54, Köln/Weimar/Wien 1994.

Bernd Ulrich, Untertan in Uniform, Frankfurt a. M. 2001.

Jakob Vogel, »Die Pickelhaube«, in: Étienne François/Hagen Schulze (Hrsg.), Deutsche Erinnerungsorte, Bd. 2, München 2001, S. 299 ff.

Wolfram Wette, Militarismus in Deutschland. Geschichte einer kriegerischen Kultur, Darmstadt 2008.

Nr.51　略布·施特劳斯的出生登记

Klaus J. Bade, Europa in Bewegung: Migration vom späten 18. Jahrhundert bis zur Gegenwart, München 2000.

Klaus J. Bade, Deutsche im Ausland, Fremde in Deutschland: Migration in Geschichte und Gegenwart, München 1992.

Bernd Brunner, Nach Amerika. Die Geschichte der deutschen Auswanderung, München 2009.

Klaus Guth (Hrsg.), Jüdische Landgemeinden in Oberfranken (1800–1942), Bamberg 1988.

Dirk Hoerder, Geschichte der deutschen Migration. Vom Mittelalter bis heute, München 2010.

Tanja Roppelt, Abenteuer Jeans. Eine Reise zu den Ursprüngen der blauen Hose, Bamberg 2008.

Hans Schaub, Von Löb Strauß zu Levi Strauss, Bamberg 2011.

Nr.52　《共产党宣言》

Philipp Erbentraut/Torben Lütjen, »Eine Welt zu gewinnen. Entstehungskontext, Wirkungsweise und Narrationsstruktur des ›Kommunistischen Manifests‹«, in: Johanna Klatt/Robert Lorenz (Hrsg.): Manifeste. Geschichte und Gegenwart des politischen Appells, Bielefeld 2011, S. 73 ff.

Rolf Hosfeld: Die Geister, die er rief. Eine neue Karl-Marx-Biografie, München 2009.

Gareth Stedman Jones, Das Kommunistische Manifest von Karl Marx und Friedrich Engels. Einführung, Text, Kommentar, München 2012.

Thomas Kuczynski, »Das Kommunistische Manifest (Manifest der Kommunistischen Partei) von Karl Marx und Friedrich Engels. Von der Erstausgabe zur Leseausgabe. Mit einem Editionsbericht«, in: Schriften aus dem Karl-Marx-Haus Trier, Trier 1995.

Karl Marx/Friedrich Engels, Das kommunistische Manifest: Eine moderne Edition, mit einem Vorwort von Eric Hobsbawm, 7. Aufl., Hamburg 2010.

Urs Lindner, Marx und die Philosophie. Wissenschaftlicher Realismus, ethischer Perfektionismus und kritische Sozialtheorie, Stuttgart 2013.

Konrad Löw, Die Lehre des Karl Marx. Dokumentation – Kritik, Köln 1989.

Karl Löwith, Weltgeschichte und Heilsgeschehen. Die theologischen Voraussetzungen der Geschichtsphilosophie, 6. Aufl., Stuttgart 1973.

Nr.53　约翰内斯·格略茨克的《国民代表队伍》

Eduard Beaucamp, »Enorme Häupter sehen dich an. Eine monumentale Retrospektive in Nürnberg ehrt den Künstler Johannes Grützke«, in: FAZ Nr. 14 (17.1.2012), S. 30.

Hans Fenske, Der moderne Verfassungsstaat, Paderborn 2001.

Werner Hofmann, »Ein Historienmaler. Bemerkungen zu Grützkes Stellung in der Kunstgeschichte«, in: Johannes Grützke – Die Retrospektive. Begleitband zur Ausstellung im GNM, Nürnberg 2011, S. 72–93.

Gunther Hildebrandt, Die Paulskirche. Parlament in der Revolution 1848/49, Berlin 1986.

Jens Christian Jensen, »›Der Zug der Volksvertreter‹ in der Frankfurter Paulskirche«, in: kritische berichte 20 (2/1992), S. 68–79.

Jörg-Detlef Kühne, Die Reichsverfassung der Paulskirche, 2. Aufl., Neuwied 1998.

Wolfgang J. Mommsen, »Die Paulskirche«, in: Étienne François, Hagen Schulze (Hrsg.), Deutsche Erinnerungsorte, Bd. 2, München 2001, S. 47–66.

Thomas Nipperdey, Deutsche Geschichte: 1800–1866, 4. Aufl., München 1987.

Wolfgang Petzet/Otto E. Sutter, Der Geist der Paulskirche. Aus den Reden der Nationalversammlung, Frankfurt a. M. 1923.

Robert Seidel/Bernd Zegowitz (Hrsg.), Literatur im Umfeld der Frankfurter Paulskirche 1848/49, Bielefeld 2013.

Franz Wigard (Hrsg.), Stenographischer Bericht über die Verhandlungen der deutschen constituirenden Nationalversammlung zu Frankfurt am Main, Bd. 1–10, Frankfurt a. M. 1848.

Nr.54　维尔纳·冯·西门子的发电机

Wilfried Feldenkirchen, Siemens. Von der Werkstatt zum Weltunternehmen, München/Zürich 2003.

Wilfried Feldenkirchen/Eberhard Posner, Die Siemens-Unternehmer: Kontinuität und Wandel 1847–2005. Zehn Portraits, München 2005.

Wilhelm Füßl, Oskar von Miller 1855–1934. Eine Biographie, München 2005.

Gisela Grasmück, Die elektrisierte Gesellschaft. Ausstellungskatalog, Badisches Landesmuseum, Karlsruhe 1996.

Jürgen Kocka, Unternehmensverwaltung und Angestelltenschaft am Beispiel Siemens 1847–1914. Zum Verhältnis von Kapitalismus und Bürokratie in der deutschen Industrialisierung, Reihe Industrielle Welt, Bd. 11, Stuttgart 1969.

Martin Lutz, Carl von Siemens, München 2013.

Werner von Siemens, Lebenserinnerungen, München 1919.

Jürgen Steen, Die zweite industrielle Revolution. Frankfurt und Elektrizität 1800–1914. Ausstellungskatalog, Reihe Kleine Schriften des Historischen Museums, Bd. 13, Frankfurt a. M. 1981.

Sigfrid von Weiher/Herbert Goetzeler, Weg und Wirken der Siemens-Werke im Fortschritt der Elektrotechnik: 1847–1980. Ein Beitrag zur Geschichte der Elektroindustrie, Berlin/München 1981.

Horst A. Wessel (Hrsg.), Das elektrische Jahrhundert. Entwicklungen und Wirkungen der Elektrizität im 20. Jahrhundert, Essen 2002.

Nr.55　安东·冯·维尔纳的《凡尔赛》

Dominik Bartmann, Anton von Werner. Zur Kunst und Kunstpolitik im Deutschen Kaiserreich, Berlin 1985.

Charlotte Bühl-Gramer, »Anton von Werner: Die Proklamierung des Deutschen Kaiserreichs 1871«, in: Michael Wobring/Susanne Popp (Hrsg.), Der Europäische Bildersaal. Europa und seine Bilder. Analyse und Interpretation zentraler Bildquellen, Schwalbach 2014, S. 86–97.

Werner Conze, »Das Kaiserreich von 1871 als gegenwärtige Vergangenheit im Generationswandel der deutschen Geschichtsschreibung«, in: Werner Conze, Gesellschaft – Staat – Nation. Gesammelte Aufsätze, hgg. v. Ulrich Engelhardt/Reinhart Koselleck/Wolfgang Schieder, S. 44–65 (= Industrielle Welt, Bd. 52), Stuttgart 1992.

Thomas W. Gaehtgens, Anton von Werner. Die Proklamierung des Deutschen Kaiserreiches. Ein Historienbild im Wandel preußischer Politik, Frankfurt 1990.

Robert Gerwarth, »Republik und Reichsgründung. Bismarcks kleindeutsche Lösung im Meinungsstreit der ersten deutschen Demokratie (1918–1933)«, in: Heinrich August Winkler (Hrsg.), Griff nach der Deutungsmacht. Zur Geschichtspolitik in Deutschland, Göttingen 2004.

Hagen Schulze, »Versailles«, in: Etienne Francois/Hagen Schulze (Hrsg.), Deutsche Erinnerungsorte, Bd. 1, München 2001, S. 406 ff.

Edgar Wolfrum, Geschichtspolitik in der Bundesrepublik Deutschland. Der Weg zur bundesrepublikanischen Erinnerung 1948–1990, Darmstadt 1999.

Nr.56　社会民主主义的传统旗帜

»Das alte Sozialisten-Banner. Der Schicksalsweg der Breslauer Lassalle-Fahne«, in: Neuer Vorwärts, 22.5.1953.

August Bebel, Aus meinem Leben, Berlin 2013.

Helga Grebing, Geschichte der Arbeiterbewegung von der Revolution 1848 bis ins 21. Jahrhundert, Berlin 2007.

Jürgen Kocka, Geschichte des Kapitalismus, München 2014.

Axel Kuhn, Die deutsche Arbeiterbewegung, Stuttgart 2004.

Dieter Langewiesche/Klaus Schönhoven (Hrsg.), Arbeiter in Deutschland. Studien zur Lebensweise der Arbeiterschaft im Zeitalter der Industrialisierung, Paderborn 1981.

Heinrich Potthoff/Susanne Miller (Hrsg.): Kleine Geschichte der SPD 1848–2001, Bonn 2012.

Gerhard A. Ritter/Klaus Tenfelde, Arbeiter im Deutschen Kaiserreich 1871 bis 1914, Geschichte der Arbeiter und der Arbeiterbewegung in Deutschland seit dem Ende des 18. Jahrhunderts, Bd. 5, Berlin, Bonn 1992.

Thomas Welskopp, Das Banner der Brüderlichkeit. Die deutsche Sozialdemokratie vom Vormärz bis zum Sozialistengesetz, Reihe Politik- und Gesellschaftsgeschichte 54, Bonn 2000.

Nr.57　阿道夫·门泽尔的《轧铁工厂》

Sigrid Achenbach, Menzel und Berlin. Eine Hommage, Berlin 2005.

Jens Christian Jensen, Adolph Menzel, Köln 1982.

Konrad Kaiser, Adolph Menzels Eisenwalzwerk, Berlin 1953.

Claude Keisch/Marie Ursula Riemann-Reyher, Adolph Menzel: 1815–1905. Das Labyrinth der Wirklichkeit, Köln 1996.

Susanne Popp, »Auf dem Weg zum europäischen ›Geschichtsbild‹. Anmerkungen zur Entstehung eines gesamteuropäischen Bilderkanons«, in: Aus Politik und Zeitgeschichte, Bd. 7f. (2004), S. 23–31.

Marie Ursula Riemann-Reyher, Moderne Cyklopen, Leipzig 1976.

Sven Tode, 175 Jahre Borsig. Technik für eine Welt im Wandel. 1837–2012, Hamburg 2012.

Hugo von Tschudi (Hrsg.), Ausstellung von Werken Adolph von Menzels in der Nationalgalerie Berlin, Berlin 1905.

Dieter Vorsteher, Borsig. Eisengießerei und Maschinenbauanstalt zu Berlin, Berlin 1983.

Dieter Wellershoff, Was die Bilder erzählen. Ein Rundgang durch mein imaginäres Museum, Köln 2013.

Nr.58　1881 年 11 月 17 日的《皇帝诏书》

Hans-Christof Kraus, Bismarck. Größe – Grenzen – Leistungen, Stuttgart 2015.

Lothar Machtan (Hrsg.), Bismarcks Sozialstaat. Beiträge zur Geschichte der Sozialpolitik und zur sozialpolitischen Geschichtsschreibung, Frankfurt a. M./New York 1994.

Gabriele Metzler, Der deutsche Sozialstaat. Vom bismarckschen Erfolgsmodell zum Pflegefall, Stuttgart/München 2003.

Christoph Nonn, Bismarck. Ein Preuße und sein Jahrhundert, München 2015.

Franz Pilz, Der Sozialstaat. Ausbau, Kontroversen, Umbau, Bonn 2004.

Werner Plumpe, »Otto von Bismarck und die soziale Frage – Überlegungen zu einem alten Thema der deutschen Wirtschafts- und Sozialgeschichte«, in: Tilman Mayer (Hrsg.), Bismarck. Der Monolith. Reflexionen am Beginn des 21. Jahrhunderts, Hamburg 2015, S. 178ff.

Manfred G. Schmidt, Der deutsche Sozialstaat. Geschichte und Gegenwart, München 2012.

Agnete von Specht (Hrsg.), Streik – Realität und Mythos, Ausstellungskatalog, Berlin 1992.

Florian Tennstedt, »Vorgeschichte und Entstehung der Kaiserlichen Botschaft vom 17. November 1881«, in: Zeitschrift für Sozialreform 27 (1981), Heft 10, S. 663–710.

Nr.59　"奔驰 1 号"专利机动车

Carl Benz, Lebensfahrt eines deutschen Erfinders. Erinnerungen eines Achtzigjährigen, Nachdruck der Ausgabe von 1925, Hamburg 2012.

Wilfried Feldenkirchen, »Vom Guten das Beste«: von Daimler und Benz zur Daimler-Chrysler AG, München 2003.

Ines Hoischen, »Ein technischer Text wird Weltkulturerbe. Die Patentanmeldung des ersten Automobils. Carl Friedrich Benz, 1886«, in: Max Behland/Walter Krämer/Reiner Pogarell (Hrsg.), Edelsteine. 107 Sternstunden deutscher Sprache vom Nibelungenlied bis Einstein, von Mozart bis Loriot, Paderborn 2014, S. 346–350.

Landesmuseum für Technik und Arbeit (Hrsg.), Räder, Autos und Traktoren. Erfindungen aus Mannheim – Wegbereiter der mobilen Gesellschaft, Ausstellungskatalog, Mannheim 1986.

Kurt Möser, Geschichte des Autos, Frankfurt a. M. 2002.

Werner Oswald, Mercedes-Benz Personenwagen 1886–1986, 4. Aufl., Stuttgart 1987.

Nr.60　阿司匹林

Michael Pohlenz, »Hoffmann, Felix Georg Otto«, in: Württembergische Biographien 1, S. 114–116.

Erik Verg/Gottfried Plumpe/Heinz Schultheis, Meilensteine. 125 Jahre Bayer. 1863–1988, hgg. v. Bayer AG, Leverkusen 1988.

Walter Sneader, »The discovery of aspirin: a reappraisal«, in: British Medical Journal 321 (2000), S. 1591–1594.

Wolfgang Wimmer, »Wir haben fast immer was Neues«. Gesundheitswesen und Innovationen der Pharma-Industrie in Deutschland, 1880–1935, Berlin 1994.

Uwe Zündorf, 100 Jahre Aspirin. The Future has just begun, hgg. v. Bayer AG, Bad Oeynhausen 1997.

Nr.61　"面带笑容悲观主义者"威廉·布施的铅笔

Klaus Budzinski/Rainer Hachfeld, Marx und Maoritz. Eine Bubengeschichte in sieben Streichen nach Wilhelm Busch für Erwachsene umfunktioniert, München 1969.

Michaela Diers, Wilhelm Busch. Leben und Werk, München 2008.

Manfred Görlach, Max und Moritz in aller Munde. Wandlungen eines Kinderbuches. Eine Ausstellung in der Universitäts- und Stadtbibliothek Köln, Köln 1997.

Ralf König (Hrsg.), Wilhelm Busch und die Folgen, Köln 2007.

Frank Pietzcker, Symbol und Wirklichkeit im Werk Wilhelm Buschs. Die versteckten Aussagen seiner Bildgeschichten, Frankfurt a. M. 2002.

Daniel Ruby, Schema und Variation. Untersuchungen zum Bildergeschichtenwerk Wilhelm Buschs, Frankfurt a. M. 1998.

Reiner Rühle, »Böse Kinder«. Kommentierte Bibliographie von Struwwelpetriaden und Max- und Moritziaden mit biographischen Daten zu Verfassern und Illustratoren, Osnabrück 1999.

Gudrun Schury, Ich wollt, ich wär ein Eskimo. Wilhelm Busch. Die Biographie, Berlin 2007.

Gert Ueding, Wilhelm Busch. Das 19. Jahrhundert en miniature. Erweiterte und revidierte Neuausgabe, Insel Verlag Frankfurt a. M./Leipzig 2007.

Eva Weissweiler, Wilhelm Busch, der lachende Pessimist. Eine Biographie, Köln 2007.

Nr.62　小黑人赛洛缇－莫尔

Sebastian Conrad, Deutsche Kolonialgeschichte, München 2008.

Rita Gudermann/Bernhard Wulff, Der Sarotti-Mohr – Die bewegte Geschichte einer Werbefigur, Berlin 2004.

Volker Langbehn, »Der Sarotti-Mohr«, in: Jürgen Zimmerer (Hrsg.), Kein Platz an der Sonne – Erinnerungsorte der deutschen Kolonialgeschichte, Frankfurt a. M./New York 2013, S. 119–133.

Reinhard Wendt, Vom Kolonialismus zur Globalisierung – Europa und die Welt seit 1500, Paderborn 2007.

Nr.63 MG 08 / 15 机枪

Gerhard Bauer/Gorch Pieken/Matthias Rogg (Hrsg.), 14 – Menschen – Krieg: Begleitband und Katalog zur Ausstellung zum Ersten Weltkrieg, 2 Bde., München 2014.

Stephan Burgdorff/Klaus Wiegrefe (Hrsg.), Der I. Weltkrieg. Die Ur-Katastrophe des 20. Jahrhunderts, München 2004.

Christopher Clark, Die Schlafwandler. Wie Europa in den Ersten Weltkrieg zog, München 2013.

Michael Epkenhans, »Der Erste Weltkrieg – Jahrestagsgedenken, neue Forschungen und Debatten einhundert Jahre nach seinem Beginn«, in: VfZ 63 (2015), S. 135 ff.

Fritz Fischer, Griff nach der Weltmacht. Die Kriegszielpolitik des kaiserlichen Deutschland 1914/18, 1. Aufl., Düsseldorf 1961.

Konrad H. Jarausch, »Der nationale Tabubruch. Wissenschaft, Öffentlichkeit und Politik in der Fischer-Kontroverse«, in: Martin Sabrow/Ralph Jessen/Klaus Große Kracht (Hrsg.), Zeitgeschichte als Streitgeschichte. Große Kontroversen seit 1945, München 2003, S. 20 ff.

Élise Julien, »Asymmetrie der Erinnerungskulturen. Der Erste Weltkrieg in Frankreich und Deutschland«, in: DGAP-Analyse Nr. 13, Juli 2014.

Otto Lais, »Maschinengewehre im Eisernen Regiment«, in: Erlebnisse badischer Fronsoldaten, Bd. 1, Karlsruhe [1935].

Annika Mombauer, »Der hundertjährige Krieg um die Kriegsschuld«, in: Geschichte in Wissenschaft und Unterricht 65 (2014), S. 303 ff.

Klaus Große Kracht, »Die Fischer-Kontroverse – Von der Fachdebatte zum Publikumsstreit«, in: ders., Die zankende Zunft. Historische Kontroversen in Deutschland nach 1945, Göttingen 2005.

Andreas Rose, »Sammelrezension: Ein neuer Streit um die Deutungshoheit?«, in: H-Soz-Kult, 30.7.2014.

Dieter Storz, Der Große Krieg – 100 Objekte aus dem Bayrischen Armeemuseum, Essen 2014.

Nr.64 《战争》——奥托·迪克斯的三联画

Gerhard Bauer/Gorch Pieken/Matthias Rogg (Hrsg.), 14 – Menschen – Krieg. Begleitband zur Ausstellung zum Ersten Weltkrieg. Essays und Katalog, Dresden 2014.

Ralph Jentsch, Otto Dix. Der Krieg 1924, Gent 2013.

Olaf Peters, Otto Dix: der unerschrockene Blick; eine Biographie, Stuttgart 2013.

Ernst Piper, Nacht über Europa. Kulturgeschichte des Ersten Weltkriegs, Berlin 2013.

Dietrich Schubert, Otto Dix, mit Selbstzeugnissen und Bilddokumenten, 8. Aufl., Hamburg 2014.

Dietrich Schubert, Künstler im Trommelfeuer des Krieges 1914–1918, Heidelberg 2013.

Staatliche Kunstsammlungen Dresden/Birgit Dalbajewa/Simone Fleischer/Olaf Peters (Hrsg.), Otto Dix. Der Krieg – Das Dresdner Triptychon, Dresden 2014.

Stephan Burgdorff/Klaus Wiegrefe (Hrsg.), Der I. Weltkrieg. Die Ur-Katastrophe des 20. Jahrhunderts, München 2004.

Nr.65　签订《贡比涅停战协定》的列车车厢

Jean-Paul Caracalla, Le goût du voyage. De l'Orient-Express au train à grande vitesse. Historie de la Compagnie des Wagons-Lits, Paris 2001.

Jean-Yves Bonnard, Rethondes, le jour où l'Histoire s'est arrêtée. 11 novembre 1918–21 juin 1940, Cuise-la-Motte 2008.

Ludger Grevelhörster, Der Erste Weltkrieg und das Ende des Kaiserreichs. Geschichte und Wirkung, 3. Aufl., Münster 2014.

Gerhard Hirschfeld/Gerd Krumeich, Deutschland im Ersten Weltkrieg, Frankfurt a. M. 2013.

Eberhard Kolb, Der Frieden von Versailles, 2. Aufl., München 2011.

Stefan Leonards, »Der Salonwagen ›2419 D‹ – Symbol von Sieg und Niederlage«, in: Hermann Schäfer/Stiftung Haus der Geschichte der Bundesrepublik Deutschland (Hrsg.), Vis-à-vis: Deutschland und Frankreich, Köln 1998, S. 65–74.

Pierre Renouvin, L'armistice de Rethondes. 11. Novembre 1918, Paris 1968.

Nr.66　谢德曼唱片

Christian Gellinek, Philipp Scheidemann. Gedächtnis und Erinnerung, Münster/New York/München/Berlin 2006.

Britta Lange, »Archiv und Zukunft. Zwei historische Tonsammlungen Berlins für das Humboldt-Forum«, in: »Aus Berliner Archiven. Beiträge zum Wissenschaftsjahr 2010«, in: Trajekte, 10. Jg. (Nr. 20), April 2010, S. 4 ff.

Bernd Braun, Die Reichskanzler der Weimarer Republik von Scheidemann bis Schleicher, Stuttgart 2013.

Kirsten Bayer/Jürgen-Kornelius Mahrenholz, »Stimmen der Völker – das Berliner Lautarchiv«, in: Horst Bredekamp/Jochen Brüning/Cornelia Weber (Hrsg.), Theater der Natur und Kunst. Katalog, Berlin 2000, S. 117 ff.

Alexander Gallus (Hrsg.), Die vergessene Revolution von 1918/19, Göttingen 2010.

Eberhard Kolb/Dirk Schumann, Die Weimarer Republik, München 2013.

Gerhard Paul/Ralph Schock (Hrsg.), Sound der Zeit. Geräusche, Töne, Stimmen 1889 bis heute, Göttingen 2014 (Beiträge von Stefan Gauß und Martin Kohlrausch).

Philipp Scheidemann, Memoiren eines Sozialdemokraten, 2 Bde., Dresden 1928.

Susanne Ziegler, »Die akustischen Sammlungen – Historische Tondokumente im Phonogramm-

Archiv und im Lautarchiv«, in: Horst Bredekamp/Jochen Brüning/Cornelia Weber (Hrsg.), Theater der Natur und Kunst. Katalog, Berlin 2000, S. 197 ff.

Nr.67 "女性！选举"

Auf dem Weg zur Gleichstellung? Bildung, Arbeit und Soziales – Unterschiede zwischen Frauen und Männern, hgg. v. Statistischen Bundesamt, Wiesbaden 2014.

Badisches Statistisches Landesamt (Hrsg.), Die Wahlen zum Badischen Landtag am 30. Oktober 1921, Karlsruhe 1922.

Christine Brückel, »Die Frau in der politischen Propaganda«, in: Das Plakat. Zeitschrift des Vereins der Plakatfreunde e.V., hgg. v. Hans Sachs, 2/1919, S. 157 ff.

Kathleen Canning, »Women and the politics of gender«, in: Anthony McElligott (Hrsg.), Weimar Germany, Oxford/NewYork 2009.

Erster Gleichstellungsbericht. Neue Wege – Gleiche Chancen. Gleichstellung von Frauen und Männern im Lebensverlauf, hgg. v. Bundesministerium für Familie, Senioren, Frauen und Jugend, Stand September 2014 (4. Auflage).

Ute Gerhard, »50 Jahre Gleichberechtigung – eine Springprozession«, in: APuZ, 24 bis 25/2008, 9. Juli 2008, S. 3 ff.

Christina Holtz-Bacha (Hrsg.), Frauen, Politik und Medien, Wiesbaden 2008.

Joachim Hoffmann-Göttig, Emanzipation mit dem Stimmzettel. 70 Jahre Frauenwahlrecht in Deutschland, Bonn 1986.

Institut für Demoskopie Allensbach (Hrsg.), Weichenstellungen für die Aufgabenteilung in Familie und Beruf. Untersuchungsbericht zu einer repräsentativen Befragung von Elternpaaren. Im Auftrag des Bundesministeriums für Familie, Senioren, Frauen und Jugend, Allensbach 2015.

Juliane Jacobi, Mädchen- und Frauenbildung in Europa. Von 1500 bis zur Gegenwart, Frankfurt/New York 2013.

Tatjana Aigner/Stephan Meder/Arne Duncker/Andrea Czelk (Hrsg.), Frauenrecht und Rechtsgeschichte. Die Rechtskämpfe der deutschen Frauenbewegung, Wien/Köln/Weimar 2006.

Gisela Notz, »Her mit dem allgemeinen, gleichen Wahlrecht für Mann und Frau!« Die internationale sozialistische Frauenbewegung zu Beginn des 20. Jahrhunderts und der Kampf um das Frauenwahlrecht, Bonn 2008.

Die Statistik des Deutschen Reichs/NF 291,1–3,1920–1923.

Julia Sneeringer, Winning Women's Vote. Propaganda and Politics in Weimar Germany, Chapel Hill 2002.

Dieter Vorsteher, »Bilder für den Sieg. Das Plakat im Ersten Weltkrieg«, in: Rainer Rother (Hrsg.), Die letzten Tage der Menschheit. Bilder eines Krieges. Ausstellungskatalog des Deutschen Historischen Museums, Berlin 1994, S. 149.

Nr.68 希特勒的《我的奋斗》

Florian Beierl/Othmar Plöckinger, »Neue Dokumente zu Hitlers Buch ›Mein Kampf‹«, in: VfZ 2/2009, S. 261 ff.

Joachim Fest, Hitler. Eine Biographie, Berlin/München (1973) 2002.

Ian Kershaw, Hitler 1889–1936, München 1998.

Helmuth Kiesel, »War Adolf Hitler ein guter Schriftsteller?«, in: FAZ, 4.8.2014, Nr. 178, S. 11.

Werner Maser, Hitlers »Mein Kampf«. Entstehung, Aufbau, Stil, Änderungen, Quellen, Quellenwert, kommentierte Auszüge, München 1966.

Othmar Plöckinger, Geschichte eines Buches: Adolf Hitler »Mein Kampf« 1922–1945, München 2006.

Volker Ulrich, Adolf Hitler. Biographie. Band 1: Die Jahre des Aufstiegs 1889–1939, Frankfurt 2013.

Christian Zentner, Adolf Hitlers »Mein Kampf«. Eine kommentierte Auswahl, München (1974) 2009.

Nr.69　免于被焚毁的一本书

Ludwig Greve/Jochen Meyer (Hrsg.), Das 20. Jahrhundert. Von Nietzsche bis zur Gruppe 47. Ständige Ausstellung des Schiller-Nationalmuseums und des Deutschen Literaturarchivs Marbach am Neckar, München 1980, S. 258 f.

Erich Kästner, Bei Durchsicht meiner Bücher … Eine Auswahl von vier Versbänden, Berlin 1946.

Julius H. Schoeps/Werner Treß (Hrsg.), Orte der Bücherverbrennungen in Deutschland 1933, Hildesheim 2008.

Dies. (Hrsg.), Verfemt und Verboten. Vorgeschichte und Folgen der Bücherverbrennungen 1933, hrsg. vom Moses Mendelssohn Zentrum für europäisch-jüdische Studien (Potsdam), Hildesheim 2010.

Ilka Thom/Kirsten Weining (Hrsg.), Mittendrin. Eine Universität macht Geschichte. Eine Ausstellung anlässlich des 200-jährigen Jubiläums der Humboldt-Universität zu Berlin, Berlin 2010.

Werner Treß (Hrsg.), Verbrannte Bücher 1933. Mit Feuer gegen die Freiheit des Geistes, Bundeszentrale für politische Bildung, Schriftenreihe, Bd. 1003, Bonn 2009.

Nr.70　犹太星

Arno Herzig, Jüdische Geschichte in Deutschland – Von den Anfängen bis zur Gegenwart, Bonn 2007.

Wolfgang Benz (Hrsg.), Handbuch des Antisemitismus, 8 Bde., Berlin u. a. 2008–2015.

Wolfgang Benz, Was ist Antisemitismus?, München 2004.

Inge Deutschkron, Ich trug den gelben Stern, Köln 1978.

Jens J. Scheiner, Vom »Gelben Flicken« zum »Judenstern«? Genese und Applikation von Judenabzeichen im Islam und christlichen Europa (841–1941), Frankfurt a. M. 2004.

Nr.71　国民收音机

Alfred Böll, Bilder einer deutschen Familie. Die Bölls, Bergisch Gladbach 1981.

Ansgar Diller, Rundfunkpolitik im Dritten Reich, München 1980.

Michael P. Hensle, Rundfunkverbrechen. Das Hören von »Feindsendern« im Nationalsozialismus, Reihe Dokumente, Texte, Materialien, Zentrum für Antisemitismusforschung der Technischen Universität Berlin, Bd. 49, Berlin 2003.

Wolfgang König, Volkswagen, Volksempfänger, Volksgemeinschaft. Volksprodukte im Dritten Reich. Vom Scheitern einer nationalsozialistischen Konsumgesellschaft, Paderborn 2004.

Daniel Mühlenfeld, »Joseph Goebbels und die Grundlagen der NS-Rundfunkpolitik«, in: Zeitschrift für Geschichtswissenschaft 54 (2006), S. 442 ff.

Hans Sarkowicz, »›Nur nicht langweilig werden …‹. Das Radio im Dienst der nationalsozialistischen Propaganda«, in: Bernd Heidenreich/Sönke Neitzel (Hrsg.), Medien im Nationalsozialismus, Paderborn 2010, S. 205 ff.

Heinrich Vormweg, Der andere Deutsche. Heinrich Böll. Eine Biographie, Köln 2000.

Nr.72　乔治·艾尔塞的工作台

Lothar Fritze, »Die Bombe im Bürgerbräukeller. Der Anschlag auf Hitler vom 8. November 1939. Versuch einer moralischen Bewertung des Attentäters Johann Georg Elser«, in: Jahrbuch der Juristischen Zeitgeschichte 1 (1999/2000), S. 206 ff. (Erstveröffentlichung in: Frankfurter Rundschau, 8. 11. 1999).

Lothar Gruchmann (Hrsg.), Autobiographie eines Attentäters. Johann Georg Elser. Der Anschlag auf Hitler im Bürgerbräu 1939 [Aussage zum Sprengstoffattentat im Bürgerbräukeller, München am 8. November 1939], Stuttgart (1970), Neuaufl. 1989.

Hellmut G. Haasis, »Den Hitler jag ich in die Luft«. Der Attentäter Georg Elser. Eine Biographie, Berlin 1999.

Anton Hoch, »Das Attentat auf Hitler im Münchner Bürgerbräukeller 1939«, in: Vierteljahrshefte für Zeitgeschichte 17 (1969), S. 383 ff.

Andreas Morgenstern, »Attentat eines Tüftlers«, in: Haus der Geschichte Baden-Württemberg (Hrsg.), Anständig gehandelt. Widerstand und Volksgemeinschaft 1933-1945, Katalog zur Ausstellung im Haus der Geschichte Baden-Württemberg, Stuttgart 2012, S. 102 ff.

Helmut Ortner, Der einsame Attentäter. Georg Elser – Der Mann, der Hitler töten wollte, Darmstadt 2013.

Ulrich Renz, Georg Elser. Allein gegen Hitler, Stuttgart 2014.

Peter Steinbach/Johannes Tuchel, »Ich habe den Krieg verhindern wollen«. Georg Elser und das Attentat vom 8. November 1939. Eine Dokumentation. Katalog zur Ausstellung, Berlin 1997.

Peter Steinbach/Johannes Tuchel, Georg Elser, Berlin 2008.

Nr.73　不仅是"一个"断头台

Matthias Blazek, Scharfrichter in Preußen und im Deutschen Reich 1866–1945, Stuttgart 2010.

Johann Dachs, Tod durch das Fallbeil. Der deutsche Scharfrichter Johann Reichhart (1893–1972). Mit einem Nachwort von Friedrich-Christian Schroeder, 2. Aufl., Regensburg 2012.

Bernhard Düsing, Die Geschichte der Abschaffung der Todesstrafe in der Bundesrepublik Deutschland unter besonderer Berücksichtigung ihres parlamentarischen Zustandekommens, jur. Diss., Schwenningen 1952.

Bernhard Grau, »In einem funktionierenden Königreich mussten auch die Köpfe ordentlich rollen«, in: Beilage der Bayerischen Staatszeitung (BSZ), Unser Bayern 3/2007, S. 7ff.

Thomas Waltenbacher, Zentrale Hinrichtungsstätten. Der Vollzug der Todesstrafe in Deutschland von 1937–1945. Scharfrichter im Dritten Reich, Berlin 2008.

Uwe Wesel, Geschichte des Rechts. Von den Frühformen bis zur Gegenwart, 4., neu bearbeitete Aufl., München 2014.

Nr.74　国会大厦楼顶上的苏联国旗

Rainer Blasius, »Bonn und der 8. Mai«, in: FAZ, 11.5.2015, Nr. 108, S. 6.

Michael H. Feldkamp, Der Parlamentarische Rat und das Grundgesetz für die Bundesrepublik Deutschland 1948 bis 1949. Option für die europäische Integration und die deutsche Einheit, Berlin/St. Augustin 2008.

Ernst Volland, »Die Flagge des Siegers. Die Rote Fahne auf dem Reichstag«, in: Paul Gerhard (Hrsg.), Das Jahrhundert der Bilder, 2 Bde., Bd. 1: Bilderatlas 1900–1949, Göttingen 2009, S. 714ff.

Ernst Volland/Heinz Krimmer, Jewgeni Chaldeji. Kriegstagebuch, Berlin 2011.

Michael Wobring, »Die Sowjetische Fahne auf dem Dach des Reichstagsgebäudes in Berlin am 2. Mai 1945«, in: Michael Wobring/Susanne Popp, Der Europäische Bildersaal. Europa und seine Bilder. Analyse und Interpretation zentraler Bildquellen, Schwalbach/Ts. 2014, S. 158ff.

Nr.75　寻人索引服务

Matthias Beer, Flucht und Vertreibung der Deutschen. Voraussetzungen, Verlauf, Folgen, München 2011.

Detlef Brandes/Holm Sundhaussen/Stefan Troebst (Hrsg.), Lexikon der Vertreibungen. Deportation, Zwangsaussiedlung und ethnische Säuberung im Europa des 20. Jahrhunderts, Wien, Köln, Weimar 2010.

Ray M. Douglas, Ordnungsgemäße Überführung. Die Vertreibung der Deutschen nach dem Zweiten Weltkrieg, München 2012.

Birgit Ebbert, Erziehung zu Menschlichkeit und Demokratie. Erich Kästner und seine Zeitschrift »Pinguin« im Erziehungsgefüge der Nachkriegszeit, Frankfurt a. M. 1994.

Flucht, Vertreibung, Integration. Begleitbuch zur Ausstellung im Haus der Geschichte der Bundesrepublik Deutschland, Bonn 2005/2006, im Deutschen Historischen Museum, Berlin 2006, im Zeitgeschichtlichen Forum Leipzig der Stiftung Haus der Geschichte der Bundesrepublik Deutschland 2006/2007, hgg. v. d. Stiftung Haus der Geschichte der Bundesrepublik Deutschland, Bielefeld (2005), 3. Auflage 2006.

Flucht, Vertreibung, ethnische Säuberung. Eine Herausforderung für Museums- und Ausstellungsarbeit weltweit. Neuntes Internationales Symposium der International Association of Museums of History (IAMH), hgg. v. Deutschen Historischen Museum/International Association of Museums of History/Stiftung Flucht, Vertreibung, Versöhnung, Berlin 2010.

Hansjörg Kalcyk/Hans-Joachim Westholt, Suchdienst-Kartei. Millionen Schicksale in der Nachkriegszeit, hgg. vom Haus der Geschichte der Bundesrepublik Deutschland, Bonn 1996.

Andreas Kossert, Kalte Heimat. Die Geschichte der deutschen Vertriebenen nach 1945, München 2008.

Klaus Mittermeier, »Vermißt wird …« Die Arbeit des deutschen Suchdienstes, Berlin 2002.

Norman Naimark, Flammender Haß. Ethnische Säuberung im 20. Jahrhundert, München 2004.

Thomas Petersen, »Flucht und Vertreibung aus der Sicht der deutschen, polnischen und tschechischen Bevölkerung«, in: Zeitfragen, hgg. v. d. Stiftung Haus der Geschichte der Bundesrepublik Deutschland, Bonn 2005.

Michael Schwartz, Funktionäre mit Vergangenheit. Das Gründungspräsidium des Bundes der Vertriebenen und das »Dritte Reich«, München 2013.

Hans-Peter Schwarz, Die Ära Adenauer. Gründerjahre der Republik 1949–1957, Stuttgart/Wiesbaden 1981.

Philipp Ther, Die dunkle Seite der Nationalstaaten. »Ethnische Säuberungen« im modernen Europa, Bonn 2012.

Von Solferino zur Suche 2.0. Meilensteine des DRK-Suchdienstes, hgg. v. Suchdienst des Deutschen Roten Kreuzes, Berlin 2015.

Nr.76 被告人椅

Klaus Kastner, Die Völker klagen an. Der Nürnberger Prozeß 1945–1946, Darmstadt 2005.

Horst Möller, »Unser letzter Stolz«, in: FAZ Nr. 132, 9.6.2012, S. 8.

Museen der Stadt Nürnberg (Hrsg.), Memorium Nürnberger Prozesse. Die Ausstellung, Nürnberg 2011.

Kim C. Priemel/Alexa Stiller (Hrsg.), NMT. Die Nürnberger Militärtribunale zwischen Geschichte, Gerechtigkeit und Rechtschöpfung, Hamburg 2013.

Steffen Radlmaier, Der Nürnberger Lernprozess. Von Kriegsverbrechern und Starreportern, Frankfurt 2001.

Jan Philipp Reemtsma/Hamburger Institut für Sozialforschung (Hrsg.), 200 Tage und 1 Jahrhundert. Gewalt und Destruktivität im Spiegel des Jahres 1945, Hamburg 1995.

Peter Steinbach, »Der Nürnberger Prozeß gegen die Hauptkriegsverbrecher«, in: Gerd R. Ueberschär (Hrsg.), Der Nationalsozialismus vor Gericht. Die alliierten Prozesse gegen Kriegsverbrecher und Soldaten 1943–1952, Frankfurt a. M. (1999), 3. Aufl. 2008, S. 32 ff.

Anette Weinke, Die Nürnberger Prozesse, München 2006.

Uwe Wesel, Geschichte des Rechts. Von den Frühformen bis zur Gegenwart, 4., neu bearbeitete Aufl., München 2014.

Willy Brandt, Verbrecher und andere Deutsche. Ein Bericht aus Deutschland 1946, bearbeitet von Einhart Lorenz, Bonn 2007.

Nr.77 "援助包裹"和来自西方的小包

Christian Härtel/Petra Kabus (Hrsg.), Das Westpaket. Geschenksendung, keine Handelsware, Berlin 2000.

Volker Ilgen, CARE-Paket & Co. Von der Liebesgabe zum Westpaket, Darmstadt 2008.

Silvio Vietta/Roberto Rizzi (Hrsg.), »Sich an den Tod heranpürschen…«. Hermann Broch und Egon Vietta im Briefwechsel 1933–1951, Göttingen 2012.

Nr.78 楚泽 Z3 计算机

Jürgen Alex/Hermann Flessner/Wilhelm Mons/Kurt Pauli/Horst Zuse, Konrad Zuse, der Vater des Computers, Fulda 2000.

Herbert Bruderer, Konrad Zuse und die Schweiz. Wer hat den Computer erfunden?, München 2012.

Jürgen Alex, Zur Entstehung des Computers – von Alfred Tarski zu Konrad Zuse, Düsseldorf 2007.

Karl-Heinz Czauderna, Konrad Zuse, der Weg zu seinem Computer Z3, Bericht der Gesellschaft für Mathematik und Datenverarbeitung Nr. 120, München 1979.

Wilhelm Füßl (Hrsg.), 100 Jahre Konrad Zuse. Einblicke in den Nachlass, München 2010.

Hans-Dieter Hellige (Hrsg.), Geschichten der Informatik, Berlin/Heidelberg 2004.

Raul Rojas, Die Rechenmaschinen von Konrad Zuse, Berlin 1998.

Konrad Zuse, Der Computer. Mein Lebenswerk, Berlin/Heidelberg/New York/Tokio 1984.

Nr.79 《占领法》

Konrad Adenauer, Erinnerungen 1945–1953, Stuttgart 1965.

Rainer Blasius, »Der alliierte Teppich und das Besatzungspaket. Nach der Regierungsbildung machte Adenauer den Antrittsbesuch bei den Hohen Kommissaren«, in: FAZ, 15. 9. 1999, Nr. 214, S. 8.

Michael F. Feldkamp (Hrsg.), Die Entstehung des Grundgesetzes für die Bundesrepublik Deutschland 1949. Eine Dokumentation, Stuttgart 1999.

Andreas Rossmann, »Warum ist es am Rhein so schön? Hanglage Westblick: Fünfzig Jahre danach findet am historischen Ort das Symposion ›Petersberger Perspektiven‹ statt«, in: FAZ, 23. 9. 1999, Nr. 221, S. 51.

Hans-Peter Schwarz, Adenauer. Der Aufstieg: 1876–1952, Stuttgart 1986.

Hermann Weber, Die DDR 1945–1990, 5. Aufl., München 2012.

Wolfram Werner, »Eine rechtlich irrelevante Prunkausfertigung«, in: FAZ, 29.9.1999, Nr. 226, S. 10.

Paul Weymar, Konrad Adenauer. Die autorisierte Biographie, München 1955.

Nr.80 1954 年世界杯之球

Franz-Josef Brüggemeier, Zurück auf dem Platz. Deutschland und die Fußball-Weltmeisterschaft

1954, München 2004.

Friedrich Christian Delius, Der Sonntag, an dem ich Weltmeister wurde, Hamburg 1994.

DFB (Hrsg.), 100 Jahre DFB: Die Geschichte des Deutschen Fußball-Bundes, Berlin 1999.

Arthur Heinrich, 3:2 für Deutschland. Die Gründung der Bundesrepublik im Wankdorf-Stadion zu Bern, Göttingen 2004.

Peter Kasza, Fußball spielt Geschichte. Das Wunder von Bern 1954, Berlin 2004.

Carl Koppehel, Geschichte des deutschen Fußballsports, Frankfurt a. M. 1954.

Jürgen Leinemann, Sepp Herberger. Ein Leben, eine Legende, Berlin 1997.

Lorenz Pfeiffer/Dietrich Schulze-Marmeling (Hrsg.), Hakenkreuz und rundes Leder. Fußball im Nationalsozialismus, Göttingen 2008.

Reiner Pogarell, »Ein deutscher Staat entsteht auf einem Schweizer Fußballplatz«, in: Max Behland/Walter Krämer/Reiner Pogarell (Hrsg.), Edelsteine. 107 Sternstunden deutscher Sprache, Paderborn 2014, S. 523 ff.

Dietrich Schulze-Marmeling, Fußball. Zur Geschichte eines globalen Sports, Göttingen 2000.

Dietrich Schulze-Marmeling/Hubert Dahlkamp, Die Geschichte der Fußballweltmeisterschaft 1930–2006, Göttingen 2002.

Fritz Walter, 3:2 – Die Spiele zur Weltmeisterschaft, München 1954.

Nr.81 欧洲旗

Henrik M. Broder, Die letzten Tage Europas, München 2013.

Oliver Bruttel, »Keine Abwendung von Europa. Ergebnisse einer Umfrage in vier großen EU-Ländern«, in FAZ, 15. 8. 2014, Nr. 188, S. 8.

Michael Gehler, Europa. Von der Utopie zur Realität, Innsbruck 2014.

Paul Kirchhof/Hermann Schäfer/Hans Tietmeyer, »Europa als politische Idee und rechtliche Form«, in: Wissenschaftliche Abhandlungen und Reden zur Philosophie, Politik und Geistesgeschichte, Bd. 19, hgg. von Josef Isensee, Berlin1993.

Renate Köcher, »Entspannter Fatalismus. Die Krise Europas lässt in Deutschland keine massiven antieuropäischen Ressentiments wachsen, wohl aber ein Empfinden von Ohnmacht«, in: FAZ, 17. 10. 2012, Nr. 242, S. 8.

Winfried Loth, Europas Einigung. Eine unvollendete Geschichte, Frankfurt/New York 2014.

Thomas Petersen, »Ein veränderter Blick auf Europa? Für Helmut Kohl war die Sache klar. Europa war Garant des Friedens. Angesichts der Krise in der Ukraine kehrt diese Sicht zurück«, in: FAZ, 14.5.2014, Nr. 111, S. 8.

Werner Weidenfeld, Europa – eine Strategie, München 2014.

Werner Weidenfeld, »Die Bilanz der Europäischen Integration 2014«, in: Jahrbuch der Europäischen Integration, 2014, S. 15–28.

Nr.82 联邦国防军和国家人民军的头盔

Detlef Bald, Die Bundeswehr. Eine kritische Geschichte 1955–2005, München 2005.

Ludwig Baer, Vom Stahlhelm zum Gefechtshelm. Eine Entwicklungsgeschichte von 1915 bis

1994, Bd. 2 (1945–1994), Neu-Anspach 1994.

Bernhard Chiari/Magnus Pahl (Hrsg.), Auslandseinsätze der Bundeswehr, Paderborn 2010.

Rolf Clement, Fünfzig Jahre Bundeswehr: 1955–2005, Hamburg 2005.

Hans Ehlert/Matthias Rogg (Hrsg.), Militär, Staat und Gesellschaft in der DDR. Forschungsfelder, Ergebnisse, Perspektiven, Berlin 2004.

Frank Hagemann, Parteiherrschaft in der Nationalen Volksarmee. Zur Rolle der SED bei der inneren Entwicklung der DDR-Streitkräfte (1956–1971), Berlin 2002.

Walter Kunstwadel, Von der Affenjacke zum Tropenanzug. Die Geschichte der Bundeswehr im Spiegel ihrer Uniformen und Abzeichen, Bonn 2006.

Frank Nägler, Die Bundeswehr 1955 bis 2005. Rückblenden, Einsichten, Perspektiven, München 2007.

Matthias Rogg, Armee des Volkes? Militär und Gesellschaft in der DDR, Berlin 2009.

Rüdiger Wenzke, Nationale Volksarmee. Die Geschichte, München 2014.

Otto-Eberhard Zander, Probleme und Aspekte der Tradition in den neuen Streitkräften in West und Ost. Ein Vergleich der Traditionen von Bundeswehr und Volksarmee (1950 bis 1990), Kiel 2000.

Nr.83 Anovlar 和 Ovosiston

Eva-Maria Silies, Liebe, Lust und Last. Die Pille als weibliche Generationserfahrung in der Bundesrepublik (1960–1980), Göttingen 2010.

Klaus Dietz, Die Pille. Wirkung und Nebenwirkung. Schwangerschaftsunterbrechung oder Schwangerschaftsverhütung, 4. Aufl., Berlin 1978.

Beate Keldenich, Die Geschichte der Antibabypille von 1960 bis 2000. Ihre Entwicklung, Verwendung und Bedeutung im Spiegel zweier medizinischer Fachzeitschriften, Aachen 2002.

Annette Leo/Christian König (Hrsg.), Die Wunschkindpille. Weibliche Erfahrung und staatliche Geburtenpolitik in der DDR, Wallstein 2015.

Karl-Heinz Mehlan, Wunschkinder? Familienplanung, Antikonzeption und Abortbekämpfung in unserer Zeit, Rudolstadt 1969.

Wolf Schneider/Walter Krämer, »Hauptsache: Nebenwirkung. Der Beipackzettel zur ersten deutschen Antibabypille. Schering AG, Berlin. 1961«, in: Max Behland/Walter Krämer/Reiner Pogarell, Edelsteine. 107 Sternstunden deutscher Sprache vom Nibelungenlied bis Einstein, von Mozart bis Loriot, Paderborn 2014, S. 537 ff.

Gisela Staupe/Lisa Vieth (Hrsg.), Die Pille. Von der Lust und von der Liebe, Berlin 1996.

Siegfried Schnabl, Intimverhalten, Sexualstörungen, Persönlichkeit, Berlin 1973.

Nr.84 大众汽车

Christian Grundmann/Axel Struwe/Clauspeter Becker, Der erste Brezelkäfer. Wiederauferstehung eines Prototypen von 1938, 2. Aufl., Bielefeld 2012.

Florian Illies, Generation Golf. Eine Inspektion, Berlin 2000.

Markus Klein, »Gibt es eine Generation Golf? Eine empirische Inspektion«, in: Kölner Zeitschrift für Soziologie und Sozialpsychologie, 55. Jg. (2003), S. 99 ff.

Wolfgang König, Volkswagen, Volksempfänger, Volksgemeinschaft. »Volksprodukte« im Dritten Reich. Vom Scheitern einer nationalsozialistischen Konsumgesellschaft, Paderborn/München/Wien/Zürich 2004.

Hans Mommsen/Manfred Grieger, Das Volkswagenwerk und seine Arbeiter im Dritten Reich, Düsseldorf 1996.

Walter Henry Nelson, Die Volkswagen-Story. Biographie eines Autos, München 1966.

Erhard Schütz, »Der Volkswagen«, in: Étienne François/Hagen Schulze (Hrsg.), Deutsche Erinnerungsorte, Bd. 1, München 2001.

Nr. 85　"外籍劳工"小摩托

Veit Didczuneit, Armando Rodrigues de Sá, der millionste Gastarbeiter, das geschenkte Moped und die öffentliche Wirkung. Rekonstruktionen, Köln 2004.

Veit Didczuneit/Hanno Sowade, Zündapp Sport Combinette. Geschenk für den millionsten Gastarbeiter, hgg. von der Stiftung Haus der Geschichte der Bundesrepublik Deutschland, Bonn 2004.

Nr. 86　马格南左轮手枪

Stefan Aust, Der Baader-Meinhof-Komplex, erweiterte und aktualisierte Aufl., Hamburg 2008.

Haus der Geschichte Baden-Württemberg (Hrsg.), RAF – Terror im Südwesten. Katalog zur Ausstellung im Haus der Geschichte Baden-Württemberg, Stuttgart 2013.

Wolfgang Kraushaar (Hrsg.), Die RAF. Entmythologisierung einer terroristischen Organisation, Bundeszentrale für politische Bildung, Bonn 2008.

Nr. 87　一部家族史的影像

Yizhak Ahren (Hrsg.), Das Lehrstück »Holocaust«. Zur Wirkungspsychologie eines Medienereignisses, Opladen 1982.

Susanne Brandt, »Wenig Anschauung? Die Ausstrahlung des Films ›Holocaust‹ im westdeutschen Fernsehen (1978/79)«, in: Christoph Cornelißen u. a. (Hrsg.): Erinnerungskulturen. Deutschland, Italien und Japan seit 1945, Frankfurt a. M. 2003.

Jens Müller-Bauseneik, »Die US-Fernsehserie ›Holocaust‹ im Spiegel der deutschen Presse (Januar–März 1979). Eine Dokumentation«, in: Historical Social Research/Historische Sozialforschung (HSR) 30, 2005, Nr. 4. S. 128 ff.

Brewster S. Chamberlain, »Todesmühlen. Ein früher Versuch zur Massen-›Umerziehung‹ im besetzten Deutschland 1945–1946«, in: VfZ 29, 1981, S. 420–436.

Norbert Frei, 1945 und wir. Das Dritte Reich im Bewußtsein der Deutschen, München 2005.

Ralph Giordano, Die zweite Schuld oder von der Last, Deutscher zu sein, Hamburg/Zürich 1987.

Wolfgang Hartwig/Erhard Schütz (Hrsg.), Geschichte für Leser. Populäre Geschichtsschreibung im 20. Jahrhundert, München 2005, S. 123–146.

»›Holocaust‹: die Vergangenheit kommt zurück«, in: Der Spiegel 05/1979.

Wilhelm van Kampen, Holocaust. Materialien zu einer amerikanischen Fernsehserie über die Judenverfolgung im »Dritten Reich«, Sonderausgabe der Bundeszentrale für politische Bildung, [o. O.] 1978.

Manfred Kittel, Die Legende der »Zweiten Schuld«. Vergangenheitsbewältigung in der Ära Adenauer, Berlin/Frankfurt 1993.

Eugen Kogon, Der SS-Staat, Düsseldorf 1946.

Peter Märthesheimer/Ivo Frenzel (Hrsg.), Im Kreuzfeuer. Der Fernsehfilm »Holocaust«. Eine Nation ist betroffen, Frankfurt a. M. 1979.

Julius Schoeps, »Emotionale Reaktion auf die Ausstrahlung der amerikanischen Fernsehserie ›Holocaust‹ in der Bundesrepublik (1979)«, in: Peter Märthesheimer/Ivo Frenzel (Hrsg.), Im Kreuzfeuer. Der Fernsehfilm »Holocaust«. Eine Nation ist betroffen, Frankfurt a. M. 1979. S. 225–230.

Sandra Schulz, »Film und Fernsehen als Medien der gesellschaftlichen Vergegenwärtigung des Holocaust. Die deutsche Erstausstrahlung der US-amerikanischen Fernsehserie ›Holocaust‹ im Jahre 1979«, in: Historical Social Research/Historische Sozialforschung (HSR) 32, 2007, Nr. 1, S. 189 ff.

Werner Sollors, »›Holocaust‹ on West German Television: The (In)Ability to Mourn?«, in: The Massachusetts Review Vol. 20, No. 2 (Sommer 1979), S. 377 ff.

Marcus Stiglegger, Auschwitz-TV – Reflexionen des Holocaust in Fernsehserien, Wiesbaden 2014.

Matthias Weiß, »Sinnliche Erinnerung. Die Filme ›Holocaust‹ und ›Schindlers Liste‹ in der bundesrepublikanischen Vergegenwärtigung der NS-Zeit«, in: Norbert Frei/Sybille Steinbacher (Hrsg.), Beschweigen und Bekennen. Die deutsche Nachkriegsgesellschaft und der Holocaust, Göttingen 2001, S. 71 ff.

Waltraud Wende (Hrsg.), Der Holocaust im Film. Mediale Inszenierung und kulturelles Gedächtnis, Heidelberg 2007.

Nr. 88　暗藏的照相机

Hubertus Knabe, 17. Juni 1953. Ein deutscher Aufstand, München 2003.

Ilko-Sascha Kowalczuk, 17. Juni 1953. Geschichte eines Aufstands, München 2013.

Ulrich Mählert (Hrsg.), Der 17. Juni 1953. Ein Aufstand für Einheit, Recht und Freiheit, Berlin 2003.

Richard Perlia, Mal oben – mal unten. Das brisante Leben des Testpiloten Richard Perlia, Horb 2002.

Hanno Sowade, Geheimkamera. Der 17. Juni 1953 – Zeitgeschichte im Brennpunkt, hgg. von der Stiftung Haus der Geschichte der Bundesrepublik Deutschland, Bonn 1998.

Nr. 89　史塔西的气味采样

Anatomie der Staatssicherheit. Geschichte, Struktur, Methoden. MfS-Handbuch, hgg. im Auftrag der Bundesbeauftragten für die Unterlagen des Staatssicherheitsdienstes der ehemaligen DDR v. Klaus-Dietmar Henke, Siegfried Suckut u. a., Bonn/Berlin 1995 ff.

Jens Gieseke, Mielke-Konzern. Die Geschichte der Stasi 1945–1990, Stuttgart 2001.

Das MfS-Lexikon. Begriffe, Personen und Strukturen der Staatssicherheit der DDR, hgg. im Auftrag der Abteilung Bildung und Forschung der Bundesbeauftragten für die Unterlagen des Staatssicherheitsdienstes der ehemaligen DDR v. Roger Engelmann u. a., Berlin 2011.

Udo Ulfkotte, Verschlusssache BND, 3. Aufl. München 1997.

Siegfried Suckut (Hrsg.), Wörterbuch der Staatssicherheit. Definitionen zur »politisch-operativen Arbeit«, 2. Aufl. Berlin 1996.

Kristie Macrakis, Die Stasi-Geheimnisse: Methoden und Technik der DDR-Spionage, München 2009.

Jörn-Michael Goll, Kontrollierte Kontrolleure. Die Bedeutung der Zollverwaltung für die »politisch-operative Arbeit« des Ministeriums der Staatssicherheit der DDR, Göttingen 2011.

Holger Witzel, Schnauze, Wessi. Pöbeleien aus einem besetzten Land, Gütersloh 2012.

Wolf Biermann, »Tiefer als unter die Haut. Wolf Biermann über Schweinehunde, halbe Helden, Intimitäten und andere Funde aus seinen Stasi-Akten«, in: Spiegel 5/1992.

»Innere Sicherheit. Der Duft des Terrors«, in: Spiegel 21/2007, S. 32 ff.

Nr.90 泪宫的通关小房间

Philipp Springer, Bahnhof der Tränen. Die Grenzübergangsstelle Berlin-Friedrichstraße, Berlin 2013.

Stefan Wolle, »Bahnhof Friedrichstraße. Ein Museum der Erinnerungen«, in: Hans-Hermann Hertle/Konrad H. Jarausch/Christoph Kleßmann (Hrsg.), Mauerbau und Mauerfall. Ursachen – Verlauf – Auswirkungen, Berlin 2002, S. 165 ff.

Nr.91 西格蒙德·雅恩的太空服

Marsha Freeman, Hin zu neuen Welten. Die Geschichte der deutschen Raumfahrtpioniere, Wiesbaden 1995.

Gerhard Hertenberger, Aufbruch in den Weltraum. Geheime Raumfahrtprogramme, dramatische Pannen und faszinierende Erlebnisse russischer Kosmonauten, Wien 2009.

Horst Hoffmann, Die Deutschen im Weltraum. Zur Geschichte der Kosmosforschung in der DDR. Mit einem Vorwort von Sigmund Jähn, Berlin 1998.

Horst Hoffmann, Sigmund Jähn, der fliegende Vogtländer. Autorisierte Biografie. Mit einem Vorwort von Thomas Reiter und unter Mitarbeit von Matthias Gründer und Andreas Schütz, Berlin 1999.

Sigmund Jähn, Erlebnis Weltraum, Berlin 1983.

Peter Stache, Raumfahrer von A bis Z, Berlin 1988.

Helmuth Trischler, Luft- und Raumfahrtforschung in Deutschland 1900–1970. Politische Geschichte einer Wissenschaft, Frankfurt 1992.

Nr.92　铸剑为犁

Rainer Eckert/Kornelia Lobmeier, Schwerter zu Pflugscharen. Geschichte eines Symbols, hgg. von der Stiftung Haus der Geschichte der Bundesrepublik Deutschland, Bonn 2007.

Ehrhart Neubert, Geschichte der Opposition in der DDR 1949–1989, Reihe Forschungen zur DDR-Gesellschaft, Berlin 1997.

Friedrich Schorlemmer, Klar sehen und doch hoffen. Mein politisches Leben, Berlin 2012.

Ders., Worte öffnen Fäuste. Die Rückkehr in ein schwieriges Vaterland, München 1992.

Richard Schröder, »Schwerter und Pflugscharen«, in: FAZ, 6. 10. 2014, S. 8.

Anke Silomon, »Schwerter zu Pflugscharen« und die DDR. Die Friedensarbeit der evangelischen Kirchen in der DDR im Rahmen der Friedensdekaden 1980 bis 1982, Arbeiten zur kirchlichen Zeitgeschichte, Reihe B: Darstellungen, Bd. 33, Göttingen 1999.

Nr.93　沙博夫斯基的字条

Hans-Hermann Hertle, Chronik des Mauerfalls: Die dramatischen Ereignisse um den 9. November 1989, Berlin 2009.

Florian Huber, Schabowskis Irrtum. Das Drama des 9. November, Berlin 2009.

Günter Schabowski, »Der Zerfall einer Leihmacht«, in: Diktaturen in Deutschland, Bd. 5, Rostock 2009.

Nr.94　MP3 播放器

Arnold Jacobshagen/Frieder Reininghaus (Hrsg.), Musik und Kulturbetrieb. Musik, Märkte, Institutionen, Laaber 2006.

David Kusek/Gerd Leonhard, Die Zukunft gehört der Musik. Warum die digitale Revolution die Musikindustrie retten wird, München 2006.

Werner Mezger, »Schlager. Versuch einer Gesamtdarstellung unter besonderer Berücksichtigung des Musikmarktes der Bundesrepublik Deutschland«, in: Untersuchungen des Ludwig-Uhland-Instituts der Universität Tübingen, Bd. 39, Tübingen 1975.

Franz Miller, Die mp3-Story. Eine deutsche Erfolgsgeschichte, München 2015.

Musikindustrie in Zahlen 2014, hgg. vom Bundesverband Musikindustrie e.V., Berlin 2015.

Manfred Spitzer, Digitale Demenz. Wie wir uns und unsere Kinder um den Verstand bringen, München 2012.

Heike Weber, Das Versprechen mobiler Freiheit. Zur Kultur- und Technikgeschichte von Kofferradio, Walkman und Handy, Bielefeld 2008.

Stephen Witt, How Music Got Free: Wie zwei Erfinder, ein Plattenboss und ein Gauner eine ganze Industrie zu Fall brachten, Frankfurt a. M. 2015.

Nr.95　会说话的 Logo

Lothar Hahn/Joachim Radkau, Aufstieg und Fall der deutschen Atomwirtschaft, München 2013.

Peter Leusch, Deutschlandfunk, 19.05.2011, »Kann Blockieren Sünde sein? Geschichte der

Anti-AKW-Bewegung, http://www.deutschlandfunk.de/kann-blockieren-suende-sein. 1148.de.html?dram:article_id=180766; http://www.occupydeutschland.de/.

Konrad Lischka, »Anonymous und Guy Fawkes: Grinsemaske ohne Botschaft«, in: Spiegel online 05.11.2011.

Volker Lösch/Gangolf Stocker/Sabine Leidig (Hrsg.), Stuttgart 21 – oder: Wem gehört die Stadt, Köln 2010.

Herfried Münkler, »Die Verdrossenen und die Empörten«, in: Neue Zürcher Zeitung 24.4.2012.

Haus der Geschichte Baden-Württemberg (Hrsg.), Dagegen leben? Der Bauzaun und Stuttgart 21, Katalog zur Sonderausstellung 2011/2012, Stuttgart 2011.

Heribert Prantl, »Lob der Unruhe«, in: Süddeutsche Zeitung, 17.5.2010.

Roland Roth/Dieter Rucht (Hrsg.), Die sozialen Bewegungen in Deutschland seit 1945. Ein Handbuch, Frankfurt a. M. 2008.

Ole Reißmann/Christian Stöcker/Konrad Lischka, We are Anonymous – Die Maske des Protests. Wer sie sind, was sie antreibt, was sie wollen, München 2012.

Franz Walter u.a. (Hrsg.), Die neue Macht der Bürger. Was motiviert die Protestbewegungen? BP-Gesellschaftsstudie, Reinbek bei Hamburg 2013.

Andreas Winterer, ZDF-Blog, »Zehn Dinge, die man über Anonymous wissen sollte«, http://blog.zdf.de/hyperland/2012/02/zehn-dinge-die-man-ueber-anonymous-wissen-sollte/.

Nr.96 德国马克的原始阳模

Werner Abelshauser, Deutsche Wirtschaftsgeschichte. Von 1945 bis zur Gegenwart, 2. überarbeitete u. erweiterte Auflage, München 2011.

Michael Brackmann, Vom totalen Krieg zum Wirtschaftswunder. Die Vorgeschichte der westdeutschen Währungsreform 1948, Essen 1993.

Christoph Buchheim, »Die Währungsreform 1948 in Westdeutschland«, in: Vierteljahrshefte für Zeitgeschichte 36 (1988), S. 189ff.

Carl-Ludwig Holtfrerich, Die deutsche Inflation 1914–1923. Ursachen und Folgen in internationaler Sicht, Berlin 1980.

Helmut G. Schmidt (Hrsg.), Kopfgeld: Erinnerungen an den Geburtstag der Deutschen Mark. Eine Anthologie, Bornheim-Merten 1988.

Sicherheitsreport 2014. Ergebnisse einer repräsentativen Bevölkerungsumfrage, hgg. v. Deutsche Telekom/T-Systems, durchgeführt vom Institut für Demoskopie Allensbach, 2014.

Sicherheitsreport 2015. Ergebnisse einer repräsentativen Bevölkerungsumfrage, hgg. v. Deutsche Telekom/T-Systems, durchgeführt vom Institut für Demoskopie Allensbach, 2015.

Frederick Taylor, Inflation. Der Untergang des Geldes in der Weimarer Republik und die Geburt eines deutschen Traumas, München 2013.

Wolf Walter, Wirtschaftsgeschichte. Vom Merkantilismus bis zur Gegenwart, 5. aktualisierte Auflage, Köln/Weimar/Wien 2011.

Nr.97 本笃十六世的专座

Andreas Englisch, Franziskus. Zeichen der Hoffnung. Vom Erbe Benedikts XVI. zur Revolution im Vatikan, München 2014.

Joseph Ratzinger, Aus meinem Leben. Erinnerungen (1927–1977), Freiburg 2006.

Jan-Heiner Tück (Hrsg.), Der Theologenpapst. Eine kritische Würdigung Benedikts XVI., Freiburg/Basel/Wien 2013.

»›Wir müssen markanter sein‹, Kardinal Lehmann über die neue Freiheit des Papstes, Sozialneid, graue Katzen und die Kunst der Gelassenheit«, in FAS, 31.7.2005, Nr. 30, S. 6.

Nr.98 默克尔的手机

Hans Peter Bull, Netzpolitik: Freiheit und Rechtsschutz im Internet, Baden-Baden 2013.

Birgit van Eimeren/Beate Frees, »Ergebnisse der ARD/ZDF-Onlinestudie 2014. 79 Prozent der Deutschen online – Zuwachs bei mobiler Internetnutzung und Bewegtbild«, in: Media Perspektiven 7–8/2014, S. 378ff.

Rolf Gössner, »Abhören und Lauschen. Zur Entwicklung der akustischen Überwachung«, in: Gerhard Paul/Ralph Schock (Hrsg.), Sound der Zeit. Geräusche, Töne, Stimmen 1889 bis heute, Göttingen 2014, S. 513ff.

Jürgen Kühling, »Das Ende der Privatheit«, in: Till Müller-Heidelberg u. a. (Hrsg.), Grundrechte-Report 2003, Reinbek 2003, S. 15ff.

Horst W. Opaschowski, Deutschland 2030. Wie wir in Zukunft leben, Gütersloh, München 2008.

Ders., »Das Kind wird zum Scanner«, in: Spiegel-Special 3/1998, S. 29ff.

George Packer, »The Quiet German. The astonishing rise of Angela Merkel, the most powerful woman in the world«, in: The New Yorker, Profiles, 1.12.2014.

Thomas Petersen, »Der Groll über den großen Bruder«, eine Dokumentation des Beitrags in der FAZ Nr. 216, 17.9.2014.

Bernhard Schinwald, »Keine Freundschaft mit Privilegien«, in: The European, 26.10.2013.

Nr.99 大型蓄电池储能站

Achim Brunnengräber/Maria Rosaria Di Nucci (Hrsg.), Im Hürdenlauf zur Energiewende. Von Transformationen, Reformen und Innovationen, Wiesbaden 2014.

Christoph Buchal/PatrickWittenberg/Dieter Oesterwind, Strom. Die Gigawatt-Revolution, Gütersloh 2013.

Eckhard Fahlbusch (Hrsg.), Batterien als Energiespeicher. Beispiele, Strategien, Lösungen, Berlin 2015.

Ralf Fücks, Intelligent wachsen. Die grüne Revolution, München 2013.

Roger Hackstock, Energiewende, Die Revolution hat schon begonnen, Wien 2014.

Thomas Kästner/Henning Rentz (Hrsg.), Handbuch Energiewende, Essen 2013.

Konrad Kleinknecht, Risiko Energiewende. Wege aus der Sackgasse, Berlin 2015.

Volker Kronenberg/Christoph Weckenbrock, Energiewende konkret. Herausforderungen für Politik, Gesellschaft und Wirtschaft, Bonn 2014.

Klaus-Dieter Maulbach, Energiewende. Wege zu einer bezahlbaren Energieversorgung, Wiesbaden 2014.

Rüdiger Mautz/Andreas Byzio/Wolf Rosenbaum, Auf dem Weg zur Energiewende. Die Entwicklung der Stromproduktion aus erneuerbaren Energien in Deutschland, Göttingen 2008.

Bärbel Ruben/Thomas Friedrich, DAIMON – die helle Freude. Festschrift aus Anlaß des 100jährigen Gründungsjubiläums der »Elektrotechnischen Fabrik Schmidt & Co«, Berlin 2001.

Heinz-Jörg Wiegand, Die Argrar- und Energiewende. Bilanz und Geschichte rot-grüner Projekte, Hamburg 2006.

Nr.100 海报《你的基督是犹太人》

Hermann Bausinger, Typisch deutsch. Wie deutsch sind die Deutschen?, München 2000.

Beauftragte der Bundesregierung für Migration, Flüchtlinge und Integration (Hrsg.), 10. Bericht der Beauftragten der Bundesregierung für Migration, Flüchtlinge und Integration über die Lage der Ausländerinnen und Ausländer in Deutschland, Oktober 2014.

Deutscher Kaffeeverband, Kaffeemarkt 2013, Hamburg 2014.

Friedrich Beck/Lorenz Friedrich Beck, Die Lateinische Schrift. Schriftzeugnisse aus dem deutschen Sprachgebiet vom Mittelalter bis zur Gegenwart, Köln/Weimar/Wien 2007.

Christoph Drösser, Wie wir Deutschen ticken. Wie wir denken. Was wir fühlen. Wer wir sind, hgg. von Holger Geißler, Hamburg 2015.

Deutscher Reiseverband, Fakten und Zahlen 2014, Berlin 2015.

Nadja Milewski, »Wann ist eine Ehe stabil?«, in: Demographische Forschung. Aus erster Hand, 11. Jg. 2014, Nr. 4.

Maren Möhrig, Fremdes Essen. Die Geschichte der ausländischen Gastronomie in der Bundesrepublik Deutschland, München 2012.

Nadja Rosmann, »Deutsch-Sein – Ein neuer Stolz auf die Nation im Einklang mit dem Herzen. Die Identität der Deutschen. Eine repräsentative Studie im Auftrag der Identity Foundation«, in: Schriftenreihe der Identity Foundation, Bd. 10, Düsseldorf 2009.

Stiftung Haus der Geschichte der Bundesrepublik Deutschland (Hrsg.), Immer Bunter. Einwanderungsland Deutschland, Bonn 2015.

Ingrid Walter, »Ausländisch-deutsche Ehen – Anzeichen einer erfolgreichen Integration«, in: Statistisches Monatsheft Baden-Württemberg 3/2010.

图片说明

图片说明按正文篇章顺序排列。

bilia of Saul M. Loeb, Foto: Jens Ziehe; [71] TECHNOSEUM, Foto Klaus Luginsland; [72] Haus der Geschichte Baden-Württemberg, Foto: Bernd Eidenmüller; [73] Bayrisches Nationalmuseum München (Foto: Haberland, Walter); [74] Jewgeni Chaldej/Sammlung Ernst Volland und Heinz Krimmer; [75] Michael Jentsch (Foto), Haus der Geschichte, Bonn; [76] Matthaeus. Photographer; [77] Deutsches Historisches Museum, Berlin; [78] Foto Deutsches Museum; [79] Stiftung Haus der Geschichte der Bundesrepublik Deutschland, Bonn; [80] Deutsches Fußballmuseum/firo; [81] Europarat; [82] Militärhistorisches Museum der Bundeswehr (Foto: Norbert Lasse); [83] Schering Archiv, Bayer AG; [84] ZeitHaus der Autostadt in Wolfsburg; [85] Axel Thünker (Foto), Stiftung Haus der Geschichte der Bundesrepublik Deutschland, Bonn; [86] Axel Thünker (Foto), Haus der Geschichte, Bonn; [87] erschienen bei polyband Medien GmbH; [88] Axel Thünker (Foto), Stiftung Haus der Geschichte der Bundesrepublik Deutschland, Bonn; [89] Bürgerkomitee Leipzig e. V. für die Auflösung der ehemaligen Staatsicherheit (MfS), Träger der Gedenkstätte Museum in der »Runden Ecke« mit dem Museum im Stasi-Bunker, GMRE – Inv.-Nr.: 00358; [90] Axel Thünker, Haus der Geschichte, Bonn; [91] aus Exponatbestand des MilHistMuseumBw; [92] Robert-Havemann-Gesellschaft; [93] Stiftung Haus der Geschichte der Bundesrepublik Deutschland, Bonn; [94] MPlayer3 von PONTIS Electronic, Schwarzenfeld. Fotografie Klaus Kurz, Schwetzendorf/Pettendorf, 1998 (Bezeichnung laut Audivo: SP4); [95] Guy Fawkes: iStockphoto (Getty Images); CND: Haus der Geschichte, Bonn; Stuttgart 21 und Atomkraft Nein Danke: Haus der Geschichte Baden-Württemberg; [96] Vorderseite Urpatrize: Axel Thünker (Foto), Rückseite: Michael Jentsch (Foto); Haus der Geschichte, Bonn; [97] Haus der Geschichte Baden-Württemberg, Foto: Bernd Eidenmüller; [98] Axel Thünker (Foto), Stiftung Haus der Geschichte der Bundesrepublik Deutschland, Bonn; [99] Foto: WEMAG/ Stephan Rudolph-Kramer; [100] mit Genehmigung der Ströer Deutsche Städte Medien GmbH

人名索引

图书在版编目（CIP）数据

100个物品中的德国历史. 上、下 / (德) 赫尔曼·舍费尔著；陈晓莉译. -- 北京：社会科学文献出版社，2021.1

书名原文：Deutsche Geschichte in 100 Objekten
ISBN 978-7-5201-5043-9

Ⅰ. ①1… Ⅱ. ①赫… ②陈… Ⅲ. ①德国－历史
Ⅳ. ①K516

中国版本图书馆CIP数据核字（2019）第111412号

100个物品中的德国历史（上、下）

著　　者／〔德〕赫尔曼·舍费尔
译　　者／陈晓莉

出 版 人／王利民
组稿编辑／段其刚
责任编辑／陈旭泽　周方茹
文稿编辑／侯婧怡

出　　版／社会科学文献出版社·联合出版中心（010）59367151
　　　　　　地址：北京市北三环中路甲29号院华龙大厦　邮编：100029
　　　　　　网址：www.ssap.com.cn
发　　行／市场营销中心（010）59367081　59367083
印　　装／北京盛通印刷股份有限公司

规　　格／开　本：787mm×1092mm　1/16
　　　　　　印　张：58.5　字　数：729千字
版　　次／2021年1月第1版　2021年1月第1次印刷
书　　号／ISBN 978-7-5201-5043-9
著作权合同
登 记 号／图字01-2019-1986号
定　　价／198.00元（上、下）

本书如有印装质量问题，请与读者服务中心（010-59367028）联系